제2전정판

데이터와 법

2023.9.15. 시행 전면 개정 개인정보 보호법 반영

이성엽 편

사단
법인 한국데이터법정책학회
Korea Data Law and Policy Society

박영사

제2전정판 발간사

디지털 심화 시대를 맞이하여 핵심 자원인 데이터를 둘러싼 기술혁신은 물론 경제, 사회의 변화의 속도와 범위가 심상치 않은데, 이 시기 전통적인 자원이 아닌 새로운 데이터라는 자원에서 대한 정책과 법제의 역할이 어느 때보다 중요해지고 있다.

전통적으로 위험 통제를 목적으로 하는 법제도는 최근 산업진흥, 경제발전을 위한 기초를 제공한다는 의미에서 인프라로서도 기능하고 있다. 데이터 분야처럼 대규모의 연구개발이 필요하고 데이터 거래기준 수립, 데이터의 법적 권리 보호, 데이터의 공유와 개방, 데이터 정책추진을 위한 통합 거버넌스의 필요성이 높은 분야에서 인프라로서 법제도의 완비는 필수적이라고 하지 않을 수 없다.

데이터로부터 다양한 경제적 가치를 창출하고 데이터산업 발전의 기반을 조성하여 국민생활의 향상과 국민경제의 발전에 이바지하기 위한 입법목적을 고려하면 하루라도 빨리 데이터 보호 위주의 접근을 지양하고 데이터의 보호화 활용이 균형적으로 논의될 필요가 있다. 이런 상황에서 데이터의 활용과 보호를 위한 법적 이슈를 정리해 보고자 하는 한국데이터법정책학회의 회원들의 의지가 본서의 집필로 이어졌다.

본서 초판은 데이터, 개인정보, 플랫폼, 인공지능 관련 주요 법적 이슈를 포괄하고 있었으나, 2021년 본서 초판 출간 이후 2023년 9월 사실상 전면 개정에 해당하는 2차 개인정보호보호법이 시행되고, 또한 2021년 제정된 데이터산업법과 산업디지털법이 2022년부터 시행되면서 데이터의 경제적 활용이 본격적으로 전개되고 있으며, 2022년 금융분야의 마이데이터를 시작으로 마이데이터의 전 분야 확산도 진행되고 있다.

또한 지난해 12월 1일 미국 스타트업 '오픈AI'가 출시한 챗GPT와 같은 생성형 AI에 있어서 학습데이터의 양과 질은 AI의 성능을 좌우하는 요인이 되고 있으나, 데이터의 수집, 이용과정에서 기존 데이터 오너십 보유자와 이용자와의 이해관계 충돌을 다루기 위한 데이터법제의 이슈로 공정이용, 데이터마이닝 면책 등이 논의되고 있다. 한편 유럽은 디지털서비스법을 제정, 시행하고 디지털 시장법 시행도 목전에 두면서 불법콘텐츠 관리, 데이터 개방 등 다양한 데이터 법제의 이슈를 입법화하고 있다.

본 개정판은 이러한 2년여간 급격한 데이터 법제의 변화를 모두 수용하였으며, 특히, 개인정보보호법 제·개정의 연혁, 내용과 시사점, 개인정보의 안전성 확보 조치 기준, 디지털 통상과 데이터의 국경 간 이동의 이슈와 과제도 추가함으로써 데이터법 이론서로 역할을 강화하였다.

한편 본서는 초판 출간 이후 2022년 대한민국 학술원 우수학술도서로 선정되는 영예를 누리기도 했다. 바쁘신 일정에도 불구하고 본서 집필에 참여해 주신 한국데이터법정책학회 회원이신 교수, 변호사 등 총 20분에게 감사드린다, 또한 박영사 김한유 과장님은 처음부터 이 책이 출간될 수 있도록 지원해 주셨으며, 양수정 대리님은 이 책의 편집을 위해 아낌없는 노력을 기울여 주셨다. 이 자리를 빌려 깊이 감사드린다.

이 제2전정판이 다시 한번 데이터 경제를 선도하는 한국의 관련 학계, 법조계, 기업, 정부는 물론 국민에게 데이터와 법 이슈에 대한 나침반이 될 수 있기 바란다.

2024. 1

편저자 이성엽

발간사

데이터는 4차 산업혁명 시대, 디지털 영역에서 무형의 핵심자원으로서 국가와 기업의 경쟁원천으로 부상하고 있다. 초연결 지능화가 도래하면서 사람과 기기 등에 의해 생성되는 데이터의 양도 엄청나지만 데이터 자원의 근원도 매우 다양하다. 이러한 다양한 대량의 데이터가 모든 산업의 발전과 새로운 가치 창출의 촉매로 작용하고, 대규모 데이터를 보유하고 활용을 잘하는 기업이 세계시장을 주도하고 있다.

4차 산업혁명 시대에 데이터가 생산요소로서 가지는 중요성은 그것이 혁신을 주도하는 원천이 된다는 데 있다. 기업의 제품, 서비스의 생산, 유통, 소비 등 전 경제과정에서 수많은 데이터가 창출, 집적되는데 이러한 데이터의 분석과 이용의 활성화를 통해 경제활동을 효율화하고 소비자의 만족도를 높여 부가가치를 창출하고 있다. 이런 활동이 기존의 자본, 노동 중심의 경제가 아닌 데이터 주도 경제로의 전환을 촉진하고 있다. 또한 공공부문에서도 공공데이터의 개방과 이용 활성화를 통하여 정책결정의 투명성과 대국민 서비스를 제고하는 것은 물론 데이터 활용 산업의 성장을 이끌고 있다.

특히, 한국은 세계 최고 수준의 인터넷 네트워크를 기반으로 실시간으로 광범위한 데이터가 축적되어 있어 이를 이용한 기존 산업의 혁신과 신산업 창출을 위한 각계의 노력이 한창이다. 자율자동차, 스마트 홈, 스마트 시티, 원격의료, 핀테크 등 분야에서 기술과 서비스 개발은 물론 이를 지원하기 위한 정부의 정책대응도 활발하다.

다만, 한국은 보호 위주의 엄격한 개인정보 규제, 양질의 데이터의 부재,

데이터 활용을 위한 기술적, 산업적 기반의 부족 등의 이유로 인해 미국 등 선진국보다는 데이터 주도 혁신에 뒤지고 있다. 이러한 문제 인식 하에 한국에서도 데이터 활용 제고를 위한 법제도의 개선, 데이터 산업 활성화를 정책대안 수립 등을 위한 노력을 기울이고 있다. 이와 관련 EU가 2018년 일반개인정보 보호법을 제정하여 시행하고 있고 일본도 2015년 개인정보 보호법을 제정, 시행하고 있다.

비록 늦었지만 한국도 2020년 8월 5일 마침내 개인정보 보호법, 정보통신망법, 신용정보법 개정안 등 데이터 3법 개정안이 시행되면서 새로운 전기를 맞이하고 있다. 개인정보 보호법은 가명처리의 도입, 합리적 관련성에 따른 동의 없는 정보 사용, 데이터 결합 제도의 도입 등 데이터 활용을 획기적 제도를 도입하였다. 신용정보법은 가명처리, 데이터 결합은 물론 여기에 더해 개인신용정보전송요구권, 본인신용정보관리업(My data), 자동화평가대응권 등을 도입하여 개인정보자기결정권에 기반하여 데이터 활용 강화하고 내용을 담고 있다.

향후 데이터 3법에 따라 기업들이 기존 보유 데이터를 동의 없이 활용할 수 있게 되어 빅데이터와 AI 분석이 가능해지면서 소비자에게 맞는 맞춤형 서비스를 제공할 수 있게 될 것이다. 또한 이제 데이터 산업이라는 새로운 산업이 본격화되는 시기를 맞고 있다. 특히 마이데이터 산업을 중심으로 데이터를 활용하는 비즈니스가 나타나고 이를 통해 일자리가 창출될 것으로 기대된다. 또한 데이터를 산업적 관점에서 보고 본격적인 산업진흥을 위한 법제로서 데이터기본법이 2020년 1월 발의되고 새로운 데이터 거버넌스로서 4차산업혁명위원회의 개편 내지 국가데이터전략위원회 등도 논의되고 있다.

이런 상황에서 데이터의 활용과 보호를 위한 법적 이슈를 정리해 보고자 하는 한국데이터법정책학회의 회원들의 의지가 본서의 집필로 이어졌다. 데이터의 개념, 데이터법의 범위, 데이터법의 형성 등 데이터법의 기초를 최초로 제안하고 있으며, 그 외에도 데이터의 권리관계, 데이터의 공유와 접근권을 제1편 데이터와 법의 기초에서 다루고 있다. 제2편 데이터의 안전한 활용을 위한 고민에서는 동의 규제 원칙에 대한 비판적 검토에 이에 데이터 3법 개정으로 도입된 가명정보의 특례, 목적합치 원칙, 데이터 결합, 개인정보 이동권과 마이데이터에 대해 살펴본다. 제3편 경제적 가치 있는 자산으로서의 데이터와 법에서는 데이터 거래 계약의 유형과 법적 쟁점, 데이터 거래와 오픈마켓, 데이터이용과 저작권 면책, 데이터 집중과 경쟁정책, 플랫폼 관련 디지털 정책과 입법 동향을 다룬다. 마지막 제4편 디지털 경제 시대, 데이터에 대한 새로운 시각들에서는 인공지능과 데이터 활용의 법적 이슈, 알고리즘 통제, 데이터와 사이버 보안, 공공데이터의 이용, 금융거래정보 이용 및 보호에 관해 다룬다.

이처럼 본서는 국내 최초의 데이터법에 관한 이론서임과 동시에 최근 데이터법과 관련된 중요 이슈를 모두 다루고 있다는 점에서 의의가 있다고 할 수 있다. 한편 본서는 바쁘신 일정에도 불구하고 한국데이터법정책학회 회원이신 교수, 변호사 총 17분이 참여해 주셨다. 또한 박영사 이영조 팀장님은 처음부터 이 책이 출간될 수 있도록 지원해 주셨으며, 김명희 차장님은 이 책의 편집을 위해 아낌없는 노력을 기울여 주셨다.

이 모든 분들께 깊이 감사드리며, 본서가 데이터 경제를 선도하는 한국의 관련 학계, 법조계, 기업, 정부는 물론 국민에게 데이터와 법 이슈에 대한 나침반이 될 수 있기 바란다.

2021. 6.

편저자 이성엽

목차 contents

PART 4   디지털 경제 시대, 데이터에 대한 새로운 시각들

데이터와 법의 기초

데이터법의 의의와 체계

이성엽 / 고려대학교 교수

I. 서론

데이터란 수치, 기호, 상징 등의 자료라고 할 수 있다. 종래부터 데이터, 정보의 중요성이 강조되어 왔으나, 소위 4차 산업혁명이 전개되면서 생산의 요소로서 석유에 비견될 만큼 중요성이 더욱 강조되고 있다. 전통적인 생산요소인 자본, 노동, 토지에 버금가는 혹은 이를 능가하는 생산요소로서 데이터의 중요성이 인정되고 있다.

즉, 데이터는 4차 산업혁명 시대, 디지털 영역에서 무형의 핵심 자원으로서 국가와 기업의 경쟁원천으로 부상하고 있다. 초연결 지능화가 도래하면서 사람과 기기 등에 의해 생성되는 데이터의 양도 엄청나지만 데이터 자원의 근원도 매우 다양하다. 이러한 다양한 대량의 데이터가 모든 산업의 발전과 새로운 가치 창출의 촉매로 작용하고, 대규모 데이터를 보유하고 활용을 잘하는 기업이 세계시장을 주도하고 있다.

4차 산업혁명 시대에 데이터가 생산요소로서 가지는 중요성은 그것이 혁신을 주도하는 원천이 된다는 데 있다. 기업의 제품, 서비스의 생산, 유통, 소비 등 전 경제과정에서 수많은 데이터가 창출, 집적되는데 이러한 데이터의 분석과 이용의 활성화를 통해 경제활동을 효율화하고 소비자의 만족도를 높여 부가가치를 창출하고 있다. 이런 활동이 기존의 자본, 노동 중심의 경제가 아닌 데이터 주도 경제로의 전환을 촉진하고 있다. 또한 공공 부문에서도 공공데이터의 개방과 이용 활성화를 통하여 정책결정의 투명성과 대국민 서비스를 제고하는 것은 물론 데이터 활용 산업의 성장을 이끌고 있다.

특히, 한국은 세계 최고 수준의 인터넷 네트워크를 기반으로 실시간으로 광범위한 데이터가 축적되어 있어 이를 이용한 기존 산업의 혁신과 신산업 창출을 위한 각계의 노력이 한창이다. 자율자동차, 스마트 홈, 스마트 시티, 원격의료, 핀테크 등의 분야에서 기술과 서비스 개발은 물론 이를 지원하기 위한 정부의 정책대응도 활발하다.

다만, 한국은 보호 위주의 엄격한 개인정보 규제, 양질의 데이터의 부재, 데이터 활용을 위한 기술적, 산업적 기반의 부족 등의 이유로 인해 미국 등 선진국보다는 데이터 주도 혁신에 뒤지고 있다. 이러한 문제 인식 하에 한국에서도 데이터 활용 제고를 위한 법제도의 개선, 데이터 산업 활성화를 위한 정책대안 수립 등의 노력을 기울이고 있다. 이와 관련 EU가 2018년 일반개인정보보호법을 제정하여 시행하고 있고 일본도 2015년 개인정보 보호법을 제정, 시행하고 있다.

비록 늦었지만 한국도 2020년 8월 5일 마침내 개인정보 보호법, 정보통신망법, 신용정보법 개정안 등 데이터 3법 개정안이 시행되면서 새로운 전기를 맞이하고 있다. 개인정보 보호법은 가명처리의 도입, 합리적 관련성에 따른 동의 없는 정보 사용, 데이터 결합 제도의 도입 등 데이터를 활용하는 획기적 제도를 도입하였다. 신용정보법은 가명처리, 데이터 결합은 물론 여기에 더해 개인신용정보전송요구권, 본인신용정보관리업(My data), 자동화평가대응권 등을 도입하여 개인정보자기결정권에 기반하여 데이터 활용을 강화하는 내용을 담고 있다.

법 시행 후 기업들이 기존 보유 데이터를 동의 없이 활용할 수 있게 되어 빅데이터와 AI 분석이 가능해지면서 소비자에게 맞는 맞춤형 서비스를 제공하는 것은 물론 이제 데이터 산업이라는 새로운 산업이 본격화되는 시기를 맞고 있다. 특히 마이데이터 산업을 중심으로 데이터를 활용하는 비즈니스가 나타나고 이를 통해 일자리가 창출되고 있다.

다만, 1차 개정안 시행 후에도 여전히 데이터의 안전한 활용이나 국민의 실질적 권리보장 차원에서 개정 수요가 계속 제기되었고 이에 다시 개인정보 보호법 제2차 개정안이 2023년 3월 14일 공포되어, 9월 15일부터 시행되었다. 2차 개정법에는 전 세계적인 디지털 대전환 추세에 부합하도록 데이터 경제 견인, 국민 개인정보 신뢰 사회 구현, 글로벌 스탠다드에 부합하는 개인정보 규범 실현이라는 내용을 담고 있다.

또한 디지털 대전환의 핵심자원으로 불리는 데이터의 중요성이 부각되는 상황에서, 데이터 경제로의 전환에 대응하기 위해 데이터 활용 관련 법제의 필요성이 제기되었고, 「데이터 산업진흥 및 이용촉진에 관한 기본법(이하 데이터산업법)」이 2021.10.19. 공포되어 2022. 4.20. 시행되었으며, 더불어 「산업 디지털 전환 촉진법(이하 산업디지털법)」도 2021. 12.28일 통과되어 올해 2022.7.5.부터 시행되고 있다. 이하에서는 데이터법의 의의, 체계, 주요 내용을 살펴보고자 한다.

Ⅱ. 데이터법의 의의와 범위

1. 데이터의 정의

데이터(data)는 정보(information), 지식(knowledge), 지혜(wisdom)로 발전하는 DIKY(Data, Information, Knowledge, Wisdom) 계층구조의 기반을 이루며 지식정보 사회의 인프라로 기능한다고 할 수 있다. 데이터는 존재형식을 불문하고 타 데이터와 상관관계가 없는 가공하기 전의 순수한 수치나 기호를 의미한다. 예컨대 A마트의 연필은 100원, B마트는 200원이다라는 것이다. 정보는 데이터의 가공 및 상관관계 분석을 통해 패턴을 인식하고 의미를 부여한 것으로, 예컨대 A마트 연필이 더 싸다는 것이다. 지식은 상호 연결된 정보 패턴을 이해하여 이를 토대로 예측한 결과물이다. 예컨대 저렴한 A마트 연필을 사야겠다는 것이다. 지혜는 최상위단계로 근본원리에 대한 깊은 이해를 바탕으로 도출되는 창의적 아이디어이다. 예컨대 A마트의 다른 상품들도 B마트 보다 쌀 것이다라는 것이다.[1]

다만, 데이터와 정보와의 관계에 대한 다른 설명도 있다. 정보의 여러 층위 중 하나로 데이터를 이해하는 견해도 있다. 이에 따르면 법적인 규율대상으로서 정보(information)에는 내용/의미론적 정보, 표시·기호/구문론적 정보, 물리적·유형적 실현물/구조적 정보의 3층위가 있으며, 데이터 경제에서 말하는 데이터는 원(源)정보 중 필요한 부분을 정해진 규칙에 따라 기호화, 즉 코딩(coding)한 것으로, 구문론적 정보를 가리킨다고 한다.[2]

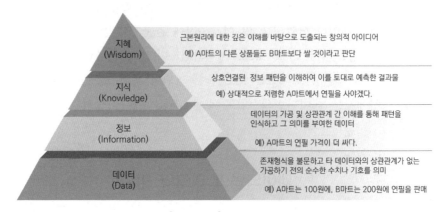

[그림 1-1] 지식의 피라미드

한편 실정법상으로는 정보와 데이터는 엄격한 구분없이 서로 교환 가능한 용어로 사용되고 있다. 유럽의 개인정보 보호법이라 불리는 GDPR(General Data Protection Regulation)은 개인데이터를 식별되거나 식별가능한 자연인에 관한 정보('personal data' means any information relating to an identified or identifiable natural

---

1) Ackoff, R. L., "From Data to Wisdom", 「Journal of Applies Systems Analysis」, Volume 16, 1989, p.3−9; 이영대 외, DB산업 선진화를 위한 법제 개선 방안 연구, 한국데이터베이스진흥원, 2009.12., 5면.

2) 이동진, 데이터 소유권(Data Ownership), 개념과 그 실익, 정보법학 제22권 제3호, 2018, 221−222면 참조. 필자에 따르면 책이나 그림, 건축물이 물리적·유형적 실현물, 즉 구조적 정보라면, 그곳에 담긴 문자열, 음률, 화상, 구조설계 등이 표시·기호, 즉 구문론적 정보이고, 이들의 감상, 해석으로부터 얻을 수 있는 의미, 심상(心想)이 내용, 즉 의미론적 정보에 해당한다. 특허권은 의미론적 정보의 보호에, 저작권이나 컴퓨터소프트웨어, 부정경쟁방지 및 영업비밀보호에 관한 법률상 성과모방(Nachahmung) 등은 구문론적 정보의 보호에 해당한다. 영업비밀보호는 이들 모두에 해당할 수 있다. 구조적 정보는 그것을 구현하고 있는 물건의 소유권이나 (초상권·음성권, DNA 등의 경우) 사람의 인격권으로 보호되는 것이 보통이라고 한다.

person)라고 표현하고 있다.3) 국내 기존의 법률상 데이터 용어의 사용례를 보면, '부호, 문자, 음성, 음향 및 영상 등으로 표현된 모든 종류의 자료 또는 지식'4) 또는 '문자·숫자·도형·도표·이미지 그 밖의 정보체계'5)와 같이 포괄적인 의미를 가지는 경우와, '정보처리능력을 갖춘 장치를 통하여 생성 또는 처리되어 기계에 의한 판독이 가능한 형태로 존재하는 자료'6) 또는 '데이터베이스, 전자화된 파일 등 광(光) 또는 전자적 방식으로 처리된 자료'7)와 같이 일정한 기술적 처리가 된 것으로 한정하여 규정한 경우로 대별된다. 결국 데이터의 정의는 해당 법률의 입법목적 및 규율의 필요성에 따라 데이터의 개념이 다양하게 규정되어 있다고 할 수 있다.

한편 콘텐츠산업진흥법상 콘텐츠는 "부호·문자·도형·색채·음성·음향·이미지 및 영상 등(이들의 복합체를 포함한다)의 자료 또는 정보"로 정의되어 데

---

3) EU GDPR, Article 4, Definitions (1). EU에서 개인데이터의 정의에 관한 상세한 설명은 Christopher Kuner, European Data Protection Law–Corporate Compliance ans Regulation 2nd ed, 2007, Oxford University Press, 2007, pp. 91–98 참조.

4) 지능정보화기본법 제2조 4. "지능정보기술"이란 다음 각 목의 어느 하나에 해당하는 기술 또는 그 결합 및 활용 기술을 말한다. …
   나. 데이터(부호, 문자, 음성, 음향 및 영상 등으로 표현된 모든 종류의 자료 또는 지식을 말한다)를 전자적 방법으로 수집·분석·가공 등 처리하는 기술

5) 방송법 제2조 1. "방송"이라 함은 방송프로그램을 기획·편성 또는 제작하여 이를 공중(개별계약에 의한 수신자를 포함하며, 이하 "시청자"라 한다)에게 전기통신설비에 의하여 송신하는 것으로서 다음 각목의 것을 말한다.
   다. 데이터방송: 방송사업자의 채널을 이용하여 데이터(문자·숫자·도형·도표·이미지 그 밖의 정보체계를 말한다)를 위주로 하여 이에 따르는 영상·음성·음향 및 이들의 조합으로 이루어진 방송프로그램을 송신하는 방송(인터넷 등 통신망을 통하여 제공하거나 매개하는 경우는 제외한다. 이하 같다)

6) 데이터 기반 행정 활성화에 관한 법률 제2조 1. "데이터"란 정보처리능력을 갖춘 장치를 통하여 생성 또는 처리되어 기계에 의한 판독이 가능한 형태로 존재하는 정형 또는 비정형의 정보를 말한다.

7) 공공데이터의 제공 및 이용 활성화에 관한 법률 제2조
   2. "공공데이터"란 데이터베이스, 전자화된 파일 등 공공기관이 법령 등에서 정하는 목적을 위하여 생성 또는 취득하여 관리하고 있는 광(光) 또는 전자적 방식으로 처리된 자료 또는 정보로서 다음 각 목의 어느 하나에 해당하는 것을 말한다.
      가.「전자정부법」제2조제6호에 따른 행정정보
      나.「국가정보화 기본법」제3조제1호에 따른 정보 중 공공기관이 생산한 정보
      다.「공공기록물 관리에 관한 법률」제20조제1항에 따른 전자기록물 중 대통령령으로 정하는 전자기록물
      라. 그 밖에 대통령령으로 정하는 자료 또는 정보

이터와의 관계가 문제될 수 있다. 콘텐츠의 정의가 최광의로 규정되어 있기는 하지만, 콘텐츠는 법 제23조에 따른 콘텐츠 식별체계에 따라 분류되고 있고 콘텐츠 산업은 출판, 만화, 음악, 게임, 영화, 애니메이션, 방송, 광고, 캐릭터, 지식정보, 콘텐츠 솔루션에 한정되어 콘텐츠는 실제로는 협의의 개념이라고 할 수 있다.

개인정보 보호법상 개인정보는 '성명, 주민등록번호 및 영상 등을 통하여 개인을 알아볼 수 있는 정보'라고만 규정하고 있을 뿐 정보의 종류, 형태, 성격, 형식 등에 대해서는 특별한 제한을 두고 있지 않으므로, 개인을 알아볼 수 있는 정보에 해당하는 한, 모든 종류 및 모든 형태의 정보가 개인정보가 될 수 있다. 예를 들어, 특정 개인의 신장, 체중, 나이 등 객관적 사실에 관한 정보에서부터, 직장에서 직원에 대한 근무 평가나 금융기관에서 개인의 신용도 평가 등 그 사람에 대한 제3자의 의견·평가와 같은 주관적 정보도 개인정보에 해당된다. 또한 개인정보가 되기 위해서는 그 정보가 반드시 사실이거나 증명될 필요는 없으며, 심지어 부정확한 정보 또는 허위 정보라도 특정한 개인과 관련성을 지닌다면 개인정보가 될 수 있다. 또한 정보의 처리 형식이나 처리 매체에도 제한이 없다. 컴퓨터 등에 저장된 문서·파일 등 전자기(電磁氣)적 형태의 정보, 종이문서에 기록된 수기(手記) 형태의 정보, 녹음된 음성정보, CCTV에 찍힌 영상정보, 기타 문자·부호·그림·숫자·사진·그래픽·이미지·음성·음향·영상·화상 등의 형태로 처리된 정보도 모두 포함될 수 있다.[8]

이처럼, 개인정보에 있어 '정보'의 개념을 최광의로 파악하고 있어, 이는 위 '지식의 피라미드'와의 관계에서 보면 개인정보 보호법상 개인정보는 개인에 관한 '가공하기 전의 순수한 수치나 기호 일체'를 의미하는 것으로 파악된다.

최근 제정된 데이터산업법은 경제적 부가가치가 있는 데이터의 생성, 유통, 활용을 통하여 데이터 경제를 활성화하고자 하는 목적을 가지고 있어 데이터를 다양한 부가가치 창출을 위해 관찰, 실험, 조사, 수집 등으로 취득하거나 정보시스템 및 「소프트웨어산업 진흥법」 제2조제1호에 따른 소프트웨어 등을

---

8) 행정안전부, "개인정보 보호법령 및 지침·고시 해설", 2011.12., 7-8면.

통하여 생성된 것으로서 광(光) 또는 전자적 방식으로 처리될 수 있는 자료 또
는 정보를 말한다고 규정하고 있다. 법의 목적을 고려하여 경제적 가치가 있는
자료를 대상으로 데이터를 규정하고 있으나 다만, 형식은 온라인, 오프라인을
모두 포함하고 있음을 알 수 있다. 결국 데이터 보유주체가 공공이냐 민간이냐
에 따른 공공데이터, 민간데이터 그리고 개인식별성 존재 여부 따른 개인데이
터, 비개인데이터 모두를 포괄하는 최상위의 개념을 전제하고 있다. 다만, 순수
히 인격권적인 성격만이 있는 개인데이터의 경우 데이터산업법상 데이터의 범
위에서는 제외된다고 할 수 있다.

결국 데이터는 가공하기 전의 순수한 수치나 기호를 의미하는 것이 이론
적으로 간명할 것으로 보이나 실정법으로는 정보, 지식과 혼용되고 있음을 확
인할 수 있다. 본서에서는 데이터를 일단 가공하기 전의 순수한 수치나 기호라
는 최광의로 파악하고자 한다.

2. 데이터법의 의의와 범위

가. 데이터법의 의의

앞서 살펴본 바와 같이 데이터를 존재형식을 불문하고 타 데이터와 상관
관계가 없는 가공하기 전의 순수한 수치나 기호를 의미한다고 보면 데이터법
은 이런 데이터의 활용과 보호, 데이터의 접근과 개방 등을 촉진 내지 규제하
는 일체의 법규범이라고 할 수 있다. 데이터법이라는 별도의 법전이 없기 때문
에 데이터법의 범위는 데이터의 종류, 형식, 활용 분야별로 매우 광범위한 스
펙트럼이 존재한다고 할 수 있다. 다만, 「지능정보화기본법」, 「데이터산업법」
은 기본법으로서 데이터 법제의 총론에 해당한다고 할 수 있다.

나. 데이터법의 범위

데이터의 관리, 보유주체가 누구인가에 따라 공공기관이 보유한 공공데이
터, 민간이 보유한 민간데이터로 나눌 수 있는데, 법률상으로는 「공공기관의

정보공개에 관한 법률」, 「공공데이터 제공 및 이용에 관한 법률」은 공공기관이 보유한 공공데이터를 법적용 대상으로 한다. 둘째, 개인식별성 여부에 따라 개인데이터와 비개인데이터로 구분될 수 있는데, 실정법으로 보면 「개인정보 보호법」, 「신용정보의 이용 및 보호에 관한 법률」, 「위치정보의 보호 및 이용 등에 관한 법률」은 개인식별이 가능한 데이터를 보호하는 것을 목적으로 하고 있다. 개인데이터는 프라이버시 보호 차원에서 접근이 중요한 분야로 인식되고 있어 데이터 활용에 있어 여러 제약이 존재한다. 셋째, 데이터 활용 분야별로 다양한 데이터법이 존재한다. 대표적인 것이 보건의료 분야, 통신 분야, 금융 분야, 콘텐츠 분야라고 할 수 있다. 보건의료 분야는 「의료법」, 「생명윤리 및 안전에 관한 법률」이 대표적이고 통신 분야는 「전기통신사업법」, 「통신비밀보호법」이 있고 금융 분야는 「신용정보의 이용 및 보호에 관한 법률」, 「금융실명거래 및 비밀보장에 관한 법률」, 「전자금융거래법」이 있다. 콘텐츠 분야는 「콘텐츠산업진흥법」, 「영상진흥기본법」, 「게임산업진흥법」이 있다.

한편 데이터를 법적으로 보호할 것인지 여부, 만약 법적으로 보호하는 경우 어떤 수단을 택할 것인지에 따라 특별법에 의한 보호, 지식재산권으로서 보호, 부정경쟁원리에 따른 보호로 나누어진다. 특별법에 의한 보호로는 개인정보 보호법, 신용정보법 등 개인데이터에 대해 특별한 법적 보호를 하는 경우 등을 말한다. 지식재산권에 의한 보호에는 창작성이 있는 데이터에 대한 저작권 보호를 하는 「저작권법」, 신규성과 진보성이 있는 데이터에 대한 특허권을 부여하는 「특허법」 등이 있다. 부정경쟁원리에 따른 보호에는 영업비밀을 보호하는 「부정경쟁방지 및 영업비밀보호에 관한 법률」이 있다.

Ⅲ. 데이터법의 체계

1. 공사법에 따른 체계

일반적으로 공법은 일반 사인 간의 관계가 아닌 국가기관과 사인 혹은 국가기관 간의 관계를 규율하며, 그 구별기준은 법률주체 상호간의 관계가 수평적인 경우는 사법, 수직적인 경우는 공법이라고 하거나 법률의 보호이익이 공익인 경우는 공법, 사익인 경우는 사법이라고 하는 학설 등이 존재하나, 실제 실익은 행정재판제도를 채택하고 있는 국가에서는 행정재판소·사법재판소의 관할권 분배의 필요성이다. 한국의 경우 「행정소송법」과 「행정심판법」이 이 구별을 전제로 하고 있다.[9]

　　보통 법체계의 분류로서는 헌법·행정법·형법·소송법·국제법 등은 대체로 공법에, 민법·상법 등은 대체로 사법에 속하는 것으로 본다. 이런 점에서 대부분의 데이터법은 행정부가 일정한 공익목적 달성을 위해 민간에게 의무를 부과하고 이를 위반하는 경우 행정제재 등을 규정하고 있다는 점에서 데이터 행정법이라고 할 수 있다. 예컨대 개인정보 보호법, 신용정보법, 통신비밀보호법 등은 데이터행정법으로서 데이터공법에 속한다고 할 수 있다. 공법은 법치주의 요청과 더불어 비례의 원칙, 평등의 원칙, 신뢰보호의 원칙 등이 중요한 원리로 작동하고 있다.

　　그 외에 사인과의 관계를 규율하는 사법인 민법, 상법 등에도 데이터의 거래, 유통 시 사인 간의 법률관계를 규율한다는 점에서 데이터사법의 존재를 인정할 수 있다. 특별법으로서 데이터사법이라고 할 수 있는 것이 저작권법, 특허법 등 지식재산권법이다. 지식재산권법은 재산적 가치가 있는 권리에 관한 요건, 심사 절차, 등록, 권리제한, 침해 등을 규정하고 있는데, 그 본질은 배타적 지배권으로서 민법상 물건에 대한 소유권과 유사하다. 계약 체결에 있어서 통상/전용실시권, 이용허락계약, 침해에 대한 금지청구와 손해배상청구 등 민법상 계약이나 불법행위 규정과 유사하다.[10] 이런 점에서 지식재산권법은 민법의 특별법으로서 성격을 가지고 있으며, 따라서 데이터사법이라고 할 수 있다. 물론 특허법, 실용신안법, 상표법 등 소위 산업재산권법은 산업재산권 취득에 있어서 출원인의 출원과 특허청의 심사, 등록이라는 절차를 거쳐야 하는데 이는 행정절차, 행정처분의 성격을 가진다. 이 점에서 산업재산권법은 행정법적 성격

---

9) 박균성, 『행정법론 (상)』, 박영사, 2016, 80-86면.

10) 정상조, 박준석, 『지식재산권법』, 제3판, 홍문사, 2013, 37-38면.

도 지니고 있으며, 따라서 데이터공법으로 성격도 가지고 있다고 할 것이다.

2. 데이터의 법적 보호에 따른 체계

기술한 바와 같이 특정 데이터에 관한 특별한 법적 보호는 개인데이터에 관한 것으로 개인정보 보호법, 신용정보법, 위치정보법이 있다. 특히, 한국은 개인정보의 특수한 유형 중 하나로 볼 수 있는 위치정보가 별도의 법률에 의해서 보호받고 있다. 즉, 위치정보의 유출·오용 및 남용으로부터 사생활의 비밀 등을 보호하고 위치정보의 안전한 이용환경을 조성하여 위치정보의 이용을 활성화함으로써 국민생활의 향상과 공공복리의 증진에 이바지함을 목적으로 제정된 위치정보의 보호 및 이용 등에 관한 법률이 시행 중인데 동법에 따른 위치정보는 비개인정보, 개인정보를 포괄하고 있다는 점이 특색이다.[11]

비개인정보 중 신규성, 창조성, 진보성이 있는 경우 지식재산권으로 보호하며, 이러한 지식재산권은 어문, 음악, 미술, 컴퓨터 프로그램, 캐릭터 같은 창의성이 있는 독창적인 저작물에 대한 저작권, 발명에 대한 권리인 특허권, 특허에 비하여 상대적으로 작은 실용적인 발명이나 고안에 대해 주어지는 권리로 상품의 형태, 구조 또는 조립에 관한 기술적 창작에 대한 재산권인 실용신안권, 상품의 독창적인 모양, 형상 및 색채 등 외관상으로 표현되는 독창성에 대하여 주어지는 권리인 의장권, 생산자가 자신의 상품을 다른 상품과 구분하기 위하여 사용하는 문자, 도형, 기호, 색채 등으로 표현되는 상징에 대한 독점적 사용권인 상표권이 각각 저작권법, 특허법, 실용신안법, 의장법, 상표법으로 인정되고 있다. 이런 지식재산권의 상위 기본법으로서 지식재산기본법이 있다. 동법은 지식재산[12]의 창출, 활용, 보호를 위한 기반의 구축과 정부의 정책 추

---

11) 동법 제2조 제1호. "위치정보"라 함은 이동성이 있는 물건 또는 개인이 특정한 시간에 존재하거나 존재하였던 장소에 관한 정보로서 「전기통신사업법」 제2조제2호 및 제3호에 따른 전기통신설비 및 전기통신회선설비를 이용하여 수집된 것을 말한다. 제2호 "개인위치정보"라 함은 특정 개인의 위치정보(위치정보만으로는 특정 개인의 위치를 알 수 없는 경우에도 다른 정보와 용이하게 결합하여 특정 개인의 위치를 알 수 있는 것을 포함한다)를 말한다.

12) 동법 제3조 제1호에 따르면 "지식재산"이란 인간의 창조적 활동 또는 경험 등에 의하여 창출되거나 발견된 지식·정보·기술, 사상이나 감정의 표현, 영업이나 물건의 표시, 생물의 품종이나

진 체계를 정하고 있다. 비개인정보를 지식재산권으로 보호하는 방법 이외에 특별한 정보에 대한 다양한 보호 법제가 존재한다. 정보 중 영업비밀성을 갖춘 경우 부정경쟁방지 및 영업비밀보호에 관한 법률의 보호를 받으며 침해금지청구권 등이 인정된다. 정보 중 산업기술[13])에 해당하는 경우 이를 경제적 관점에서 뿐만 아니라 국가안보의 차원에서 부정한 유출을 방지하고 이를 보호함으로써 국내산업의 경쟁력을 강화하고 국가의 안전보장과 국민경제의 발전에 이바지함을 목적으로 산업기술의 유출방지 및 보호에 관한 법률이 시행되고 있다.[14])

최근 경제적 가치가 있는 데이터에 대한 특별한 법적 보호에 대한 논란이 있어 살펴본다. 미리 정의된 데이터 모델이 없거나 미리 정의된 방식으로 정리되지 않은 자료인 '비정형데이터'의 경우는 현행법상 법적 보호가 명확하지 않다. 데이터는 민법상 물건에 포함되는 무체물이 아니며, 현행법상 지식재산권이나 개인정보에 의해 직접 보호되는 경우를 제외하고, 일반적으로 데이터에 합법적으로 접근하여 그 이용을 통제할 수 있는 사실상의 지위 또는 계약에 따른 데이터 이용권한을 결정한 경우 채권적 지위을 가지며 현재로서는 이 접근이 타당할 수 있다.[15])

유전자원(遺傳資源), 그 밖에 무형적인 것으로서 재산적 가치가 실현될 수 있는 것을 말한다.

13) 동법 제2조 제1호. "산업기술"이라 함은 제품 또는 용역의 개발·생산·보급 및 사용에 필요한 제반 방법 내지 기술상의 정보 중에서 행정기관의 장(해당 업무가 위임 또는 위탁된 경우에는 그 위임 또는 위탁받은 기관이나 법인·단체의 장을 말한다)이 산업경쟁력 제고나 유출방지 등을 위하여 이 법 또는 다른 법률이나 이 법 또는 다른 법률에서 위임한 명령(대통령령·총리령·부령에 한정한다. 이하 이 조에서 같다)에 따라 지정·고시·공고·인증하는 다음 각 목의 어느 하나에 해당하는 기술을 말한다. 가. 제9조에 따라 고시된 국가핵심기술, 나.「산업발전법」제5조에 따라 고시된 첨단기술의 범위에 속하는 기술, 다.「산업기술혁신촉진법」제15조의2에 따라 인증된 신기술, 라.「전력기술관리법」제6조의2에 따라 지정·고시된 새로운 전력기술, 마.「환경기술 및 환경산업 지원법」제7조에 따라 인증된 신기술, 바.「건설기술 진흥법」제14조에 따라 지정·고시된 새로운 건설기술, 사.「보건의료기술 진흥법」제8조에 따라 인증된 보건신기술, 아.「뿌리산업 진흥과 첨단화에 관한 법률」제14조에 따라 지정된 핵심 뿌리기술, 자. 그 밖의 법률 또는 해당 법률에서 위임한 명령에 따라 지정·고시·공고·인증하는 기술 중 산업통상자원부장관이 관보에 고시하는 기술 제2호 "국가핵심기술"이라 함은 국내외 시장에서 차지하는 기술적·경제적 가치가 높거나 관련 산업의 성장잠재력이 높아 해외로 유출될 경우에 국가의 안전보장 및 국민경제의 발전에 중대한 악영향을 줄 우려가 있는 기술로서 제9조의 규정에 따라 지정된 것을 말한다.

14) 이성엽, 한국의 데이터주도 혁신에 대한 법의 대응과 진화, 경제규제와 법 11권 제2호, 서울대 공익산업법센터, 2018, 150-151면.

15) Hans-Heinrich Trute, Industry 4.0 in Germany and the EU- Data between property and

이에 따른 최근 데이터에 대한 법적 보호가 대두된 이유는 상당한 노력과 투자로 생성한 데이터를 보호해 주지 않는다면 거래를 위해 이를 내놓을 유인이 부족하기 때문이다. 이에 따라 데이터 대한 법적 보호에 대한 논의는 크게 '배타적 권리를 부여하는 방식'과 '경쟁법적 행위 규제 방식'으로 나눈다. 국내외 학자들은 대체로 데이터에 대해 배타적 권리를 부여할 경우 데이터 간의 결합, 공유를 방해할 뿐만 아니라 이로 인해서 무수히 많은 분쟁이 발생할 소지가 크다고 지적한다.16)

이러한 측면에서 데이터 보호를 위해 부정경쟁방지법 카목을 적용하거나 동 법률에 새로운 부정경쟁행위를 신설하자는 의견이 있다.17)18) 한편, 최근 입법된 「산업디지털전환촉진법」과 「데이터산업법」에서 데이터 보호에 관한 명시적 규정을 두고 있는데, 상당히 대조적인 모습을 띠고 있다. 예를 들면, 「산업디지털법 제9조 제1항에서 "산업데이터를 생성한 자는 해당 산업데이터를 가공, 분석, 이용, 제공 등의 방법으로 활용하여 사용·수익할 권리를 가진다."라고 규정하고 있어서 산업데이터 생성자에게 일정한 '권리'를 부여하는 방식을 취하고 있다. 반면, 「데이터산업법」 제12조에서는 "데이터 생산자가 인적 또는 물적으로 상당한 투자와 노력으로 생성한 경제적 가치를 가지는 데이터(이하 '데이터자산'이라 한다)의 전부 또는 상당한 부분을 부정한 수단으로 취득·사용하거나 이를 타인에게 제공함으로써 데이터 제작자의 영업에 관한 이익을 침해하는 행위"를 금지행위로 규정함으로써 부정행위를 규율하는 방식을 취하고 있다.

---

access in the data-driven economy, Journal of Law and Economic regulation (10) 2, SNU Center for Law and Public Utilities, 2017, pp.193-207.

16) 대표적으로 이동진, 앞의 글, 233-237면.

17) 예를 들면, 박준석, "빅데이터 등 새로운 데이터에 대한 지적재산권법 차원의 보호가능성", 「産業財産權」 vol.0 No.58, 2019; 차상육, "인공지능 개발에 필요한 데이터셋의 지적재산권법상 보호", NRF KRM(Korean Research Memory), 2018.; 심현주·이헌희, "데이터의 부정경쟁 유형으로의 보호에 관한 소고 -일본의 부정경쟁방지법 개정을 중심으로-"「법학논총」 제35권 4호, 2018.

18) 일본도 데이터 보호를 위해 2018년 5월 30일 개정 부정경쟁방지법을 공포하면서 '한정제공 데이터' 개념을 도입하였는데, 즉 '업으로서 특정한 자에게 제공한 정보로 전자적 방법에 의하여 상당량이 축적, 관리되고 있는 기술상 또는 영업상의 정보(비밀로서 관리되고 있는 것은 제외)'로 정의하고 있다. 이러한 한정제공 데이터를 부정취득, 사용, 공개하는 행위를 새로운 부정경쟁행위로 추가하였다.

[표 1-1] 데이터법의 범위와 체계

기준	구분		구분		
기본법(일반법)과 특별법	기본법		특별법		
	지능정보화기본법, 데이터산업기본법		개인정보 보호법, 공공데이터법		
공법과 사법	데이터공법		데이터사법		
	데이터산업기본법, 개인정보 보호법		저작권법, 특허법, 상표법		
데이터의 활용과 보호	데이터활용 목적 위주		데이터 보호 목적 위주		
	데이터산업기본법, 데이터기반행정활성화법		개인정보 보호법, 위치정보법		
공공데이터/ 민간데이터	공공데이터		공공 및 민간데이터		
	공공데이터법, 공공기관정보공개법		데이터산업기본법, 개인정보 보호법		
개인데이터/ 비개인데이터	개인데이터		개인/비개인데이터		
	개인정보 보호법, 신용정보법, 위치정보법		데이터산업기본법, 데이터기반행정활성화법		
데이터의 법적 보호 수단	특별법 보호	지식재산권	부정경쟁원리		소유권 유사
	개인정보 보호법, 신용정보법	저작권법, 특허법	부정경쟁방지법		산업디지털 전환촉진법(안)
데이터 활용/ 보호 분야	통신	금융	보건의료	행정	교육
	전기통신사업법, 통신비밀보호법	신용정보법, 금융실명법	의료법, 생명윤리법	공공데이터법, 데이터기반행정 활성화법	교육법

Ⅳ. 주요 데이터법의 내용

1. 데이터 3법

가. 서론

개인정보 보호법, 정보통신망 이용촉진 및 정보 보호 등에 관한 법률(이하 '정보통신망법'), 신용정보의 이용 및 보호에 관한 법률(이하 '신용정보법') 등 데이터 경제 3법 개정안이 2020년 1월 9일 국회를 통과하고 2월 4일 공포되어 8월 5일 시행되었다. 4차 산업혁명 시대 신산업 육성을 위해 인공지능, 클라우드, 사물인터넷 등 신기술을 활용하기 위해서는 데이터의 이용이 필수적인데, 3법은 데이터의 활용을 촉진하는 한편 정보주체의 권리를 강화하고 개인정보 보호의 컨트롤 타워로서 개인정보보호위원회의 위상을 제고하는 것이 주요 내용이다. 이하에서는 3법의 내용, 평가와 향후 과제를 살펴보고자 한다.

나. 데이터 3법의 주요 내용

우선 개인정보 개념을 3가지로 구분했다. 즉, 종래 개인정보 개념을 2가지로 구분하고 가명정보 개념을 신설했다. 첫째, 개인정보는 성명, 주민등록번호 및 영상 등을 통하여 개인을 알아볼 수 있는 정보 외에 "해당 정보만으로는 특정 개인을 알아볼 수 없더라도 다른 정보와 쉽게 결합하여 알아볼 수 있는 정보"로 구분했다. 개정법은 "쉽게 알아볼 수 있는지 여부"는 다른 정보의 입수 가능성 등 개인을 알아보는데 소요되는 시간, 비용, 기술 등을 합리적으로 고려해야 한다는 점을 신설하여 개인정보 개념을 명확히 했다. 둘째, 가명정보를 "개인정보의 일부를 삭제하거나 일부 또는 전부를 대체하는 등의 방법으로 추가정보 없이는 특정 개인을 알아볼 수 없도록 처리(이하 '가명처리')함으로써 원래의 상태로 복원하기 위한 추가정보의 사용·결합 없이는 특정 개인을 알아볼 수 없는 정보"로 정의하고,[19] 통계작성, 과학적 연구, 공익적 기록보존 등을 위

---

[19] GDPR은 가명처리(Pseudonimization)란 추가적으로 정보를 사용하지 않고서는 더 이상 특정

해서 정보주체의 동의 없이 처리할 수 있도록 했다. 셋째, 시간·비용·기술 등을 합리적으로 고려할 때 다른 정보를 활용하여도 더 이상 개인을 알아볼 수 없는 정보(이른바 '익명정보')에 대해서는 법을 적용하지 않는다는 점을 규정했다.[20]

다음 현행법상 개인정보처리자는 동의를 받은 범위를 벗어나 개인정보를 수집·이용하거나 제공할 수 없도록 규정되어 있었으나, 개정법에서는 당초 수집 목적과 합리적으로 관련된 범위 내에서 정보주체의 동의 없이 개인정보를 수집·이용 및 제공할 수 있도록 하였다.[21] 또한 '개인정보보호위원회'를 국무총리 소속 중앙행정기관으로 격상하는 한편, 기존 행정안전부 및 방송통신위원회의 개인정보 보호 관련 기능을 동 위원회로 일원화하였다. 또한 개인정보 보호에 관한 정보통신망법의 규정들을 삭제했으나, 이를 개인정보 보호법상 특례로 규정하였기 때문에 정보통신서비스 제공자에 대해서는 종래 규제들이 적용된다. 다만, 동의가 필요했던 처리위탁에 대해서 특례에서는 개인정보 보호법과 같이 동의를 요하지 않는 것으로 했다.

신용정보법의 경우에도 가명정보의 도입 등 데이터 활용을 촉진하는 규정을 신설하였으며, 그 외에도 신용정보주체의 신용정보를 일정한 방식으로 통합하여 본인에게 제공하는 행위를 영업으로 하는 '본인신용정보관리업'을 도입하였다. 또한 신용정보주체의 권리 강화를 위해 개인인 신용정보주체가 신용정보제공이용자(금융회사)나 공공기관에 대하여 본인에 관한 개인신용정보를 본인신

정보주체를 알아볼 수 없도록 개인정보를 처리하는 것이다. 이러한 추가정보는 별도로 보관되어야 하고 해당 개인정보가 자연인을 식별하거나 식별할 수 없도록 하기 위해서 기술적·조직적인 조치가 적용되어야 한다(GDPR 제4조 정의(5))라고 규정하고 있다.

20) GDPR은 식별가능성을 판단하기 위해서는 특정 개인의 식별 등 처리자 또는 제3자 모두가 개인을 직접 또는 간접적으로 확인하기 위해 사용할 것으로 합리적으로 예상되는 모든 수단을 고려해야 한다고 하고 있고, 합리적인지 여부를 식별하기 위해 소요되는 비용과 시간 등 객관적인 요소를 모두 고려하고, 처리 당시 이용 가능한 기술과 기술적 발전을 모두 고려해야 한다고 규정하고 있다. 또한 익명처리된 정보(anonymous information)에는 GDPR을 적용하지 않는다는 점도 규정하고 있다(EU GDPR 전문(recital) (26)).

21) GDPR은 개인정보가 최초로 수집될 때 제시된 목적과 '다른 목적'(another purpose)이 최초 수집 목적과 양립(compatible)하는 경우 최초 수집 목적과 다른 목적의 처리가 가능하다. 한편 GDPR 제89조 제1항에 따른 '공익을 위한 기록보존 목적, 과학 또는 역사 연구 목적, 또는 통계적 목적'(archiving purposes in the public interest, scientific or historical research purposes or statistical purposes)은 원래의 수집 목적과 양립 가능한 것으로 간주된다고 규정하고 있다(GDPR 제5조 제1항(b)).

용정보관리업자나 다른 신용정보제공이용자에 전송할 것을 요구할 수 있는 '개인신용정보전송요구권', 개인인 신용정보주체가 개인신용평가회사나 신용정보제공이용자에 대하여 자동화평가(컴퓨터 등 정보처리장치로만 개인신용정보 및 그 밖의 정보를 처리하여 개인인 신용정보주체를 평가하는 행위)의 실시 여부, 자동화평가 결과 및 주요 기준에 대한 설명 요구 등을 할 수 있는 '자동화평가대응권'을 도입했다.

다. 데이터 3법의 평가

데이터 경제 3법은 우선 데이터 활용 관점에 방점을 두고 있는 것으로 평가된다. 개인정보의 개념 명확화, 가명처리한 정보의 동의 없는 활용, 수집 목적과 합리적으로 관련된 범위 내에서 동의 없는 활용, 가명정보 등의 전문기관을 통합 결합, 신용정보주체가 SNS에 공개한 정보의 동의 없는 이용 등이 그 사례이다. 이런 규정들로 인해 빅데이터 분석, 이용의 법적 근거가 마련되었다는 점에서 중요한 의의가 있다.

다만, 개인정보 보호법과 비교하면 신용정보법이 보다 데이터 활용에 강조점을 두고 있다는 해석이 가능하다. 가명정보의 활용 목적과 관련 개인정보 보호법은 통계작성, 과학적 연구, 공익적 기록보존을 명시하고 있음에 반해 신용정보법은 통계작성(시장조사 등 상업적 목적의 통계작성을 포함), 연구(산업적 연구를 포함), 공익적 기록보존이라고 명시하여 문언상으로는 후자가 넓게 규정되어 있다. 다만, 개인정보 보호법의 제안 이유에는 '산업적 목적을 포함하는 과학적 연구'로 설명되어 있어 실질적으로 양자는 같은 것으로 볼 수 있다. 최초 수집 목적과의 관련성 여부에 대해서도 개인정보 보호법은 "당초 수집 목적과 합리적으로 관련된 범위"라고 되어 있으나, 신용정보법은 "당초 수집한 목적과 상충되지 아니하는 목적으로 이용하는 경우"를 규정하고 있어 후자가 보다 넓은 것으로 되어 있다. 다만, 양 조항 모두 구체적인 사항은 대통령령으로 위임하고 있기 때문에 향후 추이를 지켜볼 필요가 있다. 정보결합에 대해서도 개인정보 보호법은 가명정보에 대해서만 전문기관을 통한 결합을 허용하고 있으나 신용정보법은 정보집합물의 전문기관을 통한 결합을 허용하고 있어 후자가 보다 넓은 의미로 해석된다.

데이터 보호 관점에서도 진일보한 내용이 포함되었다. 특정 개인을 알아보기 위한 목적으로 정보를 처리한 경우 전체 매출액의 3% 이하의 과징금이 신설된 것 외에도 가명정보의 복원에 필요한 추가정보의 분실·유출 등을 방지하기 위한 안전성 확보조치 의무, 가명정보 처리 관련 기록 작성·보관 의무, 가명정보 처리 시 생성된 특정 개인식별가능 정보 처리 중지·회수·파기의무 등을 규정하고, 이를 위반할 경우 형사처벌, 과태료, 과징금 등의 제재를 부과하고 있다. 기술한 개인신용정보전송요구권과 자동화평가대응권은 각각 EU GDPR의 데이터 이동권(right to data portability), 프로파일링(profiling)거부권과 유사한 것으로, 전자는 정보주체의 의사를 기반으로 한 데이터 활용 촉진, 후자는 인공지능의 편향적인 결정에 대한 정보주체의 대응권으로서 의의가 있다. 또한 신용정보법 위반의 징벌적 손해배상책임 한도를 3배에서 5배로 증액하였고, 과징금도 위반 행위 관련 매출의 3% 이내에서 전체 매출의 3%로 확대하였다. 전체적으로 정보주체의 자기결정권을 강화하는 한편, 위반 행위에 대한 경제적 제재를 강화해 위반 행위로 나아갈 유인을 감소시킨 것으로 평가된다.

데이터 거버넌스 관점에서 개인정보보호위원회가 개인정보 보호법을 관장하는 독립적 감독기관이 되었으나 신용정보에 대해서는 금융위원회가 신용정보법 소관 부서로의 역할을 수행하고 있어 사실상 이원화된 거버넌스라고 할 수 있다. 일례로 기존에 주로 금융회사에 대해서만 적용되었던 신용정보법이 신용정보에 관해서는 일반 상거래 기업 및 법인에 대해서도 적용되고, 이들에 대해서는 개인정보보호위원회가 자료제출요구, 검사권 등, 과징금 및 과태료 부과 등의 권한을 가진다. 결국 일반 상거래 기업의 경우 신용정보에 대해서는 신용정보법을, 개인정보에 대해서는 개인정보 보호법을 적용받게 됨으로써 실무상 혼란이 예상된다. 또한 개인정보보호위원회는 물론 중앙행정기관도 데이터 결합을 수행하는 전문기관을 지정할 수 있게 됨으로써 사실상 전 부처가 데이터 활용과 보호 업무를 수행하게 되었다. 각 기관의 자율성을 인정하면서도 법 집행과 해석의 통일성을 기할 필요성도 높아졌다고 할 수 있다.

라. 2차 개정 개인정보 보호법의 내용과 평가

첫째, 全 분야 마이데이터 확산을 통해 디지털 경제의 성장을 견인하기 위한 내용이다. 국민이 신뢰할 수 있는 개인정보 활용 기반 조성으로 데이터 시대 신기술·신산업이 발전할 수 있는 혁신적 변화의 계기가 마련되었다. 자신의 개인정보를 보유한 기업·기관에게 그 정보를 다른 곳으로 옮기도록 요구할 수 있는 '개인정보 전송요구권'의 일반법적 근거를 신설하였다. 이에 따라 그간 금융·공공 등 일부 분야에서만 제한적으로 가능했던 마이데이터 서비스가 국민 개개인의 뜻에 따라 의료·유통 등 모든 영역에서 보편적으로 이루어질 수 있는 기반이 마련되었다.

다음 이동형 영상정보처리기기가 부착된 자율주행차, 드론, 배달 로봇 등이 안전하게 운행될 수 있도록 합리적인 기준을 마련하였다. 그동안 이동형영상정보처리기기는 일상생활에서 광범위하게 사용되고 있는 현실과는 달리 명확한 규정 없이 운영되어 왔다. 이에, 이동형 영상정보처리기기를 업무 목적으로 운영할 경우 촬영사실을 명확하게 표시하도록 하는 등 운영 기준을 마련하였다. 또한 누구든 법을 쉽게 준수할 수 있도록 온·오프라인으로 이원화된 규제체계를 개편하여 동일행위에는 동일규제가 적용되도록 하였다. 특히, 국민의 권리 보장에 도움이 되는 규정은 모든 분야로 확대하고, 실효성이 낮은 조문은 삭제하였다.

둘째, 디지털 환경에 맞추어 국민이 자신의 권리를 실질적으로 행사할 수 있도록 개편하여 국민과 기업·기관 간 개인정보 처리에 대한 '신뢰'가 축적될 수 있는 토대를 마련하였다. 그간 정보주체의 '동의'에만 과도하게 의존했던 개인정보 처리 관행에서 벗어나, 상호계약 등 합리적으로 예상할 수 있는 범위 내에서는 동의 없이도 개인정보 수집·이용이 가능하도록 정비하였다. 또한, 개인정보위가 기업·기관의 개인정보 처리방침을 평가한 후 개선하도록 하여 국민이 자신의 개인정보 처리에 대해 보다 쉽고 정확하게 알 수 있도록 개선할 수 있는 기반을 마련하였다.

　인공지능을 활용한 자동화된 결정이 채용 면접, 복지수급자 선정 등과 같이 국민에게 중대한 영향을 미치는 경우, 이에 대해 거부하거나 설명을 요구할 수 있는 권리를 신설하였다. 디지털 네이티브인 아동에게 개인정보 관련 내용을 알릴 때에는 이해하기 쉬운 양식·언어 사용 의무를 온라인 분야에서 모든 분야로 확대하고, 국가·자치단체의 아동 개인정보 보호 시책 의무를 명확히 하였다. 개인정보 분쟁조정 절차에 참여 의무를 공공기관에서 전체 개인정보처리자로 확대하고, 분쟁조정을 위해 사실확인이 필요한 경우 사실조사 근거를 마련하는 등 분쟁해결을 위한 제도를 정비하였다.

　셋째, 글로벌 통상에서 데이터가 차지하는 중요성이 점점 높아지고 있는 상황에서 글로벌 스탠다드에 부합하고 개인정보 국제 규범을 선도할 수 있도록 국외이전, 과징금 제도 등을 정비하였다. 그동안 개인정보를 국외로 이전하려면 정보주체의 '동의'가 필요하였으나, 동의 외에도 계약·인증·적정성결정 등으로 국외이전 요건을 다양화하여 글로벌 규범과의 상호운용성을 확보하였다. 다만, 해당 국가가 개인정보를 적정하게 보호하고 있지 않다고 판단되는 경우에는 국외이전 중지를 명령할 수 있는 근거도 마련하여 우리 국민의 개인정보 침해를 사전에 방지할 수 있도록 하였다.

　글로벌 스탠다드와 달리, 개인정보 보호 책임을 기업보다는 담당자 개인에 대한 형벌 위주로 규율하고 있는 문제를 개선하기 위해, 과도한 형벌을 경제벌 중심으로 전환하였다. 특히, 과징금 상한액은 글로벌 수준에 맞추어 전체 매출액의 3% 이하로 조정하고, 산정 시 위반행위와 관련 없는 매출액은 제외하도록 하여 비례성과 효과성을 모두 확보할 수 있도록 하였다.[22]

---

22) 위 내용 및 <표 1-2>는 개인정보보호위원회 보도자료, 개인정보 보호법 전면개정, 데이터 신경제 시대 열린다, 2022.3.14.

[표 1-2] 개인정보보호법 주요 개정 내용 요약〉

구 분	현 행	개 정
1. 신기술·신산업 등 데이터 경제 성장 견인		
개인정보 전송요구권 신설	• 금융·공공 분야에서만 제한적 도입	• 자신의 개인정보를 본인 또는 제3자에게 전송을 요구할 수 있는 일반적인 권리로서 전송요구권 신설
이동형 영상정보처리기기 규정	• 자율주행차, 드론, 배달로봇 등 이동형 기기의 영상정보 수집에 대한 입법 미비	• 이동형 기기의 특성을 반영한 수집 기준, 촬영 사실 표시 등 합리적인 운영기준 마련
온·오프라인 규제 일원화	• 온·오프라인 규제 이원화로 기업의 법 적용 혼선 및 이중부담 발생	• 일반규정과 특례규정을 일원화하여 '동일행위-동일규제' 원칙 적용으로 불합리한 규제 정비
2. 디지털 시대에 적합한 국민의 적극적 권리 강화		
개인정보 처리요건 정비	• 복잡하고 형식적인 동의제도 운영으로 정보주체의 실질적 선택권이 없는 필수동의 강제 관행	• 계약 체결·이행 요건을 정비하여 필수동의 관행을 개선하고, 공중위생 등 처리에 대한 안전조치를 강화
개인정보 처리방침 평가제 도입	• 처리방침의 수립·공개 의무만 있고 내용에 대한 판단 기준 부재	• 처리방침의 적정성 여부, 알기 쉽게 작성했는지 여부 등을 평가하여 필요시 개선권고 할 수 있도록 개선
자동화된 결정 대응권	• AI 등을 활용한 자동화된 결정이 광범위하게 활용되면서 새로운 프라이버시 이슈 제기	• 자동화된 결정이 정보주체의 권리·의무에 영향을 미치는 경우, 거부 및 설명 등 요구권 신설
개인정보 분쟁조정	• 소액사건이 대부분인 개인정보 분쟁조정에 대한 적극적 조정에 한계	• 분쟁조정 의무 참여 대상을 모든 개인정보처리자로 확대하고, 사실확인이 필요한 경우 사실조사 근거 마련
사적 목적 이용 금지	• 개인정보취급자의 개인정보 사적 이용에 대한 제재근거 부재	• 금지행위 규정에 정당한 권한 없이 허용된 권한을 초과하여 타인의 개인정보를 '이용'하는 행위 추가

3. 글로벌 스탠다드에 부합하는 법 제도 정비		
국외이전 요건 다양화 및 중지명령권 신설	• 국외이전 환경이 다양하게 변하고 있음에도 국외 이전 시 추가적 별도 동의 필요	• 해외 법제와의 상호 운용성을 위해 동의 이외의 국외이전 요건을 다양화하고 국외이전 중지명령권을 신설
과징금·벌칙 규정 정비	• 업무담당자에 대한 형벌 중심의 규제로 개인정보 보호에 대한 기업의 실질적인 투자 유인이 부족	• 과도한 형벌 규정을 경제제재 중심으로 전환하는 대신, 과징금 상한 및 대상 확대 등을 통해 실효성 확보

2. 데이터산업법

가. 법제정 취지

법안을 발의한 과학기술정보통신부와 조승래 의원 측은 법 제정의 필요성을 민간 분야 데이터 유통거래 법제가 부재하다는 것으로 설명하고 있다. 현재, 「지능정보화기본법」(2020.6. 과기정통부)은 데이터 유통 활용 등에 관한 데이터센터(제40조), 데이터 시책(제42조), 데이터의 유통·활용(제43조) 등 기본적 사항을 규정하고 있을 뿐 구체적인 데이터 진흥을 위한 규율이 없다는 문제가 있다고 한다. 또한 「공공데이터법」은 공공데이터 개방·활용 촉진을 규율하고 있으나, 개방 이후 민간데이터 및 관련 산업진흥을 위한 규율은 없다는 것이다.

또한 데이터 유통 및 활용에 대한 산업적 수요가 급증함에 따라 정부는 데이터 활용 및 관련 산업진흥을 위한 다양한 정책을 추진하고 있으나, 그 법적 근거와 거버넌스 체계가 미흡한 상태이기 때문에, 따라서 민간데이터 유통·활용 촉진 및 관련 산업의 진흥을 위해, 「데이터 생산·거래 및 활용 촉진에 관한 기본법」이 제정될 필요성이 있다는 것이다. 데이터 진흥을 위해 필요한 법적 사항으로는 기본계획, 데이터 결합(산업 간, 이종 분야, 민간+공공 등), 시장질서, 데이터창출, 마이데이터, 거래소, 표준계약서, 품질관리 및 인증, 데이터 거래전문인력양성, 표준화, 데이터 보호, 가치평가, 개인정보 및 지식재산 보호,

실태조사, 중소기업 지원, 분쟁조정 등이라는 입장이다.[23)]

결론적으로 민간데이터의 가치와 중요성을 재인식하고 기업들의 불확실성을 제거하는 한편, 세계 각국의 데이터 산업 경쟁 상황을 감안한 우리나라의 데이터 산업 육성 의지를 대외적으로 표명하기 위한 데이터 진흥 기본법안이 필요한 시기라고 한다. 이 때문에, 데이터 생산, 거래 및 활용 촉진에 관한 기본법을 제정하여 데이터로부터 다양한 경제적 가치를 창출하고 데이터 산업 발전의 기반을 조성하여 국민생활의 향상과 국민경제의 발전에 이바지하기 위한 것이 법제정의 필요성이라고 한다.[24)]

나. 법안의 성격과 체계

본 법안은 민간데이터 활용과 관련하여 산업진흥의 측면에서는 기본법적인 성격을 가지면서, 「지능정보화기본법」상 데이터 관련 규정을 구체화한다는 의미에서 특별법적인 성격을 가지며, 민간데이터 활용의 패러다임을 제시한다는 측면에서 기본법적인 성격, 「지능정보화기본법」의 범위 바깥에 있는 데이터 산업진흥에 관한 구체적인 내용을 규정한다는 측면에서 독립한 개별법으로서 성격이 혼합되어 있다는 설명이다.[25)]

당초 법안의 명칭이 기본법이라는 점에서는 데이터 활용에 관한 기본법, 일반법을 지향하는 것으로 보이지만, 지능정보화기본법상 데이터 관련 규정을 구체화한다는 의미에서는 개별법, 특별법의 성격을 가지는 것으로 볼 수 있다. 법 제7조 제1항은 데이터 생산, 거래 및 활용 촉진에 관하여 다른 법률에 특별한 규정이 있는 경우를 제외하고는 이 법으로 정하는 바에 따른다고 규정하여 이를 분명히 하고 있다. 한편 동조 제2항은 개인정보 및 저작권, 공공데이터에 관하여는 「개인정보 보호법」, 「저작권법」, 「공공데이터의 제공 및 이용 활성화에 관한 법률」 등 다른 법률에서 정하는 바에 따른다라고 규정하고 있는데, 이

---

23) 손승우, 법안 제정 필요성 및 기대효과, 법안 공청회 발표자료(2019.11.25.)
24) 조승래 의원, 「데이터 생산·거래 및 활용 촉진에 관한 기본법」 제정 취지 및 주요 내용 (2019.11.25.)
25) 조승래, 위의 자료.

는 일반법과 특별법 원칙 상 당연한 규정으로 볼 수 있다.

다. 법의 주요 내용

1) 데이터의 생산과 보호

정부는 다양한 분야와 형태의 데이터와 데이터상품이 생산될 수 있는 환경을 조성하여야 하며, 데이터생산자의 전문성을 높이고 경쟁력을 강화하기 위한 시책을 마련하여야 한다(법 제10조). 또한 과학기술정보통신부장관과 관계 중앙행정기관의 장은 누구든지 데이터를 안전하게 분석·활용할 수 있는 구역, 즉 "데이터안심구역"을 지정하여 운영할 수 있다(법 제11조).

동법은 데이터의 법적 보호 관련 2가지의 중요한 규정을 도입하고 있다. 첫째, 데이터생산자가 인적 또는 물적으로 상당한 투자와 노력으로 생성한 경제적 가치를 가지는 데이터를 "데이터자산"으로 명명하고 누구든지 이를 공정한상거래 관행이나 경쟁질서에 반하는 방법으로 무단 취득·사용·공개하거나 이를 타인에게 제공하는 행위, 정당한 권한 없이 데이터자산에 적용한 기술적 보호조치를 회피·제거 또는 변경하는 행위 등 데이터자산을 부정하게 사용하여 데이터생산자의 경제적 이익을 침해하여서는 아니 된다고 규정하고 있다(법 제12조). 이는 데이터 자산에 대한 법적 보호 방안으로 부정경쟁의 원리를 도입함으로써 그동안의 데이터에 대한 소유권 인정 등에 대한 논란에 방향성을 제시한 것으로 평가된다. 다만, 데이터자산의 부정사용 등 행위에 관한 사항은 「부정경쟁방지 및 영업비밀보호에 관한 법률」에서 정한 바에 따른다고 한 후 동 부정경쟁방지법상 데이터자산의 부정사용 등 행위에 관한 사항(동법 제12조 제3항)에서는 보호되는 데이터를 "데이터 산업법 제2조 제1호에 따른 데이터 중 업(業)으로서 특정인 또는 특정 다수에게 제공되는 것으로, 전자적 방법으로 상당량 축적·관리되고 있으며, 비밀로서 관리되고 있지 아니한 기술상 또는 영업상의 정보"에 한정하고 있다. 또한 대상 행위도 접근 권한 없는 자의 부정 취득 등의 행위, 접근 권한 있는 자의 부정한 목적 사용 등의 행위, 데이터 보호를 위한 기술적 보호조치 무력화로 그 범위가 축소되어 있다(부정경쟁방지법

제2조 제1호 카목).

데이터를 활용한 정보분석 지원 규정도 마련되었다. 이에 따르면 정부는 데이터 기반의 정보분석을 활성화하기 위하여 데이터의 수집, 가공 등 정보분석에 필요한 사업을 지원할 수 있다. 정보분석을 위하여 데이터를 이용하는 경우에 그 데이터에 포함된 저작물 등의 보호와 이용에 관하여는 「저작권법」에서 정하는 바에 따른다고 규정하고 있다. 저작권법은 AI를 이용한 데이터 마이닝 시 필요한 면책 규정을 도입할 것으로 전망된다.[26] 다만 당초 발의안에 포함되었던 공개된 개인데이터 등을 이용할 수 있도록 하는 면책 규정은 삭제되었다. 공개 정보에 대한 면책을 규정하고 있는 부분은 이미 신용정보법에도 유사 조항이 도입되어 있고 이 조항은 대법원의 판례를 법제화한 것이라는 점에서 타당성이 인정되는데 아쉬움이 남는다.

2) 데이터 이용 및 유통·거래 활성화, 산업기반 조성 등

데이터 이동의 촉진 방법으로 데이터 이동권 관련 규정을 도입하였다. 이에 따르면 정부는 데이터의 생산, 거래 및 활용 촉진을 위하여 데이터를 컴퓨터 등 정보처리장치가 처리할 수 있는 형태로 본인 또는 제3자에게 원활하게 이동시킬 수 있는 제도적 기반을 구축하도록 노력하여야 한다고 규정하고 있다. 데이터를 직접 판매하거나 데이터를 판매하고자 하는 자와 구매하고자 하는 자 사이의 거래를 알선하는 것을 업으로 하는 자를 데이터 거래 사업자로, 데이터를 수집·결합·가공하여 통합·분석한 정보를 제공하는 행위를 업으로 하는 자를 데이터분석제공사업자로 규정하고 이들에 대해서는 신고를 의무화하고 신고된 사업자에 대하여 재정적·기술적 지원 등 필요한 지원을 할 수 있도록 하고 있다(법 제15, 제16조). 데이터분석제공사업자는 신용정보법상 본인신

---

[26] 저작권법 전부 개정안에는 컴퓨터를 이용한 자동화된 정보분석에 필요하다고 인정되는 범위 내에서는 이용허락을 받지 않아도 저작물을 이용할 수 있도록 하는 저작재산권 제한 조항 신설하였다. 적용요건은 컴퓨터를 이용한 자동화 분석기술을 통하여 대량의 정보를 해석(패턴, 트렌드, 상관관계 등의 정보를 추출)하기 위한 목적, 적법하게 접근할 수 있는 저작물 등일 것, 그 저작물 등에 표현된 사상·감정 등을 사람이 체감하기 위한 사용이 아닐 것이며, 허용 범위는 학술연구 목적 이외에도, 상업적 목적의 정보분석에 대해서도 적용되며, 복제 및 전송 행위에 적용된다.

용정보관리업(소위 마이데이터사업자)과 유사한 성격을 가지고 있다.

　그 외 정부는 데이터의 수집·가공·분석·유통 및 데이터에 기반한 서비스를 제공하는 플랫폼을 지원하는 사업을 할 수 있다(법 제19조). 과학기술정보통신부장관이 데이터거래소 등을 지원하는 사업을 할 수 있도록 하고(안 제19조), 데이터의 합리적 유통 및 공정한 거래를 위하여 공정거래위원회와 협의를 거쳐 데이터 거래 관련 표준계약서를 마련하고, 데이터사업자에게 그 사용을 권고할 수 있도록 하였다(법 제21조). 또한 데이터 거래에 관한 전문지식이 있는 사람은 과학기술정보통신부장관에게 데이터 거래사로 등록할 수 있도록 하였다(법 제23조). 또한 데이터 산업 전반의 기반 조성 및 관련 산업의 육성을 효율적으로 지원하기 위한 전문기관을 지정하고(법 제33조), 데이터 생산, 거래 및 활용에 관한 분쟁을 조정하기 위하여 데이터분쟁조정위원회를 두도록 하였다(법 제35조).

3) 결론

　전체적으로 법안은 데이터 활용을 지원하기 위한 인프라 구축, 데이터 활용에 저해가 되는 법적 장애의 해소, 데이터 산업의 진흥을 위한 다양한 정책수단 마련이라는 3가지를 축으로 하고 있다. 또한 데이터청 설립 이슈에 대한 대안으로 국가데이터정책위원회라는 데이터 활성화를 위한 거버넌스 체계를 구상한 것도 의미있는 일로 평가된다.

3. 데이터산업법과 산업디지털법의 비교

　데이터산업법과 산업디지털법은 데이터 생산, 활용을 촉진하고 데이터산업의 진흥을 목표로 한다는 점에서는 유사한 점이 있으나 세부사항에서는 일부 차이가 있다.

　우선 양법은 데이터와 산업데이터를 정의하고 있다. 데이터산업법은 "데이터"를 다양한 부가가치 창출을 위해 관찰, 실험, 조사, 수집 등으로 취득하거나 정보시스템 및 「소프트웨어 진흥법」 제2조 제1호에 따른 소프트웨어 등을 통하여 생성된 것으로서 광(光) 또는 전자적 방식으로 처리될 수 있는 자료 또는 정보를 말한다 규정하고 있다. 산업데이터란 제품 또는 서비스의 개발·생산·유통·소비 등 활동과정에서 생성 또는 활용되는 것으로서 광(光) 또는 전자적 방식으로 처리될 수 있는 모든 종류의 자료 또는 정보로 정의하고 있다. 데이터는 보유주체에 따른 공공데이터, 민간데이터 그리고 개인식별성 여부 따른 개인데이터, 비개인데이터를 포괄하는 최상위의 개념이다. 산업데이터는 제품 또는 서비스의 개발 등 과정에서 생성, 활용된다는 점에서 보면 사실 민간데이터의 대부분을 차지할 것으로 보이며, 결국 산업데이터는 데이터의 범주 중 하나로 볼 수 있다.

정책추진체계를 보면 데이터산업법은 데이터 생산, 거래 및 활용 촉진에 관한 사항을 심의하기 위하여 국무총리 소속으로 국가데이터정책위원회를 두고 간사는 과기정통부와 행정안전부장관이 되나, 산업디지털법은 산업 디지털 전환 관련 주요 정책·계획 심의 및 자문 등을 위해 산업부 장관 소속으로 산업 디지털 전환위원회를 두고 있다.

데이터 법적 보호와 관련 데이터산업법은 데이터생산자가 인적 또는 물적으로 상당한 투자와 노력으로 생성한 경제적 가치를 가지는 데이터를 "데이터 자산"으로 명명하고 이에 대한 데이터 자산을 공정한 상거래 관행이나 경쟁질서에 반하는 방법으로 무단 취득·사용·공개하거나 이를 타인에게 제공하는 행위, 정당한 권한 없이 데이터 자산에 적용한 기술적 보호조치를 회피·제거 또는 변경하는 행위 등 데이터 자산을 부정하게 사용하여 데이터생산자의 경제적 이익을 침해를 금지하고 있다.

한편 산업디지털법은 산업데이터를 생성한 자는 해당 산업데이터를 활용하여 사용·수익할 권리를 가진다고 규정하여 사용·수익권이라는 개념을 도입하고 있다. 동 규정에 따른 사용·수익권이 배타적 지배권인 물권을 의미하는 것으로 볼 여지도 있으나, 단순히 데이터 사용, 수익에 따른 이익을 향유하려는 목적으로 보여 데이터산업법과 다른 취지는 아닌 것으로 보인다.

양법은 특정 사업자를 범주화하여 신고의무를 도입하고 있다. 데이터산업법은 데이터거래사업자와 데이터분석제공사업자에 대해서 신고의무를 부과한다. 데이터사업자 중 데이터 거래를 하거나 데이터분석 제공을 하는 사업자는 데이터 생태계에서 상대적으로 중요성이 있기 때문에 별도로 정부가 관리하면서 지원책을 강구하겠다는 의미이다. 데이터거래사업자는 소위 데이터 거래소를 운영하는 사업자, 데이터분석제공사업자는 소위 마이데이터사업자가 포함될 것이다. 산업디지털법은 산업데이터 활용지원을 위해 ① 산업데이터를 수집하여 타인에게 제공, ② 산업데이터 거래행위 알선 및 알선을 위한 정보 수집·분석·제공, ③ 산업데이터 활용을 위한 수집·이용·보관·가공 지원, ④ 산업데이터 사용·수익할 자를 대행하여 위탁·관리 지원 등을 하는 회사를 산업디지털전환 지원 전문회사로 칭하고 정부의 지원을 받기 위해서는 신고를 하도록 하고 있다. 양 신고는 보고적 신고로서 신고 시 즉시 효력을 발생한다.

양법 특유의 내용으로 데이터 기본법은 데이터를 안전하게 분석·활용할 수 있는 데이터안심구역 지정, 데이터 가치평가 도입, 데이터거래사 양성 등이 규정되었다. 데이터거래사는 과기정통부장관에게 등록할 수 있는데, 이는 데이터 거래에 관한 전문적인 상담·자문·지도 업무 및 데이터 거래의 중개·알선 등 데이터 거래 등을 지원하는 업무를 수행한다. 변호사, 변리사, 기술사, 석박사 학위 보유자 등이 일정 기간의 경력을 있고 소정의 교육을 이수하는 경우 데이터거래사 자격이 부여된다. 산업디지털법에 따르면 파급효과가 큰 디지털전환 성공사례를 발굴하여 확산하기 위해 선도사업을 선정하여 규제개선과 행정, 재정지원을 제공한다.

양법의 유사사항으로 데이터 산업법상 표준계약서, 산업디지털법상 산업데이터 활용 계약 가이드라인이 있고 표준화, 품질관리, 데이터플랫폼 구축, 기술개발, 인력양성, 세제지원, 국제협력 등도 유사내용을 담고 있다. 전체적으로 양법은 데이터 거버넌스로서 국가데이터정책위원회, 산업디지털전환위원회 신설, 데이터 활용을 지원하기 위한 인프라 구축, 데이터의 법적 보호 도입, 데이터산업의 진흥을 위한 정책수단의 마련을 내용으로 하고 있다. 다만, 산업디지털전환법이 데이터산업법의 특별법으로서 성격을 가지므로 산업데이터에 대해서는 동법이 우선적으로 적용되며, 동법에 규정이 없는 사항에 대해서는 데이터산업법이 보충적으로 적용된다.

데이터산업법과 산업디지털전환법은 사실 세계 최초로 데이터로부터 다양한 경제적 가치를 창출하고 데이터산업 발전의 기반을 조성하기 위한 법인만큼, 향후 양법이 데이터경제로의 전환을 위한 인프라 역할을 충실히 할 것을 기대한다.

[표 1-3] 데이터산업법과 산업디지털법 비교

구분	데이터산업법	산업디지털법
데이터 개념 (데이터, 산업데이터)	다양한 부가가치 창출을 위해 광(光) 또는 전자적 방식으로 처리될 수 있는 자료 또는 정보	제품 또는 서비스의 개발·생산·유통·소비 등 활동과정에서 생성 또는 활용되는 것으로서 광(光) 또는 전자적 방식으로 처리될 수 있는 모든 종류의 자료 또는 정보
정책추진체계	총리 소속 국가데이터정책위원회 (간사 과기정통부, 행정안전부)	산업부 소속 산업디지털전환위원회
데이터의 법적 보호	데이터생산자의 데이터 자산에 대한 부정사용 금지	산업데이터를 생성한 자는 해당 산업데이터를 활용하여 사용·수익할 권리
신고의무	데이터거래사업자, 데이터분석제공사업자 신고	산업 디지털 전환 지원 전문회사 신고
특유사항	데이터 안심구역, 데이터 가치평가, 데이터 거래사	디지털 전환 선도사업규제 개선

3. 공공데이터 법제

가. 공공데이터 제공 및 이용법

공공기관이 보유한 정보의 이용 활성화를 위하여 공공데이터법이 제정되어 시행되고 있다. 이 법은 공공기관이 보유·관리하는 데이터의 제공 및 그 이용 활성화에 관한 사항을 규정함으로써 국민의 공공데이터에 대한 이용권을 보장하고, 공공데이터의 민간 활용을 통한 삶의 질 향상과 국민경제 발전에 이바지함을 목적으로 한다(공공데이터법 제1조). 공공기관의 정보공개에 관한 법률 (이하 '공공기관 정보공개법')이 알 권리를 보장하기 위한 정보의 제공에 초점을 맞추었다면, 공공데이터법은 민간 활용과 경제적 부가가치 창출을 위한 정보의 제공에 초점을 맞춘 법률이다. 이에 공공데이터법에 따른 제공은 원칙적으로 기계 판독이 가능한 형태로 접근할 수 있도록 하는 것을 의미하고(공공데이터법 제2조 제4호), 행정은 공공데이터의 제공뿐만 아니라 공공데이터의 품질관리(제22조), 표준화(제23조), 제공기반 구축(제24조)을 위하여 노력할 의무를 부담한다.

공공데이터법은 제공대상이 되는 공공데이터의 범위에 관하여 다음과 같이 규정하고 있다. "공공기관의 장은 해당 공공기관이 보유·관리하는 공공데이터를 국민에게 제공하여야 한다. 다만, 1.「공공기관의 정보공개에 관한 법률」제9조에 따른 비공개 대상 정보, 2.「저작권법」및 그 밖의 다른 법령에서 보호하고 있는 제3자의 권리가 포함된 것으로 해당 법령에 따른 정당한 이용허락을 받지 아니한 정보"에 해당하는 정보를 포함하고 있는 경우에는 그러하지 아니한다(공공데이터법 제17조 제1항). 따라서 현재의 법제에 따르면 공공데이터의 활용범위는 저작권 문제를 제외하면, 공공기관 정보공개법의 비공개 대상 정보의 범위에 따라 좌우된다. 비공개 사유 중 하나가 개인정보에 관한 것인데 개인식별정보 자체가 아니라 "당해 정보에 포함되어 있는 이름·주민등록번호 등 개인에 한 사항으로서 공개될 경우 개인의 사생활의 비밀과 자유를 침해할 우려가 있다고 인정되는 정보"로 변경하였다. 종전 공공기관 정보공개법이 개인정보 보호법과 마찬가지로 '개인식별형' 개인정보 개념을 채택하고 있었던 반면, 현행 정보공개법은 비공개 상인 개인정보의 범위를 축소하고[27] 비공개의 요건을 강화할 목적으로 '사생활 침해 우려'가 포함된 개인정보 개념을 채택하여 개인정보 관련 비공개 대상 범위를 제한하였다.

---

[27] 개정 전 개인정보 보호법상 개인정보란 살아있는 개인에 관한 정보로서 성명, 주민등록번호 및 영상 등을 통하여 개인을 알아볼 수 있는 정보(해당 정보만으로는 특정 개인을 알아볼 수 없더라도 다른 정보와 쉽게 결합하여 알아볼 수 있는 것을 포함한다)를 말함(법 제2조 제1호). 여기에서 괄호안, 즉 결합용이성 요건을 삭제하여 개인정보 범위를 축소하였다.

나. 공공기관 정보공개법

공공기관 정보공개법은 국민의 알 권리를 보장하고 국정에 대한 국민의 참여와 국정운영의 투명성을 확보하기 위하여 공공기관이 보유·관리하는 정보에 대한 국민의 공개청구 및 공공기관의 공개의무를 규정하는 법률이다(법 제1조). 정보공개법 제정 이전에도 헌법재판소는 알 권리에 근거하여 정보공개청구권을 인정하였다.[28] 위와 같은 알 권리의 성격이나 정보공개법의 목적을 보면, 정보공개청구권은 처음에는 국민의 국정참여와 행정의 투명성 제고와 같은 공익을 위하여 인정되기 시작한 권리였다. 그런데 이를 관철시키기 위해 해당 정보에 대해 이해관계가 없더라도 일반 국민 누구에게나 정보공개청구권을 부여하였고 정보공개청구의 목적에도 제한을 두지 아니하였다(법 제5조 참조). 그 결과 영리 목적이나 그 밖의 청구권자의 사익을 위해 정보공개청구권을 행사하여 공공기관 보유 정보를 확보하는 것도 가능하게 된다. 정보공개청구의 목적에 제한이 없으므로, 증거자료를 확보할 목적으로 정보공개청구를 하는 것도 가능하다는 취지의 판결도 있다.[29]

공공데이터법과의 관계를 살펴보면 정보공개청구권이 국민의 국정참여와 행정의 투명성 제고와 같은 공익 외에도 영리 목적이나 그 밖의 사익을 위해 정보공개청구권을 행사하여 공공기관 보유 정보를 확보할 수 있는 가능성이 이미 존재하였으므로 공공데이터법이 공공기관 정보공개법과 본질적으로 그 취지를 달리하는 것은 아니다. 오히려 공공기관 정보공개법의 발전된 형태로서 사전적, 적극적 공개를 규정한 것이 공공데이터법이라고 할 수 있다. 다만, 공공데이터법은 대상 정보가 광(光) 또는 전자적 방식으로 처리된 자료 또는 정보에 제한된다는 점에서 뚜렷한 차이가 있으며, 제공의 개념도 공공기관이 이용자로 하여금 기계 판독이 가능한 형태의 공공데이터에 접근할 수 있게 하거나 이를 다양한 방식으로 전달하는 것을 의미한다는 점에서 차이가 있다. 물론 제공대상이 전체 정보가 아닌 광 또는 전자적 방식의 정보에 한정하고 청구에

---

28) 헌법재판소 1989.9.4. 자 88헌마22 결정.
29) 대법원 2004.9.23. 선고 2003두1370 판결 참조.

대한 공개 외에도 사전적, 적극적 정보공개도 규정한다는 점에서 공공데이터법은 공공기관 정보공개법의 특별법으로서 공공기관 정보공개법에 우선하여 적용된다고 할 수 있다.[30]

다. 데이터기반행정활성화법

공공기관 간 보유데이터를 공동활용함으로써 위험을 사전에 예측하여 선제적으로 대응하는 등 행정서비스의 품질을 높일 수 있는 데이터에 기반한 과학적 행정시대를 앞당기기 위한 「데이터기반행정 활성화에 관한 법률」이 2020년 12월부터 시행되고 있다. 범정부적 차원에서 데이터에 기반한 과학적 행정체계 구축을 위해 동 법률안은 공공기관 간 데이터 요청 시 제공을 의무화하고 정부통합데이터분석센터를 설치하며 데이터 통합 관리 플랫폼을 구축하도록 하고 있다. 또한 데이터 기반 행정을 체계적으로 추진하기 위하여 민간 전문가가 참여하는 '데이터기반행정활성화위원회'를 설치하여 기본계획과 시행계획 심의, 데이터 제공 거부에 대한 조정을 하도록 하였다.[31]

4. 기타 데이터법

데이터 3법, 데이터산업법, 공공데이터법을 제외하고 주요한 데이터법으로는 기본법으로서 지능정보화기본법, 통신데이터법으로서 전기통신사업법, 통신비밀보호법, 보건의료데이터법으로서 의료법, 생명윤리법 등이 있다. 간략히 각 법률상 데이터 관련 규정들을 살펴보면 다음과 같다.

가. 지능정보화기본법

지능정보화기본법은 종래 국가정보화기본법이 전면개정된 것으로 데이터

---

30) 이상 공공데이터법제의 내용은 이성엽, 앞의 글, 151-152면.
31) 행정안전부 보도자료, 데이터기반행정법 국회통과, 공공분야 데이터인프라 구축 가속화, 2020.5.21.

관련 3가지 조항을 두고 있다. 제40조(데이터센터의 구축 및 운영 활성화)는 정부는 지능정보서비스의 제공을 위하여 다수의 초연결지능정보통신기반을 일정한 공간에 집적시켜 통합 운영·관리하는 시설(이하 '데이터센터'라 한다)의 안정적인 운영과 효율적인 제공 등을 위하여 데이터센터의 구축 및 운영 활성화 시책을 수립·시행할 수 있다고 규정하고 있다. 제42조(데이터 관련 시책의 마련)는 정부는 지능정보화의 효율적 추진과 지능정보서비스의 제공·이용 활성화에 필요한 데이터의 생산·수집 및 유통·활용 등을 촉진하기 위하여 필요한 정책을 추진하여야 한다. 제43조(데이터의 유통·활용)는 정부는 데이터의 효율적인 생산·수집·관리와 원활한 유통·활용을 위하여 국가기관 등, 법인, 기관 및 단체와의 협력체계를 구축하고, 이를 위해 지원할 수 있으며, 데이터의 생산·수집·유통·활용 등을 지원하기 위하여 지능정보사회원에 데이터통합지원센터를 설치할 수 있다고 규정하고 있다.

나. 통신데이터 법제

전기통신사업법은 전기통신사업의 적절한 운영과 전기통신의 효율적 관리를 위한 목적의 법률인데, 제83조(통신비밀의 보호)는 통신데이터 보호와 통신자료 제공에 관한 규정을 두고 있다. 이에 따르면 누구든지 전기통신사업자가 취급 중에 있는 통신의 비밀을 침해하거나 누설하여서는 안되며, 전기통신업무에 종사하는 사람 또는 종사하였던 사람은 그 재직 중에 통신에 관하여 알게 된 타인의 비밀을 누설하여서는 아니 된다고 규정하고 있다. 또한 전기통신사업자는 법원, 검사 또는 수사관서의 장(군 수사기관의 장, 국세청장 및 지방국세청장을 포함한다), 정보수사기관의 장이 재판, 수사(「조세범 처벌법」 제10조제1항·제3항·제4항의 범죄 중 전화, 인터넷 등을 이용한 범칙사건의 조사를 포함한다), 형의 집행 또는 국가안전보장에 대한 위해를 방지하기 위한 정보 수집을 위하여 1. 이용자의 성명, 2. 이용자의 주민등록번호, 3. 이용자의 주소, 4. 이용자의 전화번호, 5. 이용자의 아이디(컴퓨터시스템이나 통신망의 정당한 이용자임을 알아보기 위한 이용자 식별부호를 말한다), 6. 이용자의 가입일 또는 해지일 등 자료의 열람이나 제출을 요청하면 그 요청에 따를 수 있다고 규정하고 있다.

통신비밀보호법은 통신 및 대화의 비밀과 자유에 대한 제한은 그 대상을 한정하고 엄격한 법적 절차를 거치도록 함으로써 통신비밀을 보호하고 통신의 자유를 신장하기 위해 제정한 법으로서 누구든지 법에 의하지 않고는 우편물의 검열·전기통신의 감청 또는 통신사실 확인자료를 제공하거나 공개되지 않은 타인 간의 대화를 녹음 또는 청취하지 못한다는 원칙 규정 외에 통신제한조치와 통신사실확인자료 제공에 대해 규정하고 있다. 통신제한조치는 범죄수사를 위한 통신제한조치, 국가안보를 위한 통신제한조치, 긴급통신제한조치를 규정하고 있는데, 모두 법원의 허가를 받도록 하고 있다. 국가안보를 위한 통신제한조치는 정보수사기관의 장이 고등법원수석부장의 허가를 받도록 하고 있고 긴급통신제한조치는 조치 시행 후 36시간 내에 법원 허가를 받아야 한다. 통신사실확인자료란 가입자의 전기통신일시, 전기통신개시·종료시간, 발·착신 통신번호 등 상대방의 가입자번호, 사용도수, 컴퓨터통신 또는 인터넷의 사용자가 전기통신역무를 이용한 사실에 관한 컴퓨터통신 또는 인터넷의 로그기록 자료, 정보통신망에 접속된 정보통신기기의 위치를 확인할 수 있는 발신기지국의 위치추적자료, 컴퓨터통신 또는 인터넷의 사용자가 정보통신망에 접속하기 위하여 사용하는 정보통신기기의 위치를 확인할 수 있는 접속지의 추적자료를 말하는데, 검사 또는 사법경찰관은 수사 또는 형의 집행을 위하여 필요한 경우 전기통신사업법에 의한 전기통신사업자에게 통신사실 확인자료의 열람이나 제출을 요청할 수 있는데, 이 경우 요청사유, 해당 가입자와의 연관성 및 필요한 자료의 범위를 기록한 서면으로 관할 지방법원 또는 지원의 허가를 받아야 한다.

전기통신사업법상 통신자료 제공은 통신가입자의 인적사항에 관한 정보로서 법원의 관여가 없지만, 통신비밀보호법상 통신사실확인자료는 통신사실 자체를 의미하며 법원의 허가가 필요한 점에서 차이가 난다.

다. 보건의료데이터 법제

보건의료기본법에서 '보건의료정보'를 '보건의료와 관련한 모든 종류의 자료'라 하여 폭넓게 정의하고 있다. 보건의료기본법상 보건의료정보가 포괄적으로 규정됨에 따라 해석의 차이가 발생할 수 있다. 먼저 이를 좁게 해석하면 환자를 진료하면서 작성하게 되는 의무기록이나 진료카드에 기록되는 진료내용에 한정시킬 수도 있고, 진료정보 외에도 의료 제공의 필요성을 판단하거나 의료의 제공을 행하기 위하여 진료 등을 통해서 얻은 환자의 건강상태나 환자에 대한 평가 및 의료 제공의 경과에 관한 정보 등 넓은 범위를 포함하는 견해도 있다.[32] 위 정의 규정인 법 제3조 제1호와 제2호의 보건의료와 보건의료서비스는 "모든 활동"이라는 표현을 두고 있는 바, 보건의료정보는 넓게 해석됨이 타당하다.[33]

의료법은 명시적으로 의료정보에 대한 정의를 두고 있지는 않고 진료정보, 진료기록 등에 대한 각종 의무를 규정하고 있다. 의료법 제22조 제1항에서 의료인은 "환자의 주된 증상, 진단 및 치료 내용" 등을 기록하며 제19조에서는 진료기록에 관련된 각종 "업무를 하면서 알게 된 다른 사람의 정보를 누설하거나 발표하지 못한다."라는 정보누설금지의무를, 제21조 제1항에서는 "환자가 아닌 다른 사람에게 환자에 관한 기록을 열람하게 하거나 그 사본을 내주는 등 내용을 확인"할 수 없도록 하는 기록열람금지의무를, 제23조 제2항은 "…정당한 사유 없이 전자의무기록에 저장된 개인정보를 탐지하거나 누출·변조 또는 훼손"함을 방지하는 전자의무기록상 개인정보의무 등이 있다. 특히 법 제21조의 2는 환자나 환자보호자의 동의 없는 진료기록의 외부 송부를 금지하고 있다.

생명윤리 및 안전에 관한 법률(이하 '생명윤리법')이 규율하는 각종 인간대상연구나 인체유래물 연구 등은 상당 부분 의료데이터를 활용하게 된다. 생명윤리법에서는 '개인식별정보, 유전정보 등'을 개인정보라고 규정하고 있는데 여기에서 개인정보에 대한 정의를 다시 내리고 있다. 이러한 생명윤리법상 개인정보는 그 활용에 있어 '의학 연구' 목적에서의 사전동의 요건이 규정되어 있다. 즉, 원칙적으로는 정보주체인 연구대상자의 동의를 받아 의료데이터를 연구에

---

32) 최중명, 오인환, 오창모, "의료정보의 보호와 관리방안", 대한의사협회 의료정책연구소, 2012, 8면.
33) 김한나, 이얼, 김계현, 이정찬, 이평수, "개인의료정보의 관리 및 보호방안", 대한의사협회 의료정책연구소, 2013, 12면.

활용하도록 한다. 이에 따라 생명윤리법 제16조 제1항에서 연구대상자로부터 자세한 고지를 통한 '사전동의'를 받을 것을 규정하고 있고 이를 제3자에게 제공하는 경우에도 연구대상자의 서면 동의를 받고 또한 익명화하여 제공하여야 한다(법 제18조 제1항, 제2항). 그러나 생명윤리법 제16조 제3항에서 기관위원회의 승인을 요건으로 사전동의를 면제받을 수 있는 예외를 규정하고 있다.

한편 2022. 10. 7.「디지털 헬스케어 진흥 및 보건의료데이터 활용 촉진에 관한 법률안」이 국회에 발의되었다. 본 법률안의 주요 목적 중 하나는 보건의료데이터의 활용 촉진 및 안전한 활용 지원으로서, ① 개인의료데이터의 가명처리 및 가명의료데이터의 처리에 관한 사항, ② 본인 데이터의 본인 전송 요구권, ③ 본인 데이터의 제3자 전송 요구권을 그 핵심 내용으로 하고 있다 위 법률안에는 보건의료데이터를 활용한 마이데이터 서비스, 첨단의료기기 내지 소프트웨어 개발 등 바이오·헬스케어 산업 전반에 영향을 미칠 수 있는 내용이 포함되어 있는데, 개인정보보호법 2차 개정 내용에 전 분야 마이데이터 확산을 위한 근거거 포함되면서, 보건의료마이데이터에 대한 별도 근거를 둔 본 법안과의 조정이 필요한 상황이다.

V. 결론

2023년 5월 윤석열 정부가 출범한 이후 데이터산업법에 따른 '국가데이터정책위원회'가 2022년 9월 14일 첫 회의를 개최해서 데이터 신산업분야 규제개선 방안과 '제1차 데이터산업 진흥 기본계획 수립·추진방향'을 논의하는 등 현재 국가데이터정책위원회가 데이터 정책 컨트롤 타워 기능을 하고 있다.

또한 윤석열 정부는 그동안 디지털 기술에 기반 국민맞춤형 서비스 정부의 중요성을 강조해 왔고, 이를 정책적으로 뒷받침하기 위해 디지털플랫폼정부 구현 과제가 새 정부 국정과제에 포함돼 있다. 디지털플랫폼정부는 모든 데이터가 연결되는 '디지털 플랫폼' 위에서 국민, 기업, 정부가 함께 사회문제를 해결하고 새로운 가치를 창출하는 정부로서, 정부가 독점적인 공급자로서 일방적

으로 서비스를 제공하는 현재의 방식에서 벗어나, 민간과 협업하고 혁신의 동반
자가 되는 국정운영의 새로운 모델이자 윤석열 정부의 핵심 정책 추진과제다.

　　이제 데이터 법제는 데이터산업법이 기존 데이터법들이 있는 상황에서 사
후에 제정되면서 각 법률 간 관계, 데이터의 개념 등에서 혼란이 있다. 각 부처
들이 경쟁적으로 데이터 업무 소관을 확대하려는 모습을 보이면서 실제 법의
제정과 집행이 비효율이 있을 것으로 예상된다. 데이터 컨트롤 타워의 역할이
중요할 것으로 보이지만 데이터산업법을 중심으로 개별 데이터법들의 목적, 수
단을 종합적으로 조정하는 작업도 필요할 것이다.

참고 문헌

박균성, 『행정법론(상)』, 박영사, 2016.

정상조·박준석, 『지식재산권법』, 제3판, 홍문사, 2013.

김한나·이얼·김계현·이정찬·이평수, "개인의료정보의 관리 및 보호방안", 대한
　　의사협회 의료정책연구소, 2013, 12면.

박준석, "빅데이터 등 새로운 데이터에 대한 지적재산권법 차원의 보호가능성",
　　「産業財産權」 vol.0 No.58, 2019.

심현주·이헌희, "데이터의 부정경쟁 유형으로의 보호에 관한 소고 −일본의 부정
　　경쟁방지법개정을 중심으로−"「법학논총」 제35권 4호, 2018.

이동진, 데이터 소유권(Data Ownership), 개념과 그 실익, 정보법학 제22권 제3호,
　　2018.

이성엽, 한국의 데이터주도 혁신에 대한 법의 대응과 진화, 경제규제와 법 11권 제
　　2호, 서울대 공익산업법센터, 2018.

이영대 외, DB산업 선진화를 위한 법제 개선 방안 연구, 한국데이터베이스진흥원,
　　2009.12.

차상육, "인공지능 개발에 필요한 데이터셋의 지적재산권법상 보호", NRF KRM
　　(Korean Research Memory), 2018.

최중명·오인환·오창모, "의료정보의 보호와 관리방안", 대한의사협회 의료정책연
　　구소, 2012.

행정안전부, "개인정보 보호법령 및 지침·고시 해설", 2011.12.

Ackoff, R. L., "From Data to Wisdom", 「Journal of Applies Systems Analysis」,
　　Volume 16, 1989.

Christopher Kuner, European Data Protection Law−Corporate Compliance ans
　　Regulation 2nd ed, 2007, Oxford University Press, 2007.

Hans−Heinrich Trute, Industry 4.0 in Germany and the EU−Data between
　　property and access in the data−driven economy, Journal of Law and
　　Economic regulation (10) 2, SNU Center for Law and Public Utilities,
　　2017.

2

데이터법의 형성과 분화

양천수 / 영남대학교 교수

Ⅰ. 서론

오늘날 데이터는 사회의 거의 모든 영역에서 그 의미와 기능이 중요해진다. 이에 따라 데이터를 둘러싼 사회적 갈등 및 분쟁 역시 증가한다. 이로 인해 데이터를 어떻게 적절하게 규율하고 관리할 것인가의 문제, 즉 '데이터 거버넌스'(data governance) 문제가 오늘날 법체계에 중요한 도전이 된다.[1] 이에 부응하기 위해 정보통신망법이나 신용정보법, 개인정보 보호법 등과 같이 데이터를 규율하는 법이 제정 및 시행된다.[2] 이는 사회의 어느 특정한 영역에서만 나타나는 현상은 아니다. 사회의 거의 모든 영역에서 데이터가 차지하는 비중이 증대하면서 데이터를 규율하는 다양한 법이 출현한다. 이에 자연스럽게 '데이터법'(data law)이 독자적인 법 영역으로 자리매김한다.[3] 그뿐만 아니라 법체계 자체가 내적 분화를 겪는 것처럼 데이터법 역시 내적 분화의 과정을 통해 다양한

---

1) 데이터 거버넌스에 관해서는 정용찬, 『4차 산업혁명 시대의 데이터 거버넌스 개선 방향』(KISDI premium report: 18−05), 정보통신정책연구원, 2018 참조.

2) 정보통신망법의 정식 명칭은 「정보통신망 이용촉진 및 정보보호 등에 관한 법률」, 신용정보법의 정식 명칭은 「신용정보의 이용 및 보호에 관한 법률」이다. 이 장에서는 '정보통신망법'과 '신용정보법'으로 약칭한다.

3) 데이터법에 관해서는 이성엽, "한국의 데이터주도 혁신에 대한 법의 대응과 진화", 『경제규제와 법』 제11권 제2호(2018.11.), 147−167면; 방동희, "데이터 경제 활성화를 위한 데이터 법제의 필요성과 그 정립방향에 관한 소고: 4차산업혁명과 지능정보사회에서 데이터 거래의 기반 확보를 중심으로", 『법학연구』(부산대) 제59권 제1호(2018. 2), 77−104면 참조.

그리고 때로는 서로 충돌하는 데이터법으로 구별된다. 특히 데이터법이 '데이터 보호법'과 '데이터 이용법'으로 형성 및 분화되면서 어떻게 하면 이러한 데이터법이 다원적으로 병존하게끔 할 것인지가 중요한 과제로 제기된다. 이에 이 장에서는 법이론 및 사회이론의 관점을 원용하여 데이터법의 이론적 의미를 분석하면서 오늘날 데이터법이 어떻게 형성 및 분화되는지, 이로 인해 발생하는 데이터법의 내적 갈등을 어떻게 해소할 수 있는지를 살펴본다. 물론 이외에도 데이터법에 관해서는 다양한 문제가 제기되는데 이 장에서는 다루지 않기로 한다.

II. 데이터법의 이론적 의미

1. 데이터를 규율하는 법

데이터법이란 말 그대로 데이터를 규율하는 법을 말한다. 여기서 두 가지 개념을 해명할 필요가 있다. '데이터'와 '규율'이 그것이다. 이 중에서 데이터가 무엇인지는 이 책의 다른 곳에서 상세하게 다루므로 아래에서는 이를 간략하게 살펴본다.[4]

지배적인 이해 방식에 따르면 데이터는 정보와 지식의 기초가 된다. 정보는 데이터가 수집 및 조합되어 획득된다. 이러한 정보가 모여 지식이 만들어진다. 이러한 이해 방식에 의하면 데이터와 정보 및 지식 사이에는 다음과 같은 관계가 설정된다. "데이터 ⇒ 정보 ⇒ 지식"이 그것이다.[5] 사회에서 진행되는 '소통'(communication)을 '매체'(Medium)와 '형식'(Form)으로 구별하여 파악하는 이론적 관점에서 이러한 관계를 분석하면 데이터는 매체로, 정보와 지식은 형식으로 볼 수 있다. 마치 '의미'(Sinn)처럼 데이터가 정보와 지식이라는 특정한 형

---

4) 데이터에 관해서는 이동진, "데이터 소유권(Data Ownership), 개념과 그 비판", 고학수·임용 (편), 『데이터오너십』, 박영사, 2019, 122-123면 참조.

5) 이렇게 이해하는 경우로는 Marion Albers, *Informationelle Selbstbestimmung*, Baden-Baden 2005, S. 87 ff. 참조

식을 산출하는 데 필요한 매체가 되는 것이다.[6] 다만 이처럼 데이터와 정보의 관계에서 데이터를 더욱 근원적인 것으로 볼 것인지 아니면 정보가 더욱 근원적인 것인지에는 논란이 없지 않다.

다음으로 데이터는 기록 또는 디지털화라는 방식 등으로 형식화·정량화되어 수집 및 관리될 수 있는 그 무엇을 뜻한다.[7] 특히 디지털화라는 방식으로 정량화되기에 데이터는 오늘날 저장 및 관리하기에 용이하고 거래 대상으로 삼을 수도 있다. 그 점에서 최근 문제되는 데이터는 현대사회에서 진행되는 '디지털 전환'(digital transformation)이 낳은 산물로 볼 수 있다. 이 같은 맥락에서 데이터와 정보의 관계에서 정보를 더욱 근원적인 것으로 파악하면서 정보가 디지털화된 것을 데이터로 보는 견해도 제시된다.[8]

데이터법은 이러한 데이터를 규율한다. 이때 말하는 규율이란 무엇을 뜻하는가? 여기서 규율은 크게 두 가지 의미를 지닌다. '보호'와 '지원'이 그것이다.[9] 보호는 데이터, 특히 개인데이터를 해킹 등과 같은 침해로부터 보호한다는 의미를 지닌다. 이러한 역할을 수행하는 대표적인 법으로 개인정보 보호법을 언급할 수 있다. 나아가 지원은 데이터 이용, 즉 데이터를 보유, 활용, 제공, 거래할 수 있도록 법이 지원한다는 의미를 지닌다. 그 점에서 데이터법이 목표로 하는 규율은 내부적으로 상반되는 그래서 충돌 및 갈등의 위험을 담는 개념이라 말할 수 있다.

---

6) 매체와 형식의 구별에 관해서는 니클라스 루만, 윤재왕(옮김), 『체계이론 입문』, 새물결, 2014, 294면 아래 참조. 이러한 측면에서 보면 데이터는 루만의 체계이론에서 강조하는 '의미'(Sinn)와 유사한 측면이 있다. 루만은 의미를 매체로 파악하면서 '의미'와 '정보'를 구별한다. 양자의 관계에서 볼 때 의미가 더욱 근원적인 지위를 차지한다.

7) 빅토르 마이어 쇤베르거·케네스 쿠키어, 이지연(옮김), 『빅데이터가 만드는 세상』, 21세기북스, 2013, 147면.

8) Alfred W. Crosby, *The Measure of Reality*(Cambridge University Press, 1996) 참고.

9) 우리 법제는 지원을 '진흥'이라는 용어로도 사용한다. 「정보보호산업의 진흥에 관한 법률」과 같은 각종 '진흥법'이 이를 예증한다.

2. 법체계의 부분 영역

　　데이터법은 법체계의 부분 영역을 이룬다. 독일의 사회학자 루만(Niklas Luhmann)이 정립한 체계이론(Systemtheorie)에 의하면 법은 독자적인 사회적 체계이자 사회의 부분체계이다.10) 전체 사회가 '내적 분화'(Innere Differenzierung)를 거치는 것처럼 법 역시 다양한 법 영역으로 분화된다. 로마법 이래로 이어져 온 가장 대표적인 법의 구별인 공법과 사법은 국가와 사회라는 전체 사회의 분화에 대응하여 법이 내적으로 분화된 결과라 말할 수 있다.11) 오늘날에는 사회 전체가 점점 더 복잡해지고 다양하게 분화되면서 법체계 역시 공법과 사법이라는 이분법을 넘어 더욱 복잡하고 다양한 영역으로 분화된다. 데이터법도 현대사회의 복잡하고 혁신적인 변화, 특히 초연결 및 디지털화에 발맞추어 법체계가 내적으로 분화되면서 등장한 부분 영역이라 말할 수 있다.

3. 전문법

　　앞에서 언급한 것처럼 데이터법은 현대사회의 변화, 무엇보다도 데이터라는 소통매체가 사회 모든 분야에서 중요한 역할을 수행하면서 이에 발맞추어 출현한 법이다. 이러한 데이터법은 전통적인 공법이나 민사법, 형사법과는 달리 '전문법'이라는 성격을 가진다. 전문법은 대륙법 전통에 바탕을 둔 판덱텐 형식의 법이 사회 변화에 적응하여 새롭게 진화한 법형식에 해당한다.12) 이를 법사회학의 시각에서 치밀하게 분석한 바 있는 기초법학자 이상돈 교수에 의하면 전문법은 다음과 같은 특징을 지닌다. 오늘날 다양하게 등장하는 전문법은 전통적인 판덱텐 체계, 이를테면 공법, 민사법, 형사법을 중심으로 하는 기본 삼법 체계로는 해명하기 어려운 새로운 법의 형식이다.13) 이상돈 교수에 따

---

10) 니클라스 루만, 윤재왕(옮김), 『사회의 법』, 새물결, 2014 참조.
11) 국가와 사회의 구별에 관해서는 Ernst-Wolfgang Böckenförde, 김효전(역), 『국가와 사회의 헌법이론적 구별』, 법문사, 1989 참조.
12) 법체계의 진화에 관해서는 양천수, "새로운 법진화론의 가능성", 『법철학연구』 제15권 제2호 (2012.8.), 163-202면 참조.

르면 오늘날 법은 홍수를 이루고 있을 뿐만 아니라 기존의 판덱텐 체계로는 설명하기 어려운 법률이 출현한다. 이는 단순히 법률의 양적 팽창에 그치지 않는다. 이를 넘어 법률의 질적 변화, 즉 법률의 구조적 변화를 야기한다. 말하자면 새로운 형식의 법인 전문법이 성장하고 있다고 진단한다. 이를 다음과 같이 말한다.[14]

> "이렇게 볼 때, 육법의 구조적 변화와 개별법의 팽창은 단지 기존의 판덱텐 시스템 내부의 지엽적인 변화가 아니라 그 시스템 자체의 구조적인 변화를 가져오고 있다고 할 수 있다. 여기서 구조적인 변화라 함은 판덱텐 시스템의 통일적 '구조가 해체'되고, 각 개별법이 지속적으로 기능적으로 (세)분화되어 가는 '사회적 하부체계를 조직화하는 전문법으로 독립'되어 나가는 현상을 가리킨다. 이를테면 의료법, 정보통신법, 경제법, 교통법, 환경법, 소년법, 교육법, 언론법 등과 같은 전문법의 성장을 말할 수 있다. 전문법이란 그런 명칭의 단행법률이 있는 것이 아니라 판덱텐 시스템의 육법전과 그 특별법 그리고 행정법 형식의 개별법이 동등하게 −우열관계나 선후관계를 고정적으로 확정함이 없이− 함께 사안을 규율함으로써 형성된다."

이러한 주장에서 확인할 수 있듯이 국가와 사회라는 이원적 구별에 걸맞게 공법과 사법으로 명확하게 구획된 전통적인 판덱텐 법과는 달리 전문법은 현대사회의 영역 분화 및 혼융으로 새롭게 출현한 전문영역을 규율하기 위해 법체계가 내적으로 분화 및 진화되어 형성된 법형식이라 말할 수 있다. 이러한 전문법으로 도산법, 환경법, 정보통신법 등을 언급할 수 있는데 데이터법 역시 전형적인 전문법으로 규정할 수 있다.[15] 그 때문에 데이터법은 다음과 같은 특

---

13) 이상돈, "전문법: 이성의 지역화된 실천", 『고려법학』 제39호(2002.11.), 113−151면 참조. 여기서는 이 논문을 재록하고 있는 이상돈, 『법철학』, 박영사, 2003, 단락번호 [6] "전문법"(200−247면)에서 인용한다.

14) 이상돈, 위의 책, 205−206면.

15) 도산법을 전문법으로 규정 및 분석하는 경우로는 양천수, "私法 영역에서 등장하는 전문법화 경향: 도산법을 예로 본 법사회학적 고찰", 『법과 사회』 제33호(2007.12.), 111−135면 참조.

징을 지닌다. 우선 데이터법은 데이터라는 소통매체와 관련을 맺는 전문영역을
규율대상으로 한다. 이로 인해 공법과 민사법, 형사법이 명확하게 구별되는 전
통적인 판덱텐 법과는 달리 데이터법에서는 데이터에 관한 규율을 중심으로
하여 공법과 민사법, 형사법 등이 구획되지 않고 병존한다. 이는 가장 대표적
인 데이터법인 개인정보 보호법에서 쉽게 확인할 수 있다. 이에 전문법인 데이
터법을 정확하게 이해하고 적용하기 위해서는 각 법 영역을 명확하게 구별하
는 전공영역주의를 고수하기보다는 각 법 영역의 개념과 체계, 원리, 관점 등
을 통합적으로 원용하는 이른바 통합과학적 관점을 수용할 필요가 있다.[16]

4. 데이터 거버넌스와 법

데이터법은 최근 데이터에 관해 논의의 초점이 되는 데이터 거버넌스(data
governance)를 구현하는 중요한 구성요소가 된다.[17] 여기서 데이터 거버넌스는
간략하게 말하면 데이터를 관리 또는 규율하는 체계로 이해할 수 있다. 다만
데이터 거버넌스를 구체적으로 어떻게 파악할 것인지는 이에 전제가 되는 '거
버넌스'(governance)를 어떻게 이해할 것인지와 밀접한 관련을 맺는다.[18] 거버넌
스는 보통 정부를 뜻하는 '거번먼트'(government)에 대립하는 개념으로 제시되었
다. 폐쇄적인 관료제로 구성되는 거번먼트와는 달리 거버넌스는 외부와 네트워
크로 연결되는 열린 조직을 추구한다. 그 때문에 상명하달 형식의 수직적인 소
통이 주류를 이루는 거번먼트와는 달리 거버넌스에서는 상호이해와 참여, 협력
을 기반으로 하는 수평적 소통이 중심이 된다. 요컨대 전통적인 거번먼트가 팽
팽하고 경직된 조직과 수직적 소통에 바탕을 둔다면 거버넌스는 느슨하고 탄
력적인 조직과 수평적 소통에 바탕을 둔다.

---

16) 통합과학적 관점에 관해서는 정종섭, "우리 법학의 올바른 자리매김을 위하여: 헌법학의 통
합과학적 연구에로", 『법과 사회』 제2호(1990.2.), 221–254면 참조.
17) 데이터 거버넌스에 관해서는 정용찬, "제4차 산업혁명 시대의 데이터 거버넌스 개선 방향",
『KISDI premium report』 18–05(전자자료), 정보통신정책연구원, 2018 참조.
18) 거버넌스에 관해서는 이명석, "거버넌스의 개념화: 사회적 조정으로서의 거버넌스", 『한국행
정학보』 제36권 제4호(2002. 겨울), 321–338면; 정남, "ICT 거버넌스와 조정에 관한 연구",
『한국행정연구』 제26권 제3호(2017. 9), 167–218면 등 참조.

다만 거버넌스를 구체적으로 어떻게 이해하고 구체화할 것인지는 보는 시각과 이론에 따라 달라진다. 그중 주목할 만한 것으로 거버넌스를 '계층적 거버넌스'(hierarchical governance), '시장 거버넌스'(market governance), '네트워크 거버넌스'(network governance)로 구별하는 경우를 들 수 있다.[19] 이는 거버넌스가 사회 영역 중에서 어떤 영역에 적용되는지, 어떤 기준에 의해 작동하는지를 기준으로 하여 구별한 것이다. 이러한 거버넌스 구별은 사회 전체를 정치체계, 경제체계 및 시민사회로 구획하는 사회이론과도 관련을 맺는다.[20] 이를테면 정치체계에서는 관료제에 기반을 둔 계층적 거버넌스가, 경제체계에서는 경제적 합리성에 바탕을 둔 시장 거버넌스가, 시민사회에서는 시민들의 자유롭고 평등한 참여를 바탕으로 하는 네트워크 거버넌스가 적용된다는 것이다. 정부부처가 채택하는 관료적 거번먼트가 계층적 거버넌스를, 기업이 수용하는 기업지배구조가 시장 거버넌스를, 시민들이 참여하는 각종 개방형 위원회가 네트워크 거버넌스를 예증한다.[21]

이러한 다양한 스펙트럼에서 거버넌스를 이해하면 데이터 거버넌스는 데이터에 관한 사회 문제를 규율하고 관리하는 (넓은 의미의) 규제체계로 파악할 수 있다. 이렇게 보면 거버넌스는 형사정책학에서 말하는 '사회통제' 개념과 유사한 측면이 있다. 사회통제 역시 사회에서 발생하는 갈등과 문제를 어떻게 관리하고 규율할 것인지와 관련을 맺기 때문이다.[22] 사회를 통제하기 위해서는 사회 또는 사회집단, 사회구성원, 규범, 국가적 및 개인적 메커니즘과 기술이 필요한 것처럼 데이터 거버넌스가 원활하게 작동하기 위해서는 크게 세 가지 구성요소가 필요하다. 데이터, 거버넌스 조직, 관리 및 규제 수단이 그것이다.

---

19) 이에 관해서는 Jan van Dijk/Anneleen Winters—van Beek, "The Perspective of Network Government: The Struggle Between Hierarchies, Markets and Networks as Modes of Governance in Contemporary Government", in: Innovation and the Public Sector: ICTs, Citizens and Governance: After the Hype!, Volume 14 (2009), p. 235-255.

20) 이렇게 전체 사회를 구획하는 경우로는 J. Habermas, Theorie des kommunikativen Handelns, Bd. II (Frankfurt/M., 1981) 참조.

21) 이러한 관점에서 보면 거버넌스는 거번먼트를 포함하는 상위 개념이 된다.

22) 토비아스 징엘슈타인·피어 슈톨레, 윤재왕 (역), 『안전사회: 21세기의 사회통제』, 한국형사정책연구원, 2012, 1면.

먼저 관리 및 규제대상으로 데이터가 필요하다. 다음으로 데이터를 관리하고 규제해야 하는 거버넌스 조직이 필요하다. 나아가 거버넌스 조직이 데이터를 관리 및 규제하기 위해 동원할 수 있는 수단이 필요하다. 이때 데이터법은 거버넌스 조직이 활용하는 가장 대표적인 수단이 된다.

이러한 데이터 거버넌스에서 가장 중요하면서도 어려운 문제는 어떻게 하면 데이터 보호와 이용 사이에서 발생하는 긴장과 갈등을 조화롭게 해소할 수 있는가 하는 점이다. 데이터 보호와 이용 사이의 긴장과 갈등은 데이터 거버넌스에 본질적으로 내재하는 문제라 할 수 있는데 이는 데이터법에서도 되풀이되어 등장한다.

Ⅲ. 데이터법의 형성

1. 데이터법의 전 단계

데이터법은 비교적 최근에 등장한 법이다. 그러나 데이터법과 유사한 법은 그 이전부터 존재하고 있었다. 명예와 인격을 보호하는 법이 그것이다. 그 중에서 더 오랜 역사를 지닌 법은 명예를 보호하는 법이라 할 수 있다. 명예와는 달리 '인격'(Persönlichkeit) 그 자체는 오랫동안 독자적인 법의 보호대상으로 인정되지는 않았다.[23] 19세기에 들어서야 비로소 인격이 독자적인 권리의 대상으로 승인되면서 법의 보호대상으로 편입되기 시작하였다. 이는 독일법에서는 인격권의 형태로, 미국법에서는 프라이버시권으로 자리매김하였다. 다만 데이터법과는 달리 명예나 인격은 독자적인 법이 아닌 헌법이나 민법, 형법과 같은 전통적인 법으로 보호되었다. 이를테면 명예나 인격이 침해되는 경우에는 민법의 불법행위나 형법의 명예훼손죄 등으로 규율되었다. 독자적인 명예법이나 인격법이 형성되지는 않았다.

---

[23] 이에 관해서는 Helmut Coing, *Das subjektive Recht und der Rechtsschutz der Persönlichkeit*, Frankfurt/M. 1959, S. 17 참조.

2. 데이터법의 등장

본격적인 데이터법은 흔히 데이터 3법으로 불리는 정보통신망법, 신용정보법, 개인정보 보호법이 제정 및 시행되면서 형성되기 시작했다고 말할 수 있다. 이러한 데이터 3법은 데이터법의 초기 형태이자 여전히 핵심적인 지위를 차지하는 법으로 볼 수 있다. 데이터 3법의 초기 형태에서 찾아볼 수 있는 특징은 흔히 생각되는 것과는 달리 데이터 보호보다는 이용이 더 강조되었다는 점이다. 이를테면 1995년에 제정된 신용정보법은 「신용정보의 이용 및 보호에 관한 법률」이라는 공식 명칭이 시사하는 것처럼 신용정보의 이용이 보호보다 전면에 등장한다.[24] 이는 현재까지 유지된다. 더불어 신용정보법의 규범목적을 규정하는 제1조는 "이 법은 신용정보 관련 산업을 건전하게 육성하고 신용정보의 효율적 이용과 체계적 관리를 도모하며 신용정보의 오용·남용으로부터 사생활의 비밀 등을 적절히 보호함으로써 건전한 신용질서를 확립하고 국민경제의 발전에 이바지함을 목적으로 한다."고 함으로써 신용정보의 이용을 우선적인 규범목적으로 설정한다. "신용정보의 효율적 이용과 체계적 관리를 도모"함으로써 "사생활의 비밀 등을 적절히 보호"하겠다는 것이다. 이러한 측면은 정보통신망법에서도 찾아볼 수 있다. 1987년에 제정된 정보통신망법은 「전산망 보급 확장과 이용촉진에 관한 법률」이라는 공식 명칭이 시사하는 것처럼 정보보호는 제시되지 않고 전산망 보급 확장과 이용촉진이 전면에 등장한다. 이는 「정보통신망 이용촉진 및 정보보호 등에 관한 법률」이라는 현재의 공식 명칭과 차이가 있다. 이는 규범목적을 규정하는 당시의 정보통신망법 제1조가 "이 법은 전산망의 개발보급과 이용 등을 촉진하여 정보화사회의 기반을 조성함으로써 국민생활의 향상과 공공복리의 증진에 이바지함을 목적으로 한다."고 규정했다는 점에서도 확인할 수 있다. 물론 1987년에 제정된 정보통신망법에서는 정보보호뿐만 아니라 데이터 이용이 명확하게 강조되지는 않는다. 다만 '전산망 이용촉진'에서 간접적으로나마 데이터 이용촉진을 읽을 수 있지 않을

---

[24] 1995년에 제정된 신용정보법의 공식 명칭은 띄어쓰기를 하지 않지만 이 장에서는 편의상 띄어쓰기를 하여 표기하기로 한다. 이하 같다.

까 한다. 여하간 데이터 3법 중에서 초기의 신용정보법이나 정보통신망법에서
는 데이터 보호보다 이용이 더욱 중요하게 취급되었다는 점은 흥미로운 일이다.

3. 데이터 보호법의 발전

　이처럼 데이터 이용이 강조되던 데이터법 초기의 모습은 이후 데이터 보
호 쪽으로 무게중심이 바뀌게 된다. 인격권 보호가 강조되고 개인정보자기결정
권이 독자적인 권리로 자리매김하면서 개인데이터를 보호하는 것이 그 무엇보
다 중요한 규범적 과제로 설정된다. 특히 인터넷으로 사이버 세계가 구현되고
이러한 사이버 세계에서 개인데이터를 침해하는 일이 빈번하게 발생하면서 개
인데이터를 엄격하게 보호해야 한다는 사회적 요청이 증가하였다. 이에 대응하
기 위해 막 형성되기 시작하던 데이터법은 데이터 이용보다 데이터 보호를 더
욱 중요한 규범적 목표로 설정한다. 이에 따라 데이터법은 데이터 보호법의 모
습으로 발전한다.

　물론 데이터법이 데이터 보호법의 모습으로만 발전한 것은 아니다. 이미
언급한 것처럼 초기 데이터법에서는 데이터 이용이 강조되었고 데이터법이 발
전 및 분화해 가면서 데이터 보호법과 구별되는 데이터 이용법이 독자적인 데
이터법으로 성장하기 시작한다. 이는 데이터의 경제적 가치가 급격하게 높아지
는 것과 무관하지 않다. 그러나 독자적인 데이터 시장이 형성되고 데이터의 경
제적 가치가 상승하면서 정보주체의 동의를 받지 않은 데이터 이용, 즉 데이터
침해가 증가한다.[25] 이에 대응하기 위해 데이터 보호법은 점점 강력한 방향으
로, 일반적·포괄적인 보호 방향으로 발전한다. 이때 데이터법은 데이터를 보호
하는 방식으로 자유주의에 기반을 두는 '동의규칙'(property rule), 즉 정보주체의

---

[25] 물론 정확하게 말하면 데이터가 아닌 개인정보자기결정권이 침해되는 것으로 보아야 한다.
정보주체의 동의를 받지 않고 데이터를 수집 및 활용하는 것은 데이터 그 자체를 훼손하는
것은 아니기 때문이다. 다만 편의상 이 장에서는 데이터 침해 개념을 넓게 파악하여 개인정
보자기결정권의 침해도 데이터 침해로 지칭하고자 한다. 한편 개인데이터가 귀속되는 주체는
정확하게 말하면 '데이터 주체'라고 해야 하지만 우리 개인정보 보호법이 '정보주체'라는 개념
을 사용하는 점을 고려하여 이 장에서는 정보주체로 지칭하고자 한다(제2조 제3호 참조).

사전동의 방식을 채택한다.[26]

　초기의 대표적인 데이터 보호법으로 데이터 3법에 속하는 신용정보법과 정보통신망법을 들 수 있다. 물론 앞에서 언급한 것처럼 신용정보법에서는 신용정보 이용이 보호보다 전면에 놓인다. 그렇지만 신용정보법이 신용정보 보호를 등한시 하는 것은 아니다. 신용정보법은 제6장에서 신용정보주체를 보호하기 위한 여러 규정을 마련하기 때문이다. 이러한 상황은 정보통신망법에서도 찾아볼 수 있다. 정보통신망법은 전산망 보급 및 이용촉진을 강조하던 초기의 모습에서 바뀌어 정보주체의 정보보호를 보호하는 것 역시 정보통신망법의 규범목적으로 포섭하였기 때문이다. 이는 「정보통신망 이용촉진 및 정보보호 등에 관한 법률」이라는 정식 명칭에서 확인할 수 있다. 이때 말하는 '정보보호'에는 '개인정보보호' 역시 포함되었다.[27] 이러한 정보통신망법은 데이터법 초기에 본격적인 데이터 보호법으로 기능을 수행하였다. 이에 다음과 같은 이유를 언급할 수 있다. 우선 인터넷과 같은 정보통신망을 통해 비로소 디지털화된 데이터가 본격적으로 출현하게 되었다는 점이다(디지털 전환). 다음으로 개인데이터를 침해하는 일이 주로 정보통신망에서 해킹 등과 같은 방법으로 자행되었다는 점이다.

　이외에도 중요한 데이터 보호법으로 위치정보법을 들 수 있다.[28] 스마트폰 시대가 본격적으로 개막되면서 스마트폰 소지자의 위치 데이터가 여러모로 중요한 데이터로 각인되고 동시에 정보주체의 사전동의를 받지 않은 위치 데이터 수집이 빈번하게 이루어졌다. 이는 사회적 논란으로 이어졌고 이에 위치정

---

26) 동의규칙에 관해서는 Guido Calabresi/A. Douglas Melamed, "Property Rules, Liability Rules, and Inalienability: One view of Cathedral", 85 *Harvard Law Review* 1089 (1972) 참조. 여기서 'property rule'은 보통 '소유규칙'으로 번역된다. 이는 '동의원리'로 번역하는 것이 적절하다는 의견도 제시된다. 박상철, "데이터 소유권 개념을 통한 정보보호 법제의 재구성", 고학수·임용(편), 『데이터오너십』, 박영사, 2019, 46면 각주 (21) 참조. 이를 동의규칙으로 번역하는 경우로는 이동진, 앞의 논문, 137면 각주 (53) 참조.
27) 다만 2020년 2월 4일에 이루어진 '데이터 3법 개정'으로 정보통신망법이 담고 있던 개인정보 보호에 관한 규정은 모두 개인정보 보호법으로 이전 및 통합되었다. 따라서 현재 정보통신망법은 개인정보 보호에 관한 (직접적인) 규정은 갖고 있지 않다.
28) 정식 명칭은 「위치정보의 보호 및 이용에 관한 법률」이다. 여기에서는 위치정보법으로 약칭한다.

보법이 제정되어 대응하였다.

이후 가장 일반적인 데이터 보호법인 개인정보 보호법이 제정 및 시행되면서 데이터 보호법이 본격적으로 정착된다. 개인정보 보호법은 '데이터 보호 기본법'으로 부를 수 있을 만큼 일반적인 수준에서 그리고 강력하게 개인데이터를 보호한다. 특히 초기의 개인정보 보호법은 물론 논란의 여지는 있지만 철저하게 데이터 보호를 지향하는 데이터 보호법으로 기능을 수행하였다.

4. 데이터 보호법에 관한 문제

데이터 보호법에 관해서는 검토해야 할 문제가 여럿 있다. 그중에서 두 가지 문제를 간략하게 살펴보고자 한다. 데이터는 누구의 것이어야 하는가의 문제와 데이터를 어떤 방식으로 보호할 것인가의 문제가 그것이다.

가. 데이터는 누구의 것인가?

데이터를 어떻게 보호할 것인지, 더 나아가 데이터를 어떻게 이용할 것인지의 문제는 데이터, 특히 개인데이터는 누구의 것인지라는 문제와 밀접한 관련을 맺는다. 데이터가 누구에게 귀속되는지가 명확하게 확정되어야만 비로소 데이터를 어떻게 법으로 보호할 것인지도 명확하게 결정할 수 있기 때문이다. 이 문제에 개인정보 보호법은 개인정보자기결정권을 제도화함으로써 개인데이터가 각 정보주체에게 귀속된다고 판단하였다. 따라서 데이터를 수집하거나 이용하려는 자는 정보주체의 사전동의를 받아야 한다. 그러나 데이터 보호보다는 데이터 이용이 점점 더 중요해지면서 데이터 처리자가 수집 및 관리하는 데이터는 누구에게 귀속되는 것으로 보아야 하는지 문제된다. 물론 개인정보 보호법의 기본 태도에 따르면 개인데이터는 해당 정보주체에게 귀속된다. 따라서 데이터 처리자가 이러한 데이터를 수집·활용하거나 제3자에게 제공하려면 언제나 해당 데이터의 귀속주체인 개인의 사전동의를 받아야 한다. 그러나 개인데이터는 언제나 해당 정보주체에게 귀속된다는 태도를 고수하면 빅데이터를 형성해 이용하는 것도, 데이터를 거래하거나 공익 목적으로 공유하는 것도 쉽지 않다. 이러한 근거에서 데이터 이용을 더 강조하는 진영에서는 데이터를 물건처럼 취급하여 데이터 처리자가 데이터를 가공 처리한 경우에는 해당 데이터가 데이터 처리자에게 귀속된다고 보기도 한다. 물건에 적용되는 법리, 특히 민법 제259조가 규정하는 가공 법리를 데이터에도 적용하는 것이다. 나아가 데이터의 공공성을 강조하는 진영에서는 데이터를 사회의 공동자산(common asset)으로 보아야 한다는 주장도 한다.[29]

이렇게 보면 데이터는 누구에게 귀속되는가의 질문에는 크게 세 가지 해법을 내놓을 수 있다. 개인, 데이터 처리자, 사회가 그것이다. 첫 번째 해법이 로크(John Locke)가 말한 자기소유 이론에 충실한 것이라면, 두 번째는 근대 경제학의 토대가 되는 노동가치설에 충실한 해법이다. 이에 대해 세 번째 해법은 자아는 사회 안에서 존속한다는 공동체주의의 관점에 충실하다.[30] 개별 자아, 즉 정보주체의 데이터는 공동체 안에서 이용되어야 비로소 존재 이유를 지니기에 자아의 데이터는 공동체가 공유해야 한다는 것이다.

이 중에서 무엇이 가장 타당한지를 판단하는 것은 쉽지 않다. 각 해법은 모두 장점과 단점을 지니기 때문이다. 이러한 까닭에 우리는 세 가지 해법을 통합하는 방안도 고려할 수 있다. 개인데이터는 기본적으로 정보주체에게 귀속된다고 보면서도 특정한 경우에는 데이터 처리자나 사회 전체가 공유할 수 있도록 하는 방안이 그것이다. 물론 이를 어떻게 구체화할 것인지는 고민해 보아야 한다.

나. 데이터를 어떻게 보호할 것인가?

다음으로 데이터를 어떤 방식으로 보호할 것인지가 문제된다. 앞에서 살펴본 것처럼 데이터를 법 영역으로 포섭하여 규율할 때는 우선 두 가지 방향을

---

[29] 이러한 예로 박경신, "정보소유권으로서의 개인정보자기결정권과 그 대안으로서의 '정보사회주의'", 고학수·임용(편), 『데이터오너십』, 박영사, 2019, 257－274면 참조.

[30] 공동체주의에 관해서는 알래스데어 매킨타이어, 이진우(역), 『덕의 상실』, 문예출판사, 1997. 참고.

구별할 수 있다. 가능한 한 데이터를 이용하는 방향과 반대로 이를 보호하는 방향이 그것이다. 전자가 데이터가 지닌 공리와 효용을 우선적으로 고려하는 것이라면 후자는 데이터가 지닌 위험과 해악을 고려한다. 법철학의 견지에서 말하면 데이터 이용을 강조하는 방향은 공리주의에 입각한 것으로 볼 수 있다.

데이터 보호를 강조하는 방향은 다시 두 가지로 구별할 수 있다. 자유주의에 따라 데이터를 보호하는 방향과 후견주의에 따라 데이터를 보호하는 방향이 그것이다. 자유주의에 따라 데이터를 보호하는 방향은 데이터가 귀속되는 정보주체의 자율적인 자기결정으로 이루어지는 사전동의를 강조한다. 이는 로크가 제시한 자기소유 이론과 관련을 맺는다.[31] 이에 대해 후견주의에 따라 데이터를 보호하는 방향은 데이터가 귀속되는 주체의 자기결정과 상관없이 데이터 이용이 객관적·실질적으로 정보주체 또는 사회 전체에 해악을 야기하는지에 초점을 맞춘다.[32]

현행 개인정보 보호법은 이 중에서 기본적으로 자유주의에 따라 정보주체의 개인데이터를 보호하는 방향을 채택하였다. 이에 따라 개인정보 보호법은 데이터 이용보다는 데이터 보호를 규범목적으로 설정하고 이를 구현하기 위한 방안으로 자유주의에 기반을 둔 개인정보자기결정권을 제도화하였다(제15조 제1항 제1호).[33] 그렇지만 최근 들어 데이터 이용이 강조되면서 정보주체의 사전동의 방식으로 데이터를 보호하는 것이 과연 타당한지 의문이 제기된다. 우리 개인정보 보호법이 엄격한 사전동의 방식으로 데이터를 보호하기에 이를 이용하는 데 큰 걸림돌이 된다는 것이다.

---

[31] 그 점에서 이는 '동의규칙'(property rule)에 상응한다.

[32] 그 점에서 이는 '보상규칙'(liability rule)에 상응한다. 'liability rule'을 '보상규칙'으로 번역하는 경우로는 이동진, 앞의 논문, 137면 각주 (53) 참조.

[33] 이에 관해서는 권영준, "개인정보 자기결정권과 동의 제도에 대한 고찰", 『법학논총』(전남대) 제36집 제1호(2016.3.), 673－734면 참고.

Ⅳ. 데이터법의 발전과 분화

1. 데이터 보호법과 이용법의 분화

오늘날 분화는 사회의 거의 모든 영역에서 이루어지는 구조적인 현상이다. 이는 사회의 복잡성이 증가하고 전문화가 촉진되면서 나타나는 필연적인 현상이다. 이러한 현상에 발맞추어 사회 전체는 내적 분화 과정을 거쳐 정치, 경제, 법, 학문, 교육, 의료와 같은 다양한 기능 영역으로 분화된다.[34] 법 역시 이러한 사회의 내적 분화에 부응하여 다양한 영역으로 구별된다. 환경법, 도산법, 금융법, 정보통신법 등과 같은 다양한 전문법이 그 결과로 출현하게 되었다는 점은 앞에서 언급하였다. 이러한 법체계의 내적 분화는 데이터법에서도 나타난다. 데이터 보호법과 이용법의 분화가 그것이다. 물론 이미 지적한 것처럼 데이터법은 형성 초기부터 이용과 보호를 내적으로 모두 담고 있었다. 그리고 흥미롭게도 초기에는 데이터 이용이 더 강조되었다. 이후 개인데이터를 보호해야한다는 사회적 요청이 증대하면서 데이터법의 무게중심은 데이터 보호법으로 옮겨간다. 그런데 데이터가 새로운 정보와 지식의 원천이 되고 혁신성장의 동력으로 자리매김하면서 데이터 보호뿐만 아니라 이용이 새로운 차원에서 중요해진다. 이에 따라 데이터법은 이제 본격적으로 데이터 보호법과 이용법으로 구별된다.

사실 데이터법의 이분화는 데이터법이 형성되는 데 출발점이 된 개인정보자기결정권 및 이것의 원형이 되는 독일의 '정보적 자기결정권'(Recht auf in-formationelle Selbstbestimmung)에서 그 계기를 찾을 수 있다. 만약 데이터를 철저하게 보호하고자 한다면 데이터에 '처분불가능 규칙'(inalienability rule)이 적용되어야 한다. '동의규칙'(property rule)이나 '보상규칙'(liability rule)이 적용되어서는 안 된다.[35] 그러나 개인정보자기결정권은 개인데이터에 처분불가능 규칙이 아

---

34) 이에 관해서는 니클라스 루만, 장춘익(옮김), 『사회의 사회』, 새물결, 2012 참고.

35) 처분불가능 규칙, 동의규칙, 보상규칙에 관해서는 Guido Calabresi/A. Douglas Melamed, op. cit. 참조.

닌 동의규칙을 적용한다. 이에 따라 정보주체의 자율적인 사전동의만 받으면 누구나 데이터를 이용할 수 있다. 주관적 동의를 통해 데이터를 규율하는 의미론이 데이터 보호에서 이용으로 변환된다. 이는 데이터법이 데이터 보호법으로 자리 잡던 그 당시에도 이미 보호와 이용이라는 두 측면을 지니고 있었음을 보여준다. 데이터법은 형성 초기부터 보호와 이용이라는 양날의 칼을 지니고 있었던 것이다.

2. 데이터 이용법의 등장 배경

이처럼 데이터법은 데이터라는 소통매체의 속성이 그런 것처럼 보호와 이용이라는 규범적 목표를 동시에 추구한다. 이를 잘 보여주는 예로 신용정보법을 들 수 있다. 신용정보는 금융거래를 가능하게 하는 아주 중요한 매체이다. 체계이론에 따르면 신용정보는 금융 시장, 더 나아가 사회 전체의 복잡성을 감축하는 데 기여한다.[36] 신용에 힘입어 금융거래에 대한 기대가 안정되고 거래비용 역시 줄어든다. 이러한 까닭에 신용정보는 일찍부터 적극 이용되었다. 이러한 맥락에서 신용정보법은 신용정보 보호보다 이용을 전면에 내세운다. 그렇지만 최근 들어 데이터 이용법이 사회 각 영역에서 시급하게 요청되는 데는 다음과 같은 이유를 꼽을 수 있다.

가. 플랫폼 사업

먼저 요즘 각광받는 플랫폼 사업을 언급할 수 있다. '플랫폼'(platform)은 다양한 의미로 사용된다. 자동차 공학이 보여주는 것처럼 플랫폼은 물리적인 구조라는 의미를 뜻하는 경우가 많지만 최근에는 디지털 세계에 적용되는 구조 또는 시스템(체계)으로 즐겨 사용된다. 그중에서 플랫폼 사업에서 문제되는 플랫폼은 다양하고 엄청난 양의 데이터와 이를 이용하는 사람들의 소통이 한데

---

36) Niklas Luhmann, *Vertrauen: ein Mechanismus der Reduktion sozialer Komplexität*, Stuttgart 2014 참조.

모이는 정보 시스템을 뜻한다.[37) 플랫폼 사업은 이러한 플랫폼에 집적되는 데이터와 이용자의 소통을 활용하여 엄청난 경제적 가치를 창출한다. 그런데 사실 이러한 플랫폼은 디지털 전환 시대에 비로소 출현한 것은 아니다. 이미 오래전부터 플랫폼과 유사한 매체가 존재해 왔다. 전통적인 시장이 대표적인 예라 할 수 있다. 시장이라는 매체를 통해 매도인과 매수인 또는 상인과 소비자가 한데 모여 거래를 할 수 있었다. 이 점에서 전통적인 시장은 오늘날의 플랫폼처럼 거래라는 경제적 소통을 가능하게 하는 매체로 기능을 수행하였다. 플랫폼은 바로 시장과 같은 매체가 인터넷 공간과 같은 디지털 영역에서 탈공간화되어 존재하는, 다시 말해 물리적 공간이 아닌 디지털화된 가상공간에서 작동하는 매체라고 할 수 있다. 이러한 플랫폼은 가상공간에서 데이터와 소통을 매개한다. 세상의 거의 모든 것이 디지털로 전환되는 현대사회에서는 데이터와 소통이 집적되는 플랫폼이 자본과 권력, 진리 등의 원천이 된다. 플랫폼 사업은 바로 이러한 플랫폼의 특성을 적극 활용하는 사업이라 말할 수 있다.

나. 빅데이터

다음으로 빅데이터를 언급할 수 있다.[38) 플랫폼 사업이 활성화되면서 자연스럽게 플랫폼에 빅데이터가 형성된다. 구글이나 아마존이 이를 잘 보여준다. 빅데이터는 단순히 엄청난 양의 데이터만을 뜻하지는 않는다. 오늘날 빅데이터야말로 플랫폼 사업을 가능하게 하는 새로운 가치의 원천이 되기 때문이다. 잘 알려진 것처럼 수학적 알고리즘으로 빅데이터를 분석하면 새로운 가치를 창출하는 데 바탕이 되는 패턴이나 통찰을 획득할 수 있다. 플랫폼 사업은 이를 활용함으로써 새로운 경제적 이익을 획득할 수 있다. 그 점에서 빅데이터와 플랫폼 사업은 선순환 관계를 형성한다.

---

37) 이에 관해서는 마셜 밴 앨스타인·상지트 폴 초더리·제프리 파커, 이현경(옮김),『플랫폼 레볼루션』, 부키, 2017 참조.

38) 빅데이터에 관해서는 양천수,『빅데이터와 인권: 빅데이터와 인권의 실제적 조화를 위한 법정책적 방안』, 영남대학교출판부, 2016 참조.

다. 데이터 시장

나아가 데이터 시장을 언급할 수 있다. 데이터가 경제적 가치를 창출하는데 결정적인 역할을 하면서 데이터 자체의 경제적 가치가 제고된다. 이에 따라 데이터 자체에 대한 거래를 목적으로 하는 시장이 형성된다. 이로 인해 데이터 거래를 제고하고 데이터 시장이 공정하고 효율적으로 작동할 수 있도록 이를 규율하는 데이터법이 필요해진다. 무엇보다도 데이터 이용을 지원하는 데이터 이용법이 요청된다.

이러한 요청에 부응하기 위해 제정된 법이 「데이터 산업진흥 및 이용촉진에 관한 기본법」(데이터산업법)이다. 데이터산업법은 "데이터의 생산, 거래 및 활용 촉진에 관하여 필요한 사항을 정함으로써 데이터로부터 경제적 가치를 창출하고 데이터산업 발전의 기반을 조성하여 국민생활의 향상과 국민경제의 발전에 이바지함을 목적"으로 한다(제1조). 그 점에서 우리 법체계는, 물론 완전하지는 않지만, 데이터 이용에 관한 기본법을 마련했다고 말할 수 있다.

3. 데이터 이용법의 발전과 분화

데이터 보호법과 비교하면 데이터 이용법은 이제 막 발전하는 법이기에 데이터 이용법 자체가 분화되고 있다고 말하기는 쉽지 않다. 다만 데이터법에 관해 현재 이루어지는 논의를 고려하면 데이터 이용법 역시 다양한 유형으로 분화될 가능성이 없지 않다. 만약 그렇다면 데이터 이용법은 두 가지 계기에 따라 분화될 것이다. 첫째는 사회의 분화이고 둘째는 데이터 이용 형식의 분화이다.

우선 데이터 이용법은 사회의 분화에 상응하여 분화될 수 있다. 이를테면 사회 전체가 정치, 경제, 의료 등과 같은 전문영역으로 분화되는 것에 대응하여 데이터법 역시 다양한 전문영역으로 분화 및 발전할 수 있다. 예를 들어 정치 및 행정영역에 대응하는 데이터 이용법으로 정보공개법 및 전자정부법을, 경제영역에 대응하는 데이터 이용법으로 신용정보법과 전자금융거래법을, 의

료영역에 대응하는 데이터 이용법으로 감염병예방법 등을 들 수 있다.[39)]

이보다 더욱 중요한 분화 형식은 데이터 이용 자체의 분화 형식이다. 데이터를 이용하는 형식은 민법 제211조가 규정하는 소유권의 내용이 시사하는 것처럼 소유, 이용, 거래, 공유 등으로 구별할 수 있다. 이에 의하면 (넓은 의미의) 데이터 이용은 데이터 보유, (좁은 의미의) 데이터 이용, 데이터 거래, 데이터 제공 및 공유 등으로 구별할 수 있다. 이에 대응하여 데이터 이용법도 분화 및 발전할 수 있다. 이외에 오늘날 데이터 집중 및 보유는 데이터 독점 문제도 야기하기에 이를 규제하는 '데이터 독점 거버넌스법'도 고려할 수 있다. 다만 아직까지는 주로 (좁은 의미의) 데이터 이용, 제공 및 공유를 주된 규율 내용으로 하는 데이터 이용법이 주류를 이룬다. 앞에서 언급한 정보공개법이나 신용정보법, 감염병예방법 등이 여기에 속한다.

여기서 한 가지 검토해야 할 문제가 있다. 데이터 보유나 거래가 제대로 이루어지려면 데이터 소유권 또는 이와 유사한 권리가 인정되어야 한다는 주장이 제기된다.[40)] 또는 현행 민법이 규정하는 물건 개념을 확장하여 데이터를 물건처럼 취급해야 한다는 주장도 제시된다. 이에는 논란이 없지 않은데 여기에서는 이를 다루지 않기로 한다.

V. 데이터법의 내적 갈등과 조정

1. 문제점

사회의 분화에 걸맞게 데이터 보호법과 이용법으로 분화됨으로써 데이터법은 사회에 응답하는 법으로 기능을 수행할 수 있다.[41)] 그러나 동시에 이는

---

39) 정보공개법의 정식 명칭은 「공공기관의 정보공개에 관한 법률」, 감염병예방법의 정식 명칭은 「감염병의 예방 및 관리에 관한 법률」이다. 이 장에서는 정보공개법, 감염병예방법이라는 약칭을 사용한다.

40) 이 문제에 관해서는 고학수·임용(편), 『데이터오너십』, 박영사, 2019 참조.

41) 사회에 응답하는 법을 강조하는 경우로는 P. Nonet/P. Selznick, *Law & Society in Transition:*

문제 역시 야기한다. 데이터 보호법과 이용법이 서로 갈등을 빚는 문제가 그것이다. 애초에 보호와 이용은 서로 모순관계를 맺는다는 점에서 어찌 보면 이는 당연한 현상으로 볼 수도 있다. 이러한 관계에서 데이터 보호가 더 중요한 규범적 가치로 자리매김할 때는 설사 양자가 충돌할 때도 데이터 보호법이 우선적인 지위를 차지하였다. 그렇지만 데이터 이용이 점점 중요해지면서 데이터 보호법과 이용법이 충돌할 때 이를 어떻게 해결해야 하는지가 중요한 문제로 부각된다.

2. 갈등 유형

데이터 보호법과 이용법이 충돌하는 경우로 다음과 같은 유형을 거론할 수 있다.

가. 데이터의 경제적 이용과 보호의 갈등

데이터를 경제적으로 이용하는 과정에서 데이터 이용법과 보호법이 서로 갈등을 빚을 수 있다. 여러 번 언급한 것처럼 그리고 '데이터 경제'(data economy)라는 개념이 시사하는 것처럼 오늘날 데이터는 경제성장의 핵심 자원이 된다.[42] 예전에 석유가 했던 역할을 데이터가 대신한다. 그 때문에 데이터를 경제적으로 이용하고자 하는 시도가 다방면에 걸쳐 진행된다. 데이터 소유권이나 데이터 이동권에 관한 논의는 이렇게 데이터를 경제적으로 활용하고자 하는 흐름을 규범적으로 뒷받침하는 시도이다. 빅데이터에 관한 논의 역시 이러한 흐름에서 파악할 수 있다. 그러나 데이터를 경제적으로 이용, 더 나아가 극대화하는 시도는 필연적으로 데이터 보호와 갈등을 빚는다. 데이터를 경제적으로 이용하고자 하면 할수록 데이터, 특히 개인데이터에 대한 보호는 그만큼 약화될 수 있다. 이는 극단적인 공리주의가 개인의 자유를 위협하는 것과 같은 맥락을

Toward Responsive Law, second printing (New Brunswick/London, 2005) 참조.

[42] 데이터 경제에 관해서는 서울대 법과경제연구센터, 『데이터 이코노미』, 한스미디어, 2017 참조.

이룬다. 이를 반대로 추론하면 개인데이터에 대한 보호를 강화하면 할수록 데이터를 경제적으로 활용하는 것은 그만큼 어려워진다. 우리의 개인정보 보호법이 개인정보를 너무 강하게 보호하여 빅데이터를 형성 및 활용하기 어렵다는 비판이 이를 보여준다.

나. 데이터의 공적 이용과 보호의 갈등

오늘날 데이터는 경제적인 측면에서만 이용되는 것은 아니다. 데이터는 공적 영역에서도 다방면에 걸쳐 활용된다. 예를 들어 데이터는 각종 감염병으로부터 안전을 보장하기 위해, 시민의 법익을 침해하는 범죄를 예방하기 위해, 현대 초연결사회를 지탱하는 사이버 연결망의 보안을 구현하기 위해 활용된다. 이를 보여주는 예가 감염병예방법 제34조의2이다. "감염병위기 시 정보공개"라는 표제를 갖춘 감염병예방법 제34조의2는 제1항 본문에서 다음과 같이 규정한다. "질병관리청장, 시·도지사 및 시장·군수·구청장은 국민의 건강에 위해가 되는 감염병 확산으로 인하여 「재난 및 안전관리 기본법」 제38조제2항에 따른 주의 이상의 위기경보가 발령되면 감염병 환자의 이동경로, 이동수단, 진료의료기관 및 접촉자 현황 등 국민들이 감염병 예방을 위하여 알아야 하는 정보를 정보통신망 게재 또는 보도자료 배포 등의 방법으로 신속히 공개하여야 한다." 감염병 예방이라는 공적 안전을 확보하기 위해 감염병 환자의 데이터를 적극 활용하는 것이다. 이러한 데이터 활용은 실제로 K-방역이라는 이름 아래 상당한 성과를 거두었다. 그렇지만 이를 둘러싼 논란이 보여주듯이 공적 영역의 안전을 확보하기 위해 데이터를 활용하는 정책도 개인데이터를 보호하는 데 중대한 위협이 된다.[43] 데이터 이용을 위해 데이터 보호가 제한되는 것이다.

---

[43] 이를 분석하는 연구로는 권건보, "감염병 위기 대응과 정보인권", 『공법학연구』 제21권 제3호(2020.8.), 3-31면 참조.

다. 데이터의 독점과 공유의 갈등

또 다른 유형으로 데이터의 독점과 공유 사이의 갈등을 들 수 있다. 엄밀하게 말하면 이는 데이터 보호와 이용 간의 갈등이라기보다는 데이터 이용을 둘러싸고 발생하는 새로운 내적 갈등으로 볼 수 있다. 오늘날 플랫폼 사업 등으로 인해 각종 데이터가 소수의 사업자에게 집중되면서 데이터를 이용하는 과정에서 일종의 불공정이 발생한다. '데이터 독점과 공정'이라는 새로운 규범적 문제가 제기된다. 데이터가 인공지능이나 빅데이터를 활용한 혁신성장의 필수적인 원천이 된다는 점을 고려하면 이는 데이터에 대한 자유롭고 평등한 접근과 이용을 저해하는 진입장벽이 될 수 있다. 바로 이 때문에 유럽연합 등에서는 이러한 갈등을 해소하는 문제가 데이터 거버넌스의 중요한 과제로 떠오른다.

3. 조정 방안

이러한 갈등은 어떻게 조정할 수 있을까? 여기에서 이 문제를 정면으로 다루는 것은 적합하지 않으므로 다음에서는 대략적인 지침을 제시하는 데 그치고자 한다.

가. 실제적 조화와 비례성 원칙

헌법학에서 많이 논의되는 실제적 조화와 비례성 원칙이 갈등을 조정하는 데 활용되는 출발점이 될 수 있다.[44] 실제적 조화와 비례성 원칙은 기본권과 기본권의 충돌 또는 기본권과 공익의 충돌 문제를 해소하기 위해 개발되었다. 그런데 데이터 보호와 이용 사이의 충돌은 많은 경우 데이터에 관한 기본권과 기본권의 충돌 또는 기본권과 공익의 충돌 문제로 환원할 수 있다. 따라서 실제적 조화와 비례성 원칙은 데이터 이용과 보호의 갈등 문제에 적용할 수 있다. 다만 주의해야 할 점은 이 원칙은 '비례성'(Verhältnismäßigkeit)이라는 개념이 시사하듯이 실질적인 내용을 갖지는 않는다는 것이다. 이는 형식적이면서 관계적

---

[44] 이에 관해서는 콘라드 헷세, 계희열(역), 『독일헌법원론』, 박영사, 2001 참조.

인 원칙이어서 법적 논증을 통해 그 내용을 채울 수밖에 없다.[45] 그 점에서 이 원칙은 갈등을 조정하는 데 출발점으로 작용할 수 있지만 명확한 해법을 제공할 수는 없다는 한계를 지닌다.

나. 전문영역의 다원적 합리성 고려

이 같은 이유에서 데이터 보호와 이용 간의 갈등을 조정하는 데 도움이 되는 다른 기준을 모색할 필요가 있다. 이러한 기준으로 전체 사회가 내적 분화 과정을 거치면서 형성된 각 전문영역의 '기능적 합리성'을 고려하는 것을 언급할 수 있다. 체계이론의 시각에서 보면 사회가 기능적으로 분화되면서 합리성 역시 다원적으로 분화된다. 루만에 따르면 합리성은 각 사회적 체계와 연결되기 때문이다.[46] 이로 인해 정치와 경제, 의료영역을 규율하는 합리성은 구별된다.[47] 이를 데이터의 보호와 이용의 갈등 상황에 적용하면 이러한 갈등이 어떤 영역에서 발생하는지에 따라 이를 조정하는 방향도 달라질 수 있다는 주장이 도출된다. 말하자면 각 전문영역을 지배하는 합리성을 우선적으로 고려한 후 이를 토대로 삼아 실제적 조화와 비례성 원칙을 구현하는 것이다. 물론 여기에는 위험 역시 존재한다. 예를 들어 경제영역에서 경제적 합리성을 너무 강조하면 양적 공리주의의 폐해가 시사하듯이 데이터 보호 및 이에 연결되는 정보주체의 데이터에 관한 자유와 권리가 본질적으로 훼손되는 문제가 발생할 수 있다. 따라서 이를 감안하면서 전문영역의 다원적 합리성을 고려해야 한다.

---

45) 그 때문에 실제적 조화와 비례성 원칙을 판단할 때는 법적 논증 또는 기본권 논증이 중요한 역할을 한다. 이를 보여주는 Zoonil Yi, *Das Gebot der Verhältnismäßigkeit in der Grundrechtlichen Argumentation*, Dissertation: Christian−Albrechts−Universitaet zu Kiel 1998 참조.

46) Niklas Luhmann, *Zweckbegriff und Systemrationalität: über die Funktion von Zwecken in sozialen Systemen*, Frankfurt/M. 1973 참조.

47) 이를 분석하는 경우로는 양천수, "합리성 개념의 분화와 충돌: 독일의 논의를 중심으로 하여", 『법과 사회』 제31호(2006.12.), 211−234면 참조.

VI. 결론

오늘날 데이터가 혁신성장의 핵심 자원으로 떠오르면서 이를 둘러싼 다양한 사회적·법적 문제가 등장한다. 이로 인해 어떻게 하면 데이터를 합리적이고 설득력 있게 규율할 것인지의 문제, 즉 데이터 거버넌스 문제가 제기된다. 이에 대한 법체계의 대응으로 데이터법이라는 독자적인 법 영역이 형성된다. 이 장은 법이론 및 사회이론의 시각을 원용하여 데이터법이 어떤 이론적 의미를 지니는지, 데이터법은 어떻게 발전 및 변화되는지, 여기에 어떤 문제가 제기되는지, 이는 어떻게 해소할 수 있는지를 살펴보았다. 다만 기초법학의 사유를 토대로 하는 이 장의 성격상 데이터법을 둘러싼 여러 쟁점을 구체적이고 섬세하게 다루지는 못하였다. 이는 이 책의 다른 연구에 맡기고자 한다.

참고 문헌

권건보, "감염병 위기 대응과 정보인권", 『공법학연구』 제21권 제3호(2020.8.).

권영준, "개인정보 자기결정권과 동의 제도에 대한 고찰", 『법학논총』(전남대) 제36
　　집 제1호(2016.3.).

박경신, "정보소유권으로서의 개인정보자기결정권과 그 대안으로서의 '정보사회주
　　의'", 고학수·임용(편), 『데이터오너십』, 박영사, 2019.

박상철, "데이터 소유권 개념을 통한 정보보호 법제의 재구성", 고학수·임용(편), 『
　　데이터오너십』, 박영사, 2019.

방동희, "데이터 경제 활성화를 위한 데이터 법제의 필요성과 그 정립방향에 관한
　　소고: 4차산업혁명과 지능정보사회에서 데이터 거래의 기반 확보를 중심으
　　로", 『법학연구』(부산대) 제59권 제1호(2018.2.).

서울대 법과경제연구센터, 『데이터 이코노미』, 한스미디어, 2017.

양천수, "합리성 개념의 분화와 충돌: 독일의 논의를 중심으로 하여", 『법과 사회』
　　제31호(2006.12.).

양천수, "私法 영역에서 등장하는 전문법화 경향: 도산법을 예로 본 법사회학적 고
　　찰", 『법과 사회』 제33호(2007.12.).

양천수, "새로운 법진화론의 가능성", 『법철학연구』 제15권 제2호(2012.8.).

양천수, 『빅데이터와 인권: 빅데이터와 인권의 실제적 조화를 위한 법정책적 방안』,
　　영남대학교출판부, 2016.

이동진, "데이터 소유권(Data Ownership), 개념과 그 비판", 고학수·임용(편), 『데이
　　터오너십』, 박영사, 2019.

이상돈, 『법철학』, 박영사, 2003.

이성엽, "한국의 데이터주도 혁신에 대한 법의 대응과 진화", 『경제규제와 법』 제
　　11권 제2호(2018.11.).

정용찬, 『4차 산업혁명 시대의 데이터 거버넌스 개선 방향』(KISDI premium report:
　　18-05), 정보통신정책연구원, 2018.

정종섭, "우리 법학의 올바른 자리매김을 위하여: 헌법학의 통합과학적 연구에로",
　　『법과 사회』 제2호(1990.2.).

니클라스 루만, 장춘익(옮김), 『사회의 사회』, 새물결, 2012.

니클라스 루만, 윤재왕(옮김), 『사회의 법』, 새물결, 2014.

니클라스 루만, 윤재왕(옮김), 『체계이론 입문』, 새물결, 2014.

알래스데어 매킨타이어, 이진우(역), 『덕의 상실』, 문예출판사, 1997.

빅토르 마이어 쇤베르거·케네스 쿠키어, 이지연(옮김), 『빅데이터가 만드는 세상』, 21세기북스, 2013.

마셜 밴 앨스타인·상지트 폴 초더리·제프리 파커, 이현경(옮김), 『플랫폼 레볼루션』, 부키, 2017.

콘라드 헷세, 계희열(역), 『독일헌법원론』, 박영사, 2001.

Ernst－Wolfgang Böckenförde, 김효전(역), 『국가와 사회의 헌법이론적 구별』, 법문사, 1989.

Marion Albers, *Informationelle Selbstbestimmung*, Baden－Baden. 2005.

Guido Calabresi/A. Douglas Melamed, "Property Rules, Liability Rules, and Inalienability: One view of Cathedral", 85 *Harvard Law Review* 1089 (1972).

Helmut Coing, *Das subjektive Recht und der Rechtsschutz der Persönlichkeit*, Frankfurt/M. 1959.

Alfred W. Crosby, *The Measure of Reality* (Cambridge University Press, 1996).

Niklas Luhmann, *Zweckbegriff und Systemrationalität: über die Funktion von Zwecken in sozialen Systemen*, Frankfurt/M. 1973.

Niklas Luhmann, *Vertrauen: ein Mechanismus der Reduktion sozialer Komplexität*, Stuttgart 2014.

P. Nonet/P. Selznick, *Law & Society in Transition: Toward Responsive Law*, second printing (New Brunswick/London, 2005).

Zoonil Yi, *Das Gebot der Verhältnismäßigkeit in der Grundrechtlichen Argumentation*, Dissertation: Christian－Albrechts－Universitaet zu Kiel 1998.

3

데이터 귀속·보호·거래에 관한 법리 체계와 방향*

권영준 / 전 서울대학교 교수, 현 대법관

I. 문제 의식

최근 데이터 관련 법학 연구가 왕성하게 이루어지고 있다. 한국학술지인 용색인(Korea Citation Index, KCI)에 따르면, 최근 5년간 법학 분야 논문 키워드 상위 10위에 인공지능(1위), 개인정보(2위), 블록체인(6위), 온라인 플랫폼(8위), 4차 산업혁명(10위)이 포함되어 있다.1) 모두 데이터와 관련성이 높은 주제들이다. 4차 산업혁명2)에 접어드는 사회 변화상에 법학이 발빠르게 대응한다는 방증이다. 데이터라는 연구 주제는 확장성과 호환성이 높아 특정 법학 전공에 국한되지 않는다는 점도 왕성한 연구가 이루어지는 이유 중 하나이다. 하지만 이처럼 전공을 불문한 높은 관심에도 불구하고 데이터 법학은 여전히 맹아기에 머물러 있다. 데이터란 무엇인가, 데이터는 누구의 것인가, 데이터는 어디까지 보호되어야 하는가와 같은 핵심 질문에 대한 법리는 아직 깔끔하게 정리되어 있지 않다. 관련 법리 체계와 방향성이 확고하게 정립되기까지는 상당한 시간이 소요되리라 예상된다. 국내외를 막론하고 데이터 법학은 현재 진행형이다.

데이터에 대한 관심은 입법 분야에도 나타나고 있다. 제21대 국회에 데이

---

* 이 장은 2020.12.4. 서울대학교에서 개최된 한국데이터법정책학회 정기학술대회(주제: 데이터의 소유와 독점)에서 발표한 뒤 비교사법 제28권 제1호(2021.2.)에 게재한 논문을 일부 수정한 것임을 밝힌다.

1) https://www.kci.go.kr/kciportal/po/search/poFielResearchTrendList.kci (2023. 8. 31. 최종 방문).
2) '4차 산업혁명' 자체가 법학 분야 논문 키워드 상위 10위이기도 하다.

터 관련 법안들이 다수 발의되고 있다. 그중에는 주목할 만한 법안들도 있다. 데이터에 대한 포괄적인 법적 규율의 틀을 제공하는 「데이터기본법(안)」,[3] 데이터 주권을 규정한 「데이터의 이용촉진 및 산업진흥에 관한 법률안」,[4] 온라인 플랫폼 이용자 정보 보호를 규정한 「온라인 플랫폼 이용자 보호에 관한 법률안」,[5] 데이터 부정사용행위를 부정경쟁행위의 하나로 추가한 「부정경쟁방지 및 영업비밀보호에 관한 법률 일부개정법률안」,[6] 특정성·배타성·독립성이 확보된 정보를 민법상 물건 범위에 포함시키는 「민법 일부개정법률안」,[7] 공공 분야 마이데이터 제도 도입을 위한 「전자정부법 일부개정법률안」,[8] 인공지능 저작물의 법률관계를 규율하는 「저작권법 일부개정법률안」[9] 등이 그러하다.

　이 장은 이러한 활발한 법안 발의 상황에서 사법(私法)상 데이터의 귀속·보호·거래 관련 법리가 충분히 성숙되었는지를 돌아보며 작성되었다. 입법은 새로운 법리를 창출하기도 하고, 기존 법리를 확인하는 데 그치기도 한다. 최근의 입법적 시도는 전자의 기능을 주로 염두에 둔 듯하다. 이러한 입법은 관련 법리 체계의 정립을 가속화하는 계기가 될 수 있다.[10] 하지만 이에 선행하여, 또는 최소한 이에 연계하여 법리 체계화의 노력을 기울이지 않으면 산발적 입법에 그칠 우려도 있다. 이는 당장의 입법 실적으로 평가될지는 몰라도 법질서의 건강한 발전으로 이어지기는 어렵다. 또한 새로운 입법은 기존 법리에 의한 규율 공백을 메우기 위해 이루어지는 경우가 많다. 그렇다면 입법 과정에서는 먼저 기존 법리의 규율 상황을 곰곰이 따져보는 것이 정도(正道)이다. 행여 4차 산업혁명이나 데이터 경제와 같은 멋진 단어들에 함몰되어 기존 법리의 규율 상황을 충실히 확인하지 않은 상태에서 섣불리 입법이 이루어져서는

---

3) 의안번호 2106182(조승래 의원 등 34인 발의).
4) 의안번호 2106820(허은아 의원 등 10인 발의).
5) 의안번호 2016369(전혜숙 의원 등 12인 발의).
6) 의안번호 2107535(김경만 의원 등 10인 발의).
7) 의안번호 2104799(조정훈 의원 등 11인 발의).
8) 의안번호 2104733(김용판 의원 등 11인 발의).
9) 의안번호 2106785(주호영 의원 등 11인 발의).
10) 이성엽, "한국의 데이터주도 혁신에 대한 법의 대응과 진화", 경제규제와 법, 제11권 제2호 (2018)은 개인정보의 보호, 데이터의 활용과 접근권 확대, 공공 및 민간데이터의 공유와 결합에 관한 한국 데이터 법제의 나아갈 방향을 정리, 제시하고 있다.

곤란하다. 경쟁적으로 데이터 관련 입법이 시도되는 것이 아닌가 하는 우려가 존재하는 현시점에서는 더욱 그러하다. 새로운 입법(de lege feranda)과 기존 법리(de lege lata)는 건강하게 상호작용해야 한다. 법학자들은 새로운 입법을 전후하여 기존 법리 체계를 더욱 정합성 있게 정리하고 발전시키려는 노력을 기울여야 한다.

이러한 배경 아래 이 장에서는 데이터의 귀속·보호·거래의 문제에 관하여 다음과 같은 내용을 담고자 한다. 첫째, 데이터 소유권론을 중심으로 데이터 일반에 새로운 포괄적 권리(sui generis right)를 부여하려는 국내외의 최근 이론적 시도를 소개하고 이를 비판한다(Ⅱ. 데이터 소유권론의 비판적 분석). 둘째, 데이터의 법적 문제를 규율할 능력을 가진 기존 법리의 중요성을 강조한 뒤, 데이터 귀속에 관해서는 소유와 점유, 데이터 보호에 관해서는 부정경쟁행위와 불법행위, 데이터 거래에 관해서는 계약과 신탁의 법리의 적용 방향을 살펴본다(Ⅲ. 개별 법리의 적용 방향). 마지막으로, 데이터의 법적 문제들을 규율함에 있어서 때로는 단기적으로, 때로는 중장기적으로 새로운 입법이 필요할 수 있으나, 이러한 입법은 법질서 전체의 정합성을 염두에 두고 점진적으로 이루어져야 함을 강조한다(Ⅳ. 결론).

Ⅱ. 데이터 소유권론의 비판적 분석

1. 논의 배경

데이터의 법률관계를 둘러싸고 최근 몇 년간 가장 관심을 끄는 논의는 데이터 소유권론이다. 사법(私法) 질서 내에서 데이터는 여기저기서 산발적으로 규율되고 있다. 그러나 데이터가 자신만의 독자적인 사법적 지위를 차지하였다고 보기는 어렵다. 사법의 기본법인 민법만 보더라도 데이터는 '물건'에도 끼일 수 없고, 데이터에 특유한 '권리'도 부여받지도 못한 채 이 조항 저 조항에 의탁하며 보호받고 있다. 그러나 현실에서, 또는 사람들의 관념에서 데이터는 재산적 가치 있는 자산으로 취급된다.[11] 흔히 데이터를 원유(oil)[12] 또는 금(gold)[13]에 비유하는 것도 일반인들이 데이터를 자산으로 생각하는 데 일조한다. 따라서 법적 규율과 거래 의식 사이에 괴리 내지 비대칭성이 생긴다. 이는 데이터에 대한 포괄적이고 체계적인 법적 규율 요구로 이어질 수 있다. 그런데 데이터 소유권은 이러한 요구를 일거에 해결할 수 있는 매력적인 개념이다.[14] 데이터와 소유권의 결합은 강력한 시너지 효과를 내기 때문이다.

데이터는 무정형한 개념이다. 누구나 데이터를 이야기하지만 누구도 데이터가 무엇인지 잘 모른다. 데이터의 가치는 그 활용 맥락과 다른 데이터와의 결합 여부에 크게 좌우된다. 그래서 데이터에 대한 권리관계는 아무래도 부동성(浮動性)을 가지기 쉽다. 반면 소유권은 오랜 기간 공고하게 형성되어 온 강력한 재산권이다. 현실적으로 중요하지만 개념적으로는 불투명한 '데이터'는 '소유권'이라는 튼튼하고 명쾌한 법적 닻(anchor)과 결합함으로써 강력한 귀속과 보호의 틀을 제공받게 된다. 이처럼 강력한 귀속과 보호가 달성되면 데이터는 더욱 안정적으로 거래될 수 있다. 또한 데이터 소유권이라는 개념은 소유권의 강고한 이미지를 빌려 데이터 귀속과 보호의 당위성을 상징적으로, 그리고 효과적으로 전파하는데 기여할 수도 있다. 요컨대 데이터 소유권은 법리적 차원에서는 엄밀성이 결여되어 있는 개념이지만, 법정책적 차원에서는 상당한 파급효과를 불러일으킬 수 있는 개념이다.

그러므로 데이터 소유권은 현행법상 인정되지 않는 개념이라는 법률가들의 선언만으로 논의가 마무리되는 것은 바람직하지 않다. 데이터 소유권은 데이터의 귀속에 관한 단순하고도 강력한 법적 규율의 틀을 포괄적으로 담아내려는 도구 개념으로 이해해야 한다. 이를 통해 데이터 규율의 틀에 대한 고민

---

[11] Andreas Boerding et al, *Data Ownership – A Property Rights Approach From a European Perspective*, 11 J. Civ. L. Stud. 323, 325 (2018).

[12] Lauren Henry Scholtz, *Big Data is Not Big Oil: The Role of Analogy in the Law of New Technologies*, 86 Tenn. L. Rev. 863 (2019).

[13] Thomas J. Farkas, *Data Created by the Internet of Things: The New Gold without Ownership*, 23 Rev. Prop. Inmaterial 5 (2017).

[14] The British Academy, Data ownership, rights and controls: Reaching a common understanding, 2018, 4면은 데이터 소유권은 직관에 강하게 호소하는 힘을 가지는 개념이라고 관찰한다.

과 논의가 깊어져야 한다. 이러한 논의는 일시에 정리될 수 없다. 벽돌에 벽돌을 쌓아올리듯이 여기에서 조금, 저기에서 조금 논의가 지속적으로 축적되어야 한다. 그래야 정합성 있는 법리 체계가 정립될 수 있다. 데이터 소유권론은 이러한 논의의 여정에 또다른 계기가 되었다. 이러한 데이터 소유권론은 ① 지난 수십 년간 지속된 데이터 보호 범위 확장의 전체적 흐름에서 ② 재산적 가치를 가지는 데이터의 법적 귀속 문제를 포괄적 틀로 규율하려는 배경에서 탄생하였다. 그 배경을 하나씩 살펴보자.

소유권으로 대표되는 지배권에 의한 법적 보호는 본래 유체물을 중심으로 이루어져 왔다. 물론 지식재산권이나 인격권처럼 무형적 가치를 대상으로 하는 지배권도 있다. 하지만 이러한 권리들은 유체물에 대한 소유권에 비해 뒤늦게 오랜 시간에 걸쳐 형성되었다. 예컨대 저작권은 영국의 1710년 앤 여왕법 (Statute of Anne)을 통해 처음 도입되었다. 그러나 그 후에도 영국에서는 저작권이 재산권인가 아니면 법으로 허용된 독점의 파생물인가를 놓고 오랜 논쟁이 이어졌다.[15] 결국 저작권은 19세기에 이르러서야 진정한 권리로서의 자격을 획득하게 되었다.[16] 한편 생명이나 신체 또는 명예와 관련된 인격적 이익에 대한 법적 보호는 로마법이나 중세법 당시에도 존재하였다. 그러나 이들을 성명, 초상, 사생활, 성적 자기결정 등과 함께 인격권의 관점에서 통합적으로 규율하기 시작한 것은 20세기에 들어오면서부터이다.[17] 세간의 인상과는 달리 인격권은 비교적 현대적인 법학의 산물인 것이다. 무형적 대상에 대한 권리 정립에 이처럼 오랜 시간이 소요된 이유는 사회적 공감대 형성과 법 기술적 문제 때문이다. 무형적 대상에 대한 지배권의 경계를 어떻게 명확하게 획정할 것인가, 그 지배권을 어떻게 대외적으로 공시할 것인가, 비경합성과 비배제성으로 인한 중첩적 이용이나 무임승차의 문제를 어떻게 해결할 것인가, 침해에 대한 구제는 어떻게 구현할 것인가 등 복잡다기한 쟁점들이 권리 정립 과정에서 어려움을 야기하였다.

---

15) 권영준, "저작권과 소유권의 상호관계: 독점과 공유의 측면에서", 경제규제와 법, 제3권 제1호(2010), 162 – 168면.
16) 권영준(주 15), 166면.
17) 양창수·권영준, 민법 Ⅱ 권리의 변동과 구제, 박영사, 2017, 722면.

　　이러한 한계를 고려하면 개인정보 관련 권리 체계의 정립과 확장은 최근 수십 년간 놀랄만한 속도로 이루어졌다. 여기에는 두 가지 개념적 차원의 계기가 있었다. 첫 번째는 프라이버시가 영역 개념에서 정보 개념으로 전환된 것이다. 1967년 앨런 웨스틴(Alan Westin)은 주로 영역(sphere) 관점[18]에서 이해되던 프라이버시를 정보(information) 관점에서 재정의하였다.[19] 그 후 정보 프라이버시 또는 데이터 프라이버시에 초점을 맞춘 법제적 성과물들이 나오기 시작했다.[20] 두 번째는 '정보'가 '자기결정권'과 개념적으로 결합된 것이다. 정보자기결정권 개념은 이미 웨스틴(Westin)의 정의에 포함되어 있었다. 하지만 이 개념이 실정법 차원에서 본격적으로 자리 잡은 것은 1983년 독일 연방헌법재판소의 인구조사(Volkszählung) 판결 이후이다.[21] 인간이 자신에 관한 운명을 스스로 결정한다는 자기결정권 개념은 주로 생명, 신체, 정조 등 중차대한 법익과 결부되어 사용되어 왔다. 그런데 이처럼 개인정보가 자기결정권과 개념적으로 결합하면서 개인정보는 스스로 그러한 중차대한 법익의 반열에 오르게 되었다. 더구나 개인정보는 개인의 식별가능성이라는 확장성 높은 기준을 사용하고 있어 매우 광범위한 외연을 자랑한다. 그런데 이러한 광범위하고 확장성 높은 개념이 자기결정권이라는 신성불가침의 개념과 결합하게 된 것이다. 조금 거칠게 말하자면, 이로써 개인정보 보호는 이제 감히 도전하기 어려운 이데올로기 또

---

18) 사적 '영역' 보호 개념으로서의 프라이버시에 대한 일반적 설명으로는 Wenzel/Burkhardt, Das Recht der Wort—und Bildberichterstattung, 5. Aufl., Verlag Dr. Otto Schmidt, 2003 및 Stephan Balthasar, Der Schutz der Privatsphäre im Zivilrecht, Mohr Siebeck, 2006 참조.

19) 그는 프라이버시를 "언제 어떻게 어디까지 자신에 관한 정보가 타인에게 전달될 수 있는지를 스스로 결정할 수 있는 개인, 집단, 기관의 권리"라고 정의하였다. Alan Westin, Privacy and Freedom, IG, 1967, p.5. Holvast는 웨스틴 이후 그의 프라이버시 정의를 인용하지 않는 프라이버시 관련 문헌은 거의 찾아보기 어려울 정도로 그의 정의가 막강한 영향력을 가진다고 한다. J. Holvast, *History of Privacy*, IFIP Advances in Information and Communication Technology, Vol. 298 (2009), 8.

20) 1973년 스웨덴 데이터법, 1974년 미국 프라이버시법, 1978년 독일 연방데이터보호법 등이 대표적 예이다. 또한 국제규범으로서는 1980년 OECD Guidelines on the Protection of Privacy and Transborder Flows of Personal Data 및 1981년 EU Convention for the Protection of Individuals with regard to Automatic Processing of Personal Data 참조.

21) 개인정보자기결정권은 우리 판례에도 받아들여졌다. 헌법재판소 2005.7.21. 2003헌마282 결정; 헌법재판소 2005.5.26. 99헌마513, 2004헌마190 결정; 대법원 1998.7.24. 선고 9다42789 판결; 대법원 2014.7.24. 선고 2012다49933 판결.

는 종교의 영역에 들어섰는지도 모른다.[22] 개인정보자기결정권이 그 모체인 프라이버시보다 강하게 보호되어야 하는지는 의문스럽다.[23] 어쨌든 이 개념의 힘을 토대로 개인정보 보호 법제가 포괄성과 체계성을 갖추고 개인정보 보호 범위가 지속적으로 확장되어 왔다는 점은 부인할 수 없다.

　　데이터 소유권론은 이러한 정보보호 확장의 흐름이 비개인 데이터까지 확산된 이론이다. 크게 보면 사적 정보에서 식별가능 정보로, 식별가능 정보에서 정보 일반으로 정보에 대한 지배의 초점이 옮겨가는 모양새이다. 그런데 비개인(非個人) 데이터에 대해서는 개인정보자기결정권처럼 닻의 역할을 하는 핵심 개념이 아직 존재하지 않는다. 실제로는 특허법, 저작권법, 「부정경쟁방지 및 영업비밀보호에 관한 법률」(이하 '부정경쟁방지법'이라고 한다) 등 광의의 지식재산권 법률, 또한 계약이나 부당이득, 불법행위 등에 관한 일반 민법 법리에 의해 부분적이고 산발적으로 보호되고 있을 뿐이다. 결국 비개인 데이터에 대한 법적 규율은 데이터의 모든 법적 문제를 가급적 하나의 틀 안에서 한꺼번에 규율하려는 포괄적 접근 방식이 아니라 그 문제의 양상과 맥락에 따라 각각 고유한 특성을 가진 여러 법리로 개별적으로 규율하려는 개별적 접근 방식에 기초한다. 이는 우리나라뿐만 아니라 외국에서도 공통적으로 발견되는 양상이다. 그런데 이렇게 해서는 데이터 귀속·보호·거래의 문제를 깔끔하게 해결하기 어려워 법적 불안정성을 야기한다는 비판이 제기될 수도 있다. 이때 데이터 소유권은 비개인 데이터에 대한 포괄적 규율의 틀을 제공하는 핵심 개념이 될 수 있지 않을까? 그 결과 개인정보에 있어서 개인정보자기결정권 같은 닻의 역할을 수행할 수 있지 않을까? 또한 데이터에 재산권 질서의 최상위에 있는 소유

---

[22] 개인정보자기결정권을 기본권 신학(Grundrechtstheologie)이라고 부르는 문헌으로 Karl－ Heinz Ladeur, *Datenschutz － Vom Abwehrrecht zur planerischen Optimierung von Wissensnetzwerken. Zur, objektiv－rechtlichen' Dimension des Datenschutzes*, Datenschutz und Datensicherheit Vol 24, No. 1, (2000), 15.

[23] 개인정보자기결정권은 그 모체이자 보호 가치가 더 높은 프라이버시보다 더욱 절대화되어 있다. 가령 우리나라 개인정보 보호법에는 개인정보 활용을 위한 여러 가지 입법적 예외를 두고 있지만, 인격권과 같은 일반적 이익형량의 여지는 허용하지 않고 있다. 알 권리나 통신의 자유, 영업의 자유, 학문의 자유, 예술의 자유와 같은 다른 가치들이 프라이버시권의 경우에 준하여 개인정보자기결정권과 동등한 테이블 위에서 경합하며 논의되는지도 의문스럽다.

권이 부여되는 순간, 데이터를 둘러싼 수많은 파생적 법적 문제들의 해결 가능성도 높아지는 연쇄 효과도 노릴 수 있지 않을까?[24] 이러한 일련의 생각이 데이터 소유권론의 배후에 깔려 있다.

2. 데이터 소유권론의 현황

이처럼 데이터 소유권론은 데이터를 둘러싼 여러 가지 법적 쟁점들을 묶어서 한꺼번에 해결할 수 있는 중요한 이론 체계로서의 잠재력을 가진다. 하지만 문제는 데이터 소유권이 다양한 맥락과 배경을 지니면서 서로 다른 이름과 내용과 체계 하에서 논의되고 있다는 점이다. 이 때문에 데이터 소유권론은 하나의 정리된 이론 체계라고 보기 어렵다. 데이터 소유권에서 상정하는 데이터와 소유권은 각각 어떤 개념인가, 모든 유형의 데이터를 논의 대상으로 삼을 것인가, 아니면 특정 유형의 데이터만 논의 대상으로 삼을 것인가, 이는 학술적 차원의 논의인가, 아니면 입법적 차원의 논의인가, 데이터 소유권이라는 용어가 타당한가, 아니면 데이터 재산권, 데이터권, 데이터 주권 등 다른 용어가 타당한가 등 수많은 국면에 걸쳐 다양한 견해들이 복잡한 양상으로 주장되고 있다. 하나의 예로 데이터 소유권론이 다루고자 하는 영역에 대해서 살펴보자.

미국에서의 데이터 소유권론은 주로 개인정보의 영역에서 논의되는 양상을 보인다. 미국법은 대륙법계 국가와 같은 일반적 인격권의 개념을 가지고 있지 않다. 1890년 워렌(Warren)과 브렌다이스(Brandeis)의 기념비적 논문[25] 이후 프라이버시에 대한 법리가 형성되기는 하였다. 하지만 후일 프로써(Prosser) 교수에 의해 프라이버시는 불법행위법의 영역에 자리를 잡게 되었다.[26] 한편 개인정보는 프라이버시의 연장선상에 있지만 전통적인 프라이버시와는 다른 보호 대상으로 이해된다. 그런데 개인정보에 대한 개인의 통제권을 법리적으로

---

24) 가령 데이터 소유권은 데이터 담보권 설정, 데이터에 대한 민사집행, 데이터의 도산상 취급, 데이터 절도나 횡령 등 형사상 취급, 헌법상 재산권 보장 및 공용수용에 따른 보상 등의 문제와 연결되어 있다.

25) Samuel D. Warren & Louis D. Brandeis, *The Right to Privacy*, 4. Harv. L. Rev. 193 (1890).

26) William L. Prosser, *Privacy*, 48 Cal. L. Rev. 383 (1960).

어떻게 설명할 것인가에 대해서는 견해가 일치하지 않았다. 이러한 배경 아래 개인이 자신에 관한 정보를 지배하고 통제하는 모습을 사람이 재산권에 기해 물건을 소유하는 법리에 빗대어 설명하려는 학술적 논의가 왕성하게 일어난 것이다.[27] 그 연장선상에서 2019. 3. 14.에는 연방 상원의원인 존 케네디(John Kennedy)에 의해 "Own Your Own Data Act"[28]가 발의되었다. 이 법안은 개인은 자신이 인터넷에서 생성한 자신의 데이터에 대해 "배타적인 재산권"(exclusive property right)을 가진다는 전제에서 그 정보에 대한 개인의 통제권에 관하여 규정하고 있다.[29]

한편 독일에서는 데이터 소유권에 관련된 수많은 문헌들이 발간되었는데,[30] 데이터 소유권은 미국의 경우와 달리 주로 비(非)개인정보의 영역에서 논의되는 양상을 보인다.[31] 인격권과 재산권을 준별하는 독일법적 사고방식에 따르면 개인정보에 대한 소유권은 애당초 관념하기 어렵기 때문이다. 따라서 데

---

[27] Lawrence Lessig, *Privacy as Property*, 69 Soc. Res. 247 (2002); Paul M. Schwartz, *Property, Privacy, and Personal Data*, 117 Harv. L. Rev. 2056 (2003); Vera Bergelson, *It's Personal But Is It Mine? Toward Property Rights in Personal Information*, 37 U.C. Davis L. Rev. 379 (2005); Jamie Lund, *Property Rights to Information*, 10 NW. J. Tech. & Intell. Prop. 1 (2011); Barbara. J. Evans, *Much Ado about Data Ownership*, 25 Harv. J. L. & Tech. 69 (2011). 개인정보 외의 데이터에 대해서도 재산권 부여 관련 논의가 이루어졌다. Jacqueline Lipton, *Information Property: Rights and Responsibilities*, 56 Fl. L. Rev. 135 (2004); Jeffrey Ritter & Anna Mayer, *Regulating Data as Property: A New Construct for Moving Forward*, 16 Duke L. & Tech. Rev. 220 (2018). 또한 소프트웨어 거래에 관한 Uniform Computer Information Transaction Act (UCITA)도 참조.

[28] US Bill of Congress, S. 806 116th.

[29] https://www.congress.gov/bill/116th−congress/senate−bill/806 참조(2021.1.30. 최종 방문).

[30] 예컨대 Herbert Zech, Information als Schutzgegenstand, Mohr Siebeck, 2012; Thomas Hoeren, *Dateneigentum−Versuch einer Anwendung von § 303a StGB im Zivilrecht*, MMR 2013, 486; Herbert Zech, *"Industrie 4.0"−Rechtsrahmen für eine Datenwirtschaft im digitalen Binnenmarkt*, GRUR 2015, 1151; Luisa Specht, *Ausschließlichkeitsrechte an Daten−Notwendigkeit, Schutzumfang, Alternativen*, CR 05/2016, 288; Niko Härtig, *"Dateneigentum"−Schutz durch Immaterialgüterrecht?*, CR 10/2016, 646; Benjamin Raue, *Die Rechte des Sacheigentümers bei der Erhebung von Daten*, NJW 2019, 2425; Tereza Pertot (Hrsg.), Rechts an Daten, Mohr Siebeck, 2020; Stiftung Datenschutz(Hrsg.), Dateneigentum und Datenhandel, Erlich Schmidt Verlag, 2020; Philipp Hacker, Datenprivatrecht, Mohr Siebeck, 2020.

[31] 그 대표적 문헌으로 Zech(주 30), Information als Schutzgegenstand, 32. 이는 개인데이터에 대한 GDPR과 별도로 비개인데이터에 대한 규정을 마련한 EU의 태도에서도 나타난다. Regulation 2018/1807 on a Framework for the Free Flow of Non−personal data 참조.

이터 소유권은 인격적 요소가 제거된 데이터, 즉 비개인데이터의 문제로 환원
된다. 한편 독일에서는 사뷔니(Savigny)의 영향 아래 민법 제90조에서 물건을
유체물(körperliche Gegenstände)에 한정한다. 이는 물건을 광범위하게 정의하면서
무체물도 소유권 대상으로 삼을 수 있도록 한 오스트리아 민법,[32] 채권이나 지
식재산권을 비롯한 무체적 권리나 이익을 재산권(property right)의 대상에 널리
포함하는 영미법계 재산법과는 사뭇 대조적인 태도이다. 따라서 데이터는 민법
상 물건으로 인정되기 어렵고, 그 결과 이에 대한 소유권도 인정되기 어렵다.
그러므로 독일에서의 데이터 소유권 논의는 기존 민법의 해석론을 넘어서는
새로운 이론 체계 내지 법제의 차원에서 이루어지는 양상을 보인다.

이처럼 복잡다기한 논의의 국제적 흐름 속에서 데이터 소유권론의 정체가
무엇인지를 단정적으로 설명하기는 어렵다. 다만 대륙법계에 속한 우리나라로
서는 아무래도 유럽의 데이터 소유권론을 참고하는 쪽이 유용하다. 실제로 데
이터 소유권 논의는 최근 수년간 유럽에서 더 잘 정리된 형태로 이루어졌다.
유럽의 데이터 소유권 논의는 유럽연합(EU)이 추구하는 데이터 경제 구축[33]의
규범적 토대를 형성하려는 노력의 일환이었다.[34] 특히 독일이 이 논의를 주도
적으로 이끌어 왔다.[35] 이는 독일의 제조업이나 자동차 산업과 밀접한 관련이

---

32) 오스트리아 민법에서는 사람과 구별될 수 있고 사람의 이용에 제공될 수 있는 모든 것은 법
  적인 의미에서 물건으로 지칭되고(제285조), 유체물뿐만 아니라 무체물도 소유권의 대상이
  될 수 있다고 규정한다(제353조).

33) Communication from the Commission to the European Parliament, the Council, the European
  Economic and Social Committee and the Comttee of the Regions, "Towards a thriving da-
  ta-driven economy" (Com(2014) 0442); Communication from the Commission to the
  European Parliament, the Council, the European Economic and Social Committee and the
  Comttee of the Regions, "Building a European Data Economy" (COM(2017) 9).

34) EU Working Paper, The Economics of Ownership, Access and Trade in Digital Data, 2017; EU
  White Paper, Building the European Data Economy - Data Ownership, 2017 등.

35) 독일의 메르켈 총리는 2017년 3월에 데이터 소유권에 관한 법제 정립의 필요성을 역설하기
  도 하였다. Video-Podcast der Bundeskanzlerin #10/2017 (2017), available at https://www.
  bundeskanzlerin.de/resource/blob/992804/762794/b667f856d61e481f6dcb6fe517177be7/down-
  load-pdf-data.pdf?download=1 (2021.1.30. 최종 방문). 또한 독일의 교통 및 디지털 기반
  (Verkehr und Digitale Infrastruktur) 장관이던 알렉산더 도브린트도 2017년 3월 개인의 디지
  털 주권(Datensouverdnitdt des Einzelnen)을 주창하며 데이터 재산권의 필요성을 강조하였다.
  https://www.bmvi.de/SharedDocs/DE/Artikel/DG/datengesetz(2021.1.30. 최종 방문).

있다. 가령 자율주행 자동차에서 생성된 데이터는 자동차 제조업자와 소프트웨어 회사, 차주, 운전자 중 누구에게 귀속되어야 하는가 하는 종류의 문제들이 해결될 필요가 있는 것이다.[36)]

유럽 문헌들 중에서는 2017년 발간된 데이터 소유권에 관한 EU 백서가 데이터 소유권을 주창하는 입장을 일목요연하게 정리하고 있다.[37)] 요지는 다음과 같다. 현재 유럽에는 데이터 소유권을 인정하는 법제가 없고, 지식재산권이나 영업비밀, 데이터베이스 보호에 관한 법제를 통해 개별적이고 부분적으로 데이터의 귀속과 보호 문제를 규율하고 있을 뿐이다. 그런데 이러한 법제만으로는 데이터의 충분한 보호에 이르지 못한다. 데이터 거래를 둘러싼 법률관계의 불명확성을 해소하지 못한다. 이는 법적 불안정성을 초래한다. 또 이러한 법제로는 데이터 생산을 위한 충분한 인센티브를 제공하지 못한다. 이러한 배경 아래 새로운 권리(sui generis right)로서의 데이터 소유권 개념이 요구된다. 이러한 소유권은 개별 데이터와 데이터셋 모두에 적용되는 권리이되, 유체물에 대한 소유권과는 달리 비배타적이면서 유연하고 확장성 있는 새로운 형태의 소유권이다. 한편 그 권리 귀속 및 거래 주체와 상대방을 명확히 할 수 있도록 데이터 추적을 가능하게 할 의무(data traceability obligation)를 소유권 인정 요건으로 부과할 필요가 있다.

우리나라에서도 최근 2~3년에 걸쳐 데이터 소유권에 관한 학술적 연구가 집중적으로 이루어졌다.[38)] 개인정보를 포함한 광의의 데이터를 다루는 연구도

---

36) Video—Podcast der Bundeskanzlerin #10/2017 (2017), available at https://www.bundes—kanzlerin.de/resource/blob/992804/762794/b667f856d61e481f6dcb6fe517177be7/down—load—pdf—data.pdf?download=1 (2021.1.30. 최종 방문) 참조. 이 문제를 다룬 문헌으로 Sylvia Zhang, *Who Owns the Data Generated By Your Smart Car?*, 32 Harv. J. L. & Tech. 299 (2018) 참조.

37) EU White Paper, Building the European Data Economy — Data Ownership, 2017.

38) 고학수·임용 편, 데이터오너십, 박영사, 2019; 박상철, "데이터 소유권 개념을 통한 정보보호 법제의 재구성", 법경제학연구, 제15권 제2호(2018); 이동진, "데이터 소유권(Data Ownership), 개념과 그 실익", 정보법학, 제22권 제3호(2018); 이상용, "데이터 거래의 법적 기초", 법조, 통권 제728호(2018); 최경진, "데이터와 사법상의 권리, 그리고 데이터 소유권(Data Ownership)", 정보법학, 제23권 제1호(2019); 박준석, "빅 데이터 등 새로운 데이터에 대한 지적재산권법 차원의 보호가능성", 산업재산권, 제58호(2019); 정보통신정책연구원(연구책임자 강준모), 데이터 소유권에 관한 법·제도 및 정책 연구, 2019; 정진명, "데이터 이용과 사법적 권리구제",

있고,[39] 비개인정보로 논의 범위를 국한하는 연구도 있다.[40] 국내 문헌들은 대체로 데이터 소유권이라는 개념이 현행법상 인정되기 어렵다는 점을 지적하고, 유럽 등 외국의 데이터 소유권 관련 논의를 소개한 뒤 데이터 소유권 개념을 정면으로 우리 법제에 도입하는 것에 대해 신중한 입장을 취하는 경향을 보여준다. 입법적으로 볼 때에도 일반적이고 포괄적인 데이터 소유권을 도입하려는 시도는 아직 발견되지 않는다. 앞서 언급한 민법 개정안[41] 제98조가 유체물을 넘어서서 정보를 물건 개념에 포함시키는 내용을 담고 있어 특기할 만하나, 이 법안은 암호화폐와 같이 배타성·독립성이 확보된 특수한 정보만 대상으로 삼고 있다. 역시 앞서 언급한 데이터기본법(안)[42]은 데이터 일반을 규율한다는 점, 데이터에 대한 정의 규정을 두고 있는 점, 데이터 생산·보호·이용·유통·거래 촉진에 관해 다양한 규정을 두고 있는 점에서 특기할 만하다. 그러나 데이터 소유권에 준하는 포괄적 권리를 부여하는 조항은 두고 있지 않다.

3. 데이터 소유권론의 한계

지금까지의 데이터 소유권론 현황에 대한 설명 자체에서 이미 데이터 소유권론의 한계는 뚜렷하게 드러났다. 데이터 소유권론은 아직 그 어느 나라에서도 법제화된 바 없다. 이론적으로도 법계나 국가나 논자에 따라 서로 다른 내용으로 주장되고 있어 통일성을 결여한다. 그러다 보니 데이터 소유권에 관한 주장과 비판 사이에도 호응 관계가 잘 성립하지 않는다. 서로 다른 데이터 소유권을 떠올리며 논변이 이루어지다 보니 논의의 진행이 어려운 것이다. 이는 데이터 소유권론이 정합성을 갖춘 이론으로 발전해 나가는 데 큰 걸림돌이다. 이처럼 데이터 소유권론은 난맥상을 보이고 있어 아직 단일한 이론 체계라

민사법학, 제92호(2020); 박진아, "데이터의 보호 및 유통 법제 정립 방안", 서강법률논총, 제9권 제2호(2020) 등.

39) 박상철(주 38), 267면; 박준석(주 38), 85면.

40) 정진명(주 38), 304면.

41) 의안번호 2104799(조정훈 의원 등 11인 발의).

42) 의안번호 2106182(조승래 의원 등 34인 발의).

고 보기 어렵다. 특히 이러한 난맥상은 데이터 소유권의 개념 요소인 '데이터' 와 '소유권' 그 어느 것도 아직 통일적으로 이해되거나 정리되지 않고 있다는 점에 기인한다.

'데이터'는 여러 층위의 다양한 측면에서 파악할 수 있는 다종다색의 개념 이다. 그래서 데이터의 개념이 아직 확고하게 정립되어 있지 않다.[43] 각종 법 률에 규정된 데이터의 개념도 각양각색이다.[44] 데이터 법학에 관한 상당량의 연구가 행해지지만 막상 데이터는 일의적으로 정의되지 못하고 있는 것이다. 데이터와 정보의 관계도 불분명하다. 이론적으로는 데이터와 정보는 같은 개념 이 아니라고 하나, 구체적으로 어떻게 다른지 분명하지 않다. 현존하는 법제에 서는 정보와 데이터를 애써 구별하지 않는다.[45] 또한 데이터는 그 관계적 특성 때문에 다른 데이터와 긴밀하게 연결되어 있는 경우가 많다.[46] 따라서 소유권 의 대상이 될 수 있을 만큼 데이터를 뚜렷하게 특정하거나 그 특정이 가능하도 록 데이터를 정의하는 데에도 한계가 있다. 이처럼 데이터의 개념과 정의가 정 립되어 있지 않은 현시점에 전개되는 데이터 소유권론은 사상누각일 수밖에 없다.

이에 비해 '소유권'은 비교적 명확하게 정립된 법 개념이다. 그 점에서 '데 이터'보다는 사정이 훨씬 낫다. 하지만 데이터 소유권론에서 논의되는 소유권 의 내용을 보면 개인정보자기결정권, 점유권, 채권, 지식재산권, 접근권, 불법

---

43) 데이터의 개념 및 층위에 대한 상세한 설명은 이동진(주 38), 221-222면; 최경진(주 38), 220-221면; 정진명(주 38), 303-308면; Wagner/Münchener Kommentar zum BGB, 8. Auflage 2020, § 823, Rn. 333ff 참조.

44) 「공공데이터의 제공 및 이용 활성화에 관한 법률」 제2조 제2호, 「데이터기반행정 활성화에 관한 법률」 제2조 제1호, 데이터 기본법안 제2조 제1호 참조.

45) 우리나라의 「데이터기반행정 활성화에 관한 법률」 제2조 제1호, 「지능정보화기본법」 제2조, 일본의 「관민데이터활용추진기본법」 제2조 제1항, EU의 GDPR 제4조 제1항, 미국의 「Own Your Own Act」 전문은 모두 데이터를 정보의 일종으로 보거나 양자를 혼용한다. 국제표준 기구(ISO)의 데이터 개념을 채용한 EU White Paper (주 34), 14면도 마찬가지이다. Thomas Steinz, *The Evolution of European Data Law* (January 18, 2021), in Paul Craig and Gráinne de Búrca (eds), The Evolution of EU Law (OUP, 3rd edn 2021), Available at SSRN: https://ssrn.com/abstract=3762971 (2021. 1. 30. 최종 방문)에서는 EU법 차원에서는 데이터를 정보와 같은 개념을 사용한다고 설명한다.

46) 나의 유전자 정보는 내 부모의 유전자 정보이기도 하다. 차량 주행정보는 운전자, 차주, 소 프트웨어 회사, 자동차 회사, 보험 회사 모두의 정보이기도 하다.

행위법으로 보호되는 재산적 이익 등 다양한 의미로 혼용되고 있다. 따라서 데이터 소유권에서 말하는 '소유권'은 데이터에 대해 가지는 일체의 법적 지위를 총칭하는 편의상의 개념이라고 보는 쪽이 더 솔직한 설명이다.[47] 데이터 소유권은 대륙법계에서 상정하는 단일한 권리라기보다는 미국 재산법에서 상정하는 권리의 다발(bundle of rights)에 더 가까운 개념이다. 따라서 데이터 소유권은 우리나라 법제에서는 민법상 소유권보다는 오히려 저작인격권과 저작재산권에 속하는 여러 개별적 지분권들의 총합으로 구성된 저작권과 구조가 비슷하다(저작권법 제11조 내지 제22조). 이처럼 데이터 소유권이라는 개념 자체가 단일한 권리가 아니라 여러 권리의 다발을 표상하는 것이라면, 하나의 포괄적 틀보다는 여러 개의 개별적 틀을 활용하여 데이터의 문제 상황과 맥락에 맞게 개별적·상대적으로 접근하는 쪽이 그 개념의 실질에 더욱 부합한다는 생각이 든다.

정책적 차원에서 보더라도 데이터 소유권에 대한 법제의 도입이 현실적으로 절실하게 요구되는지 의문스럽다. 본래 소유권을 비롯한 재산권 법제는 투자 인센티브 부여를 통한 사회적 부의 증대를 위해 인정된다. 그러나 데이터 소유권이 없는 지금도 데이터는 충분히 생산되고 있다. 데이터에 대한 개별적 보호 법제도 큰 문제 없이 운영되고 있다. 따라서 새로운 데이터 소유권 법제가 추가로 창출할 수 있는 투자 인센티브는 그리 크지 않다.[48] 또한 데이터 소유권 도입은 데이터의 귀속과 보호를 확실히 한다는 장점은 있을지 몰라도, 데이터의 거래와 이용이라는 측면에서는 거래비용을 높여 오히려 걸림돌이 될 위험도 있다. 일부 글로벌 플랫폼 기업들이 가치 있는 데이터 대부분을 지배하는 현실에서 데이터 소유권 도입은 그러한 독과점 상태를 더욱 강화하는 방향으로 이어질 우려도 있다. 이러한 여러 가지 문제점 때문에 유럽에서는 학계와 실무계 공히 데이터 소유권이라는 새로운 권리의 창설은 필요하지 않다는 분

---

47) 이러한 점 때문에 데이터 소유권이라는 개념 대신 '데이터 오너십'이라는 외래어 표기를 그대로 사용하는 것을 대안으로 생각해 볼 수 있다고 한다. 최경진(주 38), 237-238면. 또한 '데이터에 대한 배타적 지배권'이 더 적절하다는 견해도 있다. 이상용(주 38), 19면.

48) Wolfgang Kerber, *A New* (Intellectual) *Property Right for Non-Personal Data? An Economic Analysis*, GRUR Int. 2016, 989, 993; EU Working Paper(주 34), 14; Wagner/MünchKomm(주 43), § 823, Rn. 335.

위기가 형성되어 있다.[49]

다만 데이터 소유권 논의 배후의 문제의식 — 즉, 데이터 전체를 규율할 수 있는 체계적인 법적 틀의 제공 필요성 — 은 데이터의 지배와 공유에 관한 거시적 담론의 일환으로 계속 고찰되어야 한다. 물론 데이터 법제의 정립은 간단한 문제가 아니다. 데이터의 속성은 어떤 고정적 틀에 잘 어울리지 않기 때문이다. 그럼에도 불구하고 점진적으로 논의를 계속 축적해 나가는 것은 중요하다. 이를 통해 데이터 법률관계의 불투명성을 점차 제거해 나갈 수 있다. 데이터 소유권은 그러한 논의를 촉발하고 독려하는 의미 있는 계기가 되었다. 다만 앞서 밝혔듯이 이러한 법적 틀이 반드시 단일한 핵심 개념에 기초한 단일한 틀이라야 할 필요는 없다. 또한 이러한 법적 틀이 반드시 지금까지 존재하지 않던 완전히 새로운 것이라야 할 필요도 없다. 현존하는 개별 법리를 되돌아보고, 그 법리를 유연하고 창의적으로 적용할 여지는 없는지, 또 그 법리를 해석론 또는 입법론의 차원에서 발전적으로 개선해 나갈 여지는 없는지를 살펴보는 것이 중요하다. 이 점에 대해서는 목차를 바꾸어 설명한다.

Ⅲ. 개별 법리의 적용 방향

1. 개관

데이터는 마치 땅이나 기계와 같은 물건처럼 본래 원칙적으로 누군가에게 귀속될 수 있는 성격의 것인가? 이는 데이터의 지배와 공유 중 무엇을 기본형(default)으로 파악할 것인가의 문제이다. 전자를 기본형으로 보면 데이터 소유

---

49) Josef Drexl et al, *Data Ownership and Access to Data — Position Statement of the Max Planck Institute for Innovation and Competition of 16 August 2016 on the Current European Debate*, Max Planck Institute for Innovation and Competition Research Paper No. 16－10, 2016, available at http://dx.doi.org/10.2139/ssrn.2833165 (2021.1.30. 최종 방문); Kerber(주 48), 990; Bernt Hugenholtz, *Against Data Property* in Hanns Ullrich, Peter Drahos & Gustavo Ghidini (eds), Kritika: Essays on Intellectual Property, Volume 3, Edward Elgar Publishing Limited, 2018; Wagner/MünchKomm(주 43), § 823, Rn. 337ff.

권론과 같은 포괄적인 귀속·보호 이론 체계가 힘을 얻기 쉽다. 후자를 기본형으로 보면 필요한 범위 내에서만 개별적으로 귀속·보호를 부여하는 이론 체계가 힘을 얻기 쉽다. 현행 법제는 데이터 그 자체를 특정인에게 귀속시킨 후 이를 포괄적으로 보호하는 태도를 취하지 않는다. 오히려 데이터 자체의 귀속 문제에 대한 포괄적 규율은 의식적으로 회피하면서 데이터에 결부된 가치의 보호 필요성이 있을 때 개별적 보호를 제공하는 태도를 취한다. 그 점에서 현행 법제는 후자의 입장에 따라 데이터는 본래 특정인의 전면적인 지배 대상이 아니라는 출발점에 기초하고 있다.

예컨대 개인정보 보호법은 개인정보를 구성하는 데이터 그 자체보다는 데이터의 개인식별가능성으로 인해 인해 침해될 수 있는 정보주체의 인격적, 재산적 이익을 선제적으로 보호한다. 저작권법은 저작물을 구성하는 데이터 그 자체보다는 창작성 있는 표현을 보호하고,[50] 특허법 역시 특허 관련 데이터 그 자체보다는 여기에 결부된 새롭고 진보성 있는 특허 발명이라는 기술적 사상을 보호한다.[51] 「정보통신망 이용촉진 및 정보보호 등에 관한 법률」(이하 '정보통신망법'이라고 한다) 제48조는 정보통신망 침입행위나 데이터 등의 훼손·멸실·변경·위조·운용방해 행위를 금지하나, 이는 데이터 자체의 실체적 가치를 보호하기 위한 조항이라기보다는 정보통신망의 안정성과 무결성을 보호하기 위한 조항이다. 이 세상의 거의 모든 것이 데이터화되는 오늘날 데이터 자체에 물권을 부여하는 것은 공유(公有)의 영역을 현저히 좁히는 결과를 초래한다. 근본적으로는 데이터 그 자체가 특정인에게 귀속될 수 있는 속성의 것인지를 따져보아야 한다.

데이터는 원칙적으로 특정인의 지배 대상이 될 수 없다는 기본형(default)에서 출발하되,[52] 검증을 거쳐 데이터(좀 더 정확히 말하면 데이터 배후의 가치) 지배 영역을 여기저기 조금씩 일구어 나가는 것이 현행 법제의 태도이고, 또 그

---

50) 오히려 저작권법상 아이디어/표현 이분법은 저작권법이 사실이나 아이디어를 보호하지 않는다는 점을 분명히 한다. 사실의 전달에 불과한 시사보도를 보호 범위에서 제외하는 저작권법 제7조 제5호 및 아이디어/표현 이분법을 판시한 대법원 1997. 9. 29.자 97마330 결정 참조.

51) Kerber(주 48), 992.

52) Lothar Determann, *No One Owns Data*, 70 Hastings L.J. 1, 42 (2018).

것이 바람직하다. 이는 새로운 입법보다는 기존 법리를 먼저 되돌아보는 것이 중요하다는 점을 의미한다. 기존 법리의 존중은 이른바 법제의 하이프(hype) 현상을 막는 데에도 요긴하다. 본래 하이프는 많은 사람들의 관심을 끌기 위해 신문이나 텔레비전 등을 통해 계속 광고되고 논의되는 상황을 일컫는다.[53] 이 개념에 기초하여 미국의 가트너(Gartner)사는 신기술이 사회에 수용되는 현상을 표현한 하이프 사이클(hype cycle)을 매년 발표한다.[54] 하이프 사이클은 신기술에 대한 장밋빛 기대가 급상승하다가 현실 인식 후 환상이 깨지면서 기대가 급속히 붕괴하고 그 후 서서히 자리를 찾아가는 과정을 그래프로 보여준다.[55] 법 분야에서도 법률가가 새로운 기술이나 새로운 사회적 관심사에 과도하게 반응하면서 새로운 입법 내지 법리를 성급히 도입하다가 그 거품이 붕괴하는 법제적 하이프 현상이 나타나는 경우가 있다.[56] 그런데 오랜 시간에 걸쳐 형성된 기존 법리는 새로운 사회현상에 즈음하여 발생하기 쉬운 법제적 하이프 현상을 적절하게 제어하면서 점층적으로 법제를 변모시키는 속도 조절 도구가 될 수 있다.

그렇다면 기존 법리는 데이터 권리관계 규율에 어떤 기여를 할 수 있는가? 우선 데이터의 인격적 측면을 규율하는 기존 법리의 축은 개인정보 보호법이다. 개인정보 보호법은 개인정보만 규율한다. 개인정보와 비개인데이터 사이에는 현행법상 개인의 식별가능성이라는 경계선이 있다. 하지만 식별가능성은 기술적으로나 규범적으로 유동적이다.[57] 따라서 개인정보와 기타 데이터는 언제

---

53) Cambridge Dictionary(http://dictionary.cambridge.org)(2021.1.30. 최종 방문).

54) https://www.gartner.com/en/research/methodologies/gartner－hype－cycle(2021.1.30. 최종 방문).

55) 일반적으로 하이프 사이클은 ① 기술 촉발(technology trigger), ② 과도한 기대의 정점(peak of inflated expectations), ③ 환상 파괴의 골짜기(trough of disillusionment), ④ 계몽의 경사면(slope of enlightenment), ⑤ 생산성의 고원(plateau of productivity)의 다섯 단계를 거친다고 한다. ① 단계부터 ② 단계까지는 신기술에 대한 관심이 폭발적으로 증가하다가 ③ 단계에서 신기술의 한계가 드러나면서 관심이 시들해 지고, ④ 단계 이후 서서히 신기술의 적용례가 늘어나서 ⑤ 단계에 이르면 신기술이 시장에서 성공을 거두게 된다.

56) Tracy Hresko Pearl, *Hands Off the Wheel: The Role of Law in the Coming Extinction of Human－Driven Vehicles*, 33 Harv. J. l. Techl 427, 445 (2020)는 역사를 돌이켜 보면 기술 발전에서 법이 수행할 수 있는 역할은 상당히 제한되어 있다고 한다.

57) Boerding et al(주 11), 364.

나 뚜렷하게 구별되는 것이 아니다.[58] 또한 저작권이나 퍼블리시티권의 예에서
알 수 있듯이 인격적 요소와 재산적 요소는 하나의 대상 내에 공존할 수 있다.
그러므로 데이터의 권리관계를 논함에 있어서는 데이터의 재산적 측면과 인격
적 측면이 총체적으로 고려되는 것이 좋다.[59] 이러한 배경 아래 이 장에서는
데이터 권리관계의 논의 범위에서 개인정보를 배제하지 않는다.[60]

　　데이터의 재산적 측면을 규율하는 기존 법리의 두 가지 주요 축은 저작권
법과 민법이다.[61] 저작권법은 무형적인 가치에 대한 보호를 부여하는 법이라는
점에서 데이터 권리관계 규율에 중요한 시사점을 제공할 수 있다. 저작권법은
권리의 다발(bundle of rights)에 기초한 권리 체계를 가지고 있다. 이는 다양한
권능과 의무의 집합물로 구성되는 데이터 관련 권리를 설명하기에 적합하다.
저작권법은 동일한 저작물에 대해 저작재산권과 저작인격권을 공히 인정함으
로써 재산권과 인격권의 요소를 조화롭게 규율한다. 이는 데이터의 재산적 측
면과 인격적 측면의 조화로운 규율에 참고될 수 있다. 저작권법은 기존 저작물
을 토대로 부가되는 누적적 창작 활동을 인정하고, 원저작권과 2차적 저작권,
편집저작권의 병존을 인정한다. 이는 데이터가 다른 데이터와 결합하거나 연결
됨으로써 누적적으로 가치를 증가시켜 나가는 현상에 참고될 수 있다. 또한 저
작권법은 데이터베이스 제작자의 권리라는 새로운 데이터 관련 권리를 창설하
여 적용해 본 경험을 가지고 있다(저작권법 제93조 내지 제98조).[62] 무엇보다도 저
작권법은 공정이용 법리(저작권법 제35조의5)에서 알 수 있듯이 끊임없이 지배와

---

58) Nadezhda Purtova, *The Law of Everything. Broad Concept of Personal Data and Future of EU
Data Protection Law*, 10 Law Innov Technol 40 (2018).

59) 유사한 취지로 Inge Graef, Raphael Gellert & Martin Husovec, *Towards a Holistic Regulatory
Approach for the European Data Economy: Why the Illusive Notion of Non−Personal Data Is
Counterproductive to Data Innovation*, available at https://papers.ssrn. com/abstract=3256189
(2021.1.30. 최종 방문).

60) 박준석(주 38), 85−86면도 같은 취지이다.

61) Hacker(주 30), 1.

62) 데이터베이스 제작자의 권리는 데이터베이스 제작 완료 시 발생하여 그 다음 해부터 기산하
여 5년간 존속한다(저작권법 제95조). 다만 데이터베이스 제작자로 보호받으려면 데이터베
이스의 제작 또는 그 소재의 갱신·검증 또는 보충에 인적 또는 물적으로 상당한 투자를 하
였을 것이 요구된다(저작권법 제2조 제20호). 따라서 데이터베이스 제작자의 권리는 데이터
일반에 대한 권리가 아니다.

공유의 적정한 균형 달성에 매진하여 왔다는 점에서 역시 보호와 이용의 적정한 균형이 요구되는 데이터 법률관계에 참고될 수 있다. 다만 저작권법은 '창작성'이 있는 '표현'을 보호하되, 아이디어나 사실(fact)은 보호하지 않는다는 전제에 입각해 있다.[63] 하지만 데이터법은 이러한 데이터도 보호할 수 있다는 전제에 입각해 있다. 이처럼 양 법제는 서 있는 토대 자체가 근본적으로 다르다. 따라서 저작권법은 데이터와 관련된 당면한 법 문제를 당장 해결하는 규범이 되기는 어렵다. 다만 중장기적인 데이터 법제 정립 과정에서 원리적 차원의 교훈을 제공하는 역할을 수행할 수 있을 것이다.

결국 데이터를 둘러싼 재산법적 문제들은 대부분 민법 또는 그 연장선상에 있는 특별법의 법리나 사상을 통해 해결되어야 한다. 여기에는 계약, 소유, 점유, 불법행위, 부당이득과 같은 민법전 내의 법리뿐만 아니라 신탁법, 부정경쟁방지법과 같이 물권법이나 불법행위법의 연장선상에 있는 특별법의 법리도 포함된다. 그런데 이러한 법리들은 본래 데이터의 권리관계를 염두에 두고 형성된 것이 아니다. 따라서 데이터와 관련된 새로운 문제에 직면하여 기존 법리의 적용범위를 넓히거나 필요하다면 그 문제 해결을 더욱 수월하게 하는 개선입법을 도모할 수 있다. 위와 같은 법리들은 데이터의 귀속·보호·거래에 모두 골고루 관련성을 가진다. 사실 데이터의 귀속·보호·거래는 관념적으로는 구별되나 실제로는 매우 밀접하게 연결되어 있기도 하다. 하지만 논의의 편의 및 논의 구조의 가시성 제고를 위해 귀속·보호·거래의 각 국면에서 상대적으로 더욱 큰 중요성을 가지는 법리들을 각각 두 개씩 선택하였다. 아래에서는 ① 데이터 귀속에 관하여는 소유와 점유, ② 데이터 보호에 관하여는 부정경쟁행위와 불법행위, ③ 데이터 거래에 관하여는 계약과 신탁의 법리를 각각 분석하고자 한다.

---

63) Determann(주 52), 18.

2. 개별 법리에 대한 분석

가. 데이터 귀속

1) 소유의 법리

소유라는 관념은 데이터를 특정인에게 가장 강력하고 전면적인 형태로 귀속시킬 수 있는 수단이다. 하지만 데이터의 속성과 잘 부합하지 않는 면이 있다. 데이터는 비경합성, 비배제성을 가지고 있어 자연적 상태에서는 특정인이 독점적, 배타적으로 지배되기 어렵다. 또한 데이터는 무정형하므로 특정인에게 귀속시킬 만큼 특정성을 가지고 있지 않다. 게다가 데이터의 창출 및 가공 과정에는 복수의 주체들이 관여하므로 그중 누구에게 데이터를 귀속시켜야 하는지를 정하기도 어렵다. 데이터는 연결과 결합을 통해 그 가치가 증가하므로 이를 분절하여 특정인에게 귀속시키는 것은 사회경제적으로도 바람직하지 않다. 저작물이나 특허 발명처럼 사회 기여도가 분명한 지적 창작물에 대해서도 상당한 정도로 공유의 영역(public domain)이 허용되는 것을 생각하면, 데이터 일반에 대해 이러한 공유 가능성이 거의 배제된 독점적이고 배타적인 소유권을 부여하는 것은 균형에도 맞지 않다. 데이터는 원칙적으로 특정인의 전유물이 되어서는 안 된다는 점을 출발점으로 삼는다면, 데이터 귀속 문제를 하나의 틀로 포괄적으로 해결해야 한다는 강박관념을 가질 필요도 없다. 이러한 여러 이유 때문에 현행 법제는 데이터 소유권의 관념을 인정하지 않는다. 입법적 차원에서도 데이터 소유권 도입에 대해서는 부정적이다. 결국 소유의 법리가 데이터 귀속의 문제 해결에 기여하는 데에는 한계가 있다. 하지만 소유의 법리는 다음 세 가지 측면에서 여전히 데이터 귀속과 관련하여 의미를 가진다.

첫째, 데이터가 담긴 물리적 매체에 대한 소유권을 통로로 삼아 행해지는 간접적인 데이터 귀속이다. 예컨대 내가 창출한 데이터가 나의 USB, 하드디스크, 서버 등에 저장되어 있다면 그 물리적 매체에 대한 소유권은 그 물리적 매체 안에 담긴 데이터를 마치 나의 것처럼 귀속시키고 보호하는 기능을 수행할 수 있다.[64] 현실적으로 데이터는 어떤 물리적 매체를 통해서 저장되고 접근되는 경우가 많다. 따라서 데이터 자체에 법적인 의미의 소유권이 인정되지 않더라도 그 매체의 소유권을 통해 데이터에도 사실상 소유권이 미칠 수 있다. 이러한 태도는 미국의 eBay 판결[65]에서 발견된다. 이 판결에서 법원은 가격정보 웹사이트 운영사가 자동화된 방법으로 eBay 사이트 내의 경매가격 관련 정보를 수집해 가는 행위를 eBay사의 서버(server)라는 동산 소유권을 침해하였다고 보았다.[66] 독일에서도 불법행위 근거 조항인 민법 제823조의 권리 침해 요건과 관련하여 데이터 저장매체(Datenträger)를 통한 데이터 권리 침해의 가능성을 승인한다.[67] 그러나 이러한 매체 기반적 사고방식에는 한계가 있다. 데이터와 데이터 저장매체는 엄연히 다른 층위에 속하는 별도의 것이기 때문이다.[68] 또한 클라우드 서비스(cloud service)처럼 데이터의 저장매체 소유자와 데이터의 실질적 귀속주체가 분리되는 경우가 늘어나면서 매체에 기초한 사실상 소유권 인정이 어렵게 되었다. 결국 데이터 저장매체의 소유권을 통해 데이터 자체의 귀속과 보호를 도모하는 것은 그 저장매체와 데이터가 동일 주체에 귀속되어 일체의 재산처럼 취급되는 경우에 국한된다.

둘째, 유체물과 유사한 속성을 가지는 특정 유형의 데이터에 대한 소유권 인정 가능성이다. 우리나라에서는 블록체인에 기반한 암호화폐처럼 특정성, 독립성, 배타적 지배가능성을 가지는 특정한 데이터 유형에 대해서는 해석론으로도 물건성을 인정할 수 있다는 견해들이 개진된 바 있다.[69] 암호화 등 과학적 기술을 이용하거나 법률로 정보의 이용을 제한하는 방법으로 특정성·배타성·독립성이 확보된 정보는 민법상 물건으로 인정하자는 내용을 담은 최근의 민

---

64) 물리학자인 Rolf Landauer의 1991년 논문 "Information is Physical"을 인용해 정보의 물리적 속성에 관하여 설명하면서 정보 자체에 대한 소유권 인정 가능성을 논의한 논문으로 Ritter & Mayer(주 27), 255-260이 있다. 그러나 이는 법학계에서 널리 받아들여지는 견해가 아니다.

65) eBay, Inc. v. Bidder's Edge, Inc., 100 F. Supp. 2d 1058 (N.D.Cal 2000).

66) 이 판결에 대한 소개와 분석으로는 권영준, "인터넷상 정보에 대한 접근 및 취득행위의 위법성", 비교사법, 제14권 제3호(2007) 참조.

67) Wagner/MünchKomm(주 43), § 823, Rn. 246ff, 332.

68) Boerding et al(주 11), 356.

69) 최경진(주 38), 235면; 백대열, "데이터 물권법 시론(試論)-암호화폐를 비롯한 유체물-동등 데이터를 중심으로-", 민사법학, 제90호(2020), 132면 이하. 특히 뒤의 논문은 경합성·배제성·존립성을 요건으로 하는 유체물-동등 데이터는 해석에 의하더라도 민법상 물건으로 포섭될 수 있다고 한다.

법 개정안[70]은 이러한 견해에 기초한 것으로 보인다. 무엇을 물건으로 볼 것인가는 논리필연적으로 결정되는 문제가 아니라 당대의 사회경제적 관념이나 과학기술의 수준에 비추어 어떤 대상을 지배 대상으로 삼을 수 있는가를 고려한 규범적 문제이다. 전자어음이나 전자증권, 암호화폐의 예에서 알 수 있듯이 종래의 유체물들이 무형화되어 가는 현시점에서 이들에 대한 종전의 규율을 돌연 달리하는 것은 실질에 부합하지 않는다. 따라서 유체물과 규범적으로 동등하게 평가될 수 있는 특정 유형 데이터에 관해 물건성을 인정하고, 여기에 소유의 법리를 확장하는 것은 가능한 선택지이다. 다만 이는 데이터 일반의 귀속에 대한 규율은 아니다.

　셋째, 소유의 법리에 내재하는 지배와 배제 원리의 적용이다. 일반적으로 데이터 자체가 소유권의 대상이 될 수는 없다. 그러나 소유권의 핵심이라고 할 수 있는 지배와 배제 원리는 그러한 지배와 배제가 정당화되는 범주의 데이터 규율 체계 정립에 요긴한 참고가 될 수 있다. 이러한 지배와 배제의 원리는 법경제학적으로는 동의규칙(property rule)으로 표현된다. 동의규칙은 미국의 켈러브레시(Calabresi)와 멜라메드(Melamed)의 1972년 논문[71]에서 제시한 권리 보호 방식 중 하나이다. 동의규칙에 따르면 권리자가 자발적으로 그 권리의 처분에 동의하지 않는 이상 누구도 그로부터 권리를 박탈하거나 제한할 수 없다.[72] 이러한 사고는 민법상 소유권에 기한 소유물의 지배와 방해 배제에 관한 규정들에 반영되어 있다(제211조, 제213조, 제214조). 그런데 이러한 지배와 배제의 원리는 민법상 소유권의 객체가 아니지만 그 보호를 위해 이러한 원리가 관철될 수 있는 대상들－예컨대 사람의 몸이나 개인정보－에도 유사하게 적용된다. 동의 제도에 기반한 개인정보 보호법이 그 대표적 예이다. 이처럼 소유의 법리는 소유권의 영역을 넘어서서 모든 지배권의 영역에 규범적 자양분을 제공한다는

---

70) 의안번호 2104799(조정훈 의원 등 11인 발의).

71) Guido Calabresi & Douglas Melamed, *Property Rules, Liability Rules, and Inalienability: One View of the Cathedral*, 85 Harv. L. Rev. 1089 (1972). 이 논문에서 제시된 세 가지 권리 보호 방식은 동의규칙(property rule), 보상규칙(liability rule), 양도불가능 규칙(rule of inalien－abiilty)이다.

72) Calabresi & Melamed(주 71), 1105.

점에서 중요한 의미가 있다. 다만 그 과정에서 이러한 소유권의 강고한 이미지가 얼마나 수용되거나 어느 시점에서 포기되어야 할 것인가에 대해서는 세밀하고 합리적인 고민이 필요하다. 특히 데이터의 문제에 있어서 그러하다.

2) 점유의 법리

위와 같이 소유의 법리가 지니는 뚜렷한 한계를 생각하면 데이터 귀속의 문제에 있어서 점유가 받게 되는 이론적 관심이 반사적으로 커지게 된다. 점유는 법적으로 보호되지만 그 보호는 어디까지나 일시적이고 잠정적이며 부차적인 것이다. 이러한 보호의 미약성은 재산법 체계에서 점유가 차지하는 이론적, 실천적 비중의 미약성으로 이어진다. 그런데 강력한 귀속과 보호에 대한 주저함이 존재하는 데이터의 영역에서는 바로 그러한 특성 때문에 오히려 점유 법리가 더욱 주목받는 면도 있다. 또한 점유는 어떤 객체가 규범적으로 특정인에게 마땅히 귀속되어야 하는가를 따지지 않고 사실 상태 그 자체를 보호한다. 그런데 데이터에 대한 사실상의 관리와 지배가 이루어지는 때에도 그 데이터의 규범적 귀속 문제를 불문하고 그 사실 상태에 기초한 법적 평온을 보호해 주어야 하는 경우가 있다. 정보통신망법 제48조도 그 연장선에 있는 조항이다. 이때 점유의 법리는 사실 상태에 기초한 데이터 보호를 부여하여 법적 평온을 유지하되, 점유 해제라는 사실행위만으로 권리 포기 등의 행위 없이도 데이터를 곧바로 공유의 영역에 편입시킬 수 있도록 해 준다. 최근 독일에서 데이터 소유권(Dateneigentum)의 법리 외에 데이터 점유(Datenbesitz)의 법리에 대한 논의가 시작된 것이나,[73] 일본의 「AI 데이터 이용에 관한 계약 가이드라인」에서 데이터 소유권이라고 불리는 것은 일반적으로는 데이터에 적법하게 접근하고 그 이용을 통제할 수 있는 사실상의 지위라고 표현한 것[74]도 데이터의 점유 친화성과 관련 있다.

그런데 기존 점유 법리에 따르면 데이터는 점유 대상이 될 수 없다. 우리

---

[73] Thomas Hoeren, *Datenbesitz statt Dateneigentum*, MMR 2019, 5; Fabian Mich, *"Datenbesitz"—ein grundrechtliches Schutzgut*−NJW, 2019, 2729.
[74] 経済産業省, 「AI・データの利用に関する契約ガイドライン」, 2018, 16면. 이 가이드라인은 2020년 개정되었다.

나라 민법 제192조 제1항은 "물건을 사실상 지배하는 자는 점유권이 있다."라고 규정하는 한편, 제2항 제1문은 "점유자가 물건에 대한 사실상의 지배를 상실한 때에는 점유권이 소멸한다."라고 규정한다. 즉, 민법은 점유 보호가 "물건"과 "사실상의 지배"를 필수적 요건으로 한다는 점을 명시한다. 그런데 데이터는 현행법상 물건의 개념에 포섭하기 어려우므로 점유 대상이 아니다. 외국의 입장도 대체로 그러하다. 독일에서는 컴퓨터 프로그램이나 데이터를 비롯한 무형의 대상에는 점유가 성립하지 않는다고 이해한다.[75] 영국에서는 2014년에 데이터베이스 내에 저장된 정보에 관하여 유치권(possessory lien)을 행사할 수 있는지가 문제되었는데, 항소법원은 이를 긍정한 1심 판결을 파기하면서 이러한 정보는 점유 대상이 될 수 없어 유치권을 행사할 수 없다고 보았다.[76] 그렇다면 점유 법리는 데이터에 무용한 것인가? 여전히 다음 두 가지 가능성을 모색해 볼 수 있다.

첫 번째 가능성은 민법상 점유 규정을 유추 적용하는 것이다.[77] 데이터에 대한 사실상 지배가 이루어지는 경우는 분명히 있고, 그 사실상 지배에 대한 법적 평온 자체는 보장될 필요가 있다. 이 경우 점유 규정은 사안의 유사성과 규정에 내재된 일반 원리에 의해 정당화되는 범위에서 데이터 사안에 유추될 여지가 있다. 예컨대 데이터에 대한 본권(本權)의 존재를 요구하는 권리의 적법 추정 규정(제200조), 취득시효 규정(제246조)은 유추 적용될 수 없으나, 간접점유(제194조), 점유 보호 규정(제204조 내지 제206조), 자력구제 규정(제209조) 등 다른 점유 규정들은 유추 적용될 수 있다. 다만 물권법정주의(제185조)와의 관계에서 물권의 일종인 점유 규정의 유추 적용이 어떻게 평가될 수 있는가 하는 문제가 있다. 이는 물권법정주의를 어떻게 이해하는가와 관련되는데, 결론만 이야기하자면 이러한 유추 적용이 "물권은 법률 또는 관습법에 의하는 외에는 임의로

---

75) Zech(주 30), Information als Schutzgegenstand, 326ff; Fritzsche/BeckOK BGB, 50. Edition, 2019, § 854, Rn. 5; OLG Dresden NJW-RR 2013, 27; BGH NJW 2016, 1094.

76) Your Response Ltd. v Datateam Business Media Ltd. 〔2014〕 EWCA (Civ) 281 〔2014〕, 3 WLR 887(이 판결에 대해서는 Thomas Hoeren, Big Data and the Ownership in Data: Recent Development in Europe, 12 Eur. Intell. Prop. Rev. 751, 751-754 (2014) 참조).

77) 독일의 데이터 점유 논의도 점유에 관한 독일 민법 제854조의 유추 적용을 전제한다. Hoeren (주 73), 5; Mich(주 73), 2730.

창설하지 못한다."라고 규정한 민법 제185조에 반한다고 생각되지는 않는다.[78]

　　두 번째 가능성은 준점유에 관한 민법 제210조를 적용 또는 유추 적용하는 것이다.[79] 점유 제도는 일반적인 준소유[80]를 인정하지 않는 소유 제도와 달리 무형의 재산권에 대한 준점유를 인정한다. 이는 재산적 이익이 존재하는 무형의 데이터에 대한 준점유의 가능성을 열어준다. 준점유를 통해 부여하고자 하는 효과는 대부분 다른 제도에 의해 충족되므로[81] 실무적으로나 학술적으로 민법 제210조의 의미는 크지 않다. 그러나 데이터에 관하여는 꼭 그렇지 않다. 우선 "재산권이 어떤 자의 사실적 지배 하에 있다고 인정될 수 있는 객관적 사정이 있으면" 사실상 행사 요건이 충족된다는 견해[82]에 따르면 데이터에 대한 사실적 지배가 존재하는 한 "사실상 행사" 요건은 충족될 수 있다. 반면 "재산권" 요건을 적용할 수 있는지는 분명하지 않다. 데이터 점유 인정이 필요한 대부분의 상황은 데이터 보호의 근거가 될 다른 재산권이 없는 경우이기 때문이다.[83] 그러나 이러한 경우에도 데이터 주체는 데이터에 대해 어떤 재산적 이익을 누리고 있다면 이를 재산권의 개념에 포섭하여 제210조를 적용하거나, 아니면 최소한 이를 유추 적용할 수 있다고 생각한다.[84]

나. 데이터의 보호

1) 부정경쟁행위의 법리

　　위에서 살펴본 것처럼 소유나 점유와 같은 물권 법리로 데이터의 귀속 문제를 포괄적이고 확고하게 규율하는 데에는 한계가 있다. 그러나 이러한 일반적인 물권법적 귀속 법제를 통해서만 데이터 보호가 가능한 것은 아니다. 데이

---

78) Wagner/MünchKomm(주 43), § 823, Rn. 339 참조.
79) 민법 제210조는 "본장의 규정은 재산권을 사실상 행사하는 경우에 준용한다."라고 규정한다.
80) 민법 제278조에 의해 준공동소유의 관념은 인정된다.
81) 김용덕 편, 주석민법, 물권(1), 한국사법행정학회, 2019, 553면(김형석 집필 부분).
82) 곽윤직 편, 민법주해(Ⅳ), 박영사, 1992, 472면(최병조 집필 부분).
83) 다만 클라우드 컴퓨팅 환경에서 이용자가 자신의 데이터에 대해 가지는 채권은 재산권의 일종으로서 준점유 규정에 연결될 수 있다.
84) 같은 취지로 송문호, "데이터의 법적 성격과 공정한 데이터거래", 동북아법연구, 제14권 제1호(2020), 236면.

터에 결부된 가치를 침해하는 행위를 특정하여 그 행위를 금지하거나 그 행위에 따른 손해를 회복시켜 주는 것만으로도 그 데이터의 가치를 향유하는 주체의 보호 목적이 대부분 달성될 수 있다. 현재의 인격권 법제나 지식재산권 법제는 이처럼 보호되어야 마땅한 데이터 결부 가치를 상당한 정도로 포괄적으로 규율한다. 다만 개인정보도 아니고 지식재산권의 객체도 아니지만 여전히 보호할 가치 있는 경제적 이익이 존재할 수 있다. 이러한 경제적 이익을 보호하는 대표적인 법리가 불법행위의 법리이다. 불법행위는 매우 다양한 모습으로 존재한다. 부정경쟁행위도 그중 하나의 모습이다. 일찍이 대법원은 "경쟁자가 상당한 노력과 투자에 의하여 구축한 성과물을 상도덕이나 공정한 경쟁질서에 반하여 자신의 영업을 위하여 무단으로 이용함으로써 경쟁자의 노력과 투자에 편승하여 부당하게 이익을 얻고 경쟁자의 법률상 보호할 가치가 있는 이익을 침해하는 행위는 부정한 경쟁행위로서 민법상 불법행위에 해당한다."라고 판시한 바 있다.[85] 이 결정은 이러한 유형의 민법상 불법행위에 대한 금지청구권을 인정하였다는 점에서 획기적인 의미를 가진다. 그 후 이 결정의 취지는 2013. 7. 30. 법률 제11963호로 개정된 부정경쟁방지법 제2조 제1호 (차)목의 신설로 이어졌고, 현재는 이것이 (파)목으로 규정되어 있다. 부정경쟁방지법은 지식재산권법의 영역에서 주로 다루어지나 이처럼 사인(私人)의 경제적 이익을 침해하는 위법한 행위를 규제한다는 점에서 불법행위법의 성격도 띤다. 일반적인 불법행위에 대해 살펴보기에 앞서 부정경쟁행위에 대해 간단하게 살펴본다.

부정경쟁방지법 제2조 제1호 (파)목은 "타인의 상당한 투자나 노력으로 만들어진 성과 등을 공정한 상거래 관행이나 경쟁질서에 반하는 방법으로 자신의 영업을 위하여 무단으로 사용함으로써 타인의 경제적 이익을 침해하는 행위"를 부정경쟁행위의 하나로 규정한다. 대법원 판결에 따르면 이 조항은 "새로이 등장하는 경제적 가치를 지닌 무형의 성과를 보호하고 입법자가 부정경쟁행위의 모든 행위를 규정하지 못한 점을 보완하여 법원이 새로운 유형의 부정경쟁행위를 좀 더 명확하게 판단할 수 있도록 함으로써, 변화하는 거래관념

---

85) 대법원 2010. 8. 25.자 2008마1541 결정.

을 적시에 반영하여 부정경쟁행위를 규율하기 위한 보충적 일반조항"이다.[86] 이 조항의 보호대상인 '성과 등'에는 유형물과 무형물, 지식재산권법의 보호를 받지 않는 새로운 형태의 결과물이 포함된다.[87] 아울러 침해행위 태양으로 제시된 "공정한 상거래 관행이나 경쟁질서에 반하는 방법"은 성문법에 명시적으로 규정되어 있지는 않으나 거래관념상 받아들이기 어려운 부정적인 행위 태양을 널리 포함할 만큼 충분히 유연하다. 게다가 이러한 부정경쟁행위에 해당하면 손해배상청구권 외에도 금지청구권이 부여된다. 따라서 (파)목은 데이터 보호에 유용하게 활용될 수 있는 근거이다. 아울러 이는 데이터 소유권이나 이와 유사한 데이터의 권리 귀속 문제를 어렵사리 직면하지 않고도 행위 규제의 방식을 통해 데이터를 보호할 수 있어 유용하다.[88]

그 연장선상에 있는 특별법 조항은 콘텐츠 산업 진흥법 제37조 제1항이다. 이 법은 콘텐츠를 "부호·문자·도형·색채·음성·음향·이미지 및 영상 등(이들의 복합체를 포함한다)의 자료 또는 정보"라고 정의한다(제2조 제1항 제1호). 이는 데이터의 정의와 유사하다.[89] 한편 이 법에 따르면 이 법의 규율대상인 콘텐츠 최초 제작일로부터 5년 이내에는 그 콘텐츠의 전부 또는 상당한 부분을 복제·배포·방송 또는 전송함으로써 콘텐츠 제작자의 영업에 관한 이익을 침해하여서는 아니된다(제37조 제1항). 콘텐츠에 저작권법상 데이터베이스와 유사한 보호를 부여하는 것이다. 한편 위와 같은 행위로 자신의 영업에 관한 이익이 침해되거나 침해될 우려가 있는 자는 그 위반 행위의 중지 또는 예방 및 그 위반행위로 인한 손해의 배상을 청구할 수 있다(제38조). 이 조항은 실무적으로 많이 활용되는 것 같지 않으나 복제·배포·방송 또는 전송이라는 행위 유형에 관한 한 부정경쟁방지법 및 저작권법을 절충한 보호를 부여하는 것이어서 유용하다.

한편 2021. 17. 7. 법률 제18548호로 개정된 부정경쟁방지법 제2조 제1호

---

86) 대법원 2020.3.26. 선고 2016다276467 판결. 같은 취지로 대법원 2020.3.26.자 2019마6525 결정; 대법원 2020.7.23. 선고 2020다220607 판결.
87) 대법원 2020.3.26. 선고 2016다276467 판결.
88) 박준석(주 38), 110~111면은 부정경쟁방지법에 의한 데이터 보호가 현실적으로 가장 합리적인 방법이라고 설명한다.
89) 지능정보화기본법 제2조 제1호는 데이터를 "부호, 문자, 음성, 음향 및 영상 등으로 표현된 모든 종류의 자료 또는 지식"이라고 정의한다.

(카)목에서는 데이터를 "「데이터 산업진흥 및 이용촉진에 관한 기본법」 제2조 제1호에 따른 데이터 중 업(業)으로서 특정인 또는 특정 다수에게 제공되는 것으로, 전자적 방법으로 상당량 축적·관리되고 있으며, 비밀로서 관리되고 있지 아니한 기술상 또는 영업상의 정보"라고 정의한 뒤 그 부정사용행위 등을 다른 부정경쟁행위와 마찬가지로 금지한다. 앞서 살펴보았듯이 현재의 (파)목 규정으로도 데이터 부정사용행위의 상당 부분을 규율할 수 있다. 다만 이번 개정법은 그 점을 좀 더 명확히 밝히면서 부정경쟁행위의 범위를 넓히고 있다는 점에서 실익이 있다. 2018. 5. 30. 공포된 일본의 개정 부정경쟁방지법에도 관련 내용을 담고 있다. 일본에서는 한정제공데이터라는 개념을 신설한 뒤 그 데이터의 부정사용행위를 부정경쟁행위의 하나로 규율한다.[90] 그런데 우리나라 개정법에서는 '데이터'라는 일반적인 용어를 정의하면서 일본법상 한정제공데이터에 대응하는 내용을 담고 있어서 혼란을 초래하는 문제가 있다.

2) 불법행위의 법리

보다 일반적으로는 민법상 불법행위의 법리가 데이터 보호의 최후 보루로 기능할 수 있다. 우리나라의 불법행위법은 비교법적으로 볼 때 매우 높은 정도의 포괄성과 유연성을 지니고 있다. 이러한 법제적 특성은 다양하고 복잡다기한 모습을 띠고 있어 경직된 물권 법리로는 규율하기 어려운 데이터의 속성에 잘 대응할 수 있도록 한다. 가령 불법행위 요건과 관련해서 우리나라 불법행위법은 권리 침해를 그 성립 요건으로 요구하지 않는다. 따라서 권리로 확립되지 않은 재산적 또는 인격적 이익도 불법행위법에 의해 보호될 수 있다. 따라서 데이터 소유권이나 데이터 점유권과 같은 물권적 성격이 부여되지 않는 데이터에 대해서도 보호 가치 있는 이익이 존재한다면 불법행위법에 의한 적절한 보호가 얼마든지 부여될 수 있다. 이 점에서 우리나라는 "타인의 생명, 신체, 건강, 자유, 소유권 또는 기타의 권리" 침해를 요구하는 독일의 경우[91]나 특정

---

90) 일본 부정경쟁방지법 제2조 제7항에 따르면 한정제공데이터는 업으로서 특정한 자에게 제공한 정보로 전자적 방법에 의해 상당량이 축적, 관리되고 있는 기술상 또는 영업상의 정보 (비밀로서 관리되고 있는 것은 제외)이다. 이에 관한 상세한 설명은 이규호, "인공지능 학습용 데이터 세트에 대한 저작권법과 부정경쟁방지법상 보호와 그 한계", 인권과 정의, 제494호, 2020. 103-107면.

한 소인(cause of action)이 존재해야 불법행위가 성립할 수 있는 영미법계 국가들의 경우와 차이가 있다.[92] 이러한 우리나라 불법행위법의 신축성과 유연성은 데이터의 법적 문제를 포용하는 데 큰 장점으로 작용한다.

　다만 불법행위의 효과로서 손해배상청구권이 인정될 뿐 금지청구권이 인정되지 않는다는 점은 불법행위법의 한계로 지적된다. 이러한 이유 때문에 데이터에 물권적 권리를 부여하려는 시도를 하는 것이다. 참고로 법무부 민법개정위원회의 2014년 민법 개정시안 제766조의2에서는 불법행위의 효과로 금지청구권을 명시하는 내용이 신설되었으나[93] 실제 입법으로 이어지지는 않았다. 이처럼 금지청구권이 인정되지 않으면 불법행위법이 데이터 보호 수단으로서 가지는 의미가 약화된다. 하지만 해석론으로도 불법행위에 대한 금지청구권이 인정될 수 있다. 이미 대법원은 민법상 불법행위에 대한 금지청구권의 허용 가능성을 열어놓은 바 있다.[94] 민법에서는 불법행위에 대한 효과로서 손해배상만 규정되어 있는 것이 사실이다(민법 제750조). 하지만 이는 금지청구권을 금지하려는 취지로 이해해서는 안 된다. 해석론의 차원에서도 전체유추(Gesamtanalogie) 방식에 기하여 불법행위에 대한 금지청구권을 도출할 수 있다.[95] 법으로 보호해야 마땅할 권리나 이익이 침해되었을 때 이를 구제하는 국면에서 피해자는 그 침해로부터 회복될 수 있는 가장 적절하고 유효한 수단에 의하여 구제되어야 한다는 법의 일반원칙에 비추어 보더라도 그렇다. 구제수단(remedy)은

---

91) Wagner/MünchKomm(주 43), § 823, Rn. 338 참조. Meier/Wehlau, *Die zivilrechtliche Haftung für Datenlöschung, Datenverlust und Datenzerstörung*, NJW 1998. 1585는 데이터에 대한 법적 이익이 독일 민법 제823조의 '기타의 권리(sonstiges Recht)'에 해당한다고 주장하나, 일반적으로 받아들여지는 견해가 아니다.

92) 그런데 독일에서도 데이터에 대한 무단접근이나 위변조 등을 처벌하는 형법 제303조a 등 형사법에 의해 보호받는 데이터에 대해서는 불법행위 보호 객체성이 충족된다고 본다. Zech(주 30), GRUR 2015, 1151.

93) 제1항은 "타인의 위법행위로 인하여 손해를 입거나 입을 염려가 있는 자는 손해배상에 의하여 손해를 충분히 회복할 수 없고 손해의 발생을 중지 또는 예방하도록 함이 적당한 경우에는 그 행위의 금지를 청구할 수 있다." 제2항은 "제1항의 금지를 위하여 필요한 경우에는 손해를 입거나 입을 염려가 있는 자는 위법행위에 사용되는 물건의 폐기 또는 그 밖에 적절한 조치를 청구할 수 있다."라고 규정한다.

94) 대법원 2010.8.25.자 2008마1541 결정.

95) 권영준, "불법행위와 금지청구권 —eBay v. MercExchange 판결을 읽고—", Law & Technology, 제4권 제2호(2008), 62면.

구제의 목적 달성에 충실하게 해석·운용되어야 하고, 보호대상인 권리의 도그마틱한 성격에 기계적으로 얽매여서는 안 된다. 이처럼 금지청구권을 허용하는 해석론을 채택한다면, 불법행위법은 데이터의 물권적 귀속 유무와 무관하게 유연하고 신축적이고 때로는 강력하게 데이터를 보호하는 수단으로 더욱 널리 활용될 수 있다.

다. 데이터의 거래

1) 계약의 법리

데이터의 귀속과 보호에 대한 규범적 토대 확립은 데이터 거래를 촉진하기 위한 목적도 담고 있다. 따라서 데이터의 귀속·보호·거래는 서로 밀접하게 관련되어 있다. 그런데 아직 데이터의 귀속·보호에 대한 일반적인 법리 체계가 정립되지 않은 상황에서도 시장(market)에서의 데이터 거래는 활성화되고 있다. 또한 데이터 소유권을 비롯한 강고한 물권적 법제의 부재가 데이터 거래의 걸림돌이 되고 있다는 뚜렷한 증거도 없다.[96] 이는 데이터의 물권적 귀속과 데이터의 거래는 구별되는 문제임을 보여준다. 데이터는 물건이 아니고 소유권의 대상이 아니다. 그러나 재산적 가치가 있는 데이터는 여전히 거래될 수 있다.[97] 물건이나 소유권의 존재는 거래의 전제조건이 아니기 때문이다.[98] 노하우(knowhow) 또는 기술의 이전 거래를 생각해 보면 이를 쉽게 이해할 수 있다. 개인정보도 마찬가지이다. 개인정보자기결정권이라는 인격권은 이전될 수 없는 불가양(不可讓)의 것이다. 그러나 개인정보의 재산적 가치는 정보주체의 동의 또는 법적 근거 위에서 타인의 유익을 위해 이전되거나 공유될 수 있다. 그

---

96) EU Working Paper(주 34), 47.

97) EU의 디지털 콘텐츠 공급계약에 관한 지침 제안(Directive Proposal on Contracts for the Supply of Digital Content, COM(2015) 634 final.)은 디지털 콘텐츠 제공에 수반하여 이루어지는 개인정보 제공을 급부의 일종으로 파악한다. 대가로서의 개인정보에 관하여는 김진우, "대가로서의 디지털 개인정보 −데이터의 개인정보 보호법 및 계약법적 의의−", 비교사법, 제24권 제4호(2017) 참조.

98) 데이터 거래는 본질적으로는 물건의 소유권과 점유를 이전하는 '주는 채무'를 목적으로 한다기보다는 현존하는 데이터에 대한 접근과 이용을 허용하고 그에 필요한 부수적인 조치를 취하는 '하는 채무'를 목적으로 한다.

것은 거래 현실에서도 나타나고 있다. 우리는 당분간 이를 관망할 필요가 있다. 그러면서 시장에서 데이터 소유권과 같은 포괄적 규율 법제가 진정 요구되는지를 지켜보아야 한다. 그렇다면 당분간은 데이터를 둘러싼 다양한 법적 문제들은 시장의 핵심 운영 체제인 계약에 의해 규율될 것이다. 따라서 계약의 법리는 데이터의 귀속·보호·거래에 이르는 일련의 단계에 현실적으로 가장 큰 비중과 영향력을 지니게 된다.

그런데 계약은 당사자에게만 효력이 미친다. 이 점에서 계약의 법리가 데이터의 법적 문제를 일반적으로 규율하는 데에는 한계가 있다. 그러나 이는 동시에 계약이 가지는 장점이기도 하다. 계약자유의 원칙 하에 인정되는 계약의 무한한 다양성과 신축성은 데이터의 속성과 가장 잘 부합한다. 한편 계약의 표준화(standardization of contract) 현상은 계약의 영향력을 더욱 확대시킨다는 점도 고려해야 한다. 계약의 표준화는 약관 또는 표준계약서를 통해 은연중에 계약을 법규범과 유사한 지위에 올려놓았다. 이미 오래전에 계약의 99%가 약관이라는 말이 나왔을 정도로,[99] 약관은 현존하는 계약 질서의 대부분을 형성한다. 「약관의 규제에 관한 법률」은 약관을 "계약의 내용"이라고 정의하고 명시·설명의무를 부과함으로써 약관이 계약의 성격을 가짐을 분명히 하였다(제2조 제1호, 제3조 제2항, 제3항 참조). 그러나 약관이 사업자에 의한 입법의 실질도 가진다는 점을 부인할 수 없다. 그 이유 때문에 약관은 고도의 규제 대상이 되고 있다. 또한 약관이 존재하지 않는 영역에서조차도 공인된 또는 사실상 통용되는 표준계약서가 있다. 심지어는 장기간의 교섭을 거쳐 체결되는 회사의 인수합병계약조차도 그 형판(template)이 될 만한 계약서가 암암리에 존재한다.

그렇다면 데이터의 법적 문제 중 상당수는 이러한 관련 약관 또는 표준계약서를 잘 정비함으로써 규율될 수 있다. 참고로 일본의 경제산업성은 2018년 「AI 데이터 이용에 관한 계약 가이드라인(AI·データの利用に関する契約ガイドライン)」을 제정하였고, 그 후 2020년에 이를 개정하였다. 이 가이드라인은 데이터 계약을 데이터 생산형 계약, 데이터 창출형 계약, 데이터 제공형 계약의 세 가

---

99) W. D. Slawson, *Standard Form Contract and Democratic Control of Lawmaking Power*, 84 Harv. L. Rev. 529 (1971).

지로 유형화하면서 각 계약 유형별로 규율해야 할 요소들과 유의사항들을 상세하게 담고 있다. 아울러 이 가이드라인은 데이터의 귀속, 보호, 거래의 모든 국면을 언급하고 있다. 한국데이터산업진흥원도 2019. 12. 「데이터 거래 가이드라인」을 발표하였다.[100] 이 가이드라인은 일본 가이드라인과 유사한 내용을 담고 있다. 이러한 방법은 입법을 하는 것만큼 부담스럽거나 시간이 많이 소요되지 않으면서, 완전히 계약 당사자에게만 방치하는 것보다 책임 있는 것이다. 아울러 계약 당사자가 거래 현실에 따라 이를 변용하여 참고할 수 있도록 함으로써 명확성과 유연성의 요청을 동시에 만족시킬 수 있다. 그러므로 데이터 법리 체계를 구축하는 과정에서 동원되어야 할 바람직한 방법은 포괄적이고 거시적이며 논리적인 법리 체계를 구축하여 거래에 적용하려고 하기보다는, 오히려 거꾸로 현실적으로 거래계에서 계약에 기초하여 일어나는 데이터 거래에 대한 실증적인 조사를 통해 얻어지는 귀납적 교훈을 토대로 부분적으로 그리고 점진적으로 기존 법리 체계를 고쳐나가는 것이다.

2) 신탁의 법리

신탁의 법리도 데이터의 거래를 촉진할 수 있는 법리이다. 신탁의 법리는 아직까지 데이터의 법률관계를 둘러싸고 자주 언급되지는 않는다. 그러나 중장기적으로 신탁의 법리는 데이터의 귀속·보호·거래에 걸쳐 패러다임의 전환을 낳을 수 있는 중요성을 지닌다. 그래서 최근 미국,[101] 일본,[102] 싱가포르[103] 등에서는 데이터 신탁 또는 정보 신탁에 관한 논의가 이루어지고 있다. 이러한 데이터와 신탁의 만남은 앞으로도 확산되리라 추측된다. 신탁의 법리가 데이터

---

100) https://www.kdata.or.kr/kr/board/info_01/boardView.do?bbsIdx=486 참조(2023.8.31. 최종 방문)

101) Neil Richards & Woodrow Hartzog, *Taking Trust Seriously in Privacy Law*, 19 Stan. Tech. L. Rev. 431 (2016); Jack M. Balkin, *Information Fiduciaries and the First Amendment*, 49 U.C. Davis L. Rev. 1183 (2016). 이에 대한 비판적 입장으로는 Lina M. Khan & David E. Pozen, *A Skeptical View on Information FIdicuaries*, 133 Harv. L. Rev. 497 (2019).

102) 정보신탁기능의 인정체계 방향에 관한 검토회, 「정보신탁기능의 인정에 관한 지침(情報信託機能の認定に係る指針)」, 2018.

103) Jeremiah Lau, James Penner & Benjamin Wong, *The Basics of Private and Public Data Trusts*, NUS Law Working Paper 2019/019, 2019, available at https://law.nus.edu.sg/publications/the−basics−of−private−and−public−data−trusts/(2023. 8. 31. 최종 방문)

의 법률관계에 가지는 시사점은 다음과 같다.

첫째, 신탁관계에서 수탁자는 선관의무, 충실의무, 공평의무, 분별관리의무 등 자신의 이익을 우선적으로 추구하지 않으면서 수익자의 이익을 보호하기 위한 각종 의무를 부담한다(신탁법 제32조 내지 제37조 참조). 데이터는 집적될수록 그 가치가 커지므로 현실적으로 법적 분쟁의 대상이 될 만한 가치가 있는 데이터는 여기저기 개인별로 분산되어 있다기보다는 특정한 주체에게 집적되는 경향을 보인다. 그런데 현행 개인정보 보호법이나 민법의 사고방식에 따르면 개인정보주체가 이용에 동의하거나 데이터 주체가 해당 데이터에 대한 법적 지위를 이전하는 순간 개인정보처리자나 데이터 양수인은 막강한 지배력을 행사하게 된다. 바로 이러한 전부 또는 전무(all or nothing)의 구도 하에서는 아예 데이터의 이전을 자제하는 사태가 발생한다. 또한 일단 데이터가 이전되면 그 데이터를 이전받은 주체에게 추가로 사후적인 의무를 부과하기가 쉽지 않다. 하지만 이러한 법 현상을 신탁적 동의 또는 신탁적 양도로 이론 구성을 할 수 있다면 데이터를 이용하려는 주체가 일단 자유롭게 그 데이터를 이용하되, 이전의 데이터 주체의 이익에 반하는 방향으로 데이터를 남용하지는 못하도록 하여 데이터의 거래 촉진과 위험 감소를 동시에 추구할 수 있다.

둘째, 신탁관계는 권리 귀속관계를 단순화함으로써 그 후속 거래를 용이하게 하되, 그 거래로 인한 수익은 수익자들에게 분배할 수 있는 구조를 가진다. 「자본시장과 금융투자업에 관한 법률」 상 집합투자기구의 일종인 투자신탁을 떠올려 보자. 투자신탁 형태의 펀드(fund)에서는 복수의 투자자들이 투자금을 맡기면 집합투자업자(자산운용사)가 신탁업자에 대한 운용 지시를 통해 그 투자금을 운용한 뒤 투자자들에게 수익을 돌려주게 된다. 이러한 신탁 구조를 법적으로 어떻게 설명할 것인가에 관하여 논란이 있으나, 큰 그림에서 보면 투자자들이 투자금을 맡기는 위탁자이면서 동시에 그 운용으로 인한 수익을 누리는 수익자의 지위에 있다고 볼 수 있다. 이러한 신탁 법리는 다수의 주체들이 재산권을 수탁자에게 이전함으로써 재산권의 법률관계를 단순히 만들되 수익자의 지위에서 경제적 수익은 향유하는 구조를 전제하고 있는데, 이는 데이터의 법률관계에 시사하는 바가 크다. 수많은 데이터 주체들이 데이터를 자발적 또는 비자발적으로 데이터 수집 주체에게 이전하고, 데이터 수집 주체는 집적된 데이터를 이용하여 수익을 올린다. 신탁 법리는 데이터 주체가 그 수익 배분에 동참할 수 있는 법리적 단서를 제공한다.

데이터 소유권을 인정하기 어려운 이유 중 하나는 데이터 창출과 가공에 관여하는 주체들이 많아 특정 주체에게 소유권을 귀속시키기 어렵다는 점이다. 그러나 누가 데이터를 소유하는지는 부차적인 문제일지 모른다. 종국적으로 중요한 것은 그 정보가 남용되어 정보주체의 법익이 침해되지 않도록 하는 것 그리고 그 정보로 인한 수익을 배분받는 것이다. 데이터의 신탁을 법적으로 의제할 수 있다면 데이터 주체는 데이터를 맡기는 위탁자의 지위 외에 그 데이터 운용 수익을 향유할 수 있는 수익자의 지위를 가질 수 있다. 이러한 법리 구성이 가능해 질 때까지는 상당한 논의와 고민이 필요할 것이다. 그러나 중장기적으로는 소수의 기업들이 다수의 데이터 주체들이 생산한 데이터 및 그 이익을 독점하는 구조를 깨뜨리고, 더 나아가 기본소득과 유사한 형태로 그 데이터 수익을 데이터 주체들에게 배분하는 법제로 나아가는 디딤돌이 될 수 있을 것이다.[104] 특히 단순한 데이터 이전 거래의 계약 또는 개인정보 동의 시점에는 그 데이터가 장차 어떤 가치를 지니게 되고 얼마나 수익 창출에 기여하게 될지 알 수 없다.[105] 따라서 이를 데이터의 가격에 미리 반영하기 어렵다. 그런데 데이터 주체를 신탁관계의 수익자로 보면 사후의 수익 상황에 따른 정당한 수익 배분이 가능하게 된다.

Ⅳ. 결론

지금까지 살펴보았듯이 데이터의 귀속·보호·거래의 법리 체계는 아직 성숙기에 들어서지 못했다. 저작권법이나 특허법 같이 새로운 무형의 대상에 대

---

104) 데이터와 기본소득에 관해서는 목광수, "빅데이터의 소유권과 분배 정의론 −기본소득을 중심으로−", 철학사상문화, 제33호(2020).

105) Daniel J. Solove, *Privacy Self−Management and the Consent Dilemma*, 126 Harv. L. Rev. 1880, 1889−1991 (2012).

한 규범 체계가 자리 잡을 때까지 걸린 시간을 생각하면 이는 전혀 이상한 일이 아니다. 따라서 섣불리 포괄적이고 체계적인 데이터 법제를 완성하려고 서두를 이유가 없다. 대부분의 문제들은 기술과 시장 그리고 계약을 통해 해결할 수 있다. 제21대 국회에서 이루어지는 다양한 입법적 시도들은 의미가 있다. 하지만 이에 선행하여 또는 최소한 이에 병행하여 기존 법리 체계를 가지런히 정리해 나가는 작업이 수반되어야 한다. 그래야 데이터 법제의 정합성, 나아가 데이터 법제와 전체 법제의 정합성을 담보할 수 있다. 도산, 담보, 집행, 불법행위, 부당이득, 계약, 점유, 소유, 대리, 신탁, 라이선스, 임치 등 다양한 국면에서 해당 분야에 최적화된 개별 법리들을 발전시켜 나가는 것에 관심을 가져야 한다. 데이터 소유권이 인정되지 않더라도 클라우드 서버에 저장되었던 자신의 데이터에 대한 환취권은 인정될 수 있는지가 도산법의 국면에서 논의되어야 한다. 암호화폐가 집행의 대상이 될 수 있는지가 집행법의 관점에서 논의되어야 한다. 동산, 채권, 지식재산권에 국한된 「동산·채권 등의 담보에 관한 법률」의 적용범위를 재산적 가치가 있고 특정 가능한 데이터로 확장할 수 있는지가 담보법의 관점에서 논의되어야 한다. 신뢰성 있는 전문기관을 지렛대 삼아 정보주체의 정보자기결정권을 실질적으로 극대화하는 마이데이터 제도도 신탁법의 관점에서 논의되어야 한다. 이러한 개별적이고 점진적인 노력이 지속적으로 이루어져야 기존 법리 체계의 데이터 적응성이 제고된다. 그러한 과정을 거쳐 기존 법리 체계가 성숙해 지고, 그 성숙한 결과물들이 데이터 법제에 환류될수록 데이터 법제의 토대도 튼튼해 질 것이다.

참고 문헌

고학수·임용 편, 데이터오너십, 박영사, 2019.

곽윤직 편, 민법주해(Ⅳ), 박영사, 1992.

권영준 "저작권과 소유권의 상호관계: 독점과 공유의 측면에서", 경제규제와 법, 제3권 제1호(2010).

권영준, "불법행위와 금지청구권 −eBay v. MercExchange 판결을 읽고−", Law & Technology, 제4권 제2호(2008).

권영준, "인터넷상 정보에 대한 접근 및 취득행위의 위법성", 비교사법, 제14권 제3호(2007).

김용덕 편, 주석민법, 물권(1), 한국사법행정학회, 2019.

김진우, "대가로서의 디지털 개인정보 −데이터의 개인정보 보호법 및 계약법적 의의−", 비교사법, 제24권 제4호(2017).

목광수, "빅데이터의 소유권과 분배 정의론 −기본소득을 중심으로−", 철학사상문화, 제33호(2020).

박상철, "데이터 소유권 개념을 통한 정보보호 법제의 재구성", 법경제학연구, 제15권 제2호(2018).

박준석, "빅 데이터 등 새로운 데이터에 대한 지적재산권법 차원의 보호가능성", 산업재산권, 제58호(2019).

박진아, "데이터의 보호 및 유통 법제 정립 방안", 서강법률논총, 제9권 제2호(2020).

백대열, "데이터 물권법 시론(試論)−암호화폐를 비롯한 유체물−동등 데이터를 중심으로−", 민사법학, 제90호(2020).

송문호, "데이터의 법적 성격과 공정한 데이터거래", 동북아법연구, 제14권 제1호(2020).

양창수·권영준, 민법 Ⅱ 권리의 변동과 구제, 박영사, 2017.

이규호, "인공지능 학습용 데이터세트에 대한 저작권법과 부정경쟁방지법상 보호와 그 한계", 인권과 정의, 제494호(2020).

이동진, "데이터 소유권(Data Ownership), 개념과 그 실익", 정보법학, 제22권 제3호(2018).

이상용, "데이터 거래의 법적 기초", 법조, 통권 제728호(2018).

이성엽, "한국의 데이터주도 혁신에 대한 법의 대응과 진화", 경제규제와 법, 제11권 제2호(2018).

정보통신정책연구원(연구책임자 강준모), 데이터 소유권에 관한 법·제도 및 정책 연구, 2019.

정진명, "데이터 이용과 사법적 권리구제", 민사법학, 제92호(2020).

최경진, "데이터와 사법상의 권리, 그리고 데이터 소유권(Data Ownership)", 정보법학, 제23권 제1호(2019).

Balkin, Jack M., *Information Fiduciaries and the First Amendment*, 49 U.C. Davis L. Rev. 1183 (2016).

Balthasar, Stephan, Der Schutz der Privatsphäre im Zivilrecht, Mohr Siebeck, 2006.

Bergelson, Vera, *It's Personal But Is It Mine? Toward Property Rights in Personal Information*, 37 U.C. Davis L. Rev. 379 (2005).

Boerding, Andreas, et al, *Data Ownership − A Property Rights Approach From a European Perspective*, 11 J. Civ. L. Stud. 323 (2018).

Calabresi, Guido & Melamed, Douglas, *Property Rules, Liability Rules, and Inalienability: One View of the Cathedral*, 85 Harv. L. Rev. 1089 (1972).

Determann, Lothar, *No One Owns Data*, 70 Hastings L.J. 1 (2018).

Drexl, Josef et al, *Data Ownership and Access to Data − Position Statement of the Max Planck Institute for Innovation and Competition of 16 August 2016 on the Current European Debate*, Max Planck Institute for Innovation and Competition Research Paper No. 16−10, 2016, available at http://dx.doi.org/10.2139/ssrn.2833165

EU White Paper, Building the European Data Economy − Data Ownership, 2017.

EU Working Paper, The Economoics of Ownership, Access and Trade in Digital Data, 2017.

Evans, Barbara. J., *Much Ado about Data Ownership*, 25 Harv. J. L. & Tech. 69 (2011).

Farkas, Thomas J., *Data Created by the Internet of Things: The New Gold without Ownership*, 23 Rev. Prop. Inmaterial 5 (2017).

Graef, Inge, Gellert, Raphael & Husovec, Martin, *Towards a Holistic Regulatory Approach for the European Data Economy: Why the Illusive Notion of Non−Personal Data Is Counterproductive to Data Innovation*, available at https://papers.ssrn.com/abstract=3256189.

Hacker, Philipp, Datenprivatrecht, Mohr Siebeck, 2020.

Härtig, Niko, "Dateneigentum" − Schutz durch Immaterialgüterrecht?, CR 10/2016, 646.

Hoeren, Thomas, *Big Data and the Ownership in Data: Recent Development in Europe*, 12 Eur. Intell. Prop. Rev. 751 (2014).

Hoeren, Thomas, *Datenbesitz statt Dateneigentum*, MMR 2019, 5.

Hoeren, Thomas, *Dateneigentum − Versuch einer Anwendung von § 303a StGB im Zivilrecht*, MMR 2013, 486.

Holvast, J., *History of Privacy*, IFIP Advances in Information and Communication Technology, Vol. 298 (2009).

Hugenholtz, Bernt, *Against Data Property* in Hanns Ullrich, Peter Drahos & Gustavo Ghidini (eds), Kritika: Essays on Intellectual Property, Volume 3, Edward Elgar Publishing Limited, 2018.

Kerber, Wolfgang, *A New* (Intellectual) *Property Right for Non−Personal Data? An Economic Analysis*, GRUR Int. 2016, 989.

Khan, Lina M. & Pozen, David E., *A Skeptical View on Information FIdicuaries*, 133 Harv. L. Rev. 497 (2019).

Ladeur. Karl−Heinz, *Datenschutz − Vom Abwehrrecht zur planerischen Optimierung von Wissensnetzwerken. Zur 'objektiv−rechtlichen' Dimension des Daten−schutzes*, Datenschutz und Datensicherheit Vol 24, No. 1, (2000).

Lau, Jeremiah, Penner, James & Wong, Benjamin, *The Basics of Private and Public Data Trusts*, NUS Law Working Paper 2019/019, 2019, available at http://law.nus.edu.sg/wps.

Lessig, Lawrence, *Privacy as Property*, 69 Soc. Res. 247 (2002).

Lipton, Jacqueline, *Information Property: Rights and Responsibilities*, 56 Fl. L. Rev. 135 (2004).

Lund, Jamie, *Property Rights to Information*, 10 NW. J. Tech. & Intell. Prop. 1 (2011).

Meier/Wehlau, *Die zivilrechtliche Haftung für Datenlöschung, Datenverlust und Datenzerstörung*, NJW 1998. 1585.

Mich, Fabian, "*Datenbesitz*" − ein grundrechtliches Schutzgut − NJW, 2019, 2729.

Münchener Kommentar zum BGB, 8. Auflage, C.H.Beck, 2020.

Pearl, Tracy Hresko, *Hands Off the Wheel: The Role of Law in the Coming Extinction of Human−Driven Vehicles*, 33 Harv. J. l. Techl 427 (2020).

Pertot, Tereza (Hrsg.), Rechts an Daten, Mohr Siebeck, 2020.

Prosser, William L, *Privacy*, 48 Cal. L. Rev. 383 (1960).

Purtova, Nadezhda, *The Law of Everything. Broad Concept of Personal Data and Future of EU Data Protection Law*, 10 Law Innov Technol 40 (2018).

Raue, Benjamin, *Die Rechte des Sacheigentümers bei der Erhebung von Daten*, NJW 2019, 2425.

Richards, Neil & Hartzog, Woodrow, *Taking Trust Seriously in Privacy Law*, 19 Stan. Tech. L. Rev. 431 (2016).

Ritter, Jeffrey & Mayer, Anna, *Regulating Data as Property: A New Construct for Moving Forward*, 16 Duke L. & Tech. Rev. 220 (2018).

Scholtz, Lauren Henry, *Big Data is Not Big Oil: The Role of Analogy in the Law of New Technologies*, 86 Tenn. L. Rev. 863 (2019).

Schwartz, Paul M., *Property, Privacy, and Personal Data*, 117 Harv. L. Rev. 2056 (2003).

Slawson, W. D., *Standard Form Contract and Democratic Control of Lawmaking Power*, 84 Harv. L. Rev. 529 (1971).

Solove, Daniel J., *Privacy Self−Management and the Consent Dilemma*, 126 Harv. L. Rev. 1880 (2012).

Specht, Luisa, *Ausschließlichkeitsrechte an Daten − Notwendigkeit, Schutzumfang, Alternativen*, CR 05/2016, 288.

Steinz, Thomas, *The Evolution of European Data Law* (January 18, 2021), in Paul Craig and Gráinne de Búrca (eds), The Evolution of EU Law (OUP, 3rd edn 2021), Available at SSRN: https://ssrn.com/abstract=3762971

Stiftung Datenschutz(Hrsg.), Dateneigentum und Datenhandel, Erlich Schmidt Verlag, 2020.

The British Academy, Data ownership, rights and controls: Reaching a common understanding, 2018.

Warren, Samuel D., & Brandeis, Louis D., *The Right to Privacy*, 4. Harv. L. Rev. 193 (1890).

Wenzel/Burkhardt, Das Recht der Wort−und Bildberichterstattung, 5. Aufl., Verlag Dr. Otto Schmidt, 2003.

Westin, Alan, Privacy and Freedom, IG, 1967.

Zech, Herbert, *"Industrie 4.0" – Rechtsrahmen für eine Datenwirtschaft im digitalen Binnenmarkt*, GRUR 2015, 1151.

Zech, Herbert, Information als Schutzgegenstand, Mohr Siebeck, 2012.

Zhang, Sylvia, *Who Owns the Data Generated By Your Smart Car?*, 32 Harv. J. L. & Tech. 299 (2018).

経済産業省, 「AI·データの利用に関する契約ガイドライン」, 2018.

4

데이터 공유, 위험하고도 매혹적인 생각*

선지원 / 한양대학교 조교수

Ⅰ. 데이터 공유라는 생각의 출발점

1. 공유란 무엇인가?

최근 여러 면에서 "공유"라는 화두가 사람들의 관심을 불러일으키고 있다. 민법 제262조 제1항은 "물건이 지분에 의하여 수인의 소유로 된 때"를 "공유"라고 정의한다. 그러나 최근 관심을 끌고 있는 공유의 개념은 민법상의 법도그마틱적인 공유가 아니라, 대체로 경제적 의미에서 이익이나 유휴자원을 다양한 당사자들이 공동으로 향유하는 것을 의미한다. 경제활동으로 만들어 낸 성과를 직접적인 행위 당사자가 아닌 주체들과 나누자는 생각 내지 생산 수단인 자원을 법도그마틱적인 소유권 내지 사용권과 무관하게 공동으로 사용하자는 생각들이 최근에 대두되는 공유가 담고 있는 이념인 듯하다. 전자는 이익공유제로, 후자는 공유경제[1]라는 개념으로 통칭된다.

---

* 제2전정판의 내용은 특히 경제규제와 법 제15권 제1호(2022. 5.)에 게재한 "데이터의 안전한 공유를 위한 법적 고찰"을 기초로 함을 밝힌다.

1) 특히 오흘레안 아키어(Aurélien Acquier)는 공유경제의 주요 개념 요소로 "접근권 기반의 경제(access-based economy)"와 "공동체 기반의 경제(community-based economy)"를 들고 있다. 일정 범위의 공동체 구성원들에게 재화에 대한 접근권을 주는 것이 공유경제의 가장 전형적인 모습이라는 것이다. Acquier, Aurélien, Uberization Meets Organizational Theory: Platform Capitalism and the Rebirth of the Putting-Out System, in: Davidson/Finck/Infranca(ed.), The Cambridge Handbook of the Law of the Sharing Economy, 2018, p.14.

이른바 "이익공유제"가 완전히 새로운 생각인 것은 아니다. 1920년대 중반 할리우드에서 배우와 스튜디오 사이의 이익공유계약(Profit-Sharing Contract)이 등장한 것을 이익공유제의 효시라고 볼 수 있다.[2] 우리나라에서는 이미 2006년에 "수탁기업이 원가절감 등 수탁·위탁기업 간에 합의한 공동목표를 달성할 수 있도록 위탁기업이 지원하고 그 성과를 수탁·위탁기업이 공유하는 계약모델"을 "성과공유제"라는 이름으로 제도화한 바 있다(「대·중소기업 상생협력 촉진에 관한 법률」 제8조 제1항). 특히, 2011년에는 정운찬 동반성장위원장이 "초과이익공유제"를 주장하며 주목을 받은 적이 있다. 이 초과이익공유제는 "대기업이 해마다 목표 이익치를 설정하고 이를 초과하는 이익이 발생했을 때 협력 중소기업에 초과이윤의 일부를 나눠주는" 제도로서, 이를 제도적으로 활성화는 방법으로는 초과이익공유를 잘 한 기업에게 "세제 혜택 등을 줘 다시 이익이 발생하도록 우대"하는 것을 골자로 한다.[3] 최근 논의가 이루어지고 있는 이익공유제는 코로나19의 확산이라는 특수한 상황을 발단으로 하여 제기되었다. 즉, 코로나19로 많은 반사적인 이익을 거둔 기업들이 그 이익의 일부를 피해 계층에게 분배하도록 하겠다는 것이다.[4] 공유경제 역시 "인간과 더불어 존재해 온 오래된 사회적 행위"인 공유를 바탕으로 오래전부터 존재해 온 현상이다.[5] 최근의 디지털 전환으로 인해 온라인 플랫폼을 이용하여 숙박, 교통, 운송, 금융, 정보, 문화 및 지식 분야에서 빠른 속도로 공유경제가 발전해 오고 있으며,[6] 가시화되고 있다는 점 때문에 근래의 논의로 비춰질 뿐이다.

---

2) Weinstein, Mark, Profit-Sharing Contracts in Hollywood: Evolution and Analysis, The Journal of Legal Studies Vol. 27, No. 1, 1998, pp.87-109.

3) 김상택, 초과이익공유제, 무엇을 들여다봐야 하나?, 나라경제 2011 June, 한국개발연구원, 85면. 성과공유제와 초과이익공유제에 대한 비교 설명은 김경묵, 대·중소기업 간 협력 성과의 공유: 성과공유제도와 협력이익배분제도 비교, KBR 제16권 제1호, 한국경영학회, 2012, 54면 이하 참조.

4) 이성택, 코로나 이익공유제에 '배민·네이버·카카오' 참여 유도 검토, 한국일보, 2021년 1월 14일자.

5) 이희정, 공유경제, 어떻게 바라보고 있나: 2013~2019년 한국 공유경제 연구동향 분석과 제언, 문화와 사회 28권 3호, 한국문화사회학회, 2020, 370면.

6) McKinsey는 이미 2015년에 전 세계에서 공유경제 시장이 2025년까지 약 335조 달러 규모로 성장할 것이라고 전망한 바 있다. Marchl, Alberto/Parekh, Ellora-Julie, How the sharing economy can make its case, McKinsey, 2015.

데이터의 공유는 일정 부분 이익공유제 혹은 공유경제가 품고 있는 목적과 맞닿아 있지만, 완전히 동일한 개념이라고 볼 수는 없다. 데이터의 공유라는 생각은 위의 개념들 중 한정된 자원을 사회경제적으로 최대한 활용하여 사회경제적인 편익을 극대화하겠다는 생각에 가깝다. 따라서 그 출발점으로서 재화로서 데이터가 어떤 성격을 지니는지, 그 사회경제적 가치를 높이기 위해 필요한 행위는 무엇인지, 그 수단으로서 공유는 과연 무엇을 의미하는지 검토해 볼 필요가 있다.

2. 재화로서 데이터의 성격과 이를 활용한 가치 증대

데이터가 일종의 재화라는 것은 분명해 보이지만, 전통적으로 인류가 생각한 재화와 비교할 때 특수한 성질들을 지닌다. 우리 민법상의 물건은 "유체물 및 전기 기타 관리할 수 있는 자연력"(민법 제98조)으로서 외부 세계에 어떤 식으로든 물리적인 영향력을 끼칠 수 있는 것을 의미한다. 하지만 데이터 자체는 일단 현실 세계에서 물리적으로 존재하지 않는다.[7] 따라서 데이터의 이전이나 양도라는 행위 역시 데이터를 저장하고 있는 매개 장치의 물리적인 이전은 수반할지언정 데이터 자체가 물리적으로 이동한다는 관념과는 동떨어져 있다. 따라서 특별한 조치를 취하지 않는 한, 데이터의 이전에도 불구하고 다수의 당사자가 양립하여 사용할 수 있다(이른바 '비경합성'). 마찬가지로 특정한 조치를 통해 기술적·규범적으로 사용을 배제하지 않는 한, 다른 사용자를 배제할 수도 없다('비배타성'). 데이터를 활용한다고 해서 현실 세계의 물건처럼 마모되거나 감가상각이 일어나지도 않는다('영속성'). 물론 시간의 경과에 따라 데이터가 품고 있는 정보의 가치가 하락함에 따라 데이터의 가치도 떨어질 수 있지만, 이는 물리적인 마모와는 별개의 개념이다.[8]

---

7) 데이터를 보관하는 매체가 되는 유형물과 데이터 자체는 구별해야 한다. 예컨대 데이터를 저장한 USB 저장 장치 등은 데이터와는 별개로 그 유형물 자체가 권리의 객체가 될 수 있다. 이 구별 개념에 대해서는 강준모 외, 데이터 소유권에 관한 법·제도 및 정책 연구, 정보통신정책연구원, 2019, 58면 이하 참조.

8) 이 특성들에 대한 설명은 선지원, 데이터 경제 시대의 정보법제에 대한 소고 ―데이터 경쟁

물건의 사회경제적 가치를 높일 수 있는 가장 빠른 방법은 물건의 쓰임새를 확대하는 일일 것이다. 데이터 역시 다양한 당사자가, 다양한 곳에서, 다양한 방법으로 활용할 때, 그 가치를 극대화할 수 있을 것이다. 물리적인 한계를 지니는 일반적인 물건과는 달리 데이터는 위에서 언급한 비경합성, 비배타성 및 영속성이라는 특징을 지닌다. 물리적 차원의 한계를 극복하고, 데이터가 가진 경제적인 가치를 최대한 활용하기 위해서는 이런 특징을 적극 활용하여 일반적인 물건과는 다른 형태와 방법의 사용을 할 필요가 있을 것이다.

3. 데이터 공유의 개념과 범위

다수의 당사자가 데이터를 활용할 수 있는 가능성을 열어줌으로써, 데이터가 가지는 각기 다른 측면에서의 가치를 증대시키는 것이 데이터 공유의 중심 관념이다.[9] 이미 언급한 대로 공유의 의미 역시 물리적인 성격의 공동 점유가 아니라, 가치를 서로 다른 관점에서 증대시킬 수 있는 수단으로서의 성격을 지닌다. 즉, 데이터의 공유라 함은 데이터에 대한 접근과 활용 가능성을 의미한다.[10] 다양한 주체가 데이터에 접근하여 나름의 방식으로 이를 다시 가공하고, 다양한 영역에서의 경제 행위에 이용함으로써 데이터가 사회경제적 측면에서 가질 수 있는 편익을 최대한 이용할 수 있도록 하는 것이다.

그러나 이익이 있다고 해서 모든 데이터를 무한정 공유의 대상으로 삼을 수는 없다. 데이터의 활용은 다른 측면에서는 누군가의 기본권을 침해할 수 있는 위험을 내포하고 있다. 그 위험은 데이터와 연관되어 있는 가치에 따라 타인의 인격권에 대한 침해로 나타날 수도 있고, 타인의 재산권에 대한 침해로

법 개념에 대한 고찰을 중심으로-, 법학논총 제36집 제2호, 2019, 105면.

9) "정보"가 우리 생활의 필수적인 요소이기 때문에, 특히 공공데이터의 경우에는 "개인이 요구하는 정보를 누구나 자유롭게 수집 및 활용할 수 있도록" 해야 한다는 "정보 접근권"의 차원에서 데이터에 접근할 권리를 이해하기도 한다. 이보옥, 공공데이터 개방과 활용에 관한 공법적 연구, 성균관대학교 박사학위 청구논문, 2020, 19면. 그러나 본고에서는 경제주체로서 데이터를 재화의 하나로 이용하는 면에 초점을 맞추고자 한다.

10) 즉, 기본적으로 다양한 당사자에게 재화로서의 데이터에 대한 접근권(Zugangsrecht)을 인정하는 것을 의미한다. 데이터 접근권 개념에 대해서는 후술하기로 한다.

나타날 수도 있다. 따라서 데이터의 안전한 활용을 위해 데이터와 연결되어 있는 가치들을 중심으로 일정한 법적 한계를 설정하고 준수할 필요가 있다.

Ⅱ. 데이터와 연결되는 가치들과 관련한 선결문제

1. 데이터와 관련된 정보주체의 보호와의 관련성

데이터가 특정한 자연인과 관련한 정보를 담고 있을 때,[11] 그 자연인의 인격을 보호하기 위해서는 함부로 그 정보를 수집하거나 유출해서는 안될 것이다. 데이터와 관련되어 있는 가치 중 첫 번째로 고려해야 할 것은 관계되어 있는 자연인의 인격권, 즉 정보주체로서의 지위이다. 이는 일찍부터 법적 보호의 대상이 되어 왔다.

우리 헌법은 제17조를 통해 "모든 국민은 사생활의 비밀과 자유를 침해받지 아니한다."라고 규정함으로써 이른바 "프라이버시권"을 확인하고 있다.[12] 이 중 데이터와 관련하여 중요한 것은 "사생활과 관련된 사사로운 자신만의 영역이 본인의 의사에 반해서 타인에게 알려지지 않도록 할 수 있는 권리"[13]인 "사생활의 비밀"이라고 할 수 있다. 특정한 데이터가 개인에 관한 사항을 포함하고 있을 때, 이것을 공개하지 않도록 할 헌법상의 권리가 해당 개인에게 있다. 이는 데이터의 자유로운 활용과는 대척점에 서게 된다. 사생활의 비밀을 보다 효과적으로 보장하기 위하여 우리 법제는 소극적인 권리행사 방법뿐만 아니라, 적극적으로 자신에 관한 정보를 관리 및 통제할 수 있는 권리까지 규

---

11) 이는 물론 개인정보가 아닌 데이터에 대해서는 해당하지 않는 가치이다. 따라서 일부 법제는 비개인정보의 활용과 유통을 특별히 규율하기도 한다. 유럽연합은 GDPR과 별개로 비개인정보의 자유로운 거래를 위한 규범에 관한 규정(Verordnung (EU) 2018/1807 des Europäischen Parlaments und des Rates vom 14. November 2018 über einen Rahmen für den freien Verkehr nicht-personenbezogener Daten in der Europäischen Union)을 발령하여 시행한다.

12) 헌법상의 표현인 "사생활의 비밀과 자유"와 영문 표현인 "프라이버시"를 동일시하는 것이 일반적인 경향으로 보인다. 성낙인, 헌법학, 법문사, 2020, 1341면.

13) 헌법재판소 2001.8.30. 선고 99헌바92 결정.

정하고 있다. 즉, 「개인정보 보호법」을 통해 누군가가 자신의 개인정보를 수집 및 이용할 경우 소극적으로 보호받을 수 있는 권리(원칙적으로 정보주체의 동의 없이는 데이터를 활용할 수 없도록 하는 절차적 장치)를 비롯하여, 개인정보의 열람권(제35조), 정정·삭제권(제36조) 및 처리정지 요구권(제37조) 등 적극적 권리 역시 보장하고 있다. 또한 정보주체의 권리 차원에서 외에도 개인정보 보호 인증(제32조의2), 개인정보 영향평가(제33조) 및 개인정보 유출통지(제34조)와 같은 객관적인 보호 조치에 대한 규정 역시 두고 있다.

데이터 공유의 관점에서 초점을 맞추어야 하는 것은 이렇게 정보주체의 적극적·소극적 권리를 존중하면서도, 어떤 방법으로 개인정보가 포함되어 있는 데이터를 이용할 수 있을 것인가의 문제이다. 개인정보 보호법 제15조는 제1항은 개인정보를 수집하여, 수집 목적의 범위에서 이용할 수 있는 요건들을 제시하고 있다. 이 중 가장 중요하면서 일반적으로 활용되는 요건은 제1호가 규정하고 있는 "정보주체의 동의를 받은 경우"라고 할 수 있다. 하지만 공유라는 방식을 통해 데이터를 활용할 때에는 최초로 데이터를 수집하여 구축한 당사자 외에 다른 주체가 다른 목적을 가지고 다른 방식으로 데이터를 이용하는 것이 의미를 가질 것이다. 즉, 수집 시 고지한 목적의 범위 내에서만 데이터를 활용할 수 있는 개인정보 보호법 제15조 제1항 제1호의 요건은 데이터 공유의 차원에서는 활용하기가 어렵다. 따라서 수집 시 고지한 목적의 범위를 벗어나더라도 데이터를 활용할 수 있는 요건이 없는지 찾을 필요가 있다.

2020년 2월에 이루어진 개인정보 보호법과 신용정보법의 개정을 통해 데이터를 활용할 수 있는 가능성이 종전에 비해 넓어졌다.[14] 가장 특기할 만한 것은 "가명처리"의 개념을 법제화하고, 가명처리한 정보인 "가명정보"를 활용할 수 있는 요건을 제시한 내용이다. 개인정보 보호법 제2조 제1의2호는 "개인정보의 일부를 삭제하거나 일부 또는 전부를 대체하는 등의 방법으로 추가 정보가 없이는 특정 개인을 알아볼 수 없도록 처리하는 것"을 "가명처리"라고 정

---

14) 이른바 데이터 3법의 개정으로 데이터의 활용 가능성이 확대된 내용에 대해서는 선지원, 데이터 경제를 위한 경제규제법제 발전 방향에 대한 연구, 경제규제와 법 제13권 제2호, 2020, 74면 이하 참조.

의하고 있다. 이렇게 가명처리된 정보가 바로 가명정보이며, 가명정보는 기본적으로 개인정보의 한 범주에 속하지만, 다른 개인정보와는 달리 일정한 요건을 갖출 경우 정보주체의 동의 없이도 활용할 수 있다. 개인정보 보호법은 제28조의2 제1항을 통해 "통계작성, 과학적 연구, 공익적 기록보존 등을 위하여 정보주체의 동의 없이 가명정보를 처리할 수 있다."라고 규정하고 있다. 특히, 「신용정보의 이용 및 보호에 관한 법률」(신용정보법)은 여기서 한발 더 나아가 통계작성에 "시장조사 등 상업적 목적의 통계작성"까지 포함시키고 있으며, 연구의 범위를 "산업적 연구를 포함"한다고 명시하고 있다. 또한 이른바 "익명정보", 즉 "시간·비용·기술 등을 합리적으로 고려할 때 다른 정보를 사용하여도 더 이상 개인을 알아볼 수 없는 정보"(개인정보 보호법 제58조의2)에 대해서는 개인정보 보호법이 적용되지 않기 때문에, 완전히 익명처리한 정보에 대해서는 데이터로서 활용 가능이 더 넓게 열려 있다.

개인정보 보호법 제17조는 "당초 수집 목적과 합리적으로 관련된 범위", 신용정보법 제32조 제9의4호는 "당초 수집한 목적과 상충되지 아니하는 목적"이 인정될 때, 정보주체의 동의 없이 개인정보 또는 개인신용정보를 제공할 수 있다고 규정한다. 이른바 "목적합치성"[15]이라는 개념을 도입함으로써, 소폭이나마 데이터 이전의 가능성을 넓히고 있는 것이다. 하지만 이 규정들이 데이터의 공유를 활성화시킬 수 있을지는 의문이다. 데이터를 이용하는 수단이 다양한 데이터의 결합으로 인해 일정 부분 개인식별성을 떨어뜨린다고 해서 목적합치성을 정당화하지는 않기 때문이다. 최초 수집 목적과의 관련성이 없는 한, 이른바 "빅데이터 분석"이나 이 장에서 다루는 데이터 공유라는 방식으로 데이터를 활용한다고 해서 개인정보 보호법상의 제한을 해결할 수 있는 것은 아니다.[16]

사회관계망서비스(SNS) 등을 통해 공개된 정보에 대해서도 데이터의 활용에 있어 정보주체 보호의 문제가 어느 정도 해소된다고 할 수 있다. 신용정보

---

[15] 데이터의 활용 폭을 넓히는 듯한 문언을 취하고 있는 우리 법제와 달리 유럽연합의 데이터보호기본규정(이른바 GDPR) 제5조 제1항 b)목은 목적합치성을 일반적인 데이터 수집 및 활용의 원칙으로 제시하고 있다. Heberlein, in: Ehmann/Selmayr, Datenschutz—Grundverordnung, 2018, Art. 5, Rn. 13.

[16] Vgl. Heberlein, in: Ehmann/Selmayr, Datenschutz—Grundverordnung, 2018, Art. 5, Rn. 17.

법은 제15조 제2항 제2호 다목을 통해 "신용정보주체가 스스로 사회관계망서
비스 등에 직접 또는 제3자를 통하여 공개한 정보"에 대해서는 "신용정보주체
의 동의가 있었다고 객관적으로 인정되는 범위 내에서" 동의 없이 활용할 수
있다고 규정한다. 개인정보 보호법에는 관련 규정이 없지만, 이미 대법원이
"정보주체가 직접 또는 제3자를 통하여 이미 공개한 개인정보는 공개 당시 정
보주체가 자신의 개인정보에 대한 수집이나 제3자 제공 등의 처리에 대하여
일정한 범위 내에서 동의를 하였다고 할 것"이라고 판시한 바 있다. 물론 관련
정황 등을 통해 활용의 범위는 제한되어야 하지만, 공개된 정보는 부분적이나
마 활용의 대상이 되는 데이터에 포함된다고 할 수 있을 것이다.

데이터 공유를 실현하기 위해서는 —물론 개인정보가 관련된 데이터에 한
해— 일차적으로 데이터와 관계된 정보주체의 권리와 연관된 문제를 해결해야
한다. 이 문제를 해결하는 방법은 개인정보 보호법이 규정하고 있는 데이터 활
용을 위한 요건들을 충족하거나 데이터를 완전히 익명화하여 개인정보 보호법
상의 보호 범위에서 꺼내는 수밖에 없다. 즉, 정보주체의 기본권 보호와 개인
정보 보호법의 요건들은 데이터 공유를 위해 통과해야 하는 하나의 관문이 된
다. 하지만 이 관문을 통과했다고 해서 누구나 데이터에 접근하여 활용할 수
있는 것은 아니며, 또 다른 선결문제가 남아 있다.

2. 데이터에 대한 경제적 권리 문제

데이터의 공유를 위해 해결해야 하는 또 다른 문제는 위에서 언급한 정보
주체의 보호와 차원을 달리한다. 프라이버시 보호를 위한 개인정보 보호법상의
문제를 모두 해결했다는 것을 전제하면, 일정한 경제주체가 수집, 결합 및 가
공 등의 방법으로 형성한 데이터 세트에 대해서는 해당 행위에 기여한 경제주
체가 일정한 경제적 권리를 주장할 수 있을 것이다. 그리고 그 경제적 권리는
정보주체가 가지는 인격권 성격의 권리와 개념상 완전히 분리된다.[17]

---

17) 물론 정보주체로서의 권리를 향유하는 자와 경제적 측면의 권리를 주장할 수 있는 자가 사
실적으로 일치할 수는 있다.

이와 같이 데이터를 둘러싼 권리는 입체적으로 파악해야 하며, 경제적 차원의 권리 역시 상이한 층위에서 존재할 수 있다.

먼저 데이터를 둘러싼 경제적 성격을 가진 권리의 한 유형으로 데이터의 생성 또는 배열 과정에서 인정할 수 있는 지식재산권을 들 수 있다. 지식재산권이란 "인간의 창조적 활동 또는 경험 등에 의하여 창출되거나 발견된 지식·정보·기술, 사상이나 감정의 표현, 영업이나 물건의 표시, 생물의 품종이나 유전자원(遺傳資源), 그 밖에 무형적인 것으로서 재산적 가치가 실현될 수 있는 것"(「지식재산기본법」 제3조 제1호)을 의미한다. 예컨대 데이터를 만들어 낸 코딩 방법, 데이터가 포함하고 있는 의미론적인 정보, 데이터베이스의 구성에 관한 독창성 등에 대해 지식재산권을 인정할 여지가 있다.[18] 데이터와 관계된 지식재산권은 데이터 자체에 대한 권리가 아니라 데이터를 생산하거나 가공하거나 배열하는 과정[19]에 초점을 맞춘 것이지만,[20] 공유의 방법으로 데이터의 활용을 확대하는 데에 있어 권리자 외 타인의 데이터에 대한 접근을 제약하는 요소임은 분명하다.

데이터 자체에 대한 재산권적 성격의 권리 역시 생각해 볼 수 있다. 우선 우리 법제에서 데이터는 물건의 개념에 포섭될 수 없기 때문에, 현행법상으로는 권리의 객체가 물건임을 전제로 하는 유형의 물권의 객체가 될 수는 없다.[21] 하지만 민법상의 소유권 외에 재산적인 성격의 새로운 권리를 제도적으로 창설하여 데이터 생산 및 가공자의 경제적 권익을 보호하는 것은 가능할 것이다. 단, 그 보호의 방법에 있어 물권과 유사한 배타적인 권리를 인정할 것인지, 침해에 대해 채권적인 보호 수단만을 인정할 것인지에 대한 법정책적인 선택의 문제는 남아 있다. 전자의 방법을 선택할 경우 경제적 행위자에 대한 보호는 두터워질 수 있지만, 다양한 당사자에 대한 데이터의 개방이라는 가치는

---

[18] 김을식 외, 데이터 배당 및 세금에 관한 기초 연구, 경기연구원, 2020, 66면 이하.

[19] 유럽연합은 일찍이 "데이터베이스의 법적 보호에 관한 지침"(Richtlinie 96/9/EG des Europäischen Parlaments und des Rates vom 11. März 1996 über den rechtlichen Schutz von Datenbanken)을 별도로 제정한 바 있다.

[20] 예컨대 특허권의 경우 "산업적 이용가능성"을 전제한다는 점에서 소유권과 같이 대상 자체를 객체로 하는 권리와 구별할 수 있다. 윤선희, 특허법, 법문사, 2019, 33면.

[21] 강준모 외, 앞의 보고서, 72면.

약화될 가능성이 있다. 후자의 방법을 선택할 경우, 침해행위의 부당성에 초점을 맞추어 정당한 권한이 없는 자가 부당한 방법으로 데이터에 대한 경제적 이익을 침해할 때만을 제재 대상으로 삼게 된다. 법정책적으로 침해행위의 위법한 구성요건을 어떻게 규정하느냐에 따라 데이터에 대한 접근권의 범위를 설정할 수 있게 된다. 이와 유사한 내용의 보호 방법이자 경우에 따라 데이터에 대한 보호 수단이 될 수도 있는 것이「부정경쟁방지 및 영업비밀보호에 관한 법률」(이하 '부정경쟁방지법'이라 한다)에 존재한다. 지난 2022년 4월 22일자로 시행된 개정 부정경쟁방지법 제2조 제1호 카목은 데이터를 부정하게 사용하는 일단의 행위들을 "부정경쟁행위"의 한 유형으로 정의하고 있다.[22] 따라서 투자와 노력을 통해 데이터를 생성, 가공 및 축적한 자가 부정경쟁행위 법리를 통해 채권적으로 보호받을 수 있는 길이 열려 있는 것이다. 또한 2022년 4월 20일자로 시행된「데이터 산업진흥 및 이용촉진에 관한 기본법」(이하 '데이터 산업법'이라 한다)은 제12조 제1항을 통하여 "데이터생산자가 인적 또는 물적으로 상당한 투자와 노력으로 생성한 경제적 가치를 가지는 데이터"를 "데이터자산"이라고 규정하고, "데이터자산을 공정한 상거래 관행이나 경쟁질서에 반하는 방법

---

[22] 부정경쟁방지법 제2조(정의) 이 법에서 사용하는 용어의 뜻은 다음과 같다.
　　1. "부정경쟁행위"란 다음 각 목의 어느 하나에 해당하는 행위를 말한다.
　　　　카. 데이터(「데이터 산업진흥 및 이용촉진에 관한 기본법」 제2조제1호에 따른 데이터 중 업(業)으로서 특정인 또는 특정 다수에게 제공되는 것으로, 전자적 방법으로 상당량 축적·관리되고 있으며, 비밀로서 관리되고 있지 아니한 기술상 또는 영업상의 정보를 말한다. 이하 같다)를 부정하게 사용하는 행위로서 다음의 어느 하나에 해당하는 행위
　　　　　　1) 접근권한이 없는 자가 절취·기망·부정접속 또는 그 밖의 부정한 수단으로 데이터를 취득하거나 그 취득한 데이터를 사용·공개하는 행위
　　　　　　2) 데이터 보유자와의 계약관계 등에 따라 데이터에 접근권한이 있는 자가 부정한 이익을 얻거나 데이터 보유자에게 손해를 입힐 목적으로 그 데이터를 사용·공개하거나 제3자에게 제공하는 행위
　　　　　　3) 1) 또는 2)가 개입된 사실을 알고 데이터를 취득하거나 그 취득한 데이터를 사용·공개하는 행위
　　　　　　4) 정당한 권한 없이 데이터의 보호를 위하여 적용한 기술적 보호조치를 회피·제거 또는 변경(이하 "무력화"라 한다)하는 것을 주된 목적으로 하는 기술·서비스·장치 또는 그 장치의 부품을 제공·수입·수출·제조·양도·대여 또는 전송하거나 이를 양도·대여하기 위하여 전시하는 행위. 다만, 기술적 보호조치의 연구·개발을 위하여 기술적 보호조치를 무력화하는 장치 또는 그 부품을 제조하는 경우에는 그러하지 아니하다.

으로 무단 취득·사용·공개하거나 이를 타인에게 제공하는 행위, 정당한 권한 없이 데이터자산에 적용한 기술적 보호조치를 회피·제거 또는 변경하는 행위 등 데이터자산을 부정하게 사용하여 데이터생산자의 경제적 이익을 침해"를 금지하고 있다. 즉, 데이터 자체에 대한 물권적 성격의 권리를 통해 경제 행위자를 보호하기보다는 채권적 방식의 보호 수단을 선택하고 있는 것이다. 반면 데이터 자체에 대해 물권에 가까운 배타적 권리를 인정하는 것은 아직까지[23] 법제화되어 있지 않은 상황이다.

데이터와 관련하여 인정되는 지식재산권 및 적어도 실질적으로 존재하는 데이터의 원 생산자(가공자) 또는 보유자의 경제적 권리는 공유라는 방법을 통해 데이터를 다수당사자가 활용할 수 있도록 하는 데에 있어서는 장애가 될 수 있다. 데이터와 관련하여 지식재산권을 갖고 있는 자, 데이터의 원 생산자나 실질적인 점유자는 배타적이고 폐쇄적인 경제적 권리의 보호를 원할 가능성이 높기 때문이다. 따라서 정당한 보상을 지급하거나, 일정한 경우[24] 타인의 데이터 접근을 허용하도록 하는 법적인 의무를 부여하는 등 경제적인 권리자들에 의한 제한을 해소할 방법 역시 데이터 공유의 선결문제로서 필요하다.

Ⅲ. 데이터 공유를 위한 제도적 접근

1. 제도적 접근의 필요성

위에서 언급한 두 가지 측면에서의 선결문제를 해결하는 방안으로는 먼저 관계된 당사자의 동의를 얻는 방법을 떠올릴 수 있다. 개인정보 보호의 문제는

---

[23] 민법상 물건 개념의 재정립론을 기초로 데이터에 대한 재산권 성격의 배타적 권리 부여의 가능성에 대해 설명하는 문헌으로 최경진, 데이터와 사법상의 권리, 그리고 데이터 소유권 (Data Ownership), 고학수/임용 편, 데이터오너십: 내 정보는 누구의 것인가?, 박영사, 2019, 110면 이하.

[24] 예컨대 정보분석 목적의 데이터 이용에 대해서는 저작권 침해에 대한 면책을 허용하는 방안 등을 생각할 수 있다. 이에 대해서는 본서의 제3편 제3장 "정보분석을 위한 데이터 이용과 저작권 침해 면책"(김창화·정원준)을 참조하라.

정보주체의 동의를 통해 해소할 수 있으며, 재산권적인 문제 역시 권리자 혹은 권리자와 유사한 지위를 가진 자와의 합의를 통해 계약 등의 방식으로 해결할 수 있다. 이렇게 문제가 해소된 데이터를 공유의 대상으로 삼는 것이다. 그러나 다양한 데이터에 대해 입체적이면서 복잡하게 연관되어 있는 당사자들에게 일일이 동의를 받는 것은 불가능에 가까울 뿐만 아니라 비효율적인 일이 될 수 있다. 따라서 권리 침해에 대비한 일정한 안전장치를 확보한다는 전제 하에, 제도적인 규율을 통해 제3자에게 데이터에 대한 접근을 허용하는 방법을 생각할 필요가 있다.

    데이터 공유 촉진 내지 활성화 제도는 그 근거를 어디에 두느냐에 따라 유형화해 볼 수 있다. 첫째로, 데이터 공유로 인해 얻을 수 있는 사회경제적인 이익에 초점을 맞추어 데이터를 공개하는 제도이다(제1 유형). 주로 공공 영역이 보유하고 있는 정보에 대한 접근권과 활용 촉진을 규정하는 법제들이 이에 해당한다. 민간 경제주체가 보유한 데이터에 대한 공개를 법규를 통해 의무화할 수는 없기 때문이다. 둘째로, 데이터를 시장에서의 공정한 경쟁을 위해 필요한 하나의 필수적인 요소로 보는 경쟁법적인 접근 방식이 있다(제2 유형). 이 유형의 법제도는 주로 데이터에 대한 사실적인 지배력을 갖는 주체들과 그렇지 않은 주체들 간의 관계를 고려한다. 전자의 주체들이 시장 내에서 강력한 지위를 갖고 있을 때, 그 지위를 일정 부분 약화하여 시장에서의 경쟁을 촉진하는 수단으로 데이터에 대한 제3자의 접근 가능성을 강조하게 된다. 마지막으로 이용자의 이타적인 허용을 기반으로 하는 제도적인 접근 역시 생각해 볼 수 있다(제3 유형). 주로 공익적인 목적으로 활용 가능한 데이터에 대해 공유를 유인(Nudge)하는 방식이라고 볼 수 있다. 이와 같은 방법을 통해 데이터의 공유를 활성화하고자 한다면, 데이터를 제공하거나 활용하는 당사자보다 공익적인 목적에서 데이터를 제공받아 일종의 Pool을 만드는 중립적인 단체의 역할이 중요해 질 수 있다.

    이하에서 우리나라와 유럽연합의 관련 법제를 위에서 분류한 세 유형에 따라 살펴보기로 한다.

2. 우리나라의 법제: 공적 영역과 사적 영역의 분리

가. 공적 영역에서의 일반적 데이터 공개 활성화

제3자의 데이터 접근 및 활용과 관련한 규율을 두고 있는 우리나라의 법률로는 「공공데이터의 제공 및 이용 활성화에 관한 법률」(공공데이터법)을 들 수 있다. 이 법률은 "교통, 기상, 공간, 복지, 보건, 식품, 관광, 환경 등 국민의 생활 전반에 걸쳐 생성된 공공데이터"가 신산업의 기반으로서 중요한 가치를 가진다는 전제 아래, 민간 경제주체가 공공이 보유하는 데이터를 활용하여 부가가치를 창출할 것을 촉진한다는 목적 아래 제정되었다.[25] 비록 그 범위가 공공데이터, 즉 "데이터베이스, 전자화된 파일 등 공공기관이 법령 등에서 정하는 목적을 위하여 생성 또는 취득하여 관리하고 있는 광(光) 또는 전자적 방식으로 처리된 자료 또는 정보"(동법 제2조 제2호)에 국한되기는 하지만, 이 장에서 다루고 있는 데이터 공유의 목적을 정면으로 실현하고자 하는 법률인 것이다.[26] 위에서 분류한 데이터 공유 제도의 유형 중 첫 번째 유형에 해당한다고 말할 수 있다.

동법은 "공공기관은 누구든지 공공데이터를 편리하게 이용할 수 있도록 노력하여야 하며, 이용권의 보편적 확대를 위하여 필요한 조치를 취하여야 한다."라는 기본원칙을 선언하고(제3조 제1항), 공공데이터의 공유를 활성화할 수 있는 수단을 제시하고 있다. 다만, 법률을 통해 세부적인 조치들을 제시하기보다는 거버넌스의 수립 및 물적·제도적 기반의 조성이라는 양 측면에서 실현전략을 세우고 있다.

거버넌스 측면에서는 먼저 "공공데이터전략위원회"를 국무총리 소속으로 설치하여, 공공데이터의 제공 및 이용 활성화를 위한 계획의 수립을 비롯한 제반 사항을 다루도록 하고 있다(제5조 이하). 또한 정부 차원에서 공공데이터의

---

[25] 「공공데이터의 제공 및 이용 활성화에 관한 법률」 제정 이유 중 발췌.

[26] 공공기관들 사이에서의 데이터 공유를 촉진하는 내용의 규정을 담고 있는 법률로는 「데이터기반행정 활성화에 관한 법률」이 있다. 동법은 행정에서의 공동활용을 위한 데이터의 등록 및 제공 절차 등을 제8조 이하의 규정을 통해 제시하고 있다.

제공 및 이용 활성화에 대해 "기본계획"을 수립하도록 규정하고 있고(제7조), 중앙행정기관의 장과 지방자치단체의 장으로 하여금 공공데이터 제공 및 이용에 관한 세부적인 내용을 담은 "시행계획"을 수립하도록 하고 있다(제8조). 공공데이터의 활용 활성화를 위한 세부적인 지원조치들은 한국지능정보사회진흥원에 설치하는 "공공데이터활용지원센터"가 담당하도록 규정하고 있다(제13조). 그 밖에 선언적인 성격이 강하지만 민간과의 협력 거버넌스에 대한 근거 역시 동법에 존재한다(제15조).

거버넌스를 통한 공공데이터의 활용 활성화 방법 외에도 시민들이 실질적으로 공공데이터를 활용할 수 있도록 하는 기반을 조성하는 일도 동법이 규정하고 있다. 먼저 공공기관의 장은 접근하여 활용할 수 있는 데이터를 누구나 알 수 있도록 공공데이터 목록을 공개하여야 한다. 공공기관의 장은 제18조 제1항에 따라 "생성 또는 취득하는 소관 공공데이터의 목록을 생성 또는 취득한 날부터 15일 이내에" 행정안전부장관에게 등록하여야 한다. 등록한 공공데이터에 대해서는 전략위원회의 심의를 거쳐(제19조 제1항), 행정안전부장관이 그 목록과 이용 요건 등을 공표하게 된다(제19조 제2항). 또한 행정안전부장관은 공공데이터의 효율적 제공을 위해 이른바 "공공데이터 포털"을 구축하고 운영한다.[27] 서로 다른 영역에서의 경제주체들이 데이터를 효율적으로 활용할 수 있도록 하기 위해서는 데이터의 저장 및 이동 방법을 표준화하여 데이터 이동을 용이하게 할 필요가 있다. 이러한 필요성에 따라 동법은 행정안전부장관으로 하여금 과학기술정보통신부장관과 협의하여 공공데이터의 제공 형태 및 제공 기술, 공공데이터 제공을 위한 분류체계 및 그 밖에 공공데이터의 제공 및 이용 활성화를 위하여 필요한 사항에 대한 표준을 제정·시행할 의무를 부여하고 있다.[28] 공공데이터를 민간에서 활용할 수 있도록 하는 물적인 기반 외에도, 절차적 기반으로서 공공데이터의 신청 절차 및 제공 절차를 법제화하고 있다. 공공데이터법 제26조는 공공데이터를 제공할 수 있는 절차에 대해 규정하고

---

27) 공공데이터포털 <https://www.data.go.kr/> (2021.2.28. 최종 접속) 참조.
28) 동조에 근거하여 제정한 것이 "공공기관의 데이터베이스 표준화 지침"이다. 행정안전부 고시 제2019-20호(2019.3.20.) 참조.

있으며, 제27조는 민간 주체가 공표 제공대상 외의 공공데이터 역시 신청하여 제공받을 수 있는 절차를 제시하고 있다. 또한 이러한 공공데이터 제공과 활용을 둘러싸고 분쟁이 발생할 경우, 그 분쟁을 해결할 수 있는 자체 분쟁 해결 절차 역시 행정안전부장관 소속의 "공공데이터제공분쟁조정위원회"의 소관으로 마련하고 있다(제29조).

이와 같이 공공데이터법은 일반적으로 공공데이터를 공개하고 활용할 수 있도록 하는 방법과 절차에 대해 규율하고 있다. 공공 부문의 특성상 데이터의 제공을 의무화하는 규율이 가능할 수 있지만, 역시 공공 부문의 또 다른 특성을 감안하면, 일반적·추상적인 데이터 제공의무 규율만으로는 소극적인 협력에 그칠 가능성이 높을 것이다. 공공 영역에 국한해서라도 데이터의 공유가 활발하게 이루어질 수 있도록 하기 위해서는 동법이 이미 규정하고 있는 거버넌스와 물적·절차적 기반 외에도 경제활동의 소재가 될 수 있는 데이터를 활발하게 제공할 수 있도록 하는 인센티브가 필요하다. 공공데이터법은 소극적인 인센티브로서 데이터 무결성에 대한 면책 규정은 두고 있다. 즉, 동법 제36조는 고의 또는 중대한 과실이 있는 경우를 제외하고는 "공공데이터의 제공에 관하여 해당 공공기관과 그 소속의 공무원 및 임직원은 공공데이터의 품질" 등으로 인한 손해에 대해 민사상·형사상 책임을 지지 않는다고 규정한다. 공유경제라는 관점에서 무상으로 제공하는 대상 재화의 무결성을 입증하는 것은 사용자의 몫이라는 점에서[29] 이는 당연한 내용에 대한 확인규정이라고도 볼 수 있다. 그러나 명확한 면책 확인을 통해 실패와 책임에 대한 두려움으로부터 공무원을 보호하고, 적극행정의 차원에서[30] 데이터 제공을 유도할 수 있다는 점에서 이 규정이 일종의 소극적 인센티브로 의의를 가질 수 있다. 반면 동법은 공공데이터 제공을 위한 적극적인 의미의 인센티브에 대해서는 규정을 두지 않고 있다. 예컨대 행정기관의 성과에 데이터 개방 및 공개한 데이터의 활용도

---

[29] 민법상 매도인의 담보책임은 유상계약에 대해서만 준용된다는 점(민법 제567조)을 통해 이를 유추할 수 있다. 이에 대해 지원림, 민법강의 제17판, 홍문사, 2020, 1441면 참조.

[30] 면책조치를 통한 적극행정의 유도의 의의와 관련해서는 박정훈, 적극행정 실현의 법적 과제 – '적극행정법'으로의 패러다임 전환을 위한 시론, 공법연구 제38집 제1호 제1권, 2009, 343면 이하 참조.

를 반영하거나, 금전적인 인센티브로서 데이터 제공에 대해 수수료[31])를 제공하는 등의 유인이 있다면 공공 영역에서 보다 적극적인 데이터 공유가 가능해 질 것이다.

나. 사적 영역에서의 경쟁법적인 접근의 시도

우리 법제는 공공 부문이 보유한 데이터를 ―적어도 제도적으로는― 경제활동을 위한 공유의 대상이 되는 재화로 삼을 수 있는 근거를 마련하고 있지만, 사경제 영역에서 생산 및 산출되는 데이터를 공유의 대상으로 상정하고 있는 법적 근거는 미흡한 실정이다. 이미 언급한 대로 최근의 데이터 관련 법 개정을 통해 데이터의 활용을 위한 방향성은 어느 정도 마련했지만, 이를 하나의 공유할 수 있는 재화로서 적극적으로 활용한다는 관점에서는 아직까지 입법이 이루어지지 않았다. 하지만 실무적으로 또는 학술적으로 "데이터 경제의 활성화"[32])라는 의제 아래, 어떤 방법의 시장 개선이 이루어지면 경제주체 사이에서 데이터를 활발하게 이동시킬 수 있을 것인지에 대한 논의는 비교적 풍부하게 이루어지고 있다. 위에서 언급한 두 번째 접근 방식, 즉 경쟁법상의 접근을 통해 데이터를 시장 활동에서 필수적인 재화로 상정하고, 이를 다수 당사자가 공평하게 활용하는 방법을 모색하는 연구들이다.

경쟁법상의 접근에서 가장 먼저 전제해야 하는 것은 데이터가 과연 관련 경제활동을 위해 필수적인 기반 혹은 재화인지의 여부이다. 데이터의 필수성을 인정할 때에는 이른바 "필수설비이론(Essential Facility Theory)"에 따라 사적 영역

---

31) 유럽연합 집행위원회의 "데이터 거버넌스에 관한 규정 제안서"(2020.11.25. 발행) 제6조에서 "공공기관은 해당 데이터의 재상용을 허용하는 데에 따른 수수료를 부과할 수 있다."라고 규정한 내용을 참고해 볼 수 있다. 관련 내용에 대해서는 후술한다.

32) 데이터 경제의 활성화를 위한 정책적·제도적 진단을 하고 있는 연구들은 비교적 활발하다. 특히 종합적인 진단과 정책 제언을 하고 있는 내용으로는 민대홍·이학기·오정숙, 데이터 경제 진전에 따른 산업별 파급효과 분석과 정책적 활용방안 연구, 정보통신정책연구원, 2018, 81면 이하 참조. 데이터 경제 활성화를 위해 데이터 법제의 정립 필요성을 강조하고 있는 문헌으로는 방동희, 데이터 경제 활성화를 위한 데이터 법제의 필요성과 그 정립방향에 관한 소고 ― 4차산업혁명과 지능정보사회에서 데이터 거래의 기반 확보를 중심으로, 법학연구 제59권 제1호, 2018, 86면 이하.

에서도 데이터에 대한 거래 거절을 규제할 수 있는 이론적 근거가 생기게 된다.[33] 필수설비이론이 적용될 수 있는 경우는 "시장지배적 사업자가 다른 사업자의 상품 또는 용역의 생산에 필수적인 설비나 요소를 소유 또는 통제하고 다른, 사업자의 사용 또는 접근을 거절하거나 중단 또는 제한"하는 때라고 할 수 있다.[34] 보통은 전기, 통신, 에너지 등과 같은 망 사업 분야에서 망의 사용에 대한 접근권 문제로서 필수설비이론이 제기되었다.[35] 하지만 해외에서는 데이터를 하나의 필수요소로 보고 시장 내 경쟁 관계에 대한 해결 수단으로 데이터 접근과 관련한 규제를 검토한 사례도 존재한다. 2011년 미국의 연방거래위원회(FTC)가 트위터(Twitter, Inc., 현 X Corp.)의 경쟁사업자들에 대한 데이터 접근제한이 경쟁을 제한한다는 주장에 대해 검토한 적이 있다.[36] 2019년 독일 연방카르텔청(Bundeskartellamt)은 페이스북(Facebook)이 이용자의 자발적 동의 없이 왓츠앱(WhatsApp), 오큘러스(Oculus) 및 마스쿼레이드(Masquerade: MSQRD) 등의 서비스[37]에서 수집한 정보를 페이스북에 연동시키는 것을 사용 조건으로 하는 것을 소비자에 대한 착취 남용이라고 판단하고 금지하였다.[38] 연방카르텔청의 결정에서 데이터의 필수요소성에 대한 언급이 나오지 않았지만, 페이스북이 연방카르텔청의 결정에 불복하여 제기한 집행정지와 관련한 결정에서 연방대법원이 이에 대해 언급한다. 즉, 연방대법원은 데이터에의 접근 가능성은 광고 시장뿐만 아니라 소셜네트워크 시장의 경쟁에 있어 중요한 척도가 된다고 명시한다.[39] 즉, 미국과 독일의 사례에서 아직 데이터를 특정한 시장에서 필수적

---

33) 홍대식, 데이터 소유권(Ownership)을 둘러싼 법적 쟁점과 경쟁법 원칙의 적용, 고학수·임용 편, 데이터오너십: 내 정보는 누구의 것인가?, 박영사, 2019, 199면.

34) 방정미, 데이터 경제 활성화를 위한 필수요소법리의 재검토, 경제규제와 법 제13권 제1호, 2020, 100면.

35) 방정미, 위의 논문, 104면.

36) 특히 트위터와 피플브라우저(People Brower, Inc.) 사이의 데이터 제공을 둘러싼 분쟁 사례를 포함해, 트위터와 관련한 데이터 분쟁 사례에 대해서 소개하고 있는 국내 문헌으로는 방정미, 위의 논문, 105면 이하.

37) 페이스북은 2014년에 메신저 서비스인 왓츠앱과 VR 서비스 제공자인 오큘러스, 2016년에 AR 관련 스타트업인 마스쿼레이드를 인수합병한 바 있다.

38) Bundeskartellamt, B6－22/16, 06. Februar 2019.

39) BGH, Pressemitteilungen Nr. 080/2020, 23. 06. 2020.

인 요소라고 인정한 것은 아니지만 적어도 그 가능성에 대한 검토는 이루어졌
던 것이다. 데이터 공유를 위한 논리 구성의 측면에서 참고해 볼 만한 사례들
이다.

데이터가 시장에서의 경제활동을 위한 필수적인 요소에 해당하는지의 문
제는 순수한 규범적 영역에 속한다기보다는 경제적 판단에 기초해야 하는 문
제일 것이다. 즉, 일정 기준에 따라 해당 시장의 상황을 적시에 판단하고, 사회
경제적 타당성을 따져 정책적으로 결정할 문제라고 할 수 있다. 규범적으로는
그 판단의 기준만을 제시할 수 있을 뿐이다. 기존의 문헌은 데이터와 관련하여
필수설비이론의 법리를 적용하기 위한 요건으로 다음과 같은 사항들을 제시하
고 있다. ① 데이터를 보유하고 있는 기업이 시장지배적 지위에 있는 사업자여
야 하며, ② 해당 사업자가 경쟁기업이 사용하기를 원하는 데이터에 대한 접근
통제권을 가지고 있어야 하고, ③ 경쟁기업이 해당 데이터 없이는 경쟁이 불가
능해야 하며, ④ 해당 데이터의 사용을 대체할 만한 수단을 보유하고 있지 않
아야 함은 물론, ⑤ 데이터에 대한 접근 허용이 기술적으로 가능해야 한다. 데
이터를 보유하고 있는 특정 사경제주체가 다른 당사자의 데이터에 대한 접근
을 제한하는 행위를 경쟁제한으로서 규제하고, 관련 데이터를 공유하도록 강제
하는 일은 경쟁법적 관점에서는 이렇게 까다로운 요건 판단을 거쳐야만 한다.

다. 다수 당사자 데이터 활용의 법적 기반 마련을 위한 시도

위와 같이 경쟁법상의 접근을 통해서는 시장 상황에서의 적시성이 인정되
는 경우에 한해 경쟁제한적 행위 여부에 대한 까다로운 요건 검토를 통해 데이
터에 대한 접근권 보장을 제도화할 수 있다. 경쟁법 이론을 통한 접근이 아니
라, 데이터 고유의 특징에 좀 더 주목하여 기술적이고 정책적인 접근을 하는
방안 역시 생각해 볼 수 있는 것이다. 부분적으로나마 최근의 입법 시도에서
관련 내용의 검토가 이루어진 적이 있다.

이미 언급한 "데이터기본법(안)"은 데이터가 가지는 사회경제적 가치를 극
대화하기 위한 수단으로 데이터의 생산, 거래 및 활용을 촉진하는 것을 목적으

로 한다. 이때 데이터의 거래를 촉진한다는 것은 비록 무상의 공동 활용은 아니지만, 다수당사자가 데이터를 각각의 방식으로 활용하는 것을 목적으로 한다는 점에서 데이터 공유와 일정 부분 일치하는 취지를 갖는다고 할 수 있다. 동 법안은 이종 데이터 간의 결합을 촉진하는 시책을 마련하여 추진할 의무를 과학기술정보통신부장관과 행정안전부장관에게 부여하고 있으며(제10조 제1항), 데이터를 안정적으로 분석 및 활용할 수 있는 이른바 "데이터안심구역"에 대한 지원 사항 역시 규정하고 있다(제11조 제1항). 또한 데이터를 활용한 정보분석을 지원하고(제13조), 데이터 이동을 위한 제도적 구축의 노력을 정부의 의무로 규정한다(제15조). 데이터 유통 및 거래 체계를 구축하는 한편(제18조), 직접적으로 데이터의 수집, 가공, 분석, 유통 및 데이터에 기반한 서비스를 제공하는 이른바 "데이터 거래소"를 지원하는 사업 역시 정부가 직접 수행할 수 있도록 근거를 마련하고 있다(제19조 제1항). 뿐만 아니라 데이터 거래 시장 내에서 대기업과 중소사업자 간의 공정한 경쟁 환경을 조성해야 한다는 내용도 규정함으로써, 경쟁법적인 접근 방식 역시 일부 채택하고 있다. 이와 같은 사항들이 직접적으로 데이터 공유를 근거짓는 것은 아니지만, 다수 당사자가 데이터를 공동으로 활용할 수 있는 기반을 마련하고 있다는 점에서 의미를 가진다고 할 수 있다.

3. 데이터 공유와 관련한 유럽연합의 법적 접근

가. 일반적인 데이터 접근권의 규율 - "Data Governance Act"

유럽연합은 유럽 내에서의 데이터 활용 활성화를 위한 목적에서 이른바 "데이터 거버넌스 법안(Data Governance Act)"[40]을 제정하였다. 이 규정을 발의한 집행위원회는 데이터를 통해 신기술의 기반 위에서 새로운 재화나 서비스를

---

40) 규정의 정식 명칭은 "유럽 데이터 거버넌스에 관한 규정"(Regulation (EU) 2022/868 of the European Parliament and of the Council of 30 May 2022 on European data governance and amending Regulation (EU) 2018/1724 (Data Governance Act))으로서, 그 성격은 유럽연합의 입법형태 중 제2차법에 해당하는 규정(Regulation)에 해당한다.

만들어 내는 일이 아주 큰 경제적·사회적 가치를 지니고 있다는 사실을 직시하고, 유럽 사회 전체적인 차원에서 데이터를 보다 효과적이고 광범위하게 활용할 수 있는 방안을 마련하고자 하였다. 특히, 집행위원회는 데이터에 잠재되어 있는 가치는 최대한 많은 당사자들이 데이터를 쉽게 활용할 수 있을 때 나온다는 점에 주목한 것으로 보인다. 즉, 어떻게 하면 사회 전체에게 도움이 되는 방향으로 데이터라는 재화를 활용할 것인지에 대한 고민이 담겨 있는 규정을 도입한 것이라고 볼 수 있다.[41] 본 법안의 제안 이유에서도 법안이 의도하는 것은 데이터의 활용 가능성을 촉진하기 위해 데이터 중개자의 신뢰를 제고하고 유럽연합 내에서의 데이터 공동 사용의 메커니즘을 강화하는 것이라고 명시하고 있다. 따라서 본 규정[42]은 회원국들의 데이터 시장 정책을 일원화하여, 유럽 차원의 단일한 데이터 시장과 공동의 데이터 공간을 발전시키고, 이를 통해 데이터 활용의 폭을 넓힐 수 있도록 하는 내용들을 담고 있다.[43] 위에서 언급한 제1 유형의 제도와 제3 유형의 제도를 혼합한 형태의 데이터 공유 기반을 제안하고 있는 것이다.

이 규정을 통해 규율하고 있는 데이터 활용성을 넓히고 나아가 경제적인 의미에서 데이터 공유를 이루기 위한 조치는 크게 세 방향으로 구분할 수 있다. 먼저 공공기관이 보유하고 있는 특정 범주의 데이터를 재사용할 수 있는 메커니즘을 구축하는 내용의 규정을 두고 있다. 유럽연합은 이미 공공부문에서 생산한 데이터의 활용과 계속 사용[44]을 촉진하는 지침[45]을 두고 있다. 즉, "개

---

41) 이와 같은 집행위원회의 시각은 동 법안의 취지와 내용에 대해 설명한 다음 사이트의 자료에서 잘 드러난다. Verordnung über Daten-Governance-Fragen und Antworten <https://ec.europa.eu/commission/presscorner/detail/de/qanda_20_2103#Data%20for%20society> (2021.2.28. 최종 접속)

42) 유럽연합의 제2차법의 유형 중 하나인 규정은 유럽연합기능조약(Vertrag über die Arbeitweise der Europäischen Union: AEUV) 제288조 제2항에 따라 일반적인 효력을 지니며, 회원국에 대해 직접 구속력을 가진다.

43) 본 규정의 전반적인 내용에 대해 소개하고 있는 국내 문헌으로는 김경훈·이준배·윤성욱, 데이터거버넌스 법안(Data Governance Act) 주요 내용 및 시사점, KISDI Premium Report 21-01, 정보통신정책연구원, 2021.

44) 계속사용(re-use, Weiterverwendung)은 데이터를 당초 생산 목적 외의 상업적·비상업적 목적으로 다시 사용하는 것을 의미한다. 법안 제2조 제7호 참조.

45) 유럽연합의 제2차법의 한 유형인 지침(Directive)은 앞서 언급한 규정(Regulation)과는 달리

방데이터와 공공 부문 정보의 재사용에 관한 지침"[46]을 통해 공공 부문이 창출한 데이터를 사회 전체의 편익을 위해 개방적으로 사용할 수 있도록 하는 근거와 촉진규정들을 두고 있는 것이다. 집행위원회는 개인정보 보호를 위한 강력한 기술적 조치를 전제로 하여 공유할 수 있는 공공데이터의 범주를 넓히는 한편, 그 활용을 촉진하기 위한 거버넌스의 형성을 제안한다. 즉, 공유 대상이 되는 데이터의 범주에 기존에 상업적 기밀, 통계적 기밀, 제3자의 지식재산권 보호 및 개인정보 보호를 이유로 보호되던 데이터를 포함시키고 있으며, 일정한 요건을 갖출 경우 제3자가 그러한 데이터에 접근할 수 있도록 보장할 의무를 공공기관에게 부여하고 있다(제5조 제1항). 데이터의 계속 사용을 위한 요건 중 중요한 것은 개인정보 보호를 위한 기술적 조치를 취해야 한다는 점(제5조 제3항)과 지식재산권을 보호해야 한다는 점(제5조 제7항)이다. 즉, 이 장의 Ⅱ에서 논의한 데이터 공유를 위한 선결문제를 고려하고 있는 것이다. 공공데이터의 공유 촉진을 위해 이 법안을 통해 집행위원회가 제안하고 있는 거버넌스적인 수단은 회원국이 각자 공공데이터 공유를 위한 전문기관을 지정하여 운영해야 한다는 점과 경제활동의 주체가 단일한 정보 창구를 통해 데이터에 접근할 수 있도록 보장해야 한다는 점이다.

이 규정에 담겨 있는 데이터 공유와 관련한 두 번째 범주의 조치는 사경제 영역에서 생산되고 보유하는 데이터를 대상으로 한다. 데이터를 보유하고 있는 사경제주체에 대해서는 규범을 통해 강제로 타인의 데이터 접근을 보장할 것을 명령할 수는 없는 노릇이다. 따라서 집행위원회는 데이터 공유를 하나의 산업 정책 측면에서 접근하고 있다. 즉, 공동의 데이터 사용을 위한 서비스

회원국 및 회원국 시민에 대해 직접적인 구속력을 발하지 않고, 회원국에 대하여 지침에 상응하는 내국법 제개정 의무를 부과하게 된다(유럽연합기능조약 제288조 제3항). 이러한 적용상의 효력 차이 외에 규정과 지침 사이에 우열관계는 존재하지 않는다고 보는 것이 타당하다. 효력상의 차이로 인해 규정이 발령될 경우 규정과 충돌하는 기존의 법규범은 폐지되는 반면, 지침이 발령될 경우 그러한 규범의 효력이 자동적으로 폐지되지는 않는다는 차이는 있으나, 이것이 양 법규의 우열을 가르는 것은 아니다. Oppermann/Classen/Nettesheim, Europarecht 7. Auflage, 2016, § 11, Rn. 47.

[46] Directive (EU) 2019/1024 of the European Parliament and of the Council of 20 June 2019 on open data and the re−use of public sector information, L 172/56.

제공자라는 경제주체를 설정하고, 신고한 사업자에 대해 데이터 공유 서비스를 제공하도록 하고 있는 것이다. 이 측면에서 데이터 공유는 데이터 보유자와 사용자 간의 합의에 기초하며(제2조 제5호 참조), 기본적으로 유상의 서비스를 전제한다(제6조 참조). 이 규정은 신뢰성 있는 데이터 공유 중개 서비스의 촉진을 위해 데이터 공유 서비스 사업자가 갖추어야 할 자격 내지 데이터 공유 서비스 수행 시 준수해야 할 요건을 제시하고 있다. 또한 사경제 영역에서의 데이터 공유가 초래할 수 있는 문제점에 대해 대응할 수단으로서 감독 관청 설치를 의무화하고 있고(제13조), 관련 문제에 대한 모니터링에 대한 내용 역시 포함되어 있다(제14조).

　　마지막으로 정보주체 혹은 경제적으로 데이터를 보유한 주체가 순전히 공익적이고 이타적인 목적으로 데이터를 제공하는 것을 장려하기 위한 이른바 "데이터 이타주의"(Data Altruism)[47]의 접근법을 살펴볼 수 있다. 권리자 혹은 보유자의 자발적인 의사에 기해 데이터를 공유하는 행위는 시장경제의 일반적인 작동 원리와는 배치되지만, 실현된다면 데이터를 공유하는 데에 있어 가장 쉽고 빠른 길이 될 것이다. 법안은 이타주의적 데이터 제공 자체에 대해 규정하는 것이 아니라, 이타주의적 데이터 제공을 지원하고 중개할 수 있는 조직의 등록과 운영에 관한 내용을 규정한다. 정보주체 혹은 경제주체가 이타주의에 근거하여 데이터를 제공한다 할지라도, 일정 범위를 넘어서서 제공자의 권리나 이익이 침해되어서는 안 될 것이다. 때문에 투명성과 제공자의 권익 보호를 위한 요건 및 조치들을 규정하고 있으며(제20조 및 제21조), 조직에 대한 감독과 모니터링에 대한 규정 역시 두고 있다(제23조 및 제24조).

나. 유럽연합의 경쟁법적 접근

　　유럽연합 역시 다수 당사자의 데이터 활용에 대해 제2 유형의 경쟁법적 접근도 부분적이나마 시도하고 있다. 데이터 활용 및 데이터에 대한 접근이 공

---

[47] 과학적 연구 목적 또는 공공 서비스 개선과 같은 공익을 위해 보상을 구하지 않고 정보주체가 자신과 관련된 개인정보 처리에 동의하거나 기타 데이터 보유자가 자신의 비개인정보를 사용할 수 있도록 허락하는 것을 말한다. 제2조 제16호.

정경쟁 관점에서 법제화된 것은 아직까지는 온라인 플랫폼과 플랫폼을 이용하는 기업 사이의 데이터 접근 문제에 대해 간접적으로 규율하고 있는 규정이 유일하다. 즉, "온라인 중개 서비스의 영업상 이용자를 위한 공정성 및 투명성 촉진을 위한 규정"[48] 제9조가 데이터 접근을 둘러싸고 중개 서비스 제공자와 가맹자 사이의 계약이 명확하게 이루어져야 한다고 규정하고 있다.[49] 제9조의 전문은 다음과 같다.[50]

제9조(데이터 접근)

(1) 온라인 중개서비스의 제공자는 자신의 일반 거래조건 내에 영업상의 이용자와 관련한 개인정보 또는 기타 데이터, 혹은 이 두 유형 모두의 데이터로서, 영업상의 이용자 또는 소비자에게 관련된 온라인 중개서비스를 이용에 대하여 제공되는 데이터 또는 이러한 서비스의 공급을 통해 생성되는 데이터에 대한 기술적 및 계약적인 접근 또는 이러한 접근의 불가능성을 밝힌다.
(2) 제1항에서 언급된 규정을 통하여 온라인 중개서비스의 제공자는 영업상의 이용자에게 특히 다음과 같은 사항에 대한 데이터를 제공한다.
   a) 온라인중개서비스 제공자가 개인정보 또는 기타 데이터 혹은 이 두 유형 모두의 데이터로서 영업상의 이용자 또는 소비자에게 이러한 서비스의 이용에 대하여 제공되거나 이러한 서비스의 공급 과정에서 생성되는 데이터에 대한 접근권을 가지는지의 여부 및 경우에 따라 어떤 범위의 데이터에 대해 어떤 조건으로 접근권을 가지는지의 내용
   b) 영업상의 이용자가 개인정보 또는 기타 데이터 혹은 이 두 유형 모두의 데이터로서, 해당 영업상의 이용자가 관련 온라인 중개서비스 이용의 맥락에서 제공했거나 해당 영업상 이용자의 이러한 서비스 제공 과정에 생성된 데이터 및 영업상 이용자의 재화나 서비스의 소비자가 생성한 데이터에 대한 접근권을 가지는지의 여부 및 경우에 따라 어떤 범위의 데이터에 대해 어떤 조건으로 접근권을 가지는지의 내용
   c) b)목에 더하여 영업상의 이용자가 개인정보 또는 기타 데이터 혹은 이 두 유형 모두의 데이터로서, 집적된 형태를 포함하여, 모든 영업상 이용자 및 소비자에게 제공된 온라인서비스 과정에서 제공되었거나 생성된 데이터에 대한 접근권을 가지는지의 여부 및 경우에 따라 어떤 범위의 데이터에 대해

---

48) Regulation (EU) 2019/1150 of the European Parliament and of the Council of 20 June 2019 on promoting fairness and transparency for business users of online intermediation services
49) 선지원, 데이터 경제를 위한 경제규제법제 발전 방향에 대한 연구, 87면.
50) 선지원, 위의 논문, 87면 각주 61 참조.

> 어떤 조건으로 접근권을 가지는지의 내용 및
> d) a)목에 규정된 데이터가 제3자에게 제공되는지의 여부로서, 이러한 데이터의 제3자에 대한 제공이 온라인 중개서비스의 적합한 기능을 위해 필요하지 않은 경우에 그러한 데이터 교부의 목적을 구체화하는 정보 및 영업상의 이용자가 이러한 데이터 교부의 거절을 결정할 수 있는지의 여부를 포함한다.
> (3) 본조의 규정은 유럽 규정 2016/679*, 유럽 지침 2016/680** 및 유럽 지침 2002/58/EC***의 적용에 영향을 미치지 아니한다.

데이터 경제를 둘러싼 경쟁법적 논의가 활발한 상황에서 향후 유럽연합이 경쟁법 관점에서 시장에서 영향력이 큰 기업이 보유하고 있는 데이터에 대한 제3자의 접근권을 규율할 가능성도 있어 보인다. 하지만 현재까지의 데이터 공유를 위한 제도적 접근에서 경쟁법적 접근, 즉 제2 유형의 제도 기반이 큰 비중을 차지하지는 않는 것으로 보인다.

다. 보다 직접적인 데이터 공유 제도의 모색

유럽연합 집행위원회는 지난 2022년 2월 23일, 이른바 "Data Act"[51]를 제안하였다. 공공부문의 데이터 개방 촉진 메커니즘을 구성하는 한편 민간 부문에 대해서는 자율(이타주의)에 기반한 데이터 개방만을 규정했던 기존의 Data Govenance Act와 달리, 본 법안은 보다 직접적으로 데이터 경제 촉진을 위한 조치들과 제도적 틀을 규정하고 있다.[52] 데이터의 특징(비경합성, 비배타성 및 영속성 등)상 다수의 주체가 각기 다른 방식으로 활용할 때 부가가치 창출을 극대화할 수 있다는 점을 고려하여, 데이터를 실질적으로 점유하고 있는 기업 외에 다양한 당사자가 해당 데이터를 활용할 수 있도록 하는 메커니즘을 구축하는 것이 본 법안의 목적이라고 할 수 있다. 데이터경제를 진흥하고자 한다는 기본적인 취지 면에서는 우리나라의 데이터 산업법과 목적 의식이 동일하다고 할 수 있으나, 데이터 산업법이 데이터 경제 관련 기반의 구축을 통해 데이터 경

---

51) Proposal for a Regulation on harmonised rules on fair access to and use of data, Brussels, 23.2.2022, COM(2022) 68 final.

52) Data Act: measures for a fair and innovative data economy <https://ec.europa.eu/commis-sion/presscorner/detail/en/ip_22_1113> (2022. 4. 30. 최종접속)

제를 활성화하고자 하는 반면, 본 법안은 직접적인 법적 의무를 부여하고 있다는 점을 특기할 만하다.

공공 부문 보유 데이터의 공유를 직접적으로 촉진하는 내용은 이미 Data Govenance Act에서 제시하고 있으며, 본 법안은 민간 부문의 데이터 이동과 공유에 대한 내용을 주안점으로 하고 있다. 본 법안이 민간 부문이 보유하고 있는 데이터에 대해 무조건적으로 공유를 할 수 있는 메커니즘을 제시하고 있지는 않으나, 일정한 요건이 충족된 경우 제3자가 데이터에 접근할 수 있도록 함으로써, 결과적으로 데이터 공유가 이루어지도록 하고 있다. 먼저 기업의 데이터 형성 과정에 소비자가 기여했다는 점을 근거로 데이터에 대해 일종의 지분을 인정(노동이론에 기반)하고 있으며, 해당 소비자 또는 그 승계인은 합리적인 조건 아래 데이터를 전송받을 수 있도록 하고 있다(법안 제3장). 정보주체 본인에게 본인과 관련한 개인정보의 이동권을 인정하는 GDPR상의 "데이터 이동권"과는 별개의 논리로 보아야 할 것이다. 법안 제4장에서는 데이터 접근 및 이용 계약의 공정성을 직접 규율함으로써, 데이터 보유자 외의 기업들이 데이터를 이용할 수 있는 가능성을 확장하고 있다. 2020년 7월에 발효된 「온라인 플랫폼 공정성·투명성 규칙」(이른바 'P2B 규칙')[53]이 플랫폼 가맹자의 데이터 접근권에 대한 내용을 투명하게 규정할 의무만을 부여하는데 반하여, 본 법안은 보다 구체적으로 계약의 공정성 관련 내용을 규정한다. 제5장은 공익상의 이유에 따른 데이터 제공의무를 신설하고 있다. 공공 필요가 있는 경우 재산권에 대해 사용, 수용 및 제한을 하는 것과 마찬가지로, 데이터에 대해서도 공적 주체에 의한 공익상의 접근을 인정하는 것이다. 제6장 및 제8장에서는 데이터 공유를 위한 기술적인 조치 의무를 규정한다.

Data Govenance Act의 경우 데이터 공유를 위해 제3자에게 접근권을 보장했다기보다는, 데이터 공유라는 하나의 산업 육성을 지향하는 정도에 그친다고 평가할 수 있다. 즉, 데이터를 보유하고 있는 사경제 주체에 대해서는 규범을 통해 강제로 타인의 데이터 접근을 보장할 것을 명령할 수는 없는 노릇이므

---

53) Regulation (EU) 2019/1150 of the European Parliament and of the Council of 20 June 2019 on promoting fairness and transparency for business users of online intermediation services

로, 산업 정책 측면에서 접근했던 것이다. 공동의 데이터 사용을 위한 서비스 제공자라는 경제 주체를 설정하고, 신고한 사업자에 대해 데이터 공유 서비스를 제공함으로써 공유 서비스 제공자가 영업행위를 통해 데이터 공유와 중개를 활발히 할 것이라는 점을 간접적으로 기대했던 것으로 보인다. 데이터 공유는 데이터 보유자와 사용자 간의 합의에 기초하며 유상의 서비스를 전제한다. 반면 본 법안에서는 데이터 형성에 대한 기여 정도에 따른 데이터 접근권을 보장함으로써 데이터 공유를 보다 적극적으로 의무화하고 있다.

4. 일반적인 데이터 접근권 제도화를 위한 이론적 방향성

공공데이터를 제외하고는 아직까지 일반적인 데이터 접근권, 즉, 데이터의 공유를 요구할 수 있는 권리를 법제화한 사례는 찾아보기 힘들다. 유럽연합 집행위원회가 최근 제안한 법안만이 사경제 영역에서는 데이터 공유를 위해 제3자에게 접근권을 보장할 수 있는 제도적 토대를 제공할 수 있을 것으로 기대할 수 있다.

이 시점에서 일반적인 데이터 접근권을 고려할 수 있는 방향성에 대한 이론적 검토는 간략하게나마 필요할 것으로 보인다. 첫 번째 방향성은 데이터의 형성에 기여하는 경제 행위의 가치를 인정하여, 기여가 있는 당사자에게 데이터에 대한 접근권을 부여하는 것이다. 이는 위에서 언급한 유럽연합의 발의 법안 "Data Act"의 문제의식과 같이 존 로크의 "노동이론"에 기반한 사고라고 할 수 있다. 예컨대 플랫폼 가맹자에게 플랫폼이 보유하고 있는 데이터의 형성 과정에 대해 얼마만큼의 기여도를 인정할 수 있을 것인가를 측정해 볼 수 있다.[54] 플랫폼경제의 특성상 플랫폼에 가맹해 있는 회원사의 경제행위가 있어야만 플랫폼 운영자가 데이터를 생산하고 축적할 수 있기 때문이다. 플랫폼 외에도 특정 기업이 보유하고 있는 데이터에 대해 관련 소비자가 제품이나 서비스 이용 행위를 통해 기여하는 정도를 인정할 수도 있을 것이다. 물론 이상적인 것은 데이터 가치 평가의 경제적·기술적 방법론이 개발되고, 가치평가 방식이

---

54) 선지원, 데이터 경제를 위한 경제규제법제 발전 방향에 대한 연구, 86면.

보편적으로 승인될 때, 이러한 가치에 맞추어 기여자들의 기여 정도를 평가하는 것이다. 그러나 가치평가 방식이 만들어지더라도 데이터의 생산에 대한 기여도를 정량적으로 정확히 계산하는 일을 기대하기는 어렵다. 따라서 데이터라는 재화에 대해 기여자에게 일정한 지분을 인정하는 방식이 아닌, 접근권을 인정함으로써 데이터의 공유를 가능케 할 수 있는 것이다.

두 번째 방향성은 데이터라는 재화의 창출 자체가 사회경제적으로 생성된 자원에 기반한다는 사고이다.[55] 경제적으로 가치 있는 데이터는 어떠한 근원적인 데이터를 가공한 형태일 것이며, 그 데이터의 원천을 거슬러 올라가면 1차적으로는 자연적인 자원에 해당하는 데이터가 출발점이 된다는 생각이다. 보다 보편적인 차원의 접근이라고 할 수 있으며, 이에 따르면 특정 기업이 생산한 데이터라 할지라도 사회구성원 모두가 일정한 권리를 주장할 수 있다는 것이다.

IV. 안전하고 적정한 데이터 공유를 위한 고려요소

1. 비례성

데이터 공유를 통해 데이터 경제를 활성화하고 데이터가 가지는 사회경제적 가치를 극대화한다는 이상이 어떤 경우에나 정당화되는 것은 아니다. 제3자가 데이터에 접근하여 그 데이터를 활용하는 일이 초래할 수 있는 리스크를 효과적으로 통제할 수 있는 한도 내에서만 데이터의 활용을 허용할 수 있을 것이며, 공유 역시 마찬가지일 것이다. 따라서 공유를 통한 사회적 차원의 편익 증진이라는 가치데이터 보호, 즉 프라이버시 및 데이터에 대한 재산적 성격의 권리 보호라는 가치에 비추어 오로지 비례적으로만 달성할 수 있다.

분명히 해야 할 것은 —특히, 개인정보가 포함된 데이터의 경우— 비례

---

55) 토마스 페인의 "이중적 소유권 이론"에 기초한 "토지공유부 배당론"이 이와 같은 사고와 맞닿아 있다고 할 수 있다. 즉, 1차적으로는 자연적 자원인 데이터에서 비롯한 가공데이터에 대한 권리를 사회구성원 모두가 가질 수도 있다는 논증이다. 이에 대해서는 김을식 외, 앞의 보고서, 71면 이하 참조.

관계에 놓여 있는 것은 데이터의 보호와 활용을 위한 수단이며, 정보주체의 권리 보장 자체는 데이터 공유를 위해 충족해야 할 선결의 요건이라는 점이다. 공유를 통한 데이터의 활용 증진을 위해 정보주체의 프라이버시 보호라는 목적 자체를 후퇴시켜서는 안된다. 데이터를 최대한 활용할 수 있는 방향의 보호 수단을 강구하는 것이 여기서 말하는 비례성 원칙의 의미이다.

2. 기술적 문제: 보안

데이터를 최대한 많은 당사자가 다양한 목적과 방향으로 활용하면서도, 데이터와 관계된 당사자들의 각종 권익을 침해하지 않을 수 있는 수단은 역시 기술적인 관점에서 강구할 필요가 있다. 안전하면서도 비례성 원칙을 충족하는 데이터 공유를 위해서는 보안을 위한 기술적 장치가 중요한 것이다.

다른 경제주체 사이에서 데이터가 이동할 경우 타인의 권리와 자유 침해를 막기 위한 기술적인 조치들에 대한 연구 역시 이루어지고 있다. 데이터가 오가는 과정에서 개인정보가 무단으로 처리 혹은 유출되거나 손상되지 않도록 하는 시스템 상의 보호 조치와 모니터링 시스템을 비롯하여, 데이터가 올바른 목적지로 이전될 수 있도록 하는 보안 조치, 저장 장치에 남아 있는 데이터의 안전한 보호, 데이터에 대한 침해를 사후에 평가할 수 있는 투명한 감독 절차, 리스크를 사전에 평가할 수 있도록 하는 검증 시스템, 데이터와 연관된 정보주체의 프라이버시 보호를 위한 암호화 기술 등을 통해 데이터의 안전한 활용을 도모할 수 있을 것이다.[56]

다수당사자가 데이터를 주고받고 동시에 활용하기 위해서는 권리관계가 얽혀 있는 당사자 사이의 신뢰가 중요하다. 이 신뢰의 전제는 여러 측면에서 데이터와 관련된 권익을 침해받지 않을 수 있는 기술적 장치의 존재일 것이다.[57]

---

[56] 데이터 이동 과정에서의 보안을 위한 기술적 구현 방안에 대한 상세한 내용은 손경호·이수안·고수윤, 데이터 이동권 도입 방안 연구, 한국데이터산업진흥원, 2019, 171면 이하를 참조하라.

[57] 예컨대 데이터의 상업적 활용의 우려 및 정보 유출의 가능성(즉, 안전 문제에 대한 불신)으로 인해 활성화되지 않고 있는 공공 의료데이터 문제를 생각해 볼 수 있다. 이에 대한 문제

3. 데이터 품질의 보장

데이터의 무결성은 데이터를 활용하는 측면에서 반드시 검증해야 하는 요소이다. 예컨대 인공지능을 활용한 산업에서 데이터가 완전하지 않다면 인공지능을 통해 도출하는 결론 역시 오류를 포함할 가능성이 높아진다. 따라서 데이터 공유를 활성화할 수 있는 요건의 하나로서 데이터 품질을 보장할 수 있는 장치 역시 중요하다.

이미 언급한 대로 데이터 검증의 책임은 기본적으로 데이터를 활용하는 주체가 져야겠지만, 데이터 공유의 활성화라는 측면에서 국가 차원에서 이에 대한 지원을 해주는 방안을 고려해 볼 만한다. 이미 공공데이터에 대해서는 "공공데이터 관리지침"(행정안전부 고시 제2019−71호, 2019.9.3. 개정) 등을 통한 데이터 품질관리를 위한 메커니즘이 작동되고 있는 것으로 보인다. 한국데이터산업진흥원 등의 기관에서 데이터 품질관리를 위한 매뉴얼 및 데이터 기술 자료들을 배포하고 있는 것으로 보이지만,[58] 이러한 차원을 넘어서서 조직적이고 전면적인 데이터 품질관리 지원 체계를 생각해 볼 수 있다.

4. 데이터 공유 서비스라는 새로운 산업의 진흥

데이터 공유를 반드시 무상의 서비스에 국한시킬 필요는 없다. 즉, 데이터가 필요한 곳에 적정한 가격으로 데이터를 공급해 줄 수 있는 새로운 경제주체로서 데이터 중개자의 존재 역시 생각해 볼 수 있는 것이다. 이미 살펴본 대로 유럽연합 집행위원회가 제안한 "데이터 거버넌스 법안"의 일부 내용 역시 데이터 공유 중개 서비스의 진흥을 위한 정책적인 장치를 법제화하려는 시도라고 볼 수 있다. 우리나라에서도 기존의 공공데이터 개방뿐만 아니라, 사경제 영역에서 활용할 수 있는 데이터를 제공하는 사업을 국책사업의 형태로 추진하려

제기로는 이성엽, 불신의 벽에 막힌 공공 보건의료데이터 활용, 매일경제 2021년 2월 26일자.
58) 홈페이지를 통해 데이터 품질관리 솔루션 등을 제공하고 있다. 데이터 기술 동향 <정보마당−한국데이터산업진흥원 <https://www.kdata.or.kr/info/info_04_view.html?field=&keyord=&type=techreport&page=1&dbnum=195401&mode=detail&type=techreport> (2021.2.28. 최종 접속)

는 움직임이 있다. 과학기술정보통신부는 이른바 "디지털 뉴딜"의 일환으로 "데이터 댐" 사업을 통해 중소기업과 소상공인 등에게 양질의 데이터를 제공하는 정책을 추진한 바 있다.[59]

데이터 보유자에 대한 규제 성격의 제도적 기반 형성이 아니라, 이렇게 데이터 중개 사업의 진흥이라는 방식으로 데이터 공유의 활성화를 촉진할 수 있는 방법도 존재한다. 오히려 산업 정책 측면에서는 바람직한 방식의 데이터 정책이라고도 볼 수 있을 것이다.

V. 맺음말

범용기술로서의 인공지능 사용의 보편화, 데이터 기반 행정 등 데이터 활용의 증대 등의 현상은 우리 사회에서 데이터에 대한 수요를 늘리고 있다. 재화로서의 데이터의 성격을 고려한다면, 최대한 많은 당사자가 데이터를 사용할 수 있도록 하는 것이 사회경제적 편익의 증대에 도움이 될 것이다. 따라서 다양한 신기술에 기반한 산업 및 사회 분야와 연계한 데이터 활용 증진이 필요하다. 일정한 범위 내에서 일정한 요건에 따라 이루어지는 데이터 공유는 데이터를 필요로 하는 이들에게 데이터 활용의 폭과 가능성을 증대시킬 수 있어, 사회경제에 분명 도움이 될 것으로 보인다.

하지만 데이터를 둘러싸고 다양한 권리관계가 존재한다는 점을 간과해서는 안된다. 데이터의 활용이 데이터와 연계되어 있는 다른 권리주체들의 권리나 이익, 혹은 지위를 과도하게 침해하면서 이루어진다면, 활용을 통해 얻게 되는 사회적 편익이 있다 하더라도 정당화될 수는 없는 노릇이다.

때문에 데이터 공유는 한편으로는 위험하지만, 또 다른 한편으로는 매혹적인 생각이라고 할 수 있다. 중요한 것은 리스크, 즉 각종 권리 침해의 가능성은 최대한 억제하면서, 데이터의 가치를 극대화할 수 있는 활용 방법을 찾는

---

59) 과학기술정보통신부 보도자료, "국민이 체감하는 데이터 댐 활용 생태계 구현한다", 2021.2.26.

일일 것이다. 데이터의 공유 내지 데이터에 대한 다수의 접근권을 인정하는 일
역시 일정한 한계 속에서 이루어져야 한다. 데이터를 입체적인 시각에서 바라
보고, 각기 다른 측면에서의 보호를 위한 규범적·기술적 장치들을 충분히 갖
춘 상태에서 다양한 당사자들이 창의적인 방법을 통해 데이터를 활용할 수 있
는 길을 열어주어야 할 것이다. 이러한 균형이 이루어질 때, 데이터 경제가 인
류의 삶을 더욱 풍요롭게 해주는 하나의 수단으로 인정받을 수 있을 것이다.

참고 문헌

강준모·선지원·조성은·오정숙·정원준·권헌영·이동진·전주용·손승우, 데이터 소유권에 관한 법·제도 및 정책 연구, 정보통신정책연구원, 2019.

김경묵, 대·중소기업 간 협력 성과의 공유: 성과공유제도와 협력이익배분제도 비교, KBR 제16권 제1호, 한국경영학회, 2012.

김경훈·이준배·윤성욱, 데이터거버넌스 법안(Data Governance Act) 주요 내용 및 시사점, KISDI Premium Report 21−01, 정보통신정책연구원, 2021.

김상택, 초과이익공유제, 무엇을 들여다봐야 하나?, 나라경제 2011 June, 한국개발연구원.

김을식·배영임·이유진·최성환·선지원·구균철·유영성·최혜진·신혜리·박민지, 데이터 배당 및 세금에 관한 기초 연구, 경기연구원, 2020.

민대홍·이학기·오정숙, 데이터 경제 진전에 따른 산업별 파급효과 분석과 정책적 활용방안 연구, 정보통신정책연구원, 2018.

박정훈, 적극행정 실현의 법적 과제 −'적극행정법'으로의 패러다임 전환을 위한 시론, 공법연구 제38집 제1호 제1권, 2009.

방동희, 데이터 경제 활성화를 위한 데이터 법제의 필요성과 그 정립방향에 관한 소고 −4차산업혁명과 지능정보사회에서 데이터 거래의 기반 확보를 중심으로, 법학연구 제59권 제1호, 2018.

방정미, 데이터 경제 활성화를 위한 필수요소법리의 재검토, 경제규제와 법 제13권 제1호, 2020.

선지원, 데이터 경제를 위한 경제규제법제 발전 방향에 대한 연구, 경제규제와 법 제13권 제2호, 2020.

선지원, 데이터 경제 시대의 정보법제에 대한 소고 −데이터 경쟁법 개념에 대한 고찰을 중심으로−, 법학논총 제36집 제2호, 2019.

성낙인, 헌법학 제20판, 법문사, 2020.

손경호·이수안·고수윤, 데이터 이동권 도입 방안 연구, 한국데이터산업진흥원, 2019.

이보옥, 공공데이터 개방과 활용에 관한 공법적 연구, 성균관대학교 박사학위 청구논문, 2020.

이희정, 공유경제, 어떻게 바라보고 있나: 2013~2019년 한국 공유경제 연구동향 분석과 제언, 문화와 사회 28권 3호, 한국문화사회학회, 2020.

지원림, 민법강의 제17판, 홍문사, 2020.

최경진, 데이터와 사법상의 권리, 그리고 데이터 소유권(Data Ownership), 고학수
·임용 편, 데이터오너십: 내 정보는 누구의 것인가?, 박영사, 2019.

홍대식, 데이터 소유권(Ownership)을 둘러싼 법적 쟁점과 경쟁법 원칙의 적용, 고
학수·임용 편, 데이터오너십: 내 정보는 누구의 것인가?, 박영사, 2019.

Acquier, Aurélien, Uberization Meets Organizational Theory: Platform Capitalism
and the Rebirth of the Putting−Out System, in: Davidson, Nestor
M./Finck, Michèle/Infranca, John J.(ed.), The Cambridge Handbook of
the Law of the Sharing Economy, Cambridge University Press, 2018.

Ehmann, Eugen/Selmayr, Martin(Hrsg.), Datenschutz−Grundverordnung, München,
2018.

Marchl, Alberto/Parekh, Ellora−Julie, How the sharing economy can make its
case, McKinsey, 2015.

Weinstein, Mark, Profit-Sharing Contracts in Hollywood: Evolution and Analysis,
The Journal of Legal Studies Vol. 27, No. 1, 1998.

과학기술정보통신부 보도자료, "국민이 체감하는 데이터 댐 활용 생태계 구현한
다", 2021.2.26.

이성엽, 불신의 벽에 막힌 공공 보건의료데이터 활용, 매일경제, 2021년 2월 26일자.

이성택, 코로나 이익공유제에 '배민·네이버·카카오' 참여 유도 검토, 한국일보,
2021년 1월 14일자.

공공데이터포털 <https://www.data.go.kr/> (2021.2.28. 최종 접속)

데이터 기술 동향 <정보마당−한국데이터산업진흥원> <https://www.kdata.or.
kr/info/info_04_view.html?field=&keyword=&type=techreport&page=1&
dbnum=195401&mode=detail&type=techreport> (2021.2.28. 최종 접속)

Verordnung über Daten−Governance−Fragen und Antworten <https://ec.euro
pa.eu/commission/presscorner/detail/de/qanda_20_2103#Data%20for%20so
ciety> (2021.2.28. 최종 접속)

5

개인정보 보호법 제·개정 연혁

이병남 / 김앤장 고문

I. 개인정보 보호법 제정 전

2011년 개인정보 보호법이 제정되기 이전에는 하나의 일반법에서 종합적이고 체계적인 계획을 바탕으로 사회 모든 분야의 개인정보 보호 및 처리에 관한 사항들을 규율하는 것이 아니라, 개인정보 유출로 인한 사회적 이슈가 발생하고 개인정보 보호에 대한 사회적 수요가 발생할 때마다 개별 법령에서 개별적·산발적으로 그 상황 개선에 필요한 개인정보 보호 및 처리에 관한 사항들을 규율하는 형태였다.

개인정보 보호법이 제정되기 이전 개인정보 보호 및 처리에 관한 법률체계는 크게 공공분야와 민간분야로 나뉘어져 규율되고 있었는데, 공공분야는 1994년 제정된 '공공기간의 개인정보 보호에 관한 법률'[1]을 중심으로 '전자정부법'과 '주민등록법' 등에 산재되어 규율되고 있었으며, 민간분야는 1999년 제정된 '신용정보법'과 1999년 전면 개정된 '정보통신망법'을 중심으로 '통신비밀보호법', '위치정보법', '금융실명법', '의료법' 등 해당 분야의 개별법에서 필요한 개인정보 보호 및 처리에 관한 사항들을 규율하고 있었다.

이러한 개인정보 보호 및 처리에 관한 법률체계는 정보통신기술의 발전과

---

1) '80년 제정된 '형의 실효 등에 관한 법률'이 최초의 개인정보 처리에 관한 입법이라는 견해가 있지만 비밀보호법이라 할 수 있다(성낙인 외 9명, 개인정보 보호법제에 관한 입법평가, 한국법제연구원, 2008).

데이터의 경제적 가치 상승으로 사회 모든 분야에서 개인정보의 수집·이용·제공이 보편화되면서 개인정보 보호 및 처리에 관한 사각지대가 발생하였고 정보주체인 국민의 기본적 권리가 침해되는 상황이 증가하기 시작하였다. 이러한 사회적 환경 변화는 사회 전반을 규율하는 개인정보 보호 원칙과 개인정보 처리에 대한 보편적 기준을 제시하는 개인정보 보호에 대한 일반법이 필요하다는 인식을 크게 확대하였다.

[표 1-4] 개인정보 보호 관련 주요 법률 연혁

구분		1994~2011년	2011년~2020년	2020년 이후
공공	전자문서	공공기관 개인정보 보호법('94년 제정)	개인정보 보호법 ('11년 제정)	개인정보 보호법 ('23년 전면개정)
	종이문서			
민간	오프라인			
	온라인	정보통신망법('99년 전부개정)		
	신용정보 (특별법)	신용정보법('95년 제정)		
	위치정보 (특별법)	위치정보법('05 제정)		

보호법 제정이전 개인정보 관련 주요 법률 연혁

- 「공공기관의 개인정보 보호에 관한 법률」('94년 제정)
  - **(제정배경)** '83년 국가기간전산망기본계획에 따라 행정·금융·교육·연구·공안전산망 등 5대 국가기간 전산망 구축사업으로 행정정보의 디지털화 시작, '87년부터 주민등록, 운전면허, 여권관리, 출입국관리 DB화가 진행되면서 개인정보의 디지털화 급속도 확산
    → '89년 국제인권옹호 한국연맹의 법 제정 건의를 시작으로 '94년 제정
  - **(규율내용)** 공공기관(국가행정기관, 지자체, 기타 공공단체 중 대통령령이 정하는 기관)이 컴퓨터로 처리하는 개인정보를 취급할 때 따라야 하는 사항 규율
    * 개인정보 수집 및 처리, 안전성 확보, 이용 및 제공 제한, 개인정보 열람·정정 등 정보주체의 권리

- 「정보통신망법」('99년 전부개정)
  - (개정배경) 1986년 「전산망보급확장과 이용촉진에 관한 법률」로 제정, '99년 「정보통신망 이용 촉진 등에 관한 법률」로 법 제명을 변경하면서 '제4장 개인정보의 보호' 章 신설
    → 이후 '01년 전부개정을 통해 법 제명을 「정보통신망 이용 촉진 및 정보보호 등에 관한 법률」로 변경, 개인정보 보호에 관한 내용 대폭 확대*
    * 개인정보 수집(수집, 수집 제한), 개인정보 이용 및 제공(이용 및 제공, 위탁, 영업양수 등 통지, 개인정보관리책임자 지정, 보호조치, 파기), 이용자의 권리(이용자 권리, 법정대리인 권리, 손해배상), 개인정보분쟁조정위원회 등
  - (규율내용) 정보통신서비스 이용자의 개인정보를 보호하기 위하여 정보통신서비스 제공자가 이용자의 개인정보를 수집, 이용 및 제공할 때 따라야 하는 사항 규율

- 「신용정보법」('95년 제정)
  - (제정배경) 김영삼 정부 출범 직후 행정 개혁의 일환으로 경찰청이 관장하고 있던 「신용조사업법」의 신용조사업을 폐지하고 신용정보 관련 산업을 재무부 장관이 관장토록 결정하면서 「신용정보법」 제정
  - (규율내용) 금융거래 등 상거래에서 거래 상대방의 신용을 판단할 때 필요한 신용정보의 수집·처리, 유통·관리 및 개인신용정보의 제공·활용, 이용 등에 관한 내용 규율

- 「금융실명거래 및 비밀보장에 관한 법률」('97년 제정)
  - (제정배경) '93년 대통령긴급재정경제명령 제정을 통해 시작된 금융실명제의 실시 과정에서 나타난 문제점 등을 해소하기 위해 법률로 대체 입법됨
  - (규율내용) 금융거래의 비밀보장(§4), 거래정보등의 제공사실의 통보(§4의2, '11년 신설), 거래정보등의 제공내역의 기록·관리(§4의3, '11년 신설) 등 규정

- 「위치정보법」('05년 제정)
  - (제정배경) 위치정보의 유출·오용 및 남용으로부터 사생활의 비밀 등을 보호하고 위치정보의 안전한 이용환경을 조성하기 위하여 제정
  - (규율내용) 위치정보 수집 원칙, 개인위치정보의 수집, 이용 또는 제공, 위치정보사업자의 개인위치정보 제공, 긴급구조를 위한 개인위치정보 이용 등 규정

Ⅱ. 개인정보 보호법 제정 과정

2004년부터 공공부문과 민간부문을 모두 규율하는 개인정보의 보호 및 처리에 관한 일반법 제정에 대한 논의가 시작되었고 법안이 국회에 발의되기 시작하였다. 정부에서는 행정자치부가 2004년 7월 공공기관 개인정보보호에 관한 법률 개정안을 국회에 제출하였고, 정보통신부에서는 '정보통신망법 상의 개인정보 보호 조항을 민간 일반에 확대 적용한다'라는 개인정보 보호법 제정을 추진하였다. 민간에서는 문화연대, 민주사회를위한변호사모임, 진보네트워크 등 7개 시민단체2)로 구성된 '프라이버시법 제정을 위한 연석회의'가 마련한 개인정보 보호에 관한 일반법안이 2004년 11월 노회찬 의원안으로 발의가 되었다. 정부혁신지방분권위원회가 마련한 개인정보 보호에 관한 법률안은 수정되어 2005년 7월 이은영 의원안으로 발의가 되었고, 2015년 12월 이혜훈 의원도 법안을 발의하였다. 하지만 발의된 법안들은 2008년 5월 제17대 국회 임기 종료로 국회를 통과되지 못하고 폐기되었다.

2008년 6월, 제18대 국회 임기가 시작되고 LG텔레콤, 하나로 텔레콤 등 주요 통신사, 옥션, 네이버 등 대형 온라인 포털사 및 GS칼텍스 등에서 대형 개인정보 유출 사고가 발생하면서 국민들의 개인정보 보호에 대한 인식이 제고되었고, 사회적으로 개인정보 보호에 대한 요구가 더욱 높아지게 되었다. 이러한 사회적 환경 변화 속에서 2008년 8월 이혜훈 의원안이 국회에 발의되었고, 2008년 10월 변재일 의원안도 발의되었다. 정부에서도 2008년 11월 행정자치부에서 개인정보 보호에 대한 일반법안을 국회에 제출하였고, 2010년 9월 국회 행정안전위원회에서 발의된 2개의 의원안과 정부안을 통합하여 대안을 마련하였고, 그 대안이 2011년 3월 마침내 국회를 통과하여 2011년 9월 30일부터 시행되었다.

개인정보 보호법이 제정되면서 공공, 민간을 망라하는 개인정보 처리 원칙과 기준이 제시되었고, 공공·민간 통합규율로 그동안 법 적용을 받지 않았

---

2) 문화연대, 민주사회를위한변호사모임, 진보네트워크, 지문날인반대연대, 참여연대, 한국노동네트워크협의회, 함께하는 시민행동 등

던 오프라인 사업자, 의료기관 등 비영리단체, 국회·법원·헌법재판소 등 헌법
기관 등에도 확대 적용되게 되었고, 개인정보 보호 추진체계로서 개인정보 보
호 정책 심의 및 의결기관인 개인정보보호위원회가 대통령소속 행정위원회로
출범하게 되었다.

[표 1-5] 개인정보 보호 추진체계 논의결과

구분	이혜훈의원안(한)	변재일의원안(민)	정부안	제정법
명칭	개인정보위원회	개인정보보호위원회	개인정보보호위원회	개인정보보호위원회
소속	국무총리	대통령	국무총리	대통령
성격	정책 수립·집행	정책 수립·집행	정책 심의	정책 심의·의결
구성	9명(상임1)	9명(상임1) ※ 국회3, 대통령3, 법원3	15명	15명 ※ 국회5, 대통령5, 법원5 ※ 상임위원 1명(정무직)
	임기 3년	임기 3년	임기 2년	임기 3년
기구	사무처 설치	사무처 설치	–	사무국 설치

[표 1-6] 개인정보 보호법 제정으로 달라진 점

구분	제정 전	제정 후
규율대상	• 공공기관, 정보통신사업자, 신용정보 제공·이용자 등 **분야별 개별법**이 있는 경우에 한하여 개인정보보호의무 적용	• **공공·민간 통합 규율로 법적용대상 확대** – 현행법 적용을 받지 않던 오프라인 사업자, 의료기관, 협회·동창회 등 비영리단체, 국회·법원·헌법재판소·중앙선거관리위원회 등으로 확대
보호범위	• 공공기관은 **컴퓨터등에 의해 처리되는 개인정보파일**만을 보호대상으로 함	• 동사무소 민원신청서류 등 **종이문서**에 기록된 개인정보도 보호대상에 포함
수집·이용 및 제공기준	• 공공, 정보통신 등 **분야별 개별법**에 따른 처리기준 존재	• **공공·민간을 망라**하는 개인정보 처리 원칙과 기준 제시

고유식별정보 처리 제한	• 주민등록번호 등 고유식별정보의 민간 사용을 사**전적으로** **제한**하는 규정 없음	• **원칙적 처리금지** - 정보주체의 별도 동의, 법령의 근거가 있는 경우 등은 예외 허용
	• 인터넷상에서 주민등록번호 외의 회원가입방법 제공 의무화(정보통신서비스제공자 한정)	• 인터넷상 주민등록번호 외의 회원가입방법 제공 **의무화 대상 확대** (정보통신서비스제공자 → 공공기관, 일부 민간분야 개인정보처리자) ※ 대통령령에서 의무화대상 규정
		• 주민등록번호 등 고유식별정보 처리 시 암호화 등 안전조치 확보의무 명시

영상정보 처리기기 규제	• **공공기관**이 설치·운영하는 **폐쇄회로 텔레비전(CCTV)**에 한하여 규율
	  - 범죄예방 및 교통단속 등 공익을 위하여 필요한 경우 전문가 및 이해관계인 의견 수렴을 거쳐 설치
	  - 녹음기능, 임의조작 금지
		• 공개된 장소에 설치·운영하는 영상정보처리기기 규제를 **민간까지 확대**
		  - 공개된 장소인 백화점·아파트 등 건물주차장, 상점 내·외부 등에 영상정보처리기기를 설치할 때에는 법령, 범죄예방·수사, 시설안전 및 화재예방, 교통단속 등을 위해서 설치 가능
		• 규율대상을 기존 '폐쇄회로텔레비전(CCTV)'에서 **네트워크카메라**도 포함

		• 공중 화장실·목욕탕·탈의실 등 **사생활 침해우려가 큰 장소는 설치 금지**

텔레마케팅 등 규제	• 「정보통신망법」에 따라 **정보통신서비스제공자**에 한하여 규제
	  - 마케팅 목적으로 개인정보취급을 위탁하는 경우 정보주체 동의를 받아야 함
		• 마케팅을 위해 개인정보처리에 대한 동의를 받을 때에는 다른 개인정보 처리에 대한 **동의와 묶어서 동의를 받지 않도록 명시적으로 규정**
		  - 정보주체가 알기 쉽도록 고지하고 동의를 받아야 함
		• **모든 개인정보처리자**는 마케팅 업무를 위탁시, 정보주체에게 위탁업무 내용 및 수탁자를 고지해야 함
		(정보통신서비스제공자 → 모든 개인정보처리자로 규제대상 확대)

개인정보파일 등록·공개 및 영향평가	• 공공기관이 개인정보파일 보유시 행정안전부장관과 **사전협의**	• 공공기관이 개인정보파일 보유시 행정안전부장관에게 **등록**
	• 행안부장관은 사전협의파일 **관보 공고**	• 행안부장관은 등록사항 **공개**
		• 공공기관 대규모 개인정보파일 구축 등 침해위험이 높은 경우에는 **사전영향평가 실시 의무화**(민간은 자율시행)
유출 통지	• 관련 제도 없음	• 대규모 개인정보 유출시 관계기관의 정책 수립 및 적극적인 사후 조치를 위하여 관계기관의 신고의무 규정
위원회	• 국무총리 소속 공공기관개인정보보호심의위원회 　- **공공부문** 정책 심의	• 대통령 소속 개인정보보호위원회 설치 　- **공공·민간부문** 개인정보보호정책 심의·의결 기구
	• 개인정보분쟁조정위원회 　- **민간분야** 분쟁조정	• 개인정보분쟁조정위원회 기능 확대 (현행) 15인 이내(민간 한정) → (확대) 20인 이내(**모든 공공·민간 포함**)
	• 단체소송, 집단분쟁조정 미도입	• **단체소송 도입** 　- 권리침해 중지·정지 단체소송 도입 • **집단분쟁조정** 도입 　- 다수·소액 개인정보 유출 등의 피해가 많아 일괄적인 분쟁조정을 할 수 있도록 정보주체의 피해구제 강화

Ⅲ. 개인정보 보호법 개정 연혁

　　2011년 3월 29일 제정된 개인정보 보호법은 지금까지 총 7차에 걸쳐 개정이 이루어졌다. 1차부터 5차까지는 대형 개인정보 유출 사고 등 사회적 이슈에 따라 개인정보 보호에 관한 일부 조문이 추가되거나 일부 조문에 대한 필요한 개정이 이루어졌다. 6차 개정에서는 데이터 산업 기반의 신산업을 육성하고 양질의 일자리 창출 등을 위해 데이터를 활용할 수 있는 새로운 제도가 도입되고 기업들의 준법 부담 완화 및 EU의 GDPR 적정성 결정을 위해 개인정보 보호 체계가 독립감독기구로 통합되는 의미 있는 개정이 이루어졌다. 6차 개정에 이어 바로 이루어진 7차 개정은 6차 개정시 미반영되었던 디지털 시대에 적합한 정보주체의 권리 강화 및 디지털 전환 시대 신산업 성장 기반을 마련하고 글로벌 규제와의 정합성을 제고하기 위해 전면 개정이 이루어졌다.

1. 1차 개정(2013년 8월 6일)

고유식별번호중 정보주체인 국민들의 민감도가 가장 높은 주민등록번호가 대량으로 유출되고 악용됨에도 불구하고 유출 사고에 책임있는 대기업 등에 대한 민·형사상 책임이 제대로 부과되지 않고, 개인정보처리자가 개인정보를 처리하는 과정에서 주민등록번호 수집·이용이 필요하지 않음에도 불구하고 관행적으로 주민등록번호를 수집하는 것을 개선하기 위해 모든 개인정보처리자에게 원칙적으로 주민등록번호 처리를 금지하고 주민등록번호가 분실·도난·유출·변조·훼손된 경우 5억원 이하의 과징금을 부과·징수할 수 있는 규정을 신설하였다.

또한, 개인정보 보호와 관련된 법규 위반행위가 있다고 인정될만한 상당한 이유가 있을 때는 대표자 또는 책임 있는 임원을 징계할 것을 권고할 수 있는 규정을 신설하여 기업이 개인정보 보호를 위한 책임을 다하도록 하였고, 개인정보처리자는 정보주체의 동의를 받아 개인정보를 수집하는 경우 정보주체에게 필요한 최소한의 정보외의 개인정보 수집에는 동의하지 않을 수 있다는 사실을 구체적으로 알려야 한다는 규정을 신설하여 정보주체의 권리를 강화하였다.

2. 2차 개정(2014년 3월 24일)

제1조(목적)를 이 법은 "개인정보의 수집·유출·오용·남용으로부터 사생활의 비밀 등을 보호함으로써 국민의 권리와 이익을 증진하고, 나아가 개인의 존

엄과 가치를 구현하기 위하여 개인정보 처리에 관한 사항을 규정함을 목적으로 한다"에서 "이 법은 개인정보의 처리 및 보호에 관한 사항을 정함으로써 개인의 자유와 권리를 보호하고, 나아가 개인의 존엄과 가치를 구현함을 목적으로 한다"로 개정하여 개인정보 보호법의 목적을 개인정보 처리 및 보호에 관한 사항으로 범위를 확대하고 국민이 아닌 개인의 권리임을 보다 명확하게 규정하였다.

또한 제2조 "처리"에 대한 정의에서 "연계, 연동"을 추가하고, 제6조(다른법률과의 관계)에서 "정보통신망법과 신용정보법 등 다른 법률 법률에 특별한 규정이 있는 경우"에서 정보통신망법과 신용정보법의 문구를 삭제하여 처리의 범위를 확대하고 개인정보 보호법은 개인정보 보호에 관한 일반법임을 강조하였다.

3. 3차 개정(2015년 7월 24일)

2014년 1월 카드 3사의 대규모 개인정보 유출사고를 계기로 행정자치부, 금융위원회 등 정부에서는 범정부 '개인정보 보호 정상화 대책'을 발표한 후 후속조치로 개인정보 보호법 개정을 추진하였다. 대통령 소속 개인정보 보호위원회에 정책제도 개선 권고권, 자료제출 요구권, 개인정보 분쟁조정위원 위촉권 등 총괄·조정 기능을 강화하고 개인정보 보호 인증기관의 지정 근거도 마련하였다.

또한, 징벌적 손해 배상(손해액 3배 한도)과 법정손해배상 제도(300만원 이하)를 도입하여 개인정보 유출에 대한 피해구제를 강화하는 한편, 개인정보 불법유통으로 얻은 범죄 수익을 몰수·추징하고, 부정한 방법으로 개인정보를 취득하여 영리 목적으로 타인에게 제공한 자에 대한 벌칙을 신설하는 등 개인정보 범죄에 대한 제제수준을 크게 강화하였다,

4. 4차 개정(2016년 3월 29일)

개인정보처리자가 민감정보를 처리하는 경우 안전성 확보에 필요한 조치를 하도록 명시하고, 행정자치부 장관에게 고유식별정보 처리자가 안전성 확보

조치를 하였는지 정기적으로 조사하게 하는 등 주민등록번호를 비롯하여 고유식별정보 처리에 대한 안전성 확보를 위한 규정을 강화하고, 주만등록번호를 수집 할 수 근거가 될 수 있는 법령의 범위를 한정하고, 주민등록번호를 처리할 수 있는 근거가 되는 해당 법률 등의 제·개정 현황을 개인정보보호위원회가 매년 작성하여 국회에 보고하는 개인정보 보호 연차보고서에 포함하도록 하여 주민등록번호 사용을 보다 엄격하게 관리·통제하였다.

또한, 대통령령이 정하는 기준에 해당하는 개인정보처리자가 정보주체 이외로부터 개인정보를 수집하여 처리하는 경우, 정보주체에게 개인정보의 수집출처와 처리 목적을 고지하도록 하여 정보주체의 권리를 확대하였고, 영상정보처리기기 안내판 설치 관련 규정을 법률에 상향 규정하여 법적 안정성도 제고하였다.

5. 5차 개정(2017년 4월 18일)

개인정보처리자가 정보주체의 동의를 받을 때 정보의 수집·이용 목적, 수집하는 개인정보의 항목 등 대통령령으로 정하는 중요한 내용을 명확히 표시하여 정보주체가 알아보기 쉽게 하도록 개정하여 개인정보 처리의 투명성과 정보주체의 권리를 제고하였다.

6. 6차 개정(2020년 2월 4일)

2018년 4차 산업혁명 시대를 맞아 핵심자원 데이터의 이용 활성화와 신산업 육성이 국가적 과제로 대두되면서 개인정보 보호법, 정보통신망법, 신용정보법 등 데이터 3법에 대한 개정논의가 활발하게 진행되었다. 개인정보 보호법은 2018년 11월 15일 발의된 데이터의 안전한 활용과 개인정보 보호에 대한 균형을 갖춘 인재근 의원안과 이외 발의되었던 19개의 의원안이 병합되어 2019년 11월 27일 국회 행정안전위원회의 대안으로 제안되어 개정되었다.

이번 개정으로 데이터 활용을 위한 가명정보가 제도화 되었다. 가명정보는 추가정보를 사용하지 않고서는 특정 개인을 알아볼 수 없도록 가명처리한 정보로 통계작성, 과학적 연구, 공익적 기록 보존 등의 목적으로 정보주체의 동의없이 처리가 가능하게 되었다. 이러한 3가지 목적으로 가명정보를 처리할 수 있게 되어 개인정보는 안전하게 보호하면서 신기술 개발을 위한 실증·응용 연구와 신사업 육성을 지원할 수 있는 기반이 마련되었다. 또한 기업 내부의 가명정보는 자체적으로 결합하도록 하되, 기업 간 가명정보의 결합도 전문기관을 통해 결합할 수 있도록 허용하여 데이터 분석의 가치를 제고하고, 개인별 맞춤형 상품 및 정책개발도 가능하게 하여 정보주체의 편익도 향상시킬 수 있는 기반이 마련되었다.

　개인정보의 판단 기준으로 개인을 알아보는 데 소요되는 시간, 비용, 기술 등 입수가능성을 합리적으로 고려할 것을 명확하게 제시하고 입수가능성을 고려하여 그동안 법 해석으로 법 적용을 배제하던 익명정보를 법 적용대상이 아님을 명확하게 하여 개인정보처리자 및 정보주체가 법 적용대상인지 여부를 보다 쉽게 이해 할 수 있게 되었다.

　데이터 활용을 제고하기 위해 당초 수집 목적과 합리적으로 관련된 범위 내에서 개인정보를 추가적으로 이용·제공 할 수 있는 양립가능성조항도 신설되었다. 이를 통해 수집 목적을 지나치게 경직적으로 해석하여 서비스 제공 단계별로 추가 동의를 받아야 하는 사업자들의 불편을 해소하고 정보주체도 불필요한 동의를 해야 하는 부담도 경감되었다. 합리적 연관성이 있는지의 여부는 개인정보 수집 정황, 개인정보의 민감정도, 정보주체에게 발생할 수 있는 효과 및 적절한 안전조치 존재 여부 등을 두루 고려해서 판단하게 하였다.

　개인정보보호 추진체계도 단일화·효율화되었다. 기존에 개인정보보호 기능이 행정안전부, 방송통신위원회, 개인정보보호위원회로 분산되어 초래되는 비효율성과 가명정보 및 양립가능성 조항 신설 등 데이터 규제 완화에 따른 국민들의 불안감을 해소하기 위해 개인정보보호위원회를 중앙행정기관으로 격상하고 데이터를 안전하게 활용할 수 있는 독립적인 감독체계를 구축하기 위해 개인정보보호 관련 기능을 개인정보보호위원회로 일원화하였다. 이를 통해 EU GDPR 적정성 결정을 받을 수 있는 법적 기반이 마련되었다.

이외에도 가명정보 처리 및 결합시 안전조치 의무를 신설하고 위반 시 벌칙을 규정하는 등 데이터 이용이 확대되는 것과 비례하여 개인정보처리자의 책임성을 강화하고 정보통신망법상의 개인정보 관련 규정은 삭제하면서 개인정보 보호법에 특례규정을 신설하여 이관하였다.

7. 7차 개정(2023년 3월 14일)

2020년 8월 5일 독립 중앙행정기관으로 출범한 개인정보보호위원회는 발족과 동시에 개인정보 전문가로 구성된 연구반을 구성하여 바로 개인정보 보호법 개정에 착수하였다. 이는 데이터 3법 개정 당시 차기 입법과제로 미루어졌던 디지털 시대 정보주체의 권리 강화 및 온·오프라인 이중 규제 해소 등 불합리한 규제 개혁과 글로벌 규제와의 정합성 확보가 시급했기 때문이었다. 2021년 9월 개인정보보호위원회는 개인정보보호법 제정이래 처음으로 정부 개정안을 국회에 발의하였고 2년여간의 국회 논의과정에서 발의된 정부안에 김병욱, 민형배 의원안 등 20개의 의원안과 병합된 정무위원회 대안이 마련되었고 2023년 3월 14일 개정되었다.

개정된 법률에는 개인정보 전송요구권이 도입되었다. 개인정보 전송요구권은 정보주체의 요청으로 자신의 개인정보를 보유한 기업·기관들에게 본인의 정보를 다른 곳으로 이동을 요구할 수 있는 권리이다. 이에 따라 데이터 3법 개정 등으로 금융·공공 등 일부 분야에서만 제한적으로 제공되었던 마이 데이터 서비스가 의료·통신 등 전 분야에서 보편적으로 이루어질 수 있는 법적 기반이 마련되었고 데이터 경제 시대 신성장을 위한 기반이 구축되었다.

[표 1-7] 개인정보 전송요구권의 주요내용

구 분	주요내용
정보주체	• 정보주체인 국민은 일정규모 이상의 개인정보처리자에 대하여 자신의 개인정보를 ① 본인, ② 다른 개인정보처리자, ③ 개인정보관리 전문기관에 전송해 줄 것을 요구

보유기관 (개인정보 처리자)	• 전송요구를 받은 개인정보처리자는 ① 정보주체 본인, ② 다른 개인정보처리자, ③ 개인정보관리 전문기관에 전송해야 할 의무를 부담 ※ 매출액, 개인정보의 규모, 처리능력, 산업별 특성 등을 고려하여 대통령령으 로 정하는 기준에 해당하는 자 • 시간, 비용, 기술적으로 허용되는 합리적인 범위 내에서 해당 정보를 컴퓨터 등 정보처리장치로 처리 가능한 형태로 전송
수신기관 (개인정보 처리자)	• 개인정보를 전송받은 개인정보처리자는 정보주체와의 계약·동의를 통해 정보주 체에 맞는 서비스를 제공 ※ 안전조치의무를 이행하고 대통령령으로 정하는 시설·기술 기준을 충족하는 자
개인정보관리 전문기관	• 정부의 지정을 받아 개인정보의 전송 요구권 행사 지원, 개인정보 전송시스템의 구축 및 표준화, 개인정보의 관리·분석 등의 업무 수행
전송정보	• 모든 분야의 개인정보를 포괄하되, 동의 또는 계약에 따라 컴퓨터 등 정보처리장 치로 처리되는 개인정보를 대상으로 함 ※ 수집한 개인정보를 기초로 분석·가공하여 별도로 생성한 정보는 제외

데이터 3법 개정(6차 개정)으로 온라인 사업자인 정보통신서비스 제공자와 관련된 개인정보 관련규정이 개인정보 보호법 '특례' 규정으로 통합되었으나 단순 이전·병합에 그쳐 온·오프라인 서비스 경계가 모호함에도 불구하고 오프라인 규제(일반규정)와 온라인 규제(특례규정)의 이원화로 수범자인 기업들의 법 적용 혼선 및 이중부담 문제는 해소되지 않고 그대로 남아 있었다. 이번 개정으로 특례규정과 일반규정이 통합되어 모든 개인정보처리자에게 동일한 규범이 적용되게 되었다. 일반규정과 유사·중복되었던 특례규정은 일반규정으로 통합·정비되어 온－오프라인 사업자간 상이한 규정[3]이 일원화되었고, 특례에만 있던 손해배상제도, 국내대리인제도, 이용내역통지 제도 등은 일반규정으로 전환되어 모든 사업자에게 확대 적용되게 되었고, 유효기간제 및 방송사업자 준용 규정 등 불필요한 규정은 삭제되었다.

이동형 영상정보처리기기에 대한 근거도 마련되었다. 기존 개인정보 보호법은 고정형 영상정보처리기기에 관한 사항들만 규정하고 일상생활에서 광범

---

3) 동의없이 개인정보를 수집하여 개인정보 보호법을 위반한 경우, 일반규정 과태료 5천만원, 특례규정 위반행위와 관련된 매출액의 3%의 과징금 및 5년이하 징역

위하게 사용되고 있는 드론, 자율주행차, 배달 로봇 등 이동형 영상정보처리기기에 관한 규정은 마련되어 있지 않았다. 따라서 이동형 기기를 사용하기 위해서는 정보주체의 개별 동의를 받아야 하는 등 현실적으로 이동형 기기를 활용한 신규 서비스를 제공하기 위해서는 '규제 샌드박스제도'4)를 이용해 한정된 기간에 제한된 지역에서 제한된 서비스만 제공할 수밖에 없었다. 이번 개정으로 이동형 기기를 업무 목적으로 운영할 경우 촬영 사실을 명확하게 표시하는 등 이동형 기기의 특성을 반영한 합리적 근거가 마련되어 다가오는 모빌리티 시대 신산업 육성을 위한 법적 기반이 구축되었다.

디지털 시대 환경에 맞게 정보주체인 국민이 개인정보처리자에게 자신의 권리를 실질적으로 행사할 수 있는 근거가 마련되어 국민과 기업·기관 간 개인정보 처리에 대한 '신뢰'가 축적될 수 있는 기반이 구축되었다. 먼저 인공지능 등을 활용한 자동화된 결정이 채용, 복지수급자 결정 등 정보주체의 권리의무에 중대한 영향을 미치는 경우, 이에 대해 거부하거나 설명을 요구할 수 있는 권리가 신설되었다. 그간 정보주체의 '동의'에만 과도하게 의존했던 개인정보 처리 관행에서 벗어나 계약의 체결 및 이행 등 합리적으로 예상할 수 있는 범위 내에서는 정보주체의 동의 없이도 개인정보를 수집·이용이 가능하도록 개선하였고, 개인정보위원회가 개인정보처리자인 기업·기관들의 개인정보 처리방침을 평가한 후 개선을 권고할 수 있는 근거가 마련되어 국민이 자신의 개인정보 처리를 보다 쉽고 정확하게 알 수 있는 기반이 마련되었다. 또한, 디지털 세대인 아동에게 개인정보 관련 내용을 알릴 때에는 이해하기 쉬운 양식과 언어를 사용하는 의무를 온라인 분야에서 오프라인 등 모든 분야로 확대하고, 개인정보 분쟁절차에 참여해야 하는 의무를 공공기관에서 모든 개인정보처리자로 확대하고, 분쟁조정을 위해 사실확인이 필요한 경우 사실조사를 할 수 있는 근거를 마련하여 분쟁조정제도를 활성화할 수 있는 제도도 마련되었다.

국제 통상에서 데이터가 차지하는 중요성이 점점 높아지고 있는 상황에서 국제 기준에 부합하고 개인정보 국제 규범을 선도할 수 있도록 국외이전, 과장

---

4) 지역특화발전특구에 관한 규제특례법, 산업융합촉진법, 정보통신 진흥 및 활성화 등에 관한 법률에 의해 지정되는 실증특례나 임시허가를 받는 제도

금 제도 등도 정비되었다. 그동안 개인정보를 국외로 이전하려면 정보주체의 '동의'에 의해서만 가능하였으나 동의 이외에도 법률 또는 조약에 규정이 있는 경우, 계약 체결 및 이행에 필요한 경우, 인증을 받은 경우, 적정성 결정을 받은 경우 등으로 확대하여 국제 규범과의 상호 운용성을 확보하였다. 다만, 해당 국가가 개인정보를 적정하게 보호하고 있지 않다고 판단되는 경우 국외이전 중지를 할 수 있는 근거도 마련하여 우리 국민의 개인정보 침해를 사전에 방지할 수 있도록 하였다, 또한, 국제 기준에 비해 개인정보 보호 책임을 기업보다는 담당자 개인에 대해 과도한 형벌 위주로 규율하고 있는 문제를 개선하기 위해 과도한 형벌을 경제벌 중심으로 전환하였다. 특히, 과징금 상한액을 글로벌 수준에 맞추어 전체 매출액의 3% 이하로 조정하고 과징금 산정 시 위반행위와 관련없는 매출액을 제외하도록 하여 비례성과 효과성을 모두 확보할 수 있도록 하였다.

이 밖에도, 매년 공공기관의 개인정보 보호 수준을 평가하고 그 결과를 공개할 수 있는 근거와 개인정보 침해 발생 위험성이 높고 효과적인 대응이 필요한 경우 사전에 실태점검을 할 수 있는 근거 등도 포함되는 등 아래의 표와 같이 전부 개정에 해당되는 대폭적인 개정이 이루어졌다.

[표 1-8] 기타 개정사항

구분	개정 주요내용
제5조 (국가 등의 책무)	• 만 14세 미만 아동의 개인정보 보호에 대한 시책마련 신설, 법령·조례 적용 시 개인정보 보호 원칙에 부합하도록 조문 명확화
제6조 (다른 법률과 관계)	• 개인정보 처리 및 보호에 관한 사항임을 명확하게 하고, 개별법 제정 시에도 개인정보 보호 원칙을 고려하도록 함
제11조의2 (보호 수준 평가)	• 보호위원회로 하여금 매년 공공기관의 개인정보 보호 수준을 평가하고 그 결과를 바탕으로 개선을 권고할 수 있도록 함
제13조의2 (개인 정보보호의 날)	• 매년 9월 30일을 개인정보 보호의 날로 지정하고, 개인정보 보호의 날이 포함된 주간에 개인정보 보호 문화 확산을 위한 각종 행사를 실시
제21조 (개인정보 파기)	• 가명정보도 파기의무가 적용됨을 명확히 하고, 가명정보 처리 시 처리목적 등을 고려하여 처리기간을 별도로 정할 수 있도록 함

제22조 (동의를 받는 방법)	• 제22조의2 아동의 개인정보보호 조항 신설에 따른 체계 정비, '구분하여 각각 동의' 받아야 하는 사항에 대한 체계 정비 등
제23조 (민감정보 처리 제한)	• 개인정보처리자가 민감정보 공개로 인해 사생활 침해의 위험성이 있다고 판단하는 경우, 사전에 민감정보의 공개 가능성 및 비공개 선택 방법을 정보주체에게 알기 쉽게 고지할 의무 규정
제25조 (고정형 영상정보처리기기의 설치·운영 제한)	• 고정형 영상정보처리기기 설치·운영 주체를 정당한 권한을 가진 자로 명확히 함 • 촬영된 영상정보를 저장하지 아니하는 경우로서 대통령령으로 정하는 경우 고정형 영상정보처리기기를 설치·운영할 수 있도록 함
제26조 (업무위탁 처리제한)	• 수탁자는 개인정보 처리 업무 재위탁 시 위탁자의 동의를 받도록 함 • 과징금(제64조의2)·벌칙(제71조~제73조)·과태료(제75조) 개별조문에서 수탁자도 적용대상에 포함됨을 명시
제31조 (개인정보보호 책임자 지정)	• 독립성 보장 규정 신설, 개인정보 보호책임자 협의회 운영 신설, 시행령에 규정된 지정 예외 사유를 법률로 상향 등
제32조 (개인정보 파일의 등록·공개)	• 파일 등록 예외 사유에서 '공공기관의 내부적 업무처리'를 공공기관에서 일회적으로 처리하는 경우 등으로 수정
제39조 (손해배상 책임)	• 개인정보처리자의 고의 또는 중대한 과실로 인하여 개인정보가 분실·도난·유출·위조·변조 또는 훼손된 경우 손해배상책임의 한도액을 종전 3배에서 5배로 상향
제39조의3 ~ 제39조의6 신설	• 손해배상청구소송에서 법원의 자료제출 명령, 비밀유지 명령, 소송기록 열람 등의 청구통지 등의 규정을 신설
제58조 (적용의 일부 제외)	• 공공기관이 처리하는 개인정보 중 「통계법」에 따라 수집되는 개인정보에 대하여도 개인정보보호법이 적용되도록 적용 제외 조항 정비
제63조의2 (사전 실태점검)	• 개인정보 침해사고의 발생 위험성이 높고 효과적인 대응이 필요한 경우, 사전 실태점검을 통해 침해를 예방할 수 있는 근거 마련
제64조 (시정조치)	• 개인정보 보호법을 위반한 경우 시정조치 명령이 가능하도록 요건을 정비하여 법 위반상태를 신속히 해소할 수 있는 근거 마련
제66조 (결과 공표)	• 과징금의 부과에 따른 공표 근거를 추가하고, 시정조치 명령 등을 받았다는 사실을 공표하도록 명령할 수 있는 근거 마련
제75조 (과태료)	• 과태료 부과 시 위반행위의 정도·동기·결과, 개인정보처리자의 규모 등을 고려하여 감경하거나 면제할 수 있는 근거 마련

부칙(시행일)	• 공포 후 6개월이 경과한 날부터 시행(원칙) • 공포 후 1년이 경과한 날부터 시행: 제11조의2(보호수준 평가), 제31조(개인정보보호책임자 지정), 제35조의3(개인정보관리 전문기관), 제37조의2(자동화된 결정에 대한 정보주체의 권리 등), 제39조의7(손해배상의 보장), 제60조(비밀유지 등) 제5호, 제75조(과태료) 제2항제16호·제20호·제21호·제24호 및 같은 조 제4항제1호·제9호의 개정규정 • 공포 후 1년이 경과한 날부터 공포 후 2년이 넘지 아니하는 범위에서 대통령령으로 정하는 날: 제35조의2(개인정보의 전송 요구)의 개정규정

참고 문헌

개인정보보호위원회, "개인정보 보호법령 및 지침, 고시 해설", 2020.12
개인정보보호위원회, 보도자료, 2023.3
문유진, "개인정보보호법 및 신용정보법 개정과정 비교 연구", 2021.2
성낙인 외, "개인정보 보호법제에 관한 입법평가", 한국법제연구원, 2008
행정안전부, 보도자료, 2020.2

데이터의 안전한 활용을 위한 고민

동의 제도의 실질화 방안*

정원준 / 한국법제연구원 부연구위원, 법학박사

I. 서론

정보주체를 대상으로 한 동의(consent)는 개인정보를 수집하고, 이용하고, 제공하는 등 일련의 정보 흐름 과정 속에서 개인정보를 적법하게 처리하기 위한 원칙이자 요건이 된다. 이에 따라 동의는 개인정보보호법에서 고안하고 있는 여러 법적·제도적 장치들 중에서도 개인정보자기결정권을 가장 직접적이고도 구체적으로 실현시켜 주는 핵심 수단이라 여겨진다.[1] 개인정보자기결정권이 헌법상 기본권으로 인정되고 있고, 인격권적 성격을 가진다는 것이 일반적인 이해임을 고려하면, 동의 절차는 정보주체가 자기 정보에 대한 통제권과 선택권을 최대한 보장하고 발현시키는 데 있어서 중요한 매개적 역할을 수행하는 것이다.

동의의 법적 성격이 민법상 의사표시인지 또는 준법률행위인지, 약관법 적용은 가능한지 등의 논쟁에 관하여는 학자들 사이에 견해의 대립이 존재하지만, 동의는 일상생활에서 실로 다양하게 사용된다. 비단 법률관계에서뿐만 아니라 그 이외의 경우로서 이를테면 정보주체에 대한 인격적 권리의 제한에 대해 승낙하는 의사표시로 기능하기도 한다. 이에 따라 수많은 정보가 디지털

---

* 이 글은 정원준, "개인정보 동의제도의 실질화 방안 연구", 「고려법학」, 제108호, 2023.3에 게재된 논문을 토대로 지난 2023년 3월 전면개정된 개인정보보호법상의 동의 관련 내용을 추가하여 수정·작성한 것임을 밝힙니다.

1) 권영준, "개인정보 자기결정권과 동의 제도에 대한 고찰", 「법학논총」, 제36권 제1호, 2016, 696쪽.

화 되어 실시간으로 거래되고 유통되는 데이터 경제 시대에는 동의 제도의 유연한 설계와 효율적 운영이 더욱 중요해지고 있다. 과거 아날로그 시대에 획득한 동의의 규범적 의의가 정보주체에게 정보의 사용을 허락받는 형태의 소극적인 권리 보장에 그쳤던 반면, 디지털 시대에 이르러서는 개인에게 적극적인 통제권을 확보시켜줌으로써 막대한 경제적 가치를 지닌 (개인)데이터의 원활한 이전과 거래·유통을 정당화하는 법적 절차로서 자리매김한 것이다.

이러한 동의 절차의 법적 위상(位相)은 개인정보에 관한 일반법에 해당하는 개인정보보호법 제4조에서 정보주체 권리의 하나로서 "개인정보 처리에 관한 동의 여부, 동의 범위 등을 선택하고 결정할 권리(개인정보처리자로부터 동의를 받을 권리로서 이른바 "동의권"이라 함)"를 인정하고 있는 데에서도 확인된다. 이 외에도 현행법은 법률에 특별한 규정이 있거나 법령상 의무를 준수하기 위하여 불가피한 경우 등 일정한 예외적 사유를 제외하고는 동의 절차를 엄중하게 요구하고 있다.

그러나 동의 제도의 본질에 부합하게 정보주체의 실질적인 권리를 보장하고, 나아가 형식적 제약으로부터 벗어나 유연한 절차적 체계를 갖추는 것은 결코 쉬운 일이 아니다. 동의는 여러 측면에서 근본적인 한계를 가지고 있기 때문이다. 가장 본질적인 문제로는 동의의 제도 모형이 엄격한 사전동의(opt-in) 원칙 하에 승낙과 거부라는 내용통제가 사실상 배제된 이분법적인 선택지만을 제공한다는 점이다. 이에 따라 개인정보처리자는 서비스의 이용이 시작된 이후 동의의 내용과 항목을 유연하게 변경·조정·철회할 수 있도록 하는 등 정보주체에게 사후적인 통제력을 확보시켜주는 데에는 크게 관심이 없고, 오히려 추후 정보 활용의 가능성을 염두에 두고 한 번의 동의로 최대한 많은 항목을 확보하려는 데 노력을 기울인다. 이 때문에 개인정보처리자는 사전에 동의 항목 및 처리 방침 등을 상세히 열거하여 정해놓기 마련이다. 이는 결국, 동의서를 방대하고 복잡하게 만들어 동의 사항을 명확하게 인지하지 못한 채 무심히 습관적으로 동의하게 만드는 형해화(形骸化) 문제를 야기한다. 게다가 현행법은 포괄 동의를 금지하고, 구분 동의를 요구하며, 필수정보와 선택정보를 구분하도록 하고 있어 이러한 현상을 부추긴다.

이와 같은 동의 절차의 형식성과 경직성은, 개인에게 실질적인 통제권을 부여하지 못하게 함으로써 동의의 기능적 측면을 제한한다. 이러한 상황에서 최근 2023년 개정 개인정보보호법은 큰 틀에서의 전환적 변화라 평가할 수는 없지만, 일부 동의권의 실질적 보장을 위한 내용의 법 개정이 이루어졌다는 점에서 의미가 있다. 그러나 일부 동의 요건과 동의 받는 방법에 대한 내용의 보완만으로 정보주체 권리의 실질적 보장을 통해 정보처리 환경의 효율성 향상을 불러올 수 있을지에 대해서는 어느 정도의 한계가 인정된다.

이에 이 글은 디지털 경제 시대에 부합하는 원활한 정보 거래와 유통을 위한 동의 제도의 실질화 방안에 대해 집중적으로 논하고자 한다. 개인정보 보호라는 이익 너머에 존재하는 데이터 활용의 공익성, 경제적 이익 등의 가치를 함께 고려하여 세밀하고 객관적인 이익형량을 통해 적절한 조화 방향을 강구할 필요가 있을 것이다. 동의제도의 유연성 강화와 실질화 방안의 마련 역시 이러한 접근 방향에서 검토되어야 할 것이다. 이를 위해 먼저 동의의 이론적 근원과 현행법상 적법한 동의의 요건 등 동의의 법적 성격에 대하여 파악하였고(Ⅱ), 이어서 현행법상 동의의 한계를 비판적 시각에서 관련 쟁점들을 분석하였다(Ⅲ). 이를 토대로 최종적으로는 동의를 실질화할 수 있는 여러 제도적인 개선방안을 제시하였다(Ⅳ).

Ⅱ. 동의의 법적 개념과 적법처리 요건

1. 동의의 본질과 근원: 프라이버시권과 개인정보자기결정권

동의의 단초는 개인정보를 둘러싼 권리 개념 형성의 효시(嚆矢)를 이루는 '프라이버시권'에서부터 기원한다. 미국에서 프라이버시권은 1880년 Thomas Cooley 판사가 그의 저서에서 물리적 침탈로부터의 소극적 보호를 의미하는 '혼자 있을 권리(The Right of be alone)' 개념을 창안한 것으로부터 시작되었고,[2]

---

2) Thomas M. Cooley, *The General Principles of Constitutional Law in the United States of*

1890년에는 Warren과 Brandies가 이를 타인으로부터 개인의 방해받지 않는 개인 영역(personal space)을 유지하기 위한 권리로 해석[3]하면서 프라이버시 침해가 물리적 침입의 여부와 상관없이 일반 불법행위를 구성한다고 보았다.[4] 이후 줄곧 프라이버시권은 보통법상 불법행위로 다루어지다가, 1965년 Griswold 사건[5]에서 피임기구의 판매와 상담을 금지시킨 주법이 프라이버시를 침해하는 공권력의 행사에 해당한다는 판결을 통해 처음으로 헌법상 권리로 인정되었다.

이처럼 프라이버시권이 논의되던 초기에는 제3자나 공권력의 행사로부터 은밀한 사적 영역의 비밀성(소위 '영역 프라이버시')과 신체적 자유(소위 '신체 프라이버시')를 보장하는 소극적 보호를 의미하였다.

그러나 이러한 전통적인 해석에서 벗어나 현대적 의미의 권리로서 정보주체에게 개인정보의 통제 권한을 직접 귀속시키는 '정보 프라이버시(Information Privacy)'라는 개념이 새롭게 주창되었다. 이를 처음 제안한 Alan Westin 교수는 정보화 시대에는 정보주체가 자발적으로 공개한 정보일지라도 원치 않는 공개 상태에 놓일 수 있으므로 개인에 관한 모든 정보를 통제할 수 있는 강력한 권리 설정이 필요함을 강조하였다.[6] 이후 연방대법원은 Whalen 사건을 통해 독자적 판단에 의해 결정할 이익을 보장하기 위한 자율권으로서 '사생활 결정에 관한 프라이버시(Decisional Privacy)'와 개인 문제를 공개하지 않을 이익을 보장하는 통제권으로서 '사생활 공개에 관한 프라이버시(Informational Privacy)'와 같이 적극적인 성질을 명시적으로 인정하기에 이른다.[7]

이처럼 적극적 권리로서 프라이버시권의 법적 성격은 우리 헌법상 기본권으로 인정되는 '개인정보자기결정권'에도 내재화되어 있다. 헌법재판소는 지문 날인 사건에서 개인정보자기결정권을 "자신에 관한 정보가 언제 누구에게 어느 범위까지 알려지고 이용되도록 할 것인지를 정보주체가 스스로 결정할 수

America, BOSTON: LITTLE, BROWN AND COMPANY, 1880, p.238.

3) *See* Samuel Warren and Louis Brandeis, The Right to Privacy, 4 *Harv. L. Rev.* 193, 1890.

4) 프라이버시에 대한 침해가 일반 불법행위를 구성한다는 점을 인정한 판결로는 Pavesich v. New England Life Ins. Co., 122 Ga. 190, 50 S.E. 68 (1905) 참고.

5) Griswold v. Connecticut, 381 U.S. 479 (1965).

6) *See* Alan F. Westin, Privacy And Freedom, 25 *Wash. & Lee L. Rev.* 166, 1968.

7) Whalen v. Roe, 429 U.S. 589 (1977).

있는 권리"로 정의하였다.[8] 이와 같은 판례의 해석에서 알 수 있듯이 개인정보 자기결정권은 개인정보 처리에 있어서 자율적인 통제력을 확보해주는 것이 핵심인데,[9] 그 실행을 담보하기 위한 직접적이고 구체적인 법적 장치로서 고안된 것이 바로 '동의'라 할 수 있다.

2. 동의의 법적 성격 및 의의

동의라 함은 일반적으로 타인의 행위에 대하여 인허(認許) 내지 긍인(肯認)하는 의사표시를 뜻한다.[10] 이러한 동의는 사전 의사표시라는 점에서 사후적인 의사표시인 '승인(承認)'과 구분된다. 이에 따라 사전에 동의를 구하지 않는 경우 개인정보 처리는 법률상 규정된 예외적 상황을 제외하고는 원칙적으로 위법한 행위가 된다. 관점을 달리하여 해석해 보면 개인정보처리자의 정보 처리 요구에 정보주체가 동의하는 경우 개인정보 침해에 대한 위법성이 배제되며, 이 때 동의는 개인정보의 처리를 정당화하고 합법화하는 역할을 담당한다.

그러나 동의의 법적 성격과 성질에 대하여는 학설상 견해가 일치하지 않는다. 현행 개인정보보호법에서는 동의를 통해 제공해야 하는 내용과 동의를 받는 방법 등을 설명하고 있을 뿐, 동의의 개념을 구체적으로 설명하지는 않고 있다.[11] 이에 따라 동의가 법률효과를 불러오는 법률행위의 요소로서 민법상 의사표시에 해당하는지, 단순한 사실적 행위에 대하여 법률에서 법적 효과를 부여한 준법률행위에 해당하는지, 혹은 법률행위가 아닌 단순한 승낙의 의사에 해당하는지 등이 불분명한 상황이다. 여기서 의사표시에 해당하거나 준법률행위로 바라보는 입장에서는 민법상의 법률행위에 관한 규정이 적용되므로 법

---

8) 헌재 2005. 5. 26. 99헌마513.

9) 학설에 의하면, 개인정보자기결정권을 개인정보의 공개와 이용을 스스로 통제하고 결정할 수 있는 적극적 성질의 기본권으로 보는 의견이 지배적이다. 한수웅, 「헌법학」, 법문사, 2014, 543쪽; 성낙인, 「헌법학」, 법문사, 2014, 1207쪽 등.

10) 국회도서관·한국법제연구원, 핵심 한영 법률용어사전, 2022, 98쪽.

11) 이는 법규정에서 뿐만 아니라, 기존에 정부에서 발표한 동의 관련 가이드라인인 「개인정보 수집 최소화 가이드라인」과 「온라인 개인정보 처리 가이드라인」을 통합하여, 개인정보 처리 동의에 대하여 새롭게 안내하고 있는 개인정보보호위원회, 「알기쉬운 개인정보 처리 동의 안내서」, 2022에서도 마찬가지이다.

적용에 있어서 실질적인 차이를 발생시키지는 않는다. 그러나 승낙의 의사로서 단순행위에 해당하는 경우에는 민법의 규정이 적용되지 않는 점에서 차이가 발생한다.

학계에서 제안된 견해를 검토해보면, 동의의 법적 성격을 민법상 의사표시로 보는 견해[12]로서 세부적으로 일방적 의사표시로서 단독행위로 보는 견해[13], 계약의 구성요소로 보는 견해, 전통적 의미의 동의와 계약적 동의로 구분하는 견해, 약관법을 적용하자는 견해가 있으며, 그 밖에 주장으로는 계약의 구성요소로 보지 않는 견해와 준법률행위로 이해하는 견해로 나누어 볼 수 있다.

이 중 주요한 입장을 위주로 살펴보면 다음과 같다. 먼저 동의를 개인정보처리자와 정보주체 사이의 두 개 의사표시의 합치를 통해 성립하는 '계약'으로 보는 경우, 정보주체의 동의를 승낙으로 보거나 혹은 청약으로 보는 견해가 존재한다. 동의를 승낙으로 보는 견해에 의하면 동의라는 법률상 용어를 사용하고 있으나, 실질적으로 동의는 서비스 이용계약에 대한 개인정보처리자의 청약에 대한 승낙의 의사표시로 볼 수 있다고 한다.[14] 이러한 견해에 의하면 직관적으로 볼 때 승낙과 동의가 유사한 외관을 띠고 있다는 점과 개인정보처리자의 동의 취득 목적이 결국 서비스 제공을 위하여 필요로 하는 개인정보를 처리하기 위함이라는 점에서 개인정보처리자의 동의 요구를 청약으로 보는 것이 어색하지 않다는 장점이 있다. 그러나 정보주체는 개인정보 처리에 대한 동의 없이도 얼마든지 서비스 이용계약을 체결하는 것이 가능하므로 이러한 주장에는 논리적 허점이 존재한다.

반면 동의를 청약으로 보는 견해의 경우 가령 홈페이지 개설을 통해 인터

---

12) 배대헌, "인터넷상 개인정보의 이용약관에 관한 고찰", 「정보화정책」, 제10권 제1호, 2003, 155쪽; 김선량·허진성, "개인정보보호법 제16조 목적에 필요한 최소한의 개인정보 수집과 계약의 자유", 「강원법학」, 제52권, 2017, 146–148쪽; 오병철, "제3의 재산으로서 데이터의 체계적 정립", 「정보법학」, 제25권 제2호, 2021, 189쪽 등.

13) 다만 동의를 단독행위로 보는 경우는 국내에서는 구체화된 주장을 찾아보기 힘들다고 한다. 백경일·이병준, "개인정보 관련 약관·서식과 그 내용통제", 「외법논집」, 제36권, 2012, 204쪽에서 동의의 성격을 단독행위 내지 준법률행위로 이해할 수 있다고 언급하고 있으나 이에 대하여 구체적인 논거를 제시하지는 못하고 있다는 것이다. 주영선, "개인정보보호법상 동의의 법적 성격에 관한 고찰", 「법학논고」, 제42권 제1호, 2022, 191–192쪽.

14) 배대헌, 앞의 논문, 155쪽.

넷 회원을 가입하도록 모집할 때 이는 청약의 유인에 해당하고 이때 정보주체의 동의의 의사표시는 실질적으로 청약을 한 것으로 볼 수 있고, 개인정보처리자가 다시 이를 승낙하는 구조를 가진다고 설명한다.[15] 그러나 이는 거래 현실에서 정보주체가 개인정보처리자의 승낙을 구하기 위해 선제적으로 의사를 표시하는 청약으로 보기는 어렵다는 점, 청약은 효력을 발휘한 때에는 철회를 할 수 있어야 하는데 개인정보의 경우 언제든 철회할 수 있는 권한을 법률상 부여받고 있다는 점을 간과하고 있는 주장으로서 타당하지 않다고 보인다.

다음으로 전통적 의미의 동의와 계약적 동의를 구분하는 견해[16]에 의하면, 전자의 경우 개인정보자기결정권을 구현하는 수단으로서의 기능을 강조하며, 개인정보 권리를 실현시키기 위한 간섭으로부터 정당화하는 수단으로서 위법성 조각사유에 해당한다고 주장한다. 한편 또 다른 유형에 해당하는 계약적 동의는 개인정보처리자가 제공하는 서비스 이용계약을 체결하는 과정에서 서비스 제공에 대한 반대급부로서 개인정보를 처리·유통할 수 있는 권한을 가진다고 보고 있다.[17] 다만 이 견해는 개인정보처리자가 해당 개인정보를 직접 혹은 제3자에게 제공하여 광고 및 마케팅 목적을 달성하고자 하는 경우와 서비스 제공을 위하여만 개인정보를 처리하고자 하는 경우, 계약의 체결 및 이행을 위해 개인정보가 반드시 필요한 경우와 그렇지 않은 경우 등 구체적·개별적 사안에 따라 획일적으로 판단할 수 없다는 점을 간과하고 있는 것으로 보인다. 즉, 서비스 이용계약에 대한 승낙인지 혹은 이용약관에 대한 별도의 동의인지에 관하여는 분석하고 있지 않은데, 개인적으로는 이용계약에 대한 승낙은 청약에 의해 별개의 의사표시로 성립되는 경우가 대부분이므로 이용약관에 대한 별도 동의인지 여부를 중심으로 논의될 필요가 있다고 생각된다.

한편 계약의 성립을 위한 승낙의 의사표시라기보다는 개인정보자기결정권의 영역을 침해하는 것에 대한 위법성 조각사유로서 '피해자 승낙'에 가까운 성격을 가진다고 보는 견해도 있다.[18] 다만 이 견해는 계약을 위한 청약이 정보

---

15) 김선량·허진성, 앞의 논문, 146-148쪽.
16) 김진우, "대가로서의 디지털 개인정보 -데이터의 개인정보보호법 및 계약법적 의의-",「비교사법」, 제24권 제4호, 2017, 1529-1531쪽.
17) 김진우, 위의 논문, 1539쪽.

주체의 개인정보를 처리하는 것을 내용으로 함으로써 피해 상황 혹은 위법한 상황을 초래하는 것으로 볼 수는 없기 때문에 이를 일반화하여 위법성 조각사유로 보는 것은 적절하지 않다고 판단된다.

또 다른 견해로는 약관법의 적용이 필요하다는 주장이 존재한다. 이는 다시 두 가지 견해로 입장이 나뉘는데, 먼저 개인정보 동의서식을 미리 마련하고 해당 서식에 동의를 받는 것이 일반적이므로 개인정보에 관한 계약적 내용을 담고 있는 약관으로서의 성질을 가진다는 견해[19]가 있다. 정보주체가 동의 여부만을 선택할 수 있도록 하고 있어 실질적으로 결정을 내리지 못하는 상황에서 약관 통제의 대상이 된다는 것이다.[20] 다른 견해로는 동의가 실질적으로 권리를 보장하고 있는가 하는 문제에서 정보주체가 일반적으로 수용하기 어려운 부당한 내용을 담고 있다면 약관법을 유추적용하여 불공정성 문제를 해결하자는 취지의 주장을 하는 견해[21]가 있다.

끝으로 정보주체의 동의는 준법률행위로서 의사의 통지에 해당하므로 법률상 규정된 사항에 따라 법률효과가 발생한다는 견해가 있다.[22] 이 견해에 따르면 개인정보 처리에 관한 동의는 양 당사자 간 의사표시의 합치로 법률효과가 발생한다고 보기 보다는 개인정보보호법에서 강행규정으로서 요구하는 동의 규정에 따라 동의를 구하는 것이라는 점을 주장한다. 다만 이 견해는 의료행위에 있어서 의사의 설명의무와 환자 동의를 일반적으로 준법률행위로 본다는 것을 하나의 논거로 제시하고 있는데, 이는 의료 영역에서의 고지 기반 동의(Informed Consent)와 정보통신 분야에서의 서비스 이용을 위한 고지 기반 동의가 실무적으로 통용되는 개념과 실체적 요건에 있어서 차이가 있음을 고려하지 못한 판단으로 보인다.

상술한 바와 같이 이론적으로 동의의 법적 성질을 명확히 정립하였을 때 얻을 수 있는 실익은 동의 제도를 어떻게 수정하고 발전시켜 나갈 것인가 하는

---

18) 권영준, 앞의 논문, 128쪽.
19) 김진우, 앞의 논문, 1544쪽.
20) Id.
21) 백경일 · 이병준, 앞의 논문, 199쪽.
22) 주영선, 앞의 논문, 198-205쪽.

방향 설정에 영향을 끼친다. 왜냐하면 동의를 승낙 혹은 청약의 의사표시로 보는 경우 이는 계약법적 영역에 속하게 되어 사적 계약의 원칙에 따라 당사자의 자율적인 의사결정에 의존해야 하는 상황을 초래할 수 있기 때문이다. 생각건대 계약의 내용이나 동의 상황 등의 개별 사안의 맥락에 따라 법적 해석은 달라지겠지만, 동의의 일반적인 법적 성격은 준법률행위로서 이해하는 것이 타당한 접근이라고 생각된다. 특히 동의의 형식과 절차, 방법에 있어서 합법적 효력을 인정받기 위해서는 엄격하고 세세하게 규정된 법률상 요건을 충실히 따라야 한다. 따라서 동의는 준법률행위로서의 성격을 인정하는 것이 거래 현실에 보다 부합된다고 보이며, 향후 제도의 효율적인 개선을 위한 논의의 발전과 구체적인 정당성을 확보하기 위한 차원에서도 보다 유의미하다고 생각된다.

3. 현행법상 적법한 동의의 요건

가. 현행법상 동의의 주요 내용

개인정보보호법 제4조는 개인정보의 처리에 관한 동의여부, 동의 범위 등을 선택하고 결정할 권리를 정보주체의 권리로서 인정하고 있다. 개인정보보호법은 이 규정을 원칙으로 삼아 상당히 엄격하고 강력한 수준의 사전 동의 절차를 운용하고 있다.

구체적으로는 우선 개인정보보호법 제15조 제2항은 개인정보의 수집 및 이용을 위하여 정보주체의 동의를 취득하려는 때에는 ⅰ) 개인정보의 수집·이용 목적, ⅱ) 수집하려는 개인정보의 항목, ⅲ) 개인정보의 보유 및 이용 기간, ⅳ) 동의를 거부할 권리가 있다는 사실 및 동의 거부에 따른 불이익이 있는 경우에는 그 불이익의 내용에 대하여 정보주체에게 고지하도록 규정하고 있다.

개인정보처리자는 정보주체의 동의를 받아 개인정보를 수집하는 경우 필요한 최소한의 정보 외의 개인정보 수집에는 동의하지 아니할 수 있다는 사실을 구체적으로 알리고 개인정보를 수집하여야 한다(법 제16조 제1항). 다만 이러한 동의 여부는 정보주체의 실질적인 선택권을 전제로 이루어져야 하며, 개인정보처리자는 선택 사항을 동의하지 아니한다는 이유로 재화 또는 서비스의 제공을 거부해서는 아니 된다(제16조 제2항).

또 다른 특징적인 부분은 처리의 대상이 되는 정보가 특별한 보호를 요하는 중요 정보일 경우 통상적인 동의와 구분하여 별도의 동의를 받도록 규정하고 있는 점이다. 예를 들어 목적 외 이용·제공(개인정보보호법 제18조 제2항 제1호)이 필요한 경우나 고유식별정보(제24조 제1항 제1호) 혹은 민감정보(제24조 제1항 제1호)의 취급 시에도 별도의 동의가 필요하다. 이 중 주민등록번호를 제외한 고유식별정보 및 민감정보는 법령에 해당 정보의 처리를 요구하거나 허용하는 근거가 있거나 정보주체의 별도 동의를 받은 경우에 한하여 수집이 허용된다(제23조 및 제24조).

나. 동의를 받는 방법

개인정보보호법 제22조에서 규정하고 있는 현행법상 동의를 받는 방법과 관련하여 핵심적인 내용은 다음과 같다.

첫째, 고지 기반의 동의를 원칙으로 삼으면서 동시에 각각의 동의 사항을 구분하여 이를 명확하게 인지할 수 있도록 알리고 각각의 동의를 받도록 규정하고 있다(개인정보보호법 제22조 제1항). 곧 명시적·구체적·개별적 동의를 요구하면서 포괄적인 동의를 금지하고 있는 것이다. 이에 의하면 동의 당시에 포함된 내용에서 합리적으로 예상할 수 없는 방식으로 추가되거나 내용상 일체의 변경이 있는 경우에는 반드시 재동의를 받아야 하는 문제가 있다. 다만 전면 개정을 통해 달라진 점은 위와 같은 기존 규정의 구분 동의 원칙이 적용되는 경우를 각 호에서 예시로 들어 구체화하고 있다는 점이다. 이를테면 재화나 서비스를 홍보하거나 판매를 권유하기 위하여 개인정보의 처리에 대한 동의를 받으려는 경우를 명시적으로 포함하고, 기타 구분 동의가 필요한 경우를 하위 법령에 위임하고 있다(동 조 제1항).

둘째, 서면으로 동의를 받을 때에는 중요한 내용을 개인정보보호위원회가 고시로 정하는 방법에 따라 명확히 표시하여 알아보기 쉽게 하여야 한다(제22조

제2항). 특히 서면 동의 시 쉽게 접근할 수 있는 형식으로 명확하고 쉬운 문구를 사용하여 제시하여야 한다.[23] 고지사항에 대한 이해가 결여되어 있거나 정확한 내용을 전달받지 못하였다면 유효한 동의로 보기 어렵다.

셋째, 개정 이전에는 정보주체와의 계약 체결 등을 위하여 동의 없이 처리할 수 있는 개인정보와 정보주체의 동의가 필요한 개인정보를 구분하도록만 규정하고 있던 것에서, 전면 개정법은 동의없는 개인정보 처리 시 그 항목과 처리의 법적 근거를 공개하거나 전자우편 등을 통해 정보주체에게 알리도록 구체적으로 요구하고 있다(제22조 제3항). 다만 이 경우 동의 없이 처리할 수 있는 개인정보라는 입증책임은 기존과 동일하게 개인정보처리자가 부담하도록 규정하고 있다(제22조 제3항 단서).

넷째, 개인정보처리자는 정보주체가 선택적으로 동의할 수 있는 사항을 동의하지 않거나, 동의를 하지 않는다는 이유로 재화 또는 서비스의 제공을 거부하여서는 아니 된다(제22조 제5항). 여기서 선택적 동의에 대해서는 법률에 명시적인 규정을 두고 있지는 아니하나, 개인정보보호법 시행령 제17조 제3항에서 선택적으로 동의할 수 있는 사항에 대한 동의를 받으려는 때에는 정보주체가 동의 여부를 선택할 수 있다는 사실을 명확하게 확인할 수 있도록 선택적으로 동의할 수 있는 사항 외의 사항과 구분하여 표시하여야 한다고 규정하고 있다.

다. 동의의 법적 효력 인정을 위한 유효요건

위에서 설명한 '고지된 동의' 절차에 있어서 요구되는 법률상 성립요건을 모두 충족하더라도 반드시 법적 효력을 확보한 동의라 할 수 없다. 동의가 법률상 효력이 있는 유효한 동의가 되기 위해서는 다음과 같은 사항을 추가적으로 고려해야 하기 때문이다.

첫째, 동의를 구하는 사실이나 법정 고지사항과 관련하여 정보주체가 개인정보처리와 관련된 여러 상황과 배경에 대해 충분히 인식한 상태에서 자발적인 의사를 가지고 동의(Free/Freely given Consent) 여부를 결정한 것이어야 한

---

23) General Data Protection Regulation (EU) 2016/679 §7(2).

다. 즉, 정보주체가 실질적인 선택권과 통제권을 확보하지 못하면 유효한 동의로 볼 수 없다. 이와 같은 자유의사에 기한 동의는 정보주체가 실질적인 선택이 가능하고, 기망, 협박, 강요 및 동의를 하지 않을 경우의 부정적인 결과가 없을 때에만 인정된다.[24] 이에 대하여는 절대적인 기준으로 판단하기는 어렵다고 생각되는데, 그 이유는 가령 일정한 혜택을 받기 위해서는 카드 발급 신청에 동의를 해야 한다면 할인 혜택을 받지 못한다는 부정적 결과만으로 유효하지 않다고 판단해서는 곤란하기 때문이다. 그럼에도 불구하고 정보처리자와 정보주체 사이에 힘의 불균형(Imbalance of Power)으로 인해 부적절한 압력이나 영향력의 요인이 존재할 때 동의는 무효가 된다.[25] 예를 들어 특정 제품이나 서비스를 이용하는 데 있어서 중요한 사항을 실행하는 데 있어서 개인정보를 제3자에게 반드시 공개하여야만 하는 동의를 요구한다면 이는 자율적 판단에 의한 결정으로 보지 않는 것이 타당하다.

둘째, 정보처리의 범주나 목적 등이 구체적인 동의(Specific Consent)가 아니라면 자발적인 동의를 이끌어 낼 수 없어 유효한 동의로 평가할 수 없다.[26] 다만 이와 같이 예속되어 있는 상황이 자유로운 결정을 방해할 정도로 심각하지 않은 경우에는 유효한 동의로 봄이 상당하다.

셋째, 고지사항을 게시하는 부분과 이용자가 동의를 표시해야 하는 부분을 밀접하게 배치하여 법정 고지사항에 대한 명확한 인식을 기반으로 동의 여부를 결정할 수 있어야 한다. 그리고 동의를 표시하는 방법 역시 명확하게 인지한 상태로 진행될 수 있도록 구체적인 실행방안을 마련하여야 한다. 이는 대체로 입법적으로 강구해야 할 사항이라기보다는 제도적인 차원에서 쉽고 이해하기 쉬운 동의 방법을 개발하는 것이 적절한 대안일 수 있다.

넷째, 정보주체는 언제든지 자신의 동의를 철회할 권리를 갖는다고 할 것

---

[24] WP29, *Article 29 Working Party Guidelines on consent under Regulation 2016/679, Adopted on 28 November 2017 As last Revised and Adopted on 10 April 2018*, p.12.

[25] *Id.* at 6.

[26] *Id.* at 11-12. 이에 대하여는 개인정보보호위원회, 앞의 보고서, 15쪽에서도 정보처리 사실과 수집의 주체 등이 누구인지 명확하지 않은 경우 동의의 효력에 문제가 제기될 수 있다고 설명하고 있다.

인데, 동의 철회는 동의에 기초한 절차의 적법성에 영향을 미치지 않는다.[27] 또한 철회의 절차는 동의를 받는 것만큼 쉬워야 한다.[28][29] 동의를 얻는 방법을 구체적으로 요구하는 것 보다 쉽게 철회할 수 있는 방법을 강구하도록 하는 것이 효과적일 수 있다. 이러한 맥락에서 우리 개인정보 법제는 서면 동의 시 중요한 내용에 대한 표시 방법을 고시에서 정하도록 하고 있는 반면에 동의를 철회하는 방법에 관하여는 관련 규정을 두고 있지 아니하고, 「개인정보 수집·제공 동의서 작성 가이드라인」을 포함하고 있는 「불필요한 개인정보 수집 관행 개선을 위한 개인정보 수집 최소화 가이드라인」[30]에서조차 별다른 언급을 하고 있지 않아 규범적인 차원에서 이를 구체화할 필요가 있다.

종합해보면, 동의가 법적 효력을 갖추기 위해서는 정보주체가 자유로운 동의를 표시할 수 있는 상황에서 정보주체가 이해할 수 있는 동의 요건을 제시하여야 하고, 동의의 내용을 충분히 이해한 정보주체가 동의의 범위에 대해 선택적으로 동의의사를 표시할 수 있도록 하며, 언제든 쉽게 철회가 가능하여야 한다. 이 중에서도 특히 철회권의 확보는 결국 정보 처리의 투명성을 확보하고, 정보주체가 언제든 적시에 자율적으로 개인정보의 처리 여부를 결정할 수 있게 돕는다는 점에서 동의를 실질화 하는데 있어서도 매우 중요한 요소가 된다.

III. 현행 동의의 규범적 한계와 제도적 문제점

1. 동의의 형식화 문제

앞서 우리가 개인정보를 처리하고자 할 때 개인정보에 대한 권리를 동의

---

27) General Data Protection Regulation (EU) 2016/679 §7(3).

28) *Id.*

29) 우리 개인정보보호법의 경우 제39조의7에서 정보통신서비스제공자 등은 동의의 철회를 요구하는 방법을 개인정보의 수집 방법보다 쉽게 하여야 한다고 규정하고 있다.

30) 개인정보보호위원회·한국인터넷진흥원, 「불필요한 개인정보 수집 관행 개선을 위한 개인정보 수집 최소화 가이드라인」, 2020.

법리에 의존하여 거래한다고 하더라도 실질적이고 유효한 동의를 확보하기 위하여는 여러 가지 고려 요소가 존재한다는 점을 확인하였다. 특히 동의에 기반한 법리는 합리적인 의사 판단 능력과 이익 보호를 강구할 수 있는 권리자를 전제로 상정하는 것이 필요하다. 정보주체가 충분한 지식과 협상 능력을 확보하지 못하는 경우 동의의 유효성이 깨질 가능성이 크기 때문이다. 그러나 현실에서는 법적·기술적 통제와 같은 여러 제약들로 인하여 정보주체가 이와 같은 충분한 정보력과 협상력을 확보하기가 쉽지 않다. 이러한 문제로 인하여 충분한 정보가 제공되지 못하고 정보주체가 명확하게 인식하지 못한 채 동의가 이루어지게 되면서 동의의 형식화·형해화를 초래하는 원인이 된다.

이러한 동의의 형식화·형해화의 문제는 다양한 실태조사와 실증적 방법을 사용한 연구 결과를 통해서도 드러난다. 일례로 「2021년 개인정보보호 실태조사」결과[31]에 의하면, 공공기관은 개인정보의 수집 근거로 정보주체의 동의를 사용하는 경우가 94.7%로 가장 높았으며, 민간기업의 경우에도 정보주체의 동의가 99.0%로 가장 높았다. 또한 정보주체가 개인정보를 제공할 때 동의 내용을 확인하지 않는 경우가 53.1%로 확인하는 경우 보다 높았으며, 동의 내용 미확인의 이유에 관하여는 '동의 내용에 상관없이 서비스를 반드시 이용해야 해서'가 34.9%로 가장 높았고, '확인하는 것이 귀찮고, 번거로워서'가 34.6%로 그 뒤를 이었다. 비단 해당 조사뿐만 아니라 동의의 형식화를 지적하는 연구는 실로 다양하다. 대표적으로 플랫폼 기업들의 서비스 이용약관을 읽는데 걸리는 시간을 측정한 결과, 성인 평균에 해당하는 속도(분당 240단어)를 기준으로 할때 Microsoft는 15,620단어로 구성된 약관을 읽는데, 1시간 3분 30초가 소요되었고, 8,600단어로 된 Spotify 약관의 경우 35분 48초가 걸리는 것으로 기록되었다.[32] 현명한 소비자라고 해도 약관의 내용 전체를 읽고 숙지하는데 드는 시간적 비용이 상당함을 파악해볼 수 있다. 그 밖에 다양한 연구에서 정보주체 스스로가 과적재된 프라이버시 관련 고지사항을 열독하고 이를 진정으로 이해

---

31) 개인정보보호위원회·한국인터넷진흥원, 『2021년 개인정보보호 연차보고서』, 2022, 202-203쪽.
32) <https://markets.businessinsider.com/news/stocks/terms-of-service-visualizing-the-length-of-internet-agreements-1029104238>(visited at February 4, 2023).

하여 합리적인 의사결정을 내리기 어렵다는 점이 실증되었다. 심지어 짧고 이해하기 쉬운 형태의 취급방침을 제시한다고 해도 고지사항에 대한 이해도가 유의미한 수준으로 증가하지 않는다는 부정적인 결론의 연구[33])도 있다.

이와 같은 현상은 개인정보의 중요성에 대한 구체적 인식 없이 추상적으로 막연하게 접근하여 정보 처리의 상세한 흐름을 파악하는 데 소극적으로 임함으로써 나타나는 행동이라 할 것이다. 개인정보의 처리를 동의하는 것이 개인정보 유출에 대한 리스크를 동시에 가진다는 인식은 정보주체 누구나 인지할 수 있는 부분이다. 그렇지만 정보처리자가 제공하는 서비스를 이용함에 있어서 동의 사항을 면밀히 검토하여 일부 내용에 대하여 동의를 하지 않는다고 하여 구체적인 결과가 달라질 것이라는 확신도 갖기 어렵다. 특히 필수동의로 표시된 사항의 경우 동의서의 내용이 어떻게 기술되어 있는지 여부를 불문하고 서비스 이용을 위하여 반드시 선택을 해야 하는 것이기 때문에, 동의를 숙려함으로 인해 얻는 이익 보다 그렇게 하지 않았을 때 얻는 경제적 실익과 시간·비용 절감의 효과가 더욱 크다고 할 수 있다.

한편, 현행법에서 고지 기반의 동의 즉, 동의에 대한 승낙의 의사표시와 함께 동의 내용을 사전에 고지하도록 하는 기본 원칙은 오히려 동의의 형식화를 부추기는 원인으로 작동한다. 또한 개인정보처리자는 현행법에서 요구하는 명시적 동의, 개별적 동의, 별도 동의, 필수/선택 구분 동의 등의 요구사항으로 인하여 동의서의 내용을 복잡하게 만들고, 동의 항목에 수 차례 체크하도록 요구함으로써 이용자를 번거롭게 하는 경향이 발생한다. 이를 이른바 '동의의 역설(Consent Paradox)'이라 한다.[34] 동의 절차를 간소화하고, 사전적 통제 수단으로서의 기능을 일부 축소하여 다른 제도적 통제 수단 이를테면 사후적 통제 혹은 기술적 통제 등과의 조화가 이루어지도록 제도 방향을 설계할 필요가 있다. 이에 대하여는 후술하여 상세히 다룬다.

---

[33] *See* Edward J. Janger and Paul M. Schwartz, The Gramm−Leach−Bliley Act, Information Privacy, and the Limits of Default Rules, 86 *MINN. L. Rev.* 1219, 2002.

[34] Daniel J. Solove, Privacy Self−Management and the Consent Paradox, 126 *Harv. L. Rev. 1880*, 2013, p.1885.

2. 디지털 경제의 부상과 기존 원칙의 한계

본래 동의는 정보의 공유와 교환이 이루어질 때 개인정보처리자의 고지와 정보주체의 승낙이 동시에 행해지도록 고안된 절차이다. 일상적인 거래 상황을 예로 들면 개인이 은행과 거래를 하거나 보험금을 청구하는 등 제한적인 목적으로 거래가 이루어지는 경우, 이는 충분히 예측 가능한 상황 하에 정보가 처리되며 계약서 혹은 거래 약관을 통해 개인정보 처리 및 보호 관련 내용이 일부 편입되어 있는 것이 대부분이므로, 정보주체가 동의서에 기재된 내용 외에 추가적인 정보 확인을 요청하는 경우가 많지 않다.

그러나 분산시스템을 통한 데이터 전송이 전제가 되는 빅데이터와 사물인터넷 환경에서는 정보의 흐름을 일일이 예측하는 것이 쉽지 않고, 엄청난 양의 정보가 실시간으로 축적되어 가공·분석된다. 이처럼 디지털 환경에서의 개인정보 처리 현실은 매우 복잡하고 가변적이어서 모든 내용을 사전에 고지하고, 전적으로 고지된 사항에 한정하여 데이터를 처리하는 것이 사실상 불가능하다.

가령 동의 목적의 구체성 요건의 경우 데이터를 마이닝(mining)하는 과정에서 사전에 예측하지 못한 분석이 이루어질 수 있기 때문에 완벽한 달성이 어려우며, 자동화된 의사결정에 구속됨으로써 자발적인 의사를 가진 동의(Free/Freely given Consent)가 이루어지기 어렵다. 또한 구체적인 동의(Specific Consent)나 법정 고지사항에 대한 명확한 인식을 기반으로 한 동의(Informed Consent) 역시 실시간 정보 수집이 광범위한 범주에서 이루어지는 디지털 환경에서의 거래 현실에 반한다.

따라서 디지털 경제에 대응하여 데이터 기반의 다양한 서비스 개발을 위해서는 동의 제도의 운영에 있어서 기존의 접근 방향을 전환할 필요가 있다. 즉 수집 단계에서 고지 내용과 동의 항목을 명확히 제시하도록 하는 사전적 절차의 완비에 방점을 둘 것이 아니라, 수집 이후에 정보처리의 각 단계에서 드러나는 리스크를 사후적으로 어떻게 효과적으로 통제할 것인지의 관점으로 초점을 옮겨갈 필요가 있을 것이다.

3. 동의 제도의 규범적 한계

가. 포괄 동의의 금지, 구분동의와 필수·선택 동의의 요구

개인정보보호법의 동의는 포괄적 동의를 금지하고 있고, 각각의 동의 사항을 구분하여 개별 동의를 받아야 하며, 필수·선택 동의를 구분하도록 요구하고 있어 강력한 수준의 사전 규제를 두고 있다고 평가할 수 있다. 이는 이용자의 직관적인 선택을 돕는 데 유용하겠으나, 오히려 필수사항에만 동의 체크를 하도록 사실상 유도함으로써 정보주체를 소극적으로 만들어 동의의 형식화 현상을 부추기는 원인이 되기도 하며, 산업계에서 데이터를 기반으로 하는 새로운 서비스를 개발하는 데 있어서 장애가 되기도 한다.

나. 재동의 요구에 따른 비효율성 문제

사전 동의를 통해 정보 수집이 시작되고 동의 받은 목적과 기간에 한정하여 개인정보처리 프로세스를 시작하게 되는데, 이것이 빅데이터를 수집하는 과정이나 자동화 처리되는 환경에서 일일이 사전 동의를 요청할 수 없는 문제를 야기한다. 즉, 목적이나 보관 기간 등의 변경 사항에 대해 재동의가 곤란한 부분이 발생하는 것이다. 이처럼 재동의 요구는 사업자에게 많은 비용과 시간을 소요하므로 정보가 효율적으로 교환되어야 하는 빅데이터 환경이나 자동화된 처리를 기반으로 하는 환경에서는 정보처리의 유연한 흐름을 가로막는다.

물론 개정 데이터 3법을 통해 이른바 '양립가능성' 조항이 신설되어 당초 수집 목적과 합리적으로 관련된 범위에서는 일부 조건 하에 정보주체의 동의 없이 개인정보를 이용할 수 있게 되었지만, 여전히 대상 정보나 처리 범위를 특정한다는 것은 그에 관한 입증책임을 지는 사업자 입장에서는 사전에 예견하기 어려운 요소이다.

아울러 개인정보보호법 제18조 제3항은 ① 개인정보를 제공받는 자, ② 개인정보의 이용 목적(제공 시에는 제공받는 자의 이용 목적), ③ 이용 또는 제공하는 개인정보의 항목, ④ 개인정보의 보유 및 이용 기간(제공 시에는 제공받는 자의 보유 및 이용 기간), ⑤ 동의를 거부할 권리가 있다는 사실 및 동의 거부에 따른 불이익이 있는 경우에는 그 불이익의 내용 중 어느 하나에 해당하는 사항을 변경하는 경우 재동의를 요구하고 있다. 이는 데이터의 결합이나 연계를 통해 새로운 분석데이터를 확보해야 하는 상황에서 비현실적이고 불합리한 결과를 초래한다.

다. 규제 수준의 엄격성

개인정보보호법은 동의의 예외를 인정하는 사유에서 불가피한 상황만을 전제로 하는 등 규제 수준의 엄격성이 문제된다. 구체적으로 살펴보면 개인정보보호법 제15조는 대다수의 사유에서 불가피한 상황에 한정하여 동의 없는 개인정보 처리를 인정하고 있다. 즉, ① 법률에 특별한 규정이 있거나 법령상 의무를 준수하기 위하여 '불가피한 경우', ② 공공기관이 법령 등에서 정하는 소관 업무의 수행을 위하여 '불가피한 경우', ③ 전면 개정법을 통해 개정된 사항으로서 정보주체와 체결한 계약을 이행하거나 계약을 체결하는 과정에서 정보주체의 요청에 따른 조치를 이행하기 위하여 필요한 경우,[35] ④ '명백히 정보주체 또는 제3자의 급박한 생명, 신체, 재산의 이익을 위하여 필요하다고 인정되는 경우',[36] ⑤ 개인정보처리자의 정당한 이익을 달성하기 위하여 필요한 경우로서 '명백하게 정보주체의 권리보다 우선하는 경우'(이 경우 개인정보처리자의 정당한 이익과 상당한 관련이 있고 합리적인 범위를 초과하지 아니하는 경우) ⑥ 전면 개정법을 통해 신설된 내용으로서 '공중위생 등 공공의 안전과 안녕을 위하여 긴급히 필요한 경우'를 규정하고 있다.

물론 세 번째 사유로 기재한 계약을 이행하거나 체결하는 과정에서 정보

---

[35] 기존에 규정된 "정보주체와의 계약의 체결 및 이행을 위하여 불가피하게 필요한 경우"와 비교할 때 불가피한 경우를 삭제하고 필요한 경우로 변경함으로써 동의의 예외 사유를 인정하는 데 있어서 일정 부분 완화된 해석이 내려질 것으로 평가된다.

[36] 전면 개정법 이전에는 "정보주체 또는 그 법정대리인이 의사표시를 할 수 없는 상태에 있거나 주소불명 등으로 사전 동의를 받을 수 없는 경우로서 명백히 정보주체 또는 제3자의 급박한 생명, 신체, 재산의 이익을 위하여 필요하다고 인정되는 경우"로 규정하였는데, 개정법에서 전단의 설명을 명문에서 제외함에 따라 이 규정에서 정한 예외 사유에 해당될 가능성은 오히려 확대된 것으로 볼 수 있다.

주체의 요청에 따른 이행 조치가 필요한 경우에는 기존에 불가피한 경우만을 대상으로 하였던 것에서 필요하다고 인정되는 경우로 개정함으로써 예외 사유에 해당될 여지가 커졌으나, 여전히 법조 실무에서 적용될 법한 사례를 발굴하기는 쉽지 않다.

특히 예외적 사유를 엄격하게 인정하는 문제는 동의 위반행위에 대한 형사처벌 수준을 감안할 때 과도한 규제로 인식될 수 있다. 개인정보보호법은 동의와 관련한 위반사항에 대하여 5년 이하의 징역 또는 5천만원 이하의 벌금에 처하는 제재규정을 두고 있다. 개인정보 보호의 강화를 위하여 적절한 제재수단을 확보하는 것은 매우 중요한 일이나, 이러한 제재를 통한 목적의 달성이 반드시 형사처벌로만 가능한 것은 아니다. 특히 형벌은 최후의 수단으로서 죄질과 책임에 상응하는 비례성의 원칙이 요구되는데, 실체적 위반인지 절차적 위반인지를 세밀하게 구분하지 아니하고 동일한 수준의 형사적 제재를 구하는 것은 바람직하지 않다. 따라서 현재의 위법한 상태를 제거할 수 있거나 시정이 가능한 경우에는 행정조치 등 행정적 제재 등을 활용하도록 하고, 이에 대한 적절한 조치가 취해지지 않거나 위법 상태가 존속하는 경우에 한하여 형사처벌을 하는 방향으로 보다 실효성 있게 제재규정을 재설계할 필요가 있다.

Ⅳ. 동의의 실질화를 위한 법제도적 방안

이하에서는 각 국에서 시도되고 있는 해외 입법례 및 제도적 고안을 참고하여 우리법상 동의 제도를 실질화하기 위한 개선방안에 대하여 제안하도록 한다.

1. 정보처리 전반에서의 투명성 원칙 내재화

먼저 개인정보보호법에 투명성 원칙을 보다 명확하게 천명하는 것을 고려해 볼 필요가 있다. GDPR 제5조에 의하면 투명성 원칙은 개인정보의 처리는 적법하고(lawfulness), 공정하고(fairness), 투명해야 한다(transparency)는 것을 의미한다. 한편 GDPR 제12조는 이를 구체화하여 개인정보 처리와 관련한 일체의 정보와 통지를 정확하고, 투명하고, 쉽게 이해할 수 있는 형식으로 명확하고 평이한 언어(clear and plain language)를 사용(특정 정보의 경우 표준화된 아이콘의 사용도 가능)하여 정보주체에게 제공하도록 적절히 조치하여야 한다고 규정하고 있다.

반면에 우리 개인정보보호법은 투명성 원칙을 명시하지는 않고, 법 제3조 제1항에서 처리 목적을 명확하게 하여야 하고 그 목적에 필요한 범위에서 최소한의 개인정보만을 적법하고 정당하게 수집하여야 한다는 규정만을 두고 있다. 또한 동 조 제3항에서는 정확성, 완전성 및 최신성을 보장하도록 규정하고 있다.

GDPR의 경우 개인정보처리자는 적법한 처리를 위한 과정에서 투명성 원칙의 통제를 받게 되므로 해당 원칙이 동의를 구하는 방식이나 언어적 표현방법 등 동의를 받는 과정 전반에서 내재화되어야 한다. 그러나 우리나라의 규율 방식은 법문에 명시된 동의를 구하는 방법(제22조)으로서 명확하고 용이한 설명을 해야 하는 것 이외에 개인정보취급방침에 고지된 내용적 측면에 이르기까지 투명성 확보가 요구되는 것인지가 명확하지 않다. 일례로 깨알 같은 글씨로 마케팅 동의를 구하여 문제가 된 홈플러스 사건[37)]에서 대법원은 당해 사안의 동의의 적법성 판단에 있어서 동의의 방식과 절차적인 집행이 적절했는지에 대한 형식적 외연에 대해서만 판단하였고, 개인정보처리방침에 고지된 내용의 실질에 대한 합법성 여부는 판단하지 않았다.[38)]

반면에 프라이버시 정책 및 서비스 약관 등 구글의 동의방식 및 절차 전반에 걸쳐 유효한 동의가 제공되었는지에 관하여 다투어진 프랑스 개인정보보호위원회(CNIL)의 과징금 처분 사건[39)]에서는 국내와는 다른 접근이 이루어졌음

---

37) 대법원 선고 2016도13263 판결.

38) 이와 같은 지적에 대하여는 이주희, "개정 개인정보보호법과 GDPR의 투명성원칙 및 동의절차에 관한 비교법적 연구", 「원광법학」, 제36권 제4호, 2020, 74쪽.

39) Délibération SAN−2019−001 du 21 janvier 2019. available at <https://www.legifrance.gouv.fr/cnil/id/CNILTEXT000038032552>(visited at February 4, 2023).

이 확인된다. 이 사건에서 논란이 된 구글은 계정을 생성할 때 추가정보를 확인할 수 있는 팝업창을 통해 프라이버시 정책 및 서비스 약관을 제공하고, 이메일 계정의 생성 시에는 첫 이메일 송신을 통해 프라이버시 약관 사항을 전송하기도 하였다. 또한 구글 계정을 이용할 때 개인맞춤형 광고의 허용 여부나 위치기록 등 프라이버시 환경을 개별적으로 설정할 수 있는 'Privacy Check-up'이라는 옵션이나 구글과 관련된 사용 계정 및 서비스 이용 현황을 보여주는 'Dashboard'를 제공하였다. 그럼에도 불구하고 서비스 약관에서 구체적인 내용을 확인하기 위해서는 'More Option'을 클릭하여야 하고, 그 구체적인 기술 내용 역시 매우 추상적이며, 한 곳에서 이러한 정보들을 파악하기 어렵게 널리 퍼져있고, 그로 인해 접근하기 용이하게 구성되어 있지 아니하였다. 이에 법원은 이러한 동의 절차는 GDPR 제12조에 따른 '명확하고 이해하기 쉬운 동의'로 볼 수 없고, GDPR 제13조에 따라 제공되어야 하는 정보가 정보주체에게 인지되었다고 볼 수 없다고 판단하였다.

요컨대, 국내 판결은 법규범에서 규율하고 있는 동의 방법, 즉 절차의 이행을 중시하는 체계인 반면에, EU GDPR은 동의를 받는 형식에 구애 없이 투명성과 유효성 확보를 판단 기준으로 하여 실제 정보주체에게 유효한 동의가 이루어졌는지의 실체적 사실을 보다 중요한 기준으로 삼고 있다. 이는 법률 요건을 충족하였다는 이유만으로 위법성이 면제되는 소위 동의만능주의의 폐해를 일정 부분 해소할 수 있다는 점에서 의의가 있다. 동시에 법체계 전반에서 개인정보 보호와 활용 사이의 동적 변화에 대응하기 위한 근간이 되는 기본 원칙으로서 기능할 수 있을 것으로 본다.

2. 옵트아웃 방식의 부분적 도입을 위한 법적 방안

가. 동의의 유연성 확보와 옵트아웃 방식의 부분적 도입

동의의 경직성으로 인해 발생하는 비효율성 문제를 해소하기 위한 개선도 필요하다. 이를 위해 모든 상황에 일률적으로 옵트인(opt-in) 방식의 사전 동의를 요구할 것이 아니라, 서비스 제공에 필수적인 사항과 같이 동의가 형식화되어 행해질 수밖에 없는 한도 내에서는 부분적으로 옵트아웃(opt-out) 방식을 도입하는 것을 고려할 필요가 있다.

일각에서는 옵트아웃 방식의 도입이 곧 개인정보보호 수준의 후퇴를 초래한다고 확대해석하여 우려를 표명하는 시선도 있다. 그러나 거래에서 예정한 본질적인 서비스를 제공하기 위해 필요한 필수정보에 대한 동의는, 부동의(不同意)하는 경우 서비스를 아예 이용할 수 없기 때문에, 서비스 이용 시 반드시 거쳐야 하는 형식적인 요식 절차에 불과하다고 할 것이다. 따라서 굳이 이러한 제한적 상황에서까지 엄격한 사전 동의를 요구할지는 반드시 관철시켜야 하는 기본 법리의 영역에 속한다고 보아서는 아니 될 것이다. 결국, 개인정보 법제에서 정보처리의 적법 처리 사유 중에서도 중요한 위치를 차지하는 동의를 획득함으로써 절차적 정당성 확보에 방점을 둘 것인지, 동의의 유연성 강화를 통한 효율성의 증진을 기대이익으로 삼을 것인지를 비교형량하여 제도적으로 적절한 균형점을 찾는 접근이 필요하다.

나. 대시보드 의무화 등 철회권 보장 및 투명성 확보 방안

전술한 실효적 통제권 확보와 관련하여 일본의 개인정보보호법은 정보주체에게 법정 고지 사항(제3자 제공의 목적, 대상 개인정보 항목, 제3자 제공의 방법, 요청시 언제든 제3자 제공이 정지된다는 점, 그러한 요청을 접수하는 방법)을 사전에 전달하거나 본인이 용이하게 알 수 있는 상태로 두는 경우 개인정보보호위원회에 신고하는 요건으로 익명가공정보를 동의 없이 제3자에게 제공할 수 있다(개인정보보호법 제23조 제2항). 이에 의하면 동의사항에 변경이 있는 경우에도 개인정보보호위원회에 재신고만 하면 된다고 규정된다(제23조 제3항).

일본의 공표제도는 비록 익명가공정보에 한정하여 옵트아웃 방식을 인정하는 것이지만, 공표제도를 도입·운영함으로써 정보 흐름에 대한 투명성 강화를 함께 고려하고 있다는 점에서 시사하는 바가 크다. 우리 개인정보 법제에서도 옵트아웃 방식을 도입하기 위해서는 입법자의 결단이 필요한 상황인데, 일본의 사례와 같이 투명성 강화를 함께 도모하는 것이 입법의 정당성과 당위성을 끌어내는데 보탬이 될 것으로 보인다.

가령 투명성 확보 차원에서 동의 철회권 행사의 구체적인 방법을 규범적으로 정립하는 것을 생각해볼 수 있을 것이다. 개인정보보호법은 수집보다 쉬운 철회를 요구하고 있으나(제39조의7 제2항), 구체적으로 어떠한 형태로 해당 요건을 충족시킬 수 있을지가 불분명하다. 예컨대 전화나 이메일 등 별도의 수단을 통해 철회의 의사를 표시할 수 있다면 이는 쉬운 철회로 보기는 어려워 보인다.

따라서 소비자의 대시보드 화면을 통해 정보처리자가 보유하고 있는 개인정보를 관리·통제할 수 있도록 하고, 그 일환으로서 대시보드를 통해 철회의 의사도 손쉽게 관철시킬 수 있도록 권고하는 방안이 타당해 보인다. 이와 관련하여 선제적인 입법례로서 호주의 「경쟁 및 소비자법(Competition and Consumer (Consumer Data Right) Rules 2020)」은 "데이터 보유자(data holders)와 인가자(accredited persons)[40]는 소비자의 데이터 요청과 이 규칙에 따른 동의 및 동의철회 기능을 포함하는 대시보드를 제공해야 하는 일반적인 의무[41]와 정보 업데이트 의무[42]를 가진다"고 규정하고 있다. 본 규정은 개인정보 처리 전반에 적용되는 것은 아니고 Consumer Data Right의 실행과 관련하여 제공의무를 부담하는 것이지만, 대시보드를 통해 동의 사항에 대해 상세한 정보를 제공하도록 하고 있어 주목된다.[43]

---

40) 여기서 '인가자'는 국내 신용정보법상 본인신용정보관리업 허가를 받은 본인신용정보관리업 자와 같이 개인정보를 취급할 수 있도록 허가된 마이데이터 사업자를 의미한다.

41) Competition and Consumer(Consumer Data Right) Rules 2020), Division 1.4, Subdivision 1.4.1 —Preliminary, 1.11 Simplified outline of Division.

42) Competition and Consumer(Consumer Data Right) Rules 2020), Division 4.3—Consents to collect and use CDR data, Subdivision 4.3.5—Notification requirements, 4.19 Updating consumer dashboard.

43) 인가자의 경우 다음의 8개 항목에 관하여 대시보드를 통해 공개하도록 요구하고 있는데, 동의와 관련된 CDR 데이터의 상세 내용(details of the CDR data to which the consent relates), CDR 소비자로부터 동의 받은 이용 목적에 관한 상세내용(details of the specific use or uses for which the CDR consumer has given their consent), CDR 소비자가 동의한 시기(when the CDR consumer gave the consent), CDR 데이터의 수집을 위해 단번에 혹은 일정 기간 동의한 내용이 무엇인지 여부(whether the CDR consumer gave the consent for collection of CDR

3. 차별적 선택이 가능한 동의 등급제 도입

또 다른 방안으로 필수 수집 항목에 대하여는 별도 동의를 요구하지 않고 고지로 대체하는 대신에, 선택 항목에 대하여는 이용자가 원하는 공개 수준이나 수집 허용대상 및 목적 등을 세세하게 설정할 수 있도록 유연한 선택 방식을 도입하는 방안이 있다. 이를 통해 이용자는 개인맞춤형의 부가적인 서비스를 이용하는 등 차별적인 수준의 서비스를 제공받을 수 있게 된다. 다만 정보주체의 선택권을 지나치게 배려하여 자칫 다양한 선택지로 동의 절차를 설계하게 되면, 개별 서비스의 맞춤형 제공에 상당한 부담이 초래되거나 정보처리의 목적 달성이 어려워 오히려 비효율성을 배가시키는 경우도 있을 수 있다.

이와 관련하여 참고할만한 선택 동의 제도 사례로는 2021년 2월부로 금융분야에 도입된 신용정보법상의 '정보활용 동의 등급제'가 있다. 신용정보법 제34조의3에서는 금융위원회가 평가한 등급을 신용정보주체에게 알리고 정보활용 동의를 받도록 정보활용 동의등급 제도를 규정하고 있다. 동의등급을 부여할 때에는 정보활용에 따른 사생활의 비밀과 자유를 침해할 위험에 관한 사항(민감정보인지의 여부 포함), 정보활용에 따라 신용정보주체가 받게 되는 이익이나 혜택을 고려하여야 한다(법 제34조의3제2항). 또한 "보다 쉬운 용어나 단순하고 시청각적인 전달 수단 등을 사용하여 신용정보주체가 정보활용 동의 사항을 이해할 수 있도록 할 것"과 "정보활용 동의 사항과 금융거래 등 상거래관계의 설정 및 유지 등에 관한 사항이 명확하게 구분되도록 할 것"이 요구된다(법 제34조의3제2항). 이를 종합해보면 동의 등급의 평가 요소로서 소비자 위험도, 소비자 혜택, 소비자 친화도 즉, 소비자 관점을 핵심 기준으로 삼고 있음을 파악해 볼 수 있다. 우리 법은 법률상 필수 동의와 선택 동의의 구분을 요하고

---

data), CDR 데이터의 수집을 위해 소비자가 일정 기간 동의를 하였다면 얼마의 기간인지, 얼마나 자주인지, 해당 기간을 초과하여 수집될 것으로 기대하는지 여부(if the CDR consumer gave the consent for collection of CDR data over a period of time), 예정된 만료기간이 언제인지에 관한 동의 현황(if the consent is current—when it is scheduled to expire), 만료로 인해 동의가 철회된 경우(if the consent is not current—when it expired), 동의에 기하여 수집된 CDR 데이터에 관한 정보(information relating to CDR data that was collected pursuant to the consent)가 그 대상에 속한다.

있어 소비자 입장에서 선택 동의 항목에 체크하는 경우는 많지 않을 것이다. 이러한 상황에서 선택 동의서에 등급을 부여하는 방식으로 동의 수준을 수치화하여 제공하는 등급제는 소비자에게 사전에 위험 수준정보를 제공함으로써 '알고하는 동의(Informed Consent) 원칙'을 실현시킨다는 점에서 중요한 의미를 갖는다고 할 것이다.

이를 참고하여 차별적 선택이 가능하도록 새로운 동의 제도를 고안할 필요가 있다. 구체적으로는 선택 동의에서 제시하는 개별 항목 단위로 정보처리 단계에서 갖는 리스크를 등급화하여 운영하는 것도 방안(이른바 '동의 항목별 등급제'라 지칭하고자 함)이 될 수 있다. 위에서 살펴본 금융 분야의 등급제가 선택 동의서 전체를 기준으로 위험도 및 혜택 등을 기준으로 등급을 매기는 것이라면, 여기서 제안하는 동의 항목별 등급제는 개별 동의 항목별로 위험도 등을 객관적 수치로 환산하여 평가하는 것이다. 이러한 제도 운영을 통해 노려볼 수 있는 실질적 효과는 통상의 동의 절차에서 '예'와 '아니오'의 선택지만을 갖던 소비자가 선택 동의의 대상이 되는 항목별로 얻을 수 있는 혜택과 위험도 등을 비교형량함으로써 구체적인 선택으로 나아갈만한 유인을 제공한다는 점이다. 또한 개별 동의 항목에 대한 전문기관의 객관적 평가를 통해 최종 의사결정을 내리는 데 있어서 매우 유용한 기준을 제시한다는 점에서도 실익이 있다.[44]

4. 고지 등 정보제공 방법의 실질화 방안

가. 이해된 동의와 고지된 동의

각 국에서 동의의 형식화와 형해화 문제를 해결하기 위해 전통적으로 취하는 동의 방식은 'Informed Consent' 모델이라 할 수 있다. 여기서 'Informed

---

[44] 이와 같은 취지에서 에너지소비효율 등급과 신용등급 같은 객관적 수치화된 요소에 기초하여 산정기준을 제시하는 것은 쉬운 일이 아니나, 소프트웨어 라이선스 등급 부여와 같이 약관에 대하여 등급을 부여하는 시도가 이루어지고 있으므로 등급 부여 제도를 포기할 것은 아니라고 한다. 권영준, 앞의 논문, 716-717쪽. 소프트웨어 라이선스 등급 부여에 관한 논의는 See F. Marotta-Wurgler, Are "Pay Now, Terms Later" Contracts Worse for Buyers? Evidence from Software License Agreements, 38 *Journal of Legal Studies*, 2009, pp. 5-10.

Consent'를 우리말로 번역할 때 의료 분야에서의 '이해된 동의'와 정보통신 분야에서의 '고지된 동의'를 개념적으로 구분하여 사용할 필요성이 인정된다. 이 둘은 모두 번역상 'Informed Consent'라는 용어에 어원을 두고 있지만, '고지'가 반드시 '이해'를 동반하는 것은 아니라는 점에서 개념적으로 분화시킬 필요가 있는 것이다. 특히 의료행위 실무에서 일대일 방식으로 환자에게 동의를 구할 때 의료행위와 관련된 구체적 사실과 영향에 대해 이해시키는 데에 방점을 두고 동의를 구하는 것과 정보보호를 위하여 불특정 다수를 대상으로 이해된 동의를 구하는 것은 큰 차이가 있다. 명확한 이해를 동반하지 못한 동의로 인하여 훼손될 수 있는 권리자의 법익과 침습성의 존재 여부 또한 두 상황은 매우 다르다. 따라서 이러한 상황적 차이를 감안하여 정보통신 분야에서의 'Informed Consent'는 명확하고 이해할 수 있는 고지를 통해 달성할 수 있는 규준으로 삼는 것이 바람직하다.

나. 정보제공 방법의 실질화

앞서 정보주체가 프라이버시 보호와 관련된 동의를 결정할 때 광범위한 고지 사항을 충분히 숙지하지 못하는 한계가 있음을 지적하였다. 이를 해결하기 위해서는 동의를 진행하는 과정이 단순하고 직관적으로 전개될 수 있도록 다음과 같이 소비자 친화적인 동의 매커니즘을 설계하는 것이 필요하다.

먼저 현행 개인정보보호법은 다수의 법적 고지 항목을 정보주체에게 제공하도록 하고 있다. 이로 인해 개인정보취급방침의 내용이 지나치게 어렵거나 너무 길어서 애초에 읽고 싶은 의지를 상실케 하는 경우가 있을 수 있다. 여기서 제공하려는 정보가 많을수록 동의절차는 형식화될 우려가 큰데, 이를 극복하기 위해 정보제공을 단순화하여 실질적이고 효율적으로 정보가 제공되도록 하는 방법을 고려해볼 만하다.

고지 항목의 주요 내용을 집약적으로 요약한 버전을 추가로 제공하거나 표나 이미지를 사용하는 것도 가능하다.[45] 특히 정부가 발표한 동의 서식에 관

---

45) 권영준, 「개인정보 자기결정권과 동의제도에 대한 고찰」, 2015 Naver Privacy White Paper,

한 가이드라인[46]을 보면 쉬운 용어 사용하기, 주요 내용을 색상이나 크기로 구분하여 명확히 파악될 수 있도록 하는 등 텍스트를 위주로 의사판단에 도움이 될 만한 표기 방법을 제안하고 있어 그림이나 동영상 등을 통해 개인정보의 전체적인 흐름을 파악할 수 있도록 하는 것도 직관적인 전달에 유리할 것이다.

　나아가 정부 차원에서 가독성 좋은 동의서식을 표준화하여 다양한 형태로 제공하는 것이 효과적인 대안이 될 수 있을 것이다. 이를테면 개인정보 제공 시 할인 제공 이벤트 등 보장되는 혜택을 거부감 없이 강조할 수 있다면 소비자의 원활한 선택을 돕는데 기여할 수 있다.

V. 결론

　이 글에서 살펴본 동의 제도는 개인정보 처리에 관한 동의 여부, 동의 범위 등을 권리자가 사전에 선택하고 결정하는 형태로 구체적인 모습이 실현된다. 개인정보 처리를 최초로 시작하는 결정이 동의를 통해 내려지며 정보주체가 동의하는 경우 처리 권한이 정보처리자에게 넘어가는 것이다. 또한 동의는 사전에 개인정보 처리를 통제한다는 점에서 사전적인 통제권이자 결정권의 성격을 가진다.[47]

　최근 2023년 개정법을 통해 신설된 내용 중 동의 절차와 관련하여 살펴볼 사항으로 법 제30조의2에 규정되어 있는 개인정보처리 방침의 평가제도 관련 규정을 눈여겨볼 필요가 있다. 이는 직접적으로 동의 절차를 규율하는 것은 아니지만, 개인정보처리자가 사전에 처리목적과 보유기간, 제공에 관한 사항, 민감정보의 공개 가능성 및 비공개를 선택하는 방법, 개인정보 처리의 위탁에 관한 사항 등을 정하여 공개하는 '개인정보처리 방침'에 대하여 개인정보보호위원회가 직권으로 평가하고, 필요한 경우 개선 조치를 권고할 수 있는 근거를

2015, 133쪽.

46) 개인정보보호위원회·한국인터넷진흥원, 「불필요한 개인정보 수집 관행 개선을 위한 개인정보 수집 최소화 가이드라인」, 2020.

47) 권영준, 앞의 논문, 685쪽.

마련한 것이다. 이는 정보주체의 자기결정권 보장 차원에서 보면 공적 개입을 통해 사전적으로 제공받아야 하는 개인정보의 처리와 관련한 정보를 보다 명확히 파악할 수 있게 된다는 점에서 의의를 찾을 수 있다.

그러나 정보주체의 자율적인 선택과 결정권의 보장이라는 동의의 근본 취지를 감안할 때 사전적인 행사를 지원하는 것만으로는 그 목적을 달성하기 어렵다. 앞서 여러 논거를 들어 기존의 사전적(ex ante) 규범 통제 방식에서 벗어나 사후적(ex post) 통제 방식으로 중심을 옮겨갈 것을 제안하였다. 최근 새로운 동의 방식으로 부각되고 있는 개인정보 전송요구권과 같은 '자기통제 방식의 개인정보 이용' 역시 이러한 사후적 통제의 일환으로 볼 수 있다. 자기통제 방식의 하나로서 국내 신용정보법상 도입된 전송요구권은 정보주체의 적극적 참여를 전제로 동의 모델을 설계하고 있다. 또한 미국에서 환자들이 연구 프로젝트 참여를 위해 플랫폼상의 온라인 커뮤니케이션을 통해 동의하는 '동적 동의 모델(Dynamic Consent)'도 유사한 성격의 제도라 할 것이다.[48]

다만 이러한 사후적 통제권의 행사를 보다 용이하게 실현시키기 위해서는 다른 보조적 권리가 필요하다. 열람요구권과 사전 동의의 행사 결과를 재고·수정할 수 있도록 돕는 처리정지, 정정·삭제 및 파기 요구권 등 개인정보의 처리 상황을 투명하게 알 수 있도록 하는 개인정보자기결정권을 구성하는 다른 권리들을 함께 보장하는 것이 중요하다.

이 글에서 제안한 여러 법적·제도적 고안들을 통해 동의제도의 유연성과 정보주체의 실질적인 권리를 보장함으로써 동의가 새로운 디지털 환경에 유연하게 대처할 수 있는 효율적이고 합리적인 수단으로서 거듭나기를 기대한다.

---

48) 의료 영역에서의 동적 동의 플랫폼이 갖는 의의에 대한 참고 문헌으로 See e.g. Harriet J. A. Teare, Megan Prictor, Jane Kaye, Reflections on dynamic consent in biomedical research: the story so far, *European Journal of Human Genetics*, 2021; Jane Kaye et al., Dynamic consent: a patient interface for twenty−first century research networks, *European Journal of Human Genetics*, 2015; Isabelle Budin−Ljøsne, Dynamic Consent: a potential solution to some of the challenges of modern biomedical research, *BMC Medical Ethics*, 2017.

참고 문헌

1. 국내문헌

개인정보보호위원회, 「알기쉬운 개인정보 처리 동의 안내서」, 2022.

개인정보보호위원회·한국인터넷진흥원, 『2021년 개인정보보호 연차보고서』, 2022.

개인정보보호위원회·한국인터넷진흥원, 「불필요한 개인정보 수집 관행 개선을 위한 개인정보 수집 최소화 가이드라인」, 2020.

국회도서관·한국법제연구원, 핵심 한영 법률용어사전, 2022.

권영준, "개인정보 자기결정권과 동의 제도에 대한 고찰", 「법학논총」, 제36권 제1호, 2016.

권영준, 「개인정보 자기결정권과 동의제도에 대한 고찰」, 2015 Naver Privacy White Paper, 2015.

김선량·허진성, "개인정보보호법 제16조 목적에 필요한 최소한의 개인정보 수집과 계약의 자유", 「강원법학」, 제52권, 2017.

김진우, "대가로서의 디지털 개인정보 – 데이터의 개인정보보호법 및 계약법적 의의 –", 「비교사법」, 제24권 제4호, 2017.

배대헌, "인터넷상 개인정보의 이용약관에 관한 고찰", 「정보화정책」, 제10권 제1호, 2003.

백경일·이병준, "개인정보 관련 약관·서식과 그 내용통제", 「외법논집」, 제36권, 2012.

성낙인, 「헌법학」, 법문사, 2014.

오병철, "제3의 재산으로서 데이터의 체계적 정립", 「정보법학」, 제25권 제2호, 2021.

이주희, "개정 개인정보보호법과 GDPR의 투명성원칙 및 동의절차에 관한 비교법적 연구", 「원광법학」, 제36권 제4호, 2020.

주영선, "개인정보보호법상 동의의 법적 성격에 관한 고찰", 「법학논고」, 제42권 제1호, 2022.

한수웅, 「헌법학」, 법문사, 2014.

2. 외국문헌

Alan F. Westin, Privacy And Freedom, 25 Wash. & Lee L. Rev. 166, 1968.

Daniel J. Solove, Privacy Self – Management and the Consent Paradox, 126 Harv. L. Rev. 1880, 2013.

Edward J. Janger and Paul M. Schwartz, The Gramm—Leach—Bliley Act, Information Privacy, and the Limits of Default Rules, 86 MINN. L. Rev. 1219, 2002.

F. Marotta—Wurgler, Are "Pay Now, Terms Later" Contracts Worse for Buyers? Evidence from Software License Agreements, 38 Journal of Legal Studies, 2009.

Harriet J. A. Teare, Megan Prictor, Jane Kaye, Reflections on dynamic consent in biomedical research: the story so far, European Journal of Human Genetics, 2021.

Isabelle Budin—Ljøsne, Dynamic Consent: a potential solution to some of the challenges of modern biomedical research, BMC Medical Ethics, 2017.

Jane Kaye et al., Dynamic consent: a patient interface for twenty—first century research networks, European Journal of Human Genetics, 2015.

Marotta—Wurgler, "Are "Pay Now, Terms Later" Contracts Worse for Buyers? Evidence from Software License Agreements", 38 Journal of Legal Studies, 2009.

Samuel Warren and Louis Brandeis, The Right to Privacy, 4 Harv. L. Rev. 193, 1890.

Thomas M. Cooley, The General Principles of Constitutional Law in the United States of America, BOSTON: LITTLE, BROWN AND COMPANY, 1880.

WP29, Article 29 Working Party Guidelines on consent under Regulation 2016/679, Adopted on 28 November 2017 As last Revised and Adopted on 10 April 2018.

2

가명정보의 특례

이동진 / 서울대학교 교수

Ⅰ. 서론

2020년 개정 개인정보 보호법은 '제3장 개인정보의 처리' 중 제2절 뒤에 '제3절 가명정보의 특례'라는 표제 하에 새로운 절과 제28조의2 내지 제28조의7의 일련의 규정을 신설하였다. 이는 정보통신망의 이용촉진 및 정보보호에 관한 법률 중 개인정보 보호에 관한 규정을 개인정보 보호법으로 이관한 부분을 제외하면 2020년 개정 중 가장 두드러진 부분이고, 이른바 데이터 3법의 개정 과정에서 가장 논란이 된 부분이기도 하다.

가명정보의 특례가 중요한 까닭은 이 규정이 사적섹터에서 개인정보를 목적 외 이용 및 제공할 수 있는 거의 유일한 예외이기 때문이다. 개인정보 보호법 제18조 제2항 각 호는 목적 외 이용 및 제공사유를 열거하고 있는데, 그중 동의(제1호)와 급박한 생명, 신체, 재산상 이익의 보호(제3호)를 제외한 나머지 사유는 법률규정(제2호), 법령준수(제4호, 제5호), 조약이나 국제협정의 이행(제6호), 범죄수사와 공소제기 및 유지(제7호), 재판(제8호) 및 형 집행 등(제9호) 모두 공적섹터와 관계된 것인 반면, 가명정보의 특례가 규정하는 통계작성이나 학술연구 등은 사적섹터에서 활용할 수 있고 오히려 사적섹터에서 활용하기에 적합한 규정이다.[1] 개인정보 보호법제 때문에 데이터를 활용하기 어렵다는 종래

---

[1] 공적섹터의 경우 이 규정이 있다 하더라도 그러한 목적(통계작성, 학술연구 등)을 당해 기관의 업무로 수행하는 데 별도의 법률규정(수권규정)이 필요할 수 있다.

의 불만은 주로 사적섹터의 불만이었고, 이는 2020년 개정 전 관련 규정에 흠이 있었다는 주장이었다. 가명정보의 특례는 이러한 불만에 대한 직접적인 대응으로서의 의미가 있었던 셈이다.

Ⅱ. 가명정보의 특례의 도입

1. 역사적·비교법적 고찰

가명정보와 가명처리가 개인정보 보호법제의 전면에 등장한 것은 무엇보다도 유럽연합의 2016년 일반정보보호규정(General Data Protection Regulation; GDPR)에서부터였다. 이미 유럽연합의 1995년 정보보호지침(Data Protection Directive, 95/46/EC)은 고려근거(Recital) (29)에서 "역사적, 통계적 또는 과학적 목적의 개인정보의 후속 처리는 일반적으로(generally), 회원국이 적합한 안전장치(suitable safeguards)를 제공하는 한, 정보가 이전에 수집된 목적과 불합치하는 것으로 보지 아니한다. 이러한 안전장치는 특히 특정 개인에 관한 조치나 결정을 위하여 정보를 사용하는 것을 배제하여야 한다."고 규정하고, 제6조 (b)항에서 "특정되고 명시적이며 정당한 목적을 위하여 수집되고 그러한 목적과 불합치하는 (incompatible) 방법으로 후속 처리되지(further processed) 아니할 것. 역사적, 통계적 또는 과학적(scientific) 목적을 위한 정보의 후속 처리는, 회원국이 적절한 안전장치(appropriate safeguards)를 제공하는 한, 불합치하는(incompatible) 것으로 보지(considered) 아니한다. [이하 생략]"고 규정하여, 역사적, 통계적 또는 과학적 목적의 후속 처리는 적절한 안전장치가 있는 한 허용되는 목적합치적 처리임을 분명히 하였다. 다만 1995년 정보보호지침은 고려근거 (26)에서 '익명처리 (anonymisation)'를 언급할 뿐 '가명정보(pseudonymised data)'나 '가명처리(pseudo-nymisation)'에 대하여는 언급이 없다. 그러나 제29조 작업반(Article 29 Working Party)이[2] 2014년 4월 채택한 Opinion 05/2014 on anonymisation techniques

---

2) 1995년 정보보호지침 제29조에 터 잡아 설립된 조언(advisory) 기관으로, 각 회원국의 감독기

는 '가명처리(Pseudonymisation)'라는 표제 하에 이에 관하여 일반적인 설명을 가하고 있다. 같은 의견은[3] 가명처리를 어느 한 데이터 항에서 어느 한 속성자를 다른 것으로 대체하는 것으로 규정하면서, 가명처리를 하여도 여전히 정보주체가 간접적으로 식별될 가능성이 높고, 그러한 한 가명처리는 그것만으로는 익명처리된 정보집합을 만들어주지 못한다고 한다. 다만 가명처리는 데이터를 정보주체의 original identity에 연결할 가능성을 감소시켜주므로 유용한 안전조치(security measure)라고 설명한다. 그리고 가명처리에는 본래의 값과 독립적인 방법도 있고(랜덤 값으로 대체하는 경우) 해시함수나 암호화를 통한 방법도 있다면서, 가장 많이 사용되는 가명처리 기법으로 비밀키가 있는 암호화(encryption with secret key), 해시함수(hash function), 보관키가 있는 키 해시함수(keyed-hash function with stored key) 및 결정성 암호화나 키를 삭제한 키 해시함수(deterministic encryption or keyed-hash function with deletion of the key), 토큰화(tokenization)를 든다. 비밀키가 있는 암호화의 경우 가명정보집합에 개인정보가 암호화된 형태로 포함되어 있어 키 보유자가 어렵지 않게 재식별을 할 수 있는 반면, 해시함수의 경우 입력값의 범위를 알고 있는 때에는 복구가 어려울 뿐 가능하고, 보관키가 있는 해시함수의 경우 보관키를 보유한 사람은 쉽게 개인정보를 복구할 수 있으나 보관키가 없으면 복구가 훨씬 어렵다고 한다. 결정성 암호화 내지 키를 삭제한 키 해시함수는 랜덤 대체에 상응하여 현재의 계산능력으로는 재식별하기 매우 어렵고, 토큰화는 금융업에서 흔히 쓰는 기법으로 카드 ID를 다른 숫자로 대체하는 것인데 일반적으로 일방향 암호화, 일련번호 또는 랜덤값을 쓴다고 한다. 같은 의견은 이어서 아래와 같이 건강정보의 가명처리의 예를 제시한다.[4]

관 등의 대표자들로 구성되어 있고 여러 권위 있는 의견을 발표하였다.

3) Article 29 Data Protection Working Party, Opinion 05/2014 on anonymisation techniques (0829/14/EN WP 216), pp.20 ff.

4) Article 29 Data Protection Working Party, Opinion 05/2014 on anonymisation techniques (0829/14/EN WP 216), p.22.

[표 2-1] 건강정보의 가명처리 예

1. Name, address, date of birth	2. Period of Special Assistance Benefit	3. Body mass index	6. Research cohort reference no.
	〈 2 years	15	QA5FRD4
	〉 5 years	14	2B48HFG
	〈 2 years	16	RC3URPQ
	〉 5 years	18	SD289K9
	〈 2 years	20	5E1FL7Q

이름과 주소, 생년월일은 삭제되었고, 연구코호트 식별번호는 해시함수로 변환된 것이다. 같은 의견은 그럼에도 불구하고 정보주체의 이름, 주소, 생년월일과 해시함수를 알면 어렵지 않게 연구코호트 식별번호를 계산할 수 있다고 지적한다. 같은 의견의 제목에서도 알 수 있듯 같은 의견의 주된 관심은 익명처리기법이었고 가명처리는 주로 익명처리의 한 (불완전한) 기법으로 다루어지고 있으나, 안전성을 높이는 효과가 있음도 의식되고 있다.

반면 2016년 유럽연합의 일반정보보호규정에서는 가명정보와 가명처리가 전면에서, 익명정보 및 익명처리보다도 더, 강조되고 있다. 예컨대 고려근거 (26)은 "가명처리를 거친 개인정보는 추가정보의 사용으로 개인에 연계될 수 있는 정보로서, 식별가능한 개인에 관한 정보로 간주되어야 한다. (…) 개인정보 보호 원칙은 익명정보, 즉 식별되었거나 식별가능한 개인에 관련되지 아니한 정보 또는 정보주체가 식별가능하지 아니하거나 더는 식별가능하지 아니한 방식으로 익명처리된 개인정보에는 적용되지 아니한다. 따라서 본 규정은 통계목적 또는 연구목적 등을 위한 익명정보의 처리에는 적용되지 아니한다."고 규정하고, (28)은 "개인정보에 가명처리를 적용하는 것은 관련 정보주체에게 미치는 위험을 줄이고 처리자(controller)와 프로세서(processor)가 개인정보 보호의 의무를 충족시킬 수 있도록 돕는다. 본 규정에서 명시적으로 '가명처리'를 도입하는 것이 기타의 개인정보 보호의 조치를 배제시키려는 의도는 아니다(가명처리를 하더라도 기타의 개인정보 보호 조치를 적용할 필요도 있다.)."고 정하며, (29)는 "개인정보 처리 시 가명처리 적용에 대한 인센티브(incentive)를 부여하기 위하여 가명처리가, 일반적인 분석은 허용하되, 동일 처리자 내에서 가능할 수 있어야 한다. 이때 그 처리자는 해당 처리와 관련하여, 본 규정을 이행하고, 개인정보를 특정 정보주체에게 연결시키는 추가정보를 별도로 보관하는 기술적·관리적 조치를 취하여야 한다. 개인정보를 처리하는 처리자는 당해 처리자 내의 승인 받은 사람을 지정하여야 한다."고 규정한다. 그리고 제6조 제4항은 "개인정보를 수집한 목적 외로 처리하는 것이 정보주체의 동의 또는 제23조 제1항의 목적을 보장하기 위한 민주사회의 필요하고 비례적인 조치를 구성하는 유럽연합 또는 회원국 법률에 근거하지 아니하는 경우, 처리자는 개인정보의 목적 외 처리가 그 개인정보를 수집한 당초 목적과 합치하는지를 확인하기 위하여 특히 다음 각 호를 고려하여야 한다."면서, (e)로, "암호처리나 가명처리 등 적절한 안전조치의 존재"를 들고 있고, 제25조 제1항은 "처리자는 개인정보의 처리가 자연인의 권리와 자유에 미치는 위험의 다양한 가능성 및 정도와 함께 최신 기술, 실행 비용, 처리의 성격, 범위, 상황 및 목적을 고려하여, 가명처리 등의 기술적·관리적 조치를 개인정보의 처리 방법을 결정한 시점 및 그 처리가 이루어지는 시점에 이행하여야 한다(이하 생략)."고 정하며, 제32조 제1항 (a)는 기술적·관리적 조치의 대표적인 예로 "가명처리 및 암호처리"를 든다. 적절한 기술적·관리적 조치가 적용되어 유출된 개인정보를 열람 권한이 없는 개인이 이해할 수 없게 해둔 경우에는 유출에도 불구하고 정보주체에게 침해 통지를 할 필요가 없다[제34조 제3항 (a)]. 그리고 제89조 제1항은 "공익적 기록보존 목적, 과학적 또는 역사적 연구 목적 또는 통계적 목적을 위한 처리는 정보주체의 권리와 자유를 위하여 본 규정에 따라 적정한 안전조치가 적용되어야 한다. 그러한 안전조치는 특히 데이터 최소화 원칙이 준수되도록 기술적·관리적 조치를 이행하여야 한다. 그러한 조치에는 가명처리 방식으로 그러한 목적을 달성할 수 있다면 가명처리가 포함될 수 있다(이하 생략)."고 정하고 있다.

　이들 규정이 지시하는 내용은 간단하게 요약될 수 있다. 우선, 1995년 정보보호지침에서처럼 통계작성이나 학술연구 등을 위한 처리는 목적에 합치하는 것으로 보고, 그러므로 동의 없이 할 수 있다. 다만, 일반적 목적합치에서나 통계작성, 학술연구 등의 목적을 위한 처리에서나 적절한 안전장치가 중요한 고려요소가 되는데, 그러한 안전장치 중 하나로 가명처리를 생각할 수 있다. 그 밖에도 가명처리는 여러 이익형량에서 하나의 중요한 고려요소가 되고,5) 기술적·관리적 조치의 일부로서 개인정보 유출(침해) 통지의 부담을 면할 수 있는 근거로도 작용한다. 그러나 가명처리가 되었다고 하여 익명정보가 되는 것은 아니다.

그 밖에 가명처리가 중요한 법 개념으로 쓰인 예로는 미국 캘리포니아주(州)의 2018년 소비자 프라이버시 법(California Consumer Privacy Act of 2018)과 일본의 2020년(레이와 2년) 개정 개인정보의 보호에 관한 법률(個人情報の保護に関する法律)을 들 수 있다. 전자(前者)는 제1798.140조 (r)항에서 '가명처리(pseudo-nymisation)'를 추가정보가 별도로 보관되어 있고, 개인정보가 확실하게 제공될 수 있도록 기술적·관리적 조치의 대상이 되는 경우에 추가정보를 사용하지 아니하고 더는 특정 소비자에게 귀속되지 아니하는 방식으로 개인정보를 처리하는 것으로 정의하고, (s)항 (2)에서 가명처리된 경우 연구 목적으로 쓸 수 있게 한다. 후자는 종래의 익명가공정보 이외에 가명가공정보(假名加工情報) 개념을 도입하고 내부분석에 한정하는 등의 조건 하에, 개시(開示)·이용정지청구에 대한 대응 등의 의무를 완화하였다. 같은 개정은 정보를 삭제하거나 복원할 수 있는 규칙성이 없는 방법으로 대체할 것을 가명정보의 요건으로 든다. 다른 한편, 같은 개정이 정보가 제공하는 측에게는 식별가능성이 있으나 제공받는 측에게는 식별가능성이 없는 경우 정보주체의 동의 없이 제공할 수 있음을 별도로 명시하고 있다는 점도 주목된다.

2. 2020년 개정 데이터 3법의 가명정보의 특례

2020년 개정 전 개인정보 보호법에는 가명정보라는 용어가 등장하지 아니

---

5) 예컨대 Article 29 Data Protection Working Party, Opinion 06/2014 on the notion of legitimate interests of the data controller under article 7 of directive 95/46/EC (44/14/EN WP 217), pp.24 ff. 처리의 법적 근거로서 처리자의 정당한 이익의 판단에 가명처리 등이 고려된다고 한다.

한다. 오늘날의 가명정보의 특례에 해당하는 규정은 제18조 제2항 제4호인데, 같은 규정은 다음과 같이 규정하고 있었다.

2020년 개정 전 개인정보 보호법

제18조(개인정보의 목적 외 이용·제공 제한) ② 제1항에도 불구하고 개인정보처리자는 다음 각 호의 어느 하나에 해당하는 경우에는 정보주체 또는 제3자의 이익을 부당하게 침해할 우려가 있을 때를 제외하고는 개인정보를 목적 외의 용도로 이용하거나 이를 제3자에게 제공할 수 있다. 다만, 제5호부터 제9호까지의 경우는 공공기관의 경우로 한정한다.

4. 통계작성 및 학술연구 등의 목적을 위하여 필요한 경우로서 특정 개인을 알아볼 수 없는 형태로 개인정보를 제공하는 경우

이 규정은 통계작성 및 학술연구 등의 목적을 위하여 필요한 경우에는 동의 없이 개인정보를 추가처리할 수 있음을 정하고 있다. 흥미를 끄는 부분은 그중 "특정 개인을 알아볼 수 없는 형태로 개인정보를 제공하는 경우"의 의미인데, 명확하게 의식되지는 아니하였으나 가명처리를 의미한다고 이해된다. 이른바 익명처리된 정보는 개인정보에 해당하지 아니하여 아예 개인정보 보호법의 적용을 피하므로[6] 통계작성 및 학술연구 등의 목적을 추가로 요구할 필요가 없기 때문이다.[7] 같은 이유에서 "개인정보처리자는 개인정보의 익명처리가 가능한 경우에는 익명에 의하여 처리될 수 있도록 하여야 한다."고 한 2020년

---

6) 다만, 익명처리 자체가 하나의 '처리'로서 여전히 개인정보 보호법상 근거가 필요한 것 아닌가 하는 문제가 있었는데, 결론적으로 부정할 것이다. 이동진, "개인정보 보호법 제18조 제2항 제4호, 비식별화, 비재산적 손해 ―이른바 약학정보원 사건을 계기로―", 정보법학 제21권 제3호(2017), 262―263면. 또한, Rouillé―Mirza and Wright, "Comparative Study on the Implementation and Effect of Directive 95/46/EC on Data Protection in Europe: General Standards", in: Beyleweld et al (Eds) The Data Protection Directive and Medical Research Across Europe, 2005, pp.125 ff.

7) 이동진, "개인정보 보호법 제18조 제2항 제4호, 비식별화, 비재산적 손해 ―이른바 약학정보원 사건을 계기로―", 정보법학 제21권 제3호(2017), 263―264면; 이창범, "개인정보 제3자 제공 및 처리위탁 규제의 법적 과제", 고학수 편 개인정보 보호의 법과 정책 개정판, 2017, 272―274면.

개정 전 개인정보 보호법 제3조 제7항의 '익명'도 가명처리와 익명처리를 포함하는 것이라고 해석된다.

　　같은 취지의 규정은 2020년 개정 전 신용정보의 이용 및 보호에 관한 법률에도 있었다. 같은 법 제32조 제6항 제4호는 동의 없이 개인신용정보를 제공할 수 있는 경우로 "채권추심(추심채권을 추심하는 경우만 해당한다), 인가·허가의 목적, 기업의 신용도 판단, 유가증권의 양수 등 대통령령으로 정하는 목적으로 사용하는 자에게 제공하는 경우"를 들고 제33조 제1호는 이 경우에 개인신용정보를 동의 없이 이용할 수도 있다고 정하였는데, 같은 법 시행령 제28조 제10항 제7호는 그러한 목적으로 "통계작성 및 학술연구 등을 위하여 필요한 경우로서 신용정보회사등으로부터 특정 개인을 알아볼 수 없는 형태로 개인신용정보를 제공받기 위한 목적"을 들고 있었던 것이다.

　　2020년 개정 개인정보 보호법은 제18조 제2항 제4호를 삭제하고, 일련의 규정을 개정하거나 신설하였다. 2023년 개정 개인정보 보호법은 다시 이들 규정 중 일부를 개정하였다. 이하에서는 2023년 개정 개인정보 보호법을 본다.[8]

2020년 개정 개인정보 보호법

제2조(정의) 이 법에서 사용하는 용어의 뜻은 다음과 같다.

　1. "개인정보"란 살아 있는 개인에 관한 정보로서 다음 각 목의 어느 하나에 해당하는 정보를 말한다.

　　가. 성명, 주민등록번호 및 영상 등을 통하여 개인을 알아볼 수 있는 정보

　　나. 해당 정보만으로는 특정 개인을 알아볼 수 없더라도 다른 정보와 쉽게 결합하여 알아볼 수 있는 정보. 이 경우 쉽게 결합할 수 있는지 여부는 다른 정보의 입수 가능성 등 개인을 알아보는 데 소요되는 시간, 비용, 기술 등을 합리적으로 고려하여야 한다.

　　다. 가목 또는 나목을 제1호의2에 따라 가명처리함으로써 원래의 상태로 복원하기 위한 추가 정보의 사용·결합 없이는 특정 개인을 알아볼 수 없는 정보(이하 "가명정보"라 한다)

---

8) 가명정보의 결합에 관한 규정(제28조의3)은 별도의 장에서 다루므로 여기에서는 제외한다.

1의2. "가명처리"란 개인정보의 일부를 삭제하거나 일부 또는 전부를 대체하는
등의 방법으로 추가 정보가 없이는 특정 개인을 알아볼 수 없도록 처리하는
것을 말한다.

8. "과학적 연구"란 기술의 개발과 실증, 기초연구, 응용연구 및 민간 투자 연구
등 과학적 방법을 적용하는 연구를 말한다.

제3조(개인정보 보호 원칙) ⑦ 개인정보처리자는 개인정보를 익명 또는 가명으로
처리하여도 개인정보 수집목적을 달성할 수 있는 경우 익명처리가 가능한 경우
에는 익명에 의하여, 익명처리로 목적을 달성할 수 없는 경우에는 가명에 의하
여 처리될 수 있도록 하여야 한다.

제3절 가명정보의 처리에 관한 특례

제28조의2(가명정보의 처리 등) ① 개인정보처리자는 통계작성, 과학적 연구, 공익
적 기록보존 등을 위하여 정보주체의 동의 없이 가명정보를 처리할 수 있다.

② 개인정보처리자는 제1항에 따라 가명정보를 제3자에게 제공하는 경우에는
특정 개인을 알아보기 위하여 사용될 수 있는 정보를 포함해서는 아니 된다.

제28조의4(가명정보에 대한 안전조치의무 등) ① 개인정보처리자는 제28조의2 또
는 제28조의3에 따라 가명정보를 처리하는 경우에는 원래의 상태로 복원하기
위한 추가 정보를 별도로 분리하여 보관·관리하는 등 해당 정보가 분실·도난·
유출·위조·변조 또는 훼손되지 않도록 대통령령으로 정하는 바에 따라 안전성
확보에 필요한 기술적·관리적 및 물리적 조치를 하여야 한다.

② 개인정보처리자는 제28조의2 또는 제28조의3에 따라 가명정보를 처리하는
경우 처리목적 등을 고려하여 가명정보의 처리 기간을 별도로 정할 수 있다.

③ 개인정보처리자는 제28조의2 또는 제28조의3에 따라 가명정보를 처리하고
자 하는 경우에는 가명정보의 처리 목적, 제3자 제공 시 제공받는 자, 가명정보
의 처리 기간(제2항에 따라 처리 기간을 별도로 정한 경우에 한한다) 등 가명정
보의 처리 내용을 관리하기 위하여 대통령령으로 정하는 사항에 대한 관련 기
록을 작성하여 보관하여야 하며, 가명정보를 파기한 경우에는 파기한 날부터 3년
이상 보관하여야 한다.

제28조의5(가명정보 처리 시 금지의무 등) ① 제28조의2 또는 제28조의3에 따라

가명정보를 처리하는 자는 특정 개인을 알아보기 위한 목적으로 가명정보를 처리해서는 아니 된다.

② 개인정보처리자는 제28조의2 또는 제28조의3에 따라 가명정보를 처리하는 과정에서 특정 개인을 알아볼 수 있는 정보가 생성된 경우에는 즉시 해당 정보의 처리를 중지하고, 지체 없이 회수·파기하여야 한다.

제28조의7(적용범위) 제28조의2 또는 제28조의3에 따라 처리된 가명정보는 제20조, 제20조의2, 제27조, 제34조제1항, 제35조, 제35조의2, 제36조 및 제37조를 적용하지 아니한다.

2020년 개정 신용정보의 이용 및 보호에 관한 법률도 비슷하다.

2020년 개정 신용정보의 이용 및 보호에 관한 법률

제2조(정의) 이 법에서 사용하는 용어의 뜻은 다음과 같다.

15. "가명처리"란 추가정보를 사용하지 아니하고는 특정 개인인 신용정보주체를 알아볼 수 없도록 개인신용정보를 처리(그 처리 결과가 다음 각 목의 어느 하나에 해당하는 경우로서 제40조의2제1항 및 제2항에 따라 그 추가정보를 분리하여 보관하는 등 특정 개인인 신용정보주체를 알아볼 수 없도록 개인신용정보를 처리한 경우를 포함한다)하는 것을 말한다.

　　가. 어떤 신용정보주체와 다른 신용정보주체가 구별되는 경우

　　나. 하나의 정보집합물(정보를 체계적으로 관리하거나 처리할 목적으로 일정한 규칙에 따라 구성되거나 배열된 둘 이상의 정보들을 말한다. 이하 같다)에서나 서로 다른 둘 이상의 정보집합물 간에서 어떤 신용정보주체에 관한 둘 이상의 정보가 연계되거나 연동되는 경우

　　다. 가목 및 나목과 유사한 경우로서 대통령령으로 정하는 경우

16. "가명정보"란 가명처리한 개인신용정보를 말한다.

제32조(개인신용정보의 제공·활용에 대한 동의) ⑥ 신용정보회사등(제9호의3을 적용하는 경우에는 데이터전문기관을 포함한다)이 개인신용정보를 제공하는 경우로서 다음 각 호의 어느 하나에 해당하는 경우에는 제1항부터 제5항까지를 적용

하지 아니한다.

9의2. 통계작성, 연구, 공익적 기록보존 등을 위하여 가명정보를 제공하는 경우. 이 경우 통계작성에는 시장조사 등 상업적 목적의 통계작성을 포함하며, 연구에는 산업적 연구를 포함한다.

제40조의2(가명처리·익명처리에 관한 행위규칙) ① 신용정보회사등은 가명처리에 사용한 추가정보를 대통령령으로 정하는 방법으로 분리하여 보관하거나 삭제하여야 한다.

② 신용정보회사등은 가명처리한 개인신용정보에 대하여 제3자의 불법적인 접근, 입력된 정보의 변경·훼손 및 파괴, 그 밖의 위험으로부터 가명정보를 보호하기 위하여 내부관리계획을 수립하고 접속기록을 보관하는 등 대통령령으로 정하는 바에 따라 기술적·물리적·관리적 보안대책을 수립·시행하여야 한다.

⑥ 신용정보회사등은 영리 또는 부정한 목적으로 특정 개인을 알아볼 수 있게 가명정보를 처리하여서는 아니 된다.

⑦ 신용정보회사등은 가명정보를 이용하는 과정에서 특정 개인을 알아볼 수 있게 된 경우 즉시 그 가명정보를 회수하여 처리를 중지하고, 특정 개인을 알아볼 수 있게 된 정보는 즉시 삭제하여야 한다.

⑧ 신용정보회사등은 개인신용정보를 가명처리나 익명처리를 한 경우 다음 각 호의 구분에 따라 조치 기록을 3년간 보존하여야 한다.

1. 개인신용정보를 가명처리한 경우

　　가. 가명처리한 날짜

　　나. 가명처리한 정보의 항목

　　다. 가명처리한 사유와 근거

제40조의3(가명정보에 대한 적용 제외) 가명정보에 관하여는 제32조 제7항, 제33조의2, 제35조, 제35조의2, 제35조의3, 제36조, 제36조의2, 제37조, 제38조, 제38조의2, 제38조의3, 제39조 및 제39조의2부터 제39조의4까지의 규정을 적용하지 아니한다.

개인정보 보호법의 경우 종전의 "통계작성, 학술연구 등"이 "통계작성, 과학적 연구, 공익적 기록보존 등"으로 보다 구체화되었고, 관련 규정을 목적 외 이용·제공의 특례에서 민감정보와 고유식별정보에 관한 규정 뒤의 별도의 절로 독립시켜 일체의 (목적 외) 처리를 포섭하는 것으로 바꾸었으며, 일련의 조치의무와 제재를 추가하는 대신에 정보주체의 권리를 일정 범위 제한한 점이 눈에 띈다. 그 외의 개정, 가령 가명정보 내지 가명처리라는 용어를 도입하고 법 전체에 걸쳐 이 용어를 일관되게 사용한 점은 조문정비에 그친다. 신용정보의 이용 및 보호에 관한 법률에서는 대통령령에 규정되어 있던 것을 법률로 끌어올린 점 이외에 개인정보 보호법 개정에 따라 표현을 바꾼 것이 눈에 띈다. 다만, 여기에는 이용과 제공만 규율되고 있고 처리 일체에 대한 규정은 존재하지 아니하며, "과학적 연구" 대신에 "연구"라고 하고 있을 뿐이라는 차이가 있다.

Ⅲ. 가명정보의 특례의 구체적 해석·운용 방향

1. 가명정보의 개념

가명정보란 무엇인가?

2020년 개정 개인정보 보호법 제2조 제1호 다목은 "개인정보의 일부를 삭제하거나 일부 또는 전부를 대체하는 등의 방법으로 추가 정보가 없이는 특정 개인을 알아볼 수 없도록 처리하는 것"을 가명처리라고 한다. 2020년 개정 신용정보의 이용 및 보호에 관한 법률 제2조 제15호도 기본적으로 같고, 같은 제16호는 가명처리한 개인신용정보를 가명정보라고 한다. 개인정보 보호법에서도 그와 같이 이해할 것이다. 그러므로 가명정보의 최소한의 요건은 당해 정보만 보아서는 그 정보가 귀속될 살아 있는 개인이 (실제로) 누구인지 알 수 없어야 한다는 것이다. 이름이나 주민등록번호, 학번, 사진 등만으로 또는 그들 중 몇이 함께 제시되는 경우에 개인정보처리자가 정보주체가 누구인지 알아볼 수 있다면 가명처리가 되었다고 할 수 없다. 그러한 정보 중 일부를 삭제하거나 대체함으로써 더는 정보주체를 곧바로 알 수 없게 하여야 가명처리가 된 것이다.

나아가 2020년 개정 신용정보의 이용 및 보호에 관한 법률 제2항 제15호
는 "그 처리 결과가 다음 각 목의 어느 하나에 해당하는 경우로서 제40조의2제
1항 및 제2항에 따라 그 추가정보를 분리하여 보관하는 등 특정 개인인 신용
정보주체를 알아볼 수 없도록 개인신용정보를 처리한 경우를 포함한다."면서,
어떤 신용정보주체와 다른 신용정보주체가 구별되는 경우, 하나의 정보집합물
에서나 서로 다른 둘 이상의 정보집합물 간에서 어떤 신용정보주체에 관한 둘
이상의 정보가 연계되거나 연동되는 경우 등을 든다. 즉, 한 정보집합물에서
또는 연계된 복수의 정보집합물에서 하나 또는 복수의 정보가 A(일련번호 0001)
라는 정보주체에게 귀속되고 다른 정보가 B(일련번호 0011)라는 정보주체에게
귀속된다는 것을 알 수 있다 하더라도 실제로 A, B(일련번호 0001, 0011)가 누구
인지를 그 자체로 알 수 없다면 가명정보가 되는데, 이때에는 A, B가 누구인지
를 알 수 있게 해주는 추가정보가 분리하여 보관되는 등의 조치가 필요하다는
취지이다. 이러한 추가정보에는 다양한 정보가 포함될 수 있다. 전형적으로 매
칭테이블(matching table)은 물론이고, 해시함수가 사용된 경우나 암호화된 경우
키(key)도 추가정보에 해당한다. 그러므로 당해 정보만 보아서는 정보주체가 누
구인지 곧바로 알 수 없다 하여도 그것을 알 수 있는 추가정보가 같은 개인정
보처리자에게 있다면 내부적으로 추가정보의 접근을 통제하는 장치(패스워드,
망분리, 단말기가 있는 공간의 물리적 시정, 로그인기록 관리 등)를 마련하여야 비로소
가명정보가 된다. 이러한 장치는 그 자체 기술적·관리적 조치(Technical and
Organizational Measure; TOM)의 일종이다.

그러나 가명처리가 익명처리에 이를 필요는 없고 가명정보가 익명정보에
이를 필요도 없다. 2020년 개정 개인정보 보호법 제58조의2는 "이 법은 시간·
비용·기술 등을 합리적으로 고려할 때 다른 정보를 사용하여도 더 이상 개인
을 알아볼 수 없는 정보에는 적용하지 아니한다."고 규정하고, 2020년 개정 신
용정보의 이용 및 보호에 관한 법률 제2조 제17호는 "더 이상 특정 개인인 신
용정보주체를 알아볼 수 없도록 개인신용정보를 처리하는 것"을 "익명처리"로
규정하면서 가명처리와 구별한다. 익명처리와 익명정보는 식별가능성(identifi‒

ability)이 없는 정보로서 그 자체 개인정보 개념의 반면, 즉 개인정보의 요건을 더는 갖추지 아니하도록 처리하는 것과 그러한 정보를 가리킨다. 익명정보가 되기 위해서는 개인정보처리자와 잠재적으로 정보를 식별할 가능성이 있는 제3자가 추가정보를 입수할 가능성 등 개인을 알아보는 데 소요되는 시간, 비용, 기술 등을 합리적으로 고려할 때 손쉽게 식별할 수 없는 정도에 이르러야 한다.[9] 익명처리가 되어 익명정보가 되면 개인정보 보호법이 적용되지 아니한다는 것이 일반적 이해이고, 위 규정도 이를 전제한다. 반면 가명정보는 원칙적으로 개인정보이고 개인정보 보호법도 적용되므로, 익명정보에 이를 필요가 없다.[10]

가명정보의 개념과 관련하여서는 약간의 문제가 더 있다.

먼저, 제3자 제공에서 가명정보와 익명정보의 구별이다. 한 개인정보처리자가 정보를 목적 외로 이용하는 경우에는 익명처리 후 추가정보를 모두 삭제하여야 비로소 익명정보가 되는 것이 보통이다. 원본정보가 존재하는 한 익명정보와 원본정보의 대조를 통하여 누구에게 귀속되는 정보인지 식별해낼 수 있을 가능성이 높기 때문이다. 그렇지 아니하다면 원칙적으로 가명정보가 된다. 그러나 제3자에게 제공하는 경우, 추가정보를 가지고 있는 제공하는 측에 대하여는 가명정보인 반면, 추가정보가 없고 추가정보가 적절히 관리되고 있어 쉽게 입수할 수도 없는 제공받는 측으로서는 익명정보일 수 있다. 이때에도 가명정보로 취급하는 것은 합리적이라고 할 수 없다. 제공받는 측의 입장에서는 익명정보이므로, 통계작성 등의 목적에 구애될 필요가 없는 것이다. 일본의 2020년 개정법은 그러한 취지를 명문으로 규정한다.[11]

---

9) 개인정보 보호법 제2조 제1호 나목 참조. 한편, 종래 상대설이 주장하던 "개인정보처리자" 기준이 이 규정에 명시되지 아니하였다는 점에 주의. 개인정보 해당 여부 판단에는 일정 범위의 제3자(가령 motivated intruder) 입장도 고려될 필요가 있다. 우선, 이동진, "개인정보 보호법 제18조 제2항 제4호, 비식별화, 비재산적 손해 —이른바 약학정보원 사건을 계기로—", 정보법학 제21권 제3호(2017), 266−269면. 또한, 서울중앙지방법원 2017.9.11. 선고 2014가합 508066, 538302 판결.

10) 개인정보보호위원회, 가명정보 처리 가이드라인, 2022도 적절히 위험성을 평가하고 감소시킬 것을 요구할 뿐 식별가능성이 제거되어야 한다고 하지 아니한다.

11) European General Court, 2023. 4. 26. Judgment − 26/04/2023 − SRB v EDPS Case T−557/20 는 문자와 숫자로 된 데이터를 제3자 제공하면서 재식별을 가능하게 할 결합정보는 제외한 경우 여전히 익명 데이터인가 하는 점을 다루면서, 원 처리자(processor)에게 재식별을 가능하게 할 추가정보가 여전히 있을 때에도, 그리하여 재식별이 가능할 때에도, 그 데이터는 당

좀 더 문제되는 것은 당해 정보만으로 정보주체가 누구인지를 알아볼 수 없기만 하면 가명정보가 되는 것인가, 아니면 손쉽게 입수할 수 있는 다른 추가정보를 고려하여야 하는가 하는 점이다. 여기에서는 '추가정보'의 의미에 유의하여야 한다. 개인정보처리자가 갖고 있는 식별정보를 분리 보관하는 등 조치를 취하여야 함은 이미 본 바와 같다. 그러나 어떤 정보로부터 그 정보주체를 추론하는 데 쓸 수 있는 추가정보 중에는 개인정보처리자가 분리 보관하는 것 외에도 시중에서 어렵지 않게 입수할 수 있는 것이 있을 수 있다. 가명정보가 되기 위해서는 이들까지 고려하여 식별가능성이 없어야 한다는 입장이 있다(이른바 강한 가명처리설). 즉, 개인정보처리자가 분리 보관한 추가정보 외의 추가정보도 고려하여야 한다는 것이다. 이 경우 식별자를 모두 제거하였어도 다른 정보를 통하여 정보주체를 식별할 수 있을 때에는 가명처리가 되었다고 할 수 없고 더 많은 처리를 하여야 한다. 이러한 입장은 아래 3.에서 보는 바와 같이 우리 법이 가명처리에 대하여 정보주체의 권리를 상당히 제한한다는 점으로 뒷받침되기도 한다.[12]

그러나 이와 같은 해석은 문언상으로도, 비교법적으로도, 실천적으로도 납득하기 어렵다.[13]

첫째, 개인정보에는 식별정보(identified data)와 식별가능정보(identifiable data)가 포함되는데, 위와 같이 해석하는 경우 가명정보는 식별가능정보와 같은 개념이 된다. 추가정보 없이는 식별할 수 없다는 점에서 양자에 차이가 없고 가명정보도 개인정보인 이상 추가정보와의 결합용이성은 요구되므로 양자가 일치하는 것이다. 그렇다면 굳이 개인정보 보호법 제2조 제1호 나목과 다목을 나누어 규정하고 가명정보 개념을 쓸 이유가 없었을 것이다. 또한, 가명정보는 단지 '추가정보가 없이는 특정 개인을 알아볼 수 없는' 경우로 정의되어 있고,

초의 담당자에게만 '가명 데이터'이고 그러한 추가정보를 전달받지 못한 제3자에게는 '익명 데이터'라고 판시하였다. 대체로 본문과 같은 태도라고 이해된다.

[12] 김병필, 개인정보 위험기반 비식별 조치와 가명처리(서울대학교 법학석사학위논문), 2021, 76–77면.

[13] 같은 입장으로, 고학수·백대열·구본효·정종구·김은수, "개정 개인정보 보호법상 가명정보의 개념 및 가명처리에 관하여", 서울대학교 인공지능정책 이니셔티브 이슈페이퍼 2020−1, 17면.

추가정보가 없더라도 입수가 용이한 추가정보로 특정 개인을 알아볼 수 있는 경우는 제외한다는 단서가 붙어 있지 아니하다. 문언상 위와 같은 해석에는 별 근거가 없다.

둘째, 비교법적으로 가명처리는 익명처리의 한 기법으로 논의된 것으로 실명에 대비되는 개념이다. 즉, 실명, 식별자가 있는 경우 그것을 다른 것으로 대체하는 것을 말한다. 여기에는 그 결과 식별가능성이 배제된다는 요건이 포함되어 있지 아니하다. 우리 법상 가명처리의 특례에 직접 영향을 준 유럽연합의 2016년 일반정보보호규정도 가명처리와 가명정보에 제3자에게서 구할 수 있는 추가정보를 고려하는 등의 조건을 걸고 있지 아니하다.[14]

무엇보다도 가명처리의 특례의 취지를 고려할 때 개인정보처리자가 통제할 수 없는 추가정보의 존재를 이유로 통계작성, 과학적 연구, 공익적 기록보존을 위한 처리를 할 수 없다는 것은 합목적적이지 아니하고 몹시 불편하다. 통계작성이 허용되는 까닭은 결과 값이 총계 값으로 나타나기 때문이다. 과학적 연구에는 누구를 대상으로 한 것인지가 너무나도 명백하여 논리적으로 식별가능성을 제거할 방법이 없는 경우도 다수 존재한다. 공익적 기록보존도 같다. 유럽연합의 1995년 정보보호지침에서부터 언급되었던 역사적(historical) 기록의 경우에는 더더욱 그러하다. 이 규정의 취지가 그러한 것을 배제하기 위함이라고 할 수는 없을 것이다. 아래 2.에서 보는 바와 같이 우리 법에서는 통계작성 등을 위한 동의 없는 이용 및 제공에 가명처리가 필수적이라는 점에서 그 하한을 높이는 것은 적절하지 아니하다.[15] 굳이 가명처리의 특례와 관련하여 하한을 높이지 아니하여도 개인정보 보호법 제3조 제7항이 비례의 원칙을 적용하여 유연하면서도 적절한 보호장치를 마련하고 있기도 하다.

2. 가명정보의 특례의 적용범위와 요건

개인정보처리자는 통계작성, (과학적) 연구, 공익적 기록보존 등을 위하여

---

14) Paal/Pauly/Ernst, 3. Aufl. 2021, DS-GVO Art. 4 Rn. 40-44.

15) 이동진, "목적합치의 원칙과 가명정보의 특례 —개정 개인정보 보호법 小考—", 법률신문 2020. 3.23.자.

가명정보를 처리할 수 있다. 이때에는 정보주체의 동의가 필요하지 아니하다 (개인정보 보호법 제28조의2 제1항, 신용정보의 이용 및 보호에 관한 법률 제32조 제6항 제9호의2).

먼저 처리 목적이 통계작성, (과학적) 연구, 공익적 기록보존 등이어야 한다. 통계작성은 특정 집단이나 대상 등에 관하여 작성한 수량적인 정보를 뜻한다. 통계는 그 결과 값이 개인정보를 노출시키지 아니하므로 예외로 한 것이다. 그러므로 시장조사와 같은 상업적 목적의 통계처리도 포함된다고 볼 것이다.16) 연구는 기술의 개발과 실증, 기초연구, 응용연구 및 민간 투자 연구 등 과학적 방법을 적용하는 연구를 의미한다. 여기에서 과학은 자연과학, 사회과학, 의료 등을 포괄하고, 새로운 기술이나 제품, 서비스 개발 등 산업적 목적을 위해서도 수행이 가능하며, 기업이 수행하는 연구도 해당할 수 있다.17) 공익적 기록보존은 2020년 개정법에서 처음 명문화된 것으로서, 공공의 이익을 위하여 지속적으로 열람할 가치가 있는 정보를 기록·보존하는 것을 말한다. 예컨대 사료(史料)적 가치가 있는 개인에 관한 정보를 보관하는 것이 이에 해당한다. 공공기관뿐 아니라 민간에서 하는 기록보존도 포함될 수 있다.18)

다음 대상이 되는 개인정보는 일체의 정보를 포괄한다. 그러므로 민감정보나 고유식별정보가 포함된 정보도 가명정보의 특례의 적용대상이 될 수 있다. 이 점이 2020년 개정의 가장 큰 기여 중 하나라고 할 수 있다. 2020년 개정 전 개인정보 보호법 제18조 제2항 제4호는 제3장 제1절에 규정되어 있어 제2절의 민감정보와 고유식별정보에 대하여 적용되는지 여부가 문제될 수 있

---

16) 신용정보의 이용 및 보호에 관한 법률 제32조 제6항 제9호의2. 개인정보 보호법에는 명문 규정이 없으나 개인정보보호위원회도 같은 입장이다. 개인정보보호위원회, 가명정보 처리 가이드라인, 2022, 11면.

17) 신용정보의 이용 및 보호에 관한 법률 제32조 제6항 제9호의2. 개인정보 보호법에는 명문 규정이 없으나 개인정보보호위원회는 그렇게 해석한다. 개인정보보호위원회, 가명정보 처리 가이드라인, 2022, 12면. GDPR과 관련하여서도 민간 투자 연구가 상업적 연구를 포함한다는 해석이 있다. 그러나 신용정보의 이용 및 보호에 관한 법률과 개인정보 보호법의 문언의 차이와 입법 경위에 비추어볼 때 논란의 소지가 없지 아니하다. 이 사유를 조심스럽게 해석한 예로 이동진, "개인정보 보호법 제18조 제2항 제4호, 비식별화, 비재산적 손해 —이른바 약학정보원 사건을 계기로—", 정보법학 제21권 제3호(2017), 258−259면.

18) 개인정보보호위원회, 가명정보 처리 가이드라인, 2022, 13면.

었는데,[19] 개정법은 이를 삭제한 대신 제3절에 가명정보의 특례를 넣어 체계적으로 민감정보와 고유식별정보에 적용됨을 분명히 한 것이다. 이는 비교법적으로 타당하고, 실천적으로도 합리적 개정이라고 할 수 있다. 가령 건강정보는 광범위하게 민감정보로 분류되고 있고, 정치적 사상 등에 관한 정보도 그러한데, 이러한 것이 가명정보로도 통계작성, 과학적 연구 또는 공익적 기록보존의 대상이 되지 아니한다면, 그리하여 동의 없이는 쓸 수 없다면 터무니없는 결과가 될 것이다.[20]

다음 대상이 되는 행위는 일체의 처리이다. 이 경우에는, 민감정보와 고유식별정보의 경우와 같이, 이용 및 제공에 그치지 아니하고 '처리' 일반을 대상으로 하였다. 그러나 개정 전 개인정보 보호법의 해석상으로도 그와 같이 보는 수밖에 없었다는 점에서 실질적 변화는 아니다.

이러한 경우 개인정보는 가명처리한 뒤에 처리하여야 한다. 가명처리 자체도 처리의 일종이나 가명정보의 특례는 가명처리를 전제하므로 가명처리도 같은 규정에 의하여 이루어지면 될 것이다.[21] 우리 개인정보 보호법과 신용정보의 이용 및 보호에 관한 법률은 가명처리를 의무화한 점에 특징이 있으므로, 가명처리하지 아니하면 통계작성 등의 목적으로도 동의 없이 이용할 수 없다. 그러나 앞서 본 바와 같은 최소한의 가명처리만으로 동의 없는 가명정보의 추가처리가 당연히 적법해지는 것은 아니다. 개인정보 보호법 제3조 제7항 등에 반영되어 있는 일반적 비례의 원칙과 데이터 최소화 등이 여기에서도 고려되어야 하므로, 개인정보처리자는 목적을 달성할 수 있는 한 불필요한 개인정보 노출을 최소화하여야 하고, 더 높은 수준의 가명처리를 할 의무를 진다. 개별 사안에서 어느 정도의 가명처리가 적절한지의 판단은 동태적·맥락의존적이므

---

19) 가령 이동진, "개인정보 보호법 제18조 제2항 제4호, 비식별화, 비재산적 손해 —이른바 약학정보원 사건을 계기로—", 정보법학 제21권 제3호(2017), 259−260면. 개인정보보호위원회, 가명정보 처리 가이드라인, 2022, 14면도 민감정보와 고유식별정보에 대하여 가명정보의 특례가 적용된다고 설명한다 (다만, 주민등록번호는 그러하지 아니하다).

20) 이동진, "목적합치의 원칙과 가명정보의 특례 —개정 개인정보 보호법 小考—", 법률신문 2020. 3.23.자.

21) 같은 '처리'에 해당하고 앞의 주 11에서도 알 수 있듯 행위태양으로는 가명처리와 구별되지 아니하는 '익명처리'에 대하여도 그와 같이 해석되고 있다. 아래 주 24 참조.

로 실체적 기준만으로 접근하기보다는 절차적 기준을 결합 내지 보완하는 것이 바람직하다.[22] 가명정보의 결합에 관한 2020년 개정 개인정보 보호법 제28조의3도 결합기관의 장의 승인을 거치게 함으로써 일정한 절차적 요소를 예정하고 있다.

개인정보처리자는 가명정보를 제3자에게 제공할 때 특정 개인을 알아보기 위하여 사용될 수 있는 정보, 즉 추가정보를 제공하여서는 안 된다(개인정보 보호법 제28조의2 제2항). 신용정보회사등은 영리 또는 부정한 목적으로 특정 개인을 알아볼 수 있게 가명정보를 처리하여서는 아니 된다(신용정보의 이용 및 보호에 관한 법률 제40조의2 제6항). 당연한 규정이다.

3. 가명정보의 보호 기타 적용결과

가명처리한 가명정보는 통계작성 등의 목적으로 처리할 수 있다. 이때 처리에는 이용, 가공, 연계, 연동 이외에 제3자 제공이 포함된다. 그렇게 제공받은 제3자 또한 위와 같은 목적으로 이용할 수 있다. 이러한 처리에는 동의가 필요하지 아니하다.

개인정보를 직접 가명처리하여 이용하는 개인정보처리자는 추가정보를 삭제하지 아니하는 한 분리하여 보관하여야 한다(개인정보 보호법 제2조 제1항 다목, 신용정보의 이용 및 보호에 관한 법률 제40조의2 제1항). 앞서 본 바와 같이 이러한 추가정보를 제3자에게 제공하여서는 안 된다. 나아가 가명정보도 원칙적으로 개인정보이므로, 직접 가명처리하여 이용하는 개인정보처리자이든, 가명정보로 제공받아 이용하는 가명(개인)정보처리자이든 기술적·관리적 조치를 취할 의무를 진다. 아울러 가명정보의 처리 내용에 관하여 별도의 기록을 작성, 보관할 의무도 진다(개인정보 보호법 제28조의4, 신용정보의 이용 및 보호에 관한 법률 제40조의2 제2항, 제8항). 그 밖에 가명정보에서 정보주체를 재식별하는 행위는 금지되

---

22) 개인정보보호위원회, 가명정보 처리 가이드라인, 2022, 15면 이하가 가명처리에 관하여 적정성 평가를 포함한 비식별처리(de−identification)와 유사한 절차를 제안하는 것을 이러한 관점에서 이해할 수 있다. 비식별처리의 맥락에서의 논의이지만, 고학수·이동진·이선구·김은수·정종구, 개인정보 비식별화 방법론 −보건의료정보를 중심으로−, 2017, 231면 이하도 참조.

어 있다. 가명정보를 처리하는 과정에서 재식별을 가능하게 하는 (추가) 정보가 생성된 경우에는 즉시 처리를 중지하고 지체 없이 이를 회수·파기하여야 한다 (개인정보 보호법 제28조의5, 신용정보의 이용 및 보호에 관한 법률 제40조의2 제8항).[23)]

다른 한편, 개인정보 보호법 제28조의7과 신용정보의 이용 및 보호에 관한 법률 제40조의3이 정보주체에 대한 개인정보처리자의 여러 의무와 정보주체의 개인정보에 대한 권리를 '가명정보'에서는[24)] 광범위하게 배제하고 있다. 수집출처의 고지, 영업양도 등의 정보주체에의 고지, 개인정보 유출통지 등의 개별 정보주체에 대한 통지 내지 고지의무가 모두 면제된다. 정보주체의 열람·정정·삭제·처리정지 및 신설된 전송요구권 등 개인정보 침해에 대한 손해배상청구권을 제외한 권리 일체가 배제된다. 보유기간 경과 후 파기의무의 면제는 통계작성, (과학적) 연구, 공익적 기록보존 등의 목적의 특성을 고려한 것이고, 그 이외의 의무와 권리의 배제는 가명처리를 한 결과 가명정보에 대하여 정보주체를 추적하기 어렵다는 점을 고려한 것이다. 그밖에 2020년 개정 개인정보 보호법은 파기의무(제21조)까지 배제하였으나 2023년 개정 개인정보 보호법은 파기의무를 유지하면서 (가명정보의) 처리목적을 고려하여 가명정보에 대하여 별도의 처리기간을 정할 수 있도록 하고 있다(제28조의4 제2항, 제3항).

그러나 이 규정이 적절한 입법인지에 대하여는 논란이 있다. 이 규정은 유럽연합의 2016년 일반정보보호규정 제11조, 제12조 제2항의 영향을 받아 입법되었는데, 이들 규정은 컨트롤러가 정보를 보유하는 목적이 정보주체의 식별을

---

23) 이 규정 중 특히 전자에는 과징금(개인정보 보호법 제28조의6) 등 여러 제재가 결부되어 있어 과도한 규제라는 우려가 있었다. 그러나 전자, 즉 재식별금지규정은 목적범의 형태를 띠고 있으므로 문언 그대로 해석되는 한 과도한 확장의 위험이 크다고 할 수는 없다.

24) 이는 가명정보의 처리뿐 아니라 가명처리 자체에 대하여도 적용된다는 취지로 이해되어야 할 것이다. 일단 가명처리가 되면 처리정지 등 일체의 권리를 행사할 수 없는데, 마침 그 전에 혹 있을지도 모르는 가명처리에 대하여 미리 정지해달라고 요구하면 이를 거절할 수 없다는 것은 앞뒤가 맞지 아니하는 규율이기 때문이다. 익명처리의 경우와의 균형, 위 규정이 '가명정보의 처리'가 아닌 '가명정보'라고만 하고 있는 점을 고려하여도 그러하다. 그러나 개인정보보호위원회, 가명정보 처리 가이드라인, 2022, 13면 및 개인정보보호위원회 편, 개인정보 보호 법령 및 지침·고시 해설, 2020, 383면은 근거제시 없이 가명처리에 대하여는 처리정지권이 인정된다고 한다. 익명정보의 처리뿐 아니라 익명처리에 대하여도 개인정보 보호법이 적용되지 아니한다는 개인정보보호위원회 편, 개인정보 보호 법령 및 지침·고시 해설, 2020, 531면의 설명과 비교.

요하지 아니하는 경우 식별에 필요한 추가정보를 유지할 의무를 면하고, 그리하여 처리자가 정보주체를 식별할 수 있는 위치에 있지 아니함을 증명할 수 있을 때에는, 처리자는 가능한 한 그러한 사정을 정보주체에게 알려야 하며, 그 경우 정보주체는, 그의 식별을 가능하게 하는 추가정보를 제공하지 아니하는 한, 제15조 내지 제20조의 권리를 행사할 수 없고, 각종 고지의무도 면한다고 규정하고 있다. 가명처리가 이러한 사유에 해당할 수 있음은 물론이나, 단순한 가명처리로 족하지 아니하고 그 결과 식별할 수 없게 되어야 하고,[25] 그 경우에도 여전히 정보주체에게는 자신이 추가정보를 제공함으로써 특례를 배제할 가능성이 있는 것이다. 이 점에서 우리 법은 유럽연합의 일반정보보호규정에 비하여 정보주체의 권리를 지나치게 일률적으로 제한하고 있다는 비판이 가능하다. 다만, 이와 같이 규정하는 경우에도 특히 빅데이터(Big Data)와 같이 장기적이고 연속적인 정보 수집이 필요한 경우 정보주체 일반의 신뢰를 얻는 것이 필수적이므로, 처리자로서는 정보주체에게 일정한 요건 하에 옵트아웃(opt-out)할 가능성을 부여하기 위해서라도 식별을 위한 추가정보를 분리 보관할 필요와 유인(incentive)이 있을 수 있다. 법규정이 없다 하여 현실에서도 정보주체의 이익이 전혀 보호되지 아니한다고 할 수는 없는 것이다.

Ⅳ. 결론

가명처리와 가명정보에 관한 논의는 여러 모로 익명처리와 익명정보에 관한 논의와 평행하게 이루어지고 있다. 애초에 익명처리(anonymisation) 내지 비식별처리(de-identification) 중심으로 이루어지던 개인정보의 보호와 (제2차적) 이용 사이의 조화가 완전한 익명처리가 사실상 불가능한 경우가 많고 어느 한 시점에 익명처리를 하였다고 판단되었다 하더라도 이후 상황의 진전에 따라 재식별 위험이 커져 다시 개인정보가 될 수 있음이 인식되면서 가명처리와 가명

---

25) 이때 처리자가 추가정보를 입수하여 식별할 수 있는지가 고려되는 것은 아니다.

정보로 옮겨간 탓이다. 가명정보는 여전히 개인정보이고, 동의 없는 이용도 "통계작성, (과학적) 연구, 공익적 기록보존 등"을 위해서만 가능하다는 제한이 있으나, 이들 개념이 어느 정도 유연하게 해석될 수 있고, 전체적으로 비례의 원칙이 적용된다는 점에 비추어 볼 때 익명정보와 연속선상의 개념이라고 볼 만한 부분도 있다. 가명정보와 익명정보의 경계가 반드시 뚜렷한 것은 아니고, 다분히 유형(Typus)적 개념으로 실무적으로도 일종의 sliding scale 위의 두 영역처럼 활용될 가능성이 크다.

그럼에도 불구하고 가명정보는 여전히 개인정보 보호법의 적용을 받는 개인정보에 해당한다. 가명정보의 특례가 갖는 핵심기능은 정보주체의 동의 없는 이용에 있는 것이다. 이러한 점에 비추어 볼 때 2020년 개정 개인정보 보호법과 2020년 개정 신용정보의 이용 및 보호에 관한 법률이 이들을 '가명정보의 특례'로 규정하여 가명처리를 필수적인 것으로 만든 부분은 유감이다. 가명처리와 가명정보는 다양한 안전성 제고 조치 중 하나로 목적합치의 원칙에서 그러한 것처럼 이익형량의 (물론 중요한) 한 요소로 고려되었어야 했다. 가명처리가 불가능하거나 부적절하나 여전히 동의 없는 처리를 정당화할 만한 사유를 쉽게 생각할 수 있다.[26] 다른 한편, 가명처리에도 불구하고 일정한 요건 하에 정보주체에게 옵트아웃(opt-out)할 권리는 주어야 하는 경우를 생각할 수 있다. 이는 정보주체에의 처리 사실 고지를 전제한다. 그럼에도 불구하고 가명정보에 대하여 개인정보처리자의 개별 정보주체에 대한 의무 대부분과 정보주체의 권리 대부분을 일률적으로 배제한 것은 적절하였다고 할 수 없다. 가명정보와 위 권리의무의 배제는 서로 사실상 관련을 맺고 있지만, 논리적으로 구별될 수 있고 서로 다른 이익을 고려하며 판단기준도 달라질 수 있는 것이다. 이들 사항에 대하여는 법 개정이 필요하다고 보인다.[27]

---

[26] 가령 개인정보보호위원회, 가명정보 처리 가이드라인, 2022, 13면이 공익적 기록보존의 예로 드는 "연구소가 현대사 연구 과정에서 수집한 정보 중 사료가치가 있는 생존 인물에 관한 정보를 가명처리하여 기록·보존하고자 하려는 경우"가 그러하다. 그 생존 인물이 역사적 인물인 경우 이를 가명처리한다는 것은 대개 별 의미가 없고 부적절하기까지 하다.

[27] 다만, 2020년 개정 당시 국회에 제출된 개정법률안들에는 처리정지권의 일률적 인정에서부터 일정한 요건 하의 인정, 일정한 요건 하의 배제, 일률적 배제까지 다양한 대안이 있었다는 점에 유의할 필요가 있다. 정보주체의 권리의 일률적 배제는 의식적 결정이었던 것이다.

참고 문헌

고학수·백대열·구본효·정종구·김은수, "개정 개인정보 보호법상 가명정보의 개념 및 가명처리에 관하여", 서울대학교 인공지능정책 이니셔티브 이슈페이퍼 2020-1.

_____·이동진·이선구·김은수·정종구, 개인정보 비식별화 방법론 ─보건의료정보를 중심으로─, 2017.

개인정보보호위원회, 가명정보 처리 가이드라인, 2022.

_____ 편, 개인정보 보호 법령 및 지침·고시 해설, 2020.

김병필, 개인정보 위험기반 비식별 조치와 가명처리(서울대학교 법학석사학위논문), 2021.

이동진, "개인정보 보호법 제18조 제2항 제4호, 비식별화, 비재산적 손해 ─이른바 약학정보원 사건을 계기로─", 정보법학 제21권 제3호(2017).

_____, "목적합치의 원칙과 가명정보의 특례 ─개정 개인정보 보호법 小考─", 법률신문 2020.3.23.자.

이창범, "개인정보 제3자 제공 및 처리위탁 규제의 법적 과제", 고학수 편 개인정보 보호의 법과 정책 개정판, 2017.

Article 29 Data Protection Working Party, Opinion 05/2014 on anonymisation techniques (0829/14/EN WP 216).

_____, Opinion 06/2014 on the notion of legitimate interests of the data controller under article 7 of directive 95/46/EC (44/14/EN WP 217).

Rouillé─Mirza and Wright, "Comparative Study on the Implementation and Effect of Directive 95/46/EC on Data Protection in Europe: General Standards", in: Beyleweld et al (Eds) The Data Protection Directive and Medical Research Across Europe, 2005.

3

목적합치의 원칙*

이동진 / 서울대학교 교수

I. 서론

개인정보를 특정한 목적을 위하여 수집하고 처리하여야 한다는 것은 오늘날 개인정보 보호법의 기본원칙 중 하나이다. 1970년대에 미국과 유럽에서 이루어진 개인정보 보호원칙에 관한 최초의 논의가[1] 이미 특정한 목적을 위하여 수집하고 수집한 목적의 범위에서만 이용할 것을 요구하고 있었다. 이러한 다소 엄격한 목적 범위 내 이용 원칙을, 뒤에 보는 목적합치의 원칙과 구별하여, 목적구속의 원칙(Zweckbindungsprinzip)이라고 할 수 있다. 2020년 개정 전 개인정보 보호법은 제3조 제3항에서 "개인정보처리자는 개인정보의 처리 목적에 필요한 범위에서 적합하게 개인정보를 처리하여야 하며, 그 목적 외의 용도로 활용하여서는 아니 된다."고 하였고, 제15조 제1항에서는 "개인정보처리자는 다음 각 호의 어느 하나에 해당하는 경우에는 개인정보를 수집할 수 있으며 그 수집 목적의 범위에서 이용할 수 있다."고 하였으며, 제17조 제1항 제2호에서

---

* 이 장은 상당부분, 이동진, "목적구속의 원칙에서 목적합치의 원칙으로 —개인정보 이용기준의 변화에 관한 검토—"(NAVER Privacy White Paper, 2020)을 축약하고 재구성한 것이다. 그러나 그곳에서 간략하게 언급한 것을 좀 더 자세히 분석한 부분도 있고, 이후의 논의를 보완한 부분도 있다.

1) U.S. Department of Health, Education & Welfare, Records, computers and the rights of citizens —Report of the Secretary's Advisory Committee on Automated Personal Data Systems, 1973; Resolution (73) 22. On the Protection of the Privacy of Individual vis—à—vis Electronic Data Banks in the Private Sector.

"개인정보처리자는 다음 각 호의 어느 하나에 해당하는 경우에는 정보주체의 개인정보를 제3자에게 제공(공유를 포함한다. 이하 같다)할 수 있다. 2. 제15조제1항제2호·제3호 및 제5호에 따라 개인정보를 수집한 목적 범위에서 개인정보를 제공하는 경우"라고 정하여 이를 확인하고 있었다. 그 결과 목적 범위를 벗어나는 이용은 개별적으로 열거된 예외에[2] 한하여 가능하였다. 사정은 2020년 개정 전 정보통신망 이용촉진 및 정보보호에 등에 관한 법률 제24조, 2020년 개정 전 신용정보의 이용 및 보호에 관한 법률 제33조에서도[3] 같았다. 위치정보의 보호 및 이용 등에 관한 법률 제21조 또한 그러하다.

이러한 원칙은 오늘날 빅데이터의 가능성과 관련하여 도전받고 있지만, 기본적으로 타당하고 좀 더 중요하게 다루어져야 한다. 그런데 이 원칙의 소극적 측면, 즉 개인정보를 수집한 목적 외의 목적으로 활용하려면 법이 정한 예외사유가 있어야 한다는 부분은 현실적으로는 불편한 점이 많았다. 포괄적이고 일반적인 개인정보 보호법제를 마련하는 경우 법이 정한 예외사유가 그때그때의 수요에 부합하지 아니할 수 있고, 사적섹터에서는 예외의 근거규정을 자기 스스로 만들기도 어렵기 때문이다.[4]

II. 목적합치의 원칙의 도입

1. 역사적·비교법적 고찰

이에 대한 대안으로 주목받은 것이 목적합치의 원칙(Zweckvereinbarkeitsprinzip)[5] 내지는 양립(가능)성의 원칙(compatibility principle)이다. 이 원칙의 단초

---

2) 개인정보 보호법 제18조 제2항 참조.
3) 개인신용정보는 해당 정보주체가 신청한 금융거래 등 상거래관계의 설정 및 유지 여부 등을 판단하기 위한 목적으로만 이용하여야 한다(신용정보의 이용 및 보호에 관한 법률 제33조 본문). 즉, 신용정보의 경우 그 이용목적이 법률에 의하여 확정되어 있었던 것이다.
4) 이동진, "목적합치의 원칙과 가명정보의 특례 개정 개인정보 보호법 小考", 법률신문 2020. 3. 23.자.
5) 이 용어는 GDPR의 독일어 판본에 기초한 것으로, 독일학계에서는, 앞서 본 목적구속의 원

는 정보 프라이버시 규범의 효시(嚆矢)를 이루는 1980년 OECD Guidelines on the Protection of Privacy and Transborder Flows of Personal Data 중 제9항의 "Purpose Specification Principle"에서 찾아볼 수 있다. 같은 규정은 개인정보(personal data)의 후속 이용(subsequent use)은 당초의 목적 또는 그것과 불합치하지 아니하는(not incompatible with those purpose) 목적으로 제한된다면서, 그때마다 (새로운) 목적이 특정되어야 한다고 규정하여 엄밀한 의미에서 당초의 목적 범위 내가 아니라 하더라도 후속 이용이 허용될 수 있음을 드러낸다. 그 이듬해인 1981년 유럽평의회의 Convention for the Protection of Individuals with regard to Automatic Processing of Personal Data[6] 제5조 (b)항도 비슷한 규정을 두고 있다.

그러나 이 규범이 보다 구체적이고 현실적인 의미를 갖게 된 것은 역시 유럽연합의 1995년 정보보호지침(Data Protection Directive, 95/46/EC)에서이다. 정보보호지침은 고려근거(Recital) 중 (28)과 제6조 (b)항에서 개인정보가 수집 당시의 특정된 목적과 불합치하지 아니하는(not incompatible) 방법으로 처리되어야 함을 명시하였다. 유럽연합법(EU law)의 체계상 지침(directive)은 역내(域內)에서 각 회원국이 이행입법을 하여야 할 의무를 지는 법규범이고, 실제로 각 회원국의 국내 개인정보 보호법에 상당한 영향을 주었다.

문제는, 각 회원국은 1995년 정보보호지침에 반하지 아니하는 입법을 하면 족하고, 정보보호지침을 그대로 입법할 필요가 없었다는 점에 있었다. 가령 영국은 1998년 제정 정보보호법(Data Protection Act of 1998) 제4조 별표1의 제2원칙에서 목적합치의 원칙을 그대로 도입하였으나, 독일의 2003년 개정 연방 정보보호법(Bundesdatenschutzgesetz) 제4조 제3항 제2호, 제28조 제3항, 제6항, 제7항, 프랑스의 2002년 개정 정보자유법(Loi relative à l'informatique, aux fichiers et aux libertés) 제16조 내지 제18조는 모두 엄격한 목적구속의 원칙을 채택하면서 개별적 예외규정을 두는 데 그쳤다.

칙과 대비하여, 널리 쓰이고 있다. GDPR은 EU 회원 각 국의 언어로 되어 있고 각자가 모두 정본(正本)이다.

6) 일반적으로 Convention 108이라고 불린다. 이 규정은 2018년 GDPR에 맞추어 개정되어 지금은 Convention 108+가 되었다.

제29조 작업반(Article 29 Data Protection Working Party)이[7] 2013년 Opinion 03/2013 on purpose limitation을 채택한 데는 이러한 각 회원국법의 분열이 있었다. 제29조 작업반은 이러한 상황을 개선하기 위하여 정보보호지침이 정하는 목적특정(purpose specification)과 합치적 이용(compatible use), 특히 후자의 구체적 해석에 관한 가이드(guide)를 제공하고 장래의 입법에 영향을 주고자 하였다. 제29조 작업반은 정보 수집을 제외한 그 이후의 일체의 처리가 합치적 이용의 문제라는 관점에서, 이러한 판단이 두 목적의 문언대조가 아닌 실질적 측면의 고려에 기초하여야 함을 분명히 하고, 당초의 목적과 새로운 (후속 처리) 목적 사이의 관련성(relationship), 정보가 수집된 맥락(context)과 후속 처리에 관한 정보주체의 합리적 기대(reasonable expectation), 정보의 성질과 후속 처리의 정보주체에 대한 영향(impact), 공정한(fair) 처리를 보장하고 정보주체에 대한 부당한 영향을 예방하기 위하여 처리자가 적용한 안전장치(safeguard)가 주된 고려요소임을 밝힌다. 이들은 상관적으로 고려되어야 할 요소이고, 특히 안전장치, 가령 가명처리, 암호화 등은 다른 요소가 덜 갖추어졌을 때 그러한 흠을 보상하는 기능을 한다고 한다.[8] 이미 1995년 정보보호지침의 문언과 규정체계상으로도 분명한 바이지만, 목적합치의 원칙, 또는 목적에 합치하는 이용은, 민감정보(sensitive data)에서도 당연히 금지되지는 아니한다. 어떤 정보가 민감하다는 사정은 정보주체에 대한 영향(impact)과 관련하여 하나의 (중요한) 고려요소일 뿐이다.

위 제29조 작업반의 견해는 당시 진행 중이던 일반정보보호규정(General Data Protection Regulation; GDPR)에도 상당한 영향을 주었다. 2016년 제정되어 2018년 시행된 유럽연합의 일반정보보호규정은 그 고려근거 (50)과 제5조 제1항 (b), 제6조 제4항에서 종래의 목적합치의 원칙을 좀 더 구체적인 형태로 규정하였다. 먼저, 목적합치 여부를 판단할 때 고려요소들을 고려근거와 법문에 규정하였다. 표현은 다소 다르나 그 구체적인 내용은 대체로 제29조 작업반이

---

7) 1995년 정보보호지침 제29조에 터 잡아 설립된 조언(advisory) 기관으로, 각 회원국의 감독기관 등의 대표자들로 구성되어 있고, 여러 권위 있는 의견을 발표하였다.

8) Article 29 Data Protection Working Party, Opinion 03/2013 on purpose limitation (00569/13/EN WP 203), pp.23 ff.

제시한 네 가지 고려요소와 일치한다. 또한, 민감정보도 목적합치에 따른 처리 대상이 될 수 있음을 재확인하였다. 그러나 제29조 작업반이 당초의 수집 목적을 벗어나는 일체의 처리에 대하여 독자적인 법적 근거(legal basis)를[9] 갖추어야 한다는 입장이었던 것과 달리 일반정보보호규정은 당초의 수집에 법적 근거가 있는 한 목적에 합치하는 이용은 별도의 법적 근거 없이 허용된다는 입장을 분명히 하고 있다.

1995년 정보보호지침과 달리 2016년 일반정보보호규정은 규정(regulation)이므로 유럽연합법의 체계상 직접 국내(법)적·직접적 효력을 가진다. 그 결과 각국은 국내 정보보호법 규정 중 상당부분을 삭제하고 일반정보보호규정에 맡기거나 오히려 그 적용범위를 국내법적으로 확장하고 국내법에는 이를 보충하는 규정만을 두는 개정을 단행하였다. 이제 목적합치의 원칙은 유럽연합 역내에서는 일반정보보호규정의 직접적용에 의하여 거의 전면적으로 관철되고 있다.

관련된 규율은 유럽연합 밖에서도 찾아볼 수 있다. 일본에서 개인정보 보호에 관한 일반법의 지위를 갖고 있는 '개인정보의 보호에 관한 법률'(個人情報の保護に關する法律) 제15조 제2항은 "개인정보취급사업자는, 이용목적을 변경하는 경우에는, 변경 전의 이용목적과 관련성을 갖는다고 합리적으로 인정되는 범위를 넘어서 행하여서는 아니 된다."고 규정한다. 특히 2016년(헤이세이 28년) 개정에서 '상당한 관련성'을 '관련성'으로 대체함으로써 좀 더 적극적으로 활용할 여지를 열어준 점이 주목된다.[10] 2004년 아시아태평양경제협력체(APEC)의 프라이버시 프레임워크(Privacy Framework) IV 19.는 "other compatible or related purpose"를 위한 처리를 허용하여 목적'합치'와 '관련성'을 선택적으로 언급한다.

반면 포괄적, 일반적 개인정보 보호법제가 아닌 부분별 규제(sectoral regulation)를 원칙으로 하는 미국에서는 이러한 일반적 후속 처리 원칙을 찾아보기 어렵다. 다만, 헌법상 프라이버시의 보호범위와 관련하여 합리적 기대(reasonable

---

9) 가령 정보주체의 동의, 계약, 법령 등.

10) 그러나 행정기관의 개인정보 보호에 관한 특별법인 行政機關の保有する個人情報の保護に關する法律 제3조 제3항은 여전히 '상당한 관련성' 요건을 유지하고 있다.

expectation)가 기준으로 언급되곤 하고,[11] 연방정부 기관이 보유하는 개인정보에 관한 기록을 당초 목적과 통계 외에 '통상이용(routine use)'에 쓸 수 있게 한 1974년 프라이버시법(Privacy Act of 1974)의 해석과 관련하여 '당초 목적과 합치되는(compatible)' 것이어야 통상이용이 될 수 있다고 한 판례가 있을 뿐이다.[12] 한두 가지 흥미를 끄는 점은, 합리적 기대와 관련하여 당초에는 권리주체의 주관적 기대 내지 예견가능성이 중요하였으나 점차로 객관적 이익형량으로 대체되는 경향을 보였다는 것과[13] 1974년 프라이버시법상 '통상이용'과 관련하여 나아가 정보주체에게 그 사실을 통지할 것을 요구한 판례가 있다는 사실이다.[14]

2. 2020년 개정 데이터 3법의 목적합치의 원칙

개인정보 보호법, 정보통신망의 이용촉진 및 정보보호에 관한 법률, 신용정보의 이용 및 보호에 관한 법률이 2020년 2월 4일 개정되어 같은 해 8월 5일 시행되었다. 이들을 흔히 데이터3법이라고 한다. 2020년 개정은 한편으로는 절차 및 조직 규정을 정비하여 개인정보 보호에 관한 규제권한을 개인정보보호위원회로 좀 더 집중시키고, 다른 한편으로는 개인정보 보호에 관한 실체법적 규정을 정비하였다. 정보통신망의 이용촉진 및 정보보호에 관한 법률 중 개인정보에 관한 규정은 대체로 개인정보 보호법으로 이관되었다.

2020년 데이터 3법 개정 중 실체법적으로 중요한 부분은 목적합치의 원칙의 채택과 가명정보의 특례 정도이다. 정보통신망의 이용촉진 및 정보보호에 관한 법률 중 개인정보에 관한 규정이 개인정보 보호법으로 이관되었으므로, 그중 목적합치의 원칙도 개인정보 보호법과 신용정보의 이용 및 보호에 관한

---

11) 지도적인 것으로, Katz v. United States, 389 U.S. 347 (1967). 이는 FTC의 소비자프라이버시에 관한 규제에서도 자주 원용되는 기준이다. 가령 Hoofnagel, Federal Trade Commission. Privacy Law and Policy, 2016, p.162.

12) Mortensen and Kelly, "The Privacy Act of 1974 and Its Progeny", Mathews (ed) Prokauer on Privacy. A Guide to Privacy and Data Security Law in the Information Age, 2nd ed., 2017, 12−21.

13) Camara v. Municipal Court, 387 U.S. 523, 537 (1967).

14) Covert v. Harrington, 876 F.2d 751, 754−1756 (9th Cir. 1989).

법률에 규정되게 되었다. 관련 규정은 다음과 같다.

개인정보 보호법

제15조 ③ 개인정보처리자는 당초 수집 목적과 합리적으로 관련된 범위에서 정보 주체에게 불이익이 발생하는지 여부, 암호화 등 안전성 확보에 필요한 조치를 하였는지 여부 등을 고려하여 대통령령으로 정하는 바에 따라 정보주체의 동의 없이 개인정보를 이용할 수 있다.

제17조 ④ 개인정보처리자는 당초 수집 목적과 합리적으로 관련된 범위에서 정보 주체에게 불이익이 발생하는지 여부, 암호화 등 안전성 확보에 필요한 조치를 하였는지 여부 등을 고려하여 대통령령으로 정하는 바에 따라 정보주체의 동의 없이 개인정보를 제공할 수 있다.

신용정보의 이용 및 보호에 관한 법률

제32조 ⑥ 신용정보회사등(제9호의3을 적용하는 경우에는 데이터전문기관을 포함한 다)이 개인신용정보를 제공하는 경우로서 다음 각 호의 어느 하나에 해당하는 경우에는 제1항부터 제5항까지를 적용하지 아니한다.

9의4. 다음 각 목의 요소를 고려하여 당초 수집한 목적과 상충되지 아니하는 목 적으로 개인신용정보를 제공하는 경우

가. 양 목적 간의 관련성

나. 신용정보회사등이 신용정보주체로부터 개인신용정보를 수집한 경위

다. 해당 개인신용정보의 제공이 신용정보주체에게 미치는 영향

라. 해당 개인신용정보에 대하여 가명처리를 하는 등 신용정보의 보안대책을 적절히 시행하였는지 여부

개인정보 보호법이 채택한 기준은, 문언상, 합리적 관련성, 신용정보의 이용 및 보호에 관한 법률이 채택한 기준은, 문언상, 상충(가능)성이다. 그러나 비교법적으로 이 모든 개념의 내포는 사실상 같다. 한편, 2020년 데이터 3법 개정에 위치정보의 보호 및 이용 등에 관한 법률은 포함되지 아니하였으므로, 개

인위치정보에 대하여는 목적합치의 원칙이 채택되지 아니하였고, 여전히 목적 구속의 원칙이 적용된다고 봄이 옳다.

Ⅲ. 목적합치 원칙의 구체적 해석·운용 방향

1. 적용범위와 효과

가. 개인정보 보호법과 신용정보의 이용 및 보호에 관한 법률의 경계획정

개인정보 보호법과 신용정보의 이용 및 보호에 관한 법률은 목적합치의 원칙에 관하여 서로 다른 문언을 채택하고 있을 뿐 아니라 규제권한이 각각 개인정보보호위원회와 금융위원회로 달리 귀속되어 있다. 그중 앞부분, 즉 서로 다른 문언이 서로 다른 판단기준을 의미하는지에 대하여는 아래 2.에서 보기로 하고, 여기에서는 규제권한의 귀속을 가르는 두 법의 적용범위의 문제부터 살펴본다.

개인정보 보호법은 개인정보 일체에 대하여 적용된다. 신용정보의 이용 및 보호에 관한 법률 중 개인정보에 관한 규정은 '개인신용정보'에 대하여 적용된다. 신용정보의 이용 및 보호에 관한 법률 제3조의2 제2항은 "개인정보의 보호에 관하여 이 법에 특별한 규정이 있는 경우를 제외하고는 「개인정보 보호법」에서 정하는 바에 따른다."고 규정하여 개인정보 보호법이 일반법, 신용정보의 이용 및 보호에 관한 법률이 특별법임을 분명히 한다. 개인신용정보는 개념상 모두 개인정보에 해당하므로 두 법의 적용범위를 가르는 것은 결국 개인신용정보의 의미이다.

문제는 개인신용정보가 무엇인가 하는 점인데, 신용정보의 이용 및 보호에 관한 법률 제2조 제1호는 '신용정보'를 '금융거래 등 상거래에 있어서 거래상대방의 신용을 판단할 때 필요한 다음 각 목의 정보로서 대통령령으로 정하는 정보'로 정의하고 있다. 여기에는 일반 상거래가 포함되고, 신용을 판단할 때 필요한 정보에는 행태정보와 사생활 등 온갖 정보가 포함될 수 있으므로,[15] 위 문언대로라면 그 잠재적 범위가 매우 넓어질 수 있다. 실제로 2020년 개정 후 특히 일반 상거래정보에 대한 적용법령과 관련하여 금융위원회와 개인정보보호위원회 사이에 이견(異見)이 노정(露呈)된 바 있었다.[16]

그러나 신용정보의 이용 및 보호에 관한 법률의 목적과 전체 규정체계에 비추어보면, 적어도 목적합치의 원칙의 적용에 관한 한, 신용정보는 거래 상대방의 신용 판단에 제공할 목적으로 수집되거나 제공된 위와 같은 정보만을 가리킨다고 보아야 한다. 즉, 일반 상거래정보나 행태정보, 사생활 등 온갖 정보가 거래 상대방의 신용을 판단할 때에 사용될 수 있으나, 그것이 신용정보가 되는 것은 그러한 목적으로 수집되었거나 제공되었을 때 뿐이고, 그렇지 아니할 때에는 정보주체를 식별할 수 있는 한 개인정보가 될 뿐이다.[17] 신용정보의 이용 및 보호에 관한 법률 제33조 제1항 제1호는 2020년 개정 전 제33조 본문을 그대로 옮긴 것으로서, 신용정보의 이용에 관한 기본규정인데, 같은 규정은 "해당 신용정보주체가 신청한 금융거래 등 상거래관계의 설정 및 유지 여부 등을 판단하기 위한 목적으로만 이용하여야 한다."고 규정한다. 이는 목적구속의 표현이므로 신용정보란 상거래관계의 설정 및 유지 여부 등을 판단하기 위한 목적으로 수집된 정보 또는 그러한 목적으로 제공받은 (받는 쪽에서는 그 또한 수집이다) 정보를 말하는 것이다. 또한, 같은 법 제15조 제1항 제1문은 신용정보를 수집하고 처리할 수 있는 기관을 '신용정보회사등'으로 제한하고 있는데, 이는 오직 상거래관계의 설정 및 유지 여부 등을 판단하기 위한 목적으로 쓸 때에만 신용정보가 된다는 이해를 전제하여야 납득할 수 있다.

---

15) Hoofnagel, Federal Trade Commission. Privacy Law and Policy, 2016, pp.286 ff.

16) 이 점은 특히 신용정보의 이용 및 보호에 관한 법률에만 규정되어 있는 이른바 데이터전송요구권이 일반 상거래정보에 미치는지를 둘러싸고 전개되었는데, 금융위원회는 당초 적용된다는 입장이었다. 우선, 손예술·안희정 기자, "상거래정보 범위 두고 업계 이견 … 마이데이터 시작 전부터 '잡음'", ZDNet Korea 2020.10.22.자.

17) 개인정보보호위원회의 입장도 대체로 그러한 것으로 보인다.

나. 일체의 처리에 적용

개인정보 보호법 제15조 제3항은 개인정보의 목적 외 '이용'에 관하여, 제17조 제4항은 개인정보의 목적 외 '제공'에 관하여 규정한다. 같은 법 제2조 제2호가 정하는 개인정보의 '처리' 중 수집,[18] 이용 및 제공 외의 나머지 처리, 가령 생성, 연계, 연동, 기록, 저장, 보유, 가공, 편집, 검색, 출력 등에 대하여는 명문 규정이 없다. 이러한 사정은 신용정보의 이용 및 보호에 관한 법률에서도 다르지 아니하다. 같은 법 제32조 제6항 제9호의4는 '제공'에 관한 규정이고 같은 법 제33조 제1항 제4호는 '제32조제6항 각 호의 경우'에 한하여 개인신용정보를 '이용'할 수 있다고 규정하므로 같은 법 제2조 제13호가 정하는 신용정보의 '처리'[19] 중 수집, 이용 및 제공을 제외한 나머지 처리에 대하여는 규정이 없는 것이다.

그러나 이용과 제공을 제외한 나머지 처리, 가령 연계, 연동, 기록, 저장, 보유, 가공 등에 대하여 목적합치의 원칙이 적용되지 아니한다고 해석하는 것은 터무니없다. 이용 또는 제공을 위하여 연계, 연동, 기록, 저장, 보유, 가공 등이 필요한 경우가 많고, 이들 처리에서 정보주체의 이익 등이 이용이나 제공에 비하여 전형적 또는 일반적으로 더 중요하게 고려되어야 하는 것도 아니기 때문이다. 이와 같이 입법된 까닭은 무엇보다도 우리 개인정보 보호법이, 그리고 신용정보의 이용 및 보호에 관한 법률이, 유럽연합의 정보보호지침이나 일반정보보호규정과 달리, 일반적으로 '처리'를 열거하면서도 개별 처리의 법적 규율에 관하여는 처리 일체를 하나의 일반적 원칙에 따라 규율하는 대신 수집, 이용, 제공과 같은 개별 처리 유형별로 구체적인 규율을 가하는 형태로 입법되었고, 이 과정에서 전형적으로 문제되고 중요한 처리의 유형인 수집, 이용, 제공에 관하여만 개별 규정이 마련되었기 때문이다. 즉, 우리 개인정보 보호법과 신용정보의 이용 및 보호에 관한 법률은 처리의 유형을 섬세하게 규율하는 것처럼 하면서도 실은 오직 수집, 이용 및 제공만 규율하고 있어 일종의 규율 공

---

18) 수집은 당초의 정한 목적으로 하는 것이므로 목적합치와는 무관하다.
19) 개인정보 보호법 제2조 제2호의 '처리'와 같다.

백이 있다는 것이다. 그러므로 현행법의 해석으로는 제15조 제3항과 제17조 제4항에 공통적으로 나타난 목적합치의 원칙을 일체의 처리에 유추하여야 한다.[20] 아래 2.에서 보는 바와 같이 가명처리의 특례는 목적합치의 원칙의 (다소 확장된) 적용례에 해당하는데, 이는 일체의 '처리'에 대하여 적용된다는 점도 참조할 수 있다. 이러한 해석은 아래에서 보는 민감정보 등과 관련하여서도 의미가 있다.

다. 일체의 개인정보에 적용

좀 더 논란이 있는 문제는 목적합치의 원칙이 모든 개인정보에 대하여 적용되는가, 특히 민감정보와 고유식별정보에도 적용되는가 하는 것이다. 이러한 문제가 제기된 것 또한 개인정보 보호법상 목적합치의 원칙이 제15조 제3항과 제17조 제4항에 입법되었기 때문이다. 두 규정은 모두 개인정보 보호법 '제3장 개인정보의 처리, 제1절 개인정보의 수집, 이용, 제공 등'에 포함되어 있다. 같은 절의 규정은 개인정보 일반의 목적 내 처리의 법적 근거(legal basis)와 요건 및 목적 외 이용과 제공의 개별 요건을 정한다. 그리고 이어지는 제2절은 '개인정보의 처리제한'이라는 표제 하에 민감정보와 고유식별정보 등에 관한 처리제한을 규정하는데, 이들 규정은 제1절에서 허용한 일반 개인정보 처리의 법적 근거를 좀 더 제한하는 것을 내용으로 한다. 이러한 체계적 구별은 자칫 제2절에 규정된 민감정보, 고유식별정보 등에 대하여 제1절의 목적합치의 원칙이 적용되지 아니한다는 결론으로 이어질 수 있고, 실제로 다수의 견해가 그렇게 해석하고 있다.[21]

그러나 이러한 해석에는 찬성할 수 없다. 아래 2.에서 설명하는 바와 같이 가명처리의 특례는 목적합치의 원칙의 (확장된) 적용례에 해당하는데, 2020년 개정 개인정보 보호법은 이를 민감정보와 고유식별정보 등에 관한 제2절 뒤의

---

20) 이동진, "목적합치의 원칙과 가명정보의 특례 −개정 개인정보 보호법 小考−", 법률신문 2020. 3.23.자.
21) 개인정보보호위원회 편, 2020년 개인정보 보호 법령 및 지침·고시 해설, 2020, 101면; 박노형, 개인정보보호법, 2020, 182, 207면 등.

제3절에 배치하여 민감정보와 고유식별정보 등에 대하여도 적용될 수 있음을 시사하고 있다. 앞서 본 바와 같이 비교법적으로도 민감정보 등의 특례는 처리의 법적 근거에 대한 제한일 뿐 목적합치에 대한 제한은 아니고, 문제된 정보가 민감정보 등 정보주체에게 더 큰 영향을 미칠 수 있는 정보라는 점은 목적에 합치하는 이용 또는 제공 여부를 판단하는 과정에서 하나의 고려요소로 참작되는 것이 원칙이다. 목적합치의 원칙이 개인정보 보호법 제15조 제3항, 제17조 제4항에 규정된 것이 어떤 체계적 고려에서 비롯되었다고 보기는 어렵고, 처리의 법적 근거와 목적 외 이용의 예외가 제1절에 규정되어 있다는 사정에서 비롯한, 입법기술상의 선택에 불과하였다는 점도 고려하여야 한다. 신용정보의 이용 및 보호에 관한 법률은 이미 처리의 법적 근거와 목적을 특정한 결과 민감정보 등에 관하여 별도의 특례를 마련하고 있지 아니하고, 그 결과 개인신용정보는, 개인정보 보호법의 적용대상이었다면 민감정보가 되었을 것이었다 하더라도, 목적합치의 원칙의 적용대상이 될 수 있는데, 개인정보 보호법의 적용대상인 경우에는 그렇지 아니하다면 그 또한 합리적이라고 할 수 없다. 목적합치의 원칙이 의도하는 일단 수집한 개인정보의 합리적 (재)사용에 있어서는 민감정보나 고유식별정보도 예외일 수 없다. 이익형량 과정에서 신중하게 판단하되, 민감정보 등에 해당한다는 이유만으로 목적합치의 원칙의 적용범위에서 범주적으로 배제하여서는 안 될 것이다.

라. 효과

개인정보 보호법 제15조 제1항과 제17조 제1항은 수집 목적 범위 내의 이용과 제공을 정하고 있고 목적구속 이외에 처리의 법적 근거, 즉 동의, 계약이행, 법령준수 등을 함께 규정한다. 제15조 제3항, 제17조 제4항은 처리의 법적 근거에 대하여 다시 반복하여 언급하지 아니하고 오히려 동의 없이 목적에 합치하는 이용과 제공이 가능하다고 하므로 목적범위 내는 아니나 목적에 합치하는 이용 및 제공에 관하여 당초 수집의 법적 근거 이외에 별도의 법적 근거가 필요하다고 볼 수는 없다. 유럽연합에서도 별도의 법적 근거를 다시 갖추어야 한다는 제29조 작업반의 견해는 2016년 일반정보보호규정의 성안(成案) 과정에서 받아들여지지 아니하였다. 이는 신용정보의 이용 및 보호에 관한 법률상의 목적합치의 원칙에 대하여도 타당하다.

그러므로 목적합치의 원칙의 의미 내지 효과는 당초 수집이 특정한 목적을 위하여 특정 법적 근거에 터 잡아 이루어지면, 그 목적의 좁은 범위 내에서 처리하는 것이 허용됨은 물론, 목적에 합치하는 범위까지 처리가 확장된다는 데 있다. 이는 개인정보 보호법 제18조 제2항 각 호의 목적 외 이용 및 제공의 예외와 비슷하다. 목적합치의 원칙을 위 제18조 제2항 각 호의 개별적 목적 외 처리 규정과 대비하여 일반적인 목적 외 처리 규정이라고 할 수도 있겠다. 아래 2.에서 보는 바와 같이 목적합치의 원칙의 적용은 종종 당초 수집 목적에서 상당히 벗어난 처리에도 미칠 수 있고, 그 결과 가령 제18조 제2항 각 호의 목적 외 이용 및 제공과도 일정 부분 중첩될 수 있다는 점에서 이는 당연한 일이기도 하다. 이러한 개별적 예외와 일반적 예외의 중첩은 우리 개인정보 보호법이 한편으로는 개별적 예외를 규정한 유럽연합 회원국의 국내법을, 다른 한편으로는 훨씬 원칙적인 규범으로 이루어져 있는 (일종의 준국제규범인) 유럽연합법을 동시에 참조한 데서 비롯한다.

2. 판단기준 내지 요건

가. 개인정보 보호법과 신용정보의 이용 및 보호에 관한 법률의 판단기준 비교

개인정보 보호법 제15조 제3항과 제17조 제4항은 '당초 수집 목적과 합리적으로 관련된 범위에서' 동의 없이 이용 또는 제공할 수 있다고 규정하는 반면, 신용정보의 이용 및 보호에 관한 법률 제32조 제6항 제9호의4는 '당초 수집한 목적과 상충되지 아니하는 목적'으로 한 제공을 허용한다. 전자(前者)는 합리적 관련성을 적극적으로 요구하는 것처럼 읽히고, 후자(後者)는 상충하지 아니하면 된다는 소극적 요건처럼 읽히므로, 문언상 전자보다 후자가 너그러운 기준처럼 보일 수 있다. 실제로 그러한 이해나 그러한 이해를 전제로 '조화로운 해석이 요구된다'는 지적이[22] 이루어진 바도 있다.

　이러한 해석은 신용정보의 이용과 보호에 관한 법률 제32조 제6항 제9호의4가 "다음 각 목의 요소를 고려하여"라고 한 것과 달리 2020. 3. 20. 입법 예고된 개인정보 보호법 시행령(안)의 제14조의2가 다음과 같이 규정한 것에 의하여 더욱 뒷받침되었다.

2020. 3. 20. 입법 예고된 개인정보 보호법 시행령(안)

제14조의2(개인정보의 추가적인 이용·제공 기준 등) 법 제15조제3항 및 법 제17조제4항에서 '대통령령으로 정하는 바'란 다음 각 호의 사항을 모두 충족하는 경우를 말한다. 이 경우 법 제17조제4항에 관하여는 '이용'을 '제공'으로 본다.

1. 개인정보를 추가적으로 이용하려는 목적이 당초 수집 목적과 상당한 관련성이 있을 것
2. 개인정보를 수집한 정황과 처리 관행에 비추어 볼 때 추가적으로 이용할 수 있을 것으로 예측 가능할 것
3. 개인정보의 추가적 이용이 정보주체 또는 제3자의 이익을 부당하게 침해하지 아니할 것
4. 가명처리를 하여도 추가적 이용 목적을 달성할 수 있는 경우에는 가명처리하여 이용할 것

　위 규정은 '다음 각 호의 사항을 모두 충족'할 것을 요구한다. 즉, 신용정보의 이용과 보호에 관한 법률이 다양한 고려요소를 종합적으로 고려하여 어느 하나의 요소가 덜 충족되거나 결여되었을 때에도 다른 요소로 보상할 여지를 열어두는 일종의 sliding scale인 것과 달리 개인정보 보호법 시행령(안) 제14조의2는 모든 요소를 and 조건으로 규정하였던 것이다. 나아가 각 요건을 보더라도 "상당한" 관련성이나 정보주체 이외에 "제3자의 이익"의 부당한 침해

---

22) 가령 신종철, 개인정보보호법해설 −개인정보 보호법과 신용정보법의 해석과 사례−, 2020, 67−68면.

가 없을 것을 목적합치의 배제사유로 언급하고 있어 전체적으로 신용정보의 이용 및 보호에 관한 법률보다 요건이 훨씬 더 엄격한 인상을 준다.

그러나 개인정보 보호법과 신용정보의 이용 및 보호에 관한 법률의 문언의 차이는 소관부서가 개인정보보호위원회와 금융위원회로 서로 다르고, 입법과정에서도 서로 다른 경로를 거친 데 따른 것이지, 이러한 실체적 규율내용의 차이를 의도한 것은 아니다. 이론적으로도 신용정보는 건강정보와 함께 개인정보 보호의 필요성이 높은 전형적인 유형에 해당하는데, 신용정보에 대하여 목적 외 이용을 너그럽게 하고 일반법에서는 목적 외 이용을 그보다 더 까다롭게 하는 것은 납득하기 어려운 일이었다.

위 개인정보 보호법 시행령(안)은 그 공표 직후부터 상당한 논란에 휩싸였다.[23] 앞서 본 여러 점이 유럽연합의 일반정보보호규정 등 다른 나라의 예에 비하여, 그리고 실무적으로 과도할 뿐 아니라 신용정보의 이용 및 보호에 관한 법률에도 반하고 반드시 암호화 등을 요구하는 것처럼 되어 기술중립성(technology neutrality)의 원칙에도 반한다는 것이다.[24] 정부는 이러한 비판을 받아들여 2020. 7. 14. 아래와 같은 시행령(안)을 재공고하였고, 그것이 그대로 현행법이 되었다.

개인정보 보호법 시행령

제14조의2(개인정보의 추가적인·제공의 기준 등) ① 개인정보처리자는 법 제15조 제3항 또는 제17조제4항에 따라 정보주체의 동의 없이 개인정보를 이용 또는 제공(이하 '개인정보의 추가적인 이용 또는 제공'이라 한다)하려는 경우에는 다음 각 호의 사항을 고려해야 한다.

---

23) 가령 김민선, "개인정보 보호법 개정안 일부, 신정법·GDPR보다도 과해", ZDNet Korea 2020.4.29.자; 김태진, "데이터3법, '디지털 뉴딜' 발목 잡는다", ZDNet Korea 2020.5.27.자; 김현아, "디지털 뉴딜 막는 '개인정보 보호법 시행령' 강행. 수정안 시급", 이데일리 2020.5.27.자; 매일경제 사설, "데이터3법 취지 살려 '시행령 역주행' 바로잡아야", 매일경제 2020.6.1.자; 신찬옥·최현재 기자, "데이터3법 시행령 '족쇄' 그대로… 업계 '행안부 案으론 데이터 못써", 매일경제 2020.6.16.자 등.

24) 정종구, "개인정보처리의 허용범위와 그 한계 —목적합치의 원칙을 중심으로—", 조선대 법학논총 제27집 제2호(2020), 15−17면.

1. 당초 수집 목적과 관련성이 있는지 여부
2. 개인정보를 수집한 정황 또는 처리 관행에 비추어 볼 때 개인정보의 추가적 인 이용 또는 제공에 대한 예측 가능성이 있는지 여부
3. 정보주체의 이익을 부당하게 침해하는지 여부
4. 가명처리 또는 암호화 등 안전성 확보에 필요한 조치를 하였는지 여부
② 개인정보처리자는 제1항 각 호의 고려사항에 대한 판단 기준을 법 제30조제 1항에 따른 개인정보 처리방침에 미리 공개하고, 법 제31조제1항에 따른 개인 정보 보호책임자가 해당 기준에 따라 개인정보의 추가적인 이용 또는 제공을 하고 있는지 여부를 점검해야 한다.

　개인정보 보호법 시행령 제14조의2 제1항은 이제 '다음 각 호의 사항을 고 려해야 한다.'고 정함으로써 신용정보의 이용 및 보호에 관한 법률 제32조 제6 항 제9호의4와 같아졌다. 두 규정이 열거하는 고려요소는 대체로 당초의 목적 과 새로운 목적 사이의 관련성, 수집한 경위 내지 정황과 처리 관행(으로부터 도 출되는 추가적 이용의 예측 가능성), 정보주체의 이익 침해 내지 그에 대한 영향, 가명처리 등 안전성 확보를 위한 조치로 요약되고, 표현상의 상위(相違)에도 불 구하고 기본적으로 같은 취지라고 볼 수 있다. 다만, 개인정보 보호법 시행령 제14조의2는 제2항에 개인정보 처리방침에 판단 기준을 공개하고 개인정보 보 호책임자가 그 준수 여부를 점검하도록 함으로써 추가로 투명성(transparency)과 책임성(accountability)을 배려하였다. 이는 진일보한 것이라고 평가할 수 있으 나[25] 각 규정이 언급하는 고려요소는 완결적인 것이 아니므로 신용정보의 이 용 및 보호에 관한 법률 제32조 제6항 제9호의4의 해석으로 이러한 요소를 고 려하는 것 또한 배제되지 아니한다. 한편, 그중 특히 개인정보 처리방침에 판 단 기준을 공개하게 한 부분은 미리 예상할 수 없었던 추가처리의 경우 적용이 어렵다는 문제가 있었다. 2023년 공표된 개인정보 보호법 시행령 개정안은 이 부분을 "개인정보의 추가적 이용ㆍ제공이 지속적으로 발생하여 예상이 가능한

---

[25] 이것이 개인정보 보호법 제15조 제3항, 제17조 제4항의 위임범위 내인지에 대하여는 논란의 소지가 없지 아니하나, 위임범위 내라고 볼 것이다.

경우"로 제한하는 것으로 하고 있다.

나. 공통의 판단기준

개인정보 보호법의 적용대상이든 신용정보의 이용 및 보호에 관한 법률의 적용대상이든, 목적합치 여부 판단의 대상은 새로운 수집 목적이다. 그러므로 후속 또는 추가 처리 전에 그 목적을 분명히 특정하여야 한다. 아마도 새로운 목적을 문서화(documentation)하는 것이 바람직할 것이다.

목적합치란 결국 당초의 수집 목적과 새로운 수집 목적이 불합치하지 아니함을 뜻한다. 이는 당초의 수집 목적과 새로운 수집 목적의 비교를 전제한다. 당초의 수집 목적과 새로운 수집 목적의 관련성이 첫 번째 판단기준으로 언급되어 있는 까닭이다. 두 목적의 관련성에 대하여는 다음 몇 가지를 언급할 수 있다.

첫째, 당초의 수집 목적과 새로운 처리 목적이 상당한 정도 관련되어 있으나 서로 구별되는 것이어야 한다. 이는 당초의 수집 목적의 특정성과 해석에 관계한다. 가령 쇼핑몰에서 고객의 주소와 연락처를 수집하면서 당초의 수집 목적을 상품 배송으로 규정한 경우 배송된 상품과 관계된 고객 불만사항의 처리는 당초의 수집 목적 내인가, 아니면 당초의 수집 목적 외이지만 목적에 합치하는 경우인가 하는 점은 당초의 수집 목적의 해석 문제이다. 당초의 수집 목적을 너그럽게 해석하면 너그럽게 해석할수록 목적합치의 원칙 기타 목적 외 이용에 관한 규정에 문의할 필요는 줄어들고 목적구속의 범위 내에서 처리를 정당화할 수 있는 반면, 당초의 수집 목적을 엄격하게 해석하면 엄격하게 해석할수록 목적합치 여부를 심사하거나 기타 개별 예외 규정에 의하여야 한다. 반면 목적의 특정성은 이러한 논란을 피하기 위하여 수집 목적을 고객편의와 같이 매우 넓은 방식으로 규정할 수 있는가 하는 점에 관계한다. 목적을 이처럼 넓게 규정하는 것이 허용된다면 정보를 수집하는 단계에서 광범위한 목적을 설정함으로써 목적합치 여부 심사를 피할 수 있다.

2020년 개정 전에는 목적 외 이용과 제공에 관한 예외규정을 개별적으로 열거하고 있었을 뿐이었다. 개인정보의 수집과 처리는 오늘날 공적섹터와 사적 섹터의 무수한 업무에 필수적이다. 그런데 이러한 정보는 수집할 당시에는 예측하지 못한 사유로 이후 이용되어야 하는 경우가 적지 아니하다. 그때마다 새로 정보를 수집하게 하는 것은 비효율적일 뿐 아니라 과거 정보를 제공했던 바로 그 정보주체와 관련하여 처리하여야 하는 경우에는 불가능할 수도 있다. 가령 자동차를 판매하였는데 이후 자동차에 결함이 있음이 드러났다면 고객명부를 이용하여 수리에 관한 정보를 직접 제공하고 경고하는 것이 당연하고 필요한 일이다.[26) 이는 당초 제조 또는 유통사가 리콜(recall)을 염두에 두고 수집 목적에 이를 포함시켰는지 여부와 무관하다. 그럼에도 불구하고 목적합치의 원칙을 규정하지 아니한다면 목적을 너그럽게 해석하거나 포괄적인 목적 특정을 허용함으로써 현실적인 수요를 충족시키는 수밖에 없다.

그러나 목적을 광범위하게 설정하는 것을 허용하거나 확장 해석하는 경우 목적 달성에 필요한 최소한의 정보를 수집하는지 여부 등 여러 개인정보 보호법상의 규제의 적용이 곤란해진다. 정보주체의 자기결정권도 형해화될 위험이 있다. 그렇다고 목적의 특정성과 엄격해석만 고수하면 개인정보처리자는 정보를 수집할 때 가능한 한 세세하게 이용 목적을 특정하여 방대한 잠재적 목적의 목록을 만들 가능성이 있다.[27) 그 또한 정보주체의 자기결정권을 형해화한다. 목적합치의 원칙은 이러한 가능성에 대한 대응으로 도입된 것이다. 즉, 정보주체에게는 당해 정보의 핵심적 이용 목적을 중심으로 자기결정권을 행사하게 하고, 그로부터 파생되는 처리 등에 대하여는 목적합치 판단에 맡기는 것이다. 그렇다면 목적의 특정성을 좀 더 엄격히 요구하고 그 해석도 기본적으로는 문언과 당초 의도 및 이해에 충실하게 이루어져야 할 것이다.

---

26) 이 예는 Article 29 Data Protection Working Party, Opinion 03/2013 on purpose limitation (00569/13/EN WP 203), Appendix IV case 11에서 빌려온 것이다. 비슷한 예로 약국에서 병원 처방전을 제출한 환자에게 잘못 약을 조제해준 뒤 병원에 연락처를 문의하여 환자의 동의 없이 환자의 연락처를 약국에 전달하는 경우를 들 수 있다. 개인정보보호위원회 편, 2022 「개인정보 보호법」 표준 해석례, 2022, 81면 (2021 표준 해석례 25 수정).

27) Article 29 Data Protection Working Party, Opinion 03/2013 on purpose limitation (00569/13/EN WP 203), pp.23 ff.에서 목적을 점점 더 법적인 방식으로(in increasingly more legalistic ways) 특정하게 되는 것을 경계하는 취지가 그러한 것이라고 보인다.

다만, 이러한 설명이 목적의 특정성 완화나 경우에 따라 다소 넓은 해석의 여지를 배제하는 취지는 아니다. 특히 해석은 언제나 목적합치로 대체될 수 있지만 특정성 요건은 사후에 목적합치로 대체될 수 없다. 무엇보다도 오늘날 이른바 빅데이터(Big Data)와 관련하여서는 수집 당시 이용 목적을 특정하여 수집하는 것이 거의 불가능하다는 점이 문제될 수 있다. 이러한 경우에 대하여는 해석상 예외가 인정될 필요가 있다.[28]

둘째, 당초의 수집 목적과 새로운 처리 목적의 관련성은 두 목적의 문언(text)을 대조하는 것이 아니라 그 실질(substance)을 비교하는 것이어야 한다. 제29조 작업반도 이를 강조한다.[29] 이는 정보주체의 주관적 이해 내지 기대가 아닌 객관적 이익형량이 기준이 됨을 뜻한다. 미국 판례도 프라이버시의 보호범위와 관련하여 주관적 예견가능성에서 객관적 이익형량으로 판단기준이 옮겨갔다. 당초 예상하지 못한 추가 처리의 수요를 고려할 때 불가피하고 당연하다. 물론, 개인정보 보호법 시행령 제14조의2 제1항 제2호가 "예측 가능성"을 언급하고 있는 데에서도 알 수 있듯, 정보주체의 주관적 예견 내지 예견가능성은 여전히 중요한 고려요소이다. 제29조 작업반도 본문의 설명과 달리 제목에는 "A purely formal or a substantive compatibility assessment?"라고 하여 "purely"를 넣음으로써 절대적으로 객관적 이익형량만 문제되는 것은 아님을 시사한다. 그러나 그것이 절대적 한계는 아닌 것이다.

그렇다면 당초 목적과 전혀 관계없는 목적의 추가 처리도 목적합치의 원칙으로 정당화될 수 있는가? 객관적 이익형량이라면 그러한 경우도 정당화될 여지가 있음이 원칙이다. 특히 목적합치의 원칙을 실정화한 대표적인 예이자, 우리 입법에도 참조가 된 유럽연합의 1995년 정보보호지침과 2016년 일반정보보호규정은 모두 목적합치의 원칙을 규정하면서 "역사적, 통계적 또는 과학적 목적의 개인정보의 후속 처리는, 적법한 안전장치를 제공하는 한, 수집된 목적과 불합치하는 것으로 보지 아니한다."는 규정을 함께 두고 있다. 제29조 작업

---

[28] 이동진·이선구, "인체유래물연구에 대한 동의 소고(小考) ―개정 생명윤리법 제42조의2를 계기로―", 의료법학 제20권 제2호(2019), 129면 이하.

[29] Article 29 Data Protection Working Party, Opinion 03/2013 on purpose limitation (00569/13/EN WP 203), p.23.

반도 이를 목적합치의 특수례로 다루고 있다.[30] 이들은 2020년 개정 전 개인정보 보호법 제18조 제2항 제4호, 2020년 개정 개인정보 보호법의 가명처리의 특례에 상응하는 규정이다. 이들 규정의 목적인 역사적, 통계적 또는 과학적 목적의 처리는 그 특성상 정보주체에게 큰 위험을 초래하지 아니하고 동의 없는 활용이 갖는 (사회적) 가치가 크다는 특성이 있고, 이 점에서 동의 없는 처리의 예외를 인정하는 것도 이해할 수 있다. 그러나 당초 수집 목적과는 전혀 관계가 없고 정보주체로서는 예견할 수 없는 것이 오히려 보통이다. 이러한 경우도 목적합치의 원칙의 적용례에 포함된다는 것은 당초 목적과 전혀 관계없는 목적을 위한 추가 처리도, 적어도 범주적으로 목적에 불합치한다고 볼 것은 아님을 뜻한다.

그러나 당초의 목적과 새로운, 즉 추가 처리의 목적이 서로 관련되어 있으면 되어 있을수록 목적에 합치한다는 판단이 쉽다는 데는 별 의문이 없다.

나머지 요소는 어떠한가? 개인정보 보호법 시행령 제14조의2 제1항 제2호 내지 제4호와 신용정보의 이용 및 보호에 관한 법률 제32조 제6항 제9호의4 제2호 내지 제4호는 수집의 경위 내지 정황과 처리 관행, 정보주체의 이익침해 내지 불이익, 가명처리 등 적절한 안전장치를 들고 있다. 그중 수집의 경위 내지 정황과 처리 관행은 부분적으로는 정보주체의 주관적 예견가능성과 관계하지만, 부분적으로는 정보주체와 개인정보처리자 사이의 힘(교섭력)의 균형에 관계한다. 즉, 정보주체가 법에 따라 정보를 제공하여야 했거나 근로관계 등 종속적 관계에서 정보제공에 동의한 경우와 자유로운 계약관계에서 동의한 경우는 달리 판단되어야 한다는 것이다. 후자(後者)에서는 보다 너그럽게 목적합치를 인정할 수 있는 반면, 전자(前者)에서 목적합치를 인정하는 데는 좀 더 신중하여야 한다. 정보주체의 이익침해 내지 불이익은 당해 정보가 민감정보이거나 새로운 이용목적이 정보주체에게 법적 제재 기타 불이익을 가하기 위한 것인 때에 특히 문제된다. 이러한 경우 목적합치의 인정은 더 어려워진다. 또한, 추가 처리가 당초의 개인정보처리자에 의하여 이루어지는지 아니면 제3자에 의

---

30) Article 29 Data Protection Working Party, Opinion 03/2013 on purpose limitation (00569/13/EN WP 203), pp.28 ff.

하여 이루어지는지도 문제가 된다. 많은 경우 제3자가 하는 추가 처리는 정보주체가 인수하지도 아니하였고 알지도 못하는 위험을 초래할 수 있어 목적합치 판단에 불리하게 고려된다. 그러나 규제기관이 취득한 정보를 연구기관이 이용하는 경우에는 오히려 규제기관이 직접 이용하는 경우보다 정보주체에게 덜 위험할 수도 있다.

마지막으로 고려되는 것은 적절한 안전장치이다. 여기에는 가명처리나 암호화 기타 기술적 및 조직적 조치(Technical and Organizational Measure; TOM)가 포함된다. 이는 필수적인 것은 아니나 목적달성을 방해하지 아니하고 조치를 할 것이 기대되는 경우에는 하는 것이 바람직하다. 중요한 점은 이 요소가 전형적으로 다른 요소가 덜 갖추어졌거나 아예 결여되었을 때 이를 보완하는 요소로 쓰인다는 사실이다.

그 밖에 또 하나 고려하여야 할 점은 투명성과 정보주체의 선택권 보장의 역할이다. 그중 투명성에 대하여는 이미 개인정보 보호법 시행령 제14조의2 제2항이 일부 규정하고 있다. 제29조 작업반이 여러 예에서 보여준 바와 같이, 특히 정보주체에게 큰 불이익을 초래하지 아니하고 정보주체가 자발적으로 정보를 제공하여 힘의 불균형도 크지 아니하다고 보이는 경우, 목적에 합치하는, 그러나 기본적으로는 정보주체의 이익보다 개인정보처리자의 이익에 더 직접적으로 관계하는 처리, 가령 마케팅 목적의 처리는, 그러한 목적으로 처리할 것임을 적절히 공시하고, 정보주체에게 통지하며, 정보주체에게 옵트아웃(opt-out)할 권한을 부여함으로써 정당화될 수 있다. 이러한 요소는 '보안대책'(신용정보의 이용 및 보호에 관한 법률 제32조 제6항 제9호의4 라.목)에는 해당하지 아니하나 '안전성 확보에 필요한 조치'(개인정보 보호법 시행령 제14조의2 제1항 제4호)에는 포함된다고 볼 수도 있다.

이상과 같은 일반적인 분석에도 불구하고 어떤 경우가 목적에 합치하고 어떤 경우가 목적에 합치하지 아니하는지는 개별·구체적 사안을 보아야 가릴 수 있다. 개개의 사례가 집적되기 전에는 구체적 사안에서 어떻게 판단될지 단언하기 어려운 점이 있다. 제29조 작업반은 다수의 예에 대하여 일응의 판단과정과 결론을 예시하여 보여줌으로써 이러한 판단에 도움을 주고자 하였으나,[31]

막상 다룬 사안은 대체로 명확하게 목적에 합치하거나 목적에 합치하지 아니하는 것이어서 정작 문제가 되는 미묘한 사안의 판단기준을 보여주지는 못한다. 구체적 판단기준의 정립은 개인정보보호위원회와 금융위원회의 활동을 통하여, 그리고 개인정보처리자의 적극적 이용 및 정당화 시도를 통하여 경험적으로 정립될 수밖에 없을 것이다. 다만, 여기에서는 목적합치의 원칙이 기본적으로 개인정보의 보호와 이용의 균형을 도모하고 좀 더 유연한 접근을 가능하게 하는 것으로 이해되었고, 일본의 2016년 개정이 보여주듯 지나치게 좁고 엄격하게 해석되어 그러한 가능성이 압살(壓殺)되는 것은 그 당초의 입법의도에 반한다는 점을 지적해 두고자 한다.

Ⅳ. 결론

목적합치의 원칙은 OECD 프라이버시 가이드라인에서부터 유럽연합의 1995년 정보보호지침과 2016년 일반정보보호규정을 거쳐 전 세계적으로 하나의 실정법규범으로 정립되어가고 있다. 2020년 개정 개인정보 보호법과 신용정보의 이용 및 보호에 관한 법률은 이를 받아들였다. 그러나 이 원칙은 그 기능과 의미가 비교적 근래 들어서야 뚜렷하게 인식 또는 재발견되었고 실정규범이 된 것은 더욱 최근의 일이어서 국내는 물론 해외에서도 일반적 판단도식은 별론, 구체적 판단기준이 잘 정립되어 있다고 할 수는 없다. 2020년 이른바 데이터 3법의 개정의도를 살리려면 피규제자와 규제당국이 협력하여 이 규정의 적용영역을 확보하고 기준을 구체화하는 데 신중하면서도 적극적인 노력을 기울일 필요가 특히 크다.

다른 한편, 개인정보 보호법 제15조 제3항, 제17조 제4항, 개인정보 보호법 시행령 제14조의2, 신용정보의 이용 및 보호에 관한 법률 제32조 제6항 제9호의4에 규정된 목적합치의 원칙은 입법 기술적으로는 여러 면에서 조악하다.

---

31) Article 29 Data Protection Working Party, Opinion 03/2013 on purpose limitation (00569/13/EN WP 203), Appendix Ⅳ에서 열거하고 있는 여러 사례가 이에 해당한다.

두 법의 규정의 문언이 서로 다르고 구체적인 판단기준이 전자(前者)에서는 대통령령에 위임되었으나 후자(後者)에서는 모법(母法)에 직접 규정되어 있다. 이러한 차이는 별다른 근거가 없는 것으로 불필요한 혼란을 초래하였다. 장차 통일될 필요가 있다. 또한, 두 법 모두 마치 개인(신용)정보의 '처리' 일체에 대하여 정하는 것처럼 규정해 놓고는 정작 개별적인 처리 유형 중에서는 수집, 이용과 제공에 한하여 규정을 마련하고 목적합치의 원칙에 관한 규정도 이들 사이에 넣어 놓아 여러 해석상 혼란 내지 다툼을 초래하였다. 목적합치의 원칙이 수집, 이용과 제공 이외의 처리에 적용되는지, 민감정보나 고유식별정보에 적용되는지 등이 그러한 논란의 예에 해당한다. 이와 같은 문제는 장차 두 법의 규율체계를 전면적으로 재편하여 해결할 필요가 있겠다. 목적합치의 원칙과 목적 외 이용 및 제공에 관한 개별규정, 특히 가명처리의 특례의 관계도 모호하다. 이는 우리 법과는 체계를 달리하는 유럽연합법 및 유럽연합 회원국의 국내법을 조합하여 입법한 결과이다. 장차 좀 더 체계적인 방식으로 재정비하여야 할 것이다. 위치정보의 보호 및 이용 등에 관한 법률이 개정 대상에서 제외된 점도 문제이다. 장기적으로는 이들 모두를, 개인정보의 보호에 관한 한, 하나의 단일법으로 통합하는 것을 검토하여야 한다.

목적합치의 원칙은 2020년 개정 데이터 3법의 실체법적 변화 중에서도 특히 잠재력이 큰 부분이다. 가명정보의 특례가 복잡한 규정과 섬세한 규율에도 불구하고 기본적으로 개정 전 개인정보 보호법의 규정상의 문제를 해소한 것에 불과하고 그런 만큼 개정이 없었다 하여 반드시 그와 같이 해석할 수 없었던 것은 아닌 반면, 목적합치의 원칙은 규정은 추상적이고 소략하나 해석·운용에 따라서는 긍정적으로도, 부정적으로도 상당한 실질적 변화를 초래할 수 있는 것이다. 향후 이 규정의 해석·운용이 특히 주목되는 이유이다.

참고 문헌

개인정보보호위원회 편, 2020년 개인정보 보호 법령 및 지침·고시 해설, 2020.
_____, 2022 「개인정보 보호법」 표준 해석례, 2022.
박노형, 개인정보보호법, 2020.
신종철, 개인정보보호법해설 ―개인정보 보호법과 신용정보법의 해석과 사례―, 2020.
이동진, "목적구속의 원칙에서 목적합치의 원칙으로 ―개인정보 이용기준의 변화에 관한 검토―"(NAVER Privacy White Paper, 2020).
_____, "목적합치의 원칙과 가명정보의 특례 ―개정 개인정보 보호법 小考―", 법률신문 2020.3.23.자.
_____·이선구, "인체유래물연구에 대한 동의 소고(小考) ―개정 생명윤리법 제42조의2를 계기로―", 의료법학 제20권 제2호(2019).
정종구, "개인정보처리의 허용범위와 그 한계 ―목적합치의 원칙을 중심으로―", 조선대 법학논총 제27집 제2호(2020).

Article 29 Data Protection Working Party, Opinion 03/2013 on purpose limitation (00569/13/EN WP 203).
Hoofnagel, Federal Trade Commission. Privacy Law and Policy, 2016.
Mortensen and Kelly, "The Privacy Act of 1974 and Its Progeny", Mathews (ed) Prokauer on Privacy. A Guide to Privacy and Data Security Law in the Information Age, 2nd ed., 2017.
U.S. Department of Health, Education & Welfare, Records, computers and the rights of citizens ― Report of the Secretary's Advisory Committee on Automated Personal Data Systems, 1973.

4

데이터 결합 제도의 효율적 활용 가능성*

박광배 / 법무법인(유) 광장 변호사

Ⅰ. 서론

2020년 2월 개정된 개인정보 보호법과 신용정보법(이들 두 개정법을 합쳐 "개정법"이라고 함)에는 데이터 결합과 관련된 제반 절차와 규정이 처음 도입되었다. 이로 인해 서로 다른 개인정보처리자가 보유하던 데이터셋(정보집합물)이 결합되면 기존에 존재하지 않던 데이터가 생성이 되므로, 새로운 서비스·상품의 개발, 기존 서비스 품질 향상 등의 가능성을 기대할 수 있게 되었다. 이러한 제도는 4차 산업혁명의 화두 속에 데이터 기반 경제의 중요 키워드로 논의되었지만, 아직 활성화되지는 못한 면이 있다. 그러나, 2022년말부터 시작된 AI(특히, 생성형 AI)의 급속한 확산과 발전속에 AI성능의 고도화를 위해서는 양질의 학습데이터가 필요하고, 데이터의 결합은 양질의 학습데이터의 중요한 조달방안으로서 고려될 수 있을 것으로 보인다. 이제 시작단계를 막 벗어난 데이터 결합 제도의 몇 가지 우려사항을 생각해 보고 그에 대한 개선 가능성과 방향에 대해 고민해 보기로 한다.

---

* 이 논문은 2020.12.17. 데이터산업포럼 성과발표회에서 공개한 이슈페이퍼("데이터결합 활성화를 위한 정책방향과 제도 개선방향")의 내용을 수정, 보완한 것이다.

Ⅱ. 개인정보 보호법상 데이터 결합 제도의 개관

1. 결합의 의미와 규정의 도입 경과

가. 데이터 결합의 우리 법상 의미

개인정보 보호법은 "개인정보의 수집, 생성, 연계, 연동, 기록, 저장, 보유, 가공, 편집, 검색, 출력, 정정(訂正), 복구, 이용, 제공, 공개, 파기(破棄), 그 밖에 이와 유사한 행위"라고 하여 결합을 명시적으로 언급하고 있지는 않다. 반면, 신용정보법 제2조 제13호는 "처리"를 "신용정보의 수집(조사를 포함한다. 이하 같다), 생성, 연계, 연동, 기록, 저장, 보유, 가공, 편집, 검색, 출력, 정정(訂正), 복구, 이용, 결합, 제공, 공개, 파기(破棄), 그 밖에 이와 유사한 행위"라고 정의하여, 결합이 개인(신용)정보의 처리의 한 유형임을 명확히 하고 있다. 두 법 다 포괄적인 예시규정인 점을 감안하면 해석상 개인정보의 결합도 개인정보 보호법상 개인정보의 처리의 한 유형이 될 것이라는 데에는 의심이 없어 보인다.

그런데 종래에는 두 법 다 개인정보의 정의와 관련하여 '결합'이란 표현을 사용하였다. 즉, "해당 정보만으로는 특정 개인을 알아볼 수 없더라도 다른 정보와 쉽게 결합하여 알아볼 수 있는 정보. 이 경우 쉽게 결합할 수 있는지 여부는 다른 정보의 입수 가능성 등 개인을 알아보는 데 소요되는 시간, 비용, 기술 등을 합리적으로 고려하여야 한다."(개인정보 보호법 제1호 나목)라거나, ""개인신용정보"란 기업 및 법인에 관한 정보를 제외한 살아 있는 개인에 관한 신용정보로서 다음 각 목의 어느 하나에 해당하는 정보를 말한다. (생략) 나. 해당 정보만으로는 특정 개인을 알아볼 수 없더라도 다른 정보와 쉽게 결합하여 특정 개인을 알아볼 수 있는 정보"라고 기재한 것이다. 이때의 결합은 다른 정보와 연계, 연결 등을 통해 개인을 식별할 수 있는지를 판별하는데 치중한 표현으로 보인다. 그런데 개정법에서는 가명정보의 결합(개인정보 보호법)이나 정보집합물의 결합(신용정보법)이라는 표현으로 데이터셋(정보집합물)의 결합이라는 개념을 지칭하기 위한 목적으로 "결합"이란 용어를 본격적으로 사용하기 시작하였지만, 막상 여기서의 결합의 의미가 무엇인지에 대해서는 명시적인 규정을 두고 있지 않다.

실무에서는 데이터전문기관(또는 결합전문기관)이 진행하고 있는 정보집합물의 결합은 아래 밴다이어그램의 교집합 부분을 말하는 것으로 이해하고 있다.

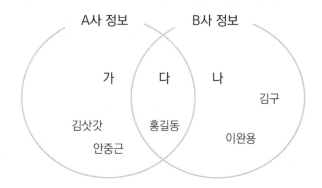

결합이라는 개념 유추에 따르면 "가", "나", "다" 전체를 결합된 정보집합물로 보아도 되지 않을까 하는 의문이 남는다. 하지만 실무상으로는 "나" 영역은 A사가 전혀 가지고 있지 않은 영역이기 때문에 정보주체의 정보를 충실히 보완하는 것이 아니라 전혀 새로운 정보주체의 정보를 제3자에게 제공하는 경우이기 때문에 결합된 정보집합물로서 제공하는 것은 아닌 것으로 생각된다.[1] 그 경우, "나" 영역의 데이터를 제공하는 것은 일반적인 가명정보의 제3자 제공의 절차에 따른 것으로 그 허용여부를 판단하면 될 것이다.

이러한 실무에서의 이해와 실제 정보집합물(데이터셋, 가명정보)의 결합 사례에서의 용어 사용례를 감안하면, 정보집합물(데이터셋)의 결합은 다음과 같이 정리될 수 있을 것으로 보인다. 동일한 개인정보처리자(사업자, 공공기관 등) 내 다른 사업부 등에서 또는 서로 다른 개인정보처리자에 의해서 각각 관리되고 있는 데이터를 추가 정보 없이는 개인을 알아볼 수 없도록 가명처리 후, 가명 상태에서 데이터를 결합하여 새로운 데이터셋을 생성하는 것(이하, 전자의 경우

---

1) 고종민, [데이터융합포럼 특별기고−5] '가명정보결합'이란 무엇이고…문제는 뭘까?, https://www.dailysecu.com/news/articleView.html?idxno=120230. (2021.2.25.방문)

를 "내부적 결합", 후자의 경우를 "외부적 결합"이라고 함)이다.

이하 그러한 의미로 데이터 결합이라는 용어를 사용하기로 한다.

나. 데이터셋 결합의 실태와 효용

개정법의 시행으로부터 약 3년이 경과하였으나,예상만큼 활발한 데이터 결합활동이 이루어지지 않고 있다. 여기에는 여러 가지 원인이 있을 것으로 예상된다. 선례없는 제도의 시행초기라는 점, 데이터셋이 기업의 비밀정보로 분류되어 외부적 결합할 수행할 적정한 데이터셋을 찾기가 쉽지 않다는 점, 결합후의 데이터 유용성이 미확인된 상태에서 전문기관을 경유해야 하는 절차와 시간적 부담, 개인정보 보호법과 신용정보법간의 제도적 차이[2] 등을 대표적 사유로 꼽을 수 있어 보인다. 외부적 결합의 경우, 신용정보간 또는 신용정보와 비신용정보간 결합이 주를 이루고 있고, 비신용정보간의 결합은 의료분야를 제외하고는 미미한 수준에 머물고 있는 것으로 보인다[3]. 신용정보분야에서 외부적 결합이 활발한 이유는, 신용평가모형의 구축과 개선 등 기존에 수행해 오던 데이터분석업무의 연장선 상에서 결합후 분석 결과의 효용성을 쉽게 예상할 수 있고, 잘 정비되어 있는 신뢰할 수 있는 데이터를 보유한 신용평가기관이 존재하고, 데이터분류체계의 유사성에 따른 결합의 용이성 때문인 것으로 보인다.

한편, 보험업과 같이 위험을 통계적으로 분석하여 상품 혹은 서비스를 제공하는 영역은 의료, 건강분야의 제반 데이터 등과의 결합을 통해 더 정밀한 위험분석이 가능하게 됨으로서, 유병자나 고령자의 보험가입장벽을 낮출수 있고, 의료데이터 분석을 통해 희귀질환 보장상품과 같은 다양한 보장상품이나 헬스케어서비스 개발이 가능해 질 수 있을 것이다. 그러나 전 국민이 단일체계인 국민건강보험에 가입하여 양질의 대량의 진료, 처방기록이 공공데이터로 축

---

[2] 박소영 가명정보 결합전문기관의 운영 실태조사, 국회입법조사처, NARS 입법. 정책 제95호, 2021.12.6. 42−47면, 개인정보 보호법과 신용정보법 사이의 데이터셋 결합의 절차적, 운영상의 차이에 대한 개선과제 참조.

[3] 김기범·권헌영·결합전문기관의 역할 확대를 위한 개선방안, Journal of The Korea Institute of Information Security & Cryptology VOL. 33, NO.1, Feb 2023. 105면

적되어 있고, 데이터 표준화 정도도 비교적 우수함에도 불구하고 영리기업의 개인정보 활용에 대한 부정적 사회인식, 민감한 개인정보 유출 및 침해 등에 대한 우려 등으로 제대로 활용되지는 못하는 것으로 보인다.[4] 특히 의료 및 신약개발영역은 이러한 양질의 데이터 활용을 통한 그 사회적 효용성이 더욱 쉽게 예상이 되고, 그 과정에서 데이터셋의 결합은 필수적인 것으로 보이지만, 아직도 기대만큼 활성화 되지는 못한 것으로 보인다. 가명정보 결합 우수사례로는 공공영역의 세대·인적정보, 과세정보, 연금정보 등과 민간영역의 퇴직연금 정보등을 결합하여 분석한 과세정보 노후소득보장 종합연구, 국립암센터, 국민건강보험공단, 통계청의 정보를 결합하여 분석한 폐암환자의 사망동향 및 사망예측연구,[5] 한화생명과 KT이 데이터를 결합하여 분석한 질병 및 재해 위험 예측 모형 개발, NICE지니데이터와 BC카드를 결합하여 소상공인을 위한 맞춤형 고객 정보 제공 사례 등[6] 다양한 사례가 제시되고 있지만, 금융, 의료, 건강, 복지 등 분야에서의 사례가 상대적으로 많아 보인다.

다. 결합된 데이터셋과 당초 수집·이용 목적과의 관계

데이터셋의 결합은 외부적 결합이든 내부적 결합이든 당초 수집·이용목적을 벗어나는 개인정보이용·제공이 될 가능성이 많다. 개인정보 보호법 제18조 제1항은, "개인정보처리자는 개인정보를 제15조 제1항에 따른 범위를 초과하여 이용하거나 제17조 제1항 및 제28조의8 제1항에 따른 범위를 초과하여 제3자에게 제공하여서는 아니 된다"고 하면서, 제18조 제2항은 그 예외로서 정보주체로부터의 별도 동의, 다른 법률에 특별한 규정이 있는 경우 등을 명시하고 있다.

그런데, 개인정보 보호법 제28조의3 제1항은 "통계작성, 과학적 연구, 공

---

4) 박희우·이승주, 보험업의 데이터 결합·활용 사례 및 시사점: 의료데이터를 중심으로, 보험연구원(연구보고서), 2022.10. 24-28면 참조. 동 연구보고서는 해외 보험회사들의 다양한 외부데이터 결합을 통한 활용사례를 소개하고 있는데(10-22면), 우리 법제하에서도 데이터셋의 결합제도가 활용될 경우 보험분야에서 그 효용이 구체적으로 나타날 개연성이 커 보인다.

5) 개인정보보호위원회, 과학기술정보통신부, 금융위원회, 보건복지부, NIA한국지능정보사회진흥원, 2021 가명정보 활용 우수사례집,

6) 개인정보보호위원회, 과학기술정보통신부, 보건복지부, 금융위원회, 국세청, 한국인터넷진흥원, 2022 가명정보 활용 우수사례집,

익적 기록보존 등을 위한 서로 다른 개인정보처리자 간의 가명정보의 결합은 보호위원회 또는 관계 중앙행정기관의 장이 지정하는 전문기관이 수행한다"고만 규정하고 있을 뿐, 다른 개인정보처리자간의 가명정보 결합과정에서 데이터셋을 결합·제공하는 것이 개인정보 보호법 제18조 제1항과 어떠한 관계에 있는 것인지를 명확히 설명하고 있지 않다. 즉, A사의 개인정보(데이터셋)과 B사의 개인정보(데이터셋)의 결합으로 생성된 새로운 개인정보(결합된 데이터셋)에 대해서는 당초의 A사, B사의 개인정보 수집·이용목적과는 무관한 "통계작성, 과학적 연구, 공익적 기록보존 등"에 해당하는 새로운 이용목적을 형성하게 될 가능성이 많다. 따라서 이러한 결합·제공과정은 대부분 당초 수집·이용목적의 범위를 초과하게 형태의 개인정보의 이용·제공이 될 것이고, 이는 '개인정보 보호법에서 특별히 규정한 바에 따른 이용·제공'이여서 제18조 제2항의 예외사유로 명시되어야 할 것이다. 그런데, 제18조 제2항 제2호는 "다른 법률에 특별한 규정이 있는 경우"만 규정하고 있을 뿐 '개인정보 보호법에 특별한 규정이 있는 경우'를 명시하지 않고 있다.

그럼에도, 제28조의 3 규정이 개인정보 처리에 관한 특별 규정 형태로 규정되어 있고, 제15조 제1항 2호가 "법률에 특별한 규정이 있거나 법령상 의무를 준수하기 위하여 불가피한 경우" 개인정보처리자가 개인정보를 수집할 수 있고 그 수집목적의 범위에서 이용할 수 있도록 규정하고 있는 만큼, 결합과 관련된 개인정보처리는 가명정보의 결합에 관한 제28조의 3이라는 특별한 규정에 따른 처리로서, 결합된 가명정보(데이터셋)를 통계작성, 과학적 연구 등의 목적으로 이용하는 것은 제15조 제1항 제2호에 따라 가능한 것으로 생각된다.

라. 결합된 데이터셋과 추가적인 이용 또는 제공과의 관계

개정 개인정보 보호법 제 15조 제3항, 제17조 제3항은 '개인정보처리자는 당초 수집 목적과 합리적으로 관련된 범위에서 정보주체에게 불이익이 발생하는지 여부, 암호화 등 안전성 확보에 필요한 조치를 하였는지 여부 등을 고려하여 대통령령으로 정하는 바에 따라 정보주체의 동의 없이 개인정보를 이용·

제공할 수 있다'고 규정하고 있다. 이에 따라 동법 시행령 제14조의2(개인정보의 추가적인 이용·제공의 기준 등) 제1항은 "1. 당초 수집 목적과 관련성이 있는지 여부, 2. 개인정보를 수집한 정황 또는 처리 관행에 비추어 볼 때 개인정보의 추가적인 이용 또는 제공에 대한 예측 가능성이 있는지 여부, 3. 정보주체의 이익을 부당하게 침해하는지 여부, 4. 가명처리 또는 암호화 등 안전성 확보에 필요한 조치를 하였는지 여부"를 고려하도록 요구하고 있다.

한편, 데이터셋을 결합하는 과정에서는 새로운 이용목적인 통계작성, 과학적 연구 등에 대한 구체적인 목적이 설정되고, 실무적으로도 구체적인 이용목적이 사전에 정의되고 전문기관에 의한 결합된 데이터셋의 반출을 위한 적정성 심사과정에서 제시된다. 따라서, 결합된 데이터셋을 제공(수집)받아 이용할 수 있는 근거가 개인정보 보호법 제15조 제1항 제2호의 "법률에 특별한 규정이 있[는] 경우"에 기반한 것이라면, 특별한 규정인 제28조의 3에 규정된 '통계작성, 과학적 연구, 공익적 기록보존'의 구체적인 내용이 결합된 데이터셋에 대한 새로운 개인정보 수집·이용목적이 될 것으로 생각된다. 따라서,]제15조 제3항, 제17조 제3항의 "당초 수집 목적"은 결합전 정보주체로부터 최초로 개인정보를 수집할 때의 목적이 아니라 데이터셋의 결합과정에서 해당 데이터셋을 이용할 개인정보처리자가 설정한 구체적인 이용목적이 될 것이다.

그런데, 제15조 제4항, 제17조 제3항에 따른 당초 수집 목적과 합리적으로 관련된 범위가 무엇인지에 대해서는 논의가 많지 않은 것같다. 2020년 개정때 도입된 이러한 추가적인 이용·제공의 제도 자체가 EU GDPR에서 유래한 것이기는 하지만, EU GDPR과는 체계가 달라서 EU GDPR의 해석을 우리 법에 그대로 모순없이 해석적용할 수 있을 지는 의문이다. 특히, EU GDPR은 통계작성, 과학적 연구, 공익적 기록보존의 목적에 의한 개인정보 처리 자체가 애초 수집시의 개인정보 이용목적에 대하여 합리적으로 관련된 범위내에 있는 대표적 사례로 인정하고 있다.[7] 이미 통계작성, 과학적 연구 등의 목적에 기반하여

---

7) EU General Data Protection Regulatoin..Recital 50 (Further Processing of Personal Data)은 "Further processing for archiving purposes in the public interest, scientific or historical re-search purposes or statistical purposes should be considered to be compatible lawful proc-essing operations."라고 표현함으로서, 공익적 기록보존, 과학적, 역사적 목적 또는 통계 목적

생성된 결합된 데이터셋에 대해 다시 통계작성, 과학적 연구 등의 목적으로의 이용·제공만이 합리적으로 관련된 범위의 이용·제공으로 인정되어야 할 것인지는 의문이 있을 수 있다. 생각건대, 데이터셋의 결합을 위해 설정된 구체적인 이용목적과 다른 새로운 통계작성, 과학적 연구 등의 목적으로 이용하는 것은 대체로 당초 수집 목적과 합리적으로 관련된 범위에 있다고 판단될 것으로 보이지만, 그 이외의 목적을 위한 추가적인 개인정보 이용·제공까지 금지하고 있는 것은 아니라고 생각된다. 즉, 통계작성, 과학적 연구 등의 목적인지 여부에 관계없이 정보주체에 대한 불이익 발생여부, 암호화 등 안전성 확보조치 등의 일련의 추가적인 요건을 충족하는 경우라면, 추가적인 이용·제공이 가능할 것이다.

한편, 결합된 데이터셋을 AI학습데이터로 이용하고자 할 경우 이 문제는 더욱 복잡해 진다.[8] 우선, 그러한 AI학습데이터로의 이용이 제28조의3에 의거한 이용·제공인지, 제15조 제4항, 제17조 제3항에 의한 합리적으로 관련된 범위내의 이용·제공인 지를 구분해야할 것으로 보인다. 결합된 데이터셋를 AI학습용데이터로 이용하는 것이 통계작성 내지 과학적 연구 목적이 될 수 있는지는 개별적인 사안에 따라 판단되어야 할 것이지만, 실제 데이터분석과정에서 AI가 사용될 가능성은 갈수록 커질 것이다. 특정한 목적을 수행하기 위한 AI라면 그 AI를 통해 달성하려는 목적이 무엇인지를 기초로 통계작성, 과학적연구 여부를 판단하면 될 것이지만, 일반적인 목적의 AI(general purpose AI)를 개발 또는 성능을 향상시킬 목적으로 결합된 데이터셋을 학습데이터로 활용하고자 할 경우에는 그 판단이 쉽지 않을 것으로 보인다. 구체적으로 결합되는 데이터셋의 내용과 AI의 사용목적에 대한 제한가능성 등 다양한 요소를 기초로 그 가능성 여부를 판단해야 할 것으로 생각된다.

은 추가적인 이용이 가능함을 명확히 하고 있다.

8) 금융위원회, 2023.6.21.자 보도자료, 「금융 AI 데이터 라이브러리」 운영을 시작합니다. 1-3면, 금융위원회는 AI학습 등을 위해서는 데이터 결합이 필수적임을 인식하고, 혁신금융서비스 지정을 통해 고도의 데이터보호체계를 갖춘 전문기관인 신용정보원·금융보안원이 데이터를 저장·관리하면서 일정한 상황에서 결합된 데이터를 AI학습 등의 목적으로 재사용할 수 있게 금융 AI 데이터 라이브러리 제도를 시행할 것을 밝힌 바 있다.

마. 데이터 결합제도와 가명처리의 관계

개인정보 보호법 제28조의3 제1항은 "… 가명정보의 결합은 … 전문기관이 수행한다."라고 하고, 신용정보법 제17조의2 제1항은 "신용정보회사(…) 등은 자기가 보유한 정보집합물을 제3자가 보유한 정보집합물과 결합하려는 경우에는 제26조의4에 따라 지정된 데이터전문기관을 통하여 결합하여야 한다."라고 규정하고, 동법 시행령 제14조의2 제3항 제1호 나목은 "결합의뢰기관이 정보집합물을 데이터전문기관에 제공하는 경우 개인신용정보가 포함된 정보집합물은 가명처리할 것"을 요구하고 있다. 이에 따르면, 서로 다른 개인정보처리자간의 데이터 결합은 (정보주체의 동의가 없는 한) 전문기관을 거쳐야만 하고 그 과정에서 가명처리가 이루어져야 한다.

가명정보에 한하여 데이터 결합을 허용해야 할 논리적 근거는 없다. 익명정보의 경우, 식별가능성 없음으로 인하여 익명정보로만 구성된 복수의 데이터셋을 상호 결합시킬 수가 없다.[9] 반면, 가명정보인 경우 추가정보를 통해 개인을 식별할 수 있음을 전제로 하고 있으므로, 그 추가정보를 활용하여 가명정보로 구성된 데이터셋들을 만들고 결합시키는 것이 가능하다. 나아가 법상 근거나 정보주체의 동의가 있는 한, 가명정보가 아닌 개인정보에 대한 데이터 결합이 가능함은 굳이 언급할 필요도 없을 것이다. 따라서, 가명정보만을 대상으로 데이터 결합을 허용하는 이유는 산업적 효율성의 증대와 정보주체의 권익보호 등을 종합적으로 고려한 법적·정책적 선택의 결과라 할 것이다.

그러한 판단은, 정보주체의 엄격한 사전동의를 중심으로 한 개인정보 관련 법령으로 인한 데이터 활용의 제약을 완화하기 위한 정책적 노력에서 나온 것이다. 구체적으로는 데이터 3법 개정을 위한 4차산업혁명위원회 주관 해커톤 토론에서 일정 부분 그 활로를 터주기 위하여 가명처리된 개인정보(가명정보)의 개념이 EU의 GDPR에서 도입되었다. 다만 가명정보라 하더라도 그 처리[10] 유

---

9) 다만, 실무상 가명정보와 익명처리된 정보간의 결합이 이루어 지는 경우도 있는 것으로 보인다.

10) 개인정보 보호법 제2조 제2호는, 개인정보의 "처리"란 "개인정보의 수집, 생성, 연계, 연동, 기록, 저장, 보유, 가공, 편집, 검색, 출력, 정정(訂正), 복구, 이용, 제공, 공개, 파기(破棄), 그

형 중 정보주체의 권리와 프라이버시/개인정보자기결정권을 침해할 위험성이 가장 큰 대표적인 유형의 개인정보 처리행위로 가명정보의 결합이 부각되었고, 이를 규율하는 수단으로서 가명정보의 결합을 전문기관을 통해서만 이루어지도록 하자는 방향으로 논의가 법제화로 발전하게 된 것으로 알려져 있다. 이로 인해, 가명처리 내지 가명정보의 개념 자체가 한국 법제에만 있는 특이한 개념이 아님에도, 민간 영역에서까지 전문기관을 통해서만 가명정보의 결합을 허용하는 독특한 제도가 탄생하게 된 것이다.

바. 결합된 데이터셋의 법적 성격

결합이 개인정보의 처리의 한 유형이라고 하지만, 개인정보 보호법이나 신용정보법은 개인정보의 수집이용, 제3자 제공, 위수탁처리, 파기 등의 일부 개념을 제외하고는 나머지 개인정보의 처리(결합 포함)에 대해 특별한 법적 의미를 부여하는 규정을 두고 있지는 않다. 가명정보와 가명정보의 결합으로 생겨난 (또다른) 가명정보의 성질은 정보주체로부터 직접 수집한 정보가 아님은 분명하다. 우리 법체계는 개인정보의 처리와 관련하여서는 수집, 이용, 제공, 위수탁 등 개인정보처리자의 관점에서 개별 처리 행위의 성격을 규정짓고 그에 따른 법적 취급을 달리하므로, 이렇게 데이터 결합으로 인해 생성된 가명정보에 대한 법적 성질도 결합행위로 생성된 가명정보 데이터셋을 수령하게 되는 개인정보처리자의 입장에서 정의 내려져야 할 것이다. 개인정보 보호법은 '정보주체로부터 수집한 정보' 이외의 경우로 개인정보가 개인정보처리자에게 주어지는 과정에 대해 제20조에서 "개인정보처리자가 정보주체 이외로부터 수집한 개인정보를 처리하는 때"라고 규정하고(제1항) 수집 출처의 통지와 관련한 의무를 이행할 것을 요구하고 있다. 서비스 제공 등 과정에서 생성되는 정보를 개인정보처리자가 처리(달리 말해 기록하고 관리)하게 될 때 생성되는 거래정보, 위치정보 등에 대한 개인정보처리자의 기록과 관리 행위는 개인정보 수집의

밖에 이와 유사한 행위를 말한다."고 정의하고 있으며, 데이터 결합은 개인정보의 "연계, 연동" 내지 "그 밖에 이와 유사한 행위"에는 해당할 것으로 생각된다.

한 유형으로 보고 있다.[11] 가명정보의 결합과 관련하여 언급한 것은 아니지만, 빅데이터 분석 과정에서 개인정보처리자가 정보주체에 대해 분석 과정에서 (프로파일링 등을 통해) 추론[12]하여 생성(즉, 기록하고 관리)하는 과정에 대해서도 비슷한 고민이 있다. 그러한 행위 역시 개인정보처리자의 입장에서 보면 개인정보 수집의 한 유형으로 볼 수밖에 없지만, 정보주체로부터 받은 정보가 아니라는 점에서 개인정보 보호법 제20조의 정보주체 이외의 자로부터 개인정보를 수집하는 행위로 봐서 관련 규정이 적용되는 것으로 볼 수밖에 없다는 견해가 있다.[13]

비슷하게, 데이터 결합 과정에서 특정 개인정보처리자가 결합된 가명정보를 제공받게 됨으로서 당초 가진 개인정보 이상의 정보를 추가로 가지게 되는 행위 역시 개인정보의 수집, 그중 정보 주체 이외의 자로부터 수집(제20조 제1항)의 한 유형으로 취급할 수밖에 없지 않을까 하는 생각이 든다. 하지만 그러한 조항에 따른 수집 출처의 통지의무를 이행하는 행위는 개인정보 보호법이 금지하는 재식별행위가 필연적으로 따를 수밖에 없기 때문에, 개인정보 보호법은 가명정보에 대해 제20조의 적용을 배제하고 있다(법 제28조의7).

2. 데이터 결합과 전문기관

가. 데이터 결합과정에서의 전문기관제도의 도입

개정 개인정보 보호법은 제3장(개인정보의 처리) 제3절에 가명정보의 처리에 관한 특례를 신설하고 그중 가명정보의 결합과 관련하여 다음과 같은 조항을 두고 있다.

---

11) 고환경 외 12인, 2020 개인정보 보호 법령 및 지침·고시 해설서, 개인정보보호위원회, 2020. 12, 81면

12) 신용분석을 위한 목적으로 개인의 소득이나 재산(부동산 등)의 가액을 추정하거나, 소비패턴을 분석하여 유형화하는 등 빅데이터 분석이 보다 더 고도화 될수록 이렇게 생성되는 정보가 많아 질 수밖에 없을 것이다.

13) 박광배·채성희·김현진, 빅데이터 시대 생성정보의 처리 체계─추론된 정보의 처리에 관한 우리 개인정보 보호법의 규율과 개선 방안에 관한 고찰, 한국정보법학회, 정보법학, Vol.21 No.2, 2017.9.14., 제 174─179면

제28조의3(가명정보의 결합 제한) ① 제28조의2에도 불구하고 통계작성, 과학적 연구, 공익적 기록보존 등을 위한 서로 다른 개인정보처리자 간의 가명정보의 결합은 보호위원회 또는 관계 중앙행정기관의 장이 지정하는 전문기관이 수행한다. ② 결합을 수행한 기관 외부로 결합된 정보를 반출하려는 개인정보처리자는 가명정보 또는 제58조의2에 해당하는 정보로 처리한 뒤 전문기관의 장의 승인을 받아야 한다. ③ 제1항에 따른 결합 절차와 방법, 전문기관의 지정과 지정 취소 기준·절차, 관리·감독, 제2항에 따른 반출 및 승인 기준·절차 등 필요한 사항은 대통령령으로 정한다.

   개정 신용정보법 역시 서로 다른 신용정보회사 등이 신용정보를 포함한 정보집합물(데이터셋)을 결합하고자 할 경우, 금융위원회가 지정하는 데이터전문기관을 통하여 수행하도록 요구하고 있다.

제17조의2(정보집합물의 결합 등) ① 신용정보회사등(대통령령으로 정하는 자는 제외한다. 이하 이 조 및 제40조의2에서 같다)은 자기가 보유한 정보집합물을 제3자가 보유한 정보집합물과 결합하려는 경우에는 제26조의4에 따라 지정된 데이터전문기관을 통하여 결합하여야 한다. ② 제26조의4에 따라 지정된 데이터전문기관이 제1항에 따라 결합된 정보집합물을 해당 신용정보회사등 또는 그 제3자에게 전달하는 경우에는 가명처리 또는 익명처리가 된 상태로 전달하여야 한다. ③ 제1항 및 제2항에서 규정한 사항 외에 정보집합물의 결합·제공·보관의 절차 및 방법에 대해서는 대통령령으로 정한다.

   정부에서 지정한 전문기관을 통하지 않고서는 다른 개인정보처리자가 보유한 데이터 결합이 이루어 질 수 없다는 점은 동일하지고, 다만 세부적인 내용에서는 다소 차이가 있다. 그러나 실무에서는 이러한 차이로 인하여도 적지 않은 불편함을 야기하고 있어, 두 법에 의하여 별도의 절차와 관리감독이 이루어지고 있는 전문기관 운영기준의 일치, 공공·민간 결합전문기관 간의 역할 구분, 반출심의위원회의 공동운영등 개선책을 논의하고 있기도 하고, 일부 개선도 이루어지고 있는 것으로 보인다.[14)]

현행 데이터 결합과정에서의 전문기관을 활용하는 제도는 개인정보분야에서 일종의 신뢰할수 있는 제3자(Trusted Third Party, "TTP")를 활용하는 최초의 제도라 할 수 있다. 이어 2023년 3월 개정된 개인정보 보호법은 개인정보의 전송요구권과 관련된 업무를 수행하기 위한 개인정보관리 전문기관제도를 도입하였다(제35조의 3).[15)] 이러한 TTP 제도의 도입은 복잡다단한 개인정보(데이터) 처리과정에서의 실질적인 위험과 그에 대응한 적절한 안전장치를 도모함을 추구하는 위험기반 접근법 내지 원칙기반 규율을 향한 발걸음으로 보이고, 갈수록 복잡해 지는 데이터의 내용과 가치, 그 위험성을 생각하면 바람직한 접근방향으로 생각된다. 다만, TTP제도를 효율적으로 활용할 수 있게 하지 못하면 또 다른 절차적 규제에 불과하게 될 우려가 있어 적절한 TTP제도를 설계하고 작동하는 것이 중요한 과제가 될 것이다.

나. 전문기관의 법적 성격

개정법은 외부 개인(신용)정보처리자 간의 데이터 결합을 반드시 중앙행정기관에서 지정한 전문기관에서만 수행하도록 하고 있으면서도, 전문기관의 법적 지위에 대해서는 아무런 언급을 하고 있지는 않다.

우리 법체계에서는 개인정보의 처리 과정에서 있는 개인정보의 이전은 원

---

14) 박소영 전게서 43–46면.
15) 제35조의3(개인정보관리 전문기관) ① 다음 각 호의 업무를 수행하려는 자는 보호위원회 또는 관계 중앙행정기관의 장으로부터 개인정보관리 전문기관의 지정을 받아야 한다.
　1. 제35조의2에 따른 개인정보의 전송 요구권 행사 지원
　2. 정보주체의 권리행사를 지원하기 위한 개인정보 전송시스템의 구축 및 표준화
　3. 정보주체의 권리행사를 지원하기 위한 개인정보의 관리·분석
　4. 그 밖에 정보주체의 권리행사를 효과적으로 지원하기 위하여 대통령령으로 정하는 업무

칙적으로 개인정보의 제3자 제공이나 위수탁처리의 관계에서 이루어지는 행위로 규정하고 있다. 그러나, 개인정보 보호법이나 신용정보법 모두 제3자 제공과 위수탁과정에서의 이전 간의 구별기준에 대해 언급을 하고 있지 않다. 개인정보 보호법 제17조 제1항은 "개인정보처리자는 다음 각 호의 어느 하나에 해당되는 경우에는 정보주체의 개인정보를 제3자에게 제공(공유를 포함한다. 이하 같다)할 수 있다."라고만 규정하고, 제26조 제2항은 "개인정보처리자가 제3자에게 개인정보의 처리 업무를 위탁하는 경우", "개인정보 처리 업무를 위탁받아 처리하는 자"라고만 표현하고 있을 뿐이다. 이에 판례는 오래전부터 누구의 이익과 업무를 위한 이전인지에 따라 제3자 제공과 위수탁이 구별되고, 이러한 구분을 위해서는 다양한 제반 요소를 고려하여 판단할 것을 요구하고 있다.[16]

대법원 판례의 입장을 기준으로 보면 개인정보 보호법상 전문기관의 역할이 결합의뢰기관을 위해 가명정보를 결합제공하는 것이고, 결합된 데이터를 스스로 이용하는 것은 상정하고 있지 않으므로, 결합을 의뢰한 개인정보처리자에 대하여 수탁자로서 결합업무를 수행하는 것으로 보인다. 하지만 우리 법상 위수탁자 관계가 성립될 경우, 개별 개인정보처리자의 개인정보처리방침에 수탁자로 기재되는 것을 포함하여 위탁자로부터 개인정보처리업무에 대한 교육과 감독을 받아야 하는 등(제26조 제4항), 현실과 맞지 않는 상황이 야기될 수밖에 없는 문제가 생기게 된다.[17] 제28조의3에 의한 데이터 결합의 경우에는 제26조의 제반 규정의 적용을 명시적으로 배제하는 규정을 두었으면 하는 아쉬움이 남는다. 그럼에도 불구하고 개인정보 보호법이 데이터 결합, 그중 외부적 결합은 반드시 전문기관을 통해서 하도록 법정하고 있다는 점(법제28조의3)에서 제26조의 특별 규정이라 볼 수 있으므로, 개인정보처리방침에 기재되어야 할 수탁자로서의 기재사항의 예외로 볼 수도 있을 것으로 보인다. 마찬가지로 개인

---

16) 대법원 2017.4.7. 선고 22016도13263판결 등("개인정보의 '처리위탁'은 본래의 개인정보 수집·이용 목적과 관련된 위탁자 본인의 업무 처리와 이익을 위하여 개인정보가 이전되는 경우를 의미한다.")

17) 박소영, 전게서 43면, 결합전문기관이 결합신청자를 대신하여 결합 전 가명처리, 결합 후 가명처리 등을 직접한다는 측면에서 위수탁의 관계가 해당하는지를 판단하여야 하고 그에 따른 수탁자로서의 의무를 수행하고 책임을 부담한다는 점을 지적하고 있다.

정보보호위나 관계 중앙행정기관에서 전문기관의 지정 및 지정 취소 등의 과정을 통해 정부부서가 위탁자를 대신한 관리감독의 업무를 수행한다는 점에서 수탁자에 대한 교육, 감독이 법정 절차에 따라 이루어지는 것으로 볼 수도 있을 것이다.[18]

3. 전문기관을 통한 데이터 결합과 반출심사

가. 필요적 반출심사 제도

전문기관에서 결합된 데이터셋이 이를 이용할 제3자에게 전달되기 위해서는 외부 전문가가 주축이 된 평가단에 의한 평가(반출승인심사위원회의 심사 등 표현은 다양할 수 있음)가 필수적이다. 구체적으로, 개인정보 보호법 시행령 제29조의3 제4항은 해당 전문기관에서 결합된 데이터를 반출하기 위해서는 반출승인심사위원회의 심사를 거쳐 해당 결합전문기관의 승인을 얻어야 가능한데, 이를 위해서는 적정한 수준의 가명처리 내지 익명처리가 선행되어야 가능하다. 신용정보법은 비록 이러한 반출심사위원회 심사 절차를 명시하고 있지는 않지만, 동법 시행령 제14조의2 제3항 제5호에서 "데이터전문기관은 결합된 정보집합물의 가명처리 또는 익명처리의 적정성을 평가한 후 적정하지 않다고 판단되는 경우 다시 가명처리 또는 익명처리하여 전달할 것"을 명시하고 있다. 이를 반영한 금융 분야 가명·익명처리 안내서[19]는 결합된 정보집합물을 신용정보회사 등 또는 제3자에게 전달하기에 앞서, 가명처리 또는 익명처리의 적정성을 데이터전문기관이 평가할 것을 요구하고 있다. 그런데 반출승인심사위원회나 데이터

---

18) 개인정보 보호법 제28조의3, 제3항은 "제1항에 따른 결합 절차와 방법, 전문기관의 지정과 지정 취소 기준·절차, 관리·감독 (중략) 등 필요한 사항은 대통령령으로 정한다."라고 규정하고 있고, 동법 시행령 제29조의2(결합전문기관의 지정 및 지정 취소)에서는 전문기관(결합전문기관)의 지정, 그 취소 동 전문기관에 대한 관리감독의 책임이 보호위나 관계 중앙행정기관에게 있음을 알 수 있다.

19) 금융위원회·금융감독원, 금융분야 가명·익명처리 안내서, 2020.8.6. 제64면("데이터 전문기관은 결합정보를 결합의뢰기관의 선택에 따라 가명처리 또는 익명처리를 추가로 수행한 후 적정성 평가를 진행한다. 적정성 평가 결과가 '적정'이 나올 때까지 가명처리 또는 익명처리를 수행한다.")

전문기관의 적정성 평가에는 외부 전문가를 전부 또는 적어도 과반수이상 참여하여야 한다는 내용을 법이나 가이드라인으로 규정하지는 않았지만, 실무의 관행이나 그 성격상 외부 전문가를 주축으로 한 평가가 될 수밖에 없을 것이다.[20]

　　민간 영역에 있는 개인정보처리자의 개인정보 처리의 한 유형에 대해 해당 개인정보처리자 스스로에 의한 처리를 제한하고 반드시 외부의 전문가들에 의한 적정성 여부를 평가받아야 가능하도록 하는 제도는 2017. 6. 30. 관계부처 6개 부처에서 합동 발표한 '개인정보 비식별조치 가이드라인' 상의 데이터 결합 제도에서 처음 도입되었다. 이 가이드라인에 따른 데이터 결합은 2018. 11. 12개 시민단체들이 데이터 결합을 수행한 20개 기업과 4개 결합 전문기관들을 개인정보 보호법 위반혐의로 고발[21]할 때까지 실험적인 수준에서 진행되어 왔던 것으로 보인다. 우리 법제 하에 개인정보 분야에서 외부 전문가들에 의한 적정성 판단을 기초로 비식별화된 정보로서의 효과를 부여하고자 한 사례로는 위 비식별조치 가이드라인에 의한 경우가 유일한 것으로 보인다. 개인정보 보호법에 따른 가명정보결합의 구체적인 방법 등을 명시한 가명정보처리 가이드라인에는 비식별조치 가이드라인 시절 적정성 평가와 관련한 내용이 일정 부분 남아있는 것으로 보인다.

나. 개인정보 보호법하의 가명정보의 결합 반출심사의 문제점

　　전체적으로는 비식별조치 가이드라인 하 적정성 평가 과정에서의 여러 문제점들은 2021년부터 실제 시행되고 있는 데이터셋의 결합 및 반출심사과정에서의 개선되어 가고 있는 것으로 보인다. 개인정보 보호법 시행령은 개인정보처리자 간 결합된 가명정보를 결합전문기관으로부터 반출하기 위해서는 반출심사위원회의 승인을 얻어야 하고, 이때 다음의 3가지 기준을 충족할 것을 요구하고 있다.

---

20) 금융 분야에서는 실무상 평가단 전부 외부위원으로 구성하여 평가하는 것으로 보인다.

21) http://news.khan.co.kr/kh_news/khan_art_view.html?art_id=201711091626001 2021.4.3.방문, SK텔레콤 등 20개 기업과 한국인터넷진흥원, 한국정보화진흥원, 금융보안원, 한국신용정보원을 대상으로 개인정보 보호법 위반 등 혐의로 고발하였다.

개인정보 보호법 시행령

제29조의3(개인정보처리자 간 가명정보의 결합 및 반출 등)

④ 결합전문기관은 다음 각 호의 기준을 충족하는 경우에는 법 제28조의3제2항에 따른 반출을 승인해야 한다. 이 경우 결합전문기관은 결합된 정보의 반출을 승인하기 위하여 반출심사위원회를 구성해야 한다.

1. 결합 목적과 반출 정보가 관련성이 있을 것
2. 특정 개인을 알아볼 가능성이 없을 것
3. 반출 정보에 대한 안전조치 계획이 있을 것

　　한편 가명정보 처리 가이드라인[22]에 의하면, 가명처리 과정에서 가명정보 처리 목적에 해당하는지, 처리목적을 구체적을 설정하였는지 등을 검토하고, 가명처리 단계에서 데이터 의 자체 식별 위험성, 처리 환경의 식별위험 등을 검토하도록 되어 있으므로, 결국 결합된 데이서텟을 이용할 자의 처리 목적과 처리 환경 등을 개별적으로 검토, 판단하여야 하고, 더 나아가 익명정보로 반출할 자의 목적 달성이 가능한 지 여부도 판단하여야 하는 부담을 지게 되었다. 여기에 대한 판단을 위해 일률적으로 적용 가능한 기준을 정립하기는 쉽지 않을 것으로 보인다. 비슷하게 금융 분야 가명·익명처리 안내서에는 가명처리 시 가명처리 목적, 처리·이용환경 및 가명처리 데이터의 특성 등에 따른 위험도 분석을 적정하게 수행할 것을 요구하고 있다.[23] 이러한 고려사항은 상황에 따라 평가자에게 적지 않은 부담이 될 것으로 생각된다.

　　과거 비식별 조치가이드라인 체계 하에서는 전문기관은 외부 전문가의 추천, 기술적, 절차적 자문 등의 업무를 담당한 반면, 데이터 결합 자체는 해당 결합신청기관에서 자체적으로 진행하게 함으로써 적정성 심사와 관련된 모든 업무가 데이터 결합신청기관과 적정성 평가단의 업무로 귀결이 될 수밖에 없었지만, 개정법 하에서는 전문기관이 결합업무 및 반출승인 관련 업무를 수행

---

22) 가명정보 처리 가이드라인, 개인정보보호위원회, 2002.4.28. 15－1934면
23) 금융 분야 가명·익명처리 안내서, 금융위원회·금융감독원, 2022.1. 29－30면

하는 만큼 과거 적정성 평가단의 업무를 일정 부분 떠맡아 평가단의 업무 부담
을 줄일 여지를 마련한 점은 제도적 개선으로 보인다.

하지만 반출심사의 과정은 반출할 자의 처리 목적과 처리 환경을 검토해
야 하는 것이어서, 복잡하고 대규모의 개인정보처리가 불가피한 대기업의 데이
터 결합이나 대량의 데이터 결합 등의 경우 그 반출을 위한 적정성 심사가 상
당한 부담이 될 수도 있어 보인다. 구체적으로 보면,

1) 결합 목적과 반출 정보가 관련성이 있는지에 대한 판단은 어느 수준에
서 관련성을 보는지에 따라 간단한 판단이 될 수도, 사업내용에 대한 상당한
이해를 요구하는 판단이 될 수도 있을 것이다. 특히, 익명처리로 반출할 자의
목적 달성이 가능한지(가명처리가 필요한 지)의 판단은 반출할 자의 사업상황과
데이터 결합의 목적에 대한 깊은 이해도가 없이는 정확한 판단을 내리기가 쉽
지 않을 수도 있다. 경우에 따라서는 추가적인 자료의 제출이나 설명을 요구하
는 과정에서 반출할 자의 영업비밀을 외부 전문가에게 공개하도록 요구할 가
능성도 있을 것으로 보인다.

2) 특정 개인을 알아볼 가능성이 없을 것의 요건은 상당한 난이도가 요구
되는 심사기준이다. 왜냐하면, 반출할 자의 개인정보 처리 환경에서 가명처리
된 정보를 실제 대입해서 그 재식별 여부를 확인하는 작업이 아니라, 가정적으
로 "그러한 데이터 처리 환경을 가진 자의 개인정보 환경 하에서라면 이 정도
의 가명처리가 된 데이터셋을 제공할 경우" 재식별 위험이 있는지를 판단해야
하는 가정적인 작업이기 때문이다. 각각의 개인정보처리자의 개인정보처리 환
경이 다른 만큼, 많은 경우에 있어서 개별적이고 구체적인 판단이 요구될 수밖
에 없을 것으로 보인다. 반출할 자의 개인정보 처리 환경에 대한 충분한 지식
과 이해도를 기대하기 어려운 외부 전문가에게는 적지 않은 어려움이 될 가능
성이 있어 보인다.

3) 반출 정보에 대한 안전조치 계획이 있을 것의 요건은 상대적으로 쉬운
평가가 될 수 있어 보인다. 우리 법제는 안전성 확보조치를 포함하여 비교적
명료한 기준의 안전조치를 요구하고 있으므로, 그러한 법상 요구사항을 잘 준
수하고 있는지를 확인하면 될 것이기 때문이다. 하지만 개인정보처리 환경이

복잡한 개인정보처리자인 경우 이러한 법상 요구사항의 준수 여부를 확인하는 작업은 실제 적지 않은 규모의 compliance 점검 업무가 될 가능성이 있다. 반출승인심사위원회에서 직접 또는 제3자를 통해 그러한 점검을 하는 것도 이상하고, 반출할 자가 제시하는 안전조치 항목에 대한 점검리스트만을 믿고 안전조치가 갖춰진 것으로 볼 것인지도 애매한 면이 있다.

비록 과거 제도보다는 개선된 것으로 보이지만, 결합된 데이터셋의 가명처리의 적정성 여부를 심사해야하는 반출승인심사위원회에 참여한 외부 전문가로서는 만족스러운 평가를 진행하기 어려운 상황에 처할 가능성을 충분히 예상할 수 있다. 특히 광범위한 검토와 분석이 요구될 경우, 앞서 본 바와 같은 이유로 상당한 시간과 노력이 소요될 수 있어서 제한된 시간, 제한된 자료·정보만으로는 실질적인 검토가 이루어지기 어려울 수 있기 때문이다. 즉, 제공된 자료·정보가 지나치게 적거나 지나치게 방대하다면, 외부 평가인의 입장에서는 적절하고 실질적인 평가보다는 가능한 한 보수적인 관점에서 평가를 하게 될 유인이 커질 것으로 예상된다.

III. 데이터 결합에 대한 해외의 접근 사례

1. 미국 HIPAA의 비식별조치방법

비식별조치 가이드라인에 의한 비식별조치의 적정성 여부에 대해 외부 평가단에 의한 평가를 요구하는 구조는 미국 the Health Insurance Portability and Accountability Act(HIPAA) 프라이버시 규칙(Privacy Rule)[24] 및 그 가이드라인[25]에서 나온 2가지 비식별방법(de-identification method) 중 하나인 전문가결정

---

[24] 45 CFR § 164.514 (Other requirements relating to uses and disclosures of protected health information.) https://www.hhs.gov/sites/default/files/ocr/privacy/hipaa/administrative/combined/hipaa-sim-plification-201303.pdf (2021.3.28. 방문)

[25] Guidance Regarding Methods for De-identification of Protected Health Information in

방식(expert determination method)을 변형도입한 결과인 것으로 알려져 있다. 나머지 하나의 방법은 이름, 지역, 생년월일 등 18개 항목을 삭제한 경우 비식별조치가 완성이 된 것으로 인정하는 이른바 세이프하버방식(safe harbor method)이다.

HIPAA는 그 명칭에서 보듯이 개인정보 보호를 목적으로 하는 것이 아니라 건강보험의 이전을 목적으로 하는 법률로서, 그 과정에서 정보의 표준화를 통해 정보의 전송과 공유를 용이하게 하고자 제정되었다. 그런데 제정할 때부터 프라이버시에 관한 우려가 제기되어 HIPAA는 이에 대한 법률을 별도로 제정할 것을 의회에 부과하되 기한 내 입법이 되지 않을 경우, 보건부(Depratment of Health and Human Services: HHS)에게 행정입법으로 규율할 권한이 부여된 결과, 행정입법의 형식으로 의료 프라이버시에 관하여 제정된 규정이 HIPAA 프라이버시 규칙(Privacy Rule)이다.[26]

HIPAA 프라이버시 규칙과 그 가이드라인은 전문가결정방식 또는 세이프하버방식에 의한 비식별조치가 이루어진 경우에 한하여 대상기관(covered entity)은 식별되지 않는 개인정보로 결정(즉, 처리)할 수 있다고 하고 있다.[27] 전문가결정방식은 일정한 능력/자격을 갖춘 전문가가 재식별위험을 평가해서 재식별의 위험이 있다면 이를 해소하거나 완화한 후 재식별가능성이 매우 낮다는 판단을 내리고, 그러한 분석방법과 결과를 공식 문서화한 경우를 말한다.[28] 하지

Accordance with the Health Insurance Portability and Accountability Act (HIPAA) Privacy Rule, November 26, 2012.

https://www.hhs.gov/hipaa/for−professionals/privacy/special−topics/de−identification/index

26) 최계영, 의료 분야에서의 개인정보보호 −유럽연합과 미국의 법제를 중심으로, 경제규제와 법, 제9권 제2호(통권 제18호), 2016.11., 214−215면.

27) 45 CFR § 164.514 (b) (Implementation specifications: Requirements for de−identification of protected health information.)

28) 위 가이드라인 7면에서는 아래와 같이 기재/하고 있다.
45 CFR §164.514(b)에서 비식별을 위한 전문가결정방법은 다음과 같이 정의된다. 정보가 개인적으로 식별되지 않음을 정하는 일반적으로 인정된 통계와 과학적 원칙과 방법에 대한 적절한 지식과 경험을 가진 자가 그러한 원칙과 방법을 적용해서 (i) 그 자체로서 또는 다른 합리적으로 가용한 정보와 결합해서 예상된 수령인에 의해 해당 정보의 주체인 개인을 식별하는 데 사용될 수 있는 위험이 매우 적고 (ii) 그러한 결정을 정당화할 분석방법과 결과를 문서화한 경우를 말한다.

만 이러한 전문가의 분석에 기초한 보고서와 결정방식은 해당 전문가가 일정한 방법론을 기초로 재식별위험을 평가, 분석한 결과 보고서를 작성함으로써 HIPAA 프라이버시 규칙에서 요구되는 수준의 비식별조치가 된 것으로 인정하는 것이다. 반면, 과거 비식별조치 가이드라인 하 외부 전문가가 과반수인 평가단에 의한 적정성 여부 판정 방식이나 이를 부분 승계, 보완한 현행법상 결합된 데이터의 가명처리에 대한 반출승인심사위원회(또는 데이터 결합기관)의 적정성 평가방식은 비슷한 듯 하면서도 다른 모습으로 보인다.

즉, 개정법하에서는 외부 전문가에 의한 제한된 자료와 정보에의 접근만을 기초로 결합된 데이터셋 반출을 위한 가명처리의 적정성 여부를 판단할 가능성도 있어 보인다. 반면, HIPAA의 전문가결정방식은 해당 개인정보처리자에 대하여 외부 전문가에 의한 심도있는 재식별위험평가(위험발견 시 이를 제거하거나 저감하는 조치의 보완 포함)를 전제로 한 것으로 보인다. 이러한 전문가가 적절한 재식별위험을 평가했다는 전제 하에, 이러한 비식별조치를 거친 건강정보를 사용하거나 공개하는 것이 더 이상 개인정보가 아니어서 HIPAA 프라이버시 규칙의 제약을 받지 않는다.

한편, 세이프하버방식은 (i) 개인이나 친척, 고용주 또는 개인의 가구 구성원의 이름, 행정구역, 날짜, 전화번호 등 18가지 식별자(identifier)[29]를 제거하고 (ii) 단독으로 또는 다른 정보와 결합하여 그 대상 정보주체인 개인을 식별하는 데 사용될 수 있음을 대상기관이 실제 알지 못하는 경우, 비식별화된 것으로서 HIPAA 프라이버시 규칙의 적용을 받지 않도록 하는 것이다. 다만, 18개 식별자중 16개 식별자로 축소(일부는 삭제 범위 축소)한 제한된 데이터셋(limited data set)으로 분류된 경우, 그 데이터셋을 수령하는 자와 그 이용에 대한 일정한 제한을 두는 데이터 이용계약(data use agreement)를 체결하고, 연구, 공중보건 또는 헬스케어 운영의 목적으로만 이용되거나 제공되는 것을 허용하고 있다.[30]

---

29) (1) 이름, (2) 주(State)보다 하위의 행정구역, (3) 생년월일 등 직접적으로 개인에 관련된 모든 일자(연도 제외), (4) 전화번호, (5) 팩스번호, (6) 이메일 주소, (7) 사회보장번호, (8) 의료기록 번호, (9) 건강보험번호, (10) 계좌번호, (11) 면허번호, (12) 차량 번호, (13) 기기식별자 및 시리얼번호, (14) URLs, (15) IP주소, (16) 지문 및 성문 같은 생체식별자, (17) 얼굴 전체 사진 등, (18) 기타, 위 (3)에서 예외적으로 허용된 경우를 제외한 고유의 식별번호, 특징 또는 코드

물론, 세이프하버방식에 따른 비식별조치를 한 경우에도 재식별방지, 필요 최
소한의 이용 등 그 이용에 대한 일정한 제한들도 포함되어 있다.

2. EU GDPR에서의 데이터 결합

EU GDPR은 데이터 결합에 대해 우리와 같은 명시적인 규정을 두고 있지
않다. 다만, 개인정보의 처리(processing)를 정의하는 제4조[31]에서 "(2) 처리란 별
개 또는 일련의(sets of) 개인정보의 수집, 기록, 조직, 구성, 저장, 개조, 정정,
검색, 참조, 사용, 이전을 통한 제공, 배포나 정렬 또는 결합, 제한, 삭제, 파기
와 그 밖에 가능한 모든 별개 또는 일련의(sets of) 작업(operation)을 의미한다.
이 경우 처리는 자동화(automated) 수단 또는 비자동화 수단에 의해 행해지는
작업 모두를 포함한다."라고 규정하여, 데이터의 결합이 처리의 한 유형으로
예시되어 있을 뿐이다.

한편 GDPR 제35조는 신기술의 이용, 정보처리의 성격, 규모, 맥락과 목적
을 감안하여 개인의 권리와 자유에 고도의 위험을 초래할 수 있는 경우, 대상
이 되는 개인정보의 처리의 내용을 분석하고, 그 필요성과 비례성을 고려하여
위험을 평가한 후 이를 다루는 방법을 결정하기 위한 개인정보 영향평가(data
protection impact assessment: DPIA)를 수행하게 하고 있다.

이는 개인정보처리자가 GDPR을 준수하기 위한 적절한 조치를 취하였음
을 입증하는 근거로 작용할 것이다. GDPR에서는 고위험을 초래할 수 있는 개
인정보처리의 예시로 아래 3가지를 예시하고 있다.

---

30) 위 각주 29의 18개 항목 중 (2)의 행정단위를 축소하고, (3)과 (18)을 제외함. 45 CFR §164.
514(e)(2).

31) 'processing' means any operation or set of operations which is performed on personal data or
on sets of personal data, whether or not by automated means, such as collection, recording,
organisation, structuring, storage, adaptation or alteration, retrieval, consultation, use, disclosure
by transmission, dissemination or otherwise making available, alignment or combination, re-
striction, erasure or destruction.

3. 제1항에 규정된 개인정보보호 영향평가는 특히 다음 각 호의 경우 요구되어야
   한다.
   (a) 프로파일링 등의 자동화 처리에 근거한, 개인에 관한 개인적 측면에 대한
       체계적이고 광범위한 평가이며 해당 평가에 근거한 결정이 해당 개인에게
       법적 효력을 미치거나 이와 유사하게 개인에게 중대한 영향을 미치는 경우
   (b) 제9조 (1)항에 규정된 특정범주의 개인정보에 대한 대규모 처리나 제10조에
       규정된 범죄경력 및 범죄 행위에 관련된 개인정보에 대한 처리 또는
   (c) 공개적으로 접근 가능한 지역에 대한 대규모의 체계적 모니터링

하지만 EU의 개인정보 실무작업반[32]에서 발행한 DPIA 가이드라인은 고위
험 여부를 판단할 때 고려해야 할 요소로 3가지가 아닌 아래 9가지 요소[33]를
지적하고 있다.

1. 개인에 대한 평가 및 점수 부여(프로파일링 및 예측 포함)
2. 법적인 또는 그와 비슷한 중요한 영향을 미치는 자동화된 의사결정
3. 체계적인 모니터링
4. 민감정보 내지 매우 개인적 성격의 정보
5. 대규모 정보처리
6. 데이터셋의 매칭 또는 결합[34]
7. 취약한 정보주체에 관한 정보
8. 새로운 기술이나 조직적 솔루션의 혁신적 이용 내지 적용
9. 정보주체의 권리 행사, 서비스 이용 또는 계약 체결을 제한하는 개인정보처리

---

32) Article 29 Working Party, GDPR이 시행된 후 European Data Protection Board로 승격됨.
33) Guidelines on Data Protection Impact Assessment (DPIA) and determining whether processing
    is "likely to result in a high risk" for the purposes of Regulation 2016/679, wp248rev.01. pp.9
    −11.
34) 이를테면, 정보주체의 합리적인 기대를 초과하는 방법으로 다른 목적이나 다른 개인정보처
    리자에 의해 수행된 복수의 개인정보처리 과정에서 유래된 데이터셋의 매칭 또는 결합

가이드라인은 대체로 이러한 9가지 요소 중 두 가지 이상의 요건이 적용될 경우 DPIA를 수행할 것을 고려해 보라고 권고하고 있다.

이러한 GDPR의 입장을 감안하면, 데이터 결합은 결국 다양한 데이터 처리유형 중 고위험 여부를 판단하는 하나의 요소로 인식하고 있는 것으로 보인다. 여러 요소를 감안해서 개인정보처리행위가 고위험을 초래할 수 있다면, DPIA를 실행해서 고위험 여부를 평가하고 이에 대한 적절한 안전장치를 강구하거나 달리 이를 감소·완화시키는 방법을 해당 개인정보처리의 목적을 감안해서 정하도록 하고 있다.

IV. 데이터 결합 제도의 효율적 활용 방안

흔히, GDPR의 경우 많은 부분에 있어서 위험기반 접근법(risk—based approach)을 취하고 있는 반면, 우리의 법제는 기본적으로 규정기반 접근법(rule—based approach)을 취하고 있다고들 한다. GDPR은 특정 개인정보처리행위가 개인의 자유와 권리, 프라이버시에 실질적으로 어떠한 위험을 주는 지를 고려하여, 위험의 정도에 상응한 적절한 규율과 보완책을 마련하도록 요구하는 위험기반 접근법을 취하고 있다고 볼 수 있다. 때문에, EU 역외로의 개인정보의 이전(cross border transfer), 민감정보(special categories of personal data, criminal record 등)에 대한 특별한 예외적 조치 등 일부의 경우를 제외하면, 애매하거나 추상적으로 표현된 요건이나 고려요소를, 나열하고 그에 합당한 조치를 취하도록 요구하는 경우가 많다. 반면, 규정기반 접근법을 취하고 있는 우리 법제는 대부분의 법규정에서 애매하거나 추상적인 표현이나 고려요소의 나열을 최소화하고, 개별 규정에 대한 명확하고 엄격한 법령준수(compliance)를 요구하고 있다.

전 세계적으로 선례를 찾아볼 수 없는 독특한 데이터 결합 제도를 둔 취

("Matching or combining datasets, for example originating from two or more data processing operations performed for different purposes and/or by different data controllers in a way that would exceed the reasonable expectations of the data subject")

지가 데이터 결합으로 인한 개인정보침해의 위험성이 증대됨에 대한 우려 때문이라면, 데이터 결합 자체를 제한하기 보다는 데이터 결합에 따른 위험에 상응하는 안전장치 내지 위험 감소·완화장치를 강구하도록 유도하는 것이 더 적절해 보인다.[35] 이를 위해서는 데이터 결합에 따른 위험이 급속히 증대되는 고위험 데이터 결합에 대해서는 심도있는 평가와 검토가 이루어지도록 하는 대신, 그렇지 않은 데이터 결합에 대해서는 개인정보처리자 스스로의 책임 하에 결합을 하도록 허용하는 제도가 바람직해 보인다. 이하 보다 구체적으로 살펴보기로 한다.

1. 데이터 결합의 단계별 구분

데이터 결합의 유형, 규모, 목적은 다양할 수밖에 없지만, 현행 데이터 결합제도는 동일한 위험을 가진 개인정보 처리의 한 유형으로 분류하고, 그러한 결합을 획일적으로 전문기관을 통하여 획일적인 방식으로 이루어 지도록 요구하는 현행 제도는 개선될 필요가 있어 보인다. 외부 전문가들에 의한 적정성 평가제도의 문제점은 앞서 살펴본 바와 같고, 이 제도를 원래의 취지에 따라 보다 활성화시키고자 할 경우 현재의 획일적인 필요적 전문기관 경유제도가 걸림돌이 될 수 있어 보인다.

이에, 일정한 기준에 해당하는 데이터 결합(예: 결합 규모, 결합 목적, 결합 대상 정보의 종류 등을 기준으로 지정)에 대해서는 개인정보처리자 스스로 그러한 결합 이전에 결합 이용에 따른 위험성 내지 정보주체에게 미치는 영향 등을 평가하게 하는 경우, 전문기관을 통하지 않는 데이터 결합을 허용하는 것도 필요해 보인다.[36] 물론, 그 보다 위험성이 낮아 보이는 가명정보의 결합에 대해서는

---

[35] 이미 결합된 데이터의 재식별 시에는 엄격한 행정, 형사 제재가 개인정보 보호법에 규정되어 있다.

[36] 다만, 이 경우 영향평가를 수행하여 그 결과 보고서를 전문기관 등에 통보하게 되면, 해당 기관의 주요 정보처리행위, 시스템 보안 정도, 영업비밀 등이 외부로 유출될 우려가 상당히 클 수 있어 보인다. 따라서 이러한 영향평가를 통하여 데이터 결합이 있었다는 사실과 그에 대한 영향평가 보고서가 해당 기관에 보관되어 있음 정도만 전문기관에 제공하게 하는 것도 고려해 볼 수 있을 것이다.

다른 가명처리의 경우와 동일하게 개인정보처리자 스스로에 의하여 진행이 가능하도록 허용하는 것이 가능할 것이다.

따라서 아래와 같이 데이터 결합을 3단계로 나누어 규율하는 방안을 장기적으로 고려해 볼 필요가 있어 보인다.

(i) 필수적으로 전문기관을 경유한 데이터 결합이 필요한 경우(고위험 데이터 결합)

(ii) 위험성/영향평가 진행으로 전문기관 경유가 면제되는 경우

(iii) 자율적인 데이터 결합이 가능한 경우

이하 구체적으로 살펴본다.

2. 전문기관을 통한 결합은 고위험 데이터 결합으로 한정

데이터 기반 경제의 활성화 과정에서 예상되는 데이터 결합 수요가 급격히 늘어날 가능성이 적지 않다는 점을 고려하면, 모든 데이터 결합 행위를 전문기관을 통해서만 이루어지도록 요구하는 규율은 현실성이 떨어지는 제도가 될 가능성이 많아 보인다. 원칙적으로 개인정보처리자에 의한 다른 개인정보처리의 경우와 마찬가지로 개인정보처리자의 책임 하에 데이터 결합 행위가 이루어지되, 결합된 데이터에 대한 의도적 재식별과 이로 인한 개인정보의 오남용 방지 등을 위한 안전조치의무를 부담하고, 위반 시 다른 가명정보 처리 관련 위반 행위와 동일한 행정적, 형사적 제재와 관련한 책임을 부담하는 것으로도 충분해 보일 것이다. 실제 개인정보 보호법은 가명정보에 관하여 다른 개인정보에 비해 결코 가볍다고 할 수 없는 각종 의무를 부담시키고 있으며, 위반 시 상당히 강력한 제재가 가능하도록 규정하고 있다(전체 매출액의 3%까지의 과징금, 형사처벌 등). 이러한 사후 책임에 관한 엄격한 규정에도 불구하고, 사전적으로 전문기관에 의한 데이터 결합만을 허용하는 추가적인 규제는 고위험군에 속하는 데이터 결합 행위에 한정하면 될 것이다. 사실 다양한 데이터 처리 과

정에서 데이터셋의 결합이라는 한 가지 행위에 한정해서 외부 전문기관에 의한 처리만을 가능하게 할 필연적인 이유는 없어 보이기 때문이다.

3. 위험성 내지 영향평가 제도의 활용가능성

위 3단계중 (ii)단계, 즉 전문기관의 경유 대신 해당 결합에 대한 위험성 내지 영향평가를 제도화 하는 방안을 고려해 볼 수 있다. 즉, 그러한 결합행위로 인한 위험성 내지 정보주체에게 미치는 영향을 스스로 (또는 제3자 전문가를 통해) 평가수행해서, 그 지적된 위험에 대하여 개인정보처리자 스스로 이를 보완하거나 감소·완화시키는 안전장치를 강구하도록 하는 것이다. 특히, 지속적으로 가명정보의 결합이 필요한 개인정보처리자라면, 전문기관을 통한 결합, 반출심사와 같은 절차 자체가 현실적으로 부담스러울 가능성이 커 보인다.

나아가, 전문기관에 의한 결합을 반드시 거쳐야 하는 경우라도, 이러한 영향평가 등을 수행한 보고서를 외부 평가단이 심사에 고려할 수 있도록 하면, 보다 효율적이고 적절한 평가가 가능할 수 있어 보인다. 외부 평가위원들은 그러한 보고서에서 부족한 점이나 의문점 등 위주로 평가할 수가 있기 때문이다.

다만, 현행 개인정보 영향평가 제도는 개인정보 보호법 제33조 및 동법 시행령 제36조에 근거하여, 일정 규모 이상의 개인정보를 전자적으로 처리하는 개인정보파일을 구축, 운영 또는 변경하려는 공공기관에 대해 의무적으로 수행하도록 되어 있고, 민간 영역에서는 거의 활용되지 않는 것으로 보인다. 우리 법제 하에서의 개인정보 영향평가 제도는 개인정보파일을 운용하는 새로운 정보 시스템의 도입이나 기존에 운영 중인 개인정보 처리 시스템의 중대한 변경 시 시스템의 구축·운영·변경 등이 개인정보에 미치는 영향(impact)을 사전에 조사·예측·검토하여 개선 방안을 도출하는 체계적인 절차이다.[37] 개인정보파일을 관리하는 개인정보 처리 시스템의 관점에서 동 시스템의 신규 구축이나 기존 시스템 변경, 기 구축 운영 중인 시스템에 대해 수집·이용 및 관리상의

---

[37] 개인정보 영향평가 수행안내서(버전 5.0), 6면, 2020.12., 개인정보보호위원회, 한국인터넷진흥원.

중대한 침해위험의 발생이 우려되거나 전반적인 개인정보 보호 체계를 점검하여 개선하기 위한 경우, 개인정보에 미치는 영향을 조사, 예측, 검토하고 영향평가의 결과는 시스템 설계·개발 시 반영되도록 하는 것이다.[38]

반면, GDPR 제35조에서의 개인정보 영향평가 제도는 (개인정보파일의 운영을 위한 정보처리 시스템의 관점이 아닌) 특정한 개인정보처리행위(복수의 처리행위 포함)의 관점에서 "처리의 성격과 범위, 상황, 목적을 참작하여, 특히 신기술을 사용하는 처리 유형이 개인의 권리와 자유에 중대한 위험을 초래할 수 있는 경우[39]" 정보처리자는 정보를 처리하기 전에 개인정보의 보호에 대한 예상되는 처리 작업에 대한 개인정보 영향평가를 수행하도록 요구하고 있다. HIPAA의 전문가결정방식도 기본적으로 개인정보처리시스템이 아닌 특정한 개인정보 처리행위에 대한 위험(재식별위험)을 평가하고, 그 위험을 해소, 완화토록 한다는 점에서 GDPR상의 개인정보 영향평가 제도와 궤를 같이 하고 있다.

아무튼, 가명정보의 결합이라는 특정한 개인정보처리행위로 인한 정보주체에게 미치는 침해요인의 분석, 평가 및 개선을 도모하기 위해서는 (GDPR 상의 DPIA처럼) 현행 개인정보 영향평가 제도에서 이러한 특정 개인정보처리행위를 기준으로 한 영향평가가 가능하도록 제도가 변경되어야 할 것이다. 아울러 GDPR 제35조 제5항("5. 감독기관은 개인정보 보호 영향평가가 요구되지 않는 처리 작업의 종류의 목록 또한 제정 및 공개할 수 있다.")에서처럼 위 3단계의 기준 등을 제정하거나 공개할 필요성도 있어 보인다.

4. 자율적인 데이터 결합을 허용하는 기준의 필요성

전문기관을 통하지 않는 데이터 결합 과정에서의 데이터 재식별 기타 오

---

38) 위 개인정보 영향평가 수행안내서(버전 5.0), 8면.
39) Where a type of processing in particular using new technologies, and taking into account the nature, scope, context and purposes of the processing, is likely to result in a high risk to the rights and freedoms of natural persons, the controller shall, prior to the processing, carry out an assessment of the impact of the envisaged processing operations on the protection of personal data. A single assessment may address a set of similar processing operations that present similar high risks.

남용의 위험이나 결합된 데이터에 대한 관리적, 기술적 보호 조치의 미준수로 인한 유출 위험 등에 대한 우려를 감안하여 데이터 결합이 자율적으로 진행될 때 준수하여야 할 사항이나 절차를 보다 구체적으로 제시할 필요가 있어 보인다.

이 중 (iii)의 경우, 앞서 본 HIPAA 프라이버시 규칙에서 인정하고 있는 세이프하버방식과 유사하게 식별자의 삭제 내지 대체 등의 요건을 갖춘 경우라면 가명조치가 갖추어 진 것으로 인정해 주어서, 전문기관에 의한 결합과 같은 불편함과 번거로움을 피할 수 있게 해주는 것도 고려해 볼 필요가 있다. HIPAA 프라이버시 규칙은 민감정보인 의료정보에 대해서 세이프하버방식을 취한 경우 비식별조치가 이루어진 것으로 이를 활용할 수 있도록 하고 있을 뿐만아니라, 식별가능성이 보다 높은 제한적 데이터셋(limited data set)에 대해서도 연구, 공중보건 등 일정한 목적 제한하에 이용이나 제공을 허용하고 있는 점을 고려해 볼 필요가 있어 보인다. 우리 법제는 민감정보 여부에 관계없이 모든 가명처리된 정보집합물의 결합에 대해 목적제한(과학적 연구, 통계작성, 공익적 기록보존)과 재식별금지의무 및 안전조치 등 다양한 제한을 두고 있을 뿐만 아니라, 필요적으로 전문기관을 통하도록 수행되도록 요구하는 등 획일적으로 매우 엄격한 제한을 두고 있다. 하지만 모든 데이터 결합에 대해 동일한 기준과 방식을 적용하는 것은 융통성이 결여된 규율로 위험의 실질에 맞지 않는 과다한 제한이 될 가능성이 많다.

5. 인증제도를 통한 효율성 증대가능성

반출을 위한 가명처리/익명처리의 적정성 평가에는 필연적으로 결합데이터를 수령하는 개인정보처리자에 대한 안전성 확보조치 등 개인정보처리의 적정성 여부를 판단하여야 한다. 하지만 이러한 작업은 상당한 시간과 노력이 소요되는 일이다. ISMS－P, ISO27001 등의 국내외적으로 인정받은 인증제도가 있으므로, 이러한 인증을 가지고 있는 개인정보처리자에 대해서는 결합에 따른 반출(제3자 제공)을 위한 가명처리의 적정성 평가에서 수령 측 개인정보처리자의 안전성 확보조치의 적정성 여부 평가를 면제하는 방안을 고려해 볼 수 있을 것이다. 다만, 이를 위해서는 기존의 인증을 위한 점검 항목에 가명정보처리에 대한 부분이 추가/보완되어야 할 것이다.

V. 결론

아직 전문기관을 경유한 데이터 결합은 초창기이고 기대만큼 활발한 데이터 결합이 이루어지지 못하고 있는 것으로 보인다. 그러다 보니, 데이터 결합 과정에서 적정한 수준의 가명처리 및 안전조치에 대한 평가가 이루어지고 있는 것인지를 외부 전문가에 의한 평가에만 의존하는 것이 최적의 방안인지에 대해 명확히 결론을 내리기는 이른 면이 있다. 하지만, 개인정보처리자 내부에서의 일방적인 결합 행위에 대한 의심과 우려가 전문기관에 의한 가명정보의 결합이라는 결론을 이끌어 내었지만, 객관성 확보를 위해 이들 전문기관, 전문가들에 의한 적정성 평가를 요구하는 것이 능사가 될 수는 없을 것이다. 모든 데이터 결합을 일률적으로 전문기관을 통해 이루어지도록 할 경우, 심도깊은 평가도 절차적 효율성도 가지기 어려울 것이기 때문이다.

그렇다면, 데이터 결합에 있어서도 반드시 전문기관에 경유한 결합을 요구하는 경우를 제한적으로 정하고(그래서 현실적으로 보다 심도있는 평가가 가능하도록 하고), 일정한 절차를 거친 경우에 대해 자율적인 책임 하에 데이터 결합이 가능하게 하며, 위험성이 다른 가명정보의 처리에 비하여 특별히 크지 않는 정형화된 데이터 결합의 경우에는 다른 가명처리와 동일하게 규율하는 방안이 오히려 현행 데이터 결합 제도를 보다 충실하고 효율적으로 운영할 수 있게 하는 방안이 될 수 있어 보인다. 이러한 제도 개선이 있기 전이라도, 개인정보처리자가 자율적으로 가명정보결합에 대한 위험성 내지 영향평가 보고서를 제출하거나 ISMS-P 등의 인증결과를 제출하는 경우, 이를 적정성 평가에 적절히 활용할 수 있게 하는 것은 법령의 변경 없이도 가능할 것으로 생각된다.

참고 문헌

가명정보 처리 가이드라인, 개인정보보호위원회, 2022.4.

개인정보 비식별조치 가이드라인 —비식별조치 기준 및 지원·관리체계 안내, 국무
　　조정실, 행정자치부, 방송통신위원회, 금융위원회, 미래창조과학부, 보건복
　　지부, 2016.6.30.

개인정보 비식별조치 적정성 평가 매뉴얼, 한국신용정보원, 금융보안원, 2016.9.

개인정보 영향평가 수행안내서(버전 5.0), 6면, 2020.12. 개인정보보호위원회, 한국
　　인터넷 진흥원.

개인정보보호위원회, 과학기술정보통신부, 금융위원회, 보건복지부, NIA한국지능
　　정보사회진흥원, 2021 가명정보 활용 우수사례집

개인정보보호위원회, 과학기술정보통신부, 보건복지부, 금융위원회, 국세청, 한국
　　인터넷진흥원, 2022 가명정보 활용 우수사례집

고종민, [데이터융합포럼 특별기고-5] '가명정보결합'이란 무엇이고…문제는 뭘
　　까?, https://www.dailysecu.com/news/articleView.html?idxno=120230
　　(2021.2.25. 방문)

고환경 외 12인, 2020 개인정보 보호 법령 및 지침·고시 해설서, 개인정보보호위
　　원회, 2020.12.

금융 분야 가명·익명처리 안내서, 금융위원회·금융감독원, 2022.1.

김기범·권헌영·결합전문기관의 역할 확대를 위한 개선방안, Journal of The Korea
　　Institute of Information Secrurity & Cryptology VOL. 33, NO.1, Feb 2023.

박광배·채성희·김현진, 빅데이터 시대 생성정보의 처리 체계—추론된 정보의 처
　　리에 관한 우리 개인정보 보호법의 규율과 개선 방안에 관한 고찰, 한국정
　　보법학회, 정보법학, Vol.21 No.2, 2017.9.14.

박소영, 가명정보 결합전문기관의 운영 실태조사, 국회입법조사처, NARS 입법. 정
　　책 제95호, 2021.12.6.

박희우·이승주, 보험업의 데이터 결합·활용 사례 및 시사점: 의료데이터를 중심으
　　로, 보험연구원(연구보고서), 2022.10.

최계영, 의료 분야에서의 개인정보보호—유럽연합과 미국의 법제를 중심으로, 경
　　제규제와 법, 제9권 제2호(통권 제18호), 2016.11.

Guidance Regarding Methods for De－identification of Protected Health Information in Accordance with the Health Insurance Portability and Accountability Act (HIPAA) Privacy Rule, November 26, 2012.

Guidelines on Data Protection Impact Assessment (DPIA) and determining whether processing is "likely to result in a high risk" for the purposes of Regulation 2016/679, wp248rev.01

개인정보 이동권과 마이데이터의 제도화 그리고 그 시사점

윤주호 / 법무법인(유한) 태평양 변호사 · 정원준 / 한국법제연구원 부연구위원

I. 개인정보 이동권 도입에 관한 논의 배경

2023. 3. 14. 개정된 「개인정보 보호법」(이하 "개정 개인정보보호법") 제35조의2에서는 "개인정보의 전송 요구"라는 표제 하에 개인정보 이동권을 규율하고 있다. 그리고 제35조의3에서는 개인정보 이동권을 활성화하기 위한 제도적 장치로 "개인정보관리 전문기관"에 관하여 규율하고 있다.

이러한 개인정보 이동권의 제도화는 2020년 12월 23일 개인정보보호위원회가 디지털 환경의 변화에 따라 국민의 정보주권을 강화하기 위한 목적으로 이른바 '개인정보 이동권'(법문상 전송요구권)의 도입을 의결한 이후 지속적으로 추진되었다.[1] 개인정보보호위원회는 위 발표 이후 2021년 1월 6일 개인정보 이동권 및 전문기관에 대한 규정이 포함된 「개인정보 보호법」 개정안을 입법예고하였고, 약 2년 간의 논의 끝에 개정 개인정보보호법이 입법되면서, 실제 제도화에 이르게 되었다. 다만, 개인정보 이동권에 대한 제도 장치가 미흡한 점을 반영하여 개인정보 이동권에 대한 규정은 2024. 3. 15.부터 2325. 3. 14.까지 중 대통령령으로 정하는 날부터 시행될 예정이다.[2]

---

[1] 개인정보보호위원회, 2020.12.23.자 보도자료, 「국민이 신뢰하는 데이터 시대, 개인정보 보호법 2차 개정으로 선도한다」.

[2] 법률 제19234호로 개정된 개인정보 보호법 중 다수의 조항은 2023. 9. 15.부터 시행되지만, 개인정보 이동권을 규정한 제35조의2는 공포 후 1년이 경과한 날로부터 공포 후 2년이 넘지 아니하는 범위에서 대통령령으로 정하는 날부터 시행될 예정이다. 개인정보보호위원회는 위

우리 법상 전송요구권은 2018년 5월 25일부터 시행된 유럽의 Genenal Data Protection Regulation(이하 'GDPR')에서 처음 규정된 '데이터 이동권(Right to data protability)'에서 참고한 것이라 할 수 있다. 여기서 '데이터 이동권'이라 함은 정보주체 본인과 본인 이외의 다른 주체에게 데이터를 유통하는 것을 가능하게 함으로써 정보주체 스스로 본인데이터를 통제할 수 있는 권리를 뜻한다. 해당 권리는 크게 개인정보처리자로부터 개인정보를 수령할 수 있는 권리('정보환수요구권')와 개인정보처리자로 하여금 다른 처리자에게 직접 이전하도록 하는 권리('정보이전요구권')를 범주로 삼고 있다.[3]

국내에서 2020년 데이터 3법 개정 당시 GDPR의 데이터 이동권을 도입하는 것에 대해 논란이 있었으나, 결국 일반법인 개인정보 보호법이 아닌 「신용정보의 이용 및 보호에 관한 법률」(이하 '신용정보법')상 전송요구권(법 제33조의2)의 형태로 도입되었다. 그런데 신용정보법은 스크린 스크래핑 방식[4]을 불허하고 표준 오픈 API 구축을 의무화하고 있는 점에서 권리 조항만을 두고 있는 GDPR 보다는 EU 금융산업 내 원활한 정보 이동을 지원하는 개정 「EU Payment Services Directive」(이하 'PSD2')과 더욱 유사하다고 보인다. GDPR의 데이터 이동권이 산업 영역의 구분 없이 정보주체의 기본권으로서 인정되는 권리인 반면, PSD2는 금융산업 내 오픈 뱅킹 서비스의 활성화를 위하여 정보이전의무를 부과하고 있기 때문이다.

이와 같은 점에서 신용정보법상 전송요구권에 대한 도입 논리와 이를 일반법인 개인정보 보호법에 신설하는 것은 같은 맥락에서 바라볼 사안은 아니라고 판단된다. 개인정보 이동권은 특정 산업 분야에만 적용되는 조항이 아니라, 전 분야에 걸쳐 적용되는 포괄적인 권리 조항이고, 신용정보법과 달리 허

입법 시기에 맞추어 이동권에 관한 시행령 등을 입법예고할 예정에 있다.

3) 정원준, "데이터 이동권 도입의 실익과 입법적 방안 모색", 「성균관법학」, 제32권 제2호, 2020, 76–77쪽.

4) 정보를 이전시키는 방식은 크게 스크린 스크래핑(screen sacarping) 방식과 표준 API를 제공하는 방식으로 나뉜다. 전자는 이용자의 로그인 정보 혹은 공인인증서를 확보하여 마이데이터 사업자가 대신 사이트에 접속하여 정보를 불러오는 것이고, 후자는 데이터 간 이전 시 상호 운용성을 확보하기 위하여 공통된 표준 API(Application Programming Interface)를 통해 제공하는 방식을 말한다.

가와 같은 라이선스 제도 및 금지행위 등을 규정하고 있지 아니하여, 금융 분야에서의 데이터 산업 활성화에 보다 초점을 맞춘 신용정보법상 전송요구권과는 조금은 다른 각도에서 바라볼 필요가 있다. 개인정보 보호법상 개인정보 이동권은 전 분야에 걸쳐 적용되기 때문에, 각 분야 별로 개인정보 이동권을 제도화하거나 정착시키는 데에 필요한 정책 방향 등이 다르며, 의료, 교육 등 민감한 정보가 포함되기 때문에, 개인정보 이동권을 제도화하기 위해서는 개정 개인정보보호법상 개인정보 이동권이 도입된 취지를 반영하되, 개별 산업의 특성을 반영하여 정보주체의 권리를 규율하는 것에 초점을 둘 것인지 혹은 산업적 관점에서 사업자에게 어떠한 수준의 의무와 부담을 지울 것인지 등에 대하여 정치한 규율을 모색하여야 한다. 따라서 개정 개인정보보호법상의 이동권 도입 문제는 논의의 범주와 구체적인 제도 방향 설정에 있어서 심도 깊은 검토가 전제되어야 할 것이다.

특히 개인정보보호법상 전송요구권이 신설될 경우 공공 및 민간을 불문하고 다수의 수범자가 정보이전 의무를 지우게 되므로 그 구체적인 요건과 규율 방향에 대해 숙고하여야 한다. 각 영역에서 취급하는 정보의 유형과 표준 형식이 각기 다른 상황에서 개인정보의 이전에 따른 실익을 확보하기 위해서는 적절한 제도적 메커니즘을 사전에 설계하고 접근하는 것이 바람직하다. 이에 따라 이 장에서는 개인정보 이동권에 관하여 규율하고 있는 각 국의 입법례를 살펴보고, 그러한 권리 조항의 검토를 통해 마이데이터 제도의 시사점을 도출하고자 한다. 또한, 현재 개인정보보호위원회가 추진하고 있는 국가 마이데이터 전략에 관한 사항을 살펴보면서, 이러한 제도 수립에서 보다 고려되어야 할 사항들이 있는지에 대해서도 검토하고자 한다.

Ⅱ. 각 국의 개인정보 이동권 및 마이데이터 제도 분석5)

1. 유럽

유럽의 경우 정보주체 권리의 하나로서 GDPR 제20조에서 데이터 이동권을 규정하고 있다. 반면에 앞서 주지하였듯이 한국의 신용정보법상 전송요구권과 유사한 금융 분야의 마이데이터 사업에 대한 법적 근거는 PSD2에서 정하고 있다.

먼저 GDPR 제20조6)에 따르면, 데이터 이동권은 ① 정보주체가 Controller에게 제공한 정보를 자신에게 직접 제공해 줄 것을 요구할 수 있는 권리와 ② 위 정보를 다른 Controller에게 제공해 줄 것을 요구할 수 있는 권리로 구분된다.

그리고 데이터 이동권의 행사 대상에 대하여는 ① 정보주체의 동의에 근거하거나(제6조 제1항 a호, 제9조 제2항 a호), ② 계약 체결에 필요한 정보로서 제6조 제1항 b호에 근거하여 수집된 정보로 국한되며(합법적 이익(Legitimate Interest) 등에 근거하여 수집된 정보는 데이터 이동권의 대상에 포함되지 아니함), 자동화된 방

---

5) 마이데이터 차원에서 각국의 입법 모델을 비교 분석한 문헌으로 정원준, "마이데이터의 법제도적 착근을 위한 개선과제 분석", 이슈페이퍼, 20−10−1−8, 2020, 19−33쪽 참조.

6) Articel 20 Right to data portability
  1. The data subject shall have the right to receive the personal data concerning him or her, which he or she has provided to a controller, in a structured, commonly used and machine−readable format and have the right to transmit those data to another controller without hindrance from the controller to which the personal data have been provided, where:
    (a) the processing is based on consent pursuant to point (a) of Article 6(1) or point (a) of Article 9(2) or on a contract pursuant to point (b) of Article 6(1); and
    (b) the processing is carried out by automated means.
  2. In exercising his or her right to data portability pursuant to paragraph 1, the data subject shall have the right to have the personal data transmitted directly from one controller to another, where technically feasible.
  3. The exercise of the right referred to in paragraph 1 of this Article shall be without prejudice to Article 17. That right shall not apply to processing necessary for the performance of a task carried out in the public interest or in the exercise of official authority vested in the controller.
  4. The right referred to in paragraph 1 shall not adversely affect the rights and freedoms of others.

법에 따라 처리되는 개인정보에 한한다. 나아가 해당 정보는 당사자에 관한 개인정보로서 Controller에게 당사자가 제공한 개인정보에 국한된다. 다만 "Controller에게 제공한 개인정보"의 범위에 관하여 회원가입 등의 절차에서 정보주체가 Controller에게 제공한 (또는 입력한) 계정 데이터 정보 이외에 정보주체의 활동에 관한 정보도 포함된다고 해석되고 있다.

이에 대해 EDPB(European Data Protection Board)의 전신인 Working Party 29(이하 'WP29')에서는 스마트미터나 다른 유형의 커넥티드 장치에서 처리하는 원본데이터, 활동 기록, 웹사이트 사용 및 검색 활동 이력 등 사용자의 활동에 대하여 관찰을 통해 얻은 개인정보도 포함되어야 한다는 의견을 제시하고 있다.[7] 그러나 Controller가 추론하거나 정보주체가 제공한 개인정보로부터 파생된 데이터의 경우에는 위 권리의 대상이 되지 않는다고 보고 있다.[8] 즉, Controller가 가공하여 추가로 생성한 정보의 경우에는 '정보주체가 제공한' 정보로 해석되지 아니한다.

또한 GDPR은 Controller에게 개인이 요청한 개인정보를 제3자 제공이 가능한 포맷으로 제공하도록 요구하고 있다. 특히 GDPR 제20조 제2항은 "technically feasible"이라고 명시하여 그 제공 방식을 한정하고 있다. 이에 대해 WP29는 위 조항의 해석과 관련하여 위 조항이 기술적으로 상호 양립가능한 시스템을 유지하거나 채택할 의무를 부과하지는 않는다고 설명하고 있다.[9]

데이터 이동권의 도입 취지에 대해 여러 다양한 의견이 개진되고 있다. GDPR 전문에서는 데이터 이동권은 정보주체가 자신의 정보에 대하여 통제권을 강화하기 위하여 도입된 제도임을 설명하고 있고, WP29 가이드라인에서도 데이터 통제권을 강화하여 정보주체가 데이터 생태계 내에서 정보 활용의 주체로서 적극적인 역할을 할 수 있도록 하기 위함이라고 보고 있다. 특히 WP29 가이드라인은 데이터 이동권이 서비스 간의 데이터 이전을 촉진하여 산업 내 경쟁력을 강화하는 데에 기여할 수는 있지만, GDPR의 본래 목적은 개인정보

---

7) EU Working Party 29, 「Guidelines on the right to data portability」, 2017.4.5., at 9.

8) *Id.* at 10.

9) *Id.* at 17.

처리를 규율하기 위함이지 경쟁을 규율하기 위한 목적의 규정은 아니라는 점을 지적하고 있다. 그러나 GDPR이 개인정보 처리에 관한 규제라는 점을 부인하기는 어렵지만, 데이터 이동권을 통해 산업 내 경쟁을 촉진하는 효과가 없는 것도 아닌 바, 데이터 이동권의 취지를 파악할 때에는 서비스 경쟁을 촉진하는 측면에 대해서도 고려해야 할 것이다.

한편 PSD2는 기존 PSD(EU Payment Services Directive) 시행 이후 기술 발전 등에 따라 새로운 전자지급결제 수단이 등장하고, 전자지급결제의 기술적 복잡성으로 인하여 새로운 보안리스크 등이 발생함에 따라 그 규제의 공백을 막고 소비자보호를 확보하려는 목적에서 제정되었다. 특히 국내법상 금융마이데이터 사업은 PSD2에서의 Account Information Services(이하 'AIS')와 매우 흡사한데, AIS는 서비스 이용자가 하나 이상의 Payment Service Provider에 대하여 보유하고 있기는 하나 이상의 지급계좌에 대한 통합온라인 정보를 서비스 이용자에게 제공함으로써 서비스 이용자가 통합적으로 전반적인 재정 상황을 파악할 수 있는 서비스를 뜻한다. 이러한 AIS는 지급 및 계좌 관련 정보를 통합적으로 제공하는 서비스라는 점에서 Payment Service Provider에 준하여 규제되어야 한다고 규정하고 있다(다만 자본금 규제는 면제됨).[10]

2. 미국

미국의 경우 연방법 차원에서는 금융 분야, 아동 개인정보 처리 규제 등 특수한 영역의 개인정보 처리에 관하여만 규율하고 있으나, 한국의 개인정보 보호법과 같은 일반법을 두고 있지 아니하다. 다만 일반적인 개인정보 처리에 관한 사항은 각 주별로 주법에서 규율을 하고 있을 뿐이다. 그 중에서도 캘리포니아주의 개인정보 일반을 규율하는 Caifornia Consumer Privacy Act(이하 'CCPA')[11]가 2020년 7월부로 시행되고 있다. 동 법률에서는 정보주체의 권리로

---

[10] GDPR과 PSD2의 관계에 대하여는 European Data Protection Board, 「Guidelines 06/2020 on the interplay of the Second Payment Services Directive and the GDPR」 참조. 상기 가이드라인에서는 PSD2에 따른 개인정보이전 등에 관한 사항에 대하여는 GDPR이 적용된다고 명시하고 있다.

서 이동권 개념과 유사한 '공개요구권'(Right to Disclose)과 '접근요구권'(Right to Access)을 포함하고 있어 주목된다.

먼저 공개요구권의 경우 정보주체가 개인정보를 수집하거나 판매 또는 공개하는 사업자에게 대상 정보의 범주, 수집 정보의 특정 부분, 판매한 제3자 범위, 영업상 목적으로 공개한 개인정보 범주 등에 대하여 공개를 청구할 수 있는 권리를 뜻한다. 개인정보처리자는 소비자의 정보 공개를 요청받은 날로부터 45일 범위 내(1회에 한하여 추가 연장 가능)에서 합리적 접근이 가능한 방식으로 12개월간의 개인정보를 무료로 제공하여야 한다. 다만 동 권리의 행사는 12개월 동안 2회 이상 요구할 수 없고 과도한 요구나 반복적인 정보 공개를 청구할 경우에는 합리적인 비용을 청구하거나 공개 요구를 거부할 수 있도록 규정하고 있어 사업자의 부담을 완화시키고자 노력한 점이 특징적이다.12)

한편 접근요구권은 개인정보를 소비자 본인이 직접 열람하거나(사본의 제공 포함) 소비자가 지정한 제3자에게 보내도록 청구할 수 있는 권리를 말한다. 사업자의 요청에 응하여야 하는 의무사항과 관련해서는 공개요구권과 동일하다.

공개요구권이 소비자의 알 권리 충족에 초점을 둔 권리라면, 접근요구권은 데이터의 복제본을 요구할 수 있도록 함으로써 개인정보 이동권과 매우 유

---

11) 참고로 2020년 11월 3일 캘리포니아주는 주민투표를 거쳐 자동화된 의사결정 거부권과 프로파일링 결과 도출에 대한 정보 접근권 등 기존 CCPA의 소비자 권리 보호 조항을 확장하는 내용의 「Califonia Privacy Rights Act of 2020」를 개정하였다.

12) CCPA 1798.100 — Consumers right to receive information on privacy practices and access information

(a) A consumer shall have the right to request that a business that collects a consumer's personal information disclose to that consumer the categories and specific pieces of personal information the business has collected.

(중략)

(d) A business that receives a verifiable consumer request from a consumer to access personal information shall promptly take steps to disclose and deliver, free of charge to the consumer, the personal information required by this section. The information may be delivered by mail or electronically, and if provided electronically, the information shall be in a portable and, to the extent technically feasible, in a readily useable format that allows the consumer to transmit this information to another entity without hindrance. A business may provide personal information to a consumer at any time, but shall not be required to provide personal information to a consumer more than twice in a 12 — month period.

사한 권리로 인식된다. 다만 이와 같은 CCPA 상의 정보접근권은 정보의 환수 요구만을 인정하고 있고 정보의 이전에 대해서는 명시하고 있지 아니한 점에서 GDPR의 데이터 이동권의 일부 권원만을 부여한 것으로 보인다.

3. 싱가포르

2021년 2월 1일부터 발효된 싱가포르 개인정보 보호법의 개정안은 데이터 이동권 제도를 신설하는 내용을 포함하고 있어 주목된다.[13] 싱가포르 개정 개인정보보호법은 데이터 이동권을 도입하는 목적에 대해 본인데이터를 통제하고 더 나은 자동화 개인서비스를 제공하는 데 있다고 제시한 부분이 특징적이다.

또한 개정법에 따르면 정보주체는 정보주체의 개인정보를 가지고 있는 Controller에게 자신의 정보를 다른 Controller에게 이전하여 줄 것을 요청할 수 있다. 다만 데이터 이동권의 대상이 되는 정보는 전자적 형태(electronic form)로 된 정보에 국한된다.[14] 한편, 정보를 제공받는 다른 Controller는 원칙적으로 싱가포르 내에 존재하는 기관이어야 하지만, 싱가포르 개인정보보호위원회가 지정하는 제3국에 있는 기관에 대해서도 데이터 이동권을 행사할 수 있다. 한편, 개정 싱가포르 개인정보 보호법에서는 GDPR이나 CCPA와 달리 정보주체가 개인정보의 사본을 요구할 수 있는 권리를 포함하고 있지는 아니한다는 점에 특징이 있다.

---

13) Purpose of this Part
26G. The purpose of this par is to
(a) provide individuals with greater autonomy and control over their personal data; and
(b) facilitate the innovative and more intensive use of applicable data in the possession or under the control of organisations to support the development, enhancement and refine-ment of goods and services provided by other organisations located or operating in Singapore or elsewhere.
14) 싱가포르 개인정보 보호법(Personal Data Protection Act) 제26E조 (2)(a) 참조.

Ⅲ. 국내법상 전송요구권의 주요 내용과 일반법상 규율 가능성

1. 신용정보법상 전송요구권의 권리 행사 요건

2020년 2월 개정된 신용정보법은 전송요구권이라는 표제로 개인정보 이동권 제도를 도입하고 있다. 신용정보법상 전송요구권은 정보주체가 자신의 개인신용정보를 보유한 기관으로 하여금 본인 정보를 본인 또는 제3자에게 전송하여 줄 것을 요구할 수 있는 권리를 의미하는데, 모든 개인신용정보에 대하여 전송요구권을 행사할 수는 없으며, 전송요구권의 대상기관, 대상 정보를 제공받을 수 있는 자로 한정하고 있다.

먼저 신용정보법은 전송요구권의 대상 정보의 범위에 관하여 (1) 해당 신용정보주체와 신용정보제공·이용자등 사이에서 처리된 신용정보로서 (i) 신용정보제공·이용자등이 신용정보주체로부터 수집한 정보, (ii) 신용정보주체가 신용정보제공·이용자등에게 제공한 정보, (iii) 신용정보주체와 신용정보제공·이용자등 간의 권리·의무 관계에서 생성된 정보 중의 하나일 것, (2) 컴퓨터 등 정보처리장치로 처리된 신용정보일 것, (3) 신용정보제공·이용자등이 개인신용정보를 기초로 별도로 생성하거나 가공한 신용정보가 아닐 것을 그 요건으로 정하고 있다.

위 요건 중 (1)번 요건과 관련하여 GDPR 제20조에서 규정하고 있는 'Controller에게 당사자가 제공한 개인정보'이라는 요건보다 명문의 규정상 범위가 더 넓다고 해석될 여지가 있다. 그러나 앞서 설명한 것처럼 GDPR에 따른 데이터 이동권의 대상 정보에서도 Contolller가 처리하는 원본데이터, 활동 기록, 웹사이트 사용 및 결제 활동 이력 등 이용자의 활동에 대한 관찰을 통해 얻은 개인정보도 포함되어야 한다는 해석이 있는 바, 위 기준에 의하면 양자는 유사한 범위에 적용된다고 해석된다. 다만 신용정보법의 경우에는 실제 전송될 수 있는 데이터의 범위를 신용정보법 시행령에서 구체적으로 명시하고 있어 위와 같은 논란에도 불구하고 웹사이트 사용 내역은 포함되지 않는 것으로 해석된다.

한편 GDPR은 데이터 이동권을 행사하는 경우 원래의 Controller가 '체계적이고 보편적으로 사용되며 기계 판독이 가능한 포맷'으로 제공하여야 한다고 정하고 있으나, 개정 신용정보법은 (2)를 통하여 컴퓨터 등 정보처리장치로 처리된 신용정보에 한하여 전송요구권이 인정된다고 규정하고 있다. 즉, GDPR에서 데이터 전송 형태를 규율하는 것과 달리 대상 정보의 범위를 제한하고 있는 것이다. 그러나 결과적으로는 (2)를 근거로 전송요구권의 전송 형태가 규율된다는 점에서 GDPR과 큰 차이는 없는 것으로 이해되고 있다.

그리고 (3)과 관련하여 GDPR에서는 명시적으로 (3)과 같은 요건을 정하고 있지는 아니하나, 해석으로 파생데이터 또는 추론데이터의 경우 데이터 이동권의 대상에서 제외하고 있다는 점에 비추어 명문의 형식으로 (3)을 규정하였는지 여부의 차이만 있을 뿐, GDPR과 큰 차이가 있다고 해석되지는 않는다.

2. 신용정보법에서의 마이데이터 사업 규제

신용정보법에 의하면 마이데이터 사업자는 금융위원회의 허가를 받아야 한다. 이때 '허가'의 성격이 무엇인지 논란이 되는데, 강학상 허가는 법령에 의하여 일반적으로 금지되어 있는 행위를 행정청이 일정한 경우에 해제하는 것을 의미하는데 반해, 특허는 행정청이 특정인에게 새롭게 권리·능력을 부여하거나 포괄적으로 부여하거나 포괄적으로 법률관계를 설정하는 행정행위를 의미한다. 따라서 마이데이터 사업자에 대한 허가는 원칙적으로 영업의 자유를 통해서 보장되는 사업 방식을 허용해 주는 강학상 허가로 이해하는 것이 타당하다고 생각된다. 다만 강학상 허가의 경우 그 문언의 규정에 따라 달리 판단될 수 있지만, 원칙적으로 기속행위의 성격을 갖는다고 보고 있고, 마이데이터 사업 허가 시 판단기준 등에서 재량적인 요소를 규정하고 있지 아니하므로 원칙적으로 기속행위로 보는 것이 타당할 것이다.

한편, 신용정보법은 금융기관에 대한 규제와 유사하게 마이데이터 사업자의 경우 전업주의 원칙을 도입하였고, 이에 따라 업무 범위(겸영·부수업무)를 한정하고 있다. 마이데이터 사업자는 본업으로 신용정보주체의 신용관리를 지원하기 위하여 금융기관 등이 보유한 개인신용정보를 전송요구권에 근거하여 그 신용정보주체에게 조회·열람의 방식으로 제공하는 업무를 할 수 있고, 겸영업무로서 (1) 투자자문, 일임업무(로봇 어드바이저 방식에 한함), (2) 「전자금융거래법」 제28조에 따른 전자금융업, (3) 「금융소비자보호에 관한 법률」에 따른 금융상품자문업, (4) 신용정보업, (5) 금융 관련 법령에 따라 허가·인가를 받아 영업 중인 금융회사의 경우 해당 법령에서 허용된 고유·겸영·부대업무, (6) 금융 관련 법령 외의 법률에서 허가·인가 또는 등록 등을 통해 운영할 수 있도록 한 업무, (7) 대출의 중개 및 주선업무, (8) 「온라인투자연계금융업 및 이용자보호에 관한 법률」에 따른 온라인투자연계금융업, (9) 「정보통신망 이용촉진 및 정보보호 등에 관한 법률」 제23조의3에 따른 본인 확인기관의 업무를 할 수 있으며, 부수업무로서 (1) 정보계좌 업무, (2) 데이터 분석 및 컨설팅 업무, (3) 프로파일링 대응권, 전송요구권 등 신용정보주체 권리의 대리행사, (4) 금융상품에 대한 광고, 홍보 및 컨설팅, (5) 업무용 부동산의 임대차, (6) 기업 및 법인 또는 그 상품 홍보·광고, (7) 가명정보나 익명처리한 정보를 이용·제공하는 업무를 할 수 있도록 허용하고 있다.

금융기관에 겸영업무와 부수업무를 규정하여 업무 범위를 한정하는 취지는 금융기관이 투자에 활용할 수 있는 자산이 고객 자산을 근원으로 하고 있기 때문이다. 마이데이터 사업자의 경우에도 마이데이터 사업자가 가장 많이 활용할 수 있는 자산이 정보주체의 전송요구권에 기반하여 집적된 정보라는 점에서 마이데이터 사업자에 대해서도 겸영·부수업무 제한을 둔 것으로 이해된다.

그러나 개인신용정보의 경우 개인정보의 자기결정권이라는 관점에서 정보주체가 마이데이터 사업자에게 개인신용정보의 이용에 동의하였다면, 그 이용 자체를 금지할 수 없다는 점에서 마이데이터 사업자에게 겸영·부수업무 제한을 두는 것은 타당하다고 보기 어려운 측면이 있다. 신용정보법에서 마이데이터 사업자에 대한 허가 제도를 두기 이전부터 마이데이터 사업이 시장에서 일종의 자유업으로 영위되고 있었다는 점에서 사후에 마이데이터 사업자의 업무 범위를 한정하는 것이 타당한지도 근본적인 의문이 든다.

3. 개정 개인정보보호법을 둘러싼 쟁점과 시사점

2023. 3. 14. 공포된 개정 개인정보보호법에서는 개인정보 이동권에 관하여 다음과 같이 규정하고 있다.

제35조의2(개인정보의 전송 요구) ① 정보주체는 개인정보 처리 능력 등을 고려하여 대통령령으로 정하는 기준에 해당하는 개인정보처리자에 대하여 다음 각 호의 요건을 모두 충족하는 개인정보를 자신에게로 전송할 것을 요구할 수 있다.

1. 정보주체가 전송을 요구하는 개인정보가 정보주체 본인에 관한 개인정보로서 다음 각 목의 어느 하나에 해당하는 정보일 것

    가. 제15조제1항제1호, 제23조제1항제1호 또는 제24조제1항제1호에 따른 동의를 받아 처리되는 개인정보

    나. 제15조제1항제4호에 따라 체결한 계약을 이행하거나 계약을 체결하는 과정에서 정보주체의 요청에 따른 조치를 이행하기 위하여 처리되는 개인정보

    다. 제15조제1항제2호·제3호, 제23조제1항제2호 또는 제24조제1항제2호에 따라 처리되는 개인정보 중 정보주체의 이익이나 공익적 목적을 위하여 관계 중앙행정기관의 장의 요청에 따라 보호위원회가 심의·의결하여 전송 요구의 대상으로 지정한 개인정보

2. 전송을 요구하는 개인정보가 개인정보처리자가 수집한 개인정보를 기초로 분석·가공하여 별도로 생성한 정보가 아닐 것

3. 전송을 요구하는 개인정보가 컴퓨터 등 정보처리장치로 처리되는 개인정보일 것

② 정보주체는 매출액, 개인정보의 보유 규모, 개인정보 처리 능력, 산업별 특성 등을 고려하여 대통령령으로 정하는 기준에 해당하는 개인정보처리자에 대하여 제1항에 따른 전송 요구 대상인 개인정보를 기술적으로 허용되는 합리적인 범위에서 다음 각 호의 자에게 전송할 것을 요구할 수 있다.

1. 제35조의3제1항에 따른 개인정보관리 전문기관

2. 제29조에 따른 안전조치의무를 이행하고 대통령령으로 정하는 시설 및 기술 기준을 충족하는 자

③ 개인정보처리자는 제1항 및 제2항에 따른 전송 요구를 받은 경우에는 시간, 비용, 기술적으로 허용되는 합리적인 범위에서 해당 정보를 컴퓨터 등 정보처리장치로 처리 가능한 형태로 전송하여야 한다.

④ 제1항 및 제2항에 따른 전송 요구를 받은 개인정보처리자는 다음 각 호의 어느 하나에 해당하는 법률의 관련 규정에도 불구하고 정보주체에 관한 개인정보를 전송하여야 한다.

1. 「국세기본법」 제81조의13

2. 「지방세기본법」 제86조

3. 그 밖에 제1호 및 제2호와 유사한 규정으로서 대통령령으로 정하는 법률의 규정

⑤ 정보주체는 제1항 및 제2항에 따른 전송 요구를 철회할 수 있다.

⑥ 개인정보처리자는 정보주체의 본인 여부가 확인되지 아니하는 경우 등 대통령령으로 정하는 경우에는 제1항 및 제2항에 따른 전송 요구를 거절하거나 전송을 중단할 수 있다.

⑦ 정보주체는 제1항 및 제2항에 따른 전송 요구로 인하여 타인의 권리나 정당한 이익을 침해하여서는 아니 된다.

⑧ 제1항부터 제7항까지에서 규정한 사항 외에 전송 요구의 대상이 되는 정보의 범위, 전송 요구의 방법, 전송의 기한 및 방법, 전송 요구 철회의 방법, 전송 요구의 거절 및 전송 중단의 방법 등 필요한 사항은 대통령령으로 정한다.

개정 개인정보보호법 제35조의2는 2021년 1월 6일 개인정보보호위원회가 입법 예고한 개정안(아래 참조, 이하 기존입법예고안)과는 달리 정보환수요구권과 정보이전요구권을 별개의 항으로 나누어 규정하고, 그 대상정보의 범위에 민감정보와 고유식별정보가 포함된다는 점을 명확히 한 특징을 가지고 있다.

제35조의2(개인정보의 전송 요구) ① 정보주체는 매출액, 개인정보의 규모 등을 고려하여 대통령령으로 정하는 개인정보처리자에 대하여 다음 각 호의 요건을 모두 충족하는 경우에 개인정보처리자가 처리하는 자신의 개인정보를 자신, 다른 개인정보처리자 또는 제35조의3제1항에 따른 개인정보관리 전문기관에게로 전송할 것을 요구할 수 있다.

1. 개인정보가 제15조제1항제1호에 따른 동의나 제15조제1항제4호에 따른 계약에 따라 처리되는 경우
2. 개인정보가 컴퓨터 등 정보처리장치에 의하여 자동화된 방법으로 처리되는 경우

② 제1항에 따라 정보주체가 전송을 요구하는 경우에 개인정보처리자는 시간, 비용, 기술적으로 허용되는 합리적 범위 내에서 컴퓨터 등 정보처리장치로 처리 가능하고 통상적으로 이용되는 구조화된 형식으로 전송하여야 한다.

③ 제1항에 따른 전송 요구로 인하여 다른 사람의 권리나 정당한 이익을 침해하지 말아야 한다.

④ 제1항 및 제2항에 따른 전송 요구와 전송의 방법 및 절차 등에 관하여 필요한 사항은 대통령령으로 정한다.

가. 개인정보 이동권의 대상 범위

개정 개인정보보호법 제35조의2 제1항은 개인정보 이동권의 대상 범위가 되는 개인정보의 범위를 규정하고 있다. 이 대상 범위의 정보에는 (1) 정보주체의 동의를 받아 개인정보처리자가 처리하는 일반 개인정보, 민감정보 및 고유식별정보, (2) 계약의 이행 및 체결을 위하여 처리하는 개인정보, (3) 법령 등에 따라 처리되는 일반 개인정보, 민감정보 및 고유식별정보 및 공공기관이 법령 등에서 정하는 소관 업무의 수행을 위하여 처리하는 일반 개인정보 중 보호위원회가 심의·의결한 정보가 포함된다 또한, 개정 개인정보보호법은 (1) 전송을 요구하는 개인정보가 개인정보처리자가 수집한 개인정보를 기초로 분석·가공하여 별도로 생성한 개인정보가 아니어야 한다는 점과 (2) 전송을 요구하

는 개인저보가 컴퓨터 등 정보처리장치로 처리되는 개인정보여야 한다는 점을 명시하고 있다.

우선, 개정 개인정보보호법은 일반 개인정보 이외에 민감정보 및 고유식별정보가 이동권의 명시하고 있다는 점에서 큰 의미를 가지고 있다. 기존 입법예고안에서는 대상정보의 범위를 개인정보보호법 제15조에 따라 처리되는 개인정보로 정의하고 있어, 민감정보 및 고유식별정보가 이동권의 대상에 포함되는지 논란이 있을 수 있었으나, 개정 개인정보보호법에서는 개인정보보호법 제23조와 제24조를 명시하여 그 논란을 입법적으로 해소하였다는 점에 큰 의미가 있다. 또한, 법령 등에 따라 처리되는 일반 개인정보, 민감정보, 고유식별정보라고 하더라도 보호위원회의 심의에 따라 이동권의 대상이 될 수 있도록 하여, 환자의 민감정보 등도 보호위원회의 의결을 거쳐서 이동권의 대상이 될 수 있도록 규정하여, 추후 의료데이터, 교육데이터 등에 대해서도 정보주체가 이동권을 행사할 수 있게 되었다는 점과 GDPR에서 논란의 대상이 되었던 "정보주체가 Controller에게 제공한 정보" 대신에 "개인정보처리자가 처리하는 정보"를 그 대상으로 하고 있어 그 범위에 관한 논란의 소지를 줄였다는 점에서 큰 의미를 가지고 있다고 할 것이다.

나아가, 제35조의2 제1항 제2호를 통해 이동권의 대상에서 "전송을 요구하는 개인정보가 개인정보처리자가 수집한 개인정보를 기초로 분석·가공하여 별도로 생성한 정보"를 제외하여 파생 또는 생성정보가 이동권의 대상에 포함되지 아니한다는 점을 명확히 밝히고 있다. 물론, 파생정보 또는 생성정보의 범위를 어떻게 해석할 것인지는 향후 검토되어야 하지만, 명문의 규정에서 파생정보 또는 생성정보가 이동권의 대상이 포함되지 아니한다는 점을 명확히 하여 그에 대해 다툼의 소지를 줄였다는 데에 큰 의미가 있다고 할 것이다.

나. 정보환수요구권과 정보이전요구권의 대상 범위(제공기관)

개정 개인정보보호법 제35조의2 제1항은 정보환수요구권을 규정하고, 제2항은 정보이전요구권을 규정하여 위 두 가지 권리를 별도의 조항에서 규율하고 있다.

개정 개인정보보호법은 위 두 권리에 대한 조항을 분리시키면서, 제공기관의 범위를 달리 정할 수 있는 법률적 근거가 마련하였다. 기존 입법예고안에서는 이를 하나의 조항으로 규정하여, 정보환수요구권과 정보이전요구권의 대상 범위를 달리 정할 수 있는지 의문이 있었으나, 개정 개인정보보호법에서는 위 두 권리를 각각 다른 항에서 규율하여 이러한 문제점을 해결하였다. 정보주체의 권리를 보장한다는 차원에서 보면, 전송요구를 요구할 수 있는 제공기관의 범위를 동일하게 규율할 필요가 있지만(정보환수요구권과 정보이전요구권의 제공기관을 동일하게 규율할 필요가 있지만), 개인정보 이동권 보장을 위한 개별 기업들의 물적 설비가 다를 수 있고, 표준화 체계 등을 구축할 필요가 있다는 점에서 우선 정보주체에 개인정보를 제공해야 하는 제공기관을 정보이전요구권의 제공기관보다 넓게 정하여 정보주체의 권리를 보호하면서도 제3자 기관에 대한 정보 제공 범위를 확대하는 현재의 방안이 필연적이라고 생각된다.

다. 개인정보를 직접 제공받을 수 있는 개인정보처리자의 범위(이용기관)

개정 개인정보보호법 제35조의2 제3항은 이동권에 근거하여 개인정보를 제공받을 수 있는 자를 "제35조의3 제1항에 따른 개인정보관리 전문기관"과 "안전조치의무를 이행하고 대통령령으로 정하는 시설 및 기술 기준을 충족하는 자"로 정하고 있다.

신용정보법의 경우에는 정보를 제공받을 수 있는 자로 마이데이터 사업자를 규정하고, 마이데이터 사업자는 허가를 받도록 정하고 있는데 비해, 개정 개인정보보호법에서는 "허가" 등의 라이선스 제도를 도입하지 않고 일정한 요건을 충족하는 자가 해당 정보를 받을 수 있도록 정하고 있어, 데이터 산업에 있어서의 자율성을 존중하고 있다는 특징을 가지고 있다.[15]

한편, 개정 개인정보보호법은 개인정보관리 전문기관이라는 제도를 도입

---

15) 신용정보법 개정 당시 마이데이터 사업 라이선스를 어떻게 규정할 것인지에 대한 논란이 있었다.

하고 있는데, 이는 신용정보법상 중계기관에 유사한 기관이지만, 중계기관의 업무 이외에도 정보주체의 권리행사를 지원하기 위한 개인정보의 관리·분석 업무를 할 수 있다는 점에서 신용정보법과는 다른 규율 내용이라고 생각된다.

라. 금지행위

신용정보법은 마이데이터 사업자의 금지행위를 자세히 규정하고 있지만, 개정 개인정보보호법에서는 이러한 금지행위 규제를 도입하고 있지 아니하다, 이는 허가제를 도입한 신용정보법과 자율 운영 체계를 도입한 개정 개인정보보호법의 규율 체계의 차이점에 근거한 것으로 해석되는데, 데이터 산업의 활성화라는 측면에서 개정 개인정보보호법의 규율 체계가 보다 적합한 방식으로 판단된다.

마. 개인정보관리 전문기관

개정 개인정보보호법에서는 아래와 같이 마이데이터 사업 등 사업 활성화라는 관점에서보다는 정보주체를 지원한다는 관점에서 개인정보관리 전문기관이라는 제도를 도입하고 있다.

제35조의3(개인정보관리 전문기관) ① 다음 각 호의 업무를 수행하려는 자는 보호위원회 또는 관계 중앙행정기관의 장으로부터 개인정보관리 전문기관의 지정을 받아야 한다.

1. 제35조의2에 따른 개인정보의 전송 요구권 행사 지원
2. 정보주체의 권리행사를 지원하기 위한 개인정보 전송시스템의 구축 및 표준화
3. 정보주체의 권리행사를 지원하기 위한 개인정보의 관리·분석
4. 그 밖에 정보주체의 권리행사를 효과적으로 지원하기 위하여 대통령령으로 정하는 업무

② 제1항에 따른 개인정보관리 전문기관의 지정요건은 다음 각 호와 같다.

1. 개인정보를 전송·관리·분석할 수 있는 기술수준 및 전문성을 갖추었을 것

2. 개인정보를 안전하게 관리할 수 있는 안전성 확보조치 수준을 갖추었을 것

3. 개인정보관리 전문기관의 안정적인 운영에 필요한 재정능력을 갖추었을 것

③ 개인정보관리 전문기관은 다음 각 호의 어느 하나에 해당하는 행위를 하여
서는 아니 된다.

1. 정보주체에게 개인정보의 전송 요구를 강요하거나 부당하게 유도하는 행위

2. 그 밖에 개인정보를 침해하거나 정보주체의 권리를 제한할 우려가 있는 행
위로서 대통령령으로 정하는 행위

④ 보호위원회 및 관계 중앙행정기관의 장은 개인정보관리 전문기관이 다음
각 호의 어느 하나에 해당하는 경우에는 개인정보관리 전문기관의 지정을 취
소할 수 있다. 다만, 제1호에 해당하는 경우에는 지정을 취소하여야 한다.

1. 거짓이나 부정한 방법으로 지정을 받은 경우

2. 제2항에 따른 지정요건을 갖추지 못하게 된 경우

⑤ 보호위원회 및 관계 중앙행정기관의 장은 제4항에 따라 지정을 취소하는
경우에는 「행정절차법」에 따른 청문을 실시하여야 한다.

⑥ 보호위원회 및 관계 중앙행정기관의 장은 개인정보관리 전문기관에 대하여
업무 수행에 필요한 지원을 할 수 있다.

⑦ 개인정보관리 전문기관은 정보주체의 요구에 따라 제1항 각 호의 업무를
수행하는 경우 정보주체로부터 그 업무 수행에 필요한 비용을 받을 수 있다.

⑧ 제1항에 따른 개인정보관리 전문기관의 지정 절차, 제2항에 따른 지정요건
의 세부기준, 제4항에 따른 지정취소의 절차 등에 필요한 사항은 대통령령으
로 정한다.

개정 개인정보보호법 제35조의3에서는 전송요구권을 통해 개인정보를 제
공받을 수 있는 대상 중의 하나인 전문기관에 관하여 규정하고 있는데, 이는
신용정보법상 마이데이터 사업자와 유사한 업무를 처리하는 기관을 전문기관
으로 지정하는 것으로 볼 수 있다. 따라서 위 규정은 산업적 측면에서 개인정
보 이동권과 관련한 전문기관을 규정하려는 취지로 해석될 수 있다. 그러나 산

업적 측면에서 위 조항을 바라본다면, 다른 입법례에서처럼 허가 또는 등록을 통해 선정하는 것이 아닌 굳이 신청권이 보장되지 않는 지정 제도를 둔 취지가 무엇인지가 불명확한 점과 개인정보 보호법에서 산업을 규제하는 것이 과연 온당한지 등에 관하여 논란의 소지가 있다.

오히려 현재의 제도 설계는 지원 제도를 중심으로 규정하고 있는 바, 전문기관은 산업적 관점보다는 정보주체의 관점에서 공적 차원에서의 마이데이터 사업자 또는 마이데이터 사업을 위한 중개기관(정보주체의 이동권 행사를 용이하게 해 주기 위한 목적의 기관) 정도로 보아 해당 기관을 지원하고, 이러한 기관을 통하여 이동권 행사를 추가적으로 보장하기 위한 취지의 조항으로 볼 필요가 있다고 판단된다.

또한 전문기관으로 전송데이터를 집중시키고 있는 상황에서 각 산업 영역별 개인정보처리자에게 표준 API나 데이터 표준화 작업이 선행되지 않으면, 데이터 품질 저하로 인한 시너지 창출 부족으로 입법 의도에 반할 여지가 있다. 기존에 갖추어진 정보보호·보안시스템이 견고한데다가 은행연합회 등 신용정보 집중기관을 두어 정보의 공적 집중을 통한 신용정보 관리체계를 이미 구축한 금융산업과 일반 개인정보처리자는 차별적으로 접근해야 하는 점을 간과해서는 아니 된다.

Ⅳ. 개인정보 이동권과 마이데이터 제도화의 시사점

1. 개인정보 이동권 도입 및 마이데이터 제도화의 목적

앞서 주지하였듯이 개인정보보호위원회는 개인정보보호법 개정안 해설에서 정보주체가 최초 수집·제공 이후의 유통과정에서 능동적으로 개입하는 데에 한계가 있다는 점을 고려하여 전송요구권을 도입한다고 밝히고 있다. 정보주체의 개인정보 통제권을 강화하여 정보주체와 개인정보처리자 간의 균형 달성을 도모하고, 개별법을 통해 분야별로 도입되고 있는 전송요구권을 일반법인 개인정보보호법에 규정하여 일원화된 거버넌스를 확립하고 일관성 있는 정보주체 권리를 강화하기 위한 목적이라고 설명하고 있다. 그리고 GDPR에서도 데이터 이동권을 도입한 가장 주요한 목적은 정보주체의 데이터 통제권을 강화하여 정보주체가 데이터 에코 시스템에서 적극적인 역할을 할 수 있도록 하기 위한 목적이라고 설명하고 있는 바, 데이터 이동권의 주된 목적이 정보주체의 개인정보자기결정권 강화라는 점에 관하여는 이견이 없는 것으로 보인다.

하지만 이동권이 기술 발전 및 경쟁 촉진을 위한 목적이 있었는지 여부에 관하여는 여전히 논란이 있는 것으로 보인다. 이와 관련하여 유럽의 WP29 가이드라인에서는 데이터 이동권이 유럽 내에서의 자유로운 개인정보 이동을 도와서 각 Controller의 경쟁을 촉진하는 데에 중요한 역할을 할 수 있다는 점을 인정하고 있다. 다만 위 가이드라인에서는 GDPR의 본래 목적은 개인정보 처리를 규제하기 위한 목적이지 경쟁을 규제하기 위한 목적의 규정은 아니라는 점을 적시하고 있다.

그런데 GDPR 제정 목적 자체가 유럽 내 서비스 내 경쟁 촉진이라는 점은 부인하기 어려운 바, 유럽에서의 데이터 이동권 도입의 부가적인 목적으로 서비스의 개선 및 경쟁 촉진이 포함된다고 해석하는 것이 보다 타당하다. 한편, 개인정보 관련 규제를 정비하면서 경쟁 촉진 목적이 있다는 점을 밝히지 않는 것이 일반적임에도 불구하고, 싱가포르의 경우에는 데이터 이동권을 통해서 적법하게 수집된 데이터의 적극적인 이용 및 이를 통한 서비스 개선 등을 촉진시키겠다고 밝히고 있다는 점에 비추어 보건대, 결국 이동권은 기술 발전 및 경쟁 촉진이라는 부수적인 목적도 가지고 있다고 해석된다.

물론 한국의 경우에는 위와 같은 논의와 별개로 정보주체의 개인정보자기결정권 강화라는 측면에서만 접근하는 것도 가능하다고 생각된다. 하지만 이동권의 태동에는 정보 집적을 통한 데이터 이용의 활성화 및 서비스 개선 등을 그 부수적인 목적으로 하고 있는 바, 이러한 추세를 고려해야 할 것이다.

2. 개인정보 이동권 및 마이데이터의 제도화로 인한 데이터 경제 효과 전망

과거부터 기업들은 자신들이 가지고 있는 고객데이터를 분석하여(선호도 및 지출 능력 등) 마케팅을 하여 왔다. 그런데 온라인 경제가 확산되면서 정보주체에 대한 다량의 데이터가 축적되게 되었고, 정보주체와 Controller 사이에 정보 비대칭성이 커지고, 정보주체의 개인정보에 대한 통제권은 점점 약화된 것이 사실이다. 이러한 관점에서 데이터 에코 시스템에서 정보주체의 적극적 권리를 보호해 주기 위하여 데이터 이동권을 인정한다는 점은 의미가 있다고 본다.

그런데 이에서 한 걸음 나아가 Controller들에게 쌓이는 데이터가 산업적으로 활용되면서 데이터의 재산적·영업적 가치가 더욱 부각되고 있는 것이 사실이다. 나아가 데이터를 독점적으로 가지고 있는 기업들의 입장에서는 데이터의 재산적·영업적 가치를 고려하여 배타적으로 이용하려는 경향성을 가지게 되며, 특정 기업이 데이터에 대한 시장지배적 지위를 남용하여 공정한 거래행위나 건전한 시장경쟁을 저해하는 결과를 초래할 우려도 커지고 있다.

또한 온라인 시장의 대부분은 네트워크를 기반으로 하고 있어 네트워크 외부성으로 인하여 승자 독식(winner-take-all)의 시장구조가 형성되는 경향을 가지고 있다. 즉, 플랫폼 시장의 가장 큰 특성은 바로 양면 또는 다면시장으로, 네트워크 효과(network effect) 또는 네트워크 외부성(network externality)이 발생할 수밖에 없는 시장이다. 그런데 이러한 네트워크 효과로 인하여 속해 있는 집단의 규모가 커지면 효용이 증가하게 되며, 이로 인하여 자연스럽게 독점 현상이 발생할 수 있는 환경이 조성되게 된다.

이러한 상황에서 정보주체의 동의에 기반한 이동권 제도는 개인정보의 경제적 가치를 정보주체에게 활용할 수 있는 기회를 보장하는 장치로서의 역할을 할 수 있고, 정보주체가 특정 서비스에 Lock-in 되는 것을 방지할 수 있어 데이터 독점 문제를 해결하는 데 하나의 방편이 될 수 있다.

3. 각 개별 영역에서의 고려요소

신용정보법 개정을 통하여 우리 금융권에 전송요구권이 신설된 후 관련 산업이 정착되기도 전에 개인정보 보호법 개정안이 입법 예고되면서 개인정보 이동권에 대한 논의가 활발하다. 또한 전자정부법 개정안을 통해 공공정보에 대한 이동권 도입에 관하여도 입법 작업이 진행되었고, 의료데이터에 관한 마이헬스웨이 등을 통한 시범사업 등 제도 도입을 위한 논의가 개별적으로 진행되고 있다.

그런데 문제는 개별 영역에 있어서 고려하여야 할 요소들이 각각 상이한 바, 개별 영역에 있어서의 실제적인 이동권 구현 방안에 대하여 검토할 필요가 있다. 예를 들어 공공데이터 영역의 경우 개별 공공데이터를 규율하고 있는 법률에서 비밀유지의무 등을 부여하고 있거나 특별한 절차를 규정하고 있는 조항들이 있기 때문에 해당 조항의 예외를 어떻게 인정할 것인지도 중요하다.[16]

또한 의료 영역의 경우에는 의료법 등에 따른 법률적인 제약 사항 이외에 개별 의료기관들이 사용하고 있는 정보의 표준화 등을 어떻게 해결하는지가 가장 주요한 논란이 될 것이다. 그러나 위와 같은 실제적인 제약 사항들에 대해서 개별 법률 단위에서 접근할 것인지 혹은 일반법인 개인정보 보호법에서 접근할 것인지에 대해서는 신중한 접근이 필요하다. 특히 이를 개별 법률로 접근할 경우 향후 개별 영역에서의 개인정보 이동권을 도입할 때마다 개별 법률을 개정하여 문제를 해결하는 방식이 될 수밖에 없기 때문이다. 따라서 입법자는 위 두 가지 방안의 장단점을 고려하여 부처 간 협의를 통해 개별 영역에서의 제약 사항들을 풀 수 있는 방안을 검토해야 할 것이다.

---

16) 행정정보에 관하여 이동권 도입을 위한 전자정부법 개정안이 논의되고 있다. 그런데 해당 개정안이 입법화되는 경우에는 전자정부법 제6조의 해석에 따라 전자정부법이 우선 적용될 가능성이 존재하며, 이러한 해석에 의하여 개별 법률마다 데이터 이동권을 규정하게 되면, 개인정보 보호법 개정안에 따른 개인정보 이동권은 선언적 규정으로 밖에 역할을 할 수 없는 문제가 발생한다.

4. 마이데이터 정책 추진에서의 고려요소

현재 개인정보보호위원회는 국가 마이데이터 전략이라는 큰 틀에서 마이데이터 산업 또는 데이터 산업을 확대하기 위한 전략을 구상하고 있다. 그런데, 이 과정에서 앞의 항세어 설명한 바와 같이 개별 영역의 특징을 고려하는 이외에 추가로 고려하여야 할 사항들이 있다고 생각된다.

가. 개별 데이터 보호를 위한 제도 장치

현재 개인정보보호위원회가 발표한 국가 마이데이터 전략에서는 국민 삶의 질과 밀접한 관련이 있는 10대 중점부문을 선정하고, 우선 해당 분야에 대해 데이터 전송범위 및 적용대상을 결정하고 이를 단계적으로 확대할 방침이라고 밝힌 바 있고, 의료 분야는 위 10개 중점부문에 선정되어 있다.

그런데, 개인정보보호위원회는 국가 마이데이터 전략에서 "의료 등 민감한 정보를 대규모로 취급하는 등 충분한 공적보호가 필요한 영역은 예외적으로 허가제(전문기관 지정) 운영"을 하겠다는 취지로 밝힌 바 있다. 하지만, 앞서 살펴본 바와 같이 개정 개인정보보호법에서는 전문기관 또는 이용기관에 대해 허가제를 도입할 수 있는 아무런 법적 근거를 두고 있지 않다.

개인정보보호위원회에서도 인정하는 바와 같이 10대 분야는 국민 삶의 질과 밀접한 관련이 있을 뿐만 아니라, 데이터 산업의 발전과도 밀접한 관련이 있는 분야들이다. 그런데, 이러한 분야에서의 데이터 경제 활성화를 꾀한다고 한다면, 이를 허가제의 형태로 운영할 정책적 필요성이 있다고 보기 어렵고, 나아가 법적인 근거도 없다고 할 것이다. 따라서, 이동권의 대상이 되는 정보가 민감정보에 해당하거나 개인의 프라이버스에 밀접한 관련이 있는 정보라고 하더라도 해당 분야에 있어서의 마이데이터 관련 산업을 허가제로 운영하겠다는 계획은 재고가 필요하다고 생각된다. 만약 이러한 제도적 장치가 필요하다면, 개정 개인정보보호법 하에 관련 근거를 마련하고, 이에 따른 제도를 운용할 필요가 있다.

나. 실비 정산에 대한 검토

제공기관으로서는 자신이 보유하는 개인정보를 정보주체 또는 제3의 이용기관에 제공하는 데에 비용이 소요되는 경우 그 비용을 요청하는 것은 타당한 접근 방식이라고 생각된다. 그런데, 이러한 정보제공에 대한 비용이 정보주체에게 과도한 부담으로 작용하는 경우에는 정보주체가 이동권이라는 권리를 행사하기가 부담스러워지는 것 또한 사실이다.

따라서, 실비 정산 방식에 대해서는 양자의 측면, 즉 제공기관에 대한 부담을 경감시키면서도 정보주체의 실질적 권리 행사가 이루어질 수 있도록 타협점을 제시하는 것이 필요하다. 그리고 이러한 타협점을 모색하면서 전문기관 제도를 적극적으로 이용하는 방안 이외에도 시스템 구축을 위하여 제공기관에 대한 직접적인 지원책을 마련하여 이동권 제도를 활성화하는 데에 이바지할 필요가 있다.

다. 데이터 표준화에 대한 검토

개인정보 이동권 활성화 또는 이를 통한 데이터 산업의 발전을 위해서는 데이터 표준화가 필요하다는 점에는 이견이 없을 것으로 생각된다. 하지만, 개별 기업들은 개별 기업들의 사업 목적 및 업무처리 시스템에 맞추어 정보주체들의 개인정보를 처리하여 왔기 때문에 데이터 셋을 수정하는 방안을 추진하는 것이 어려운 것이 사실이다. 따라서, 개인정보보호위원회로서는 이러한 양자의 요구사항을 어떻게 절충하여 이동권 제도를 활성화시킬지에 대한 고민이 필요하다.

GDPR에서는 제공기관에게 기계 판독이 가능한 정보 형태로 개인정보를 제공하도록 규정하고 있는데, 이는 정보주체의 요청에 따라 개인정보를 제공한다는 점에 초점을 맞춘 접근으로서 정보주체의 권리 충족을 실현시키는 명료한 방안으로 보인다. 그러나 우리는 데이터 산업 활성화라는 목표까지를 고려하고 있는바, 데이터 산업 활성화를 위해서는 데이터의 표준화를 고려할 수밖에 없는바, 이러한 점을 어느 정도까지 반영할지를 고민할 필요가 있다. 하지만, 이러한 표준화가 개별 기업에 대한 부담이 되지 않도록 정책적 지원의 방안으로 진행되어야 하는바, 이에 대한 정책적 대안이 만들어져야 할 것이다(예를 들어, 데이터 표준화를 추진하는 기업에 대한 지원금 지급 등의 정책을 고려해 볼 수 있다).

참고 문헌

윤주호, "금융 분야에서의 본인신용정보관리업 도입 관련 국내 법제 동향", 「경제
　　규제와 법」, 제13권 제1호, 2020.
이헌영, "북유럽모델 관점에 따른 마이데이터의 쟁점 및 과제", 「정보통신정책연구」,
　　제27권 제3호, 2020.
정원준, "데이터 이동권 도입의 실익과 입법적 방안 모색", 「성균관법학」, 제32권
　　제2호, 2020.
정원준, "마이데이터의 법제도적 착근을 위한 개선과제 분석", 이슈페이퍼, 20-
　　10-1-8, 2020.
최정민·조영은, "개인정보 이동권과 마이데이터 산업 관련 연구", 「경제규제와 법」,
　　제13권 제2호, 2020.

EU Working Party 29, 「Guidelines on the right to data portability」, 2017.4.5.
European Data Protection Board, 「Guidelines 06/2020 on the interplay of the
　　Second Payment Services Directive and the GDPR」.

개인정보보호위원회, 2020.12.23.자 보도자료, 「국민이 신뢰하는 데이터 시대, 개인
　　정보 보호법 2차 개정으로 선도한다」.
금융위원회, 「금융분야 데이터 활용 종합방안」, 2018.3.15.
금융위원회, 「금융분야 개인정보보호 내실화 방안」, 2018.5.11.
금융위원회, 「금융분야 마이데이터 도입방안」, 2018.7.17.

개인정보의 안전성 확보조치 기준

이진규 / 네이버주식회사 개인정보보호책임자

I. 서론

「개인정보의 안전성 확보조치 기준」 일부개정고시안(이하 "본 기준")은 개인정보 보호법 시행령의 정보통신서비스 특례규정(영 제48조의2)이 일반규정(영 제30조)으로 통합됨에 따라 기존에 이원화 되어 있던 「개인정보의 안전성 확보조치 기준」과 「개인정보의 기술적·관리적 보호조치 기준」을 통합하고, 개인정보 보호법 시행령에 공공시스템운영기관 등에 대한 특례 규정(영 제30조의2)이 신설됨에 따라 고시 위임사항인 공공시스템 지정 기준 및 공공시스템운영기관의 안전조치 기준을 신설하여 공공시스템운영기관의 개인정보보호를 강화하는 것을 개정 취지로 한다. 본 기준에 대한 개인정보보호위원회의 조문별 제개정이유서를 살펴보면, 개인정보보호위원회는 이번 고시 통합을 통해 기술중립적으로 제도를 개선하고, 수범자를 개인정보처리자로 일원화하며(이 과정에서 기존 개인정보 처리자 유형 및 개인정보 보유량에 따른 안전조치 기준을 삭제함), 공공시스템운영기관 등에 대한 특례를 신설하여 이들 기관의 개인정보 보호를 강화하려는 목적을 명확히 밝히고 있음을 확인할 수 있다.

「개인정보의 기술적·관리적 보호조치 기준」의 적용 대상은 정보통신서비스 제공자, 정보통신서비스 제공자로부터 개인정보를 제공받은자, 정보통신서비스 제공자로부터 개인정보처리를 위탁받은 자('수탁자'), 방송사업자(준용) 등인데, 개인정보보호법 시행령 제48조의2 제1항은 "정보통신서비스 제공자(「정보통신망이용촉진 및 정보보호 등에 관한 법률」 제2조제1항제3호에 해당하는 자를 말한다. 이하 같다)"와 그로부터 이용자(같은 법 제2조제1항제4호에 해당하는 자를 말한다. 이하 같다)의 개인정보를 법 제17조제1항제1호에 따라 제공받은 자(이하 "정보통신서비스 제공자등"이라 한다)는 이용자의 개인정보를 처리하는 경우에는 제30조에도 불구하고 법 제29조에 따라 다음 각 호의 안전성 확보조치를 해야 한다." 라고 하여 본 기준을 적용받는 수범자에 해당하는지 여부에 대한 판단을 매우 어렵게 만든 측면이 있다. 예를 들어, 고객 대응 업무(CS)를 전문으로 하는 수탁기업이 정보통신서비스 제공자와 일반 오프라인 사업자로부터 각기 사전에 맺은 계약에 따라 개인정보를 제공받아 처리하는 경우, 전자로부터 받은 개인정보는 「개인정보의 기술적·관리적 보호조치 기준」에 따라 처리하고, 후자로부터 받은 개인정보는 「개인정보의 안전성 확보조치 기준」에 따라 처리해야 했다. 또한, 전자로부터 제공받은 개인정보라 할지라도 이용자가 아닌 정보주체의 개인정보를 처리해야 하는 경우, 「개인정보의 안전성 확보조치 기준」을 적용해야 했다. 이처럼 개인정보를 제공하는 측의 지위와, 처리하는 개인정보의 성격에 따라 보호조치를 달리 적용해야 하는 현장의 복잡성은 결국 고시 통합이라는 결과를 가져오게 된 결정적 배경 가운데 하나라고 볼 수 있을 것이다.[1]

본 기준은 「개인정보 보호법」 제29조와 같은 법 시행령 제16조 제2항 및 제30조에 따라 개인정보처리자가 개인정보를 처리함에 있어서 개인정보가 분실·도난·유출·위조·변조 또는 훼손되지 아니하도록 안전성 확보에 필요한 기술적·관리적 및 물리적 안전조치에 관한 최소한의 기준을 정하는 것을 목적으로 한다(본 기준 제1호). 이 가운데 시행령 제30조는 일반규정(종전 영 제30조)과 특례규정(종전 영 제48조의2)으로 이원화하여 규정하고 있는 안전규정을 통합하

---

1) 이 경우, 개인정보 처리 수탁기업이 개인정보를 처리함에 있어 「개인정보의 안전성 확보조치 기준」과 「개인정보의 기술적·관리적 보호조치 기준」을 모두 충족하는 개인정보처리시스템을 구축하면 각기 다른 보호조치를 적용해야 하는 부담을 벗어날 수 있을 것으로 판단할 수 있다. 그러나, 이러한 방식은 시스템 구축에 따른 부가적 비용을 발생시킨다. 또한, 중견기업·중소기업·소상공인 등 「개인정보의 안전성 확보조치 기준」에 따라 일정한 규정의 적용을 받지 않도록 한 개인정보처리자의 개인정보에 대해서도 적용을 배제한 보호조치를 다시금 적용하게 하는 것이라서, 자칫 개인정보처리자의 부담을 수탁자에게 전가하는 기제로 볼 여지도 있다.

여 모든 개인정보처리자에게 동일한 기준이 적용될 수 있도록 정비하고, 안전조치 분야에서의 기술발전의 가능성을 제약하지 않도록 기술중립성 원칙을 반영하여 보완한 것이다.[2]

한편, 제3장 <공공시스템운영기관 등에 대한 특례(본 기준 제15조 내지 제18조)>가 법 시행령 제30조의2에 따라 신설되어 본 기준에 반영되었는데, 이는 본 기준 부칙에 의거하여 공포 후 1년이 경과한 날로부터 시행됨에 따라, '24년 9월 15일부터 시행이 될 예정이다. 참고로, 본 기준 제1조(목적)에 법 시행령 제30조의2에 대한 언급이 되어 있지 않은 바, 제3장의 특례가 시행되는 시점에 본 기준 제1조를 다시금 개정하여 제3장의 규정이 법 시행령 제30조의2를 기초로 한다는 내용이 반영될 것인지는 향후 살펴볼 필요가 있을 것으로 보인다.

II. 「개인정보의 안전성 확보조치 기준」의 개정 취지

개인정보보호위원회는 기존에 이원화된 개인정보 보호조치에 관한 고시 통합을 통해 (1) 기술중립적으로 제도를 개선하고, (2) 수범자를 개인정보처리자로 일원화하며(이 과정에서 기존 개인정보 처리자 유형 및 개인정보 보유량에 따른 안전조치 기준을 삭제함), (3) 공공시스템운영기관 등에 대한 특례를 신설하여 이들 기관의 개인정보 보호를 강화하려는 목적을 달성할 것을 꾀한다 밝혔다. 따라서, 이들 취지가 본 기준에 적절히 반영되었는지 살펴 정책목표가 현장에서 의도한 바와 같이 구현될 수 있는 기반이 마련되었는지 확인할 필요가 있다.

1. 기술중립적 제도 개선

기술중립성(technology neutrality or technology agnosticism)은 여러 방식으로 정의되지만, 대체적으로 정보통신 관련 법제도를 형성함에 있어 특정 기술에 종

---

2) 개인정보보호위원회, "개인정보 보호법 시행령 일부개정령안(개인정보보호위원회 공고 제2023-40호)", p.3, 2023. 5. 19.

속적인 방식을 배제해야 한다는 내용으로 수렴된다. 유럽연합에선 2002년도에 해당 원칙이 최초로 도입되었고[3], 이동통신 법제에 반영이 된 것은 2009년이다. 2011년 이후엔 해당 원칙이 인터넷 정책의 핵심 원칙으로 인정되었다.[4] 유럽연합 개인정보보호일반규정(GDPR)은 "우회(circumvention)로 인한 심각한 위험을 방지하기 위해서, 자연인에 대한 보호는 <u>기술적으로 중립적(technologically neutral)이어야 하며</u>, 사용되고 있는 기술에 의존해서는 안 된다. 자연인에 대한 보호는 개인정보가 자동화 수단에 의해 처리되는 경우뿐만 아니라, 개인정보가 파일링시스템에 보관되어 있거나 보관될 예정이라면 수작업에 의한 개인정보 처리의 경우에도 적용되어야 한다. 구체적 기준에 따라 정렬되지 않은 개인정보에 대한 파일 및 파일세트(표지 포함)는 이 법의 적용범위에 해당하지 않는다."라고 하여 개인정보 보호를 위한 조치는 기술중립성을 준수해야 함을 명확히 밝히고 있다.[5]

특정 기술에 연계된 규제는 빠르게 무용해질 수 있으며 추가적인 개정을 필요하게 만든다. 또한, 특정 기술에 기반한 규제는 특정한 제조업체, 개발업체, 공급업체 또는 기술 내지 서비스의 유통업체에 의존하게 한다. 사용자에게 특정 기술을 사용하지 않도록 강요하지 않음으로써 선택의 자유를 보장하는 것이 기술중립성의 필요성이라 할 것이다. 법과 규제는 특정 기술을 요구하거나 선호(배제)하지 않음으로써 다양한 제조업체, 개발업체, 공급업체, 또는 유통업체로부터의 솔루션이나 기술을 도입할 수 있게 한다.[6] 결국, 정보통신 영역에서의 규제에 기술 중립성을 보장하는 것은 특정한 기술 의존성을 배제하고 다양한 기술 도입 가능성을 열어 놓음으로써 최신의 우수한 기술 도입 가능성

3) Directive 2002/21 on a common regulatory framework for electronic communications networks and services, OJ L108/33. (2002)
4) Maxwell, Winston and Bourreau, Marc, Technology Neutrality in Internet, Telecoms and Data Protection Regulation (November 23, 2014). Computer and Telecommunications L. Rev. (2014), Forthcoming, Available at SSRN: https://ssrn.com/abstract=2529680
5) Recital 15, GDPR
6) European Commission, "Technology Neutrality", URL: https://joinup.ec.europa.eu/collection/common-assessment-method-standards-and-specifications-camss/solution/elap/technology-neutrality

을 높이고 최신의 기술 적용에 대한 유연성을 확보할 수 있게 한다. 기술 중립성은 맥락에 따라 여러 의미를 내포할 수 있는데, 그 중 한가지는 규제 당국이 특정한 구조를 추구하여 시장을 규제당국이 최적화 된 것으로 여기는 방향으로 유도해서는 안 된다는 것이다. 고도의 동적 시장에서 규제 당국이 기술적 승자를 선발해서는 안 된다는 의미와 다름없다.[7]

이와 같은 맥락에서 정보통신 영역에서의 법제도 형성에 있어 기술 중립성 원칙을 적용하는 것은 매우 중요한 의미를 갖는다 할 것이며, 본 기준을 개정함에 있어 "기술중립적으로 제도를 개선"한다고 선언한 것은 AI 기술 등 최신의 기술 적용을 가능하게 하고, 특정 기술에 종속되어 효과성이 없거나 부족한 보호조치를 개선할 수 있게 하는 등의 기대를 갖게 한다.

그러나, 본 기준에 기술중립성이 온전히 반영되었는지에 대해선 의문이 남는다. 제6조 제6항이 대표적으로 기술중립성이 보장되지 않은 규정인데, 소위 '인터넷 망분리(또는 인터넷 망차단조치)'로 불리는 이 규정은 인터넷 망을 차단하도록 하는 특정 기술을 강제함으로써 기술중립성에 반하는 내용을 요구사항으로 담고 있다. 기술중립성은 개인이나 조직이 그들의 개발, 취득, 사용, 수익화 등 자신의 필요(needs)에 가장 적합한 기술적 수단을 선택할 자유를 보장하는 것을 핵심으로 하는데, 제6조 제6항은 망분리라는 특정 수단을 적용하도록 하여 다른 수단을 적용하는 것만으로는 본 기준의 요구사항을 충족하지 못하는 것으로 만든다. 일부에선 망분리나 망차단조치는 기술적으로 중립적인 요구사항이며 특정 기술을 강제하는 것이 아니라고 주장하나, 해당 규정을 통해 달성하고자 하는 보호의 목적을 달성할 수 있는 다른 기술적 수단이 존재하는 경우라면, 망분리나 망차단조치를 의무로 규정하는 것이 기술중립적 요구에 반하는 것은 당연하다 할 것이다. 해당 규정은 망분리를 통해 개인정보처리시스템에 저장되어 있는 개인정보에 대한 접근을 차단하여 외부의 침입으로부터 개인정보를 보호하고, 처리하는 개인정보가 인터넷 등에 공개되는 것을 예방하기 위한 목적을 가지고 있는 것으로 보인다. <개인정보의 기술적·관리적 보

---

7) Maxwell, Winston and Bourreau, Marc, p. 1

호조치 기준 해설서(2020. 12.)＞는 정보통신서비스 제공자등을 위한 망분리 해설을 부록으로 제공하면서, 망분리의 취지로 "개인정보취급자의 업무용 컴퓨터 등이 정보통신망을 통하여 악성코드에 감염되는 등 불법적인 접근을 차단하고 침해사고를 방지하기 위하여 망분리 제도가 시행되었다. 정보통신망법에서는 대규모 개인정보 유출사고가 발생하는 것을 방지하기 위하여 다음과 같이 망분리에 관한 사항을 규정하고 있다."라는 설명을 제시한다.[8] 불법적인 접근을 차단하거나 침해사고를 방지하기 위한 조치로서 접근통제, 권한관리, 백신 등 보호 프로그램 설치 및 운영 등 다양한 조치를 취함으로서 망분리를 통해 달성하고자 하는 정책적 목적을 달성하는 것이 불가능하지 않다면 망분리(또는 망차단조치)라는 특정 기술적 수단을 강제하는 제6조 제6항은 기술중립적 규정이라 할 수 없을 것이다.

　　망분리 규정의 기술중립성과는 별개로 금융분야에서 금융회사 또는 전자금융업자가 자체 위험성 평가를 실시한 후, ＜전자금융감독규정시행세칙＞ 별표 7에서 정한 망분리 대체 정보보호통제를 적용하고 정보보호위원회가 승인한 경우, 같은 세칙 제2조의2 제1항 및 제2항에 따라 망분리 적용에 예외를 둘 수 있도록 한 점은 금융분야라는 특수성에도 불구하고 일반법인 개인정보보호법에 의한 망분리보다 유연한 규제를 적용하고 있다는 점에서 일반법과 특별법의 규제 수준 역전이 발생한 사례로 평가할 수 있는 지점이기도 하다.

〈별표 7〉 망분리 대체 정보보호통제 〈개정 2020. 11. 6., 2022. 12. 29〉

구분	통제 사항
공통	• 외부망에서 내부망으로 전송되는 전산자료를 대상으로 악성코드 감염여부 진단·치료 • 지능형 해킹(APT)차단 대책 수립·적용 • 전산자료 외부전송 시 정보유출 탐지·차단·사후 모니터링
메일 시스템	• 본문과 첨부파일 포함하여 메일을 통한 악성코드 감염 예방 대책 수립·적용 • 메일을 통한 정보유출 탐지·차단·사후 모니터링 대책 수립·적용

---

8) 개인정보보호위원회 및 한국인터넷진흥원, "개인정보의 기술적·관리적 보호조치 기준 해설서", p. 77 (2020. 12.)

업무용 단말기			• 사용자의 관리자 권한 제거 • 승인된 프로그램만 설치·실행토록 대책 수립·적용 • 전산자료 저장 시 암호화
연구· 개발			• 유해 사이트 차단 등 외부 인터넷 접근통제 대책 수립·적용 • 연구·개발망과 내부망간 독립적인 네트워크 구성 • 연구·개발 단말기 및 시스템에 대한 보호대책 수립·적용 및 중요정보(고유식별정보, 개인신용정보 등) 처리여부 모니터링 • 연구·개발망의 침해사고 예방 및 사고대응 대책 수립·적용 • 중요 소스코드 등에 대한 외부 반출방지 등 보안관리 대책 수립·적용
원격 접속	외부 단말기	공통	• 백신 프로그램 설치, 실시간 업데이트 및 검사 수행 • 안전한 운영체제 사용 및 최신 보안패치 적용 • 로그인 비밀번호 및 화면 보호기 설정 • 화면 및 출력물 등으로 인한 정보유출 방지대책 적용
		업무용 단말기를 경유하여 내부망에 접속하는 경우 (간접접속)	• 외부 단말기와 업무용 단말기의 파일 송·수신 차단
		외부 단말기에서 내부망에 직접 접속하는 경우 (직접접속)	• 인가되지 않은 S/W 설치 차단 • 보안 설정 임의 변경 차단 • USB 등 외부 저장장치 읽기/쓰기 차단 • 전산자료(파일, 문서) 암호화 저장 • 단말기 분실 시 정보 유출 방지 대책적용(하드 디스크 암호화, CMOS 비밀번호 적용 등)
	내부망 접근통제		• 업무상 필수적인 IP, Port에 한하여 연결 허용 • 원격접속 기록 및 저장(예: 접속자 ID, 접속일자, 접속 시스템 등)
	인증		• 이중 인증 적용(예: ID/PW+ OTP) • 일정 횟수(예: 5회) 이상 인증 실패 시 접속 차단
	통신 회선		• 안전한 알고리즘으로 네트워크 구간 암호화 • 내부망 접속시 인터넷 연결 차단(단, 직접 내부망으로 접속하는 외부 단말기는 인터넷 연결 상시 차단) • 원격 접속 후 일정 유휴시간 경과 시 네트워크 연결 차단
	기타		• 원격접속자에 대한 보안서약서 징구 • 공공장소에서 원격 접속 금지

2. 수범자 일원화

본 기준은 「개인정보의 안전성 확보조치 기준」과 「개인정보의 기술적·관리적 보호조치 기준」에 따라 각기 나뉘어져 있던 수범자를 '개인정보처리자'로 일원화 했다. 즉 기존에 일반 개인정보처리자와 정보통신서비스 제공자 등에 상이하게 적용되던 규정을 통합한 것인데, 이를 통해 규제 요구사항에 대한 명확성을 높이고 온·오프라인에서의 개인정보 처리에 상이하게 적용되던 보호조치를 통합하여 이에 소요되던 비용을 감소시키는 효과도 기대할 수 있게 되었다. 「개인정보의 기술적·관리적 보호조치 기준」의 경우, 기존엔 (1) 정보통신서비스 제공자, (2) 정보통신서비스 제공자로부터 개인정보를 제공받은 자, (3) 정보통신서비스 제공자로부터 개인정보 처리를 위탁받은 자, (4) 방송사업자 (준용)에 적용되었는데, 특히, (2), (3)의 경우 개인정보를 제공하는 개인정보처리자가 정보통신서비스 제공자 지위에 해당하는 것인지 여부를 확인하는 것에 대한 실무적 어려움이 있기도 했고, (4)의 경우 적잖은 사업자가 해당 기준을 준용하여 적용받는 사실 자체를 인지하지 못하는 경우도 있었다.

그런데, 본 기준에서 수범자가 개인정보처리자로 일원화되기는 했지만, 모든 규정이 개인정보처리자에 동일하게 적용되는 것은 아니다. 망분리(제6조 제6항), 암호키 관리(제7조 제6항), 접속기록의 보관·관리(제8조 제2항 제1호), 재해·재난 대비 안전조치(제12조), 출력·복사시 안전조치(제13조 제3항 제2호) 등은 일정한 수 이상의 정보주체에 관하여 개인정보를 처리하는 개인정보처리자이거나, 일정한 수 이상의 정보주체에 관하여 개인정보를 처리하는 개인정보처리자 (중소기업·단체 또는 대기업·중견기업·공공기관)에 한정적으로 적용된다. 즉, 본 기준의 일부 규정은 처리하는 개인정보의 수와 개인정보처리자의 지위(또는 규모)에 따라 차별적으로 적용됨을 알 수 있다.

한편, 본 기준의 수범자를 개인정보처리자로 일원화했다고는 하나, 일부 규정은 여전히 정보통신서비스 제공자에 한정하여 적용되는 경우도 있다. 본 기준 제2조 제2호는 "「정보통신망 이용촉진 및 정보보호 등에 관한 법률」 제2조 제1항 제4호에 따른 정보통신서비스 제공자가 제공하는 정보통신서비스를 이용하는 자"를 '이용자'로 정의하면서, 망분리(제6조 제6항), 암호화(제7조 제2항)의 경우 정보통신서비스를 이용하는 이용자의 개인정보를 처리하는 개인정보처리자에 한정하여 적용되도록 하였는데, 이는 여전히 정보통신서비스 제공자에게만 적용되는 규정을 남겨둔 것으로 볼 수 있기에 수범자 일원화에 배치되는 규정으로 평가될 여지가 있다. 망분리(제6조 제6항), 암호화(제7조 제2항) 규정을 정보통신서비스제공자에게 한정하여 적용해야 할 사유를 달리 찾기 어렵다면 수범자 일원화 취지에 부합하도록 차후 개정을 통해 바로잡을 필요가 있을 것이다.[9]

3. 공공시스템운영기관 등에 대한 특례

본 기준은 제3장 <공공시스템운영기관 등에 대한 특례>를 신설했다. 본 특례는 개인정보 보호법 시행령에 공공시스템운영기관 등에 대한 특례 규정(영 제30조의2)이 신설됨에 따라 고시 위임사항인 공공시스템 지정 기준 및 공공시스템운영기관의 안전조치 기준을 규정한 것이다. 본 특례는 공공시스템운영기관의 안전조치 기준 적용(제15조), 공공시스템운영기관의 내부 관리계획의 수립·시행(제16조), 공공시스템운영기관의 접근 권한의 관리(제17조), 공공시스템운영기관의 접속기록의 보관 및 점검(제18조) 등 총 4개 조항으로 구성되어 있다.

영 제30조의2는 부처합동 '공공부문 개인정보 유출방지 대책'(2022. 7. 14.)에 따른 후속조치로 마련된 것인데, 이는 '19년의 'N번방 사건', '21년의 수원시 개인정보 유출에 따른 송파 살인사건 등 공공부문의 개인정보 유출 사고의 지속적 증가 및 2차 피해 발생에 따라 반복되는 상황을 근본적으로 개선하기 위해 시행령에 반영된 것이다. 개인정보보호위원회는 '22. 1월부터 5월까지 면밀한 종합점검을 진행하고, 현장에서의 개인정보 보호 점검과 관리가 형식화, 접

---

9) 본 기준 제7조 제2항은 개인정보처리자로 하여금 주민등록번호, 여권번호, 운전면허번호, 외국인등록번호, 신용카드번호, 계좌번호, 생체인식정보에 한하여 이용자의 개인정보를 안전한 암호 알고리즘으로 암호화 하여 저장할 것을 요구하고 있고, 같은 조 제3항은 개인정보처리자로 하여금 이용자가 아닌 정보주체의 개인정보를 저장함에 있어 일정한 요건에 해당하는 경우 암호화 하여 저장할 것을 요구하고 있는데, 특별한 보호를 요하는 고유식별정보나 생체인식정보의 경우라면 정보주체의 성격에 따라 보호의 수준을 차등적으로 규율할 타당성이 부족하다는 면에서 이 두 조항의 내용을 개편하는 것을 검토할 필요가 있어 보인다.

근권한 관리체계 미비(과다 부여, 현행화 지연, 목적외 사용 등), 개인정보 보호 전담인력과 예산 등 인프라 취약 등의 문제점을 확인한 후, '공공부문 개인정보 안전조치 기준' 고시를 제정하여 '25년까지 공공부문 전체 시스템에 확대 적용할 계획을 밝혔다. 결국 본 특례는 이러한 일련의 사건 사고와 대응 맥락에서 마련된 것으로, 공공부문 전체 행정시스템을 개인정보 보호 강화를 위한 주요 대상으로 본격 편입하여 범정부 차원의 정책틀을 만들었다는 의의가 있다.[10]

　본 기준의 특례는 제15조 제1항 제1호 내지 제3호의 어느 하나에 해당하는 개인정보처리시스템 중에서 개인정보보호위원회가 지정하는 개인정보처리시스템("공공시스템")을 운영하는 기관("공공시스템운영기관")에 적용되는데, 해당 공공시스템운영기관은 제2장의 개인정보의 안전성 확보조치 외에 본 특례에 규정된 조치를 적용해야 한다(제15조 제1항). 다만, 이와 같은 규정에도 불구하고 체계적인 개인정보 검색이 어려운 경우, 내부적 업무처리만을 위하여 사용되는 경우, 그 밖에 개인정보가 유출될 가능성이 상대적으로 낮은 경우로서 보호위원회가 인정하는 경우에 해당하는 개인정보처리시스템에 대해 개인정보보호위원회는 공공시스템으로 지정하지 않을 수 있다(제15조 제2항). 결국 공공시스템운영기관 가운데 본 특례를 적용받아 추가적인 안전조치를 적용해야 하는지 여부는 상당 부분 개인정보보호위원회의 결정에 달려있다 할 것이다.

공공시스템운영기관 등에 대한 특례 주요 내용

1. 공공시스템운영기관의 안전조치 기준 적용(제15조)
   * 공공시스템에 해당하는 개인정보처리시스템의 지정 기준과 해당 시스템이 제2장의 개인정보의 안전성 확보조치에 더하여 제3장의 특례를 적용받는 것을 규정
2. 공공시스템운영기관의 내부 관리계획의 수립·시행(제16조)
   * 공공시스템운영기관이 관리책임자 지정 등 공공시스템 별로 일정한 사항을 포함하여 내부 관리계획을 수립할 것을 규정

---

[10] 개인정보보호위원회, "공공부문 개인정보 유출 방지대책", 2022. 7. 13., URL: https://www.korea.kr/briefing/pressReleaseView.do?newsId=156552621#pressRelease

3. 공공시스템운영기관의 접근 권한의 관리(제17조)
   * 공공시스템에 대한 접근권한 부여, 변경 또는 말소 시 인사정보와 연계할 것을 규정
   * 인사정보 미등록자에게 계정발급 제한. 단, 불가피한 사유 있는 경우 예외 규정
   * 계정발급 시, 교육 및 보안서약 준수. 접근권한 부여, 변경, 말소 내역 등을 반기별 1회 이상 점검해야 함을 규정
4. 공공시스템운영기관의 접속기록의 보관 및 점검(제18조)
   * 접속기록 등을 자동화된 방식으로 분석하고, 개인정보 유출이나 오, 남용 시도를 탐지하여 그 사유를 소명하는 등 필요한 조치를 하도록 규정
   * 공공시스템 이용 기관이 소관 개인정보취급자의 접속기록을 직접 점검할 수 있는 기능을 제공하도록 규정

Ⅲ. 개인정보의 안전성 확보조치 기준 주요 변화

1. 일반규정과 특례규정의 통합 및 체계화

개인정보보호위원회는 개인정보 보호에 관한 기술적, 관리적, 물리적 보호조치의 일반규정인 「개인정보의 안전성 확보조치 기준」과 특례규정인 「개인정보의 기술적·관리적 보호조치 기준」을 통합하여 체계화(제4조~제9조, 제11조)했다. 수범자를 개인정보처리자로 일원화하는 한편, "[별표] 개인정보처리자 유형 및 개인정보 보유량에 따른 안전조치 기준"을 삭제했다.

[표 2-2] 기존 고시에 따른 개인정보처리자 유형 및 개인정보 보유량에 따른 안전조치 기준

유형	적용 대상	안전조치 기준
유형1 (완화)	• 1만명 미만의 정보주체에 관한 개인정보를 보유한 소상공인, 단체, 개인	• 제5조 : 제2항부터 제5항까지 • 제6조 : 제1항, 제3항, 제6항 및 제7항 • 제7조 : 제1항부터 제5항까지, 제7항 • 제8조, 제9조, 제10조, 제11조, 제13조

유형2 (표준)	• 100만명 미만의 정보주체에 관한 개인정보를 보유한 중소기업 • 10만명 미만의 정보주체에 관한 개인정보를 보유한 대기업, 중견기업, 공공기관 • 1만명 이상의 정보주체에 관한 개인정보를 보유한 소상공인, 단체, 개인	• 제4조 : 제1항제1호부터 제11호까지 및 제15호, 제3항부터 제4항까지 • 제5조 • 제6조 : 제1항부터 제7항까지 • 제7조 : 제1항부터 제5항까지, 제7항 • 제8조, 제9조, 제10조, 제11조, 제13조
유형3 (강화)	• 10만명 이상의 정보주체에 관한 개인정보를 보유한 대기업, 중견기업, 공공기관 • 100만명 이상의 정보주체에 관한 개인정보를 보유한 중소기업, 단체	• 제4조부터 제13조까지

앞서 살펴본 바와 같이, 고시의 통합에도 불구하고 일부 규정이 정보통신서비스제공자에 한정적으로 적용되는 사례가 존재한다. 또한, 일정한 수 이상의 정보주체에 관하여 개인정보를 처리하는 개인정보처리자이거나, 일정한 수 이상의 정보주체에 관하여 개인정보를 처리하는 개인정보처리자(중소기업·단체 또는 대기업·중견기업·공공기관)에 한정적으로 적용되는 규정도 있다. 그럼에도 불구하고 기존의 개인정보처리자 유형 및 개인정보 보유량에 기반한 안전조치 기준의 차등적 적용 상황과 비교하여 상당한 수준에서 개인정보처리자 일반에 보편적으로 적용되게 되었다. 개인정보처리자 유형 및 개인정보 보유량에 따른 안전조치 기준은 삭제되었으나, 실제 보유 및 처리 개인정보 수에 따라 달리 적용되는 안전조치 기준은 여전히 존재하는데 이를 표로 정리하면 아래와 같다.

[표 2-3]

유형	보유 및 처리 개인정보 수	적용 안전조치 기준
유형 A	전년도 말 기준 직전 3개월간 그 개인정보가 저장·관리되고 있는 이용자수가 일일평균 100만명 이상인 개인정보처리자	• 제6조 제6항

유형 B	10만명 이상의 정보주체에 관하여 개인정보를 처리하는 대기업·중견기업·공공기관 또는 100만명 이상의 정보주체에 관하여 개인정보를 처리하는 중소기업·단체에 해당하는 개인정보처리자	• 제7조 제6항 • 제12조
유형 C	본 기준이 달리 정하는 개인정보처리자 내지 개인정보처리시스템에 해당하는 경우	• 제8조 제2항 제1호 • 제13조 제3항 제2호

　수범자를 일원화 하고 개인정보처리자 유형별 차등 적용했던 기준을 보편적으로 적용하게 한 것은 수범자 입장에서 적용되는 규정(조치)을 어렵지 않게 예측할 수 있다는 점에서 바람직하다 할 것이나 규제당국의 입장에선 기존 유형 1, 2에 해당하던 개인정보처리자의 고시 수범 부담이 다소 증가하며, 정보통신서비스제공자 등에 적용되던 특화된 보호조치가 오히려 배제되거나 완화된다는 우려를 야기할 수 밖에 없다는 점에서 일정 규정을 차등적으로 적용하는 방식의 본 기준 규정은 나름의 정당성을 확보하고 있다고 평가할 여지도 있다.

2. 규정별 변화

가. 정의 규정의 변화

　기존의 일반규정(「개인정보의 안전성 확보조치 기준」, 개인정보보호위원회 고시 제2021-2호)에서 일부 용어 정의가 제외되고, 제2조에 이용자(제2호), P2P(제5호), 공유설정(제6호), 인증정보(제11호)가 추가되었다. 이 가운데 P2P, 공유설정, 인정정보에 대한 정의는 특례규정(「개인정보의 기술적·관리적 보호조치 기준」, 개인정보보호위원회 고시 제2021-3호)에 존재하던 것이라서, 결국 고시 통합과정에서 본 기준에 완전히 새롭게 등장한 것으로는 이용자에 관한 정의가 유일하다 할 것이다.

　기존의 일반규정 및 특례규정에 존재하던 정의라 할지라도 본 기준에 통합되면서 일부 기준은 그 내용에 변화를 겪었는데, 기존에서 변화를 겪은 된 정의를 표로 정리하면 다음과 같다.

[표 2-4]

용어 (본 기준 조항)	기존 정의 (일반규정의 정의. 특례규정에만 있는 경우, [특례]로 표기)	본 기준 정의
접속기록 (제3호)	"접속기록"이란 개인정보취급자 등이 개인정보처리시스템에 접속하여 수행한 업무내역에 대하여 개인정보취급자 등의 계정, 접속일시, 접속지정보, 처리한 정보주체 정보, 수행업무 등을 전자적으로 기록한 것을 말한다. 이 경우 "접속"이란 개인정보처리시스템과 연결되어 데이터 송신 또는 수신이 가능한 상태를 말한다.	"접속기록"이란 <u>개인정보처리시스템에 접속하는 자가</u> 개인정보처리시스템에 접속하여 수행한 업무내역에 대하여 <u>식별자</u>, 접속일시, 접속지정보, 처리한 정보주체 정보, 수행업무 등을 전자적으로 기록한 것을 말한다. 이 경우 "접속"이란 개인정보처리시스템과 연결되어 데이터 송신 또는 수신이 가능한 상태를 말한다.
정보통신망 (제4호)	"정보통신망"이란 「전기통신기본법」 제2조제2호에 따른 전기통신설비를 이용하거나 전기통신설비와 컴퓨터 및 컴퓨터의 이용기술을 활용하여 정보를 수집·가공·저장·검색·송신 또는 수신하는 정보통신체계를 말한다.	"정보통신망"이란 <u>「정보통신망 이용촉진 및 정보보호 등에 관한 법률」 제2조제1항제1호의</u> 「전기통신사업법」 제2조제2호에 따른 전기통신설비를 이용하거나 전기통신설비와 컴퓨터 및 컴퓨터의 이용기술을 활용하여 정보를 수집·가공·저장·검색·송신 또는 수신하는 정보통신체계를 말한다.
모바일 기기 (제7호)	"모바일 기기"란 무선망을 이용할 수 있는 PDA, 스마트폰, 태블릿PC 등 개인정보 처리에 이용되는 휴대용 기기를 말한다.	"모바일 기기"란 무선망을 이용할 수 있는 <u>스마트폰, 태블릿 컴퓨터등</u> 개인정보 처리에 이용되는 휴대용 기기를 말한다.
비밀번호 (제8호)	"비밀번호"란 정보주체 또는 개인정보위급자 등이 개인정보처리시스템, 업무용 컴퓨터 또는 정보통신망 등에 접속할 때 식별자와 함께 입력하여 정당한 접속 권한을 가진 자라는 것을 식별할 수 있도록 시스템에 전달해야 하는 고유의 문자열로서 타인에게 공개되지 않는 정보를 말한다.	"비밀번호"란 정보주체 및 개인정보취급자 등이 <u>개인정보처리시스템 또는 정보통신망을 관리하는 시스템 등에 접속할 때</u> 식별자와 함께 입력하여 정당한 접속 권한을 가진 자라는 것을 식별할 수 있도록 시스템에 전달해야 하는 고유의 문자열로서 타인에게 공개되지 않는 정보를 말한다.

인증정보 (제11호)	[특례] "인증정보"라 함은 개인정보처리시스템 또는 정보통신망을 관리하는 시스템 등이 요구한 식별자의 신원을 검증하는데 사용되는 정보를 말한다.	"인증정보"란 개인정보처리시스템 또는 정보통신망을 관리하는 시스템 등에 접속을 요청하는 자의 신원을 검증하는데 사용되는 정보를 말한다
내부망 (제12호)	"내부망"이란 물리적 망분리, 접근통제시스템 등에 의해 인터넷 구간에서의 접근이 통제 또는 차단되는 구간을 말한다.	"내부망"이란 인터넷망 차단, 접근 통제시스템 등에 의해 인터넷 구간에서의 접근이 통제 또는 차단되는 구간을 말한다.
보조저장매체 (제14호)	"보조저장매체"란 이동형 하드디스크, USB메모리, CD(Compact Disk), DVD(Digital Versatile Disk) 등 자료를 저장할 수 있는 매체로서 개인정보처리시스템 또는 개인용 컴퓨터 등과 용이하게 연결·분리할 수 있는 저장매체를 말한다.	"보조저장매체"란 이동형 하드디스크(HDD), 유에스비(USB)메모리 등 자료를 저장할 수 있는 매체로서 개인정보처리시스템 또는 개인용 컴퓨터 등과 쉽게 연결·분리할 수 있는 저장매체를 말한다.
관리용 단말기 (제15호)	"관리용 단말기"란 개인정보처리시스템의 관리, 운영, 개발, 보안 등의 목적으로 개인정보처리시스템에 직접 접속하는 단말기를 말한다.	"관리용 단말기"란 개인정보처리시스템의 관리, 운영, 개발, 보안 등의 목적으로 개인정보처리시스템에 접속하는 단말기를 말한다.

일부 정의 규정의 변화는 단순히 기존의 명확하지 않은 표현을 바로잡거나, 기술 발전에 따라 더 이상 보편적으로 사용되지 않는 기술 사례를 제외하여 간소화 하는 것에 그쳤으나, 다른 정의 규정의 변화는 본 기준의 해석을 기존과 달리 적잖게 변화시킬 수 있을만한 내용이다. 따라서, 이를 면밀하게 분석하여 본 기준의 요구사항을 파악해야 할 필요가 있다. 예를 들어, 접속기록(제3호)의 정의는 기존과 달리 해당 기록을 남겨야 하는 대상을 "개인정보취급자 등"에서 "개인정보처리시스템에 접속하는 자"로 변경했는데, 이는 특정 개인정보처리시스템에 대하여 정당한 접근권한을 보유한 자 외에도 외부로부터 침해를 시도하는 해커 등에 대해서도 접속기록을 남길 수 있도록 해야 한다는 것을 의미하는 것으로 볼 수 있다. 기존에 개인정보취급자 등에 한정하여 접속

기록을 남긴 개인정보처리자라면 시스템을 개편하여 개인정보처리시스템에 접속하는 자의 접속기록이라면 정당한 접근권한 유무와 관계없이 모두 기록을 남겨야 하므로 상당한 부담이 될 수 있다. 여기에 더하여, 개인정보처리시스템에 접속하는 자에는 온라인 서비스를 이용하는 이용자도 포함되는 것으로 해석될 여지도 있기 때문에, 기존에 통신비밀보호법에 따라 제한적으로 남겼던 통신사실확인자료의 기록에 어떤 변화를 가져올 것인지도 주목할 필요가 있다.[11] 이와 같이 정의규정의 변화는 단순히 일부 용어의 변경에 그치지 않고, 시스템 개편이나 업무 절차 개정 등 본 기준의 요구사항 충족에 필요한 활동의 변화를 요구하므로 주의를 기울일 필요가 있다.

한편, 단순한 용어의 변경이라 할지라도 그 영향을 쉽게 예측하기 어려운 경우도 있다. 이를테면, 내부망(제12호)의 정의는 기존 "물리적 망분리"를 "인터넷망 차단"으로 변경되었는데, 논리적 망분리나 특정 인터넷(웹서비스) 접속 경로의 제한 등과 같이 물리적 망분리에 해당하지 않는 조치를 적용한 것 만으로도 내부망으로 판단될 수 있어 내부망의 범위가 확장될 수 있기 때문이다. 이 경우 내부망과 외부망의 경계의 불명확성에 따른 보호조치의 적용 여부와 그 수준이 문제될 수 있어 수범자의 불확실성이 커지게 될 것으로 보인다.[12]

나. 제·개정 주요 내용

본 기준은 일반규정과 특례규정을 통합하여 체계화 하였고(제4조 내지 제9

---

[11] 통신비밀보호법 제15조의2 제2항 및 같은 법 시행령 제41조 제2항 제2호에 따라 통상의 정보통신서비스제공자는 이용자의 로그인 기록에 해당하는 통신사실확인자료를 3개월간 보관한다.

[12] 네트워크의 경계(network perimeter)는 보호 조치의 적용 및 그 수준을 결정하는 주요 요소라는 점에서 기술적 보안 관점에서 상당히 중요하다. 경계를 정의하지 못하는 경우 보호조치 또한 적용하지 못하기 때문이다. 코로나19에 따른 재택근무 등으로 인한 네트워크의 확장, BYOD(Bring Your Own Device) 등 내부망 접속 기기의 확대, 제로 트러스트(zero trust)의 낮은 규범적 수용 상황 등이 복합적으로 작용하여 네트워크의 경계가 점차 흐려지고 있는 상황에서 내부망을 규정하는 정의가 모호해지는 경우 네트워크 경계를 획정할 필요가 있는 개인정보처리자(기업)의 부담은 커질 수 밖에 없다. 네트워크 경계의 모호성 증대와 제로 트러스트 확산에 대한 보다 자세한 내용은 다음 기사를 참조할 수 있다. - Kaspersky, "Never trust, always verify: The Zero Trust security model", July 30, 2020, URL: https://www.kaspersky.com/blog/zero-trust-security/36423/

조, 제11조), 수범자를 개인정보처리자로 일원화하는 한편 개인정보처리자 유형 및 개인정보 보유량에 따른 안전조치 기준을 삭제했다. 개별 조항별 변경 사항 은 아래와 같다.

- 내부 관리계획의 수립·시행 및 점검(제4조)

일반규정과 특례규정의 내부 관리계획에 포함되어 있던 사항 등을 통합하 여 체계화하고(제1항), 개인정보 보호 교육에 대한 규정을 신설(제2항)하였다. 개 인정보취급자에 대한 관리·감독 및 교육에 관한 사항(제4조제1항제4호)가 존재 함에도 불구하고, 개인정보 보호 교육에 대한 규정을 신설한 것은 사업규모, 개인정보 보유 수, 업무성격 등에 따라 차등화하여 교육을 정기적으로 실시해 야 할 필요가 있기 때문이다. 제4조제2항으로 인하여 향후 개인정보 처리 관련 본 기준 위반여부를 판단할 때, 개인정보 보호책임자 및 취급자 대상으로 차등 화하여 필요한 교육을 정기적으로 실시하였는지 여부도 점검 사항이 될 전망 이다. 특히, 개인정보 보호책임자를 대상으로 한 차등적 교육 실시 여부는 개 인정보보호책임자의 소양 및 지위 강화와도 연계가 되어 있는 지점으로 보인 다. 기타, 개인정보처리자로 하여금 내부 관리계획의 중요한 변경이 있는 경우 이를 즉시 반영하여 수정 및 시행하고, 그 수정이력을 관리하도록 하였고(제3 항), 개인정보 보호책임자로 하여금 접근권한 관리, 접속기록 보관 및 점검, 암 호화 조치 등 내부 관리계획의 이행실태를 연 1회 이상 점검·관리 하도록 했 다(제4항).

- 접근 권한의 관리(제5조)

개인정보처리자로 하여금 개인정보취급자 또는 정보주체의 인증수단을 안 전하게 적용하고 관리하도록 했다(제5항). 이는 기존의 비밀번호 작성규칙을 폐 지하여, 기술중립적 방식으로 인증수단을 적용 및 관리할 수 있게 한 것이다. 이러한 경우, 비밀번호 외의 다른 인증수단을 적극 수용할 수 있어 계정에 관 한 정보보안 영역에서 패스워드리스(passwordless), 다중인증체계(MFA) 도입 등 의 혁신을 촉진할 수 있게 된다. 또한, 정당한 권한을 가진 개인정보취급자 또 는 정보주체만이 개인정보처리시스템에 접근할 수 있도록 일정 횟수 이상 인증에 실패한 경우 개인정보처리시스템에 대한 접근을 제한하는 등 필요한 조치를 하도록 하여(제6항) 소위 brute force나 credential stuffing과 같은 대입공격으로부터 개인정보처리시스템을 보호하기 위한 조치를 강화했다.

• 접근통제(제6조)

일반규정과 특례규정의 접근통제에 관한 조항을 통합했다. 이 과정에서 기존 '망분리'에 관한 내용을 전면 개편했는데(제6항), 전년도 말 기준 직전 3개월간 그 개인정보가 저장·관리되고 있는 이용자수가 일일평균 100만명 이상인 개인정보처리자는 개인정보처리시스템에서 개인정보를 다운로드 또는 파기할 수 있거나 개인정보처리시스템에 대한 접근 권한을 설정할 수 있는 개인정보취급자의 컴퓨터 등에 대한 인터넷망 차단 조치를 하도록 했다. 다만, 「클라우드컴퓨팅 발전 및 이용자 보호에관한 법률」 제2조제3호에 따른 클라우드컴퓨팅서비스를 이용하여 개인정보처리시스템을 구성·운영하는 경우에는 해당 서비스에 대한 접속 외에는 인터넷을 차단하는 조치를 하여야 한다고 규정했다. 이와 같은 망분리에 대한 규정은 기존 일반규정을 적용받던 개인정보처리자에까지 망차단 조치를 확대하여 적용하는 것이며, 클라우드컴퓨팅서비스를 이용하여 개인정보처리시스템을 구성·운영하는 경우에도 해당 서비스에 대한 접속 외에는 인터넷을 차단하는 조치를 하도록 요구하는 것이라서 이의 준수를 위한 기술적 보호조치 적용이 활발해질 전망이다. 특히, 금융권과는 달리 망분리를 대체할 수 있는 보호조치를 적용한다 하더라도 본 규정을 필수적으로 적용해야 한다는 점은 특별법과 일반법의 보호수준 역전 현성을 가져온다는 점은 상기에서 설명한 바와 같으며, 이로 인해 글로벌 테크 기업과의 경쟁력이 크게 저하된다는 점에서 개선이 필요하다는 의견이 대두된다.[13]

---

[13] 코로나19로 재택근무가 일상화 되면서 비대면 환경에서 안전한 보안 환경을 구축하는 '제로 트러스트' 개념이 주목받고 있으나, 우리나라의 경우 이와 같은 신기술 도입·활용에 있어 클라우드 및 망분리에 대한 과도한 규제 등 전통적 경계 보안 모델(boundary or periphery security model)에 기반을 둔 법제로 인해 신기술 도입에 어려움을 겪고 있다는 지적이 제기된다. 일부 학자는 전자금융감독규정 고시 <별표 7>의 망분리 대체 정보보호 통제를 개정하여 제로 트러스트 명문화를 해야 한다는 견해를 제시하기도 한다. 이에 관한 보다 자세한 내용은 다음 논문을 참조할 수 있다. 이민원, 권한영, "제로 트러스트 명문화를 통한 신 보안체계 강화 방안 연구 ─전자금융거래법상 법적 개선을 중심으로─", 융합보안논문지 제23

- **개인정보의 암호화**(제7조)

　개인정보처리자가 생체인식정보 등 인증정보, 고유식별정보, 신용카드번호, 계좌번호 등을 저장하거나 전송할 때, 이를 안전한 암호 알고리즘을 이용하거나 일방향 암호화 할 것을 요구한다(제1항, 제2항). 단, 이용자가 아닌 정보주체의 개인정보를 DMZ나 내부망에 저장할 때엔, 단순히 암호화 하도록 요구한다(제3항). 제3항의 경우 동호회나 협·단체 등 정보통신서비스제공자가 아닌 개인정보처리자나 임직원의 개인정보를 처리하는 경우 등에 대하여 암호화 적용에 대한 부담을 덜어줄 수 있을 것으로 평가된다. 기타, 10만명 이상의 정보주체에 관하여 개인정보를 처리하는 대기업·중견기업·공공기관 또는 100만명 이상의 정보주체에 관하여 개인정보를 처리하는 중소기업·단체에 해당하는 개인정보처리자는 암호화된 개인정보를 안전하게 보관하기 위하여 안전한 암호키 생성, 이용, 보관, 배포 및 파기등에 관한 절차를 수립·시행하도록 한다(제6항). 이 경우, 독립적으로 모바일 앱을 개발하여 10만 명 이상의 정보주체에 관한 개인정보를 처리하는 개인 개발자의 경우에는 해당 요건을 준수하지 않아도 되는데, 현재와 같이 모바일 앱의 개발이 보편적인 상황에서 개인에 대한 (의도하지 않은) 예외를 두는 것이 적절한지 여부에 대해서는 별도의 평가가 필요할 것으로 보인다.

- **접속기록의 보관 및 점검**(제8조)

　개인정보처리시스템에 접속한 자에 대한 접속기록을 생성하고 3개월 이상 보관·관리하고(제1항), 개인정보취급자의 접속기록은 1년 내지 2년 이상 보관·관리하도록 하며(제2항), 접속기록이 위·변조 및 도난, 분실되지 않도록 해당 접속기록을 안전하게 보관하기 위한 조치를 하도록 했다(제5항). 특히, 접속기록에는 식별자, 접속일시, 접속지 정보, 처리한 정보주체 정보, 수행업무를 포함하도록 했는데(제3항), 이로 인해 처리한 정보주체를 식별할 수 있게 하는 조치(통상 쿼리문 저장)를 해야한다. 다만, '처리한 정보주체 정보'에 관하여, 이것이 실제 정보주체를 식별 가능한 수준이면 충분한 것인지, 또는 그에 관하여

　권 제1호(2023. 03), URL: https://doi.org/10.33778/kcsa.2023.23.1.009

처리한 속성정보(attributes) 전체를 확인할 수 있어야 하는지는 추후 구체화될 필요가 있을 것이나 문언상으로는 전자에 한정될 것으로 보인다.

- **악성프로그램 등 방지**(제9조)

개인정보처리자가 악성프로그램 등을 방지·치료할 수 있는 보안 프로그램을 설치·운영하도록 하며, 그 과정에서 최신의 상태로 유지할 것과 발견된 악성프로그램 등에 삭제 등 대응조치를 할 것을 규정했다(제1항). 또한, 악성프로그램 관련 정보가 발령된 경우 또는 사용중인 응용 프로그램이나 운영체제 소프트웨어의 제작업체에서 보안 업데이트공지가 있는 경우 정당한 사유가 없는 한 즉시 이에 따른 업데이트 등을 실시하도록 했다(제2항).

- **출력·복사시 안전조치**(제13조)

특례규정의 출력·복사시 안전조치를 통합한 것으로, 공공기관이 민감정보 또는 고유식별정보를 개인정보파일에 포함하여 관리하는 경우나 개인정보처리자가 5만명 이상의 정보주체에 관하여 민감정보를 처리하고 있는 경우, 개인정보처리자가 업무의 특성으로 인해 민감정보 또는 고유식별정보가포함된 개인정보를 불가피하게 인쇄해야 할 때 내부 관리계획으로 정하는 바에 따라 인쇄자, 인쇄 일시 등을 기록하는 등 종이 인쇄물의 안전한 관리를 위해 필요한 조치를 하도록 했다(제3항 제1호 및 2호). 이는 소위 워터마크(watermark)를 출력물에 포함하여 인쇄물 유출에 대한 책임추적성을 확보하기 위한 조치를 비롯하여 종이 인쇄물의 안전한 관리를 위해 필요한 조치를 하도록 한 것이다. 또한, 이에 따른 종이 인쇄물에 대해선 파기 절차 및 파기 여부의 확인 등을 포함하는 파기계획을 수립하고 주기적으로 점검하도록 하는 등 필요한 조치를 하도록 했다(제4항).

- **개인정보의 파기**(제14호)

기술적 특성으로 인해 통상의 방식으로 개인정보를 파기하는 것이 현저히 곤란한 경우에는 법 제58조의2에 해당하는 정보(＝익명정보)로 처리하여 복원이 불가능하도록 조치해야 한다는 내용을 담았다(제3항). 이는 법 시행령 제16조

('22. 7.19.) 개정사항을 반영한 것인데, 블록체인 기술과 같은 기술적 특성으로 인해 개인정보를 파기하는 것이 현저히 곤란한 경우에 한정적으로 적용될 수 있다는 평가를 받는다.[14]

IV. 결론

본 기준은 기존의 일반규정과 특례규정을 통합하여 수범자를 일원화하는 동시에 공공시스템운영기관 등에 대한 특례를 규정하여 공공에서 국민의 개인정보를 처리할 때, 기존에 발생했던 무단 열람 및 제공과 그에 따른 2차 피해 등으로 인해 저하된 신뢰를 회복하기 위한 것으로 볼 수 있다. 이 과정에서 기존의 기술구속적 규정을 개선하여 기술중립적으로 변화시킴으로써 새로운 기술의 도입을 보다 용이하게 하는 동시에 개인정보 보유 수나 처리하는 개인정보의 성격(민감도), 개인정보 처리환경 등을 고려하여 개인정보처리자 별로 특화된 보호조치를 적용할 수 있는 기반을 마련했다.

무엇보다, 기존에 일반규정과 특례규정으로 나뉘어있던 개인정보 보호조치에 관한 고시 체계를 일원화하여 통합 개인정보보호법 체계를 구조적으로 완성해냈다는 것에 큰 의의가 있다고 평가할 수 있을 것이다. 법에서 정보통신

---

14) 그러나, 블록체인상의 정보가 온라인상에서 익명성을 유지한다고 할지라도 네트워크 밖의 다른 정보와 결합되어 그러한 익명성이 훼손될 수 있는 가능성은 항상 존재한다. 또한, '퍼미션리스(permissionless)' 블록체인'에서 참여자들이 유효성 검증을 요청받은 거래라는 사실을 인식하고 있는 상태를 유지하면서, 데이터를 완전히 불가역한 상태로 익명화시키는 것도 불가능하다. 블록체인 외부 데이터베이스에 개인정보를 암호화 하여 저장하고, 블록에는 개인정보의 해시(hash)만을 저장하는 방안이 대안으로 널리 제시되는데, 외부저장소에 있는 개인정보로부터 생성된 블록체인상의 해시가 개인정보에 해당하는가에 대한 논쟁도 상당하다. 오히려, 법 제58조의2가 제시하는 시간·비용·기술 등을 합리적으로 고려할 때 다른 정보를 사용하여도 더 이상 개인을 알아볼 수 없는 정보의 범위를 합리적으로 해석하는 것이 실현가능성을 높이는 방안이라는 주장이 보다 설득력있다 할 것이다. 이에 관한 세부 논의는 다음 논문을 참조할 수 있다. 김현경, "블록체인과 개인정보 규제 합리화 방안 검토", 이화여자대학교 법학논집 제23권 제1호 통권 63호(2018. 9), URL: https://for-a.seoultech.ac.kr/FileUploader?mode=downloadWeb&subDir=/ADMI/TCAP/RA&fileName=20190109021323000.pdf&downloadFileNm=[%EC%B5%9C%EC%A2%85]11-%EA%B9%80%ED%98%84%EA%B2%BD.pdf

서비스제공자 등에 한정적으로 적용되었던 특례규정을 제외하면서 이원화 되어있던 고시까지 통합해내면서 명실상부 개인정보보호법이 해당 분야에 있어 기본법이자 일반법으로서의 체계를 공고히 할 수 있게 된 것이다.

　그러나, 개정된 본 기준에도 불구하고 여전히 개선의 여지가 남아있는 지점이 있기도 하다. 개인정보의 안전성 확보에 필요한 기술적·관리적및 물리적 안전조치에 관한 최소한의 기준을 정하는 것을 목적(제1조)으로 하지만, 실제 현실에서 본 기준의 세부 요구사항을 모두 준수할 수 있는 개인정보처리자가 존재할 것을 기대하기는 매우 어렵다는 점에서 각 조항의 세부 요구사항을 완화하거나 본 기준을 최소한의 기준이 아닌 일정 규모의 개인정보처리자에 기대되는 요구사항으로 변경할 것을 검토할 필요가 있다. 또한, 기술중립성이라는 매우 중요한 방향성의 변경에도 불구하고 망분리(망차단조치)와 같이 기술구속적 규정을 오히려 특별법의 요구사항보다 강하게 가져가는 것은 반드시 개선이 되어야 할 지점이다. 이 규정으로 인해 ICT 분야에서 글로벌 경쟁력이 부정적으로 영향을 받는다는 지적은 그 동안 축적된 사례만으로도 충분하다 할 것이다.[15]

　전술한 바와 같이, 여러 정의 규정의 변화와 일반규정과 특례규정의 통합 과정에서 변화한 요구사항으로 인해 기술적·관리적·물리적 보호조치의 내용이 상당한 수준에서 변화를 예고하고 있다. 개인정보처리자가 특별히 유의해야 할 것은, 기술중립성의 추구는 기술구속성에 비교하여 규제의 예측가능성이 제한될 수 밖에 없다는 것이다. 기존과 같이 모든 요구사항을 일일이 나열하는 방식을 유지하는 경우, 개인정보 보호 측면에서 새로운 기술을 수용하기 어려워지며 이는 결국 우리나라 개인정보 처리 환경을 약화시킬 수 밖에 없다는 점이다. 어렵사리 내딛은 본 기준의 정책방향이 시장에서 제대로 자리잡기 위해선 개인정보처리자의 자율적이고 능동적인 노력이 전제되어야 한다.

---

15) 대표적으로 스타트업얼라이언스의 2021 아젠다세미나 제2탄 "망분리 규제가 핀테크산업 개발환경에 미친 영향"('21. 9.28.)이나 대통령직속 4차산업혁명위원회의 "4차산업혁명 대정부 권고안"('19. 10.25.) 등이 있다. 특히, 후자는 4차산업혁명 대정부 권고안 분야별 주요 권고 사항으로 사회혁신, 산업혁신, 지능화 기반혁신 등 3대 혁신을 제시했는데, 지능화 기반혁신의 주요 내용으로 "데이터의 안전하고 자유로운 이용 기반을 구축하고, 정보 활용을 저해하는 '망분리' 정책을 개선하는 등 사이버보안 정책방향을 대전환하고, 암호자산의 법적 지위 마련 등을 포함하여 혁신을 선도하는 스타트업 활성화를 위해 규제 혁신 및 행정적 절차를 개선해야 한다."고 권고했다.

참고 문헌

개인정보보호위원회, "개인정보 보호법 시행령 일부개정령안(개인정보보호위원회 공고 제2023-40호)", 2023. 5. 19.

개인정보보호위원회, "공공부문 개인정보 유출 방지대책", 2022. 7. 13

개인정보보호위원회 및 한국인터넷진흥원, "개인정보의 기술적·관리적 보호조치 기준 해설서", 2020. 12.

김현경, "블록체인과 개인정보 규제 합리화 방안 검토", 이화여재대학교 법학논집 제23권 제1호 통권 63호(2018. 9)

대통령직속 4차산업혁명위원회, "4차산업혁명 대정부 권고안"('19. 10.25.)

이민원·권한영, "제로 트러스트 명문화를 통한 신 보안체계 강화 방안 연구 — 전자금융거래법상 법적 개선을 중심으로—", 융합보안논문지 제23권 제1호 (2023. 03)

Directive 2002/21 on a common regulatory framework for electronic commu — nications networks and services, OJ L108/33. (2002)

European Commission, "Technology Neutrality", URL: https://joinup.ec.europa. eu/collection/common—assessment—method—stand— ards—and—specifications—camss/solution/elap/technology—neutrality

Maxwell, Winston and Bourreau, Marc, Technology Neutrality in Internet, Telecoms and Data Protection Regulation (November 23, 2014). Computer and Telecommunications L. Rev. (2014), Forthcoming, Available at SSRN: https://ssrn.com/abstract=2529680

PART 3

경제적 가치 있는
자산으로서의 데이터와 법

데이터 거래계약의 유형과 법적 쟁점

손승우 / 한국지식재산연구원 원장

I. 서론

데이터는 실생활과 비즈니스에 활발히 활용될 뿐만 아니라 사회 난제 해결을 위해서도 사용되고 있다. 데이터의 폭발적인 증가는 AI 발전을 이끌었고, AI는 대용량의 데이터를 빠르게 처리할 수 있게 하였다. 데이터로 새로운 가치를 찾아내기 위해서는 충분한 양의 질적 데이터를 확보해야 한다. 데이터는 다른 데이터와 결합할 때 가치를 극대화할 수 있고 업종을 초월한 혁신이 이루어지므로 데이터의 자유로운 이동과 거래를 지원할 수 있는 법적 토대를 조성하는 일이 무엇보다 중요하다.

미국, 일본, 중국, EU 등은 데이터의 거래와 활용을 촉진하기 위한 다양한 법정책을 추진하고 있다. 대표적으로 일본은 빅데이터 산업의 경쟁력 강화를 위하여 2017년과 2019년에 「개인정보 보호법」과 「저작권법」을 개정하여 '익명가공정보'를 도입하고 데이터 분석에 대한 면책 규정을 마련하였고, 나아가 2018년에 「AI·데이터 이용에 관한 계약 가이드라인」[1]을 제정하였다. 또한 유럽연합(EU)은 「데이터 거버넌스법」(2021.11. 발효)을 제정하여 데이터 중개자에 대한 신뢰성(신고 및 감독)을 높이고, EU 전체에 걸쳐 다양한 데이터 공유 메커

---

[1] 経済産業省, 「AI·データの利用に する契約ガイドライン」(平成 30年 6月). 이 가이드라인에서 데이터의 이용/거래 관련 계약과 AI 개발 관련 계약 등을 체결할 때, 주요 이슈와 논점, 계약서 작성 시 고려사항 등을 표준계약서와 함께 제시하고 있다.

니즘을 강화하며 데이터 이동과 유통을 촉진하고자 노력하고 있다. 미국은 데이터 거래가 가장 활발한 국가로서 데이터브로커(Data broker)들이 데이터 매입·가공·분석을 통한 서비스 제공 및 거래 알선으로 민간시장을 주도하고 있다. 반면 중국은 정부 주도로 세계 최초 데이터 거래소인 구이양(貴陽) 빅데이터 거래소(2014)를 설립하였다.

국내에서도 2020년 1월 데이터 3법 개정안이 국회를 통과한 후 데이터의 거래와 활용을 촉진하기 위한 일련의 법률이 제·개정되었다. 대표적으로 2021년 10월 19일 제정된 「데이터 산업진흥 및 이용촉진에 관한 기본법」(이하, 데이터산업법)이 있다. 이 법은 민간과 공공 영역을 아우르며, 데이터의 생산·활용·거래적 측면에서 필요한 데이터 거버넌스(국가데이터정책위원회) 및 기본계획 수립, 데이터 결합 촉진, 수집·가공(정보분석) 지원, 가치평가, 데이터자산 보호, 데이터 플랫폼 지원, 거래 표준계약서, 데이터 표준화, 데이터거래사 및 전문인력 양성, 분쟁조정 등을 규정하고 있다. 이 법은 2020년 6월 9일 개정한 「지능정보화기본법」 상의 데이터에 관한 기본적 사항[2]을 구체화함과 동시에 민간데이터의 거래와 활용을 촉진하기 위한 정책 수단의 총괄규범으로서 세계 최초의 데이터 기본법이라는 점에서 의의가 있다.

국내 데이터 거래는 초기 성장단계에 있으며, 계약 실무는 아직 정착되지 않아 다양한 법적 쟁점을 내포하고 있다. 예를 들면, 서로 다른 데이터를 결합할 때 결합데이터와 파생데이터에 대한 권리를 누구에게 귀속시킬 것인지, 데이터의 합리적 가격은 어떻게 책정할 것인지, 데이터의 품질에 대한 보증은 어떻게 보장할 것이며 그에 따른 책임은 어떻게 나눌 것인지 등이 문제된다. 데이터에 대한 품질과 책임의 문제는 인공지능(AI)과 결부될 때는 더욱 복잡한 계약법적 쟁점을 낳게 된다. 이러한 문제를 해결하기 위해서 2020년 8월에 과학기술정보통신부는 「데이터 거래 가이드라인」을 마련하였다.[3] 이 가이드라인은 국내 데이터 거래 실태를 조사하여 3가지의 거래 유형별 표준계약서를 제

---

[2] 「지능정보화기본법」은 데이터 관련하여 데이터센터(제40조), 데이터시책(제42조), 데이터의 유통·활용(제43조) 등 3개 규정을 두고 있다.

[3] 자세한 내용을 위하여, 손승우, 『데이터 거래 가이드라인 및 표준 계약서 개발』, 한국데이터산업진흥원, 2019 참조.

시하고 있는데, 여기에는 데이터 '제공형', '창출형', '오픈마켓형'이 있다. 또한 2023년 1월 산업통상자원부는 「산업디지털전환법」(2019.12. 제정) 제10조 제2항에 따라 산업데이터 활용 및 보호 원칙을 준수하고 데이터 계약을 촉진하기 위하여 「산업데이터 계약 가이드라인」을 마련하였다. 이 가이드라인은 산업데이터 계약유형으로 '제공형', '창출형', '플랫폼형' 3가지를 제시하고 있다.

이하에서는 데이터 거래 관점에서 위 계약유형의 주요 내용과 특징을 살펴보고, 데이터의 거래와 활용에 있어서 발생할 수 있는 데이터 보호 및 분석 면책, 권리 귀속, 가치평가, 품질보증 등 몇 가지 주요 법적 쟁점에 대하여 검토하겠다.

Ⅱ. 데이터 거래계약의 유형

1. 데이터 거래의 개념

데이터 거래(Data Transaction)란 데이터를 재화로써 공급자와 수요자 사이에 양도·사용·전송하는 행위를 말한다. 기업은 다양한 목적으로 데이터를 사용하게 되는데, 기업 스스로 데이터를 수집하기에 많은 시간과 노력이 든다면 완성된 데이터 세트를 구입하는 것이 경제적이고 효과적일 것이다.

데이터가 저작권법 등 법적 보호를 받는 경우에 구매자는 판매자로부터 일정한 이용조건 및 범위 내에서 적법하게 이용할 수 있도록 허락받아야만 한다. 데이터 공급자는 데이터에 대한 권리를 보유한 자로서 데이터를 생성·가공·제작한 자이거나 데이터 생산자로부터 권리를 양수한 자, 또는 데이터 권리자로서부터 판매에 대한 대리권을 받은 자이다. 데이터 거래는 크게 '양도계약'와 '라이선스 계약'이 있으며, 실제 데이터 거래는 전자보다 이용 권한을 제공하는 라이선스 계약이 더 많이 체결되고 있다. 기업 간 거래에서는 서로의 부족한 데이터를 보완하기 위하여 상호라이선스(Cross License) 형태로 각기 보유한 데이터를 교환하기도 한다. 다음에서 상술하는 바와 같이, 데이터 거래계약의 형태는 크게 ① 데이터 제공형, ② 데이터 창출형, ③ 데이터 오픈 마켓형 (또는 플랫폼형) 등으로 나눌 수 있다.

2. 데이터 거래 가이드라인의 제정

가. 제정 배경

국내 데이터 거래는 아직 본격적으로 활성화되지는 않았지만, 데이터 유통 및 활용에 대한 산업적 수요는 급속히 증가하고 있다. 민간 시장에서 데이터 유통·거래를 위한 다양한 플랫폼들이 생겨나면서 데이터 거래에 대한 수요를 견인하고 있다.[4] 정부도 수요자 맞춤형 데이터 지원을 위하여 2019년에 금융, 환경, 문화, 교통, 헬스케어, 유통, 통신, 중소기업, 지역경제, 산림 등 10개 분야 빅데이터 거래 플랫폼을 구축했고, 이를 점차로 확대·연계하고 있다. 이처럼 데이터의 거래와 활용을 위한 환경이 조성되면서 산업계는 데이터 거래에 관한 계약 가이드라인 제정을 요구하게 되었다.

데이터 거래와 수요는 점차 증가하고 있으나, 데이터 거래계약은 아직 보편적으로 체결되는 형태가 아니며 그 실무도 정착되지 않은 실정이다. 데이터 거래는 목적에 따라 이용, 가공, 양도, 결합 등 다양한 형태가 있을 수 있으나 계약 실무가 집적되지 않아서 시장에서는 합리적인 거래 교섭이 이루어지지 못하고 있으며 이에 따른 분쟁과 거래비용이 발생하고 있다.

2020년 8월 과학기술정보통신부는 데이터 거래 계약을 지원하고자 「데이터 거래 가이드라인」를 발표하였다. 이 가이드라인은 국내 데이터 거래에서 이루어지고 있는 계약 유형을 크게 3가지로 구분하고 유형별로 주요하게 다루어야 할 사항을 제시하고 있다. 데이터 계약의 유형에는 '제공형', '창출형', '오픈 마켓형'이 있다. 아울러 가이드라인은 3종의 계약 형태에 대한 표준계약서도 제시하고 있다.

---

4) 대표적으로 네이버 클라우드 플랫폼, KDX 한국데이터거래소, 금융데이터거래소, SKT 데이터 허브, ODPia(LG CNS) 등이 있다.

산업통상자원부도 2023년 1월에 산업데이터 활용 계약에 관한 지침을 마련하기 위하여 「산업데이터계약 가이드라인」을 발표하였다. 이 가이드라인은 산업데이터의 개념과 활용 원칙 외에도 산업데이터 '사용·수익권'(산업디지털전환법 제9조)에 관한 내용을 특별히 다루고 있다. 또한 산업데이터를 활용하는 실무자들을 위하여 계약시 고려해야 할 체크리스트, 표준계약서, 업종(5개 업종: 자동차, 조선, 스마트제조, 디지털헬스, 에너지)별 사례분석, 국외이전을 위한 단계별 조치 등의 내용을 제시하고 있다.

나. 목적과 구성

가이드라인은 아직 표준적 계약 모형이 확립되어 있지 않은 국내 환경을 고려하여 데이터 거래계약에 대한 몇 가지 유형을 정하고, 유형별 계약 쟁점 및 그 해결 방안을 제시함으로써 안전한 데이터 거래를 도모하고 거래 생태계를 조성하는데 목적이 있다. 가이드라인은 데이터 거래를 지원하기 위한 성격이 강한 만큼 사적자치와 계약자유 원칙에 기반하여 계약 내용과 계약 방식 등을 당사자의 자유로운 의사에 맡기고 있다.

가이드라인은 구체적으로 '계약 협상·교섭 과정에서의 주의사항', '지식재산권 보호'를 제시하고, 또한, 데이터 거래/계약 시 알아야 할 '법적 기초지식', '핵심 요소', '검토 쟁점', '대가 및 이익 설정의 사례' 등을 자세히 소개하고 있다. 데이터 거래 및 계약 체결 시 당사자가 반드시 고려해야 할 핵심 요소로서 ① 당사자 간에 설정해야 할 이용 조건, ② 대상데이터의 범위·품질, ③ 이용 목적의 설정, ④ 분석·가공 및 파생데이터의 이용권한, ⑤ 제3자에게의 이용허락 등의 제한, ⑥ 데이터 내용 및 지속적 창출의 보증/非보증, ⑦ 수익 분배, ⑧ 비용·손실 부담, ⑨ 관리 방법, 보안, ⑩ 이용 기간 지역, ⑪ 계약 종료 시 취급, ⑫ 분쟁 발생 시 적용되는 재판의 준거법 및 재판관할법원, ⑬ 복수 당사자가 관여하여 새롭게 창출한 데이터 거래 계약(데이터 창출형 계약)을 체결하는 경우의 유의점, ⑭ 공정거래법 및 하도급법 등을 제시하고 있다.

다. 데이터 계약유형의 분류

과기부 가이드라인은 데이터 계약유형으로서 '데이터 제공형', '데이터 창출형', '데이터 오픈마켓형'에 대한 표준계약서를 제공함으로써 사업자가 계약 시 활용할 수 있도록 하고 있다. 국내에서는 '데이터 제공형'이 가장 많지만, 최근 데이터를 거래하는 플랫폼(오픈마켓)이 등장하고 있으며, 앞서 설명한 정부지원의 분야별 빅데이터 거래 플랫폼이 운영되고 있다.

이 가이드라인은 2018년 일본 경제산업성 「AI·데이터 이용에 관한 계약 가이드라인」을 참조한 것인데, 일본은 데이터계약을 '제공형', '창출형', '공유형(플랫폼형)' 계약으로 구분한다. 국내 가이드라인 상 '제공형'과 '창출형'은 일본 가이드라인과 유사하지만 '공유형'을 둔 점에서 차이가 있다. '공유형(플랫폼형) 계약'의 경우에는 이하에서 상술하는 바와 같이 플랫폼의 목적, 참여자의 범위 등 개별 사정에 따라 다양한 형태가 존재하고 그에 따라 규정해야 하는 계약의 내용에 큰 차이가 존재하므로 표준계약서를 제시하지 않았다. 이 가이드라인이 제정될 당시 공유형 플랫폼은 아직 존재하지 않았지만, 하나의 이상적인 데이터 공유형태로서 이 유형을 제시하였다.

한국 가이드라인은 국내 시장에서 등장하고 있는 오픈마켓형 계약을 고려하여 표준계약서를 제공하였다. 오픈마켓형은 오픈마켓 운영자가 데이터 거래를 중개하는 것을 중심으로 하는 반면, 공유형(플랫폼형)은 목적을 같이하는 다수의 사업자가 데이터를 플랫폼에 제공하고 플랫폼 운영자가 해당 데이터를 수집·보관·가공·분석하고 공동으로 이용하는 형태라는 점에서 차이가 있다. 한국 과기부 가이드라인은 오픈마켓형을 다시 '운영자-제공자형'과 '운영자-이용자형'으로 구분하여 2종의 표준계약서를 제공한다. 한편, 산업부 가이드라인은 '플랫폼형' 계약을 제시하고 있는데, 이를 다시 '오픈마켓형'과 협의의 '플랫폼형' 계약으로 구분한다. 후자는 소위 일본에서 말하고 있는 '데이터 공유형' 계약유형으로서 중개를 중심으로 하는 오픈마켓형과 구별된다.

3. 데이터 거래계약 유형별 주요 내용

가. 데이터 제공형

제공형은 일반 당사자(데이터 제공자)만 보유하고 있는 데이터를 상대방에게 제공할 때 해당 데이터에 대한 이용권한, 기타 제공 조건 등을 결정하는 계약 유형이다.

▲ (적용 사례) 제조업자가 고객으로부터 요구받은 치수의 정밀도나 강도를 만족하는 제품을 개발하면서 스스로 다양한 시험을 하여 데이터를 획득한다. 이 데이터를 이용하면 제품 개발의 공수를 크게 줄일 수 있으며, 해당 데이터를 제3자에게 판매하거나 이용허락할 수 있다.

이 유형은 데이터를 '양도'하거나 '이용허락'하는 형태로 제공한다. 먼저 양도와 관련해서는 아래에서 상술하는 바와 같이 데이터 소유권에 대한 이해가 필요한데, 우리 민법은 무체물에 대한 소유권을 인정하지 않고 있으므로 여기서 양도는 데이터에 대한 사실적 지배권을 이전하는 것으로 보아야 한다. 「산업디지털전환법」 제9조는 산업데이터의 '사용·수익권'을 규정하고 있는바[5] 데이터를 양도할 경우에는 데이터 사용·수익권을 데이터 이용자에게 이전하고 데이터 제공자는 더 이상 데이터에 대한 권리를 갖지 않는 점을 명확히 규정할 필요가 있다.

다음으로 이용허락의 경우 데이터 제공자가 데이터를 계속 보유·사용하면서 데이터 이용자도 그 데이터를 이용하게 하는 일종의 라이선스 유형으로 데이터 거래 중에서 많이 이용되는 유형이다. 데이터 제공자는 이용자에게 독점적 또는 비독점적으로 이용허락을 한다. 데이터 이용자가 이용허락을 받은 데

---

[5] 산업디지털전환법 제9조 제1항에서 "산업데이터를 생성한 자는 해당 산업데이터를 활용하여 사용·수익할 권리를 가진다."고 규정한다. 인적 또는 물적으로 상당한 투자와 노력을 통하여 산업데이터를 생성한 주체는 위 원칙에 따라 생성된 산업데이터를 사용·수익할 독자적인 권리를 가진다.

이터를 가공·분석 등의 처리를 하면서 파생데이터가 생성될 수 있는데, 이러한 파생데이터에 대한 권리관계를 구체적으로 규정해야 한다.

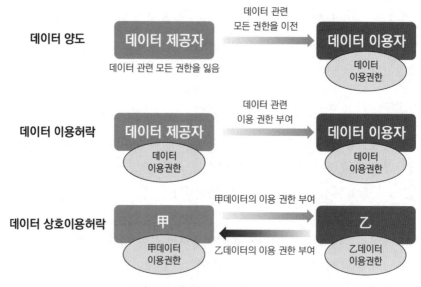

[그림 3-1] 데이터 제공형 계약의 종류

과기부 가이드라인이 제시한 표준 계약은 기본적으로 데이터 제공자가 데이터 이용자에게 비독점적인 이용허락을 하고, 파생데이터에 대해서는 데이터

[표 3-1] 제공형 표준계약서 조항

(제1조) 목적	(제9조) 제공데이터 관리의무	(제17조) 본 계약 종료 후의 효력
(제2조) 정의	(제10조) 이용현황 보고 등	(제18조) 비용
(제3조) 제공데이터의 제공방법	(제11조) 제공데이터의 유출시 조치	(제19조) 불가항력
(제4조) 제공데이터의 이용허락	(제12조) 손해배상	(제20조) 완전합의
(제5조) 파생데이터	(제13조) 책임의 제한 등	(제21조) 일부 무효
(제6조) 대금지급	(제14조) 비밀유지의무	(제22조) 양도금지
(제7조) 제공데이터 등에 대한 보증 등	(제15조) 계약기간	(제23조) 준거법
(제8조) 가명정보, 민감정보의 처리	(제16조) 계약의 해제 또는 해지	(제24조) 관할법원 등

이용자가 권리를 보유하나 데이터 제공자도 무상 또는 유상으로 파생데이터를 이용할 수 있도록 한다.

나. 데이터 창출형

창출형은 복수 당사자가 관여하여 새롭게 창출한 데이터를 상대방에게 판매 시, 창출에 관여한 당사자 간의 데이터 이용권한, 이익분배 등을 결정하는 계약 유형이다.

▲ (적용 사례) 공작기계 제조업체 A사는 고객들의 공장에 납품한 공작기계에 센서를 설치하고 그 센서로부터 획득한 공작기계의 운영데이터를 분석한다. 운영데이터는 공작기계를 사용하는 고객에게 공작기계에 관한 컨설팅과 유지·보수 등에 활용한다. 또한, A사는 그러한 데이터의 분석 결과를 자사의 기계 제품의 성능 개선에 활용하고, 또한 운영데이터를 통계화하여 제3자에게 판매한다.

위 사례에서 보는 것처럼, 창출형 계약은 복수 당사자가 관여하여 기존에 존재하지 않았던 새로운 데이터(예, 센서로부터 취득한 데이터, 분석한 데이터 등)를

[표 3-2] 창출형 표준계약서 조항

(제1조) 목적	(제8조) 대가·이익분배	(제16조) 계약기간
(제2조) 정의	(제9조) 대상데이터 등에 관한 보증	(제17조) 계약의 해제 또는 해지
(제3조) 대상데이터의 취득·수집 방법 등	(제10조) 대상데이터 등의 관리	(제18조) 본 계약 종료 후의 효력
(제4조) 대상데이터의 이용권한	(제11조) 개인정보의 취급	(제19조) 비용
(제5조) 파생데이터의 이용권한	(제12조) 대상데이터 등의 누설시대응 및 책임	(제20조) 양도금지
(제6조) 대상데이터 등에 관한 지식재산권	(제13조) 비밀유지의무	(제21조) 준거법
(제7조) 제3자에 제공 등	(제14조) 손해배상	(제22조) 관할법원 등
	(제15조) 면책	(제23조) 성실협의

창출하는 것을 목적으로 하는 계약에 활용될 수 있다. 이 경우 어느 일방 당사자에게 데이터에 대한 포괄적인 이용권한이나 권리를 귀속시킨다는 방식으로는 당사자 간 협의가 원활히 진행되지 않을 수 있다. 따라서 각 당사자에게 창출된 각 데이터에 관한 이용권한을 배분하는 것이 바람직하며, 만일 이용권한을 정하지 않았던 파생데이터가 발생하였을 때 어느 쪽 당사자에게 귀속시킬지 사전에 정해 놓는 것이 좋다. 그러나 파생데이터에 관한 교섭이 원만히 성사되지 못할 수도 있으므로 별지에 특별히 정함이 없는 것은 양 당사자가 별도 합의로 이용권한을 정하도록 하는 것이 바람직하다. 대상데이터와 파생데이터에 대한 지식재산 보호는 저작권, 특허, 영업비밀 등 다양한 형태로 존재할 수 있으며, 보호를 위해 관련 법률의 요건을 만족해야 한다.

다. 데이터 오픈마켓형(Marketplace)

이 유형은 오픈마켓이라는 중개 기능이 있는 플랫폼 위에서 데이터를 거래하는 유형으로 크게 ① 오픈마켓 운영자와 데이터 제공자 간, ② 데이터 제공자와 이용하는 소비자 간 계약으로 나눌 수 있다. 과기부 가이드라인은 2종류의 표준계약서를 제공한다. 오픈마켓형은 데이터 제공자와 이용자를 매개하는 것을 주된 역할로 하며, 이와 관련하여 발생한 권리, 의무 등을 정하는 계약 유형으로서 현재 데이터 거래의 대부분을 차지한다.

1) 오픈마켓 운영자 – 데이터 제공자 간 계약 유형

오픈마켓 운영자는 데이터 중개 플랫폼인 사이버몰을 운영하면서 사이버몰에 데이터 판매회원으로 가입한 데이터 제공자와 데이터 구매회원으로 가입한 데이터 이용자 간의 데이터 상품 거래를 중개하는 역할을 한다.

이러한 거래에서 중요한 핵심은 오픈마켓 운영자는 전자상거래법상의 통신판매중개업자로서 데이터 거래의 가격 결정, 데이터 상품의 하자 등에 관여하지 않는다는 점이다. 본 표준계약서는 이러한 성격을 지닌 오픈마켓 운영자와 판매회원인 데이터 제공자 사이의 데이터 거래에 관한 표준적인 내용을 정한다.

[표 3-3] 오픈마켓 운영자-데이터 제공자 간 표준계약서 조항

(제1조) 목적	(제10조) 서비스 이용료	(제18조) 면책
(제2조) 정의	(제11조) 데이터 상품의 전송, 배송	(제19조) 계약기간
(제3조) 계약서의 명시		(제20조) 계약의 해제 또는 해지
(제4조) 계약의 해석	(제12조) 청약철회 등	
(제5조) 오픈마켓 운영자가 제공하는 서비스의 종류	(제13조) 청약철회 등의 효과	(제21조) 비용
	(제14조) 판매대금의 정산	(제22조) 불가항력
(제6조) 서비스의 성격과 책임	(제15조) 정산의 유보	(제23조) 완전합의
(제7조) 서비스 이용계약	(제16조) 지식재산권, 개인정보 등의 보호	(제24조) 일부 무효
(제8조) 데이터 제공자의 판매행위		(제25조) 양도금지
(제9조) 판매제한상품 및 금지행위	(제17조) 데이터 이용자 개인정보의 보호	(제26조) 준거법
		(제27조) 관할법원 등

2) 오픈마켓 운영자 – 이용자 간(서비스용) 계약 유형

이용자형 표준계약서에서는 일반적으로 오픈마켓이 중개하는 데이터 서비스를 이용하고자 하는 사업자나 소비자와 같은 데이터 이용자 간의 계약관계에서 발생하는 권리와 의무, 그 밖에 필요한 기본적인 사항을 규정함을 목적으로 한다.

오픈마켓은 데이터 이용자가 데이터 서비스를 원활히 이용할 수 있도록 정보보호 체계를 갖춰야 하며, 장애로 인해 정상적인 서비스가 어려운 경우에 신속하게 수리 및 복구하고, 또한, 적절한 수준의 보안 서비스를 제공하여야 한다. 즉 정보의 유출 또는 제3자로부터 데이터 이용자의 권리가 침해받지 않도록 해야 한다. 데이터 이용자는 데이터 서비스를 이용하는 과정에서 저작권법 등 제3자의 지식재산권을 침해하거나 관계 법령을 위반하는 행위를 하여서는 아니되며, 본 계약의 규정 등 제반 사항을 준수하여야 한다. 다만, 오픈마켓을 통해 데이터 제공자와 데이터 이용계약을 체결한 소비자일 경우 데이터 제공이 개시된 날로부터 7일 이내 데이터 이용계약에 관한 '청약철회 등'을 할 수 있으며, 가분적인 데이터의 경우 제공이 개시되지 아니한 부분에 대하여는 청약철회 등을 할 수 있다.

[표 3-4] 오픈마켓 운영자-이용자 간 표준계약서 조항

(제1조) 목적	(제10조) 데이터 이용자의 의무	(제18조) 손해배상
(제2조) 정의	(제11조) 데이터 서비스 제공 및 변경	(제19조) 면책
(제3조) 계약서의 명시	(제12조) 데이터 서비스 제공의 정지	(제20조) 데이터이용자에 대한 통지
(제4조) 계약서의 해석	(제13조) 데이터 서비스의 중단	(제21조) 양도금지
(제5조) 이용신청 및 방법	(제14조) 데이터 서비스 이용 제한	(제22조) 준거법
(제6조) 이용신청의 승낙과 제한	(제15조) 데이터 이용자의 계약해지	(제23조) 관할법원 등
(제7조) 청약철회 등	(제16조) 오픈마켓 운영자의 계약해지	
(제8조) 청약철회 등의 효과	(제17조) 데이터 이용자 정보의 보호와 관리	
(제9조) 오픈마켓 운영자의 의무		

라. 데이터 플랫폼형(공유형)

플랫폼형 계약은 복수 사업자가 플랫폼의 참여자로서 데이터를 제공하고 플랫폼 운영자는 해당 데이터를 집약·보관·가공·분석하고 참여자들이 공용하기 위한 계약이다. 플랫폼형은 데이터 활용 목적을 같이하는 참여자들이 관련 데이터를 집적·결합할 수 있다는 점에서 매우 이상적인 모델로 평가받지만, 아직 시장에는 이러한 형태가 활성화되어 있지 않다.

플랫폼형이 성공하기 위해서는 참여자들 간에 신뢰가 형성되어 있어야 하며 목적이 효과적으로 실현될 만큼 수익모델과 이익의 공정한 분배 체계 등이 갖추어져야 한다. 플랫폼형은 플랫폼 운영자가 데이터의 수집·분석·가공·유통 등 과정에 관여한다는 점과 데이터를 참여자들 간에 공유한다는 점에서 앞서 설명한 중개 중심의 오픈마켓형과 차이가 있다. 우리나라는 정부의 주도로 금융, 문화, 교통, 헬스케어, 유통 등 분야에 빅데이터 플랫폼을 구축하여 운영하고 있다. 산업부 가이드라인은 산업데이터 플랫폼형 계약을 제시하고 있다.

▲ (적용 사례) 다수의 조선사, 선주, 운항 회사 등이 개별 보유한 선박데이터나 해상데이터를 플랫폼에 집약하고 공동으로 이용하는 경우, 복수 비디오 카메라 사업자가 각기 보유한 영상데이터를 플랫폼에 집약하고 상업적 이용이나 도시계획 및 방재 등 공적 목적으로 활용하는 경우 등이 이 유형에 해당한다.

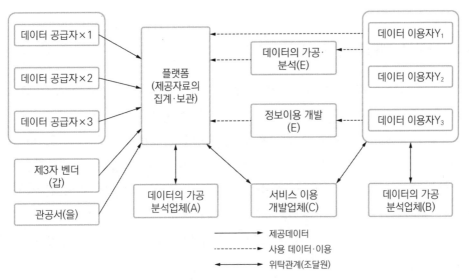

[그림 3-2] 플랫폼형(제3자가 가공·분석 등을 하는 경우)

이 유형은 거래구조가 매우 다양하고 시장에서 아직 보편화되지 않은 점을 고려하여 과기부 가이드라인과 산업부 가이드라인 모두 표준계약서를 제공하지 않고 있다. 이 유형의 계약서 작성을 위해서 실무적으로 앞서 제시한 ① 데이터 제공형, ② 데이터 창출형, ③ 데이터 오픈마켓형 표준계약서를 목적에 맞게 혼용하여 활용할 수 있다. 플랫폼형 계약은 크게 폐쇄형과 오픈형으로 나눌 수 있는데, 전자는 데이터를 제공한 자만 플랫폼에 참여할 자격이 부여되는 반면, 후자는 데이터를 제공하지 않고 이용만 하거나, 또는 서비스 모델을 제공하는 자 등 다양한 주체가 참여할 수 있다.

플랫폼 계약에서는 플랫폼 운영자의 권한, 책임 및 면책 범위가 다른 유형과 달리 중요하게 규정되어야 한다. 플랫폼에 제공되는 데이터에 오류가 있거나 제3자 권리를 침해하는 경우에 과연 플랫폼 운영자의 책임을 어디까지 인정할 것인지가 쟁점이 된다. 또한 제공데이터에 대한 가치가 각기 차이가 있는만큼 결합·가공으로 인해 발생한 이익을 어떻게 나눌 것이지도 문제가 된다. 나아가 파생데이터 등 성과물에 대한 권리관계도 명확히 규정하지 않는다면 분쟁의 요인이 될 것이다.

4. 데이터 계약체결 시 고려사항

데이터를 거래하고자 하는 자는 계약 체결에 앞서 <표 3-4>에서 제시한 사항을 고려하여 계약에 담음으로써 불필요한 분쟁을 예방할 수 있다. 여기에는 ① 당사자 간에 설정해야 이용 조건, ② 대상 데이터의 범위·품질, ③ 이용 목적의 설정, ④ 분석·가공 및 파생 데이터의 이용 권한, ⑤ 제3자 이용허락의 제한, ⑥ 데이터 내용 및 지속적 창출의 보증/비 보증, ⑦ 수익 분배, ⑧ 비용·손실 부담, ⑨ 관리 방법, 보안, ⑩ 이용 기간 지역, ⑪ 계약 종료 시 취급, ⑫ 분쟁 발생 시 적용되는 재판의 준거법 및 재판관할법원, ⑬ 공정거래법 및 하도급법 저촉 여부 등이다.

[표 3-5] 데이터 거래계약 체결 시 고려사항

구 분	주요 내용
목 적	• 데이터 거래의 목적·범위
대상 데이터의 정의	• 제공·취득 대상데이터(항목, 입도, 양, 파일형식 등) 및 파생(가공)데이터의 범위 • 개인정보(개인신용정보, 개인위치정보 등 포함)가 포함되어 있는지 여부 • 영업비밀, 산업기술, 지식재산권 등이 포함된는지 여부
대상 데이터의 관리자	• 데이터 제공자가 대상 데이터에 대하여 데이터 거래를 위하여 필요한 정당한 권리를 갖고 있는지 여부
대상 데이터의 취득·수집방법	• 대상 데이터 취득·수집의 주체·방법·체계, 공유수단·방법

대상 데이터의 이용권한	• 대상 데이터별 이용권한(이용목적, 가공 등의 가부, 제3자 제공(양도 또는 이용허락) 제한) 배분 • 접근 및 제공 방법, 이용허락기간 및 지역 • 대상데이터의 지식재산권 귀속
파생데이터의 이용권한	• 파생데이터의 이용권한의 배분, 파생데이터의 지식재산권의 귀속 등
제3자 제공 여부	• 제3자 제공 금지 또는 제공 가능한 방법·범위(자회사 등에의 제공 가부) • 대상 데이터의 목적 외 사용 문제
대가·이익분배	• 대상 데이터 등의 제공·이용의 대가 및 대가 산정방법 • 제3자 제공으로 생기는 이익분배 • 매출금액 등의 보고, 장부의 작성·보존·열람 등
대상 데이터의 보증·비보증	• 정확성·완전성·안전성·유효성, 제3자의 권리의 비침해 • 악의·중과실 경우의 취급, 대상 데이터의 취득·이용권한의 적법성
대상 데이터의 관리 및 보안	• 구분관리, 선관주의의무 • 영업비밀로서의 관리, 관리상황의 보고·시정 요구
개인정보의 취급	• 개인정보 보호법의 절차의 이행, 안전관리조치
대상 데이터 등의 누설 시 대응·책임	• 상대방에의 통지, 원인조사·재발방지책, 금지청구, 위약금 등
비밀유지의무	• 비밀정보의 정의(비밀정보로부터 제외된 정보), 예외적인 개시 사유 • 제3자 비공개의무
손해배상·면책	• 제3자와의 분쟁 대응, 불가항력 면책
유효기간·해제	• 유효기간, 갱신 조건, 해제사유 및 잔존조항
계약종료 시 대상 데이터 취급	• 파기·삭제 요부, 증명서의 요부
일반조항	• 비용부담, 권리의무의 양도금지, 준거법·재판관할·분쟁해결, 성실협의

과학기술정보통신부 및 산업통상자원부의 데이터 거래계약 가이드라인 참조(재구성).

Ⅲ. 데이터 거래계약의 법적 쟁점

1. 데이터 거래 관점에서 데이터 보호의 문제

데이터에 대한 '권리' 또는 '오너십'(ownership)이 종종 언급되지만, 그 법적 실체에 대해 거래 당사자 간에 이해를 달리하는 경우가 많다. 특히 '비정형데이터'의 경우는 현행법상 법적 보호가 분명하지 않다. 데이터는 무체물로서 민법상 물건에 해당하지 않아 소유권, 점유권, 용익물권 및 담보물권 등 민법상 권리의 객체가 될 수 없다. 최근 들어 데이터를 민법상 소유권의 객체가 될 수 있는 물건의 정의에 포함하려는 민법 개정이 시도되고 있다.[6] 일반적으로 데이터가 현행법상 지식재산권이나 개인정보로 직접 보호되는 경우 외에 데이터에 대한 접근과 이용을 통제할 수 있는 법적 지위는 데이터를 보유하고 있는 사실상의 지위 또는 계약에 따른 권한으로서 채권적 지위를 말한다. 현재 데이터 거래에서 말하는 권리는 어디까지나 '계약상 권리'를 의미하고 그 권리에 대한 효력은 거래 당사자에게만 미친다.

데이터는 비경합성, 비경쟁성 등의 특성으로 인하여 데이터에 대한 정당한 비용을 지급하지 않고 이용하려는 문제가 발생하고 있다.[7] 기업은 인적 또는 물적으로 상당한 투자와 노력으로 생성한 데이터에 대하여 자산으로 보호해 주기를 희망한다.[8] 상당한 투자와 노력으로 생성한 데이터에 대해 아무런 법적 보호를 해주지 않는다면 누구도 거래를 위하여 데이터를 선뜻 내놓으려고 하지 않기 때문이다.

데이터 보호에 대한 논의는 크게 '배타적 권리를 부여하는 방식'과 '경쟁법적 행위 규제 방식'으로 나뉜다. 국내외 학자들은 대체로 데이터에 대해 배타적 권리를 부여할 경우 데이터 간의 결합을 방해할 뿐만 아니라 이로 인해서

---

6) 2019년 11월, 김세연 국회의원은 데이터 소유권을 인정하는 「민법 일부개정법률안」을 발의한 바 있다.

7) 인하대학교 법학연구소 AI·데이터법 센터, 『데이터법』, 세창출판사, 2022, 98면.

8) 손승우·이정훈, "Nature of Data Assets and Their Protection and Exemption Measures for Analysis", 「한국산업보안연구」 제11권 제2호, 2021. 08. 31, 140면.

무수히 많은 분쟁이 발생할 소지가 크다고 지적한다. 2016년 EU에서도 데이터 보호에 대해 논의를 하였지만, 물권적 권리를 부여하는 것에 회의적 결론을 내렸다. 빅데이터의 특징상 다양한 타인의 데이터를 포함하게 되는데, 데이터에 대한 권리를 명확히 획정하기 매우 어려운 것이다.

이러한 측면에서 데이터 보호는 경쟁법적 원리에 입각하여 접근하는 것에 견해들이 모였고[9], 입법으로 이어진 것이 바로 2021년 12월 「부정경쟁방지법」 개정으로 신설된 카목이다. 카목은 '데이터 부정사용행위'를 부정경쟁행위의 새로운 유형으로 편입했다. 카목은 보호 대상인 데이터를 '업(業)으로써 특정인 또는 특정 다수에게 제공되는 것'으로 규정해 '거래·유통을 위한 데이터'만을 보호 대상으로 한정했다. 보호 데이터를 불특정 다수가 아니라 '특정인(특정 다수)'에게 제공되는 데이터로 한정한 것(한정제공성)은 데이터 유통 활성화를 위해 규제대상을 최소화한 것으로 풀이된다. 또한, 보호 데이터는 '전자적 방법으로 상당량 축적·관리되며 비밀로서 관리되고 있지 않은 기술·영업상 정보'로 데이터 보호를 위해 비밀로 관리할 것을 요구하지 않으므로 그 보호 범위를 영업비밀에 비해 넓게 설정할 수 있다.[10]

카목은 데이터의 '부정사용 행위'가 무엇인지 그 형태를 구체적으로 제시한다. 즉, '접근 권한이 없는 자가 절취, 사기, 부정접속 등 부정한 수단으로 데이터를 취득·사용·공개하는 행위'와 '데이터에 정당한 접근 권한을 확보한 자라도 부정한 이익을 얻거나 데이터 보유자에게 손해를 입힐 목적으로 취득한 데이터를 사용·공개하거나 제3자에게 제공하는 행위'를 해서는 안 된다. 또한, 해당 부정취득이나 정당 권리자의 부정행위에 대해 알면서 데이터를 취득하거나 그 취득한 데이터를 사용·공개하는 행위도 부정사용 행위가 될 수 있다.

나아가 기업이 데이터를 보호하기 위해 기술적 보호조치를 적용할 수 있

---

9) 예를 들면, 박준석, "빅데이터 등 새로운 데이터에 대한 지적재산권법 차원의 보호가능성", 「産業財産權」 vol.0 No.58, 2019; 차상육, "인공지능 개발에 필요한 데이터셋의 지적재산권법상 보호", NRF KRM(Korean Research Memory), 2018.; 심현주·이헌희, "데이터의 부정경쟁 유형으로의 보호에 관한 소고 — 일본의 부정경쟁방지법 개정을 중심으로 —"「법학논총」 제35권 4호, 2018.

10) 손승우, "시론 데이터 거래·유통 보호 길 열린다", 한국경제, 2022.4.20.

는데, 이를 정당한 권한 없이 고의적으로 훼손하기 위한 방법이나 장치 또는
그 장치의 부품 등을 제공하는 행위 등을 해서는 안 된다. 이처럼 카목은 무력
화 도구의 제조행위 등을 금지한다. 또한 데이터 부정사용 행위로 피해를 본
사업자는 그 행위를 금지하는 청구와 그로 인해 발생한 손해에 대해 배상을 청
구할 수 있다. 또한, 집행의 실효성을 높이기 위해 부정사용 행위에 대한 '행정
조사'와 '시정권고'를 요청할 수 있도록 했다.

이 개정의 모태가 된 「데이터산업법」에서 데이터 자산 보호에 관한 규정을
두고 있는데, 카목과 동일하게 부정경쟁 원리를 적용하고 있다. 동법 제12조 제
1항에서 "데이터생산자가 인적 또는 물적으로 상당한 투자와 노력으로 생성한
경제적 가치를 가지는 데이터(이하 "데이터자산"이라 한다)는 보호되어야 한다."고
규정하고, 제2항에서 이러한 데이터자산을 공정한 상거래 관행 등에 반하는 방
법으로 무단 취득·사용·공개하는 행위를 금지하였다. 또한, 이 법은 데이터의
거래·보호에 관한 기본법 역할을 하므로 데이터자산의 부정사용행위에 관한
실질적인 규율을 「부정경쟁방지법」이 할 수 있도록 위임하였다(동조 제3항).

그런데 「데이터산업법」 제12조의 보호대상 데이터의 요건인 '인적 또는 물
적으로 상당한 투자와 노력'과 「부정경쟁방지법」의 '상당량 축적·관리' 요건은
일견 동일한 것으로 보이나 양자 간에는 차이가 존재한다. 전자는 후자보다 적
극적인 요건이며 입증에서도 책임이 무거울 수 있다. '상당량'은 양적인 측면이
중요한 반면, '인적 또는 물적으로 상당한 투자와 노력'은 양적인 면뿐만 아니
라 질적인 면도 고려하여야 한다. 후자는 데이터의 축적·관리뿐만 아니라 비
용, 인력, 시설 등에 대한 투입과 노력 등을 입증해야 한다.[11]

이처럼 두 법률은 상당량의 자료를 축적하는 데 들인 투자와 노력에 무임
승차하는 행위를 제재하는 방식을 취한다. 그런데 「산업디지털전환법」은 산업
데이터를 생성한 자에게 "사용수익권"을 부여하고 있어서 앞서 두 법률과는 다
른 보호 방식을 취하고 있다. 즉 산업데이터를 생성한 자는 이를 활용하여 사
용·수익할 권리를 가지며(제9조 제1항), 사용·수익권을 침해당하게 될 경우 손

---

11) 손승우, "데이터 관련 법률 간 정합성 검토와 입법적 과제", 규제법제리뷰(신산업편) 제
23-1호, 한국법제연구원, 2023.02.28., 99~100면.

해를 입힌 상대에게 손해배상을 청구할 수 있다. 앞서 설명한 바와 같이, 이 법은 데이터산업법 및 부정경쟁방지법과 함께 비정형데이터를 보호하고 있음에도 "행위" 규제가 아닌 "권리" 부여 방식으로 데이터를 보호한다. 비정형데이터에 권리를 부여한 해외 입법례는 찾아보기 어렵다.[12] 산업부 가이드라인에서도 "사용수익권"의 법적 성격이 무엇인지 명확히 설명하고 있지 않다.

한편, 정형데이터(데이터베이스)를 보호하고 있는 저작권법은 위 두 법률과 다른 보호 방식을 채택하고 있다. 저작권법은 데이터베이스제작자에게 해당 데이터베이스의 전부 또는 상당 부분에 대한 복제권, 배포권, 방송권, 전송권을 부여하고 있다(제93조 제1항). 즉 정형데이터는 소재를 '체계적으로 배열 또는 구성한 편집물'이므로 그 권리범위를 획정하기가 어렵지 않다. 정형데이터는 비정형데이터와 달리 권리범위와 관련된 분쟁이 발생할 소지가 적어 복제권, 배포권 등과 같은 배타적 권리부여가 가능하다. 이러한 이유로 EU는 1996년 「데이터베이스 지침」[13]을 통해 이미 정형화된 데이터베이스에 권리를 부여하는 방식으로 보호를 시작했다.

2. 데이터 분석에 대한 면책

데이터 분석 과정에서 흔히 타인의 데이터를 이용하게 되는데, 만일 해당 데이터가 저작물인 경우에는 분석 과정에서 이루어지는 복제, 전송 등은 필연적으로 저작권 침해의 문제가 발생시킨다. 또한 해당 데이터가 개인정보인 경우에는 정보주체의 동의 없는 수집·이용은 「개인정보 보호법」 위반이 될 수도 있다. 기업은 데이터의 활용의 가장 큰 장애요인으로 저작권과 개인정보를 들고 있다. 빅데이터 분석에 있어서 이 수많은 저작권자의 동의를 받는다는 것은 현실적으로 불가능하다. 그렇다고 하여, 저작권자 보호를 소홀히 할 수도 없다. 일본을 비롯한 영국, 독일 등은 우리보다 앞서 「저작권법」을 개정하여 데이터

---

12) 손승우, 위의 글, 101~102면.

13) EU, Directive 96/9/EC of the European Parliament and of the Council of the European Union of 11 March 1996 on the Legal Protection of Database.

분석에 대한 면책 규정(Text and data mining: TDM)을 마련하여 이 문제를 해결하고자 하였다.[14]

　우리나라도 TDM 문제를 해결하고자 「데이터기본법」과 「저작권법 개정안」에 새로운 조항을 신설하였다. 데이터산업법 제13조 제1항에서 데이터 기반의 정보분석을 활성화하기 위한 정부의 지원을 규정하고, 제2항에서 정보분석과 관련된 사항은 저작권법에서 정한 바에 따르도록 규정한다. 데이터산업법 제13조는 입법예고 당시에는 저작권법 전부개정안과 유사한 실체적인 내용을 담고 있어서 양자 간의 조율이 필요하였다. 과학기술정보통신부와 문화체육관광부는 상호 협의를 통해서 현재의 제13조를 마련하였다. 저작권법 전부개정안(2021년 1월 15일 도종환 의원 발의)의 "데이터 분석 면책" 규정(안 제43조)은 AI와 같이 '컴퓨터를 이용한 자동화 분석기술'에 한정하여 적용하고 '다수의 저작물을 포함한 대량의 정보를 분석(규칙, 구조, 경향, 상관관계 등의 정보를 추출하는 것)'하는 것을 대상으로 한다. 또한 '추가적인 정보 또는 가치를 생성하기 위한 것'은 파생데이터 및 2차적 저작물 생성을 위한 것을 의미한다.

　TDM 예외의 필요성에 관한 논의는 개정안을 발의한 2021년 1월 이전부터 계속해 오고 있으나 문화예술계의 반대로 좀처럼 합의에 이르지 못하고 있다. 다른 주요국에 비해서 한국이 TDM 입법을 아직 갖추지 못하고 있는 점은 안타까운 일이다. 한편 챗GPT의 등장으로 창작 AI에 대한 예술계의 반발은 더욱 거세지면서 TDM 조항에 대한 대안으로 현행 「저작권법」상 공정이용 조항(제35조의5)의 적용이 모색되고 있다.[15]

---

[14] 이와 관련하여, 손승우, 앞의 논문(2019.8.31.); 김창화, "데이터 마이닝과 저작권 면책의 범위 및 한계", 「계간 저작권」 vol.34, no.2, 통권 134호, 2021 등 참조.

[15] 2023년 8월 25일 한국저작권위원회에서 개최된 "2023 전국 저작권법학자대회"에서 TDM 조항의 대안으로서 공정이용 조항의 적용 가능성에 대해서 집중적으로 논의하였다. 데이터 분석행위가 제35조의5로 해결 가능하다는 견해가 다수였으나 반대의견도 존재했으며, TDM 조항의 신설로 예견가능성과 AI 발전에도 부합해야 한다는 견해도 제시되었다.

3. 불공정거래와 개인정보 침해

가. 부당한 권리 귀속

AI를 기반으로 한 데이터 거래가 증가함에 따라 불공정거래도 등장하고 있다. 이러한 불공정한 거래는 주로 하도급 관계나 수탁·위탁거래에서 발생한다. 예를 들면, 제조·유통업을 하는 대기업이 거래상 우월적 지위를 이용하여 중소 하도급 업체에 일방적으로 제조기기나 소비자 성향 데이터 등을 제공하도록 요구하거나 이용 권한을 설정하도록 강제하는 경우[16], 또는 인공지능(AI) 개발계약을 체결하면서 중소기업이 개발한 AI 알고리즘에 대한 특허권을 거래상 우월적 지위에 있는 당사자가 일방적으로 가져갈 때 공정거래법이나 하도급법을 위반할 수 있다.[17]

「데이터산업법」 제17조 제2항에서 대기업인 데이터사업자는 합리적인 이유 없이 데이터에 관한 지식재산권의 일방적인 양도 요구 등 그 지위를 이용하여 불공정한 계약을 강요하거나 부당한 이득을 취득하지 못하도록 규정한다. 또한, 「산업디지털전환법」 제9조 제5항에서 "산업데이터 생성 또는 활용에 관여한 이해관계자들은 산업데이터의 원활한 활용과 그에 따른 이익의 합리적인 배분 등을 위한 계약을 체결하도록 노력하여야 하며, 합리적인 이유 없이 지위 등을 이용하여 불공정한 계약을 강요하거나 부당한 이익을 취득하여서는 아니된다."고 규정한다.

데이터 거래에 있어서 관련된 지식재산권을 누구에게 귀속시킬 것인지는 매우 중요한 쟁점이다. 과기부 데이터 표준계약서에서는 대상데이터 등에 관한 지식재산권 귀속에 관한 규정을 두고 있다. 제공형 표준계약서는 기본적으로 데이터를 제공하는 자에게 권리를 귀속시키고 있다(제4조 제4항). 갑과 을이 함께 창출한 경우에는 "대상데이터에 관한 저작권은 갑 및 을이 종전부터 가지는 것 및 본 계약의 범위 밖에서 창출, 취득 또는 수집한 것을 제외하고, 갑 및 을

---

[16] 「AI・データの利用に関する 契約ガイドライン」중 AI 편 35면 이하 참조.
[17] 손승우, 『주요 이슈로 보는 디지털 통상 시대』(제6장 디지털 통상 원유, 기업데이터의 활용과 보호), 산업통상자원부·한국표준협회 (10인 공저), 2022.09, 171~172면.

의 공유로 한다."라고 규정하고 있다(창출형 표준계약서 제6조 제1항). 또한, 파생데이터에 관한 저작권의 귀속은 파생데이터의 종류에 따라서 상호 합의하여 권리 귀속을 정하도록 하고 있다(창출형 표준계약서 제6조 제2항). 동조 제4항에서 "대상데이터 등에 기하여 새롭게 창출한 특허권 기타 지식재산권(다만, 저작권은 제외)은 해당 특허권 등을 창출한 자가 속하는 당사자에게 귀속하는 것으로 한다."라고 규정한다. 그리고 제7항에서 "갑 및 을은 대상데이터 등과 관련하여 각각 소유하고 있는 지식재산권을 본 계약의 정함에 따라서 상호간 이용하는 것을 허락한다. 다만 갑 및 을은 본 계약에 명시한 것을 제외하고, 상대방 당사자에 대하여 대상데이터 등에 관한 어떤 권리도 양도, 이전, 이용허락하는 것이 아니라는 점을 상호 확인한다."라고 규정하고 있다.

나. 개인정보 침해

기업은 데이터 활용 및 거래에 있어서 개인정보가 포함되었는지를 판단하여야 한다. 데이터 중 개인정보가 포함된 경우에는「개인정보 보호법」에 따라 개인정보처리자는 개인정보 취급 통지, 안전관리조치, 제3자 제공제한 등을 기준과 절차를 준수하여야 한다. 기업이 데이터를 활용하면서 개인정보나 프라이버시를 보호하지 않으면 법적·경영상 어려움에 부닥칠 수 있다. 그러므로 데이터의 수집, 저장, 분석, 이용·제공, 파기 등 모든 활용단계에서 개인정보 취급에 주의해야 하며, 개인정보 보호와 데이터 활용이라는 두 가지 충돌하는 요소를 어떻게 균형을 유지할 것인지 고민이 요구된다. 개인정보 보호를 위해 기업은 다양한 기술적 조치를 적용하고 있다. 여기에는 데이터 비식별화, 동형암호화, 양자 내성 암호, AI 기반 기술, 정보주체의 권리보장 기술 등이 있다.[18]

한편, 데이터 활용성을 높이기 위하여 거래를 통해 다른 데이터와 결합을 추진할 경우 개인정보는 반드시 비식별 조치 후 지정된 결합전문기관을 통하여 결합해야 한다. 개인정보의 일부를 삭제하거나 일부 또는 전부를 대체하는 등의 방법으로 추가 정보가 없이는 특정 개인을 알아볼 수 없도록 처리한 '가

---

18) 손승우, 위의 책, 172면.

명정보'는 통계작성, 과학적 연구, 공익적 기록보존 목적에 한하여 정보주체의 동의 없이도 처리·활용할 수 있다(개인정보 보호법 제28조의2).

4. 가치평가와 로열티

가. 가치평가

데이터 거래를 위해서는 필연적으로 객관적이고 공정한 가치평가가 필요하다. 데이터 가치평가(Data Valuation)는 데이터 가치를 시장에서 일반적으로 인정된 평가 기법 및 모델에 따라 가액, 등급, 점수 등으로 평가하는 활동[19]인데, 실무적으로 결코 쉽지 않은 일이다. 데이터의 가치평가 결과는 비록 같은 평가 기준과 방법을 적용한다고 하더라도 평가기관마다 차이가 날 수 있다. 무형자산에 대한 가치평가를 부풀린 사례로 인하여 분쟁이 때때로 발생하기도 한다. 「데이터산업법」은 데이터 이용의 활성화를 위하여 데이터 가치의 평가 기법 및 평가 체계를 수립하여 공표할 수 있도록 규정하고 있다(제14조).

데이터 가치평가 기법에는 시장접근법, 수익접근법, 원가접근법 등이 있으며, 데이터의 유형·특성, 활용 목적 및 용도에 따라 평가 기법 중 어느 하나를 사용하거나 두 개 이상을 함께 사용한다.[20]

[표 3-6] 데이터 가치평가 방법

평가 기법	상세 내용
시장 접근법	대상 데이터와 같거나 유사한 데이터가 유통 시장에서 거래된 가치를 비교·분석하여 상대적인 가치를 산정하는 방법 • 시장접근법을 사용할 때에는 비교 가능한 거래사례로부터 얻을 수 있는 정보를 선택하는 경우, 거래사례에서의 거래조건 등이 다를 수 있으므로 비교 대상과 유의한 차이가 있을 때는 적절히 차이를 조정하여 평가하여야 하며, 유사성의 판단 기준과 차이를 조정한 경우에는 그 근거를 명시하여야 함

---

19) 「데이터 가치평가기관 지정 및 운영에 관한 지침」(2022) 제2조 제2호.
20) 자세한 내용을 위하여, 조경선 외, 『데이터 가치평가 제도 기회』, 한국데이터산업진흥원(한국지적재산권경상학회 수행), 2022.3 참조.

	• 이 방법은 대상 데이터에 대한 거래사례가 없거나 유사 데이터에 대한 거래사례가 부족한 경우에는 적용하지 아니함
수익 접근법	대상 데이터의 경제적 수명기간 동안 데이터 활용으로 인하여 발생될 미래 경제적 효익에 적정 할인율을 적용하여 현재가치로 환산하는 방법 • 수익접근법은 평가 시점에서 데이터를 활용한 사업의 구체적인 사업계획이 마련되어 있어 수익 창출의 가능성을 판단할 수 있는 경우에 적용 • 무형자산의 가치를 평가하는 일반적인 평가 기법이나 데이터 자산이 가지는 속성을 충분히 이해하고 평가금액에 반영되도록 다양한 평가 요소를 적용하여야 함 • 이 방법은 데이터의 경제적 수명, 현금흐름, 할인율, 기여도 등의 추정이 필요하고 각각의 추정치는 평가금액에 직접적으로 영향을 미치는 사항으로서, 참여 평가자들은 충분한 객관적 근거와 합리적인 평가과정을 통해 수행하여야 함 • 평가 시 사용(투입)하는 정보는 최신정보이어야 하고 해당 분야 전문성이 인정되는 법인, 단체 또는 기관 등의 자료를 사용
원가 접근법	대상 데이터를 생산하는데 지출된 금액을 기초로 하여 데이터의 가치를 산정하거나, 동일한 경제적 효익을 가지고 있는 데이터를 생산·구입하는데 지출되는 금액을 추정하여 가치를 산정하는 방법 • 역사적원가 접근방식, 재생산원가 접근방식 및 대체원가 접근방식 등으로 구분 • 역사적원가 방식은 대상 데이터를 생산하는데 지출되었던 과거의 제반 금액을 합산하여 평가하는 방법이며, 대상 데이터를 생산하는데 지출한 금액을 산출할 수 있는 경우에 적용 • 재생산원가 방식은 대상 데이터와 동일한 방법을 사용하여 동일한 데이터를 생산하는데 소요되는 총금액을 의미하며, 대상 데이터를 복제하거나 구입에 소요되는 원가를 말함 • 대체원가 방식은 평가 시점에 대상 데이터와 동일한 효용(유용성)을 가지는 대체 데이터를 생산하는데 소요되는 총금액을 의미하며, 현재의 데이터로 대상 데이터의 효용을 재생하는 원가를 말함

정부는 불공정한 가치평가를 제거하고 평가기관 간 차이를 줄이기 위하여 평가기관이 준수해야 할 데이터 가치평가 모델, 평가지침, 평가품질관리 체계 등을 마련하였다.[21] 과학기술정보통신부는 「데이터산업법」에 따라 데이터에 대

---

[21] 『데이터가격책정 종합안내서』, 한국데이터산업진흥원(2020); 『데이터 품질관리 가이드라인 v.30』, 과학기술정보통신부(2023); 『산업데이터 계약 가이드라인』, 산업통상자원부(33면 이하) 등

한 객관적인 가치평가 업무를 수행할 기술보증기금, ㈜나이스디앤비, 신용보증
기금, 한국과학기술정보연구원 등 4개 데이터 가치평가기관(23년 8월 기준)을 지
정했고, 향후 데이터 가치평가 운영 현황과 시장 수요 등을 고려하여 추가 지
정할 예정이다.

나. 데이터 이용대가 지급 방법

데이터에 대한 이용대가(가격)는 어떻게 책정하며, 어느 정도가 적정한가?
데이터 가격은 이론적으로 수요·공급의 원칙에 따라 결정된다. 국내는 아직
데이터 가격에 대한 신뢰가 쌓일 만큼 거래가 충분하지 않다. 이에 따라 데이
터 제공자와 수요자 간에 데이터 가격에 대한 인식 차이가 크고, 이는 거래성
립을 방해하는 요소로 작용한다. 데이터 제공자는 데이터의 가치를 높이 인정
받기를 원하지만, 수요자는 데이터를 활용한 수익이 현실화되지 않은 비즈니스
를 위해 높은 고정가격을 지급하는데, 부담을 느낀다. 국내는 물론 많은 해외
시장에서 데이터 가치에 대한 객관적인 평가 없이 사안별로 협상을 통해서 정
하고 있는 실정이다

대금 지급은 정해진 고정금액으로 지급하는 방법(정액제)과 사용량에 따른
지급하는 종량제 방식도 있다. 그러나 앞서 언급한 데이터 공급자와 수요자 간
의 인식 차이를 해소할 수 있는 방식을 고민해봐야 한다. 지식재산권의 라이선스
계약에서 자주 사용되는 방법인 '러닝 로열티(Running royalty) 지급방식'이 있는데,
이 방식은 대상 데이터를 비즈니스에 활용하여 발생한 매출액에 따라 그 기여분
을 로열티로 매월 또는 정기적으로 지급하는 방식이다. 이는 판매 금액에 따라
부과하므로 거래 당사자가 갖는 위험을 적절하게 분배하는 효과가 있다.

러닝 로열티 지급방법과 관련해서, 대금 전액을 매출액의 일정 비율을 지
급하는 방식과 계약체결 시에 착수금(Initial payment)을 먼저 지급하고 나머지
대금은 러닝 로열티로 지급하는 방법도 있다. 이 점에서 과기부의 창출형 표준
계약서 제8조 제2항에서 "갑 및 을은 제7조에 따른 대상데이터 등을 제3자 제
공 등 하는 경우에는 상대방 당사자에게 해당 제3자 제공 등에 관한 이익의 분

배로서, 매출금액의 ○%에 상당하는 금액[분배이익액(Revenue share)]을 지급하여야 한다."고 규정하고 있다.

또한 위에서 언급한 정액제와 종량제를 결합한 방식으로 과금할 수 있다. 예를 들면, 일정 수준까지 데이터를 이용하는 경우에는 정액제를 부과하고 일정 수준을 넘을 때는 이용량에 따라 비용을 부과한다. 이와 반대로 일정 수준까지 이용량에 따라 비용을 부과하고 그 이상에 대해서는 고정금액을 부과하는 방법도 있다.

계약 쌍방이 각각 보유하고 있는 데이터를 상호 이용하기로 한 경우에는 무상으로 이용하거나, 데이터 가치에 대한 차이를 고려하여 차액을 지급하는 방식으로 이용할 수 있다. 한편, 데이터 상품에 따라서는 가격할인 정책을 제공할 수 있다. 여기에는 현금 할인, 수량 할인, 기능 할인, 촉진적 할인 등이 있다.[22]

5. 데이터의 보증과 품질관리

가. 데이터의 보증

데이터 거래에 있어서 하자 없는 데이터를 제공하는 것은 당연한 일이다. 계약상 목적을 실현할 수 없는 데이터의 결함은 향후 법적 분쟁을 일으키기 때문에 계약상 품질보증에 관한 조항을 두고 있다. 과기부 데이터 거래 표준계약서에서는 정확성, 완전성, 안전성, 유효성을 보증하지 않는 규정을 두고 있다. '정확성(Accuracy)'은 데이터상품이 실제 메타데이터에서 정의한 대로 정확하게 입력되어 있으며 조작되거나 변형되지 않은 것이어야 한다. '완전성(Completeness)'은 데이터가 모두 갖추어져서 누락이나 부정합성이 없는 것을 말한다. '안전성(Safety)'은 데이터가 바이러스, 악성코드 등에 감염되지 않는다는 것을 말한다. '유효성(Validity)'은 데이터상품이 정의된 기준에 맞게 유효한 정보의 범위와 형석으로 되어 있으며, 데이터 기능이 계획한 대로 결과를 달성할 수 있어야 한다.[23]

---

22) 산업통상자원부, 『산업데이터 계약 가이드라인』, 2023.1, 43면.
23) 한국데이터산업진흥원, 데이터품질평가 종합안내서(2권), 2020, 18~21면.

그러나 대량의 데이터 안에서 작은 하자 내지는 결함, 또는 지식재산권 침해를 찾는 일은 매우 어려운 일이다. 데이터 거래의 목적과 유형은 다양하므로 상황에 따라 보증도 가능하겠으나 실제 완전한 보증이란 쉬운 일이 아니다. 제공형 표준계약서 제7조 1항에서 우선 "갑은 제공데이터가 적법하고 적절한 방법에 의해 취득되었음을 표명하고 보증한다."고 규정하고, 또한 "갑은 개인정보를 포함한 데이터를 을에게 제공하는 경우, 해당 데이터의 생성, 수집, 제공 등에 대해 개인정보보호 관계 법률에서 정한 요건과 절차를 준수하였음을 보증한다."고 규정한다. 그리고 제3항에서 "갑은 제공데이터의 정확성, 완전성, 안전성, 유효성을 보증하지 않는다."고 규정하고, 이어 제4항에서 "갑은 제공데이터가 타인의 지식재산권 및 기타 권리를 침해하지 않는다는 것을 보증하지 아니한다."고 규정한다. 이 규정이 의미가 있는 것은 데이터 제공자 입장에서 데이터에 대한 완전한 보증부담을 덜어 줌으로써 용이하게 데이터를 거래에 내놓고 제공할 수 있다는 것이다.

다만, 담보책임의 면책특약은 고의·중과실의 경우에는 무효가 될 수 있으므로[24] 데이터에 제3자의 지식재산 보호 대상인 데이터가 포함되었거나 정확성, 완전성 등에 문제가 있음을 알게 된 경우에는 신속히 상대방에게 알리고 해당 제3자로부터의 이용허락을 받거나 또는 해당 데이터를 제거하는 등의 조치를 강구하도록 하였다(제5항). 만일 데이터의 정확성, 완전성, 안전성, 유효성의 어느 하나에 문제가 있거나, 제공데이터가 제3자의 지식재산권 기타 권리를 침해하는 것을 알고도 고의 또는 중대한 과실로 알리지 않는 경우에는 상대방의 손해를 배상하도록 하였다(제6항).

나. 품질관리와 인증

원활한 데이터 거래가 이루어지기 위해서는 데이터 품질이 체계적으로 잘 관리되어야 한다. 데이터 거래에 있어서 발생할 수 있는 리스크 중 하나가 바로 낮은 품질로 인하여 발생하는 오작동과 성능 저하일 것이다. 데이터 품질

---

24) 일본 민법 제572조 유추적용, 東京地判平成15·5·16 判時1849号59頁 참조.

(data quality)은 데이터의 최신성, 정확성, 상호연계성 등을 확보하여 이를 사용자에게 유용한 가치를 줄 수 있는 수준이다.[25] 데이터 유통거래가 신뢰를 바탕으로 원활히 이루어지기 위해서는 데이터 품질에 대한 일정한 관리와 확인이 요구되지만, 국내는 아직 충분한 여건이 마련되어 있지 못하다. 데이터거래소에서 유통되는 데이터에 대한 품질이 관리되지 않는다면 해당 거래소에 대한 신뢰는 물론 거래도 잘 이루어지지 않을 것이다. 또한, 잘못된 품질은 생산성과 효율성을 저하하고 다양한 위험에 노출할 뿐만 아니라 이로 인한 분쟁이 발생할 수 있다.[26]

현재 국내 데이터 품질은 정형데이터를 중심으로 표준, 구조, 값, 관리체계 등에 대해 활동이 이루어지고 있으며, 비정형데이터의 경우 정성적 관점에서 육안으로 검사가 이루어지고 있는 정도이다. 현재 ISO8000, ISO/IEC 25024, 빅데이터플랫폼 및 센터 데이터 품질관리 가이드, 가공데이터 품질 가이드라인, 공공정보 데이터 품질관리 매뉴얼 등 다양한 품질기준이 제정되어 있다. 향후 데이터 품질에 대한 보다 객관적이고 신뢰성이 있는 공인된 평가 기준이 필요하며, 이 점에서 데이터산업법 제20조에서 데이터의 품질향상을 위하여 품질인증 등 품질관리에 필요한 사업을 추진할 수 있도록 규정하고 있다.

---

[25] 공공데이터의 경우에는 공공기관으로 하여금 품질수준 진단을 받도록 하여 품질관리를 하고 있다. 공공데이터 포털 https://www.data.go.kr/ugs/selectPublicDataQlityView.do

[26] 손승우, "데이터 유통거래 활성화를 위한 법적 검토", 「인터넷 법제동향」 Vol. 158, 2020.11. 75면.

참고 문헌

과학기술정보통신부, 「데이터거래 가이드라인」, 2020.8.

김정선, "지식재산(IP) 관점에서 본 데이터 법·제도 이슈 세미나 토론문", 서울대학교 기술과 법 센터, 한국데이터법정책학회, 2020.8.25.

김창화, "데이터 마이닝과 저작권 면책의 범위 및 한계", 「계간 저작권」 vol.34, no.2, 통권 134호, 2021.

박준석, "빅데이터 등 새로운 데이터에 대한 지적재산권법 차원의 보호가능성", 「産業財産權」 vol.0 No.58, 2019.

손승우, "데이터 관련 법률 간 정합성 검토와 입법적 과제", 규제법제리뷰(신산업편) 제23-1호, 한국법제연구원, 2023.02.28.

＿＿＿, 『주요 이슈로 보는 디지털 통상 시대』(제6장 디지털 통상 원유, 기업데이터의 활용과 보호), 산업통상자원부·한국표준협회(10인 공저), 2022.09,

＿＿＿, "시론 데이터 거래·유통 보호 길 열린다", 한국경제, 2022.4.20.

＿＿＿, "데이터 거래 및 활용 촉진을 위한 법제 동향과 쟁점", 「전자금융과 금융보안」 제23호, 금융보안원, 2021.2.8.

＿＿＿, "데이터 유통거래 활성화를 위한 법적 검토", 「인터넷 법제동향」 Vol. 158, 2020.11.

＿＿＿, "Legal Challenges to AI·Big Data Utilization", 「스포츠엔터테인먼트와 법」 제22권 제3호, 2019.8.31.

＿＿＿, 『데이터 거래 가이드라인 및 표준 계약서 개발』, 한국데이터산업진흥원, 2019.

이대희, "인공지능 발전을 위한 데이터 활용의 쟁점 및 과제", 제7차 규제혁신법제 포럼, 한국법제연구원, 2020.10.12.

인하대학교 법학연구소 AI·데이터법 센터, 『데이터법』, 세창출판사, 2022.

조승래, 「데이터 생산·거래 및 활용 촉진에 관한 기본법」 제정취지 및 주요 내용, 공청회 자료집, 국회의원 회관 대회의실, 2020.11.25.

조경선 외, 『데이터 가치평가 제도 기회』, 한국데이터산업진흥원(한국지적재산권경상학회 수행), 2022.3.

차상육, "인공지능 개발에 필요한 데이터셋의 지적재산권법상 보호", NRF KRM (Korean Research Memory), 2018.

한국데이터산업진흥원, 데이터품질평가 종합안내서(2권), 2020.

한겨레, 당정 '데이터 기본법' 추진…개인정보 보호법 무력화 우려, 2020.11.30.자. http://www.hani.co.kr/arti/economy/it/972173.html#csidxf7c74feb3c59bf09 f3282c92f26dbcf

山根 崇邦, ビッグデータの保護をめぐる法政策上の課題, パテント Vol. 73 No.8, 2020.

服部 誠, 第1回 2019年7月施行 ビッグデータの保護に関する改正不正競争防止法の 概要と保護の対象となるデータ, Business Lawyers, 2019.8.2. <https://www.businesslawyers.jp/articles/583> (2023.8.12. 방문)

経済産業省,「AI・データの利用に する契約ガイドライン」(平成 30年 6月).

2

데이터 거래와 오픈마켓*

김상중 / 고려대학교 교수

Ⅰ. 서론

데이터는 컴퓨터와 같은 기계가 읽을 수 있도록 코딩된 정보라고 정의된다. 4차 산업혁명의 원유라고 부를 정도로 데이터가 현대의 정보통신사회에서 차지하는 새롭고 중요한 자원과 재화로서의 가치는 널리 인정되고 있다. 여러 상품을 이용하는 과정에서 부수적으로 얻어지는 개인데이터 이외에 처음부터 기계에 의하여 개인 관련성을 갖지 않은 채 생성되는 기계데이터 역시 중요한 자원으로 기능하면서 기업 간에 데이터를 제공하는 거래도 활발하게 이루어지고 있다. 이는 데이터가 소비자의 성향 등 불확실한 시장에 대한 정보를 제공해 주고 있을 뿐만 아니라 일상생활에서는 생활의 편이함을, 산업현장의 경우 생산 공정의 효율성과 작업환경의 안전성 등을 도모하는 데에 크게 기여할 수 있기 때문이다. 실제로 데이터 시장의 규모는 끊임없이 성장하여 EU 차원에서는 2016년의 경우 600억 유로에 이르고 있던 것이 2020년에는 1,060억 유로에 이를 것으로 추계되고 있으며,[1] 우리나라의 국내 시장도 2019년 17조, 2020년 19조의 규모에 이르며 2025년에는 32조 원으로 확대될 것으로 전망된다고 한다.[2] 이러한 거래 현실을 반영하여 법원의 판결례에서도 소비자의 개인정보,

---

* 이 글은 송덕수 교수님의 정년을 기념하여 정리한 글로서 경영법률 제31집 제3호(2021.4.)에 게재되었던 원고인데, 본서의 2023년 개정과정에서 최신 자료를 반영하여 update 하였음.

1) Hoeren·Pinelli, Daten im Rechtsverkehr, JZ 2020, 880.

2) 한국데이터산업진흥원 발간, 2020년 데이터산업백서, 2020, 110면.

비식별화된 의약품 이용정보의 유상판매가 문제된 사건을 다루어가고 있다.[3]

물론 데이터라는 현대적 자원을 주된 소재로 하여 데이터 경제 시스템을 구축하는데 필요할 수도 있는 데이터 소유권(data ownership)에 대한 법적 승인 내지 그 권능에 관한 내용적 공감대는 아직까지 이루어지지 않았다고 여겨진다. 오히려 사법학계의 주류적 견해는 물건의 소유권과 견주어 데이터 소유권을 인정하는 데에 소극적 입장으로 이해된다.[4] 어쩌면 이러한 배경에서 데이터의 효율적 활용을 위하여는 무엇보다 데이터 거래가 중요하지 않을 수 없으며, 이에 사회적·경제적으로 요청되는 데이터의 유통질서는 데이터 창출 등에서 사실상의 지배력을 행사하는 자와 이를 필요로 하는 자 사이의 합의과정을 통하여 형성되는 거래내용에 맡겨져 있는 셈이다. 이렇듯 개인 간의 거래에 의한 데이터의 사회적 활용의 필요가 높아짐에 따라 privacy paradox, 즉 개인이 자신의 개인정보 보호에 대한 요청을 높여감에도 불구하고 상대방과의 계약을 통하여 데이터가 만들어 내는 가치 창출의 결과를 향유하고자 하며, 국가의 법질서 역시 이러한 양면의 요청을 반영하지 않을 수 없게 된다. 개인정보를 포함한 데이터에 대한 유럽의 법 발전이 이를 잘 보여주고 있으며,[5] 우리의 최근 데이터 3법의 개정 역시 이러한 선상에 있음은 물론이다.[6]

한편 데이터 거래의 개인적 필요와 사회적 증진의 요청은 데이터 거래에서 보다 저렴한 비용과 안전한 방식의 유통모델을 개발하도록 한다. 데이터 거래 역시 데이터 제공자(＝판매자)와 데이터 이용자(＝구매자) 사이에서 직접적인 판매

---

3) 대법원 2017.4.7. 선고 2016두61242판결; 서울고등법원 2019.5.3. 선고 2017나2074963 판결.

4) 가령 이상용, "데이터 거래의 법적 기초", 「법조」 제728호(2018.4.), 5, 18; 이동진, "데이터 소유권, 개념과 그 실익", 「정보법학」 제22권 제2호(2018.12.), 219, 227; 정진명, "데이터 이용과 사법적 권리구제", 「민사법학」 제92호(2020.9.), 301, 317; 더 나아가 본서에 수록된 권영준, "데이터 귀속·보존·거래에 관한 법리 체계와 방향" 참고. 아마도 데이터 소유권('데이터 오너십')의 정립에 보다 적극적 견해로는 최경진, "데이터와 사법상의 권리, 그리고 데이터 소유권", 「정보법학」 제23권 제1호(2019.4.), 217, 233. 데이터 3법 개정 후의 논의상황으로는 김상중, "데이터 경제를 위한 데이터소유권의 문제", 「저스티스」 제194－2호(2023.2), 54면 이하.

5) Metzger, Digitale Mobilität－Verträge über Nutzerdaten, GRUR 2019, 129.

6) 이성엽, "데이터경제 3법의 주요 내용과 과제", 2020년 한국민사법학회 하계학술대회 「데이터와 사법(私法)」 기조발제문 참고.

관계가 이루어지는 거래방식이 기본 모델이라고 하겠다. 그렇지만 상거래 일반의 경우와 마찬가지로 데이터 거래에서도 디지털화와 ICT 기술의 산물로서 오픈마켓 내지 온라인 플랫폼의 중개모델이 형성, 발전하기 시작하고 있다. 물론 (전자)상거래 일반에서 플랫폼 모델이 거두고 있는 높은 성장세와 넓은 시장영향력과 비교한다면 데이터 거래를 위한 데이터 플랫폼의 역할은 아직껏 저조하다고 볼 수도 있다.[7] 또한 전자상거래 일반에서 플랫폼의 비약적 성장이 적지 않게는 일상적인 소비재를 대상으로 한 소비자와의 거래활동에서 비롯하고 있다고 한다면, 데이터 플랫폼의 경우에는 기업 사이의 데이터 거래가 큰 비중을 차지할 것이라고 추정되며 이런 한도에서 전자상거래 일반에서 플랫폼의 비중과 동일시하기에는 무리가 있을 것으로 생각되기도 한다. 그럼에도 데이터 거래의 활성화와 시장규모의 확대에 발맞추어 거래비용과 안전 등의 차원에서 데이터 플랫폼의 활용도 증가하지 않을 수 없으며 —모든 분야에 걸친 중개거래의 실적을 보여주는 것은 아니지만— 실제로 KT 주관의 통신 빅데이터 플랫폼 활용 실적의 경우 지난 1년 사이에 28배 이상의 초고도 성장을 기록하였다고 한다.[8]

이상과 같이 데이터 거래와 데이터 플랫폼의 활용실적은 지속적으로 증대해 감에도 불구하고 데이터 거래와 플랫폼 유통모델에 대한 계약법적 연구는 비교적 상당히 저조한 정도에 머물러 있다. 그나마 전자상거래에서 플랫폼 유통모델이 차지하는 막대한 영향에 따라 최근에 온라인 플랫폼에 대한 계약법적 연구는 늘어나고 있지만,[9] 데이터 거래의 민사법적 연구는 아직 활발하게 이루

---

7) 2020.9.14. 국회 입법조사처가 발간한 「빅데이터 플랫폼의 운영 실태와 개선과제」 보고서에서 10대 분야의 빅데이터 플랫폼에서 판매하는 약 6,500여 개의 데이터 상품에 대한 판매실적이 조회수 대비 다운로드 비율이 20% 이하에 그치고 있다는 분석과 평가를 보도한 연합뉴스의 기사, https://www.yna.co.kr/view/AKR20200911139000017?section=search (2021.2.10. 최종 방문)

8) http://news.heraldcorp.com/view.php?ud=20210209000254 (2021.2.10. 최종방문), 한편 최근 데이터 거래 현황에 관하여는 통합데이터지도(bigdata-map.kr)를 참고하기 바라며, 이 사이트에서는 공공과 민간에서 제공하는 데이터를 쉽게 검색, 활용할 수 있도록 지원하고 있으며, 금융 등 주요 분야의 빅데이터 플랫폼 등을 확인할 수 있다.

9) 예를 들어 정해상, "오픈마켓의 당사자관계와 사업자의 책임", 「(단국대) 법학논총」 제39권 제4호(2015.12.), 191, 227; 정진명, "플랫폼을 이용한 전자거래의 법률문제", 「비교사법」 제24권 제4호(2017.11.), 1559; 장보은, "음식주문 플랫폼을 이용한 거래에 관한 계약법적 검토", 「외법논집」 제42권 제3호(2018.8.), 39; 이병준, "전자상거래 플랫폼과 거래관계에 대한 책

어지지는 않고 있다. 데이터 거래가 주로 기업이나 공공기관 차원에서 이루어지고 있는 관계로, 현실 실무에서 당장 요구되는 데이터 거래의 약관을 마련하기 위한 수요충족의 정도에 머물러 있다고 여겨진다.[10] 이 장에서는 플랫폼을 이용한 데이터 거래에서 문제될 수 있는 계약법적 문제를 개관해 보고자 하는데, ① 데이터 플랫폼의 이용약관과 개별 데이터 거래와의 관계(Ⅲ), ② 플랫폼을 이용한 데이터 거래에서 계약위반에 따른 판매자의 계약 책임 및 ③ 플랫폼 사업자의 데이터 거래에 관한 주의의무와 책임(Ⅳ)에 중점을 둘 것이다. 그 과정에서 데이터 플랫폼의 이용약관으로는 금융 빅데이터 플랫폼(bigdata-finance.kr)과 금융데이터거래소(findatamall.or.kr)의 이용약관을 소개하고, 데이터 거래의 규율내용에 관하여는 한국데이터산업진흥원의 「데이터거래 가이드라인(2019.12.)」, 중소벤처기업부의 「제조데이터공유규범(2020.10.)」과 산업통상자원부의 「산업데이터계약 가이드라인(2023.1.)」에 담긴 데이터 제공형, 오픈마켓형 계약규정을 소개, 분석하려고 한다. 아래 Ⅱ에서는 먼저 오픈마켓인 플랫폼의 일반적 소개와 더불어 데이터 플랫폼을 이용한 데이터 거래의 과정을 소개하도록 한다.

Ⅱ. 데이터 오픈마켓 거래의 법리와 당사자 관계

1. 오픈마켓의 경제적 기능: 온라인 중개와 시장의 규율자

오픈마켓이란 상품의 판매자, 구매자 누구에게나 열려 있는 장터라는 표

임", 「소비자법연구」 제5권 제1호(2019.3.), 11.

10) 이와 관련하여 한국데이터산업진흥원에서 개발한 데이터거래 가이드라인(2019.12. 현재 개정판 준비)을 참고할 만하며, 데이터 3법의 개정 전후에 데이터경제의 활성화를 위하여 중소벤처기업부에서는 제조데이터 공유규범(2020.10.)을 마련, 발표하여 인공지능 중소벤처 제조플랫폼(KAMP)에서 활용하고 있다. 그리고 산업통상자원부는 산업디지털전환촉진법의 제정, 시행에 따라 산업데이터계약 가이드라인을 작성하였는데(2023.1.), 여기에는 데이터제공형, 데이터 창출형, 데이터플랫폼형 표준계약서가 제공되고 있다(이 자료는 한국산업지능화협회의 산업디지털전환 협업지원센터 홈페이지 www.idx.or.kr/portal/center-introducion/center-greeting/index.do에서 열람할 수 있음). 더 나아가 정원준, 데이터 거래 및 유통 활성화를 위한 법제 연구, 한국법제연구원, 2022 참고.

현으로서 각 판매자가 오픈마켓을 통하여 상품을 게시하면 각 구매자가 그 가상의 공간에서 상품을 구매할 수 있는 사이버몰을 뜻한다.[11] 법원의 판결례에서도 "다수의 판매자와 구매자가 온라인상에서 거래를 함에 있어서 까다로운 입점 조건 없이 누구나 판매자 및 구매자가 될 수 있는 시장 또는 그러한 시장의 운영형식"이라고 정의한 바 있다.[12] 오픈마켓이 이와 같이 상품 판매자와 구매자의 양 그룹 사이에서 중개의 기능을 수행하고 있는 한, '2 이상의 서로 다른 이용자 그룹 사이의 거래나 상호작용을 매개하는 가상의 환경'이라는 온라인 플랫폼[13]과 전자상거래의 영역에서는 동일한 의미로 사용될 수 있다.[14]

　　물론 오픈마켓이라는 온라인 플랫폼이 반드시 타인 사이의 거래활동을 중개하는 것에 국한하지는 않는다. 플랫폼 사업자가 구매자와의 직접 판매활동을 하거나 상품의 판매자로부터 위탁매매를 부탁받아서 플랫폼 사업자 자신이 판매자의 지위에서 판매활동을 수행할 수도 있다. 상품 판매자가 오픈마켓을 직접 개설하여 구매자에 대한 판매활동을 수행하는 경우가 전자의 직접 판매에 해당하는데, 데이터 거래에서는 SK텔레콤이 운영하는 빅데이터 허브, KT가 운영하는 BIGSIGHT가 여기에 속할 것이다.[15] 그런데 이러한 거래형태에서는 플랫폼 사업자가 오픈마켓에서 거래하는 구매자와의 계약 당사자로 인정된다는 점에서(위탁매매의 경우 상법 제101조 참조) 계약법적으로는 별달리 취급할 바가 없다. 그러나 이러한 형태와 달리 플랫폼 사업자가 상품 판매자와 구매자의 양 그룹을 중개하는 경우에는 상품의 판매계약을 둘러싼 플랫폼 사업자의 중개활동 등과 관련하여 이들 사이의 3면의 계약관계가 문제되기 때문에 최근 여러 가지 이유에서 활발하게 논의되고 있다. 데이터 거래에서 이와 같은 중개 플랫폼으로는 비씨카드주식회사가 주관하는 금융 빅데이터 플랫폼, 금융보안원의

---

11) 최지현, "온라인 플랫폼 사업자의 민사책임에 관한 연구", 「아주법학」 제12권 제4호(2019.12.), 152, 154.
12) 서울고등법원 2008.8.20. 선고 2008누2851 판결; 최나진, "개정 전자상거래소비자보호법상의 통신판매중개자의 지위와 책임", 「외법논집」 제40권 제3호(2016.8.), 109, 112.
13) 플랫폼의 개념 정의에 관하여는 박미영, "온라인 플랫폼 규제를 위한 플랫폼 작용의 이해 필요성", 「유통법학」 제5권 제2호(2018.12.), 111, 115.
14) 이런 이유에서 아래에서는 양 표현을 동일한 의미로 사용하도록 하겠다.
15) SK Data Hub 서비스 이용약관 제1조; KT BigSight 이용약관 제1조 참조.

금융데이터거래소, 한국데이터거래소(KDX) 등이 속한다.

　이와 같은 오픈마켓을 운영하는 중개 플랫폼은 판매자 입장에서는 판매비용의 절감, 구매자의 신뢰 확보 등의 차원에서 다수 구매자에게 상품을 판매할 기회를 갖는 반면, 구매자 입장에서는 공개된 가상공간을 통해 한꺼번에 다수의 상품을 접할 수 있게 됨으로써 효과적이고 비교적 투명한 구매활동을 할 수 있다는 장점을 갖고 있다. 전래의 시장에서는 중개인이 자신의 전문지식과 경험 등에 따라 상품 판매자와 구매자 사이의 1대 1의 거래를 중개한다면, 중개 플랫폼은 ICT 발달에 따라 동시에 수많은 정보를 집적하여 신속하고 간편하게 비교, 검색할 수 있도록 해 줌으로써 그 기능을 수행하고 있는 셈이다. 물론 이러한 플랫폼 사업이 가능하기 위해서는 판매자와 구매자 등의 다른 이용자 그룹이 충분한 수적 규모를 확보, 유지되어야만 하며, 플랫폼 사업자는 이를 위하여 네트워크 효과, 특히 간접네트워크 효과가 발휘할 수 있는 상태를 유지하여야 한다.[16] 간접네트워크 효과란 플랫폼 내에 존재하는 한 쪽 그룹의 이용자가 다른 그룹의 이용자에게 영향을 주는 효과를 뜻하는 바, 긍정적 네트워트 효과에 따르면 온라인 상거래의 경우에 구매자는 판매자가 많으면 많을수록 자신이 원하는 상품을 보다 저렴하게 구입할 가능성이 높아지고, 판매자 역시 플랫폼을 이용하는 구매자가 많을수록 매출 실적을 증대시킬 수 있는 가능성을 누릴 수 있게 된다.

　한편 온라인 플랫폼은 판매자와 구매자 사이의 중개활동을 통한 시장선점의 효과를 유지하기 위하여 가상공간의 특성에서 보다 높아질 수 있는 거래 불안의 요소를 감소시키기 위한 여러 활동을 수행하게 된다. 구매자의 구매대금에 대한 플랫폼 사업자의 신탁적 관리,[17] 판매자와 구매자의 계약 관련 민원사

[16] 박미영, "온라인 플랫폼 규제를 위한 플랫폼 작용의 이해 필요성", 「유통법학」 제5권 제2호(2018.12.), 111, 120.

[17] 가령 쿠팡 이용약관 제27조(결제대금예치서비스 이용) ① "결제대금예치서비스"라 함은 매매계약이 체결되고 회원이 대금을 결제하는 경우에, 회원의 결제대금 보호를 위하여 회사가 일정 기간 동안 결제대금을 예치하는 서비스를 말합니다.
　② 회사는 회원과 판매자 간에 이루어지는 상품 등 매매의 안전성과 신뢰성을 높이고, 상품 등을 인수하기 전에 대금을 결제해야 하는 회원을 보호하기 위하여 결제대금예치서비스를 제공합니다.

항의 처리, 이용후기 등을 통한 신뢰할만한 거래정보를 제공하기 위하여 활동하고 있으며 플랫폼은 더 나아가 거래과정에서 발생하는 분쟁을 신속하고 적절하게 해결하기 위한 기구를 자체적으로 운영하는 경우도 많다(전자상거래법 제20조 제3항 참조). 이와 같이 온라인 플랫폼은 판매자와 구매자의 중개의 역할을 넘어서 자신이 운영하는 오픈마켓의 시장질서를 스스로 조성, 규율하는 역할을 수행하지 않을 수 없으며 그 과정에서 계정차단과 같은 이용자격 박탈조치의 가능성 등을 보유하면서 rule maker로서도 기능하게 된다.[18] 전자상거래 중개 플랫폼은 뒤에서 부연하는 바와 같이 이러한 오픈마켓 내의 질서규율 취지에서 플랫폼 내에서 체결되는 판매계약의 개별 내용, 가령 취소·환불 조치 등에 관하여 직접적인 규정 내용을 마련해 두기도 한다.

데이터 플랫폼 역시 전자상거래 일반에서 활동하는 상거래 중개 플랫폼과 마찬가지로 데이터 판매자와 데이터 구매자 사이의 거래를 중개하는 기능과 아울러 데이터 거래 시장의 조성과 규율을 위한 역할을 함께 담당하고 있다. 특히 데이터 플랫폼의 경우 중개적 기능 외에 데이터 거래의 필요성 증대에도 불구하고 아직 익숙하지 않은 현황에 비추어 데이터 거래의 전 과정, 즉 상품의 등록, 거래의 목적과 내용 형성(데이터 분석, 가격 분석 등), 거래의 이행(데이터 전송, 안전성 확보)과 같은 유통 전단계에 걸쳐 거래 관리자의 역할이 무엇보다 강조되고 있다고 보여진다.[19]

2. 오픈마켓을 이용한 (데이터) 판매계약의 경위

전자상거래 일반에서 온라인 플랫폼의 중개를 활용한 거래활동은 크게 두 단계, 즉 플랫폼 이용을 위한 기본약정(기본이용약정＝회원가입)과 특정 상품의 판매·구매를 위한 개별적 이용 행위(개별 이용약정)로 이루어진다.[20] 물론 플랫

---

18) 이병준, "숙박플랫폼의 환불불가 조항과 약관규제법에 의한 내용통제", 「소비자법연구」 제6권 제3호(2010.11.), 65, 69; 플랫폼의 가상공간에 대한 관리권한에 대해서는 더 나아가 Engert, Digitale Plattformen, AcP 218, 2018, 351.

19) 중소벤처기업부 발간, 제조데이터 공유규범(안) 및 해설서, 2020, 57면 이하.

20) 플랫폼의 이용관계에 대한 위와 같은 2단계의 분석으로는 Vilgertshofer, Online－Plattformen

폼의 이용에 있어서는 플랫폼 사업자와 이용자 사이에 반드시 (기본)이용약정이 존재해야 하는 것은 아니며, 예를 들어 플랫폼에 게시된 정보를 검색함에 있어서는 대체로 별도의 회원가입 없이도 이용하는 것이 가능하다. 그렇지만 일정한 정보의 검색, 특히 상품의 (판매)등록이나 구입절차와 대금결제 시스템 등은 온라인 플랫폼에 회원등록을 한 회원에게만 이용할 수 있도록 제공되며, 이를 위한 회원가입 과정에서 플랫폼 사업자는 기본이용약정(이용약관)을 제시하고 플랫폼을 이용하려는 자는 이 약관에 동의해야만 회원신청을 할 수 있다.[21] 판매회원의 경우에는 신원 확인의 목적에서 소정의 본인 확인 절차를 거치게 되며,[22] 회원가입의 마무리를 위하여 온라인 플랫폼은 가입 신청자에게 이메일로 링크를 전송하기도 하는데 이 경우 가입 신청자가 이를 통해 플랫폼에 등록함으로써 가입절차가 완료된다. 회원가입은 대부분 무상으로 이루어진다.

이렇듯 플랫폼의 회원등록에 따른 기본이용약정이 맺어진 다음에 이용회원(판매자 또는 구매자)은 특정 상품의 거래를 위하여 중개 플랫폼을 개별적으로 이용하는 바, 판매자는 플랫폼으로부터 제공받는 가상공간에 판매상품의 정보를 게시하고 Q&A 공간 등을 이용하여 계약 체결을 위한 상의과정을 진행하기도 한다. 구매자 역시 상품정보를 검색하여 구매의사를 결정한 후 예약 시스템을 통하여 계약 체결의 의사를 전달하고 결제 시스템에 의하여 대금지급을 완료하게 된다. 전자상거래 중개 플랫폼에서는 이 과정에서 구매자로 하여금 주요 계약 내용을 명확하게 알 수 있는 조치를 취하고 있으며, 계약 체결이 완료되는 경우에 별도의 이메일 등을 통하여 계약 내용을 다시 확인할 수 있도록 하는 확정 절차를 제공하고 있다. 플랫폼을 통한 판매행위의 중개가 이루어진 경우에 플랫폼 사업자는 적지 않은 경우 구매자의 희소함에 따라 판매자 일방으로부터만 소정의 수수료를 지급받고 있다.[23] 만약 구매자가 결제대금을 선급해야 하는 경우에 플랫폼 사업자는 판매계약의 안전성을 높이기 위해 결제대

---

und vertragliche Haftung, 2019, S. 155.

[21] 쿠팡 이용약관 제3조, 제6조.

[22] 가령 쿠팡 판매이용약관 제5조 제4항, 제6조 제1항 참조.

[23] 가령 쿠팡 판매이용약관 제7조.

금에 대한 신탁자로서 일정 기간 동안 결제대금을 예치하였다가 상품이 공급된 다음에 비로소 판매자에게 대금을 지급하게 된다. 이와 같은 판매시장의 규율자로서 플랫폼의 기능은 개별 이용 행위가 완료된 다음에도 구매자의 이용후기 등에 따른 판매자의 우대 또는 제재 등의 사후적 관리 절차에서 표현되고 있다.

　데이터 거래를 중개하는 데이터 플랫폼의 이용과정도 계약법적으로 보았을 때에 위의 전자상거래 일반과 마찬가지로 기본이용약정과 개별 이용계약으로 나누어볼 수 있다.[24] 기본이용약정을 맺기 위하여는 데이터 플랫폼의 서비스를 이용하려는 자가 이용약관에 동의하면서 회원가입을 신청해야 하고 판매 서비스를 이용하고자 할 때에는 별도의 신원 확인 절차를 거치게 된다.[25] 데이터 플랫폼은 이와 같은 서비스 이용을 위한 회원신청에 대하여 승낙함을 원칙으로 한다.[26] 이러한 기본이용약정이 체결된 다음에 이용회원은 데이터 플랫폼에서 데이터의 구매와 판매행위를 할 수 있는데, 판매회원은 판매할 데이터에 관한 정보와 거래조건을 직접 등록, 관리하여야 하며, 구매회원은 데이터 플랫폼이 제공하는 방법으로 구매대금을 결제하여 데이터를 구매하게 된다.[27] 그 과정에서 데이터 플랫폼은 판매회원이 데이터 상품의 정보를 입력하지 않는 등의 경우에 판매회원의 계정중지 조치 등을 취할 수 있다.[28] 또한 데이터 플랫폼은 판매상품인 데이터의 조회 외에 데이터셋의 무작위화된 견본데이터의 게시, 맞춤데이터 매칭, 분석환경의 제공, 암호화 등의 안전한 데이터 전송 등을 통하여 데이터 거래의 효율성과 신뢰성을 도모하고 있다.[29] 데이터 플랫폼의 서비스 이용대가의 경우에도 판매회원에 의한 지급을 전제로 하는데, 데이

---

[24] 이와 같은 2단계의 계약적 구성은 예를 들어, 금융데이터거래소 이용약관의 경우 그 이용과정에 관하여 '서비스 이용계약'(제2장)과 개별적 서비스의 이용을 통한 '구매·판매행위'(제4장)를 나누어 규정하고 있음에서 잘 드러나고 있다.

[25] 가령 금융데이터거래소 이용약관 제6조 참조.

[26] 금융데이터거래소 이용약관 제6조 제2항 참조.

[27] 가령 금융데이터거래소 이용약관 제14, 15조 참조.

[28] 금융데이터거래소 이용약관 제15조 참조.

[29] 데이터 거래의 중개에서 데이터 플랫폼의 이와 같은 기능의 지적으로는 Fries/Scheufen, Märkte für Maschinendaten, MMR 2019, 721, 722.

터 경제의 활성화라는 목적을 위하여 전자결제 서비스 대행료를 제외한 비용을 부과하지 않을 수 있다.[30] 금융데이터 거래와 관련하여 금융데이터거래소의 데이터 거래의 중개와 시장조성을 위한 기능을 정리해 보면 아래 [그림 3-3][31]과 같다.

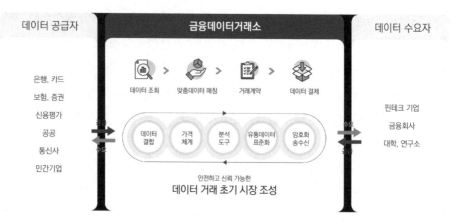

[그림 3-3] 금융데이터거래소를 이용한 데이터 거래

3. 오픈마켓을 이용한 데이터 거래에서 3면의 계약관계

중개 플랫폼은 위 2절에서 설명한 바와 같이 판매자, 구매자와 플랫폼 기본이용약정을 맺은 후 이들로 하여금 특정 재화, 서비스의 판매거래를 위하여 플랫폼 시스템을 이용할 수 있도록 제공하여야 한다. 이 과정에서 온라인 플랫폼, 판매자, 구매자 사이에는 3면의 계약관계가 형성되는 데, 플랫폼과 판매자의 이용관계, 플랫폼과 구매자 사이의 이용관계 그리고 판매자와 구매자 사이의 판매관계가 그것이다.

물론 온라인 플랫폼이 타인(판매자와 구매자) 사이의 계약 체결에 진력하는 중개인에 해당하는 지 아니면 스스로 판매계약의 당사자 지위를 갖는 지는 상

---

30) 금융데이터거래소 이용약관 제17조 참조.
31) https://www.findatamall.or.kr 금융데이터거래소>이용안내>거래소 소개 (2023.8.10. 최종 방문).

대방의 합리적 수령자 시각에 의한 계약 해석을 통하여 구체적으로 판단해야 할 문제이기는 하다.[32] 가령 외국에서는 차량 공용서비스인 Uber의 경우에 계약 체결과 이용대금 결정 등에서 Uber의 주도적 역할, 승객과의 외부관계에서 Uber의 전면적 등장, 서비스 공급자에 대한 Uber의 관리·감독 등의 이유에서 Uber가 차량 이용 고객과의 관계에서 운송계약의 당사자 지위에 있다는 논의가 이루어지고 있다.[33] 우리나라에서도 세탁 플랫폼과 같은 일부의 경우에는 중개인의 기능을 넘어서 계약 당사자의 지위를 검토할 여지가 있다고 보여진다. 그러나 전자상거래를 중개하는 상당수의 플랫폼은 해당 사이트의 화면창에 게시한 고지 내용 등에 비추어 이미 구매자의 합리적 거래관념에서 보더라도 판매계약의 당사자가 아니라 판매자와의 거래관계를 중개하고 있다고 해석된다.

이는 데이터 플랫폼의 경우에도 마찬가지이다. 물론 데이터 플랫폼은 데이터 결합, 분석환경 제공 등의 측면에서 데이터 거래의 급부이행 과정에 보다 적극적으로 관여하고 있는데, 이에 관하여는 아래에서 함께 후술하도록 하면서 3면의 계약관계, 즉 플랫폼과 판매자의 이용관계, 플랫폼과 구매자의 이용관계 그리고 판매자와 구매자의 판매관계로 나누어 특기할 바를 살펴보도록 하겠다.

가. 플랫폼과 판매자 사이의 이용관계

플랫폼 사업자와 판매자 사이에는 이미 II−2절에서 소개하였듯이 플랫폼의 이용을 위한 계약관계가 존재하며, 이 계약관계를 통하여 플랫폼 사업자는 판매자와의 관계에서 플랫폼 시스템을 판매활동에 이용 가능한 상태로 제공하여야 한다. 판매자는 플랫폼 시스템을 통하여 상품정보의 게시, 구매자와의 상담업무, 판매계약의 체결과 이행에 필요한 제반의 사무를 처리해 가고 있다. 판매자는 대체로 플랫폼 사업자와 기본이용약정을 맺을 때에는 별도의 대가를 지급하지 않지만 개별적 판매활동의 과정에서 계약성사 여하에 따른 플랫폼 이용료를 지급하게 된다.[34]

---

32) 이병준, "숙박플랫폼의 환불불가 조항과 약관규제법에 의한 내용통제", 「소비자법연구」 제6권 제3호(2010.11.), 75.

33) Vilgertshofer, Online−Plattformen und vertragliche Haftung, 2019, S. 48, 108−109.

플랫폼과 판매자 사이의 이용계약에 관하여는 법적 성질이 논의되는 데, 우선적으로 위임, 도급, 위임과 도급의 혼합계약이라는 견해들이 제시될 수도 있다.[35] 그렇지만 플랫폼 이용계약이 '일의 완성'을 급부목적으로 하는 도급계약이라고 파악하는 것에는 원칙적으로 동의하기 어렵다. 이에 플랫폼 사업자가 판매자에게 플랫폼 시스템을 제공하여 상품정보의 게시 등을 가능하도록 하여 판매자의 판매활동을 촉진한다는 점에서 플랫폼 이용계약은 기본적으로 타인 사무의 처리라는 위임적 성격을 갖는다고 이해된다.[36] 다만 계약의 법적 성질이라는 논의가 해당 계약관계에 따른 당사자의 권리·의무의 내용을 구체화하는 데에 그 목적이 있는 한,[37] 플랫폼 이용계약을 그저 위임계약이라고 파악하는 데 그칠 경우에는 플랫폼 이용계약에 따른 플랫폼 사업자의 의무와 책임을 보다 일반적 차원에서 명확히 하려는 계약 성질 결정의 취지에 기여할 수 없게 된다. 이런 맥락에서 온라인 플랫폼이 판매자와 구매자라는 양 그룹 사이에서 상품 등 거래 관련 정보의 게시, 계약의 체결과 이행에 필요한 일련의 사무처리와 함께 대금결제, 이용후기 절차 등을 통한 안전한 거래 시스템을 제공함으로써 개별적인 판매거래의 체결에 진력하는 활동에 주목하지 않을 수 없다.

상법은 이와 같은 거래의 알선과 중개활동이 타인 간의 상행위를 목적으로 영업상 이루어지는 경우에 이를 중개상(상법 제93조)이라고 규정하고 있는데, 전자상거래에서 중개활동을 수행하는 온라인 플랫폼이 상인과 (비)상인 사이의 (일방적) 상행위를 중개하는 경우에는 상법상의 중개상에 해당하게 된다.[38] 물론 온라인 플랫폼이 상법상의 중개상의 지위를 갖는다고 하더라도 중개상에 관한 상법규정은 온라인 플랫폼의 가상공간이라는 특성에 비추어 플랫폼에 대

---

34) 플랫폼의 이용료는 사적자치, 달리 말해 플랫폼이 추구하는 영업 모델에 달려 있음은 물론이다.

35) 정진명, "플랫폼을 이용한 전자거래의 법률문제", 「비교사법」 제24권 제4호(2017.11.), 1564.

36) 신봉근, "플랫폼 운영자의 계약상의 책임", 「(한국법학원) 법학연구」 제18권 제3호(2018.9.), 420, 424; 최지현, "온라인 플랫폼 사업자의 민사책임에 관한 연구", 「아주법학」 제12권 제4호(2019.12.), 158.

37) 김형배, 계약각론 [계약법], 1997, 박영사, 272.

38) 최나진, "개정 전자상거래소비자보호법상의 통신판매중개자의 지위와 책임", 「외법논집」 제40권 제3호(2016.8.), 109, 110-111; 최지현, "온라인 플랫폼 사업자의 민사책임에 관한 연구", 「아주법학」 제12권 제4호(2019.12.), 162.

해 그대로 적용될 수는 없다(가령 계약 체결의 서면 교부의무를 정한 상법 제96조 참조). 그러나 무엇보다 중요한 것은 위임의 일종이라고 볼 수 있는 중개인의 경우 서로 대립하는 이해관계를 갖는 양 당사자를 중개한다는 점에서 중개활동에서 중립성의 원칙을 견지해야 한다는 점이다(상법 제100조 제2항 참고).[39] 이러한 중개인의 중립성 원칙은 온라인 플랫폼의 경우에는 개별 거래의 차원을 넘어서 네트워크 효과의 추구와 유지를 위하여 판매자와 구매자 양 그룹의 입장과 이해를 고려하는 중간적인 시장규제자라는 역할에 비추어 더욱 강조된다.[40]

이와 같은 전자적 중개인의 기능은 데이터 플랫폼에서도 마찬가지이다. 물론 데이터 플랫폼의 중개 목적(타인 간의 상행위의 중개 여부), 상인성 여부는 개별적으로 판단되어야 할 바이지만, 데이터 플랫폼과 판매자의 이용계약이 구매자와의 데이터 거래를 중개하는 약정으로서의 성격을 갖는다는 점에는 변함이 없다. 데이터셋의 샘플 추출과 게시,[41] 데이터의 결합, 분석환경의 제공과 같은 데이터 플랫폼의 활동 역시 구매자의 수요를 자극하여 판매자와의 데이터 거래를 촉진하기 위한 일련의 활동이라고 파악되며, 판매자와 구매자에 대한 이용계약관계에서 플랫폼의 주의의무를 구체화하는 요소로서 고려하면 족할 것이다.

나. 플랫폼과 구매자 사이의 이용관계

플랫폼과 구매자 사이에서도 판매자와의 관계와 마찬가지로 기본이용약정과 구체적 상품의 구매를 위한 개별 이용관계가 존재한다. 이들 사이에 계약관계가 존재하지 않는다는 지적도 없지 않으나,[42] 플랫폼과 구매자 사이에서도 플랫폼 이용을 위한 회원가입의 절차와 후속적 구매활동을 위한 법률관계가 존재함은 의문이 없고 바로 이러한 법률관계에 기초하여 플랫폼의 구매자에

---

39) 김정호, 상법총칙·상행위법, 2014, 법문사, 315면.

40) 아래의 Ⅳ-2절 참고.

41) 이 같은 청약철회의 거절 요건과 관련하여 전자상거래법 제17조 제6항 참조.

42) 최지현, "온라인 플랫폼 사업자의 민사책임에 관한 연구", 「아주법학」 제12권 제4호(2019.12.), 157.

대한 주의의무가 인정될 수 있다. 물론 판매자의 플랫폼 이용과 달리 구매자의 플랫폼 이용관계는 개별 구매활동의 차원에서도 무상으로 이루어지는 경우가 적지 않다. 그러나 이 같은 이용대가의 여부는 계약법적 차원(계약관계의 존부나 계약의 성질 결정)에서 비롯하기 보다는 경제적 이유, 즉 수급의 경직성과 네트워크 효과의 창출과 유지를 위하여 판매자와 비교하여 구매자를 우대해야 하는 시장관계에서 설명될 수 있을 뿐이다.[43] 따라서 플랫폼과 구매자 사이의 이용관계 역시 판매자와의 법률관계와 마찬가지로 위임, 특히 중개계약의 성질을 갖고 있다.

다. 판매자와 구매자 사이의 판매관계

온라인 플랫폼이 구매자와의 관계에서 당사자 지위를 갖지 않는 중개 플랫폼의 경우 판매계약의 당사자는 판매자와 구매자의 관계에서 인정될 뿐이며, 플랫폼은 수차례 언급한 바와 같이 중개자의 지위를 가질 뿐이다. 이와 관련해 전자상거래법은 소비자인 구매자의 혼동을 방지하기 위하여 통신판매중개자로 하여금 자신이 통신판매의 당사자가 아니라는 사실을 사전에 명확히 고지할 것을 규정하고 있으며(전자상거래법 제20조 제1항), 이는 전자상거래 플랫폼에도 그대로 적용된다. 따라서 전자상거래 플랫폼은 각종 화면창, 이용약관 등을 통하여 구매자와의 관계에서 중개역할에 한정함을 분명하게 하고 있으며,[44] 데이터 플랫폼 역시 이용약관 등을 통하여 플랫폼의 서비스 이용과 관련하여 거래 시스템을 제공해 줄 뿐이며 스스로 데이터 거래의 당사자가 아님을 밝히고 있다.[45] 따라서 데이터 거래에서 판매된 데이터의 미전송 또는 잘못 등에 따른 책임은 기본적으로 판매자와 구매자 사이에서 문제될 것이다. 이에 관하여는 아래 IV−1절에서 좀 더 소상하게 살펴보도록 하겠다.

---

[43] 참고로 중개상의 경우 중개료지급에 관하여 당사자 쌍방의 균분부담의 의무를 규정한 상법 제100조 제2항은 다른 특약이나 관습이 없는 한 적용되는 임의규정이다. 김정호, 상법총칙·상행위법, 2014, 법문사, 320면.

[44] 예를 들어 쿠팡 이용약관 제32조.

[45] 금융데이터거래소 이용약관 제4조, 제14조, (산업통산산업부의) 데이터플랫폼형 표준계약서 제5조.

Ⅲ. 오픈마켓의 이용약관과 (데이터) 판매거래의 계약 내용

1. 오픈마켓의 이용약관

　　온라인 플랫폼은 다수의 회원을 상대로 플랫폼 서비스를 제공하는 데 필요로 하는 주요한 이용약정을 미리 작성, 제시함으로써 플랫폼 시장을 통일적으로 형성, 관리하고자 한다. 예를 들어 전자상거래 플랫폼은 이용약관을 통하여 회원가입의 절차, 회원의 승인과 자격상실, 회원의 권리·의무, 지급 방법 등에 관한 일반적 규정을 게시한 다음에 회원 서비스를 이용하고자 하는 자가 이 약관에 동의할 경우에만 회원가입을 신청할 수 있도록 규정하고 있으며,[46] 이는 데이터 플랫폼의 경우에도 마찬가지이다.[47] 그런데 플랫폼의 이용약관은 회원가입 등의 플랫폼 시스템 자체의 이용관계에 관한 사항을 정하는 데 그치지 않고 오픈마켓에서 이루어지는 상품판매에 대한 규율 역시 담고 있는 경우가 적지 않다. 이는 오픈마켓의 rule maker인 플랫폼 사업자가 온라인 시장에서의 거래관계를 통일적으로 규율하려는 필요에서 비롯한 것인 데, 전자상거래 일반의 경우 환급조치, 청약철회·취소 및 그 효과 등에 관한 사항을 그 예로서 들 수 있다.[48] 데이터 플랫폼에서도 이와 같은 사정은 동일하여, 가령 금융데이터거래소의 이용약관은 제12조의2 제2항에서 다운로드형 상품거래의 경우에 "상품 수신일자로부터 최대 15일까지 재수신이 가능합니다."라고 그리고 같은 약관 제15조의3 제4항에서 "구매회원은 비용 청구를 받은 날로부터 14일 이내에 거래소에 비용을 지급"하여야 한다는 내용으로 데이터 상품의 공급조건에 관한 사항을 규정해 두고 있다.

　　온라인 플랫폼의 이용관계가 플랫폼 사업자에 의해 작성, 제시된 약관을 이용하여 형성될 수밖에 없는 상황에 비추어, 오픈마켓의 이용약관이 (플랫폼 사업자를 당사자로 하지 않는) 개별 판매거래의 내용을 구성할 수 있는지 여부와

---

46) 쿠팡 이용약관 제6조 이하.
47) 가령 금융데이터거래소 이용약관 제6조 이하.
48) 쿠팡 이용약관 제23조 이하.

더불어 만약 개별 판매거래에 편입된 이용약관의 내용이 상대방인 고객에게 공정하지 못한 경우에 누구를 상대로 시정명령 등의 조치가 이루어져야 하는지 살펴볼 필요가 있겠다.

2. 오픈마켓 이용약관의 개별 판매계약관계에의 편입

오픈마켓의 이용약관이 개별 판매거래의 계약 내용을 구성하는 지 여부가 문제되는 것은 위 II에서 설명한 플랫폼을 이용한 거래관계의 3면적 법률관계에서 비롯한다. 다시 말해 플랫폼 거래에 관계하는 각 약정의 당사자가 달라짐으로써 야기되는 문제로서, 이용약관은 플랫폼 사업자와 판매자, 플랫폼 사업자와 구매자 사이에서 사용되는 반면, 플랫폼을 이용해 중개되는 개별 상품판매에서는 판매자와 구매자가 계약 당사자로 인정되기 때문이다. 따라서 오픈마켓 사업자에 의하여 플랫폼 이용관계에서 제시된 이용약관이 개별 판매계약의 내용 일부를 규정하고 있을 경우에는 어떠한 계약법적 근거 하에서 개별 판매계약에 대한 효력을 가질 수 있는지 설명되어야만 한다.

이러한 문제에 대하여 독일에서는 인터넷 경매절차에 의한 상품거래를 둘러싸고 논의를 시작하여 최근에는 온라인 플랫폼을 이용한 거래 일반에서 다루어지고 있다.[49] 인터넷 경매절차나 상거래 플랫폼을 이용한 거래관계에서 3면의 계약관계가 있음에 착안하여 독일의 일부 학설은 '제3자를 위한 계약'의 법리를 활용하려는 견해를 피력한 바 있다. 이 입장에 따르면 인터넷 서비스를 이용하는 계약을 체결할 때에는 인터넷 제공업체와 그 이용자 사이에 (개별 상품에 관한) 장래의 계약상대방인 제3자를 위한 계약을 체결하는 것으로 본다는 것이다.[50] 그러나 제3자를 위한 계약의 구성은 수익자의 수익의 의사표시를 필요로 한다는 점, 위 이용약관의 내용 중에는 수익자(장래의 계약상대방)에게 이익이 되지 않는 내용도 포함할 수 있다는 점 등에서 일반적으로 받아들여지지는

---

49) 이에 관하여는 이병준, "가상시장의 규칙인 인터넷경매이용약관의 편입과 그 규제", 「법조」 제51권 제9호(2002.9), 119.

50) 독일 학설의 소개로는 이병준, "가상시장의 규칙인 인터넷경매이용약관의 편입과 그 규제", 「법조」 제51권 제9호(2002.9), 136-138면.

않고 있다.[51] 이에 최근에는 이용약관과 개별 판매거래의 관련 정도에 따라 그 양상을 다음과 같이 나누어 판단하고 있다고 여겨진다.[52] 먼저, 플랫폼 사업자가 플랫폼 이용관계에서 제시한 이용약관이 판매자와 구매자의 판매거래에서 그대로 사용·반영되는 경우를 생각할 수 있다. 가령 호텔 예약 플랫폼 Airbnb의 경우 그 이용약관에서 예약 후 환불 조치와 관련하여 유연, 일반, 엄격과 같은 옵션을 미리 제시해 두고 있으며 이 같은 환불 내용은 옵션 중의 하나가 선택된 이상 숙박업자와 고객의 개별 숙박관계에 그대로 반영되도록 되어 있는데,[53] 이러한 경우에는 플랫폼의 해당 이용약관이 판매업자의 선택을 통하여 개별 판매계약의 내용으로 직접 편입된다고 보면 족할 것이다.

　위의 상황과 비교해 보다 문제가 되는 경우는 바로 이러한 직접적 편입과정을 거치지 않은 상황, 다시 말해 플랫폼의 이용약관이 개별 판매계약의 과정에서 다시 반영, 표현되어 있지 않은 경우이다. 이에 대하여 인터넷 경매절차를 가지고 예시한다면 아래와 같다.

　인터넷 경매절차를 통하여 물품을 판매할 의사를 가진 판매자 甲이 인터넷 경매업자 A의 (판매자) 이용약관에서 일정 기간 동안 등록상품을 내리지 못한다는 규정에 동의하면서 판매상품을 등록해 두고 있던 도중에 어떤 구매 희망자(입찰자) 乙이 해당 상품을 구매하려고 입찰하자 판매자 甲이 ─위 규정이 경매업체 A의 약관에서 제시된 바에 불과하므로─ (판매자 이용약관의 상대방이 아닌) 구매자 乙과의 관계에서는 임의로 등록상품을 내릴 수 있으므로 위 구매자 乙에 대한 낙찰이 이루어지지 않는다고 주장하는 경우를 생각해 볼 수 있다. 이와 같은 사례형상에서 독일 법원과 학설은 위와 같은 약관내용이 그 약관 사용의 당사자(A와 甲)가 아닌 관계에서는 직접 계약의 내용으로 편입될 수는 없다고 판단하였다. 그렇지만 계약 해석의 법리, 즉 플랫폼의 이용약관이

---

51) 이병준, "가상시장의 규칙인 인터넷경매이용약관의 편입과 그 규제", 「법조」 제51권 제9호 (2002.9), 138─139면.

52) Olmor, Haftung von Airbnb für unwirksame Stornierungsbedingungen, juris Monatszeit─schrift 2017, 134, 139.

53) 에어비앤비의 환불정책. https://www.airbnb.co.kr/home/cancellation_policies (2021.2.10. 최종 방문) 참고.

(판매계약의 일방 당사자인) 약관 사용의 상대방 甲 이외에 판매계약의 상대방 乙에게도 알려져 있거나 알려져 있다고 볼 수 있는 경우에는 그 약관은 판매계약 관계(甲·乙의 관계)의 해석기준으로 기능하게 되고 이로써 판매계약 당사자의 의사표시는 위 이용약관의 내용에 따라 해석되어야 한다는 것이다.[54]

　　플랫폼 이용약관의 판매계약 내용에의 편입 내지 영향에 대한 이와 같은 법리 구성은 기본적으로 타당하다고 이해된다. 특히 이 장에서 다루고 있는 데이터 플랫폼과 관련하여 예를 들어 '금융데이터거래소'의 이용약관은 플랫폼 이용약정을 맺음에 있어서 판매회원과 구매회원 모두에게 공통된 약관을 마련, 제시하고 있다.[55] 그렇다면 이들 데이터 플랫폼의 이용약관에서 정해 둔 판매계약에 관한 규정 내용은 직접 또는 적어도 해석기준으로서 개별 데이터 거래에 편입되거나 계약 내용을 이루게 될 것이다.

3. 오픈마켓 이용약관의 약관법에 의한 내용통제

　　플랫폼 사업자가 판매자, 구매자와의 이용관계 형성을 위하여 제시한 이용약관이 일방성, 정형성, 사전성[56]을 갖추고 있는 한 약관규제법의 적용 하에 상대방인 고객에 대한 공정성 여부의 심사를 받게 된다. 예를 들어 플랫폼 이용약관에서 플랫폼 서비스의 일방적 중단, 변경 가능성 유보 조항은 내용통제의 여지를 가질 수 있으며,[57] 중개 플랫폼의 활동은 아니지만 데이터의 직접 판매를 위하여 한국데이터산업진흥원이 2019년 표준계약서의 방식으로 제시하

---

54) 이 같은 법리는 독일 법원의 경우 ricardo.de 판결(BGH NJW 2002, 363) 이래로 정착된 법리라고 평가된다. 이병준, 이병준, "가상시장의 규칙인 인터넷경매이용약관의 편입과 그 규제", 「법조」 제51권 제9호(2002.9), 135, 138-139면; 최근의 관련된 독일 판결례 소개로는 박신욱, "페이팔(PayPal)을 통한 온라인결제 방식의 법적 쟁점 및 환불약관의 효력", 「재산법연구」 제36권 제1호(2019.5), 27, 37-38면.

55) 물론 플랫폼은 사업방침에 따라서 구매회원을 포괄하는 가입회원 이용약관과 함께 판매회원에게 제시되는 판매회원 이용약관을 별도로 마련할 수 있다.

56) 약관의 규제에 관한 법률 제2조에 따른 "계약의 일방 당사자가 여러 명의 상대방과 계약을 체결하기 위하여 일정한 형식으로 미리 마련한 계약의 내용".

57) 예를 들어 쿠팡 이용약관 제4조, 제5조에서 정한 바와 같이 일시적 서비스 중단의 사유 한정 및 서비스 중단에 따른 회원에 대한 손해배상의 조치 그리고 서비스 변경에 대한 사전고지의 규정 내용 등에 비추어 해당 약관 조항의 타당성은 인정된다고 할 것이다.

고 있는 '데이터 제공형 표준계약서' 제7조 제3항에서 제공데이터의 완전성, 안전성 등에 대한 보증배제 조항[58]은 '상당한 이유 없는 사업자의 책임 배제·제한' 여부의 관점에서 약관규제법의 심사대상이 될 수 있다고 보여진다.

한편 플랫폼 이용약관의 내용통제에 있어서도 보다 주목되는 바는 플랫폼 이용약관에서 플랫폼 서비스 자체의 이용을 넘어서 개별 판매계약의 거래내용을 구성하는 약관내용에 대한 통제라고 할 것이다. 전자상거래 플랫폼에서 문제되는 경우를 가지고 예시하면, 호텔 예약 플랫폼이 이용회원인 숙박고객에게 불리한 환불불가 조항을 이용약관에서 제시한 다음에 숙박업자와 고객 사이에서 개별적으로 숙박계약을 체결할 때에 그 약관 조항이 숙박계약의 내용을 이루게 되는 경우를 생각할 수 있겠다.[59] 이 역시 플랫폼을 이용한 상품판매의 3면적 법률관계에서 비롯된 문제라고 하겠는 데, 불공정성이 다투어지는 조항이 플랫폼 사업자에 의하여 구매자에게 제시된 이용약관에서 미리 규정되어 있었고 이러한 이용약관에 따라 구매자가 합리적 이유 없이 불공정한 내용으로 개별 판매계약을 맺게 된 경우에는 이용약관을 제시한 플랫폼 사업자에 대하여 시정명령 등의 조치가 내려질 수 있다고 생각된다.[60]

물론 약관규제법의 적용대상인 약관을 사용한 사업자란 "계약의 한쪽 당사자로서 상대 당사자에게 약관을 계약의 내용으로 할 것을 제안한 자"이어야 한다(약관규제법 제2조 제호). 따라서 오픈마켓 사업자가 판매자와 구매자 사이에

---

[58] 데이터 제공형 표준계약서 제7조(제공데이터 등에 대한 보증 등) ③ 갑은 제공데이터의 정확성, 완전성(데이터에 하자 내지 결함이 없음), 안전성(데이터에 바이러스 등 악성코드가 없음), 유효성(본 계약 목적에의 적합성)을 보증하지 않는다. 다만 위의 표준계약서는 2023년 개정작업 중인 것으로 알려져 있으며 제조데이터 공유규범 제16조, 산업데이터제공형 표준계약서 제8조를 비교하여 참고하기 바람.

[59] 숙박예약 플랫폼인 Airbnb의 엄격 환불조항(지금은 불공정성을 인정받아서 더 이상 사용되지 않지만 당시 '숙소 도착 7일 전까지 예약취소 시 50% 환불')이나 최근 시정명령의 정당성 여부가 다투어지고 있는 부킹닷컴의 환불불가조항(환불불가조항이 기재된 객실을 예약하였다가 취소한 경우에 미리 결제한 숙박대금을 환불받지 못한다는 조항)을 그 예로서 들 수 있다. 전자에 관하여는 오승유, "숙박공유 플랫폼 약관의 불공정성", 「소비자법연구」 제5권 제2호(2019.7.), 285면. 후자에 대해서는 이병준, "숙박플랫폼의 환불불가 조항과 약관규제법에 의한 내용통제", 「소비자법연구」 제6권 제3호(2010.11.), 65; 최병규, "부킹닷컴 '환불불가 상품조항'의 불공정 약관 여부", 「경제법연구」 제19권 제2호(2010.8.), 117.

[60] 바로 위 각주에서 소개한 Airbnb 엄격 환불조항에 대한 공정거래위원회의 시정명령 등의 조치에 관하여는 공정거래위원회 2016.11.15. 의결 제2016−314호.

서 중개 플랫폼으로 기능하는 경우에는 (불공정한 거래내용을 구성하는) 개별 판매계약의 당사자는 아니므로, 위 소정의 사업자성 여부는 충분히 다투어질 수 있다.[61] 그렇지만 사견에 따르면 ① 개별 판매계약에서 고객(=구매자)에게 불리한 거래내용을 구성하게 되는 조항이 플랫폼 이용약관에 제시되어 있다는 사정, ② 이 같은 플랫폼 이용약관은 플랫폼 사업자가 이용회원인 구매자와의 이용계약을 맺기 위하여 마련해 두고 있다는 점 그리고 ③ 플랫폼 이용약관은 플랫폼 서비스 자체의 이용만이 아니라 플랫폼에서 이루어지는 개별 판매계약의 통일적 규율에 필요한 규정을 두고 있다는 점 등에 비추어 플랫폼 이용약관이 개별 판매거래에서 플랫폼 이용회원인 구매자에게 불리한 조항을 두고 있는 경우에는 약관규제법상의 사업자에 해당된다고 할 것이다. 다만 플랫폼의 오픈마켓이라는 중개모델에 비추어 구매자(고객)에 대한 불공정성 여부는 플랫폼 이용약관이 직접 편입되거나 해석표준으로서 계약 내용을 이루고 있는 판매계약을 중심으로 검토되어야 할 것임은 물론이다. 최근에는 플랫폼 이용관계의 차원을 넘어서 플랫폼의 중개로 체결된 개별 판매관계와 관련하여서도 플랫폼 사업자의 (약관규제법적 의미에서) 사업자성을 확대하고자 하는 이론 구성도 시도되고 있다.[62]

　데이터 플랫폼의 이용관계 역시 데이터 플랫폼과 이용자 사이의 계약관계로서 플랫폼 사업자가 다수 이용자와의 계약 체결을 위하여 미리 마련해 둔 이용약관에 따르고 있는 한 그 이용약관은 약관규제법의 적용을 받게 될 것이다.[63] 이와 관련해 금융 빅데이터 플랫폼 회원약관 제8조 제3항, 금융데이터거래소 이용약관 제5조에서는 상거래 플랫폼의 이용약관과 마찬가지로 서비스

---

[61] 플랫폼 중개구조에 따라 이용관계에서 제시된 이용약관의 통제 가능성을 긍정하는 견해로는 이병준, "숙박플랫폼의 환불불가 조항과 약관규제법에 의한 내용통제", 「소비자법연구」 제6권 제3호(2010.11.), 85; 아마도 다른 접근태도로는 최병규, "부킹닷컴 '환불불가 상품조항'의 불공정 약관 여부", 「경제법연구」 제19권 제2호(2010.8.), 131-132; 최근 문헌으로는 김수진, "글로벌 온라인 플랫폼 업체의 환불 불가 조항에 대한 공정위 시정명령 및 행정소송 고찰", 「법조」 제72-1호(2023.1), 262면 이하.

[62] 이병준, "숙박플랫폼의 환불불가 조항과 약관규제법에 의한 내용통제", 「소비자법연구」 제6권 제3호(2010.11.), 85-91면.

[63] 금융데이터거래소의 이용약관 제3조.

일시중단, 변경에 관한 조항을 두고 있는데 기술적 필요에 따른 불가피한 조치
로서 타당성을 인정할 수 있을 것이다. 또한 이들 약관에서는 데이터 플랫폼을
통하여 거래된 데이터 상품은 (전송 중이거나 전송이 완료된 경우) 취소, 환불되지
않는다고 규정하고 있다.[64] 이러한 조항은 디지털화 된 상품의 특성에 비추어
타당하다고 인정되는데, 바로 다음 IV에서 데이터 거래의 법적 성질과 함께 서
술하도록 하겠다.

IV. 오픈마켓의 중개를 통한 (데이터) 판매거래에 따른 개별 문제

플랫폼의 중개를 통한 데이터 거래는 판매자와 구매자 사이의 계약관계이
다. 이에 오픈마켓에서 이루어지는 데이터 거래의 각론적 문제로서 아래에서는
먼저 데이터 판매자의 권리·의무를 살펴보도록 하겠다. 물론 데이터 판매자와
구매자의 계약관계는 플랫폼 거래에서 비롯하는 특유한 문제는 아니며, 또한
이에 관하여는 이미 이 책의 다른 논문에서도 다루어지고 있는 관계로 여기에
서는 데이터 판매자의 의무를 중심으로 간략하게나마 살펴보도록 한다. 그런
다음에 플랫폼에서 중개된 (데이터) 판매관계의 급부장애에 따른 플랫폼 사업자
의 의무 위반과 책임 여부를 검토하게 될 것이다. 특히 최근 전자상거래 일반
에서 플랫폼 사업자에 대하여 판매거래의 계약위반과 관련하여 판매자와 별도
로 독자적 책임을 인정해야 한다는 논의가 제기되고 있어 이에 대해서도 언급
하려고 한다.

1. 데이터 판매자와 구매자의 계약관계

이들 사이의 계약관계와 관련하여 무엇보다 데이터 거래의 성질 결정에서
시작할 필요가 있다. 계약 성질 결정의 문제는 일반적으로 해당 계약에 따른
권리와 의무 및 이를 통한 전형계약 해당성을 분명하게 밝히고 이로써 약관의

---

64) 금융 빅데이터 플랫폼 회원약관 제10조; 금융데이터거래소 이용약관 제21조 참고.

내용통제에서 해당 전형계약의 민법 규정을 일응의 규준으로 하는 데에 그 의미가 있다.[65] 예를 들어 소프트웨어의 구매자가 별도의 개별 약정이 없는 상황에서 자신이 구매한 소프트웨어를 제3자에게 자유로이 양도할 수 있는지와 관련하여 소프트웨어 판매거래가 매매 계약이라고 여겨지는지 아니면 임대차계약의 성질을 갖는다고 보는지에 따라 그 접근이 달라지지 않을 수 없을 것이다.

물론 데이터 거래의 경우에도 다른 계약에서와 마찬가지로 그 성질 결정은 개별 당사자의 합의 또는 약관에서 정한 권리의무의 내용에 따라 구체적으로 해석되어야 할 것이다. 또한 데이터가 갖는 비경합성, 비배제성에 따라 유체물과 비교하여 논의의 어려움이 있는데, 일반적으로는 데이터 거래에 관하여 소프트웨어 계약에서 익숙해진 바와 같이 라이선스 계약이라고 파악하는 경향이 엿보인다.[66] 그런데 최근에는 데이터가 DVD, USB 등과 같은 유형적 저장 매체에 담겨서 교부되는 경우에 이를 동산매매로서 취급할 수 있으며, 이와 마찬가지로 저장매체의 직접적인 제공·교부의 방법에 의하지 않은 채 가령 데이터의 판매자가 대가를 지급받고 구매자의 저장매체에 데이터를 직접 기입해주거나 구매자가 판매자의 데이터를 다운로드 받는 방법으로 데이터의 전송이 이루어지는 경우에도 매매 (유사) 계약으로 취급할 수 있다는 견해가 주장되고 있다.[67] 개인적으로는 후자의 견해에 찬동하는데, 데이터 거래가 데이터의 비경합성으로 말미암아 물건의 경우와는 달리 (판매자의 지배에서 완전히 벗어나) 구매자(만)의 이용·지배상태를 창출한다고 말할 수는 없을 것이다. 그렇지만 이는 데이터라는 거래객체의 특성에서 비롯한 차이일 뿐이며, 그 계약 내용이 구매자에 대하여 데이터의 이용·접근 권한을 종국적으로 부여하고 있는 이상 매

---

[65] 김형배, 계약각론 [계약법], 1997, 박영사, 272.

[66] 그 근거로 한국데이터산업진흥원이 2019년 발간한 데이터 거래 가이드라인(15면)에 따르면 데이터 판매자와 구매자 사이의 데이터 제공계약은 데이터 제공자가 데이터 이용자에게 데이터의 이용을 허락하는 일종의 라이선스 계약이라고 파악하고 있다. 한편 최신영, "인공지능과 데이터 거래에서의 법적 쟁점"(한국경영법률학회 2020년 12월 11일 「인공지능 활용과 법적 대응 및 방향」 자료집), 112면 참고.

[67] 이동진, "데이터 소유권, 개념과 그 실익", 「정보법학」 제22권 제2호(2018.12.), 219, 231; 아마도 이상용, "데이터 거래의 법적 기초", 「법조」 제728호(2018.4.), 60. 독일의 다수 견해라고 이해되는데, 이에 관하여는 Hoeren·Pinelli, Daten im Rechtsverkehr, JZ 2020, 880.

매 유사의 계약으로 다루어져야 할 것이다. 참고로 독일 민법은 2002년 채권법 현대화 과정에서 민법 개정을 단행하면서 지식재산권에 의하여 보호되지 않는 발명·창작, 기술적 know how 등과 같은 영업정보의 거래에 대하여 매매 계약의 규정이 적용될 수 있음을 분명히 하고 있다(독일 민법 제453조). 다만 데이터 거래가 매매 유사의 계약으로서 구매자에게 데이터의 종국적 이용·접근 권한을 부여하는 것으로 이해한다고 하더라도 판매자는 데이터의 속성상 구매자의 제3자에 대한 이전가능성을 제한·금지할 수 있다고 생각된다.[68]

데이터 거래에 따른 판매자와 구매자의 권리의무는 이들 약정에서 구체적으로 정해짐은 물론인데, 판매자의 주된 의무는 약정한 시점과 정해진 방법에 따라 구매자에게 데이터를 전송하는 것이라고 하겠다. 따라서 데이터의 전송이 잘못되거나 손상된 경우 또는 약정된 잠금상태를 갖추어 전송되지 않았거나 약정 내용과 달리 제3자의 권리나 개인정보로 인하여 구매자가 제공된 데이터를 제대로 이용할 수 없게 되는 경우에 판매자는 구매자에 대하여 계약위반의 책임을 부담하게 될 것이다. 한편 데이터의 품질과 관련하여 기술적으로는 데이터의 정확성, 안전성, 완전성, 실재성(actuality) 등의 요청이 제기되고 있는데, 시중에서 볼 수 있는 계약 규정 중에는 제공자가 데이터의 품질에 대하여 보증하지 않으며 고의 또는 중과실에 한하여 책임을 질 뿐이라는 규정을 두고 있는 경우도 있다.[69] 데이터의 특성과 통신기술의 발달 등에 따라 데이터 제공자의 책임을 제한하려는 취지임은 잘 이해되며, 또한 데이터가 갖는 정보의 인식적 측면(활용)과 관련하여 도서 구입이 구입한 도서의 내용을 보증할 수 없는 것과 마찬가지로 데이터의 구매 목적에의 적합성 등에 대해서는 별도의 자문약정을 필요로 할 수도 있을 것이다. 그러나 일체의 면책약정, 특히 제공자가 자신이 전송하는 데이터의 완전성·안전성을 보장하지 않겠다는 약정, 더욱이 약관에 의한 이 같은 면책합의는 거래의 대가성, 제공데이터의 내용 등에 비추어 공정성 여부의 심사를 필요로 할 것이다.[70] 소프트웨어의 하자 관련 분쟁이 논의된

---

68) 가령 제조데이터공유규범 제11조 제2항, 산업데이터제공형 표준계약서 제4조 제3항.
69) 가령 제조데이터 공유규범 제3항, 제6항 참고. 이와 달리 데이터 제공형 거래에서 하자담보 책임의 인정과 고의·과실의 유책성 원칙에 따른 계약규범으로는 산업데이터제공형 표준계약서 제8조, 제13조 참조.

지 오래인데,[71] 데이터 거래가 활성화될수록 크게 다르지 않을 것으로 생각된다. 판매자의 계약위반에 따른 손해배상책임에 관하여는 배상액 산정의 곤란에 따라 배상액 예정의 조항이 권고되고 있으며, 서비스 이용과 관련된 통상손해로 한정하여 구매자의 특별한 사정에 따른 손해에 대해서는 면책약정을 두는 경우도 있다.[72] 그리고 판매자의 계약위반이 업데이트, 제3자의 사용 허락 획득 등과 같이 추완청구에 의한 구제가 가능한 경우에는 구매자의 추완청구권도 인정된다고 하겠다.

한편 데이터 거래와 관련하여 데이터의 정보적 특성에 따른 계약의 철회·해제의 개별 내용을 살펴보도록 하겠다. 잘 알려져 있는 바와 같이 전자상거래에서는 소비자의 보호를 위하여 계약의 철회 가능성을 인정하고 있는데, 온라인으로 이루어지는 데이터 거래의 경우에도 소비자인 구매자에게는 일정한 요건 하에 청약철회가 인정될 수 있다. 물론 이미 데이터의 제공이 개시된 경우에 청약철회는 거절될 수 있는데, 이를 위하여 데이터 판매자는 사전에 데이터의 샘플을 게시해 두어야 한다(전자상거래법 제17조 제2항 제5호, 제6항).[73] 그리고 구매자의 청약철회가 인정되거나 계약이 해제·종료되는 경우에 제공된 데이터의 반환이 문제되는 데, 이용자는 제공받았던 데이터를 삭제함으로써 반환의무를 이행하게 되며[74] 약정한 바에 따라서는 삭제 사실의 증명서를 제출해야 한다. 최근에는 삭제와 그 증명 조치만으로 제공된 데이터의 삭제가 완전히 보장되지 않다는 점에서 제공데이터에의 접근을 아예 기술적으로 봉쇄하기 위하여 암호화(Encrypt) 등의 절차가 고려되기도 한다고 한다.[75] 더 나아가 계약해제에 따른 (원물에 갈음하는) 가액 또는 (원물로부터 얻은) 과실의 반환과 관련하여, 데이터 거래의 해제·해지로 인한 데이터 삭제 등의 조치와 더불어 구매자

---

70) Hoeren · Pinelli, Daten im Rechtsverkehr, JZ 2020, 883.
71) 가령 홍춘의, "컴퓨터 소프트웨어의 오류와 민사책임", 「기업법연구」 제20권 제1호(2006.3.), 335.
72) SK Data Hub 서비스 이용약관 제27조 제1호.
73) 제조데이터 공유규범 제24조, 산업데이터플랫폼형 표준계약서(플랫폼운영자 – 데이터제공자) 제7조 제2항.
74) 제조데이터 공유규범 제20조, 산업데이터제공형 표준계약서 제17조 참조.
75) Hoeren · Pinelli, Daten im Rechtsverkehr, JZ 2020, 881.

가 제공된 데이터로부터 얻은 인식 등의 부수적 성과(가령 신제품의 개발)의 반
환 여부가 문제될 수 있다. 구매자의 인식 또는 신제품 개발이 반환 목적물의
가액이나 과실이라고 할 수는 없지만 사용이익으로 볼 여지는 있으며, 구매자
의 이러한 사용이익 역시 무형적으로 그 가액을 산정하기 곤란하다는 점에서
데이터의 구매대금(또는 그 일정 비율)으로 반환 가액을 미리 약정하는 것도 계
약 실무에 권유할 만하다고 여겨진다.[76][77]

2. 중개 플랫폼 사업자의 판매거래의 급부장애에 관한 주의의무

전자상거래 일반의 경우와 마찬가지로 데이터 중개 플랫폼의 약관에서도
플랫폼은 판매계약의 당사자가 아니며, 따라서 데이터 거래의 급부장애는 판매
계약의 당사자 사이에서 문제되며 플랫폼은 이에 대하여 아무런 책임을 부담
하지 않는다고 정하고 있다.[78] 이 같은 약관은 본질적으로는 중개인의 역할에
상응하는 것인 바, 중개인은 별도의 특약이 없는 한 중개행위로 계약이 성립된
경우에 비로소 중개료지급청구권을 갖게 될 뿐이므로 중개행위에 진력해야 할
주된 의무를 부담하지 않는다.[79] 또한 중개인은 일방적 위탁이 아닌 경우에는
양 당사자 사이에서 중립적 지위를 견지해야 하며, 이에 중개되는 거래 일방의
상품정보 등을 상대방에게 그대로 전달하면 족하고 중개 목적물에 관하여 중
개인이 스스로 점검, 조사해야 할 의무를 원칙적으로 부담하지 않는다.[80] 더욱

---

76) Hoeren·Pinelli, Daten im Rechtsverkehr, JZ 2020, 882.

77) 그 외 데이터 거래에서 고려해야 할 여러 세부사항에 관하여는 최신영, "인공지능과 데이터
거래에서의 법적 쟁점"(한국경영법률학회 2020년 12월 11일 「인공지능 활용과 법적 대응 및
방향」 자료집), 114-5면 참고.

78) 금융데이터거래소 이용약관 제4조 제3항, 제23조. 이런 한도에서는 제조데이터 공유규범 제
24조 제3항(다만 플랫폼 이용자와의 명시적 합의에 따른 보증책임의 가능성). 한편 산업데이
터플랫폼형 표준계약서(플랫폼운영자-데이터제공자) 제5조 제2항 참고.

79) 김정호, 상법총칙·상행위법, 2014, 법문사, 315면.

80) 독일 민사법학계의 통설. Roth, in: Münchener Kommentar zum BGB, 7.Aufl., 2017, § 652 Rn.
264. 물론 이는 당사자의 약정 등에 따라 달라질 수 있다고 여겨지며, 우리나라의 경우에는
부동산 중개인에 대하여 중개 목적물의 권리관계에 대한 조사·확인의무를 지우고 있다. 공
인중개사법 제25조 참조.

이 데이터 중개 플랫폼 역시 상거래 플랫폼 일반과 마찬가지로 데이터 판매자에게 거래 시스템을 제공할 뿐이며, 판매자 스스로 데이터 상품의 등록 등의 과정을 진행하도록 정하고 있다. 이에 데이터 중개 플랫폼으로 하여금 판매자가 입력, 게시한 상품정보 등을 일일이 검색, 조사하라고 기대하기에는 무리가 있으며, 따라서 판매자 정보에 대한 데이터 중개 플랫폼의 검사의무는 원칙적으로 인정되지 않는다고 생각된다.

그러나 거래 대상에 대한 검사의무의 원칙적 부정에도 불구하고 사견으로는 중개 플랫폼이 중개 목적물의 이상을 이미 알고 있거나 그 이상이 명백하여 손쉽게 확인 조치를 취할 수 있었음에도 이를 게을리한 경우에는 구매자에 대한 관계에서 판매거래의 급부장애에 따른 자기책임을 면할 수는 없다고 생각된다. 또한 중개 플랫폼이 판매자로 하여금 상품정보를 게시하도록 가상공간을 제공하는 중개적 역할에 그치지 않고, 전자상거래에서 자주 보이듯이 보다 적극적으로 판매자의 상품을 추천하고 그 과정에서 판매자의 (실제와 다른) 상품정보를 따로 확인하지 않은 채 그대로 활용한 경우에도 중개 플랫폼의 구매자에 대한 이용관계에서 비롯한 부수적 의무 위반에 따른 책임을 인정할 수 있을 것이다.[81] 플랫폼에서 이루어진 판매거래의 계약위반에 대한 이와 같은 온라인 플랫폼의 책임은 온라인 서비스 제공자가 자신이 운영하는 인터넷 포털 사이트에서 제3자의 저작권을 침해하는 게시물이 게재되었을 경우에 피해자에게 손해배상책임을 부담하게 되는 경우와 비견해 볼 수 있다. 즉, 대법원의 판례 법리에 따르면 "인터넷 포털 사이트를 운영하는 온라인 서비스 제공자가 제공한 인터넷 게시공간에 타인의 저작권을 침해하는 게시물이 게시되었고 그 검색 기능을 통하여 인터넷 이용자들이 위 게시물을 쉽게 찾을 수 있다 하더라도, 위와 같은 사정만으로 곧바로 위 서비스 제공자에게 저작권 침해 게시물에 대한 불법행위책임을 지울 수는 없다. 다만 (…) 위 서비스 제공자가 제공하는 인터넷 게시공간에 게시된 저작권 침해 게시물의 불법성이 명백하고, 위 서비

---

81) Vilgertshofer, Online‑Plattformen und vertragliche Haftung, 2019, S. 199 이하; 플랫폼의 상품 추천에 따른 책임에 관하여는 정진명, "플랫폼을 이용한 전자거래의 법률문제", 「비교사법」 제24권 제4호(2017.11.), 1587; 또한 최지현, "온라인 플랫폼 사업자의 민사책임에 관한 연구", 「아주법학」 제12권 제4호(2019.12.), 165.

스 제공자가 위와 같은 게시물로 인하여 저작권을 침해당한 피해자로부터 구체적·개별적인 게시물의 삭제 및 차단 요구를 받은 경우는 물론, 피해자로부터 직접적인 요구를 받지 않은 경우라 하더라도 그 게시물이 게시된 사정을 구체적으로 인식하고 있었거나 그 게시물의 존재를 인식할 수 있었음이 외관상 명백히 드러나며, 또한 기술적, 경제적으로 그 게시물에 대한 관리·통제가 가능한 경우에는 위 서비스 제공자에게 그 게시물을 삭제하고 향후 같은 인터넷 게시공간에 유사한 내용의 게시물이 게시되지 않도록 차단하는 등의 적절한 조치를 취하여야 할 의무가 있으므로, 이를 위반하여 게시자의 저작권 침해를 용이하게 하는 경우에는 위 게시물을 직접 게시한 자의 행위에 대하여 부작위에 의한 방조자로서 공동불법행위책임이 성립한다."라고 판단하고 있다.[82]

온라인 플랫폼의 주의의무에 대한 근거와 더불어 언제 플랫폼이 상품의 이상 내지 허위 정보에 대한 구체적 인식을 가졌다고 볼 수 있는지에 대해서는 별도의 지면을 통하여 설명하도록 하겠는 데, 여기서 제시되는 오픈마켓의 책임요건 그 자체는 데이터 플랫폼에 대해서도 그대로 적용될 수 있다고 생각된다. 데이터 플랫폼 역시 데이터 거래의 활성화와 안전하고 신뢰할만한 시장의 조성을 위하여 광고와 검색 서비스의 제공, 데이터 샘플의 추출 및 데이터 전송의 안전성 확보를 위한 기술적 조치 등을 담당할 수도 있으며,[83] 이런 한도에서 데이터 거래의 중개 과정에서 플랫폼 자신의 주의의무 위반에 대해서는 스스로 책임을 부담하여야 할 것이다.

3. 플랫폼 계약 책임 강화 논의의 데이터 플랫폼에의 적용 가능성

판매관계의 계약위반에 따른 플랫폼의 구매자에 대한 책임과 관련하여 끝으로 유럽법 연구소(European Law Institute)가 2020년 발표한 온라인 플랫폼의 모델법안(Model Rules on Online Platforms)을 간략히 소개하도록 하겠다.[84] 이 모델

---

82) 대법원 2010.3.11. 선고 2009다4343 판결; 대법원 2019.2.28. 선고 2016다271608 판결 등.

83) Fries/Scheufen, Märkte für Maschinendaten, MMR 2019, 724.

84) 위 모델법안과 내용의 개관을 위한 유럽법 연구소의 보고서는 https://www.elsi.uni−osnabrueck.de/projekte/model_rules_on_online_intermediary_platforms(2021.2.10. 최종 방문)에서 참고.

법안은 '온라인 중개 플랫폼에 대한 입법지침 토론안'(Discussion Draft of a Directive on Online Intermediary Platforms)을 발전시킨 내용인 데,[85] 플랫폼 사업자로 하여금 구매자에 대해 자신이 아니라 판매자가 판매계약의 당사자임을 명확하게 고지하도록 하고(법안 제13조) 이를 위반하는 경우에 플랫폼 사업자에게 판매자와 동일한 책임을 규정하고 있다(법안 제19조). 이와 더불어 무엇보다 주목되는 바는 상당한 영향력(predominant influence)을 가진 플랫폼 사업자, 즉 구매자인 고객이 판매자에 대하여 상당한 영향력을 행사하고 있다고, 합리적으로 신뢰를 할 수 있는 플랫폼 사업자의 경우에 구매 고객은 판매자에 대하여 계약 불이행에 따라 갖게 되는 구제 수단을 플랫폼 사업자를 상대로 행사할 수 있다고 규정하고 있다(법안 제20조 제1항). 그러면서 상당한 영향력을 갖는 사업자 여부를 판단함에 있어서 ① 판매계약이 플랫폼에서 제공되는 시스템을 통해서만 체결되는지 여부, ② 플랫폼 사업자가 구매 고객에 의하여 판매자에게 지급된 대금을 보류할 수 있는 장치를 포함한 대금결제 시스템을 독점적으로 운영하는지 여부, ③ 판매계약의 내용이 플랫폼 사업자에 의하여 본질적으로 결정되는지 여부, ④ 구매 고객이 지급하는 매매 대금이 플랫폼 사업자에 의하여 결정되는지 여부 등의 여러 요소를 중요하게 고려한다고 규정하고 있다(법안 제20조 제항).

　　위와 같은 판매거래의 계약위반에 따른 플랫폼 사업자의 구매자에 대한 독자적 책임은 독일의 제3자의 계약 체결상의 과실책임(독일 민법 제311조 제3항)을 상당한 영향력을 가진 플랫폼 사업자에게 확대한 것으로 평가되고 있다.[86] 이러한 플랫폼 사업자의 계약유사적 책임은 플랫폼 사업자가 플랫폼 상의 판매계약을 중개함으로써 막대한 이익을 올리고 있음에도 중개인적 지위를 내세워 판매계약의 체결과 이행 과정에서 불가피한 계약위반의 위험에 대해서는 판매자와 구매자 사이의 법적 문제로만 치부하면서 원칙적으로 아무런 책임을

---

[85] 위 토론안에 대한 소개로는 정신동, "최근 EU에서의 전자상거래 중개플랫폼 사업자 책임 강화 논의와 시사점: 유럽법률협회(ELI)의 온라인플랫폼 모델규칙을 중심으로", 「소비자정책」 제99호(2019.9.), 1면 이하 참고.

[86] 국내 문헌의 소개로는 신봉근, "플랫폼 운영자의 계약상의 책임: 독일의 논의를 중심으로", 「(한국법학회) 법학연구」 제18권 제3호(2018.9.), 419면 이하 참고.

부담하지 않는 계약적 구성을 극복하기 위한 시도라고 여겨진다. 한편으로 플랫폼 사업자에 대한 책임 강화의 취지에 대하여 일정 정도 공감할 수 있는데, 다른 한편으로는 채권관계의 상대성 원칙, 플랫폼 사업자에 대한 과도한 책임 위험 전가의 염려 등에서 신중하게 논의해야 할 문제라고 생각된다.[87] 또한 책임의 본질적 요소인 '상당한 영향력을 가진 사업자'에 대한 계약유사적 책임의 정당성과 아울러 그 해당성 여부에 대한 판단도 계약법 실무에서 활용할 수 있도록 분명하게 되어야 할 것이다. 이 장에서 다루는 데이터 거래의 중개를 위한 중개 플랫폼의 경우에 데이터 플랫폼의 개별 거래에 대한 영향력과 관여의 정도, 전체 데이터 시장에의 참여 비중 등을 구체적으로 살펴야 할 문제이겠는데, 위와 같은 독자적 책임의 데이터 중개 플랫폼에 대한 적용에 대해서는 아마도 데이터 거래의 활성화를 위한 중개 플랫폼의 역할 강화라는 정책적 측면 등에서도 소극적 태도가 지배적일 것으로 생각된다.

V. 결어

지금까지 오픈마켓을 통한 데이터 거래의 계약법적 문제의 대강을 살펴보았다. 그 과정에서 데이터 거래와 플랫폼의 법률관계에 대한 일반적 고찰도 필요한 한도에서 개관하고자 하였으며, 계약 실무에서 활용되는 데이터 거래의 약관도 함께 다루어보고자 하였다. 그러면서 다음과 같은 몇 가지 내용을 확인한 바 있는데, (1) 데이터 판매의 계약 성질 결정이 필요하다고 하였고 물론 개별적으로 판단해야 할 문제이지만 매매 유사의 계약으로 파악할 여지가 있다고 지적하였다. (2) 데이터 플랫폼을 포함한 플랫폼의 법률관계가 플랫폼과 구매, 판매회원 사이의 이용관계와 구매자와 판매자의 개별적 판매계약의 법률관계로 구성되어 있으며, 판매계약의 체결과 이행 등의 일련의 과정에서 플랫폼의 중개자적 지위와 아울러 플랫폼 시장의 조성자·규율자의 기능을 강조하

---

87) 위 모델법안의 전신으로서 본질적으로는 동일한 내용을 정하고 있는 토론안에 대한 이 같은 지적으로는 Engert, Digitale Plattformen, AcP 218, 2018, 304, 315-316.

였다. (3) 데이터 거래를 포함하여 플랫폼에서 이루어진 판매계약의 급부장애에 대해서는 판매자와 구매자 사이에서 책임 여부가 다투어지는 것이 원칙이지만, 게시 상품의 이상에 대한 구체적이고 명확한 인식을 갖춘 경우 등과 같이 플랫폼 사업자가 판매자의 계약위반에 일정하게 관여한 경우에는 구매자에 대한 이용계약상의 주의의무 위반에 따른 책임이 인정되어야 한다는 개인적 의견을 피력하였다. 이상에서 살펴본 데이터 거래와 플랫폼의 법률관계 모두 거래계의 중대한 관심과 활성화와 비교하여 볼 때에 법학계의 논의는 이제 시작의 단계에 있다고 여겨진다. 이 글에서 제시한 몇몇 계약법적 인식 역시 단순하고 일반적인 차원에 머물러 있다고 평가된다. 보다 이론적으로 깊이있는 논의와 더불어 데이터의 하자 여부, 중개 플랫폼의 판매계약에 대한 주의의무의 내용과 발생요건 및 데이터 중개 플랫폼의 데이터 거래에 대한 관여 정도와 내용 등에 대한 구체화된 연구는 이들 거래 실무에 대하여 좀 더 현실적이고 상세하게 검토해 볼 수 있는 별도의 기회에서 이어가도록 하겠다.

참고 문헌

김정호, 상법총칙·상행위법, 2014, 법문사.

김형배, 계약각론[계약법], 1997, 박영사.

박미영, "온라인 플랫폼 규제를 위한 플랫폼 작용의 이해 필요성", 「유통법학」 제5권 제2호(2018.12.).

박신욱, "페이팔(PayPal)을 통한 온라인결제 방식의 법적 쟁점 및 환불약관의 효력", 「재산법연구」 제36권 제1호(2019.5).

신봉근, "플랫폼 운영자의 계약상의 책임", 「(한국법학원) 법학연구」 제18권 제3호(2018.9.).

오승유, "숙박공유 플랫폼 약관의 불공정성", 「소비자법연구」 제5권 제2호(2019.7).

이동진, "데이터 소유권, 개념과 그 실익", 「정보법학」 제22권 제2호(2018.12.).

이병준, "가상시장의 규칙인 인터넷경매이용약관의 편입과 그 규제", 「법조」 제51권 제9호(2002.9).

_____, "숙박플랫폼의 환불불가 조항과 약관규제법에 의한 내용통제", 「소비자법연구」 제6권 제3호(2010.11.).

_____, "전자상거래 플랫폼과 거래관계에 대한 책임", 「소비자법연구」 제5권 제1호(2019.3.).

이병준, "플랫폼을 이용한 전자거래의 법률문제", 「비교사법」 제24권 제4호(2017.11.).

이상용, "데이터 거래의 법적 기초", 「법조」 제728호(2018.4.).

장보은, "음식주문 플랫폼을 이용한 거래에 관한 계약법적 검토", 「외법논집」 제42권 제3호(2018.8.).

정신동, "최근 EU에서의 전자상거래 중개플랫폼 사업자 채임 강화 논의와 시사점: 유럽법률협회(ELI)의 온라인플랫폼 모델규칙을 중심으로", 「소비자정책」 제99호(2019.9.).

정진명, "데이터 이용과 사법적 권리구제", 「민사법학」 제92호(2020.9.).

정해상, "오픈마켓의 당사자관계와 사업자의 책임", 「(단국대) 법학논총」 제39권 제4호(2015.12.).

최경진, "데이터와 사법상의 권리, 그리고 데이터 소유권", 「정보법학」 제23권 제1호(2019.4.).

최나진, "개정 전자상거래소비자보호법상의 통신판매중개자의 지위와 책임", 「외법논집」 제40권 제3호(2016.8.).

최병규, "부킹닷컴 '환불불가 상품조항'의 불공정 약관 여부", 「경제법연구」 제19권 제2호(2010.8.).

최신영, "인공지능과 데이터 거래에서의 법적 쟁점"(한국경영법률학회 2020년 12월 11일 「인공지능 활용과 법적 대응 및 방향」 자료집).

최지현, "온라인 플랫폼 사업자의 민사책임에 관한 연구", 「아주법학」 제12권 제4호(2019.12.).

한국데이터산업진흥원 발간, 2020년 데이터산업백서, 2020.

홍춘의, "컴퓨터 소프트웨어의 오류와 민사책임", 「기업법연구」 제20권 제1호(2006.3.).

Engert, Digitale Plattformen, AcP 218, 2018.

Fries/Scheufen, Märkte für Maschienendaten, MMR 2019.

Hoeren·Pinelli, Daten im Rechtsverkehr, JZ 2020.

Metzger, Digitale Mobilität — Verträge über Nutzerdaten, GRUR 2019.

Olmor, Haftung von Airbnb für unwirksame Stornierungsbedingungen, juris Monatszeit—schrift 2017.

Roth, in: Münchener Kommentar zum BGB, 7.Aufl., 2017, § 652.

Vilgertshofer, Online—Plattformen und vertragliche Haftung, 2019.

3

정보분석을 위한 데이터 이용과 저작권 침해 면책

김창화 / 한밭대학교 공공행정학과 교수, 법학박사(S.J.D) ·
정원준 / 한국법제연구원 부연구위원, 법학박사

Ⅰ. 서언

데이터를 가치 있는 정보로 만들기 위해서는 데이터를 분석해야 하므로, 데이터가 필연적으로 이용된다. 데이터 중에는 특정 권리의 대상인 저작물이나 개인정보가 포함될 수 있으며, 그 중에서도 저작물을 권리자의 동의 없이 이용하는 경우 저작권 침해 문제가 발생할 수 있다.[1] 특히 다량의 데이터를 분석해야 하는 빅데이터나 방대한 데이터를 학습함으로써 완성되는 인공지능 모델은 데이터의 자유로운 이용이 요구된다. 여기서 데이터의 보호와 데이터의 자유로운 이용이라는 양자의 이익이 충돌하게 되고, 이에 대한 조정이 필요하게 된다.

세계 주요 국가들은 이러한 조정을 위해 공정이용(fair use) 규정을 적용하거나 데이터 마이닝(data mining) 허용 규정을 도입하는 등의 조처를 해왔다. 반면 우리나라는 저작권법에 공정이용 규정을 일반조항으로 두고 있음에도 불구하고, 그 적용의 불확실성으로 인해 정보분석을 위한 저작권 면책 규정의 도입을 논의 중이다. 2021년 발의된 저작권법 전부개정안(도종환 대표발의안, 의안번호-7440)을 비롯하여 최근에는 이용호의원대표발의안(의안번호-17990)과 황보승희의원대표발의안(의안번호-22537)까지 발의되어 국회에서 계류 중인 상황이

---

[1] 데이터의 이용과 관련된 데이터 수집, 처리, 처리 후 과정 모두에서 저작권 침해 문제가 발생할 수 있다. 김용주, 텍스트 및 데이터마이닝을 위한 저작권법 개정 방향, 법학연구, 제61권 제2호 (2020) 286-88면; 본 글에서는 개인정보 문제는 다루지 않고, 저작권에 한정하여 논하기로 한다.

다.[2] 이와 같은 면책 규정을 담은 법안들은 공통적으로 데이터의 원활한 이용 측면에서 정보분석을 위해 필요한 경우 저작물을 이용할 수 있도록 하며, 저작권자의 이익 보호 측면에서 데이터가 저작물 본연의 목적 대상이 아니어야 하고, 정보분석을 위해서만 복제물을 보관할 수 있도록 하고 있다.[3]

그런데, 늘 그렇듯 법안은 어느 한쪽의 필요로 만들어지는 경우가 많아 그 균형이 치우치는 경우가 많고, 균형의 본질적 방향에 대한 기본적 원칙도 정해지지 않은 경우가 많다. 또한, 성문법의 본질적 한계로 인해 그 문언만으로는 명확한 적용이 쉽지 않은 경우가 많다. 이에 양자의 이익 충돌에 대한 조정의 기본적 방향과 원칙, 그리고 그에 따라 결정되는 조정의 구체적 범위와 방법 등에 대한 검토가 필요하다. 이를 위해 제2장에서 관련 해외 사례를 검토하고, 제3장에서 저작권 원칙에 따라 그 방향을 살펴본 후, 제4장에서 저작권의 균형 방안을 제안하고 글을 맺기로 한다.

II. 해외 사례의 검토

1. 허용 규정의 입법

가. 소극적 허용 - 유럽

데이터 마이닝 등의 경우 저작권 침해를 면책하는 규정은 유럽 국가들에

---

2) 해당 법안의 저작권 제한 규정들은 공통적으로 저작물에 표현된 인간의 사상이나 감정을 향유하지 않는 이용에 한하여 적용되며, 정보분석의 대상인 저작물에 적법하게 접근할 것을 전제로 저작권 침해를 면책하고 있다. 다만 황보승희의원안의 경우 그 면책의 대상이 되는 권리 범주가 복제·전송에 그치지 아니하고, 2차적저작물작성권까지 포괄한다는 점에서 특징적이다. 또한 이용호대표발의안의 경우 정보분석의 결과물에 대하여 비상업적 목적과 저작물의 창작 목적으로 적법하게 접근하는 경우에는 그 결과물을 이용할 수 있도록 규정한 점에서 다르다.

3) 상기 법안들은 정보분석을 위해 복제한 저작물을 필요한 한도 안에서 보관을 할 수 있도록 하고 있는데, 이와 관련해서는 본래 저작권 침해의 행위 양태에 보관행위 자체는 포함되지 않는다는 점에서 이러한 내용을 법문에 기술하는 법률상의 실익이 없다는 견해도 존재한다. 따라서 이와 같은 구문을 명문에 둠으로 인해 오히려 필요한 한도를 벗어나는 경우에는 보관행위 자체가 적법하지 않다고 해석될 여지가 있다고 할 것이다.

서 쉽게 확인할 수 있다. 먼저, 영국은 2014년 저작권법 개정을 통해 텍스트와 데이터 마이닝 규정을 신설하였으며, 저작물에 적법하게 접근할 수 있는 개인이 비상업적 연구목적일 때 저작물에 기록된 것을 컴퓨터로 분석하기 위하여 복제물을 생성할 수 있지만, 이 경우 출처를 표시해야 하고 그 복제물을 타인에게 이전하거나 마이닝 이외의 목적으로 이용할 수 없다고 한다.[4] 다음으로, 독일도 영국과 유사하게 2017년 저작권법을 개정하여 비영리의 학문적 연구목적으로 자동화된 방법으로 이용하는 경우 원자료를 복제하는 것을 허용하고 출처를 표시하도록 한다.[5] 독일은 이외에도 삭제와 보존 및 보상의무까지도 규정하여 가장 구체적이라는 평가를 받고 있다.[6] 마지막으로, 유럽의회(European Parliament)는 2019년 유럽연합 디지털 단일 시장의 저작권 및 저작인접권 지침을 의결한 후, 표결을 통해 통과시켰다.[7] 본 지침 제3조는 연구기관과 문화유산기구가 학술적 연구목적을 위하거나, 연구기관과 문화유산기구가 적법하게 접근한 저작물 또는 다른 소재를 수행하기 위하여 이들 기관에 의해서 만들어진 복제물과 추출물에 대한 예외를 규정하도록 하고 있다. 위에서 살펴본 국가들의 면책은 세부적인 면에서는 다소 차이가 나지만, 학술적인 연구목적이나 비상업적 목적인 경우에만 이를 허용하며, 이용 방법에서도 예외적인 경우가 아닌 한 복제에만 한정되어 있어 데이터 이용에 대한 면책이 소극적이라고 할 수 있다.

나. 적극적 허용 - 일본

위의 국가들처럼 일본도 텍스트와 데이터마이닝에 대한 규정을 2009년에 도입하였으며, 전자계산기에 의한 정보해석을 목적으로 하는 경우 필요하다고

---

4) Copyright, Designs and Patents Act 1988, 29A.

5) UrhWissG, §60(d).

6) 안효질, 빅데이터 활용과 인공지능 개발을 위한 Text and Data Mining, 법률신문 연구논단, 2018. 12. 24. <https://m.lawtimes.co.kr/Content/Info?serial=149591, 최종방문 2021. 2. 3.>.

7) [DIRECTIVE(EU) 2019/790 OF THE EUROPEAN PARLIAMENT AND OF THE COUNCIL of 17 April 2019 on copyright and related rights in the Digital Single Market and amending Directives 96/9/EC and 2001/29/EC).

인정되는 한도에서 저작물을 기록매체에 기록하거나 번안할 수 있도록 하였다.[8] 이후 2018년에 일본은 저작권법 개정을 하였고, 저작물에 표현된 사상 또는 감정을 향유하는 것을 목적으로 하지 않는 경우에는 필요하다고 인정되는 한도에서, 어떤 방법에 따를 것인가를 막론하고 이용할 수 있다고 규정하였다.[9] 여기서 해당 면책은 저작권자의 이익을 부당하게 해치지 않아야 한다는 조건이 붙어 있으며, 위 경우에는 정보해석용으로 제공하는 경우를 포함하고 있다. 일본의 본 조항은 위 유럽의 경우와 달리 주체에 대한 제한도 없고, 그 목적도 저작물이 본래의 목적으로 사용되는 경우를 제외하고는 특별한 제한이 없다. 또한, 이용 방법도 제한이 없어 저작물 데이터를 저작권자 허락 없이 이용하는데 가장 적극적인 입법이라 할 수 있다.

2. 공정이용의 적용 - 미국

미국 저작권법은 텍스트와 데이터 마이닝에 대한 명문 규정을 두고 있지 않으며, 데이터 이용에 대한 면책과 관련해서는 공정이용 적용 여부를 판단해왔다. 가장 대표적인 사건인 Authors Guild v. Google, Inc.에서 출판된 책의 저자들인 원고들은 Google을 상대로 저작권 침해 소송을 제기하였다.[10] Google은 도서관 프로젝트를 진행하면서 저작권자의 허락 없이 수천만 권의 디지털 복

---

8) (구) 일본저작권법 제47조의7 (정보분석을 위한 복제).

9) 일본저작권법 제30조의4(저작물에 표현된 사상 또는 감정의 향유를 목적으로 하지 않는 이용) 저작물은 다음의 경우 기타 해당 저작물에 표현된 사상 또는 감정을 스스로 향유하는, 또는 타인이 향유하는 것을 목적으로 하지 않을 경우 그 필요하다고 인정되는 한도에서, 어떤 방법에 따를 것인가를 막론하고 이용할 수 있다. 단 해당 저작물의 종류 및 용도와 해당 이용의 양태에 비춰 저작권자의 이익을 부당하게 해치게 되는 경우는 그러하지 아니하다.
   1. 저작물의 녹음, 녹화, 기타의 이용에 관한 기술의 개발 또는 실용화를 위한 시험용으로 제공하는 경우
   2. 정보 해석(다수의 저작물, 기타 대량의 정보에서 해당 정보를 구성하는 언어, 소리, 영상, 기타 요소에 관한 정보를 추출하여 비교, 분류, 기타 해석을 실시하는 것을 말한다. 제47의5 1항 2호에서도 동일)용으로 제공하는 경우
   3. 전 항의 경우 외 저작물의 표현에 대한 사람의 지각에 의한 인식을 동반하지 않고 해당 저작물을 컴퓨터에 의한 정보 처리 과정에서 이용하거나 기타의 이용(프로그램의 저작물에 있어서는 해당 저작물의 전자 계산기의 실행을 제외)에 제공하는 경우.

10) 804 F.3d 202 (2nd Cir. 2015).

제본을 만들었다. 이에 원고들은 허락 없이 저작물을 복제한 것에 대하여 저작권 침해를 주장하였고, 피고 Google은 해당 행위는 공정이용에 해당한다고 주장하였다. 미국에서 공정이용 여부의 판단은 이용의 목적과 특성, 저작물의 성격, 저작물 전체 대비 사용된 부분의 양과 가치, 원저작물의 시장이나 잠재적 시장에 대한 이용의 영향 4가지 요소에 의해 이루어진다.[11] 본 사건의 법원은 저작물에 대한 허락받지 않은 디지털화, 검색 기능의 생성, 토막글의 표시들은 매우 변형적(transformative)이고, 텍스트의 공개가 제한적이고, 게시가 원저작물의 시장을 대체하지 않았고, 피고의 상업적 특성과 이익의 동기가 공정이용의 거부를 정당화할 정도는 아니므로 공정이용에 해당한다고 판결하였다. 특히, 본 사건의 1심 재판을 담당했던 지방법원은 Google의 이용이 원저작물의 이용 목적과는 다르다고 하면서, 그 다른 목적에 책을 찾을 수 있도록 하는 검색 가능한 색인의 제공, 데이터 마이닝, 그리고 프린트할 수 없는 접근의 제공을 제시하였다.[12] 또한, 검색 엔진은 텍스트와 데이터 마이닝으로 알려진 새로운 형태의 연구를 가능하게 한다고도 하였다.[13] 이는 데이터마이닝을 포함하여 원저작물의 목적과 다른 이용에 대해서는 공정이용의 가능성이 크다는 것을 보여주고 있다.

Ⅲ. 면책의 방향, 범위, 방법

1. 면책의 방향

위에서 언급한 바와 같이, 데이터를 이용하여 정보분석을 하는 경우 저작

---

11) 17 U.S.C. § 107 ((1) the purpose and character of the use, including whether such use is of a commercial nature or is for nonprofit educational purposes; (2) the nature of the copyrighted work; (3) the amount and substantiality of the portion used in relation to the copyrighted work as a whole; and (4) the effect of the use upon the potential market for or value of the copyrighted work.).

12) Authors Guild, Inc. v. Google Inc., 954 F. Supp. 2d 282, 291 (S.D.N.Y. 2013).

13) Google, 804 F.3d at 209.

물인 데이터를 이용하는 자의 이익과 저작물의 권리자인 저작권자의 이익이 필연적으로 충돌하게 되므로 이에 대한 균형점을 찾는 것이 필요하다. 현행법상 가장 정확한 균형점은 저작물인 데이터를 이용하는 자가 그 이용에 대한 동의를 받고, 즉 이용에 대한 적절한 대가를 지급하고 이용하는 것으로 생각할 수 있다. 그런데 이러한 균형은 저작권법이 예정하고 있는 것이 아니며, 이는 공정이용과 같은 저작권 제한 등에서 쉽게 찾을 수 있다. 이하에서는 저작권의 목적, 혁신과 창작의 균형, 공정이용과 같은 저작권 원칙들을 검토하여, 정보분석을 위해 데이터를 이용하는 경우의 균형점 다시 말해 이용자의 면책에 대한 기본적인 방향을 살펴보도록 한다.

가. 목적

저작권법의 출발은 저작권법의 목적으로 시작되며, 그 목적은 저작권법이 궁극적으로 추구하는 것이어서 저작권 관련 모든 규정의 바탕이 된다. 미국은 저작권 관련 문제가 발생한 경우 해결책이 분명하지 않을 때 이러한 목적에 근거하여 문제를 평가하고 해결한다. 우리와 미국의 저작권법 목적은 모두 저작권 보호가 아닌 문화산업의 발전 등 공공의 이익을 위한 것이어서 같고, 그렇다면 목적에 의한 미국의 문제 해결을 검토하여 우리의 해결방법으로 이용할 수 있다. 미국 헌법의 저작권 조항(Copyright Clause)에 따를 때, 저작권의 궁극적 목적은 과학(science) 발전의 촉진이며, 이를 위해 저작자들에게 제한된 기간의 권리를 부여한다.[14] 여기서, 과학(science)은 화학이나 물리와 같은 자연과학을 의미하는 것이 아니라 배움(learning)이나 지식(knowledge)을 의미한다.[15] 이는 저작권법이 궁극적으로 보호하는 것은 저작물을 타인에게 이용할 수 있도록 하는 저작권자의 권리가 아니라 저작물로부터 배우게 되는 미국 시민들의 권리라는 것을 알 수 있게 된다.[16] 그렇다면 저작권은 사실 저작권자에게 간접적

---

14) U.S. Const. art. I, § 8, cl. 8 ("To promote the Progress of Science and useful Arts, by se-curing for limited Times to Authors and Inventors the exclusive Right to their respective Writings and Discoveries").

15) Lawrence B. Solum, Congress's Power to Promote the Progress of Science: Eldred v. Ashcroft, 36 Loy. L.A. L. Rev. 1, 47−53 (2002).

으로 부여되는 것이고, 소비자들에게 직접 부여되는 것이라 할 수 있다. 저작권법의 목적은 따라서 다음의 세 가지를 달성하는 데 있다고 한다: (1) 배움의 촉진, (2) 공중 접근의 제공, (3) 공유재산의 확대.[17] 저작권법은 그렇다면 저작권의 보호와 이용에 대한 균형점이 분명하지 않을 때, 저작권법의 목적으로서 공중이 더 많은 저작물에 쉽게 접근할 수 있게 하고, 자유롭게 이용할 수 있도록 하며, 이를 통해 새로운 저작물이 만들어질 수 있도록 해야 한다. 이는 정보분석을 위해 저작물인 데이터를 이용하는 경우 저작권이 제한될 수 있음을 의미하고, 그 이용이 저작권자의 이익을 부당하게 해치지 않을 때는 그 균형점이 저작물의 이용 즉 저작권의 제한 쪽으로 그 균형점을 더 옮겨 갈 수 있음을 의미한다고 볼 수 있다.

나. 소비자주의(consumerism)

소비자주의는 소비자의 저작권 이용 모습과 관련되고, 능동적 소비자주의와 수동적 소비자주의가 있으며, 능동적 소비자주의는 또한, 긍정적인 형태와 부정적인 형태로 나누어진다.[18] 먼저, 긍정적 능동적 소비자주의는 헌법의 저작권 조항 본래의 의도였으며, 사회는 이를 통해 가장 큰 혜택을 받는다.[19] 긍정적 능동적 소비자주의는 소비자들이 바라는 사용을 했을 때 일어나며, 계속적 저작(subsequent authorship), 창작적 자기표현, 논평(commentary), 패러디 등의 형태를 취한다.[20] 미국 저작권법은 긍정적 능동적 소비자주의의 개념에 뿌리박고 있으며, 이는 최초 판매 원칙과 아이디어/표현 이분법과 같은 저작권의 제한들로부터 확인할 수 있다. 새로운 매체나 기술은 긍정적 능동적 소비자주의

---

16) Craig Joyce & L. Ray Patterson, Copyright in 1791: An Essay Concerning the Founders's View of the Copyrght Power Granted to Congress in Article I, Section 8, CClause 8 of The U.S. Constitution, 52 Emory L.J. 909, 940 (2003).

17) Id. at 946.

18) Kevin M. Lemley, "The Innovative Medium Defense: A Doctrine to Promote the Multiple Goals of Copyright in the Wake of Advancing Digital Technologies", 110 Penn St. L. Rev. 114, 124 (2005).

19) Joseph P. Liu, Copyright Law's Theory of the Consumer, 44 B.C. L. Rev. 397, 418 (2003).

20) Lemley, supra note 18, at' 124.

에 대한 잠재력을 확대한다. 부정적 능동적 소비자주의는 소비자에 의한 바람직하지 않은, 즉 사회에 이로움보다는 해로움을 일으키는 사용들로 구성되며, 침해와 기술의 우회와 같은 부정한 모습 두 가지 형태로 나타난다.[21] 부정적 능동적 소비자주의는 기존의 저작물을 복제할 뿐이어서 새로운 저작물을 창작하도록 하는 저작권법의 정신에 어긋나고, 새로운 저작물을 만들어야 하는 자원을 저작권 집행에 그 비용을 소모하도록 하며, 책임과 저작권 보호를 확장하는 새로운 법을 야기함으로써 공중에게 피해를 준다. 수동적 소비자주의는 소비자들이 저작권자가 의도한 방법으로만 저작물을 사용하도록 한다.[22] 소비자는 책을 읽고, 영화를 보고, 음악을 들을 뿐 새로운 창작 등 더 이상의 어떤 것도 하지 않는다. 수동적 소비자주의는 합리적 비용으로 저작물에 접근하는 데만 중점을 두기 때문에, 침해하거나 공정이용을 활용하지 않으며, 경쟁적 저작물을 만들지도 않는다.[23] 수동적 소비자주의는 새로운 매체를 만들지 않고, 기존 비즈니스 모델을 확고하게 자리 잡을 수 있게 하여 이익을 극대화하기 때문에 저작권자가 가장 선호한다. 하지만 수동적 소비자주의는 저작권법이 기본적 원리에 부합하지 않는다. 저작권법이 궁극적으로 실현하려고 하는 것은 긍정적 능동적 소비자주의이고, 이를 통해서 사회는 가장 큰 혜택을 받을 수 있다. 그렇다면, 저작권자의 이익을 보호하는 수동적 소비자주의 보다는 긍정적 부정적 소비자주의가 아니라면 저작물의 이용을 허락하는 것이 타당할 것이다.

다. 혁신과 창작의 균형

데이터의 자유로운 이용을 추구하는 측면은 인공지능과 빅데이터 등의 혁신(기술)이며, 저작물의 창작에 대한 권리의 보호를 주장하는 측면은 창작이다. 그렇다면 데이터 이용의 문제는 혁신과 창작의 충돌이기도 하다. 오늘날 대부분의 저작권 침해는 혁신에 의해 이루어지고, 그 혁신이 우수하면 할수록 저작권 침해의 문제는 심각하다. 그래서 저작권자들은 혁신에 대한 저작권 침해 책

---

21) Id.
22) Id. at 127.
23) Liu, supra note 19, at 403.

임을 지속해서 묻는다. 하지만 혁신에 대한 책임은 침해의 단편적인 모습만을 가지고 그 책임을 판단할 수 없으며, 공공의 이익 등 여러 사정을 고려해야만 한다. 우선, 혁신이 가져오는 침해의 피해에 대해 살펴볼 필요가 있다. 혁신이 저작권자들에게 피해를 일으킬 수 있다는 것은 부인할 수 없는 사실이지만, 혁신 이외에 다른 많은 요인이 작용하고 있다는 것을 생각해야 한다.[24] 더욱이 저작권자와는 다른 목적으로 저작물을 이용하여 저작권자의 이익을 훼손하지 않는다면 그 이용을 막을 수 있는 정당성은 그리 커 보이지 않는다. 다음으로 침해의 문제와 대비하여 혁신이 가져오는 혜택을 고려해야 한다. 데이터마이닝 등과 같은 혁신은 빅데이터나 인공지능뿐만 아니라 여러 산업 분야에서 상당한 혜택을 주고 있다는 것은 주지의 사실이다. 또한, 혁신은 단기적으로 기존이 비즈니스 모델을 위협하지만, 장기적으로 새로운 시장과 모델을 제공함으로써 저작권의 가치를 향상하게 시킴으로써 저작권자에게도 이익이 된다.[25] 혁신의 잠재적 혜택은 반독점법의 오류비용 불균형(error-cost asymmetry)에서 특히 잘 나타난다.[26] 오류비용 불균형에 따르면, 소송에서 혁신을 없애는 비용은 혁신이 이 사회에 나오지 못하게 되어 매우 크며, 창작을 보호하지 않은 비용보다 훨씬 많이 들어서 혁신을 창작보다 우선하여 보호되어야 한다. 미국의 한 학자는 혁신의 주요 목적이 긍정적 능동적 소비자주의를 촉진하고, 소비자들이

---

24) P2P로 인한 침해가 발생한 경우, 저작권자들은 그 기술 때문에 음악 CD의 판매실적이 감소했다고 주장하였지만, CD의 판매실적이 감소했던 이유는 고가의 CD 가격, 여러 곡이 담긴 CD만을 판매하던 관행, CD의 복제기술과 USB 드라이버의 개발, DVD와 비디오 게임 등과의 경쟁의 증가, 그리고 국제 경제의 침체까지 다양한 다른 요인들이 존재하였다. Michael A. Carrier, Innovation for the 21st Century: Harnessing the Power of Intellectual Property and Antitrust Law, 2008, p.121.

25) VCR이 개발되어 시장에 등장한 후, VCR은 저작권 침해와 관련한 분쟁에 휩싸였었지만, 비디오 영화 시장이라는 새로운 시장이 형성되었고, 이를 통해 막대한 수익을 올릴 수 있었다.

26) 소송과 관련해서 다음의 두 가지 오류가 있을 수 있다. 하나는 결정이 잘못되어 기술을 사용하지 못하도록 하는 것이고, 다른 하나는 결정이 잘못되어 기술에게 책임을 물어야 하는데 묻지 않은 것이다. 여기서 전자를 틀렸지만 부정적인 오류(a false negative error)라고 하며, 이 경우에는 사회가 무엇을 잃었는지도 인식하지 못하게 하여, 사회에 가져다줄 많은 가능성을 잃게 한다. 반면, 후자의 경우는 틀렸지만 긍정적인 오류(a false positive error)라고 하며, 이 경우에는 사회가 기술의 영향력을 인식할 수 있으며, 오류로 인해 발생하는 저작권자들의 피해는 다른 방법에 의해 보완할 수 있다고 한다. Raymond Shih Ray Ku, Grokking Grokster, 2005 Wis. L. Rev. 1217, 1282 (2005).

제한되지 않은 복제와 배포를 금지하는 경우에는 저작권 침해 항변 사유로 방어할 수 있도록 하자는 주장이 제기된 바 있다.[27] 혁신을 위한 데이터의 이용은 위에서 살펴본 바와 같이 여러 측면에서 창작에 우선하여 보호되며, 저작권자의 이익을 해하지 않는다면 그 이용의 범위는 더욱 넓어질 수 있을 것이다.

라. 공정이용

공정이용은 저작권법이 저작권자의 허락 없이 저작물을 이용할 수 있도록 하는 경우를 말하며, 정보분석을 위한 데이터 이용이 저작권자의 허락 없이 가능한지를 판가름하는 가장 중요한 판단 방법이다. 우리 저작권법은 제23조부터 제35조의4까지는 구체적인 공정이용의 경우를 규정하고, 제35조의5는 구체적인 경우 외에 공정이용이 될 수 있는지를 판단할 수 있는 일반 규정을 제공하고 있다. 현재 저작권법은 정보분석을 위한 데이터 이용을 규정하고 있지 않으므로, 이에 대한 허용 여부는 제35조의5의 적용 여부를 판단함으로써 결정할 수 있다. 저작권법 제35조의5 제1항에 따르면, 저작물의 통상적 이용 방법과 충돌하지 아니하고 저작자의 정당한 이익을 부당하게 해치지 아니하는 경우에는 저작물을 이용할 수 있다. 또한, 제2항은 저작물 이용 행위가 제1항에 해당하는지를 판단할 때에는 다음의 4가지 요소를 판단해야 한다고 규정하고 있다: 1. 이용의 목적 및 성격, 2. 저작물의 종류 및 용도, 3. 이용된 부분이 저작물 전체에서 차지하는 비중과 그 중요성, 4. 저작물의 이용이 그 저작물의 현재 시장 또는 가치나 잠재적인 시장 또는 가치에 미치는 영향.

1) 3단계 테스트

베른협약에서 처음 도입된 3단계 테스트는 저작권 제한의 한계를 정한다.

---

27) Lemley, supra note 18, at 157-162 ("(1) Is the primary purpose of the innovative medium to advance consumer autonomy; (2) Does the innovative medium provide more than a nominal amount of noninfringing use; (3) Does the innovative medium prevent consumers from un-limited reproduction and distribution; (4) How does the innovative medium foster positive active consumerism; (5) Will copyright owners obtain an adequate return on their copyrighted works?").

3단계 테스트 하에서 특정한 이용이 저작권 침해에 해당하지 않기 위해서는 그 이용이 저작권 제한의 '어떤 특별한 경우에 해당할 것', 저작권자의 '통상적 이용과 충돌하지 않을 것', '저작자의 합법적인 이익을 부당하게 해치지 않을 것'이라는 3가지 요건을 만족해야 한다.[28] 구체적으로, 첫째 요건인 '어떤 특별한 경우'는 저작권 제한으로 허용되는 이용의 범위가 한정적이라는 것을 의미하고, 이러한 범위는 공정의 목적 등 그 제한이 더욱 타당할 수 있는 경우, 더욱 쉽게 인정될 수 있다.[29] 둘째 요건에서 '통상적 이용'은 저작물의 이용이 경제적·실용적 중요성을 가지고 있거나 취득할 가능성이 있는 모든 형태로 해석되며, 일반적으로 '통상적 이용과의 충돌'은 저작권자의 주요 수익원을 뺏는 것으로 한정한다.[30] 셋째 요건 중 '합법적인 이익'은 적법한 이익이라기보다는 사회적 규범 등에 의해 정당화될 수 있는 이익이며, '부당하게 해치지 않을 것'은 이익의 형량이 요구되는 것이어서 정당한 보상이 주어지는가 등이 고려될 수 있다.[31] 이러한 3단계 테스트는 국내법에 규정되어 있지 않아도 준수되어야 하지만,[32] 우리 저작권법 제35조의5 제1항은 둘째와 셋째 요건만을 채용하고 있다. 이는 구체적인 저작권 제한 사유에 해당하지 않더라도 위의 경우에 해당하면 저작물을 자유롭게 이용할 수 있게 한다. 따라서 정보분석을 위한 데이터 이용이 면책될 수 있는가의 판단 기준이 된다. 다만, 본 규정들의 판단 요소들은 제35조의5 제2항에서 중복되어 검토되기 때문에 판단을 하지 않는 경향이 있다.

---

28) 베른협약 제9조 제2항 "어떤 특별한 경우에 그러한 저작물의 복제를 허락하는 것은 동맹국의 입법에 맡긴다. 다만, 그러한 복제는 저작물의 통상적 이용과 충돌하지 않아야 하며 저작자의 합법적 이익을 부당하게 해치지 않아야 한다."

29) 문건영, 삼단계 테스트의 해석·적용과 저작권법 제35조의3의 관계, 계간 저작권 2020 봄호, 82−83면.

30) 문건영, 위의 글(각주 29번), 86, 88면.

31) 오승종, 저작권법 강의, 박영사, 2019, 372면; 문건영, 앞의 글(각주 29번), 89−90면.

32) 문건영, 위의 글(각주 29번), 94면 ("삼단계 테스트가 판사(법원)가 사건에서 적용해야 할 규범이라면, 삼단계 테스트는 국내법상의 제한규정들과 별개로 또는 동시에 직접 조약 가입국 국민들의 권리·의무에 영향을 미치게 된다.").

2) 4요소 판단

위에서 살펴본 바와 같이, 저작권자의 허락 없는 저작물의 이용이 공정이용인가는 위의 4가지 요소를 갖고 판단된다. 공정이용을 판단하는 첫 번째 요건은 이용의 목적 및 성격이며 공정이용 검토에 있어 핵심이라고 여겨진다.[33] 미국 저작권법은 이용의 목적이 비평, 논평, 시사보도, 교육, 학문 또는 연구일 때 공정이용이 될 수 있다고 하지만,[34] 이러한 목적이 있는 경우 공정이용이 좀 더 쉽게 인정될 수 있지만, 공정이용 여부에 대한 결정적인 요인이 되지는 않는다. 다음으로, 상업적 이용 또는 영리적 이용 여부인데, 상업적 이용이면 일반적으로 비상업적 이용보다 공정이용 인정의 가능성이 작은데, 최근 들어 상업적 이용에 대해서도 공정이용을 인정하는 경우가 많이 늘어나고 있다.[35] 최근에는 이러한 상업적 이용 여부보다 그 이용이 변형적(transformative)이거나 생산적(productive)인지가 더 중요한 요소로 취급되고 있다.[36] 미국에서 변형적이라는 것은 원저작물을 단순히 대체하는 것이 아니라 "새로운 표현, 의미 또는 메시지"로 변화시키는 것을 의미한다.[37] 또한, 제2항소법원은 변형적인지를 판단할 때 저자의 의도와 관계없이 해당 작품이 어떻게 합리적으로 인식될 수 있는지를 검토하기도 하였으며,[38] 이 경우에는 사건별로 변형인지가 많이 달라질 수 있다. 본 요소는 새로운 저작물을 많이 창작하도록 하는 저작권법의 목적에 부합하는 행위여서, 변형적인 부분이 두드러지면, 다른 공정이용 요건을

---

33) Howard S .Chen, Gameplay Videos and Fair Use in the Age of Tricks, Glitches and Gamer Creativity, 25 B.U. J. Sci. & Tech. L. 675, 687 (2019) ("the heart of the fair use inquiry"); Cariou v. Prince, 714 F.3d 694, 705 (2d Cir. 2013).

34) 17 U.S.C. § 107.

35) Harper & Row Publisher, Inc. v. Nation Enterprises, 471 U.S. 539 (1985) (시사보도 행위의 경우에도 이용행위의 목적이 상업적이라는 점을 고려하여 공정이용에 해당하지 않는다고 판결하였다.); Campbell v. Acuff—Rose Music, 510 U.S. 569 (1994) (랩 음악 형태로 발표한 경우 상업적 목적이지만 변형적 이용으로서의 성격이 크다는 이유로 공정이용을 인정하였다.).

36) Elvis Presley Enterprises, Inc. v. Passport Video, 349 F.3d 622, 628 (9th Cir. 2003) ("More importantly for the first fair—use factor, however, is the 'transformative' nature of the new work.").

37) Campbell v. Acuff—Rose Music, Inc., 510 U.S. 579 (1994).

38) Cariou v. Prince, 714 F.3d 694, 707 (2d Cir. 2013).

덜 중요하게 판단할 수 있도록 한다.[39] 이 외에도 그 이용이 부수적인지, 우발적인지, 윤리적인지 등도 판단의 고려대상이 된다.[40] 두 번째 요건은 저작물의 종류와 용도인데, 저작물이 허구적인지 사실적인지에 따라 공정이용의 범위가 달라진다. 사실이나 정보의 공표는 공중에게 도움을 주기 때문에, 전기와 같은 사실적 저작물은 연극이나 소설과 같은 허구적 저작물과 비교하면 더욱 많은 자유가 주어질 수 있다.[41] 또한, 저작물의 공표 여부도 중요한 판단의 요소가 되는데, 저작자가 첫 번째 공중에 대한 표현의 모습을 관리하는 권리를 갖기 때문에, 미공표된 저작물보다는 공표된 저작물의 공정이용 범위가 더 넓을 수 있다.[42] 다만, 미국은 미공표 저작물에 대해서도 공정이용을 인정한다고 규정하고 있어, 이에 대한 구별의 실익은 크지 않은 것으로 보인다.[43] 세 번째 판단 요건은 이용되는 부분의 저작물 전체에서 차지하는 비중과 중요성이며, 이는 이용된 저작물의 부분이 원저작물에서 핵심에 해당하는지를 살피는 것과 같다. 즉, 양이 적으면 적을수록 세 번째 요건이 만족할 가능성은 크지만, 그 양이 적더라도 핵심적인 부분이라면 그 가능성은 크지 않다. 이는 핵심적 부분을 이용하는 경우에는 원저작물의 이용 가치가 그만큼 떨어지기 때문이다. 따라서 세 번째 요건이 만족 되기 위해서는 필요한 최소한의 범위 내에서의 이용이어야 할 것이고, 이는 그 성격상 첫 번째 요건과 함께 판단되어야 한다.[44] 그렇다면, 저작물을 전체적으로 이용하는 때도 공정이용이 될 수 있을지 문제 될 수 있으며, 전체적 이용이 부득이한 경우에는 다른 저작권 제한규정에서 인정하는 것에 비추어 인정하는 것이 타당할 것이다.[45] 마지막 네 번째 판단 요건은 저작

---

39) *Id*. ("The more transformative the secondary work, the less important the other three factors are in the fair use analysis.").

40) 오승종, 앞의 책(각주 31번), 471면.

41) Twin Peaks Prods., Inc. v. Publ'ns. Int'l, Ltd., 996 F.2d 1366, 1376 (2d Cir. 1993); Richard Stim, Measuring Fair Use: The Four Factors, NOLO, 2016. <https://fairuse.stanford.edu/over-view/fair-use/four-factors/, 2021. 1. 23. 최종방문>.

42) 위의 글.

43) 17 U.S.C. § 107 ("The fact that a work is unpublished shall not itself bar a finding of fair use if such finding is made upon consideration of all the above factors.").

44) Castle Rock Entm't, Inc. v. Carol Publ'g Grp., 150 F.3d 132, 144 (2d Cir. 1993).

45) 제25조의 학교교육 목적 등에의 이용이나 제29조의 영리를 목적으로 하지 아니하는 공연이

물의 이용이 해당 저작물의 현재 가치나 시장 또는 잠재적 가치나 시장에 영향
을 미치는지에 따라 결정된다. 본 요건은 미국에서 공정이용 판단의 4가지 요소
중 가장 큰 영향력을 갖는 것으로 여겨지며,[46] 원저작물 그 자체에 대한 시장에
서의 영향뿐만 아니라 저작물의 이용과 관련된 시장에서의 영향도 함께 고려
한다.[47] 시장에 대한 영향은 이용이 원저작물의 시장을 억제하거나 파괴하는지
를 의미하는 것이 아니라 시장을 빼앗는 것으로 해석한다.[48] 즉, 법원은 그 이
용이 원저작물에 대한 시장을 대체하는가를 고려한다.[49] 일반적으로, 침해자의
주요 대상과 침해 콘텐츠의 특성이 원저작물과 동일한 경우에 이러한 시장 침
탈이나 대체가 발생하게 된다.[50] 잠재적 시장은 대체저작물에 대한 시장, 합리
적 가능성이 있는 시장, 이용허락을 할 가능성이 있는 시장을 포함한다.[51]

　　정보분석을 위한 데이터의 이용은 앞의 미국 판례에서 공정이용을 인정하
기도 하였지만, 구체적인 요건을 다시 한번 살펴보면, 첫 번째 요건에서 교육
의 목적이나 비상업적인 요건은 공정이용 인정에 다소 불리한 면이 있지만, 최
근에 많은 비중이 있는 변형적이고 비표현적인 측면에서 공정이용 인정에 유
리한 면이 커 공정이용 가능성이 크다. 두 번째 요건과 세 번째 요건은 데이터
의 성질의 범위가 다양할 수 있으므로 유불리를 말하는 것이 적당하지 않아 보
인다. 마지막 네 번째 요건은 정보분석을 위한 데이터 이용이 저작권자와는 그
목적이 달라 저작권자의 현재 시장이나 잠재적인 시장에 영향을 미친다고 볼
수 없다. 공정이용 판단에서 첫 번째와 네 번째 요건들이 가장 중요한 요건으
로 인식되기 때문에, 전체적으로 정보분석을 위한 데이터 이용은 공정이용에
해당할 가능성이 크다.[52]

　나 방송에서는 전체를 이용하는 경우에도 공정이용이 성립된다.
[46] Harper & Row v. Nation Enterprises, 471 U.S. 539, 566 (1985).
[47] Id. at 568.
[48] Blanch v. Koons, 467 F.3d 244, 258 (2d Cir. 2006) (quoting NXIVM Corp. v. Ross Inst., 364 F.3d 471, 481-82 (2d Cir. 2004)).
[49] NXIVM, 364 F.3d at 481.
[50] Cariou v. Prince, 714 F.3d 694, 709 (2d Cir. 2013).
[51] 오승종, 앞의 책(각주 31번), 473면.
[52] Campbell, 510 U.S. at 578.

2. 면책의 범위

다음으로, 저작권자의 허락 없이 정보분석을 위해 저작물인 데이터의 이용이 허용된다면, 그 범위를 어디까지로 할지도 살펴볼 필요가 있다. 해외의 입법례에서 보아서 알 수 있듯이, 나라마다 그 이용의 목적이나 유형이 달랐기 때문에, 우리도 우리의 현실에 맞게 그 범위를 확정할 필요가 있다.

가. 이용의 목적

먼저, 데이터의 이용이 학술적인 경우나 비영리적인 경우로 한정되어야 하는지 아니면 영리적인 경우에도 허용되어야 하는지를 살펴본다. 앞에서 살펴본 바에 따르면, 유럽연합, 영국, 독일의 경우는 비상업적 목적에 한정하고 있고, 일본의 경우는 제한 없이 허용하고 있다. 우리의 경우는 데이터마이닝 조항을 처음 도입하는 시기여서 법적 혼란을 줄이기 위해 비상업적 목적만을 인정하고 점진적으로 확대하는 것이 타당할 것이라는 견해가 있다.[53] 하지만 데이터마이닝이 적용되는 분야들이 마케팅, 은행업, 보험업, 통신산업, 유통업, 제조업, 보건의료분야 등이고, 경영에서 경쟁력을 확보하기 위해 대부분 이용되는 현실을 볼 때 학문적·비상업적 목적으로 한정하는 것은 데이터 이용에 실효성이 없다고 보인다. 또한, 최근 데이터가 전체 산업에서 차지하는 비중을 생각하고, 데이터 산업 활성화를 고려할 때, 영리적 목적까지 허용하는 것이 필요해 보인다. 더욱이 어떠한 이용이 영리적인지 비영리적인지를 판단하기가 그리 쉽지 않다면 영리적인 경우까지 포함하는 것이 문제의 발생을 사전에 막는 방법일 것이다. 다만, 영리적 이용을 허락하는 때도 저작권자의 이익을 해치지 않는 즉 저작물을 향유할 수 없는 경우로 한정해야 할 것이다.

나. 이용의 유형

데이터의 이용 범위는 이용 유형에 따라 결정되기 때문에, 이를 먼저 살펴

---

53) 김용주, 앞의 글(각주 1번), 305−06면.

볼 필요가 있다. 여기서는 데이터마이닝을 예로 하여 데이터의 이용 유형을 살펴보기로 한다. 데이터마이닝은 대규모로 저장된 데이터 안에서 체계적이고 자동으로 통계적 규칙이나 패턴을 분석하여 가치 있는 정보를 추출하는 과정을 말한다.[54] 그리고 데이터마이닝의 과정은 데이터의 선정, 정제, 변형, 분석의 순으로 진행된다. 먼저 데이터의 선정에서는 데이터를 수집하게 되고 이 경우 해당 데이터를 복제할 수 있으며, 그 이후의 절차에서도 복제는 기본적으로 이루어진다. 앞에서 살펴본 바와 같이, 제한적인 데이터의 이용을 인정하는 입법례도 복제권은 인정하고 있고, 데이터의 이용을 위해서는 복제는 가장 기본적인 것이라 할 것이어서 저작권자의 복제권은 제한되는 것이 타당하다. 다음의 정제와 변형 과정에서는 데이터를 변경하는 경우가 발생한다. 저작권법은 원저작물을 번역, 편곡, 변형, 각색, 영상제작 그 밖의 방법으로 작성할 수 있는 2차적저작물작성권을 저작권자에게 부여하기 때문에,[55] 데이터를 변경하는 경우 저작권자의 동의가 필요하다. 데이터의 변경을 인정하는 입법례는 일본이 대표적이며, 미국은 공정이용이 되기 위해서는 변형적이라는 요건이 필요하기 때문에 오히려 변형이 있어야 공정이용이 될 수 있다. 해당 산업에서 데이터의 변형에 대한 필요성이 높고, 그 절차가 필연적이라면, 저작권자의 이익을 부당하게 해치지 않는 범위에서는 개작을 허용하는 것이 바람직해 보인다. 마지막으로, 분석 후 데이터를 전송할 수도 있는데, 개인적인 이용을 위한 전송은 허용될 수 있으나, 타인에게 해당 데이터를 전송하는 것은 정보분석을 위한 목적을 넘어 저작권자의 이익을 부당하게 해칠 가능성이 커 허용해서는 안 될 것이다.

3. 면책의 방법

정보분석을 위해 데이터를 이용할 수 있게 하는 방법은 미국처럼 공정이용 규정을 적용하는 방법이 있고, 유럽이나 일본처럼 입법을 통하는 방법이 있

---

[54] 위키백과, '데이터 마이닝' <https://ko.wikipedia.org/wiki/데이터_마이닝, 2021. 2. 5 최종 방문>.

[55] 저작권법 제5조; 변형에 대하여 저작자는 2차적저작물작성권 외에도 동일성유지권이라는 저작인격권을 주장할 수도 있다. 저작권법 제13조는 저작자가 그의 저작물의 내용에 대한 동일성을 유지할 권리를 가진다고 규정하고 있다.

다. 그런데, 우리 저작권법은 공정이용을 구체적인 경우와 일반적인 경우로 나누고 있어, 구체적인 경우로 데이터 이용을 규정할 것이냐 아니면 일반조항의 해석에 맡길 것이냐로 나뉜다. 그런데 주지하다시피, 일반조항은 법적 안정성이나 예측 가능성 측면에서 불리한 점이 많고, 데이터 이용에 대한 필요성이 높은 현 상황에서 데이터의 이용을 활성화하기 위해서는 구체적 규정을 두는 것이 타당할 것이다. 저작권자의 이익을 보호하는 방법도 해당 조항에 함께 규정한다면, 오히려 저작권자를 보호하는 방안도 함께 마련될 수 있을 것이다. 구체적인 방법 측면에서는 비영리 목적에 한정하지 않고, 데이터 이용 유형을 개작과 개인적인 전송까지 포함하며, 데이터의 이용이 저작권의 본래 목적과 충돌하지 않아야 할 것이다.

Ⅳ. 균형 방안의 제안

1. 옵트-아웃(opt-out)의 도입

가. 옵트-아웃의 필요성

저작권법은 원칙적으로 옵트-인(opt-in) 방식[56]을 취하고 있어, 저작물을 이용하기 위해서는 저작권자의 명시적인 허락이 필요하다.[57] 이러한 저작물의 이용 방식은 저작권 관련 기술에 의해 결정되는데, 인터넷이 도입되기 전에는 저작권자가 침해자가 될 자를 찾는 것보다 개별적으로 이용 허락을 하는 것이

---

[56] 옵트-인(Opt-in)은 당사자가 정보수집에 명시적으로 동의할 때에만 정보수집이 가능한 화이트리스트 방식의 정보 수집 방식이며, 옵트-아웃(Opt-out)은 정보 소유 당사자가 정보 수집을 명시적으로 거부할 때에만 정보 수집을 중단하는, 블랙리스트 방식의 정보 수집 방식을 말한다. 나무위키, <https://namu.wiki/w/%EC%98%B5%ED%8A%B8%EC%95%84%EC%9B%83, 2021. 2. 12. 최종 방문>.

[57] 저작권법 제10조 제1항 ("저작자는 제11조 내지 제13조의 규정에 따른 권리(이하 "저작인격권"이라 한다)와 제16조 내지 제22조의 규정에 따른 권리(이하 "저작재산권"이라 한다)를 가진다."); 17 U. S. C. § 106 ("The owner of copyright under this title has the exclusive rights to do and to authorize any of the following …").

보다 용이했기 때문에 옵트-인 방식이 적합하였다.[58] 그런데, 인터넷의 활성화라는 저작권 관련 기술의 변화는 저작물의 이용에 대한 옵트-인 방식의 적합성을 점차 떨어지게 만들고 있다. 예로써, 검색엔진이 저작물 이용에 있어 옵트-인 방식을 취한다고 생각해보면, 검색엔진은 저작물 이용을 위하여 일일이 저작권자들에게 허락을 사전에 받아야 하고, 그 비용은 실로 엄청나다.[59] 따라서 검색엔진에 적합한 저작물 이용 방식은 옵트-아웃이 될 수밖에 없게 된다. 또한, 인터넷 도입 전과 비교했을 때 인터넷은 검색비용(search cost)을 상당히 낮추기 때문에 침해자가 될 자를 찾는 것이 훨씬 쉬워졌고, 이는 옵트-아웃 방식에 더 적합함을 의미한다. 인터넷 그 자체도 웹사이트의 소유자가 접근을 막는 조치를 취하여 이용자들을 배제하지 않는 한 자유롭게 웹사이트에 접근할 수 있게 하기 때문에, 옵트-아웃 방식에 더욱 잘 어울린다.[60]

나. 저작물 이용 방식의 결정

인터넷 기술의 활성화에 따른 저작권 기술의 변경으로 인해 저작물 이용의 방식은 옵트-인 뿐만 아니라 옵트-아웃이 적절하게 가미되어야 한다. 이에 대한 구체적인 예와 이유들은 다음과 같다. 예로써 구글(Google)과 같은 검색엔진은 웹 크롤러(crawler)라고 불리는 컴퓨터 코드 다시 말해 '구글봇(Googlebot)'이라는 검색 로봇을 사용해 수십억 개의 웹페이지들을 스캔하고 복제하기 위해 색인을 만든다. 구글봇은 웹사이트 소유자로부터 사이트를 색인하는데 있어 허락을 구하지 않고, 그 소유자가 구글봇을 막는 구체적 조치를 취하지 않은 경우에만 자동적으로 사이트를 색인한다.[61] 사이트 소유자는 이용자들에게는 보이지 않지만 구글봇에게는 보이는 robots.txt 파일을 만들 수 있고, 그것은

---

58) Monika Isia Jasiewicz, Comment, Copyright Protection in an Opt-Out World: Implied License Doctrine and News Aggregators, 122 YALE L.J. 837, 843 (2012).

59) Michael R. Mattioli, Note, Opting Out: Procedural Fair Use, 12 VA. J.L. & TECH. 1, 22 (2007) ("실질적으로, 엄격한 옵트-인은 온라인 검색의 죽음을 도래하게 한다.").

60) John S. Sieman, Using the Implied License To Inject Common Sense into Digital Copyright, 85 N.C. L. Rev. 885, 890 (2007).

61) Monika, supra note 59, at 844.

사이트의 어느 부분을 색인해도 되는지를 구글봇에게 알려준다. 만일, 구글봇이 사이트를 색인하기 위해서는 모든 허락이 필요하다고 한다면 그에 소요되는 시간과 비용은 기하급수적으로 증가할 것이다. 다만, 이러한 robots.txt는 구글봇의 사이트 색인을 기술적으로 불가능하게 만들 수는 없으며, 사이트의 소유자 바람을 구글봇에게 알리는 것뿐이다. 따라서 로봇의 접근을 제한하는 프로토콜은 구글봇의 자발적인 준수에 의해서만 강제될 수 있다. 저작물 이용의 방식을 옵트-아웃으로 하는 것은 저작권법의 기본적 이념과 일치하지 않는다고 볼 수도 있으며, 다소 폐쇄적인 법원들이 옵트-인 방식의 저작물 이용에 대한 전통적 보호 방식과는 다른 옵트-아웃을 받아들이는 것은 쉽지 않을 것이다. 하지만 미국에서는 저작권자가 침해 소송을 제기하기 위해 사전에 저작권청에 저작권 등록을 해야 하는 것과 같이 저작권자에게 부담을 주는 사례들이 없지 않았다.[62] 또한, 온라인에서 옵트-아웃 방식을 채용하는 것은 쉽고 거의 비용이 들어가지 않는 로봇 금지 프로토콜을 이용하도록 단순히 요구하는 것이어서 저작권자들에게 큰 부담이 되지 않는다.[63] 오히려, 옵트-아웃 방식을 취함으로써 이용을 허락하는 자와 허락하지 않는 자를 구별할 수 있게 하여 저작권자들이 더 많은 혜택을 가질 수 있게 한다. 물론, 공평의 견지에서 권리자와 이용자의 이익 간에 균형이 이루어질 수 있는 지가 가장 큰 쟁점이 될 것이다.

다. 옵트-아웃 방식의 실질적 문제

옵트-아웃 방식에 대하여 실질적 문제가 제기되기도 한다. 어떠한 이용의 유형들이 허락되고 어떠한 이용들이 그렇지 않은지를 명시할 방법이 없고, 이용을 허락한 리스트가 변할 때마다 프로토콜을 지속적으로 업데이트 하는 것은 실용적이지 않다고 여겨질 수도 있다. 하지만 robots.txt 파일의 제작자들은 색인되기 원하는 콘텐츠와 그렇지 않은 콘텐츠가 무엇인지에 대하여 구체

---

62) 17 U.S.C. § 411(a).
63) Monika, supra note 59, at 847.

적으로 표시할 수 있다고 알려져 있다. 또한, 웹 크롤러들이 방문 허락을 받았는지를 보여주기 위해 robots.txt 프로토콜을 계속적으로 업데이트해야 하는 것이 아니라, 콘텐츠 제공자가 허락되지 않는 모든 것들의 리스트를 갖는 방법으로 robots.txt 프로토콜이 이용될 수도 있다. 더욱이 특정인에게는 라이선스 계약이 존재하지 않는다는 것을 인지한 경우 robots.txt 프로토콜의 제작자는 그 자에게만 콘텐츠를 이용할 수 없도록 할 수도 있다.[64] 다음으로, 콘텐츠 제공자들이 허락하지 않은 것들을 어떻게 추적할 수 있는지에 대하여 어려울 수 있다고 한다. 많은 웹사이트들은 검색엔진 등의 웹 크롤러들이 그들의 콘텐츠를 배포해주기를 원한다. 이는 허락되는 것의 업데이트된 리스트를 유지하는 대신에, 그들의 콘텐츠를 이용하고 있으면서 트래픽을 만들고 있지 않는 크롤러들을 추출하기 위해 콘텐츠 제공자가 robots.txt 프로토콜을 이용할 수 있게 하는 것을 가능하게 한다. 이것은 웹사이트가 자신의 콘텐츠를 배포하기 원하지 않는 검색엔진 등을 상대로 저작권 침해 소송을 제기하는 것보다 훨씬 쉽고 더욱 효율적이다. 또한 검색엔진 등이 정보를 모을 수 있는 디폴트(default)를 만듦으로써, 그 시스템은 추가적인 정보의 배포를 허용한다.

2. 묵시적 실시권의 도입

저작물 이용 방식은 또한 저작권의 제한에도 영향을 끼친다. 기존에 저작권 침해에 대한 대표적 방어방법은 공정이용(fair use)이었고, 이는 충돌하는 이익 간에 균형을 맞추고 엄격한 저작권 집행을 막기 위한 훌륭한 도구였다. 하지만 그 적용이 매우 복잡하다는 문제가 있었고, 이는 상황이 복잡한 인터넷에서 더욱 그러하였다. 그리하여 인터넷에서 적절한 제한의 방법이 요구되었고, 인터넷에서의 적절한 이용 방식인 옵트-아웃과 조화를 이룰 수 있는 묵시적 실시권 원칙이 최근 제안되고 있다. 묵시적 실시권 원칙은 저작권법을 현실에 적응시킬 수 있는 구조로서 공정이용 원칙과 함께 기능할 수 있게 한다.

---

64) Dylan J. Quinn, *Associated Press v. Meltwater: Are Courts Being Fair to News Aggregators?*, 15 Minn. J. L., Sci. & Tech. 1189, 1217 (2014).

가. 도입 필요성

옵트-아웃 방식에 의할 때 검색엔진 등은 다른 웹 페이지들의 저작물을 복제하기 때문에 필연적으로 저작권을 침해하게 된다. Field v. Google, Inc. 사건은 이러한 저작권 침해에 대하여 묵시적 라이선스를 적용한 대표적인 판례이다.[65] 법원은 묵시적 라이선스에 대한 기존보다 확장된 기준을 적용하여, 저작권자가 그 이용을 알고 그것을 권장하는 경우 묵시적 라이선스가 발생할 수 있다고 하였다.[66] 이러한 인식(knowledge)과 권장(encouragement)의 2가지 요소 테스트를 적용하여, 법원은 구글봇과 통신하는 로봇 금지 프로토콜 구조를 웹사이트 소유자가 알고 있었고, 그것들을 사용하지 않음으로써 그의 콘텐츠를 구글봇이 색인하도록 권장한 것이 된다고 판단하였다.[67] 그리하여, 법원은 robots.txt를 이용하지 않은 수동적 실패를 묵시적 라이선스가 발생하는 적극적 행위로 재구성하였다. 묵시적 라이선스는 인터넷에서의 지식재산권 분배에 대한 중심이 될 것이고, 되어야만 한다.[68] 사실, robots.txt 프로토콜 기술을 이용하는 옵트-아웃 방식의 실행과 묵시적 라이선스의 확장은 검색엔진 등이 정보를 더 많이 배포함으로써 얻어지는 혜택의 균형을 유지하면서 인터넷 미디어의 이용에 대한 보호를 제공하기 때문에 대단히 유용하다. 또한, 이러한 이용은 저작권법의 목적을 발전시킬 뿐 아니라, 표현의 자유와 관련하여 추가적인 법을 만들 필요가 없으며, robots.txt 프로토콜의 금지가 저작물에 대한 접근을 통제하는 세이프가드의 금지로서 작용하기 때문에 콘텐츠 제공자들이 DMCA에서의 통지와 게시중단 절차를 이용할 수 있도록 한다. 비록, 묵시적 라이선스 원칙을 이용하는 산업의 넓은 옵트-아웃 시스템을 만드는 가능성에 대한 문제들이 존재하지만,[69] 묵시적 라이선스는 공정이용과 저작권법이 해결할 수 없었던 복잡한 관계를 다룰 수 있는 체계를 제공할 것이다.

---

[65] 412 F. Supp. 2d 1106 (D. Nev. 2006).
[66] Field, 412 F. Supp. 2d at 1116.
[67] *Id.*
[68] Sieman, supra note 61, at 916-24.
[69] Monika, supra note 59, at 845.

나. 묵시적 실시권의 기본 방향

묵시적 실시권 원칙은 전통적 계약의 체계나 유사 계약 관계로 제한되었었다. 당사자들이 주관적으로나 객관적으로 포함할 의도를 갖는 새로운 조건을 도입함으로써 간극충전제(gap filler)로서 기능하였다. 주관적 의도를 계약에 보충하는 것은 당사자들의 진실한 의도를 추적하고, 객관적 의도는 구체적 환경 하에서 합리성 측정에 따라 당사자들에게 의도를 부여하였다. 따라서 묵시적 실시권 구조는 계약적 관계가 부재하는 경우 관련되지 않고, 그것은 당사자들의 의도의 분명한 통지를 게시함으로써 쉽게 피해질 수 있었다. 묵시적 실시권은 공정성과 합리성이라는 목표 하에 법원에 의해 도입되었다. 저작권법의 새로운 기준으로서 묵시적 실시권 원칙을 발전시키기 위해서는 전통적인 계약적 환경으로부터 벗어나야 한다. 몇몇 학자들은 인터넷의 특정 상황에서 그 원칙의 전통적인 계약적 체계에 갇혀 있기도 하다. 저작권자의 주관적이거나 객관적인 의도를 추적할 필요 없이 지식재산법으로 합리성을 불어넣을 수 있는 순수한 사법적 기준으로서 완전히 인식될 때, 묵시적 실시권 원칙은 지식재산법의 주요한 원칙이 될 수 있다. 묵시적 실시권은 디지털 환경에서 저작권 갈등들을 조화시키는데 있어 합리성을 증가시키려는 의도이다. 따라서 묵시적 실시권 원칙은 저작권법을 현실에 적응시킬 수 있는 구조로 법원으로 하여금 공정이용과 함께 적용할 수 있도록 하여야 한다. 다만, 묵시적 실시권은 디지털 시대에 모든 저작권 실패에 대한 일반적인 해결책으로 의도된 것이 아니고 저작권법 전반의 기본적 갈등들을 조화시키는 방법도 아니다. 묵시적 실시권은 정책적 사항들을 발전시키는 것이고, 좀 더 균형 잡히고 실제적인 결과를 촉진시키기 위해 조합하여 사용되거나 적용될 수 있는 저작권법에서의 여러 이용 가능한 기준들 중 하나일 뿐이다.

3. 구체적 예

가. 검색 엔진

검색엔진 운영에 있어 어느 정도의 자유가 허용되는지는 인터넷에서 매우 중요하기 때문에, 법적 이슈는 가능한 저작권 침해의 문제를 극복하는 방법이다. 공정이용 원칙은 검색엔진이 제한 없이 운영할 수 있는 종합적이고 분명한 결과를 제공하지 않기 때문에, 다른 방법이 요구된다.[70] 그 방법 중 하나는 다량의 저작물과 관련된 행위들을 허용하는 옵트-아웃 방법이다. 이것은 실질적인 가능성이기 때문에, 옵트-아웃 방법은 저작권자들에게 사용자에게 저작물을 사용할 수 없음을 통지하도록 요구함으로써 저작권자들에게 그 부담을 옮긴다. 그러한 통지가 없는 경우 저작권자들은 그러한 이용이 허락된 것으로 간주된다.[71] 옵트-아웃 방법은 효율적이지만, 현실적인 문제가 있다. 현실적인 문제는 옵트-아웃 방법이 저작권자가 저작물의 복제를 반대한다고 말하는 자동적으로 게시된 통지에 의해 쉽게 금지될 수 있다는 것이다. 묵시적 실시권 방법은 전통적인 재산법의 체계와의 갈등을 피하는 동시에 옵트-아웃 구조를 개선하고 유동적인 저작재산권을 발전시킴으로써 그러한 현실적인 문제를 해결할 수 있다. 묵시적 라이선스 방법의 채택은 따라서 일반적 규정으로서 검색엔진의 운영을 허락한다. 저작권의 좀 더 전통적인 재산적 특성이 유지된다면, 옵트-아웃 체계를 적용하는 데에는 어려움이 있지만, 묵시적 실시권 원칙은 미세 조정을 할 수 있는 방법으로 사용될 수 있다. 묵시적 실시권은 확정적 동의의 부담을 저작권자에게 옮기고, 이렇게 하여 재산권으로서의 저작권에 대한 전통적 인식을 갖는 옵트-아웃 방법의 문제를 해결한다. 또한, 묵시적 실시권이 비계약적 개념이라는 것에 대한 이해는 검색엔진 환경에서 중요하다.

---

70) Sieman, supra note 61, at 916-23.
71) Id. at 888-89.

나. 링크(Linking)

미국과 우리의 저작권법은 모두 분명하게 허락받지 않은 저작물에 대하여 링크가 되어 있는 경우 저작권 침해인지의 문제를 아직 해결하지 못하고 있다. 홈페이지에 대한 링크는 허락될 수 있는 것으로 간주되지만, 딥링크는 불법적인 것으로 취급되고 있다. 몇몇 법원들은 실제 복제가 없기 때문에 링크 그 자체가 저작권 침해를 구성한다고 하는 주장을 받아들이지 않고,[72] 몇몇 법원들은 링크가 사용자의 브라우저에게 보호되는 콘텐츠를 포함하는 웹사이트의 HTML을 제공하기 때문에 기여책임을 고려하기도 한다.[73] 또 다른 법원들은 콘텐츠 소유자와 인터넷에서의 링크의 자유 간의 이익에 대한 균형을 유지하기 위해 좀 더 복잡한 법적 분석을 수행하기도 한다.[74] 링크를 허락하는 논리적 이유는 홈페이지에 링크하는 것이 웹 운영의 의도된 결과이기 때문이다. 링크는 인터넷에 필수적이고, 불합리하게 웹사이트 소유자의 이익을 방해하지 않는 한 허락되어야만 한다. 법적 근거는 인터넷에 콘텐츠를 게시하는 것이 콘텐츠의 법적 추정을 항상 내포하기 때문이다.[75] 묵시적 실시권 원칙의 이점은 콘텐츠의 법적 추정이 저작권자의 의도를 표시하지 않고, 그래서 링크를 금지하거나 사이트의 홈페이지만이 링크되어야 한다는 분명한 반대 통지에 의해 반박될 수 없다.[76] 그 규정은 사이트 소유자의 실제 의도를 무시하지 않고, 그리하여 인터넷 활동에 합리성을 불어 넣는다. 더 나아가 링크 기술은 온라인 콘텐츠 소유자들의 다양한 상업적·비상업적 이익들과 관련된 다양한 상황들을 포함한다. 따라서 딥링크가 침해를 구성하는지 여부의 문제는 정도의 문제이고, 묵시적 실시권의 법적 추정은 구체적 환경에 근거를 두고 반박될 수 있다. 묵시적 실시권은 열린 기준으로써 필요한 융통성을 갖고 있다.

---

72) Ticketmaster Corp. v. Tickets.com, Inc., 54 U.S.P.Q.2d (BNA) 1344, 1346 (C.D. Cal. 2000).

73) Perfect 10 v. Google, Inc., 487 F.3d 701, 726−29 (9th Cir. 2007).

74) Kelly v. Arriba Soft Corp., 77 F. Supp. 2d 1116, 1118−19 (C.D. Cal. 1999).

75) Alain Strowel & Nicolas Ide, Liability with Regard to Hyperlinks, 24 Colum.−VLA J.L. & Arts, 403, 412 (2001).

76) *Id.*

V. 결어

최근 해외 많은 나라가 데이터의 이용을 위하여 저작권 침해에 대한 면책을 인정하고 있고, 우리도 이러한 추세에 맞춰 정보분석을 위한 데이터 이용을 인정하려는 시도가 이루어지고 있다. 본 글은 이러한 시점에서 데이터 이용의 방향과 범위 그리고 방법을 검토했다. 먼저, 면책의 방향은 목적과 여러 저작권 원칙들을 검토한 결과 저작권자의 이익을 부당하게 해치지 않는 한, 저작권자의 이익보다는 더 큰 혁신과 산업의 촉진이 저작권법의 목적에 가깝기에 저작권이 제한될 수 있음을 확인할 수 있었다. 다음으로, 면책의 범위는 저작물을 저작권의 본래 목적으로 이용하지 않는 한, 산업의 필요성과 활성화 측면에서 영리적 이용인 경우도 포함해야 하며, 이용의 유형은 복제를 포함하여 개작과 전송까지 포함하여 넓게 인정하는 것이 바람직하다고 보인다. 마지막으로, 면책의 방법은 우리법의 특성을 생각할 때 일반조항에 의한 해석보다는 권리와 의무를 구체적으로 정하여 입법하는 방식이 법적 안정성이나 예측 가능성 측면에서 타당해 보인다. 결국, 우리의 입법은 일본식으로 가는 것이 가장 적합하지 않을까 생각이 든다. 그런데, 이러한 데이터 이용 규정을 두는 것 이외에 인터넷에서의 저작권 이용 방식을 옵트－인의 전통적인 방식에서 인터넷 시대에 적합한 옵트－아웃으로 변경하고, 항변으로서의 묵시적 실시권을 도입하는 것을 제안한다. 많은 정보가 인터넷에서 이용 가능한 것을 고려할 때, 옵트－아웃 방식을 채택하여 저작권자의 이익을 부당하게 해치지 않는 범위 내에서 저작물을 자유롭게 이용할 수 있게 하되, 저작권자가 이를 거부할 수 있도록 하고, 데이터를 이용한 자는 묵시적 실시권이라는 항변 사유를 갖고 저작권 침해의 책임 등에서 대항할 수 있게 한다면 자유로운 저작물의 이용과 보호가 조화를 이룰 수 있을 것이다.

참고 문헌

1. 국내문헌

김용주, 텍스트 및 데이터마이닝을 위한 저작권법 개정 방향, 법학연구, 제61권 제
2호 (2020).

문건영, 삼단계 테스트의 해석·적용과 저작권법 제35조의3의 관계, 계간 저작권
2020 봄호.

안효질, 빅데이터 활용과 인공지능 개발을 위한 Text and Data Mining, 법률신문
연구논단, 2018. 12.

오승종, 저작권법 강의, 박영사, 2019.

2. 국외문헌

Alain Strowel & Nicolas Ide, Liability with Regard to Hyperlinks, 24
Colum. − VLA J.L. & Arts, 403 (2001).

Craig Joyce & L. Ray Patterson, Copyright in 1791: An Essay Concerning the
Founders's View of the Copyrght Power Granted to Congress in Article I,
Section 8, CClause 8 of The U.S. Constitution, 52 Emory L.J. 909 (2003).

Dylan J. Quinn, *Associated Press v. Meltwater: Are Courts Being Fair to News
Aggregators?*, 15 Minn. J. L., Sci. & Tech. 1189 (2014).

Howard S .Chen, Gameplay Videos and Fair Use in the Age of Tricks, Glitches
and Gamer Creativity, 25 B.U. J. Sci. & Tech. L. 675 (2019).

John S. Sieman, Using the Implied License To Inject Common Sense into Digital
Copyright, 85 N.C. L. Rev. 885 (2007).

Joseph P. Liu, Copyright Law's Theory of the Consumer, 44 B.C. L. Rev. 397
(2003).

Kevin M. Lemley, "The Innovative Medium Defense: A Doctrine to Promote the
Multiple Goals of Copyright in the Wake of Advancing Digital
Technologies", 110 Penn St. L. Rev. 114 (2005).

Lawrence B. Solum, Congress's Power to Promote the Progress of Science:
Eldred v. Ashcroft, 36 Loy. L.A. L. Rev. 1 (2002).

Michael A. Carrier, Innovation for the 21st Century: Harnessing the Power of Intellectual Property and Antitrust Law, 2008.

Michael R. Mattioli, Note, Opting Out: Procedural Fair Use, 12 VA. J.L. & TECH. 1 (2007).

Monika Isia Jasiewicz, Comment, Copyright Protection in an Opt−Out World: Implied License Doctrine and News Aggregators, 122 YALE L.J. 837 (2012).

Raymond Shih Ray Ku, Grokking Grokster, 2005 Wis. L. Rev. 1217 (2005).

Richard Stim, Measuring Fair Use: The Four Factors, NOLO, 2016.

4

디지털 경제에서의
데이터 집중과 경쟁정책*

최난설헌 / 연세대학교 법학전문대학원 교수, 법학박사

Ⅰ. 머리말

온라인 사업자들은 많은 데이터의 수집과 상업화에 주력하고 있으며, 이용자 데이터의 수집량이 급격하게 방대해지고 있다. 사업자에 의한 데이터의 수집 및 처리는 이전부터 이루어져 왔으나, 최근 들어 첨단 IT 기술의 활용으로 다양한 산업 분야에서 전자화와 자동화가 보편화되는 등, 빅데이터(big data) 기술의 발전에 힘입어 초대용량 데이터의 축적이 가능해졌다. 소비자들은 이를 통하여 개인 맞춤형 서비스를 저렴한 가격(또는 거의 무료로)에 제공받는 등, 생활의 편익을 누리고, 일상 곳곳에서의 혁신이 촉진되기도 한다. 한편 데이터가 소비자와 시장에서의 경쟁에 미치는 효과에 대해서는 이와 같은 긍정적인 면뿐만 아니라 빅데이터를 이용한 진입장벽의 구축을 비롯한 부정적인 측면에 대한 비판론도 함께 개진되고 있으며, 그 관심의 정도는 나날이 높아지고 있다.[1]

종래 데이터를 둘러싼 논의는 주로 데이터 공개의 측면과, 공개되는 데이

본고는 저자의 논문인 "기업결합 심사에 있어서 빅데이터의 경쟁법적 의미 —최근 해외 주요 기업결합 사례를 중심으로—"(외법논집 제41권 제4호 게재, 2017)와 "혁신경쟁의 촉진과 플랫폼 단독행위 규제상의 과제 —시장지배적지위 남용행위 규제를 중심으로—"(경제법연구 제19권 제2호 게재, 2020)의 내용을 발췌하여 수정·보완한 글이다.

[1] 일각에서는 빅데이터 시대를 맞아서 적극적인 경쟁법 집행이 필요하다는 견해가 있으며, 다른 한편에서는 빅데이터 문제에 있어서 경쟁법이 적합한 규제책이 될 수 없다는 이유로 섣부른 규제의 개입을 반대하고 있다. D. Daniel Sokol and Roisin Comerford, "Antitrust and Regulating Big Data", Geo. Mason L. Rev. Vol. 23:5, 2016, at 1129.

터와 관련된 개인정보 보호의 두 가지 주제로 진행되어 왔으며,[2] 우리나라 공정거래위원회를 비롯한 주요 국가의 경쟁당국에서 데이터의 경쟁이슈를 본격적으로 다룬 것은 2010년 이후의 일이다. 그러나 Google이나 Facebook, Apple, Amazon과 같은 거대 온라인 사업자에 의한 이용자 정보 수집행위가 경쟁법 적용을 필요로 하는 문제를 발생시키는지에 대한 연구가 꾸준히 진행되고 있으며, 특히 대용량의 데이터의 수집 및 보유가 시장지배적지위를 가진 일부 온라인 플랫폼 사업자에 대한 고객 쏠림현상을 더욱 강화하게 하는 유인이 될 수 있다는 점에서 우려를 낳고 있다.[3] 한편, 데이터 관련 경쟁 관련 쟁점에서 소비자 이슈가 파생되기도 하는데, 경쟁법 영역에서는 이와 같은 내용이 '데이터 관련 약관의 투명성' 또는 '프라이버시/개인정보'의 문제로서 인식되는 경향을 보인다. 프라이버시 문제는 데이터의 사용으로 인해 특히 우려되는 문제이자 인간의 기본권과도 관련되는 중요한 문제이며, 데이터가 주도하는 비즈니스 모델에 있어서는 종종 프라이버시 문제와 경쟁법적 우려가 동시에 발생하기도 한다.[4]

비록 아직 전 세계적으로 경쟁당국이나 사법부가 이 문제를 정면에서 다룬 사례가 나타나지 않았으나 빅데이터에 대한 경쟁법적 평가가 특히 기업결합 심사에서 종종 언급되고 있으며, 실제 실무에서 이용되는 기업결합 심사기준에서도 이와 같은 내용이 반영된 바 있다. 특히 빅데이터가 기업결합 부문 외에서도 광범위한 경쟁이슈를 초래할 가능성이 있는가에 대하여 많은 관심이 쏠리고 있으며, 실제로 최근 EU 집행위원회는 Google, Facebook, Apple, Amazon 등 거대 웹 기업의 경쟁 위반에 대한 조사를 전방위로 확대하고 있다.

한편, 최근 많은 온라인 사업자들이 이른바 '데이터 역량 강화 전략(data driven strategy)'을 채용하여 경쟁상의 우위를 점하려는 노력에 박차를 가하고 있어서 대량의 데이터 확보를 위한 수단으로서 전략적 기업결합 정책을 추진하는 사업자들이 점점 증가하는 추세이다. 이는 목차 Ⅱ 이하에서 살펴볼 빅데이

---

[2] 허성욱, "한국에서 빅데이터를 둘러싼 법적 쟁점과 제도적 과제", 경제규제와 법 7(2), 서울대학교 공익산업법센터, 2014. 11, 12면.

[3] Andres V. Lerner, "The Role of 'Big Data' in Online Platform Competition, 2014. 8. 26, at 3.

[4] 최난설헌, "디지털 시대의 소비자 보호의 방향 ―데이터와 소비자 보호―", 경제법연구 제21권 제2호, 한국경제법학회, 2022, 228면.

터의 개념과도 무관하지 않은데, 빅데이터는 '대규모(high-volume)', '고속성(high-velocity)', '고다양성(high-variety)'이라는 특성을 가지기 때문에 사업자는 전략적 기업결합을 통하여 비교적 손쉬운 방법으로 데이터 측면에서의 상대적 우위를 점하고자 한다.

따라서 본고에서는 경쟁법상 유의미한 빅데이터의 의의를 추출해보고, 현재까지 나타난 데이터와 경쟁이슈 중 기업결합 사건을 중심으로 정리하여 집행영역에서의 최근 동향을 파악해보기로 한다. 아울러 데이터 집중에 대한 규제라는 측면에서 경쟁법의 잠재적인 역할에 대하여 알아보고, 나아가 이를 바탕으로 향후 법·정책적 개선 방향에 있어서 고려할 점을 제시하고자 한다.

II. 빅데이터의 경쟁법적 의의

일반적으로 '빅데이터(Big data)'란 다양한 목적으로 사업자들에게 수집되는 대량의 정형 또는 비정형의 집합 데이터, 즉 정보자산을 의미한다. 빅데이터에 대한 정확한 개념 요소에 대하여는 아직 확립된 이론이 존재하지 않으나,[5] 미국의 IT 분야 정보기술 연구업체인 가트너(Gartner)에 따르면, 빅데이터는 다음과 같은 세 가지 특성(3Vs)을 가지는 것으로 이해된다. ① 대규모(high-volume), ② 고속성(high-velocity), ③ 고다양성(high-variety)이 바로 그것이다. 이와 같은 특성은 빅데이터가 비단 양뿐만 아니라 데이터의 복잡성(예: 문자, 이미지, 음성, 영상 파일을 포함한 서로 다른 종류의 구조화 또는 비구조화된 데이터)과 데이터를 신속하게 수집, 분석해야 할 필요성에 의해서도 정의된다는 것을 시사한다.[6] 또한, 최근 들어 빅데이터는 대규모의 데이터 수집, 처리, 연결과 관련된 비즈니

---

[5] 그동안 Mckinsey, IDC(Industrial Development Corporation) 등 여러 연구기관에서 빅데이터의 정의를 내린 바 있으며, 앞으로도 빅데이터의 다양한 정의는 주관적이며 계속 변화할 것으로 예측되고 있다. 이진형, "데이터 빅뱅, 빅 데이터(BIG DATA)의 동향", Journal of Communications & Radio Spectrum, 2012, 44면 참조.

[6] 대런 S, 터커(Darren S. Tucker), 힐 B. 웰포드(Hill B. Wellford), "빅 데이터에 관한 커다란 실수"(정재훈 역), 경쟁법연구 35권, 한국경쟁법학회, 2017, 307면. Executive Office of the President, Big Data: Seizing Opportunities, Preserving Values 2, 2014(재인용).

스 모델 또는 기술을 의미하는 대표용어처럼 사용되어, "대량의 다양한 정보뿐만 아니라 신속한 정보의 수집 및 처리속도를 갖추는 것, 나아가 데이터의 불확실성을 인지하고 분석을 통한 비즈니스의 가치를 찾아내는 것"이라고 확대 정의되기도 한다.[7]

다양한 종류의 대용량 데이터에 대한 수집, 분석, 활용 등을 특징으로 하는 빅데이터 기반 기술의 발전은 급변하는 사회현상을 보다 정확하게 예측하여 효율적으로 기능하도록 하며, 이용자 맞춤형(targeting) 정보를 제공하여 업무 및 생활의 편의를 도모하고, 이러한 정보기술의 축적을 바탕으로 하여 다양한 분야에서의 혁신을 가능케 하는 긍정적인 역할을 한다.

한편, 데이터에 대한 대중의 관심은 주로 대용량 데이터의 수집 및 이후 처리과정과 연관된다. 데이터는 이용자와 온라인 서비스 제공 사업자 간의 상호작용에 의하여 대부분 수집되는데, 이러한 과정은 이용자가 자발적으로 자신의 정보를 제공함으로써 이루어지거나, 혹은 사업자가 이용자의 관심품목 또는 거래대상 품목을 관찰하여 이루어진다. 그리고 때로는 이용자가 누구인지 전혀 상관없는 위치정보 등도 수집이 대상의 되기도 한다. 사업자는 취합한 데이터를 그들의 제품 또는 서비스의 품질 향상을 위하여 이용하거나, 새로운 상품 개발을 위하여 사용하기도 한다. 특히 광고의 측면에서 데이터는 매우 유용한데, 예컨대 이용자 관심정보나 행동정보의 경우 맞춤형 광고에 활용되어 이를 통하여 사업자가 수익을 확보할 수 있게끔 하며, 이를 두고 데이터 자산의 현금화(monetization)라고 한다. OECD 차원에서도 "빅데이터는 기업에 상당한 경제적 이점을 제공할 수 있는 핵심적인 경제적 자산"이라고 평가한 바 있으며,[8] 이처럼 데이터는 오늘날 온라인 서비스 분야를 비롯한 다양한 산업에서 중요한 자산이자 필수적 요소로 평가된다.

이와 같은 상황에서 이미 온라인 시장을 선점한 몇몇 거대 기업들은 그들이 획득한 데이터를 활용해 소비자의 요구에 적절하게 대응하고 비용을 절감함으로써 시장지배적지위를 더욱 공고히 할 것으로 예상할 수 있으며, 또한 소수

---

7) 김정경, "국내·외 빅데이터 동향 및 성공사례", ie 매거진 23(1), 대한산업공학회, 2016. 3, 47면.
8) OECD, Supporting Investment in Knowledge Capital, Growth and Innovation, 10 Oct 2013, at 319.

의 거대 인터넷 기업이 빅데이터를 배타적으로 활용하는 행위는 경쟁사업자를 시장에서 축출하는 결과를 초래할 수 있는 바, 이는 경쟁을 침해하여 경쟁법을 위반할 가능성이 있음을 시사한다. 따라서 경쟁법의 영역에서 빅데이터를 어떻게 평가하여야 하는지가 중요한 이슈로 부각되었으며, 특히 몇몇 거대 사업자에의 데이터의 집중 문제가 경쟁의 왜곡을 가져올 수 있는지가 문제 되고 있다.

위와 같은 맥락에서 미국의 연방거래위원회(Federal Trade Commission, 이하 FTC)는 2014년 이후의 의견수렴 내용 등을 종합하여 2016년 1월 6일, 빅데이터의 정의 및 빅데이터의 혜택과 위험성에 대한 연구보고서를 발간하였으며,[9] 유럽연합(European Union, 이하 EU)은 2014년 6월, EU의회에 회원국의 관련 정책관계자, 집행담당자 및 학자들을 초대하여 "데이터가 주도하는 경제가 경쟁정책, 소비자보호 및 개인정보보호법에 미치는 영향(the implication of a data-driven economy on competition policy, consumer protection, and privacy)"을 주제로 회의를 개최하는 등, 빅데이터와 그 활용에 대하여 경쟁법 차원의 관심을 기울이고 있다. OECD 경쟁위원회도 2016년 11월, "경쟁, 디지털 경제와 혁신"을 주제로 빅데이터를 주된 논제로 삼은 원탁회의를 개최하여 빅데이터가 혁신에 미치는 효과를 분석하고, 빅데이터 시장구조를 파악하며, 빅데이터로 인하여 야기될 수 있는 경쟁이슈에 대하여도 논의하는 채널을 마련하였다.[10] 또한, 일본도 2017년 6월 6일, 공정취인위원회 산하의 경쟁정책연구센터(競争政策研究センター)에서 "데이터와 경쟁정책에 관한 토론회(データと競争政策に関する検討会)"라는 제목의 보고서를 발간하였으며,[11] 우리나라에서도 학계와 공정거래위원회[12]에서 연구를 진행하여 이전보다 빅데이터 시장의 특성 파악 및 발생가능한 법 위반 유형 등에 대한 이론을 보강해 가고 있다.[13]

---

9) FTC, "Big Data: A Tool for Inclusion or Exclusion? Understanding the Issues"(FTC Report), January 2016.

10) 공정거래위원회(국제협력과), 해외경쟁정책동향 제124호, 2017. 1. 16 참조.

11) 조정환, "4차 산업혁명 대비 빅데이터로 인해 야기될 수 있는 경쟁법 이슈 연구", 공정거래위원회, 2019. 11, 8-9면 참조.

12) 공정거래위원회 연구용역보고서 "4차 산업혁명에 따른 경쟁법 현대화 방안"(2018. 10. 22.), "빅데이터 분야 경쟁실태 조사 및 비교연구"(2018. 12) 등.

13) 조정환, 전게보고서.

Ⅲ. 빅데이터가 경쟁에 미치는 효과

1. 빅데이터 활용의 친경쟁적 특성

데이터의 수집과 활용은 비단 이용자의 소비생활 정보에 국한하지 않는다. 그러나 사업자가 수집하는 데이터의 여러 측면이 소비자를 겨냥하여 소비자의 관심정보 및 행동정보를 주된 수집 대상으로 하고 있다. 그 대신 소비자는 빅데이터의 활용을 통한 파생효과로서 소비생활에서의 다양한 편이와 효용을 누리고 있다. 예컨대 인터넷상에서 제공되는 무료서비스가 확대되고, 좋은 품질의 혁신상품 개발과 생산이 가속화되는 현상도 빅데이터와 무관하지 않다.

가. 데이터의 이용과 무료서비스의 공급

빅데이터 시대에 경험할 수 있는 생활면에서의 가장 현격한 변화는 소비자가 그들의 데이터에 사업자의 접근을 허용하는 대가로 사업자로부터 무료재에 유사한 무료서비스를 제공받게 되었다는 사실이다.[14]

즉, 주지하는 바와 같이, 많은 온라인 사업자들은 이용자의 개인정보를 핵심·필수요소로 하는 사업모델을 채용하고 있다. 예컨대 양면시장에서 사업자는 소비자의 정보제공에 대한 대가로 기술, 상품 및 서비스를 무료로 제공하며, 광고주가 유력한 소비대상에게 데이터를 기반으로 하는 맞춤형 광고를 할 수 있도록 조력한다. 경쟁법적 관점에서 보면, 경쟁사업자에게 위협이 되는 약탈적 가격 설정이 아닐 경우 상품 또는 서비스가 저렴한 가격에 소비자에게 공급된다는 사실은 바람직한 일이며, 결과적으로 소비자에게 이익이 되는 행위라고 평가할 수 있다.

또한, 맞춤형 광고를 위한 데이터의 활용과 데이터 자산의 현금화 그 자체는 경쟁법의 시각에서 문제가 되지 않으며, 오히려 이용자 데이터의 수집과 현금화를 제한하는 온라인 플랫폼이 있다면, 수익을 거둘 방법이 제한되어 동일

---

14) Andres V. Lerner, "The Role of 'Big Data' in Online Platform Competition", 2014. 8. 26, at 12.

한 서비스라도 상대적으로 높은 가격이 책정될 것이라고 예상할 수 있어서 이 경우 소비자에게 이익이 되지 않는다.

나. 품질개선과 혁신의 향상

온라인 사업자는 다양한 측면에서 상품이나 서비스의 개선을 위하여 데이터를 이용하며, 새롭고 혁신적인 상품이나 서비스를 개발하기 위하여 노력한다. 예컨대, 일반 또는 전문 검색엔진의 경우, 많은 데이터를 이용하면 그만큼 관련도가 높은 다양한 검색결과를 제공할 수 있다. 즉, 이용자의 검색량과 클릭 수를 바탕으로 검색엔진은 특정한 검색요청에 가장 잘 부합하는 검색결과를 내놓는다. 나아가 이용자들의 과거 구매 이력이나 검색 패턴을 고려하여 가장 좋은 조건의 거래를 제안할 수도 있다.

2. 빅데이터 활용의 반경쟁적 특성

빅데이터의 이용은 앞서 살펴본 친경쟁적인 효용을 갖기도 하지만, 경쟁법적 관점에서 우려를 불러올 수 경쟁제한적 특성도 함께 보유한다.

가. 데이터에 대한 접근제한 – 진입장벽 형성 문제

사업자가 대용량 데이터를 수집·저장·관리하고, 새로운 데이터 수집을 위하여 무료서비스를 제공하기 위해서는 상당히 많은 비용이 필요하다. 따라서 사업자는 그들의 경쟁사업자가 데이터에 접근하지 못하도록 하거나 데이터 공유를 제한할 큰 유인을 가진다. 또한, 빅데이터를 통하여 경쟁 우위를 점하고자 하는 사업전략을 추진하는 사업자일수록 경쟁사업자가 데이터에 접근하는 것을 차단하거나, 유사한 데이터를 획득하는 기회를 봉쇄하는 반경쟁적 행위를 할 가능성이 크다. 또한, 데이터와 자사서비스를 끼워팔기 하는 경우에도 경쟁제한적 효과가 나타날 수 있다.

아울러 소규모 사업자와 신규사업자는 많은 이용자의 데이터를 확보하기 어렵기 때문에 상대적으로 규모가 큰 경쟁사업자와 효과적으로 경쟁할 수 없다. 앞서 언급한 바와 같이 최근 빅데이터는 필수적인 사업자산으로 인식되기 때문에 데이터 확보 경쟁은 점점 치열해지고 있으며, 이 경쟁에서 소규모 사업자 내지 신규사업자는 우위를 점하기 어렵다. 또한, 거대 온라인 플랫폼 사업자는 변화가 빠른 혁신시장에서의 시장력(market power)을 유지하고자 그들의 사업적 영향력(control)을 발휘하여 경쟁사업자가 데이터에 접근하는 것을 최대한 차단하려 할 가능성이 있다.

나. 네트워크 효과로 인한 경쟁사업자의 경쟁력의 소실 문제

일반적으로 플랫폼을 통한 양면시장 또는 다면시장적 특성을 가진 온라인 시장에서는 이른바 피드백 순환 메커니즘으로 인한 네트워크 효과가 발생하여 신규진입자나 상대적으로 규모가 작은 사업자가 기존업체 또는 거대 사업자와 사실상 경쟁하기 어려운 환경이 구축될 가능성이 있다. 이와 같은 피드백 순환 구조는 크게 두 유형으로 나눌 수 있는데, 먼저, ① '이용자 피드백 순환구조'는 [대규모 이용자(user) 보유 → 정보보유(data) → 서비스 품질 향상(service quality) → 고객유인(user)]의 순환구조를 가지며, 예컨대 두터운 이용자를 보유한 검색엔진은 다양한 검색요청 분석을 통하여 검색알고리즘을 개선하여 관련도 높은 검색결과 또는 이용자 맞춤형 검색결과를 제공하고, 그 결과 더 많은 이용자를 확보할 수 있다. 또한, 두 번째 유형인 ② '현금화 피드백 순환구조'는 [대규모 이용자(user) 보유 → 정보보유(data) → 맞춤형 광고를 통한 수익창출(ad target-ing) → 투자촉진(investment) → 서비스 품질 향상(service quality) → 고객유인(user)]의 순환구조를 가진다.[15)]

따라서 위의 순환 메커니즘이 구동할 경우, 기존 사업자 내지 거대 사업자는 더 많은 이용자를 확보하게 되고, 그 결과 더 많은 광고주들이 몰려서 더욱 큰 수익을 창출하게 되어 장기적인 관점에서 볼 때 공고한 시장력을 보유하는 초거대 사업자가 될 가능성이 있다.

---

15) 공정거래위원회, 전게자료, 5면.

다. 학습효과 및 비용 구조상의 문제

최근 들어 IT 기술의 비약적인 발전으로 데이터 분석 알고리즘을 이용하거나 다양한 데이터 간 결합(data fusion)을 통하여 데이터로부터 무제한적인 지식의 취득이 가능해졌다. 때문에 대용량의 데이터를 보유한 사업자는 그만큼 많은 학습량을 보유하게 되어 더욱 정확하고 풍부한 이용자 맞춤형 정보를 제공하게 되며, 이는 결국 위의 피드백 순환 메커니즘상 [더 많은 이용자의 확보 → 정보보유 → 서비스 품질 향상(service quality) → 고객유인(user)] 또는 [더 많은 이용자의 확보이용자(user) 보유 → 정보보유(data) → 맞춤형 광고를 통한 수익창출(ad targeting) → 투자촉진(investment) → 서비스 품질 향상(service quality) → 고객유인(user)]의 순환고리에 따라 데이터 보유량이 적은 신규진입자 내지 소규모 사업자들이 데이터 보유량이 많은 기존 또는 거래 사업자들과 경쟁하기 어렵게 된다.

또한, 앞서 설명한 바와 같이, 사업자가 대용량 데이터를 수집·저장·관리 및 새로운 데이터 수집을 위한 무료서비스 제공에 상당히 많은 비용이 소요되는 빅데이터 연관 사업의 독특한 비용구조 및 사업자들이 추구하게 되는 규모의 경제 및 범위의 경제로 인하여 시장집중이 초래되기 용이한 환경이 조성될 가능성이 있다.

Ⅳ. 빅데이터와 기업결합 규제

시장에서 발생하는 빅데이터 관련 문제에 대하여 경쟁법이 개입하는 것이 적절한 것인지에 대하여 판단하기 위해서는 현재까지 동 이슈에 대하여 주요 경쟁당국들이 어떠한 태도를 견지해 왔는지에 대하여 파악하는 것이 바람직할 것이다. 2010년 전후부터 주요 국가의 경쟁당국과 법원은 몇 건의 주요 기업결합 사례에서 빅데이터를 둘러싼 잠재적인 반경쟁적 우려에 대하여 심사한 바 있다.16)

---

16) 한편, 2006년 EU기능조약((Treaty on the Functioning of the European Union, 이하 TFEU) 제

1. Google/DoubleClick 기업결합(2007)

Google과 DoubleClick 간의 기업결합은 주요 국가의 경쟁당국이 기업결합 심사에 있어서 빅데이터 측면을 고려한 초기 사례에 해당한다.

2007년, 인터넷 검색서비스 및 광고와 중개플랫폼으로서 유력 사업자였던 Google은 온라인 광고 기업인 DoubleClick을 31억 달러에 인수하였다. Google과 DoubleClick은 일반 검색 및 검색 기록과 관련하여 엄청난 데이터를 보유하고 있었으며, Google은 DoubleClick을 인수함으로써 광고주나 웹 퍼블리셔 전용의 대규모 광고 전달 네트워크를 보유하고 디스플레이 광고 사업 분야(AdSense)를 강화하고자 하였다.

Google의 DoubleClick 인수는 미국의 FTC와 EU의 경쟁당국으로부터 기업결합 심사대상이 되었는데, 미국과 EU의 경쟁당국은 모두 동 기업결합으로 인하여 관련시장에 미치는 경쟁제한성이 없다고 평가하고 합병을 조건 없이 승인하였다.[17] 두 경쟁당국은 공통적으로 Google과 DoubleClick의 기업결합으로 어느 시장에서도 현실적 또는 잠재적인 경쟁이 위협받지 않는다고 보았으며, 결과적으로 이용자 정보에의 접근 측면이 온라인 광고 시장에 진입장벽을 형성하지 않는다고 결론 내렸다.

한편, Google과 DoubleClick은 방대한 양의 이용자 데이터에 접근할 수 있었기 때문에 미국과 EU의 경쟁당국은 조사과정에서 데이터와 결부된 잠재적인 봉쇄전략(foreclosure strategies)과 네트워크 효과(network effects)에 대하여도 함께 검토하였다.[18] 이 부분에 대하여도 두 경쟁당국은 모두 비록 Google이 맞춤

101조 위반 여부 판단과 관련하여 정보교환이 문제가 Asnef−Equifax 사건에서 EU 최고법원인 EU사법재판소(the Court of Justice of the European Union)는 "개인정보의 민감성과 관련한 문제는 경쟁법의 검토 대상이 아니며, 개인정보 보호법상의 규정에 의하여 규율되어야 한다"고 판시한 바 있다. Case C−238/05 Asnef−Equifax, [2006] ECR 1−11125, para 63.

17) Statement of Federal Trade Commission Concerning Google/DoubleClick, FTC File No. 071−0170 (Dec. 20, 2007).

18) 경쟁사업자들은 Google과 DoubleClick의 데이터베이스 통합으로 인하여 발생하는 잠재적인 봉쇄효과와 관련하여 기업결합에 수반하는 양사가 보유한 인터넷 이용자 데이터의 결합은 야후!나 마이크로소프트 같은 경쟁사업자들이 범접할 수 없는 수준으로 Google을 이끌게 될 것이라고 주장하였다. 그러나 경쟁당국은 당시 DoubleClick 계약내용을 근거로 위와 같은 주

형 광고를 위하여 DoubleClick의 이용자 데이터를 사용한다고 할지라도 문제된 데이터가 온라인 광고의 성공을 가늠 짓는 결정적인 요인이 되지 못한다고 보았으며, 경쟁사업자들도 유사한 범위와 양의 데이터를 다른 경로를 통하여 수집할 수 있다고 판단하였다. 아울러 결합 후 회사가 경쟁사업자들을 시장에서 축출하여 그들의 중개서비스에 독점가격을 부여할 가능성도 부정하였다.[19]

FTC는 미국의 반독점법이 단지 개인정보(privacy)를 보호하기 위하여 기업결합을 불허하거나 조건을 부과할 수는 없다고 하면서, 나아가 개인정보에 대한 피해를 가격 및 기타 거래조건에 근거한 경쟁제한성과 동일시할 수 없으므로 개인정보는 동 기업결합의 향방을 결정하는 근거가 되지 못한다고 보았다.[20]

한편, EU집행위원회는 동 기업결합으로 인한 수평적 효과 내지 혼합효과에 대하여 분석하면서 수직효과에 대하여도 함께 검토하였는데, 특히 Google과 DoubleClick의 데이터가 통합되면서 야기될 수 있는 시장봉쇄효과(foreclosure effects)에 주목하였다. 그러나 심사과정에서 데이터의 통합으로 발생할 수 있는 비가격적 요소(non-price dimension)인 프라이버시 문제는 고려하지 않았으며, 단지 기업결합이 관련시장의 경쟁에 미치는 효과에 대하여만 분석하고, 사업자가 별도로 부담하는 EU정보보호법(European data protection law)상의 의무와는 관계없이 결론이 이르렀음을 강조하였다.[21] 즉, EU집행위원회는 Google/DoubleClick 심사에서 "승인결정은 심사대상 기업결합이 EU경쟁법, 즉 공동 시장의 유효경쟁을 방해하는지 여부에만 초점을 맞춰서 이루어진 것이며 … 동 결정은 개인정보 처리와 관련한 개인정보 보호법에 의하여 기업결합 당사회사들에게 부과된 의무와는 별개의 차원에서 이루어진 것이고, … 따라서 기업결합의 승인과는 별도로, 결합 후 회사는 프라이버시를 비롯한 이용자의 기본권을 존중할 의무를 당연히 부담한다"고 덧붙였다.

장에 동조하지 않았다.

19) Google/DoubleClick (Case COMP/M.4731) Commission Decision [2008] OJ C184/10, paras 359~366.

20) 한편, 당시 FTC 집행위원이었던 Pamela Jones Harbor는 FTC가 비가격 경쟁의 측면에서 동 기업결합에 개인정보가 불러올 수 있는 효과에 대하여 검토할 기회를 간과하였다면서 반대의견을 제시하였다.

21) 이로써 EU집행위원회는 다시 한 번 EU경쟁법과 개인정보 보호법 사이의 분명한 선을 그었다.

2. Google/ITA 기업결합(2011)

2011년, Google은 항공권 검색 및 판매 서비스를 시작하기 위해 항공권 비교 검색 프로그램과 온라인 쇼핑 플랫폼 개발업체인 ITA를 인수하였다. 미국 법무부(the Department of Justice, DOJ)는 동 기업결합에 대하여 경쟁법적 우려를 표명하고 법원에 제소하면서, 데이터에 대한 접근이 수직적 관계에서의 잠재적 경쟁제한 요인이 되는지 여부와, 동 기업결합으로 인하여 Google이 여행 검색 서비스를 제공하는 경쟁사업자를 봉쇄하는 배타적 행위를 할 인센티브와 시장력을 보유하게 될 것인지에 대하여 질의하였다.[22]

이 사건에서 미국 법무부와 법원은 특히, Google이 경쟁사업자에게 필수적인 데이터의 가격을 인상하거나, 품질을 저하시킬 가능성이 있는지에 대하여 검토하였다. 결론적으로 동 사안은 Google이 ① ITA의 시스템에 대하여 공정하고(fair), 합리적이며(reasonable), 비차별적(nondiscriminatory) 조건(소위 FRAND 약정)으로 라이선스하고, ② ITA가 당시까지 해왔던 수준 이상으로 지속적으로 연구개발에 투자하며, ③ ITA가 보유한 경쟁업체의 영업비밀이 Google에게 전달되지 않도록 안전장치를 만들며, ④ 향후 불공정거래행위가 발생할 경우, 경쟁사업자들이 공식적으로 항의할 수 있는 채널을 만드는 것을 조건으로 동의명령(consent decree)이 이루어져 종결되었다.[23]

한편, 위와 같은 결론은 특히 수직결합의 경우, 경쟁제한 우려를 해소함과 동시에 결합의 효율성을 유지할 수 있는 행태적 조치(conduct remedies)를 적극 활용한 것으로도 해석할 수 있는데, 즉 Google/ITA의 기업결합의 경우 지식재산권 사용승인(licensing)에 있어서의 FRAND 약정 의무 부여, 정보차단(firewall) 조항, 보고의무(reporting obligations), 불만창구개설(complaint mechanism) 등의 의무

---

22) Final Judgment, United States of America v. Google Inc. and ITA Software Inc. Case: 1:11-cv-00688 (RLW).

23) 미국에서 동의명령제는 반독점법 위반행위의 전반에 걸쳐 폭넓게 활용되고 있으나, 기업결합 사건과 IT 등 혁신산업에 특히 활용도가 높은 편이다. 시장구조와 사업모델의 변화가 빠른 IT 산업이나, 다양한 형태의 구조적 시정방안이 요구되는 기업결합 사건에서 동의명령제의 활용도가 높은 것은 자연스러운 결과라 할 수 있다. 강지원, "「공정거래법」상 동의의결제의 활성화를 위한 입법과제", 이슈와 논점 제789호, 국회입법조사처, 2014. 2. 7.

를 부과한 것으로서, 미국 경쟁당국은 Google/ITA건 외에도 NBCU/COMCAST 과 Live Nations/Ticketmaster 사례에서도 유사한 결론을 내린 바 있다.[24]

3. Facebook/WhatsApp 기업결합(2014)

2014년 2월, Facebook은 WhatsApp을 190억 달러에 인수할 계획을 발표하고, 같은 해 8월 29일, 미국 FTC 및 EU집행위원회에 신고하였다.[25] Facebook은 2014년 당시 전 세계 약 13억 명의 회원을 보유하고 네트워킹 플랫폼 Facebook 과 통신앱 Facebook Messenger 및 사진 및 동영상 공유플랫폼 Instagram을 운영하는 소셜네트워킹(social networking) 서비스 사업자로서, 플랫폼 광고 판매로 수익을 거두는 동시에 이를 위해 자사 서비스 이용자들의 정보를 수집·분석하여 맞춤형(targeted) 광고 서비스를 제공한다. 한편, WhatsApp은 스마트폰에서 구동되는 멀티미디어 메시징 서비스를 제공하는 사업자로서, 중앙 서버에 이용자의 메시지를 저장하지도 않으며, 온라인 광고사업도 하지 않는 특징을 가진다. 몇몇 소비자단체들은 동 기업결합으로 인하여 아무런 경쟁제한적 효과가 발생하지 않는다는 WhatsApp의 설명과는 달리 Facebook이 향후 광고사업을 통해서 큰 수익을 거두도록 하는 데이터에의 접근이 한층 강화될 것이라면서 FTC에 이의를 제기하였다.

미국 FTC와 EU집행위원회는 Facebook과 웹기반 메시징 플랫폼 업체인 WhatsApp의 기업결합에 대하여 심사하였으며, 2014년 10월 두 경쟁당국은 모두 Facebook과 WhatsApp의 기업결합에 경쟁제한성이 없다고 판단하고 이를

---

24) 공정거래위원회(국제협력과), 해외경쟁정책동향 제62호, 2011. 8. 16 참조.

25) 이 기업결합은 거액의 인수가액에도 불구하고 WhatsApp의 2013년 EU 내 매출액이 1억 유로에 못 미쳐 EC 합병규칙 제1조 (2)항에 따라 2억 5천만 유로를 기준으로 하는 EU집행위원회의 합병규제 관할권에 포함되지 아니하였다. 그러나 개별 회원국의 기업결합 심사에서 상반된 결과들이 나올 것을 우려한 결합 당사회사들이 동 규칙 제4조 (5)항에 따라 집행위원회의 심사를 요청했고, 소정의 시한까지 경쟁당국들이 이의를 제기하지 않아 동 위원회가 이 기업결합을 심사하게 되었다. 이기종, "디지털 플랫폼 사업자 간의 기업결합 규제 –EU의 Facebook/WhatsApp 사건을 중심으로", 상사판례연구 제29집 제1권, 한국상사판례학회, 2016, 81~82면.

승인하였다. FTC는 심사를 종결하면서, 소비자단체 등이 제기한 문제는 전적으로 소비자보호법 영역에 속하는 문제라고 지적하고, Facebook과 WhatsApp에게 소비자보호국 책임자(Director of the Bureau of Consumer Protection) 명의의 서한을 송부하여 향후 프라이버시법(privacy law)상의 의무를 준수할 것을 당부하였다.[26]

　　EU집행위원회는 동 기업결합을 심사하면서 빅데이터 관련 산업에서의 배제적 행위에 대하여 분석하였다.[27] 집행위원회는 네트워크 효과가 종종 통신시장에서 진입장벽을 형성한다는 사실을 인정하였으나, 이 사건 기업결합이 그와 같은 진입장벽을 만드는 것은 아니라고 평가하고,[28] 소비자들은 동시에 여러 앱들을 사용하고 있거나 사용할 수 있고, 다른 앱으로 이동하는 것이 용이하며, Facebook 외에도 수많은 사업자들이 이용자 정보를 수집하고 있으므로 결국 봉쇄효과를 부인하는 결론에 이르렀다.[29] 이 같은 집행위원회의 분석결과는 빠르게 변화하는 온라인 시장에서 네트워크 효과의 진입장벽으로서의 기능을 사실상 부정한 것이라는 점에서 큰 의의를 가진다. 즉, 요약하면 집행위원회의 입장은: ① 멀티미디어 메시징 서비스를 제공하는 메시징 앱 시장은 매우 역동적인 시장(fast-moving sector)로서[30] 어느 앱에서 다른 경쟁사업자의 앱으로 쉽게 전환할 수 있으므로 전환비용이 적기 때문에(low switching cost) 네트워크 효과를 보유한 시장지배적사업자라도 그 지위를 위협받지 않는다고 단정할 수 없으며,[31] ② 스마트폰에서 유사 앱의 다운로드가 매우 쉽고 어느 특정 메시징

---

26) Letter From Jessica L. Rich, Director of the Federal Trade Commission Bureau of Consumer Protection, to Erin Egan, Chief Privacy Officer, Facebook, and to Anne Hoge, General Counsel, WhatsApp Inc (2014. 4. 10).

27) Case No COMP/M.7217 — Facebook/WhatsApp, Comm'n Decision, ¶ 191, 2014. 10. 3.

28) Giuseppe Colangelo and Mariateresa Maggiolino, "Data Protection in Attention Markets: Protecting Privacy through Competition?", Journal of European Competition Law & Practice, 2017, Vol. 8, No. 6, at 364~365.

29) European Commission Press release IP-14-1088, Mergers: Commission approves acquisition of WhatsApp by Facebook, 2014. 10. 3.

30) 메시징 앱 시장은 성장속도가 매우 빠르며 혁신주기도 매우 짧은 양상을 보인다. 따라서 시장에 참여하는 사업자들의 시장에서의 위치의 변동이 가변적이며, 신규사업자의 시장진입에 시간 및 비용이 크게 소요되지 않기 때문에 새로운 경쟁사업자의 출현이 용이한 특징이 있다.

31) Case No COMP/M.7217 — Facebook/WhatsApp, Comm'n Decision, ¶ 132.

앱의 사용이 다른 경쟁사업자의 앱 이용을 배제하지 않는 이른바 '멀티호밍 (multi-homing)'이 일반적으로 이루어지고 있는 현실과,32) ③ 메시징 앱에 있어서 고착효과(lock-in effects)가 없다는 사실을 기초로 하여 위와 같은 결론에 이른 것으로 보인다.

또한, EU집행위원회는 Facebook이 WhatsApp의 이용자 데이터를 수집한다고 할지라도 광고 목적으로 유용한 대량의 인터넷 이용자 데이터는 계속 생성될 것이고, 이러한 데이터가 Facebook의 배타적 지배에 있지 않기 때문에 경쟁제한성이 나타나지 않는다고 판단하였다. 아울러 집행위원회는 Facebook이나 WhatsApp이 실제로 제3자에게 수집한 데이터를 판매하지 않는다는 사실을 바탕으로 잠재적인 개인정보 시장에 대한 고려의 필요성을 단호하게 부인하였다.

한편, Facebook과 WhatsApp의 기업결합은 위와 같이 최종 승인되었으나, 2017년 5월 18일 EU집행위원회는 Facebook이 WhatsApp 인수 당시 잘못된 정보를 고지했다는 이유로 1억 1000만 유로의 벌금을 부과하였다.33) 이는 Facebook이 2014년 합병 당시 제출한 자료와는 달리 Facebook이 WhatsApp 이용자들의 신상 정보를 자동적으로 Facebook의 이용자 정보와 결합(matching)하는 것이 기술적으로 가능했기 때문에 허위 자료의 제출에 대한 제재에 해당한다.34)

4. Microsoft/LinkedIn 기업결합(2016)

2016년 6월, 세계 최대 소프트웨어 업체인 Microsoft는 비즈니스 전문 소셜네트워킹 서비스(SNS) 제공업체인 LinkedIn을 약 260억 달러에 인수한다고 발표하였다.35) 동 기업결합은 외견상 혼합결합으로 보이나, 사실상 수평결합의

---

32) 당시 메시징 시장에는 WhatsApp 외에도 Line, Viber, IMessage, Telegram, WeChat, Google Hangouts 등 다수의 경쟁관계에 있는 앱들이 존재하였다.

33) European Commission, Mergers: Commission fines Facebook €110 million for providing misleading information about WhatsApp takeover(Press release), 2017. 5. 18.

34) 한편, Facebook은 2017년 5월 16일, 프랑스 경쟁당국으로부터 이용자 동의 없이 개인정보를 수집했다는 이유로 과징금 15만 유로의 처분을 받았으며, 이탈리아 경쟁당국도 WhatsApp이 이용자 동의 없이 개인정보를 Facebook과 공유한 혐의로 300만 유로의 벌금을 부과하였다.

성격도 함께 보유하고 있었다.

LinkedIn의 주 이용자는 구직자 및 기업의 관계자들이며, 200여 개국에서 4억 5000만 명의 이용자를 확보하고 있다. Microsoft 측에서 발표한 바로는 동 기업결합은 LinkedIn의 폭넓은 네트워크와 Microsoft의 다양한 제품군이 만나게 될 때 발생할 수 있는 시너지 효과를 기대한 것이며,[36] 결과적으로 기업결합의 목적은 Microsoft의 마케팅과 판매, 네트워킹을 개선하는 것이었다.

한편, EU집행위원회는 동 기업결합을 심사하면서 먼저 Phase I 심사(예비심사)를 개시하였는데,[37] 2016년 12월 시장집중과 관련된 심사는 당사자들의 확약(commitments)[38]의 제출로 마무리 되었다.[39]

EU집행위원회는 온라인 광고 서비스 시장에 한정하여 수평적 효과를 심사하였으나 기업결합 당사회사들이 모두 0~5% 안팎의 미미한 시장점유율을 보유하고 있었기 때문에 문제되지 않았다. 또한, 집행위원회는 Microsoft와 LinkedIn의 데이터 통합으로 발생할 수 있는 경쟁제한성에 대하여 ① 관련 시장에서 결합 후 기업의 시장력이 상승하면서 진입장벽을 형성할 가능성이 있는지와 ② 경쟁사업자 수의 감소로 인한 경쟁의 축소 부분도 함께 검토하였으나 집행위원회는 위 두 가지 경쟁제한성이 발생할 우려가 매우 희박하다고 결론 내렸다. 다만, 광고 목적으로 중요한 효용을 지닌 인터넷 이용자 데이터에 대한 접근(access)을 Microsoft에게만 배타적으로 부여해서는 안 된다고 판단하였다. 이와 같은 결론에 이른 까닭은 결합 후 회사의 낮은 시장점유율을 고려

---

[35] 이는 당시까지 역사상 가장 큰 규모의 기업인수로서, 2011년 Microsoft의 Skype 인수(약 85억 달러)보다 3배 이상 더 많은 액수의 초대형 기업결합에 해당한다.

[36] Microsoft은 소셜미디어 분야에서의 입지가 높지 않으나, LinkedIn은 전 세계적으로 4억 5천만 이용자를 보유하고 있으며, 특히 비즈니스 목적으로 이용하는 사람들이 많다는 점에서 Microsoft의 업무용 프로그램인 'MS오피스 365(Office 365)' 또는 '다이나믹스(Dynamics)' 등의 제품과 시너지효과를 발휘할 것으로 예상할 수 있다.

[37] Phase I 심사는 일종의 예비심사로서 그 심의 결과는 당사자가 EU집행위원회에 신고하는 날로부터 25 영업일 내에 발표되어야 하며, 만약 회원국이 요청을 하거나 당사자가 당해 기업결합이 유럽공동체 시장과 양립할 수 있다는 점에 대한 확약(commitments)을 제출하면 35 영업일로 연장될 수 있다.

[38] 다만, 동 사안에서 사업자가 제출한 확약은 빅데이터와는 무관한 내용이다.

[39] Case No COMP/M.8124 – Microsoft / LinkedIn, Comm'n Decision, 2016. 12. 6.

한 것이며, 이해관계인들이 제기한 경쟁이슈가 시장조사 과정에서 드러나지 않았기 때문이다.

한편, 데이터의 통합문제는 집행위원회의 비수평결합 심사와도 관련되어 있는데, 특히 소비자 관리(consumer relationship management, 이하 CRM) 소프트웨어 솔루션과 생산성(productivity) 소프트웨어를 제공하는 경쟁사업자에 대한 잠재적인 봉쇄효과에 대한 검토와 결부된다. EU집행위원회는 CRM 소프트웨어 솔루션 시장과 판매지능 솔루션 시장으로 상품시장을 구분하였는데, Microsoft는 전자의 시장과 관련하여 Microsoft 다이나믹스(Dynamics) CRM 상품을 생산하는 반면, LinkedIn은 후자에 속하는 'Sale Navigator' 솔루션을 제공하였다. 여기서의 문제는 두 회사의 제품이 상호보완적인 관계에 있다는 점이다. 집행위원회는 동 기업결합으로 인하여 일종의 혼합효과(conglomerate effects)가 관련 시장에 발생할 우려 및 결합 후 회사가 행할 수 있는 예컨대 관련 상품을 서로 끼워팔거나 묶음판매하는 등의 다양한 배제적 행위(exclusionary practice)의 가능성에 주목하고, Microsoft가 CRM 소프트웨어를 공급하는 경쟁사업자를 시장에서 배제할 능력이 있는지에 대하여 심사하였으나 결국 Microsoft는 경쟁사업자를 봉쇄할 시장력과 유인이 없는 것으로 평가하였다.

또한, 빅데이터 관련 검토사항으로서, 가까운 미래에 LinkedIn이 보유한 데이터셋(dataset)이 머신러닝(Machine Learning, ML)을 이용한 CRM 소프트웨어 솔루션의 고급기능 실현을 위하여 중요한 요소가 될 것인지와, 결합 후 Microsoft가 LinkedIn이 보유한 데이터에 대한 경쟁사업자의 접근을 차단하면서 시장의 혁신을 방해할 수 있는지 여부가 심사대상이 되었다. 그러나 집행위원회는 심사 시점에서 이에 대한 예측이 어려우며, 심사 당시 LinkedIn이 보유한 잠재적인 상방시장(upstream market)에 대한 시장력이 크지 않고, 개정된 EU일반정보보호규정(General Data Protection Regulation, GDPR)에 따르면 Microsoft가 LinkedIn이 보유한 모든 정보를 독점적으로 이용하기도 쉽지 않기 때문에 위와 같은 우려가 바로 실현되기 어려울 것으로 보았다. 다만, 집행위원회는 Microsoft에게 LinkedIn의 데이터를 CRM 상품 개발과 혁신의 증진을 위하여 이용할 의무를 부과하였다.

5. 평가

앞서 살펴본 여러 기업결합 심사 사례에서 대두된 문제들은 매우 유사한 성향을 보임을 알 수 있으며, 동 사례들에서의 주요 경쟁당국들의 기업결합 심사는 다음과 같은 나름의 일관성을 보여준다.

첫째, 종래 수평결합, 수직결합 및 혼합결합에 적용되었던 심사기준들은 빅데이터가 결부된 기업결합 심사에도 여전히 유효하게 적용된다. 경쟁당국들은 특히 수평결합으로 인한 시장집중(market concentration)과 수직결합으로 인하여 발생하는 봉쇄효과를 주시하였는데, 경쟁당국은 수평결합의 경우, 기존의 기업결합 심사와 마찬가지로 심사대상 기업결합으로 인하여 시장에서의 유효경쟁이 저해되는지를 평가하였으며, 그 중에서도 특히 대상기업의 데이터셋의 결합으로 인하여 초래될 우려가 있는 경쟁제한성에 주목하였다. 또한, 본고에서 검토한 기업결합 심사 사례들은, 경쟁당국들이 온라인 시장에 대한 사전 규제적 차원에서 사업자가 보유하는 데이터가 장래에 미칠 영향을 고려하였다는 점에서도 의미가 있다.[40]

한편, 2019년 2월 27일, 우리나라 공정거래위원회는 혁신경쟁을 촉진하는 기업결합을 신속히 처리하고, 잠재적 경쟁기업 인수 등을 통한 독점화 시도를 차단하기 위하여 '기업결합 심사기준'을 개정하였다. 개정된 심사기준은 ① '정보자산'에 대한 정의규정 마련하고,[41] ② 혁신기반 산업 기업결합 심사시 관련시장 획정 방식을 규정하고, ③ 혁신시장의 시장집중도 산정기준을 제시하였으며, ④ 혁신기반 산업의 기업결합 및 정보자산 기업결합의 경쟁제한효과 심사기준을 마련하였다. 개정된 심사기준에 따르면, 경쟁제한성 판단에 있어서는 결합당사회사가 중요한 혁신사업자인지 여부와 결합당사회사가 수행한 혁신활동의 근접성 또는 유사성, 그리고 결합 후 혁신경쟁참여자 수가 충분한지 여부 등을 종합적으로 고려하고, 경쟁제한성 판단요소로서 기존 심사기준의 경쟁제

---

[40] 박성범, 최인선, 이영조, "빅데이터와 경쟁법: 최근 EU의 논의 동향", 글로벌 경쟁리포트, 법무법인 율촌, 2016, 87면.

[41] 개정된 심사기준에 따르면, '정보자산'에 대하여 "다양한 목적으로 수집되어 통합적으로 관리, 분석, 활용되는 정보의 집합"으로 정의하고 있다.

한성 판단기준 이외에도, 기업결합으로 인하여 대체하기 곤란한 정보자산에 대한 접근을 봉쇄하는지 여부, 비가격적 경쟁을 저해시키는지 여부 등도 고려하도록 하고 있다. 이번 기업결합 심사기준의 개정은 정보자산의 독점·봉쇄 등의 우려가 있는 경쟁제한적 기업결합에 대한 선제적 대응 차원에서 기업결합 심사의 불확실성을 줄이고 예측가능성을 부여하는 지침을 마련했다는 점에서 의의가 있다고 할 것이다.[42]

또한, 우리나라 「독점규제 및 공정거래에 관한 법률」(이하 '공정거래법')에 있어 혁신성장 관련 법제와 관련하여 괄목할 만한 큰 변화의 시기를 맞이하고 있는데, 공정거래법 전부개정안이 만 2년 여의 여정 끝에 2020년 12월 9일 국회 본회의를 통과하였다.[43] 공정거래위원회는 이번 전부개정안을 마련하면서 거대 웹 기반 기업의 빅데이터 확보 경쟁과 이에 따른 전략적 기업결합에 대비하여 '거래금액 기반 기업결합 신고기준'(개정법 제11조 제2항)을 도입하였는데, 이는 대기업이 규모는 작지만 성장잠재력이 큰 벤처기업이나 스타트업 등을 거액에 인수하는 경우, 피인수기업의 자산총액이나 매출액이 현행 기업결합 신고대상 기준에 이르지 못하여 신고의무가 발생하지 아니하게 되는 바, 장래에 시장 독과점을 형성하거나 진입장벽을 구축하더라도 기업결합 심사조차 못할 우려가 있으므로 피인수기업의 국내 매출액 등이 현행 신고기준[44]에 미달하더라도 해당 인수금액(기업결합의 대가로 지급 또는 출자하는 가치의 총액)이 일정 기준 이상[45]이고, 피인수기업이 국내 시장에서 상품 또는 용역을 판매·제공하거나, 국내 연구시설 또는 연구인력을 보유·활용하는 등 국내 시장에서 상당한 수준[46]으로 활동하고 있는 경우에는 공정거래위원회에 신고하도록 하는 내용

---

42) 최난설헌, "4차 산업혁명과 경제법의 동향", 경제법연구 제18권 2호, 한국경제법학회, 2019, 218~219면 참조.

43) 이는 1980년 공정거래법이 제정·시행된 이래 40년 만에 진행되는 전면개편에 해당하며, 2021년 12월 30일부터 시행되었다.

44) 현행법에 따르면, 기업결합 신고의무는 취득회사가 자산총액 또는 매출액(계열회사의 자산총액 또는 매출액을 합산한 금액을 말함)의 규모가 3천억 원 이상인 회사(기업결합신고대상회사) 또는 이러한 기업결합 신고대상회사의 특수관계인이 자산총액 또는 매출액의 규모가 300억 원 이상인 상대회사에 대하여 기업결합을 한 경우 기업결합신고의무가 발생한다(법 제12조 제1항, 시행령 18조 제1항, 제2항).

45) 시행령 제19조 제1항에 따르면 6천 억 원을 말한다.

을 골자로 한다.[47) 매출액이 미미함에도 불구하고 인수대상기업의 인수가격이 높다는 것은 그 만큼 그 기업이 높은 시장잠재력을 가진 혁신적인 기술이나 사업아이디어를 보유하고 있다는 징표일 것이기 때문이다.[48)

이러한 개정법이 만들어진 배경에는 2017년 6월 9일에 시행된 독일 경쟁제한방지법(Gesetz gegen den Wettbewerbsbeschränkungen, 이하 GWB)이 제9차 개정법으로 합병규제 및 시장지배적지위의 판단과 관련하여 디지털화에 수반되는 대표적인 현상, 즉 플랫폼에 착안하여 획기적인 입법례로 평가할 수 있는 일련의 규정을 도입한 것에 영향받은 바 있다.[49)

V. 플랫폼의 시장지배력과 데이터 이슈

데이터는 여러 경로를 통해 수집될 수 있는데, 먼저 실질적 또는 잠재적 고객이 자발적으로 데이터를 제공함으로써 사업자가 수집하는 경로가 있다. 고객이 온라인상에서 특정 사업자의 제품을 직접 구매하면 해당 사업자는 고객

---

46) 시행령 제19조 제2항에 따르면 여기서의 상당한 수준이란 "① 직전 3년간 국내 시장에서 월 100만 명 이상을 대상으로 상품 또는 용역을 판매·제공한 적이 있는 경우" 또는 "② 직전 3년간 국내 연구시설 또는 연구인력을 계속 보유·활용해 왔고, 국내 연구시설, 연구인력 또는 국내 연구활동 등에 대한 연간 지출액이 300억원 이상인 적이 있는 경우" 또는 "① 또는 ②에 준하는 경우로서 기업결합의 신고에 필요하다고 공정거래위원회가 정하여 고시하는 경우"를 말한다.

47) 그러나 종래 공정거래법에 따르더라도 기업결합 당사회사의 신고가 없어도(내지 신고기준에 미달하더라도) 공정위가 언제든지 처분시효가 남아 있을 경우 직권으로 조사·심의하여 시정조치를 내릴 수 있는 재량이 있으므로 이러한 개정법의 실효성이 크지 않다는 해석도 가능하다.

48) 최난설헌, 전게논문("4차 산업혁명과 경제법의 동향"), 215－216면.

49) 우리나라 공정거래법과 마찬가지로 종래 독일 GWB은 기업결합규제의 적용범위(Anwendungsbereich)를 정하면서 오로지 매출액만을 기준으로 명정하고 있었다(구GWB 제35조 제1항). 이 규정에 따르면 기업결합에 참가하는 사업자의 전 세계 매출액 합계가 5억 유로 이상이고 독일 내에서 적어도 하나의 참가사업자가 2천5백만 유로, 다른 참가사업자가 5백만 유로의 매출액을 갖는 경우에 기업결합 규제 관련 조항이 적용된다. 우리나라 공정거래법에서 정한 신고대상이 기업결합 당사회사의 자산총액 또는 매출액이 각각 3천억 원과 3백억 원인 것과 비교하면 독일 GWB에서 정한 기준인 2천5백만 유로(약 325억 원)나 5백만 유로(약 65억 원)는 상대적으로 낮은 기준으로 볼 수 있다. 최난설헌, 상계논문.

의 구매내역에 대한 정보를 수집할 수 있으며, 고객이 제품을 구매하지 않더라도 고객이 클릭한 목록과 같이 사업자가 관찰 가능한 데이터로부터 잠재고객의 특성을 알 수 있다. 이러한 경로를 통한 데이터(first party data)는 고객과의 상호작용으로부터 획득한 데이터이기 때문에 사업자는 해당 데이터에 대한 통제권을 갖는다.[50] 또한, 데이터는 지식(knowledge)처럼 비경합재(non-rival good)이므로 데이터 중개인이 누구에게나 판매할 수 있어서(A에게 팔아도 B에게도 같은 데이터 판매 가능) 규모의 경제가 가능하고, 타깃(target) 광고처럼 구매자가 원하는 서비스에 활용하고 자신이 계속 보유(withheld)할 수도 있다.[51]

이론적으로 신규사업자는 데이터를 구매함으로써 기존 플랫폼사업자에 필적할 수 있는 데이터 축적이 가능하다. 그러나 실제 신규사업자는 제3자 데이터만으로는 기존 기업이 보유하고 있는 데이터셋과 동일한 양·질의 데이터 축적이 불가능할 수 있다. 특히 검색엔진, 소셜네트워크서비스(SNS) 등의 온라인 서비스업체는 이미 광범위한 사용자층에게 무상으로 매력적인 서비스를 제공함으로써 데이터 중개인과 경쟁업체로서는 근접하기 어려운 대규모 데이터를 생성하고 축적하고 있다. 이렇게 생성한 데이터는 관련시장에서 진입장벽이 될 수 있다. 프랑스 경쟁당국과 독일 경쟁당국이 2016년 발표한 공동보고서에 따르면, 특히 데이터 역할이 중요한 경제 부문일수록 시장집중도가 높고 네트워크 효과와 규모의 경제로 인해 경쟁이 더욱 제한될 수 있다고 보고, 데이터 수집 및 활용이 중요한 시장에서는 선도사업자가 지위를 더욱 견고히 할 수 있는 반면, 데이터에 대한 접근이 상대적으로 제한된 소규모 사업자들에 대한 퇴출압력은 심화될 수 있다고 평가하였다. 한편, 데이터 관련 시장지배적지위 남용행위로서 배제남용에 해당하는 경우로는, 자사 데이터에 대한 타사의 접근 거부 및 차별적 허용, 독점적 계약체결 등을 생각해 볼 수 있다.[52]

---

[50] 적은 수의 사용자를 보유한 기업일수록 상대적으로 적은 양의 데이터를 수집하게 된다. 홍동표·이선하·장보윤·이미지·권정원, "디지털 시장의 특성과 경쟁법 적용: 이론과 사례분석", 2018년 법·경제분석그룹(LEG) 연구보고서, 공정거래조정원, 2018, 30-31면.

[51] 최계영, "디지털 플랫폼의 경제학 I: 빅데이터·AI 시대 디지털 시장의 경쟁 이슈", KISDI Premium Report 20-01, 정보통신정책연구원, 2020. 15면.

[52] 홍동표·이선하·장보윤·이미지·권정원, 전게논문, 31-38면 참조.

플랫폼의 시장지배력과 데이터 이슈가 중요한 경쟁법상의 논제로 등장하자 우리나라 공정거래위원회는 2023년 1월 12일 「온라인 플랫폼 사업자의 시장지배적지위 남용행위에 대한 심사지침」[53]을 제정하면서 온라인 플랫폼의 주요 특성으로서 '데이터의 중요성'을 기재하고 있는데, "온라인 플랫폼 분야에서 데이터는 생산, 물류, 판매촉진 활동 등 사업의 전 영역에 활용될 수 있는 중요 생산요소로서, 데이터의 수집·보유·활용 능력이 사업자의 경쟁력에 상당한 영향을 미칠 수 있다. 특히, 데이터 저장·관리·분석 기술이 발달함에 따라 플랫폼 운영 과정에서 이용자의 데이터를 축적한 온라인 플랫폼 사업자는 이를 활용하여 각 이용자에게 특화된 맞춤형 서비스·프로모션을 제공하고 이에 대한 피드백도 거의 실시간으로 파악할 수 있는 등 서비스 품질을 개선하거나 더 많은 이용자를 유인하는 것이 용이하다. 더 많은 이용자를 확보하면 더 많은 데이터를 축적할 수 있어 선순환 구조가 형성될 수 있다"고 데이터의 플랫폼 경제에서의 효용을 언급하고 있다. 또한, 동 지침은 데이터 관련 경쟁법적 우려와 관련하여서는 "온라인 플랫폼 사업자가 데이터를 활용하여 서비스 품질을 개선하고 이용자의 편익을 증가시키는 긍정적인 측면이 있는 반면, 특정 온라인 플랫폼을 중심으로 데이터가 집중될 경우 쏠림 현상이 발생하고 관련 시장의 경쟁이 제한될 우려가 존재한다"면서 "특히, 데이터의 이동성(portability), 상호운용성(interoperability)이 부족한 상황에서 관련 데이터가 특정 사업자에게 집중될 경우, 이는 시장의 진입장벽을 강화하고 경쟁을 제한하는 요인으로 작용할 수 있다. 반면, 플랫폼 간 데이터의 이동성, 상호운용성이 충분하여 신규 진입 사업자가 기존 이용자 데이터에 접근하는 것이 용이한 경우에는 이러한 경쟁제한 우려가 완화될 수 있다"고 밝히고 있다. 아울러 플랫폼의 시장지배적지위의 판단요소로서 '데이터 수집·보유·활용 능력'을 들고 있는데, "온라인 플랫폼 사업자의 시장지배력 등 평가 시에는 관련 사업자들의 데이터 수집·보유·활용 능력 및 그 격차를 고려할 수 있으며, 특히 데이터의 이동성·상호운용성

---

53) 「온라인 플랫폼 사업자의 시장지배적지위 남용행위에 대한 심사지침」[시행 2023. 1. 12.] [공정거래위원회예규 제418호, 2023. 1. 12., 제정]. 동 지침은 온라인 플랫폼 사업자에 대한 공정거래법 적용의 구체적인 기준을 제시함으로써 법 집행의 합리성과 예측 가능성을 높이고 사업자들의 법 위반행위를 예방하는 것을 목적으로 한다.

의 정도, 이로 인해 온라인 플랫폼 이용자에게 발생하는 고착효과, 경쟁사업자가 해당 데이터에 접근할 수 있는 가능성 등을 고려할 수 있다"고 언급하고, "일반적으로 데이터의 이동성, 상호운용성이 낮은 경우 시장을 선점한 온라인 플랫폼 사업자에게 데이터가 집중되고 이용자가 해당 온라인 플랫폼으로 고착화되는 효과가 증가할 수 있는 반면, 데이터의 이동성, 상호운용성이 높아 신규 진입 사업자가 기존 이용자 데이터에 접근하는 것이 용이한 경우에는 데이터 집중으로 인한 고착효과는 크지 않을 수 있다"고 평가하고 있다. 또한 동 심사지침에서는 특히 멀티호밍 제한 행위의 한 유형으로서 "온라인 플랫폼 이용자가 플랫폼을 이용하면서 생성·축적한 데이터에 접근하거나 데이터를 이동하는 것을 저해하는 방법으로 경쟁 플랫폼 이용을 방해하는 행위"를 들면서 플랫폼 이용자의 데이터 접근권 및 이동권에 대한 보장 부분을 중요하게 평가하고 있다.

V. 맺음말 - 데이터 집중 문제와 경쟁정책 방향

데이터는 새로운 논쟁의 중심에 서 있다. 온라인 사업자에게 이용자 데이터의 상업적인 중요성은 매우 크며, 데이터가 주도하는 사업모델은 경쟁이슈 외에도 개인정보, 소비자 보호 관련 문제를 발생시킬 가능성이 있다. 그러나 아직 데이터에 대한 경쟁법의 적용 가능성 및 적절한 규율 방안 마련에 대한 다양한 의견이 조율되지 않은 상황이며, 이는 신산업 분야의 혁신 기술과 새로운 사업모델을 접하는 단계에서의 신중한 모니터링 과정으로 여겨진다.

본고에서 검토한 여러 기업결합 심사 사례의 경우, 어느 사안에서도 경쟁 당국이나 법원이 직접적으로 데이터로 인한 경쟁 우려를 인정한 예가 없었다. 이와 같은 결과는 경쟁법이 일반적으로 데이터 및 온라인 사업자들을 규제하기에는 적합하지 않은 성격을 가졌기 때문이라고 해석할 여지를 남기며, 이론적으로 데이터 관련 경쟁이슈를 면밀하게 분석한 연구가 충분하지 않은 것도 사실이다. 실제로 실증적인 분석과 확고한 이론의 부재 및 선례의 부족은 아직이 분야에 경쟁법적 우려가 명확하게 나타나지 않았음을 방증하는 것일 수도 있다. 또한, 이러한 동향을 신산업 분야에 대한 일반적인 적용제외의 일환으로 이해할 수도 있을 것이다.[54]

  경쟁당국이 실제로 어떠한 사업자의 행위로 인하여 소비자에게 피해가 발생하였음을 확인하고, 법 위반이라는 평가를 하기 전까지 데이터에 대한 경쟁법 적용은 쉽지 않아 보인다. 그러나 데이터가 주도하는 시대에 있어서 시장의 균형적인 발전과 공정하고 자유로운 경쟁 및 소비자보호를 위해 경쟁법이 여러 가지 중요한 역할을 담당할 가능성이 크다. 따라서 경쟁당국은 데이터의 중요성을 인식하고, 몇몇 사업자가 전략적으로 다량의 데이터를 수집하고 있는 상황을 예의주시해야 할 것이며, 향후 데이터 집중 문제에 대한 해소방안 제시함에서도 합리적이며 실효성 있는 시정방안을 고안해야 할 것이다. 즉, 배타적 데이터 사용에 대한 제약으로서 데이터 공유를 의무화하는 경우에도 공유의 대상, 공유의 조건(가격, 형식 등), 의무 대상 기간 등을 정하고,[55] 나아가 데이터 공유로 인하여 야기될 수 있는 개인정보 보호의 문제까지 면밀하게 검토하여야 할 것이다.

  아울러 학계를 비롯한 경쟁법 커뮤니티도 경쟁당국의 정책 마련만을 기다릴 것이 아니라 변화가 빠른 데이터 관련 경쟁이슈의 흐름을 읽고, 이 주제에 대한 이론적 발전을 위해 지속적인 관심을 쏟을 필요가 있다.

---

54) 우리나라 정부는 인공지능(AI)·사물인터넷(IoT)·빅데이터 등을 비롯한 신산업 분야에서 일정 기간 규제 없이 사업할 수 있도록 '규제 샌드박스' 도입하고, 2019년 1월 17일 정보통신과 산업 융합분야를 시작으로 4월에는 금융 분야로 영역을 넓혔다.

55) 대런 S, 터커(Darren S. Tucker), 힐 B. 웰포드(Hill B. Wellford), "빅 데이터에 관한 커다란 실수"(정재훈 역), 전게논문, 321-322면 참조.

참고 문헌

1. 국내 단행본 및 논문

강지원, "「공정거래법」상 동의의결제의 활성화를 위한 입법과제", 이슈와 논점 제
　　789호, 국회입법조사처, 2014.

김정경, "국내·외 빅데이터 동향 및 성공사례", ie 매거진 23(1), 대한산업공학회, 2016.

박성범, 최인선, 이영조, "빅데이터와 경쟁법: 최근 EU의 논의 동향", 글로벌 경쟁
　　리포트, 법무법인 율촌, 2016.

이기종, "디지털 플랫폼 사업자 간의 기업결합 규제 −EU의 Facebook/WhatsApp
　　사건을 중심으로", 상사판례연구 제29집 제1권, 한국상사판례학회, 2016.

이진형, "데이터 빅뱅, 빅 데이터(BIG DATA)의 동향", Journal of Communications
　　& Radio Spectrum, 2012.

대런 S, 터커(Darren S. Tucker), 힐 B. 웰포드(Hill B. Wellford), "빅 데이터에 관한
　　커다란 실수"(정재훈 역), 경쟁법연구 35권, 한국경쟁법학회, 2017.

조정환, "4차 산업혁명 대비 빅데이터로 인해 야기될 수 있는 경쟁법 이슈 연구",
　　공정거래위원회, 2019.

최계영, "디지털 플랫폼의 경제학 I: 빅데이터·AI 시대 디지털 시장의 경쟁 이슈",
　　KISDI Premium Report 20−01, 정보통신정책연구원, 2020.

최난설헌, "기업결합 심사에 있어서 빅데이터의 경쟁법적 의미 −최근 해외 주요 기
　　업결합 사례를 중심으로−", 외법논집 제41권 제4호, 한국외국어대학교 법
　　학연구소, 2017.

＿＿＿＿＿, "4차 산업혁명과 경제법의 동향", 경제법연구 제18권 2호, 한국경제법학회,
　　2019.

＿＿＿＿＿, "혁신경쟁의 촉진과 플랫폼 단독행위 규제상의 과제 −시장지배적지위 남
　　용행위 규제를 중심으로−", 경제법연구 제19권 제2호, 한국경제법학회, 2020.

＿＿＿＿＿, "디지털 시대의 소비자 보호의 방향 −데이터와 소비자 보호−", 경제법
　　연구 제21권 제2호, 한국경제법학회, 2022.

허성욱, "한국에서 빅데이터를 둘러싼 법적 쟁점과 제도적 과제", 경제규제와 법
　　7(2), 서울대학교 공익산업법센터, 2014.

홍동표·이선하·장보윤·이미지·권정원, "디지털 시장의 특성과 경쟁법 적용: 이론
　　과 사례분석", 2018년 법·경제분석그룹(LEG) 연구보고서, 공정거래조정원,
　　2018.

2. 해외 단행본 및 논문

Giuseppe Colangelo and Mariateresa Maggiolino, "Data Protection in Attention Markets: Protecting Privacy through Competition?", Journal of European Competition Law & Practice Vol. 8, No. 6, 2017.

Andres V. Lerner, "The Role of 'Big Data' in Online Platform Competition", 2014. 8. 26.

D. Daniel Sokol and Roisin Comerford, "Antitrust and Regulating Big Data", Geo. Mason L. Rev. Vol. 23:5, 2016.

3. 각국 경쟁당국 및 OECD 자료

공정거래위원회(국제협력과), 해외경쟁정책동향 제124호, 2017.

공정거래위원회(국제협력과), 해외경쟁정책동향 제62호, 2011.

Executive Office of the President, Big Data: Seizing Opportunities, Preserving Values 2, 2014.

OECD, Supporting Investment in Knowledge Capital, Growth and Innovation, 10 Oct 2013.

5

최근 주요국의 온라인플랫폼 입법정책 동향 -EU와 미국을 중심으로-

정혜련 / 경찰대학 법학과 부교수

Ⅰ. 들어가며

지난 22일 아일랜드 데이터보호위원회 DPC는 메타에 개인정보보호법 위반을 이유로 12억유로(한화 1조 7천억원)의 과징금을 부과하였다. 나아가 메타는 6개월 내에 이용자들의 관련 데이터를 미국으로 전송하는 것을 중단하고 관련 데이터를 삭제하여야 한다.

이러한 조치는 미국이 유럽의 개인정보를 미국으로 전송할 수 있는 근거가 되었던 프라이버시 실드가 2020년 유럽사법재판소에 의해 무효로 결정된 이후, 새로운 협정이 발표되지 않은 데에서 기인했다. 이로 인하여 메타 뿐만이 아닌 다른 수천개의 미국 기업도 EU의 개인정보보호 조사 대상이 될 수 있게 되었다.

플랫폼 사업자가 이용자의 개인정보를 국외로 이전한 것이 문제가 된 것은 유럽만의 일은 아니다. 국내에서도 중국업체 바이트댄스의 sns인 틱톡은 2020년 개인정보법규 위반을 이유로 방송통신위원회로부터 1억8천만원의 과징금과 600만원의 과태료의 제재를 받았다. 틱톡이 법정대리인의 동의 없이 만14세 미만의 개인정보를 수집하고, 이용자의 개인정보를 국외 이전하면서 그 사실을 알리고 동의를 받지 않은 것이 문제가 되었다.

이에 더하여, 미국의 몬태나주에서는 '틱톡금지법'이 통과되었다. 틱톡을 다운로드 받는 것을 금지하는 것인데, 이러한 법 제정의 배경에는 틱톡이 이용자의 개인정보를 중국정부에 유출시킨다는 우려가 있었다. 몬태나주뿐만 아니라 미국 정부 차원에서도 틱톡을 경계하기도 했다.

오늘날 빅테크 플랫폼의 등장으로 국경을 넘은 서비스 이용이 가능해졌다. 이러한 서비스 제공을 위해서는 데이터 수집과 처리가 기본적으로 필요한데, 데이터의 가치가 높아짐에 따라 데이터를 둘러싼 국가 안보의 문제도 함께 불거졌다. 오늘날의 플랫폼 관련 법제는 데이터나 정보보안과 관련한 내용을 담고 있음을 확인할 수 있다. 최근 국내에서 온라인 플랫폼과 개인정보보호 등과 관련된 다양한 법률 제·개정 시도가 이루어지고 있다. 본고에서는 유럽과 미국의 관련 선례를 검토하고 국내에 주는 시사점을 알아보고자 한다.

II. 유럽 플랫폼 규제 입법 동향

1. 디지털시장법(Digital Markets Act, 이하 "DMA")[1]

DMA는 유럽연합(EU)가 미국 빅테크의 독점 구조를 개선하기 위해 입법을 추진 중인 법안이다. 2020년 12월 15일 초안이 발표됐으며, 2022년 3월 24일 EU의 입법기구인 유럽의회와 행정부인 집행위원회(European Commission), 최고 의사결정 기구인 유럽이사회는 디지털 시장법의 세부 사항에 대한 합의를 이루고 법안 도입을 확정지었다.[2] 수차례 개정을 거치며 2022년 9월 14일 유럽연합 의회(European Parliament)와 유럽연합 이사회(Council of the European Union)에 통과되었으며 2023년 5월 2일부터 발효되었다.[3]

---

1) Proposal for a REGULATION OF THE EUROPEAN PARLIAMENT AND OF THE COUNCIL on contestable and fair markets in the digital sector (Digital Markets Act)

2) 이와 같은 대규모 혹은 일정규모 이상의 플랫폼을 요건으로 하는 입법방식은 DSA와 DMA가 시장의 경제적 공정성을 달성하기 위한 전제에서 유럽 집행위원회의 시장에 대한 직접적인 개입과 규제를 위한 것임을 알 수 있다(정혜련(2022). "주요국의 온라인 플랫폼 규제 동향－최근 해외 입법 추진현황을 중심으로－." 법학논총 46(1): 31-74).

3) https://eur-lex.europa.eu/legal-content/EN/HIS/?uri=CELEX:32022R1925(최종접속일: 2023. 10. 09.)

주요 내용으로는 다른 플랫폼 정보도 동일하게 검색되게 함으로써 경쟁사에 대한 차별을 금지하고, 인수합병 시 당국에 사전 신고를 의무화하였으며, 혐오표현, 위조상품 판매 등을 저지하고 맞춤형 광고 등의 서비스에 대한 정보공개를 요구했다.

이를 위반할 시 해당 기업 글로벌 매출의 최대 10%를 과태료로 부과할 수 있고, 반복 위반 시 EU 내 플랫폼 운영 중단, 자산 매각 또는 기업 분할을 명령할 수 있다.

가. 게이트키퍼(Gatekeeper)의 지정[4]

DMA의 적용 대상(수범자)은 '게이트키퍼(gatekeeper)'로 한정된다. DMA 제2조 제1항과 제3조 제1항에 의하면 게이트키퍼의 판단 기준은 핵심 플랫폼 서비스의 제공자(a provider of core platform services)[5] 중에서 (a) 역내 시장에서의 상당한 영향력(a significant impact on the internal market)이 있을 것, (b) 플랫폼 이용업체들이 최종이용자들에게 닿는 중요한 관문(important gateway for business users to reach end users)으로서 기능하는 핵심 플랫폼 서비스를 운영할 것, 그리고 (c) 그 운영하는 서비스와 관련하여 확고하고 견고한(entrenched and durable) 지위를 갖고 있거나 가까운 장래에 이러한 지위를 누릴 것으로 예견될(foreseeable) 것이다.[6]

---

4) DMA는 일정 조건 이상의 빅테크 기업들을 '게이트키퍼'로 규정짓고 규제대상에 포함한다. 시가 총액 750억 유로 또는 유럽경제지역 내 매출이 연간 75억 유로 이상인 기업을 대상으로 한다. 이에 해당하는 기업으로는 구글, 마이크로소프트, 메타, 애플, 아마존 등이 있으며 알리바바, 부킹닷컴도 규제 대상에 포함된다.

5) DMA 제2조 제2항에 의하여 10개의 서비스로 구성되며, 이는 온라인 중개 서비스(online intermediation services), 검색 엔진(online search engines), 소셜 네트워크(online social net-working services), 영상 플랫폼(video-sharing platform services), 전화번호 등에 기반한 서비스를 제외한 개인 간 커뮤니케이션 서비스(number-independent-interpersonal communication services), 운영체제(operating systems), 웹 브라우저(web browsers), 가상 비서(virtual assistants), 클라우드 컴퓨팅 서비스(cloud computing services), 광고 서비스(advertising services, including any advertising networks, advertising exchanges and any other advertising intermediation services, provided by a provider of any of the core platform listed)이다.

6) 정혜련(2022). "주요국의 온라인 플랫폼 규제 동향-최근 해외 입법 추진현황을 중심으로-". 법학논총 46(1): 43.

DMA 제3항 제2조에서는 제2조 제1항의 정성적 기준을 추정할 수 있는 세 가지 정량적 기준을 규정한다. (a) 최소 3개 이상 회원국에서 활동하면서, 유럽경제권역(EEA)에서의 최근 3개 사업연도 동안 연매출액이 75억 유로 이상 또는 직전 사업연도를 기준으로 시가총액이 평균 750억 유로 이상인 경우(또는 그에 상당하는 가치가 인정되는 경우), (b) 연합 내에서 월간 활성 최종이용자(monthly active end users) 수가 4천 5백만 명 이상 그리고 직전 사업연도 기준으로 연간 활성 이용업체(yearly active business users) 수가 10,000개사 이상인 경우 그리고 (c) 위 두 번째 요건이 최근 3개 사업연도 동안 매년 계속하여 충족되는 경우가 그 기준이다.

게이트키퍼로 지정된 디지털 플랫폼은 DMA 제5·6·7조에 걸쳐 열거된 엄격한 의무들을 부담하게 된다. 이 중 상호운용성과 관련된 조항은 제6조 제4항과 제7조이다.

나. 상호운용성 관련 의무조항

DMA 서문(Preamble)(57)에서는 상호운용성 의무화 조치의 필요성, 내용, 수단 그리고 목적이 언급된다. 상호운용성의 필요성은 게이트키퍼의 '이중 역할(dual roles)'에서 비롯된다. 게이트키퍼가 자사의 상호보완적인 서비스 또는 하드웨어를 제공하는 과정에서 게이트키퍼에 의하여 이용 가능하거나 사용되는 운영 체제, 하드웨어 또는 소프트웨어와 동일한 환경을 누릴 수 없도록 대체 서비스와 하드웨어 제공자가 제한된다면 대체 제공자에 의한 혁신과 최종이용자가 선택할 수 있는 폭이 상당히 축소되는 문제점이 있다.

이에 따라 게이트키퍼는 자사의 상호보완적인 또는 보완적인 서비스와 하드웨어를 제공하는 과정에서 이용 가능하거나 사용되는 운영 체제, 하드웨어 또는 소프트웨어에 대하여 효과적인 상호운용성을 무료로 보장해야 한다.

이러한 접근은 게이트키퍼가 제공하는 기능과 상호 운용 가능한 기능을 효과적으로 개발하고 제공하기 위해 핵심 플랫폼 서비스와 함께 제공되거나 지원되는 관련 서비스와 연관된 소프트웨어 애플리케이션을 통해 동일하게 보장될 수 있다.

게이트키퍼의 상호운용성 의무화의 목적은 게이트키퍼의 자체 서비스나 하드웨어만큼 효과적으로 상응하는 기능에 대한 인터페이스 또는 유사한 솔루션을 통해 경쟁사가 상호 연결할 수 있도록 하는 것이다

DMA 서문(Preamble)(64)에서는 DMA 발의안에 없었던 '전화번호 등에 기반한 서비스를 제외한 개인 간 커뮤니케이션 서비스(number-independent-inter-personal communication services, 이하 '커뮤니케이션 서비스')'를 제공하는 게이트키퍼로 하여금 상호운용성을 보장할 것을 서술한다. 특히 해당 서비스는 타 서비스에 비하여 네트워크 효과가 더 크게 나타나며, 이용자의 멀티호밍이 가능한 경우라도 게이트 키퍼는 해당 서비스를 플랫폼 생태계의 일부로 제공하기 때문에 경쟁자들의 진입 장벽과 최종 이용자들의 타 플랫폼 이전 비용이 더욱 높아진다. 이 과정에서 게이트키퍼와 상호운용성을 요구하는 경쟁자는 상호운용성이 보안과 데이터 보호를 약화하지 않도록 주의해야 한다.

이를 통해 DMA가 모든 서비스 유형에 대한 일률적인 태도를 취하는 것이 아닌 특정 서비스의 네트워크 효과와 시장 특성을 반영한 구체적인 접근을 통해 규제한다. 또한 상호운용성과 보안 및 데이터 보호 사이의 상충관계를 인지하고 있으며, 이에 대한 책임을 게이트키퍼와 이에 상호운용하는 기업에 부담시키고 있다.

여기에서 DMA 제2조 제29항은 상호운용성의 법적 개념으로 '목적한 바에 의하여 하드웨어 또는 소프트웨어의 모든 요소들이 다른 하드웨어, 소프트웨어 그리고 이용자들과 함께 작동할 수 있는 수준에서 정보를 교환하고 인터페이스 등 기타 접근을 통하여 교환된 정보를 상호적으로 이용하는 능력'이라고 정의한다. 상호운용성과 관련하여 게이트키퍼에 의무를 부담하는 규정은 제6조 제4·7항과 '전화번호 등에 기반한 서비스를 제외한 개인 간 커뮤니케이션 서비스(number-independent-interpersonal communication services)'를 제공하는 일부 게이트키퍼에 국한한 제7조가 있다.

[표 3-7] DMA 게이트키퍼(Gatekeeper)의 관련 의무조항

조 항	내 용
Article 6 Obligations for gatekeepers susceptible of being further specified under Article 8	4. 게이트키퍼는 자사의 운영 체제를 사용하거나 운영 체제와 상호운용하는 제3자 소프트웨어 애플리케이션 또는 소프트웨어 애플리케이션 스토어의 설치와 효과적인 사용을 허용하고 기술적으로 가능하게 해야 하며, 이러한 소프트웨어 애플리케이션 또는 소프트웨어 애플리케이션 스토어가 게이트키퍼의 관련 핵심 플랫폼 서비스 이외의 방법으로도 접근할 수 있도록 해야 한다. 게이트키퍼는 해당되는 경우 다운로드된 제3자 소프트웨어 애플리케이션 또는 소프트웨어 애플리케이션 스토어가 최종이용자에게 다운로드된 소프트웨어 애플리케이션 또는 소프트웨어 애플리케이션 스토어를 기본값으로 설정할지 여부를 결정하도록 요청하는 것을 금지해서는 아니 된다. 최종이용자가 다운로드된 소프트웨어 애플리케이션 또는 소프트웨어 애플리케이션 스토어를 기본값으로 설정하기로 결정한 경우, 게이트키퍼는 최종이용자가 쉽게 이전할 수 있도록 기술적으로 가능하게 해야 한다.
	7. 게이트키퍼는 자사가 제공하는 서비스 또는 하드웨어가 이용할 수 있는 것처럼, 서비스 제공자 및 하드웨어 제공자로 하여금 제3조 제(9)에 따라 지정이 결정된 운영 체제 또는 가상 비서를 통해 접근 또는 지배되는 동일한 하드웨어와 소프트웨어 기능을 무료로, 효과적인 상호운용성을 갖추고 상호운용성의 목적에 따라 접근할 수 있도록 하여야 한다. 또한, 게이트키퍼는 핵심 플랫폼 서비스와 함께 또는 그 지원을 받아 제공되는 비즈니스 사용자와 대체 서비스 제공자가 동일한 운영 체제, 하드웨어 또는 소프트웨어 기능에 무료로, 효과적인 상호운용성을 갖추고 상호운용성의 목적에 따라 접근할 수 있도록 하여야 하며, 이때 그 기능이 게이트키퍼가 자사의 서비스를 제공할 때 이용 가능한 또는 이용되는 운영체제의 일부인지는 관계가 없다. 게이트키퍼는 상호운용성이 자사가 제공하는 운영체제, 가상 비서, 하드웨어 또는 소프트웨어 기능의 무결성을 손상시키지 않도록 엄격한 요건에 따라 필요하고 비례적인 조치를 취하는 것을 방지해서는 아니된다.

　　제6조 제4항은 일반적으로 게이트키퍼의 앱스토어 내에서 제3자에 의하여 제공되는 앱스토어 또는 애플리케이션이 설치 내지 사용될 수 있도록 하는 경우를 규율하며 전자는 수평적 상호운용성, 후자는 수직적 상호운용성에 해당한다. 제6조 제4항은 애플리케이션의 설치 및 사용이라는 구체적 서비스의 상호운용성 확보의 일환으로서 구체적 이용 양태를 규율하는 반면 제6조 제7항은 DMA에서 상호운용성 의무화에 대한 일반 규정이다. 이에 따라 게이트키퍼는 제3자를 대상으로 상호운용성을 '무료로' 그리고 '효과적으로' 제공할 의무가 있다.

　　다만 제7항 후단에 따라 게이트키퍼가 제공하는 서비스 등의 무결성이 손상될 우려가 있어 게이트키퍼가 이에 대하여 엄격한 요건에 따라 필요하고 비례적인 조치를 취할 수도 있다. 즉, 게이트키퍼는 자사 서비스의 무결성 보호라는 명목 하에 상호운용성 의무로부터 벗어나고자 할 것임을 예상할 수 있다. 일반적으로 상호운용성 확보는 최소한의 공통 기준을 세우고 자유로운 데이터의 이동을 전제로 하기 때문에 플랫폼의 무결성과는 상충관계에 있다. 제7항 후단은 DMA의 상호운용성 의무화에 대한 독소조항이며 게이트키퍼의 상호운용성 의무화 규정이 사문화될 가능성이 있다.

[표 3-8] DMA 게이트키퍼(Gatekeeper)의 관련 의무조항

조항	내용
제7조 Obligation for gatekeepers on interoperability of number-independent interpersonal communications services	1. 게이트키퍼는 제3조제9항에 따라 지정 결정된 커뮤니케이션 서비스를 제공하는 경우에는 해당 서비스의 기본적인 기능을 유럽연합 내에서 커뮤니케이션 서비스를 제공하는 또는 제공하고자 하는 다른 제공자의 서비스와 상호운용할 수 있도록 하여야 한다. 이때 요청에 따라 상호운용성을 촉진하는 필수적인 기술적 인터페이스 또는 유사한 방안을 무료로 제공하여야 한다.
	2. 게이트키퍼는 자사가 최종이용자에게 제1항에 의한 기본적 기능(basic functionalities)을 제공하는 경우 최소한 다음과 같은 기능을 상호운용 할 수 있도록 하여야 한다.

(a)	제3조제9항에 따라 지정 결정된 이후	
	(i)	두 개별 최종 이용자 사이의 종단종 문자 메시지
	(ii)	두 개별 최종 이용자 사이의 종단종 커뮤니케이션을 위한 이미지, 음성 메시지, 비디오 및 기타 첨부 파일의 공유
(b)	지정 후 2년 이내에	
	(i)	개별 최종 이용자 그룹 내의 종단종 문자 메시지
	(ii)	그룹 채팅과 개별 최종 이용자 사이의 종단종 커뮤니케이션을 위한 이미지, 음성 메시지, 비디오 및 기타 첨부 파일의 공유
(c)	지정 후 4년 이내에	
	(i)	두 개별 최종 이용자 사이의 종단종 음성 통화
	(ii)	두 개별 최종 이용자 사이의 종단종 영상 통화
	(iii)	그룹 채팅과 개별 최종 이용자 사이의 종단종 음성 통화
	(iv)	그룹 채팅과 개별 최종 이용자 사이의 종단종 영상 통화

3. 게이트키퍼가 자사의 최종 이용자에게 제공하는 종단종(end-to-end) 암호화를 포함한 보안 수준은 상호운용 가능한 서비스 전체에 대하여 유지되어야 한다.

4. 게이트키퍼는 보안 및 종단종 암호화 수준에 필요한 세부 정보를 포함하여 커뮤니케이션 서비스와의 상호 운용성에 대한 기술 세부 정보와 일반 약관을 설명하는 참조 제안서(reference offer)를 공개하여야 한다. 게이트키퍼는 제3조 제10항에 규정된 기간 내에 참조 제안서를 공개하고 필요한 경우 이를 갱신하여야 한다.

5. 제4항에 따라 참조 제안서가 공개된 후, 유럽연합에서 커뮤니케이션 서비스를 제공하거나 제공하려는 제공자는 게이트키퍼가 제공하는 커뮤니케이션 서비스와의 상호 운용성을 요청할 수 있다. 이러한 요청은 제2항에 열거된 기본 기능의 일부 또는 전부를 포함할 수 있다. 게이트키퍼는 요청을 받은 후 3개월 이내에 요청된 기본 기능을 작동 가능하게 함으로써 상호운용성에 대한 합리적인 요청에 준수해야 한다.

6. 위원회는 예외적으로 게이트키퍼의 합리적인 요청에 따라, 게이트키퍼가 효과적인 상호 운용성을 보장하고 종대종 암호화를 포함한 필요한 수준의 보안을 유지하기 위한 필요성이 입증되는 경우 제2항 또는 제5항에 따른 준수 기한을 연장할 수 있다.

7. 게이트키퍼의 커뮤니케이션 서비스의 최종 이용자와 커뮤니케이션 서비스의 요청 제공자는 제1항에 따라 게이트키퍼가 제공할 수 있는 상호운용 가능한 기본 기능을 사용할지 여부를 자유롭게 결정할 수 있다.

8. 게이트키퍼는 효과적인 상호운용성을 제공하기 위해 엄격한 요건에서 필요한 최종 이용자의 개인 데이터만 수집하거나 상호운용성을 요청하는 커뮤니케이션 서비스 제공자와 교환해야 한다. 최종 이용자의 개인 데이터 수집 및 교환은 Regulation (EU) 2016/679 및 Directive 2002/58/EC를 완전히 준수해야 한다.

9. 커뮤니케이션 서비스의 제3자 제공자가 상호운용성을 요청하는 경우, 게이트키퍼가 자사 서비스의 무결성, 보안 및 프라이버시에 대한 위험 예방 조치를 취하는 것이 방지되어서는 아니된다. 단, 그러한 조치는 엄격한 요건에 따라 필요하고 비례하여야 하며, 게이트키퍼에 의하여 정당한 이유가 인정되어야 한다.

제7조는 DMA 초안 이후 개정 과정에서 '전화번호 등에 기반한 서비스를 제외한 개인 간 커뮤니케이션 서비스(number-independent-interpersonal commu-nication services)'를 정의하게 되면서 추가된 조항이다. 제7조는 DMA에서 '커뮤니케이션 서비스를 제공하는' 게이트키퍼에 국한하여 상호운용성을 의무화하는 개별 규정이다. 상호운용성 의무화에 대한 일반 규정인 제6조 제7항에서와 같이 상호운용성이 '무료로' 그리고 '효과적으로' 제공할 의무가 동일하게 규정되어 있지만 게이트키퍼 지정 이후에 게이트키퍼가 단계적으로 어느 정도의 상호운용성을 제공할 수 있어야 하는지에 대하여 기간별, 서비스 유형별로 구체적으로 규정하고 있다는 것이 차이점이다.

기간에 따라 상호운용성에 의하여 수혜를 받는 이용자의 범위가 일대일에서 다대다로 확대되고 있으며 서비스의 종류도 기본적인 문자 메시지에서 시작하여 통화 서비스까지 다양해지고 있다. 이러한 구체적 접근은 동조 제1항에 의한 기본적 기능(basic functionalities)의 최소 기준을 설정함으로써 게이트키퍼의 의무에 대한 모호성을 완화하여 규제의 명확성에 기여한다. 또한 이러한 점진적 접근은 상호운용성를 구비하기 위하여 요구되는 기술적 수준과 투자가 이루어지기 어렵다는 현실적 한계를 인지함으로써 게이트키퍼의 실질적 의무 준수를 이끌어내고 규제의 실효성에 기여한다.

동조 제6·8·9항은 상호운용성 의무화로 인한 플랫폼의 무결성, 보안, 프라이버시 침해의 문제를 완화하고자 하는 목적이 있다. 그러나 제9항의 경우 게이트키퍼가 상호운용성 의무를 무시할 수 있는 핑계로 이용될 수 있으며 과연 이에 요구되는 '엄격한 요건(strictly)', '필요성(necessary)', '비례성(proportionate)' 그리고 '정당한 이유(duly justified)'가 어떻게 해석될지는 결국 추후 법원의 판결을 통해 구체화될 것으로 예상된다.

2. 디지털서비스법(Digital Services Act, 이하 "DSA")[7]

DSA는 DMA와 함께 EU가 빅테크 기업들을 견제하기 위해 입법을 추진 중인 법안이며 유럽 연합의 행정부 격인 집행위원회가 2020년 12월 15일 법안 초안을 공개했다. 플랫폼 사업자 등을 대상으로 하는 광범위한 규제와 EU의 디지털 단일시장을 위한 규제강화는 2019. 12. 취임한 EU 집행위원장 Ursula von der Leyen의 주요한 정책목표 중 하나였다.[8]

주요 내용으로는 온라인 플랫폼 기업에 고객 보호 조치에 대한 더 큰 책임을 촉구하고 불법 콘텐츠에 대한 모니터링을 강화하는 것이 있다. 또한 알고리즘 편향성과 조작 가능성에 대한 논란으로 알고리즘 설계방법을 공개할 것을 요구하였고, 이용자가 알고리즘 추천 기능을 OFF할 수 있도록 하는 기능을 갖출 것을 요구하였다. 악용될 위험이 높은 민감한 개인정보를 활용한 타켓광고를 자제하였으며 특히 어린이 이용자에 대한 타켓광고를 전면 금지하였다.

---

7) Proposal for a REGULATION OF THE EUROPEAN PARLIAMENT AND OF THE COUNCIL on a Single Market For Digital Services (Digital Services Act) and amending Directive 2000/31/EC

8) 이재호(2020). "EU 디지털서비스법과 국내 소비자법의 시사점", 소비자정책동향 제111호, pp.1-25.

DSA 규제 대상은 DMA와 동일하며 과태료는 해당 기업의 글로벌 매출 6%까지 부과 가능하다.

DSA 법안의 주요 내용은 다음과 같다.

[표 3-9] DSA 주요내용: 수범자와 적용의무

구분	조항	내용
수범자	Art. 2 Definitions (f), (h)	- 적용대상은 중개서비스업자, 온라인플랫폼업 그리고 대규모 온라인플랫폼업으로 나뉘며, 중개서비스업자는 단순전달(mere-conduit), 캐싱(caching) 서비스 및 호스팅 서비스(hosting)으로 구분
적용 의무	Sec. 1 Provisions applicable to all providers of intermediary services	중개서비스업 및 (대규모) 온라인플랫폼업 공통의무로서 - 규제부처와 전자적으로 연락 가능한연락창구(Contact Point)를 구축(법 제11조) - 명확하고 쉽게 접근 가능한 이용조건 제시(약관에 관한 의무: 법 제12조) - 투명성 보고의무(법 제13조)
	Sec. 3 Additional provisions applicable to online platforms	SMEs 등 중소기업의 적용 배제(법 제16조) - 고충처리 및 분쟁해결 절차 확보 의무(법 제17 · 18조) - 판매자 신원정보 확인 의무(법 제22조) - 광고의 투명성(법 제24조)
	Sec. 4 Additional obligations for very large online platforms to manage systemic risks	선정기준: 대규모 온라인플랫폼 업자는 EU내 월 평균 활동이용자 수가 4500만명 이상인 경우에 해당되며, 이 조건은 일정 시간 이후 EU 전체인구의 10% 이내에서 조정이 가능(법 제25조) - 제공하는 서비스의 위험성 평가 및 완화 의무(법 제26 · 27조) - 추천 시스템 정보 제공 의무(법 제29조) - 온라인 광고의 추가 투명성(법 제30조)

DSA는 구체적으로 적용대상을 단순 중개 서비스업(중개 서비스 제공자), 온라인플랫폼업 그리고 대규모 온라인플랫폼업으로 구분하고 나열된 순서에 따라 누적하여 강화된 의무를 부과하고 있다. DSA가 부과하는 의무로는 불법 정보에 대한 대응 의무와 투명성 의무가 있다.

가. 불법 정보 대응 의무

불법 정보에 대한 조항들부터 검토해보면, 모든 중개서비스는 규제 당국의 정보 삭제 명령에 대해 신속하게 대응하고, 그에 대한 보고를 신속하게 수행해야 한다(제8조). 이러한 과정들의 신속성을 위해서 연락담당자(point of con-tact)와 법률 대리인을 두어야 한다(제10-11조). 여기에 더하여 호스팅 서비스를 제공하는 업체들은 이용자가 불법 정보로 여기는 콘텐츠를 쉽게 신고할 수 있는 메커니즘을 설치해야 하며, 이에 대해 신속하고 구체적으로 대응하고, 조치 사항을 신고자에게 알려야 한다(제14-15조). 플랫폼들은 플랫폼이 취한 조치에 대한 불만을 처리할 수 있는 내부 시스템 역시 갖추고 있어야 하며(제17조), 만약 이 분쟁이 내부적으로 조정되지 않는 경우, 규제 당국이 인증한 법정 외 조정 기구를 이용할 수 있는 여건이 마련되어 있어야 한다(제18조). 더욱 중요하게는 개인 이용자뿐 아니라 시민단체 등에 의해 구성된 신뢰 기반 신고자(trusted flagger)의 감시와 신고에 협조해야 한다(제19조). 즉, 조직된 외부 감시에 대해 열려있어야 한다. 마지막으로, 피해가 큰 범죄와 관련된 것으로 의심되는 콘텐츠에 대해 구체적인 정보를 당국에 보고할 의무를 갖는다(제21조). 즉, 일반적인 모니터링 의무를 부과하지 않았음에도(제7조), 면책을 위해 그에 상응하는 상당한 노력을 증명할 수 있어야 한다는 것이다.

대형 플랫폼에게는 이용자들의 권리 보호를 위한 더욱 적극적인 조치가 요구된다. 제26조에 따라 대형 플랫폼들은 적어도 1년에 한 번 서비스의 기능이나 그 이용으로 인한 잠재적 위험에 대한 평가를 행하고, 그로부터 파악된 '체계적위험'에 대한 상응조치를 취해야 하며, 이와 관련해 EU 집행위원회와 협의하거나 지도를 받을 수 있다(제27조). 앞서 언급된 주의의무사항이 주로 정보의 불법성에 관한 것이었다면, 대형 플랫폼의 위험평가와 그에 대한 조치는 정보왜곡, 혐오표현, 차별과 같은 유럽 시민의 기본권 보호에 관한 사항들을 광범위하게 포괄한다. 즉, 추천 알고리즘의 공정성, 혐오표현의 확산 등 정치적으로 민감한 이슈에 대해서는 대형 플랫폼 스스로 목표를 설정하고 이를 달성하도록 노력하며, 이 과정을 협의 및 감독 아래 두는 일종의 협치를 도입하고 있다. 즉, DSA는 플랫폼을 수동적인 규제 대상으로만 보고 있다기보다는 스스로의 플랫폼에 대해 적극적으로 규제 행위를 하는 거버넌스의 주체, 또는 '새로운 게이트키퍼'(Van Loo, 2020)로서의 역할을 부여하고 있다고 할 수 있다.

나. 투명성 의무

DSA는 온라인 플랫폼에게 상당한 정도의 투명성을 의무로 부과한다. 중개 서비스 전체에 부과된 기본 요건은 주로 불법 정보 처리의 사후적 보고에 불과하지만(제13조), 사업자 분류에 따라 차등적으로 좀더 강력한 의무를 갖는다.

온라인 플랫폼의 경우, 콘텐츠 관리(content moderation)조치에 대한 분쟁 조정 메커니즘 의무를 갖는 만큼, 이에 관한 정보도 투명성 보고에 포함되어야 하며, 이용 정지 처분 수도 포함되어야 한다(제23–24조). 사후 보고뿐 아니라, 정보 배열을 위해 플랫폼이 사용하는 기술에 관한 투명성 의무들도 있는데, 첫째, 자동화된 콘텐츠 관리시스템의 스펙, 정확도에 관한 정보를 투명성 보고에 추가할 것을 명시하고 있다(제23조 제1항 c호). 이는 본격적으로 정보 알고리즘에 대해 밝힐 것을 요구하는 조항이라는 점에서 주목된다. 둘째, 이용자가 개별 광고로부터 식별할 수 있는 추가적인 정보를 노출해야 하는데, 이는 해당 정보가 광고라는 사실, 광고주, 특히, 광고 추천을 위해 이용한 주요한 변수들에 대한 '의미 있는 정보'를 포함한다(제24조).

대형 플랫폼에게는 한층 더 강력한 투명성을 요구하여, 추천시스템의 주요변수와 이용자가 이를 조작할 수 있는 방법에 대해 이용 약관에 분명하게 설명해야 하고, 해당 기능을 쉽게 이용할 수 있는 방식으로 제공해야 하며, 개인정보에 기반하지 않는 대체 옵션이 적어도 하나 존재해야 한다(제29조). 광고에 관해서도 추가 정보 공개 의무를 갖는다. 공중이 API를 통해 접근할 수 있는 정보 보관소(repository)를 운영하여, 개별 광고의 구체적 내용, 타겟팅한 이용자 그룹, 얼마나 많은 사람에게 해당 광고가 보여졌는지 등에 대해서 최소 1년간 공개하도록 했다(제30조). 마지막으로, DSA에 대한 준수여부를 평가하기 위한 외부 감사를 매년 스스로의 비용으로 받도록 하는 데서 더 나아가(제28조), 규제 당국과 인증된 연구자들이 DSA 준수 여부를 평가하는데 '필수적인' 데이터에 대해 접근할 수 있도록 하는 조치까지 취하여(제31조) 적극적인 사회적 감시의 메커니즘을 도입하려 하였다.

<표 3-10>은 DSA가 차등적으로 부과하는 주의 의무사항(due diligence obligations)을 나타낸 것이다.

[표 3-10] DSA의 차등적 주의 의무사항(due diligence obligations)

단순 전달	불법 정보 대응 의무	투명성 의무
중개 서비스 제공자	• 정보 삭제 명령에 대한 신속한 대응 • 연락담당자, 법적대리인 보유	• 투명성 보고(수령한 명령 수, 불법정보에 대한 신고 수, 삭제에 대한 항의의 수, 콘텐츠 관리의 방식과 횟수 등)
호스팅 서비스 제공자	• 불법 정보 신고에 대응하는 메커니즘	
소상공인 또는 소기업	• 대응에 대한 항의 처리 시스템 • 분쟁에 대한 국가에서 인증하는 중재 시스템 • 신뢰 기반 신고자에 대한 대응 메커니즘 • 특히 위험한 불법 정보에 대해서 국가에 신고 의무	• 추가 투명성 보고 의무(분쟁 수, 이용 정지 처분, 콘텐츠 관리를 하나의 자동화된 수단에 대한 정보) • 광고 투명성
대규모 온라인 플랫폼	• 불법 정보로 인한 위험에 대한 주기적 위험 평가 • 평가된 위험을 감소시키기 위한 조치들	• 주의 의무사항 수행에 대한 외부 감사 • 추천 알고리즘에 대한 공개 • 광고 투명성에 대한 추가 의무 • 정부의 평가와 연구 등을 위한 데이터 공개 의무

3. 유럽연합 일반 데이터 보호 규칙(General Data Protection Regulation, 이하 "GDPR")[9)]

수년간의 논의 끝에 EU 개인정보보호규정(General Data Protection Regulation, "GDPR")이 2016년 6월 24일부터 제정되었다. EU는 개인정보보호법제의 선구자로서 개인정보와 관련된 새로운 권리들과 제도들을 법적으로 선보였다고 평가된다.[10)] 또한 이를 통해 기업은 경쟁력을 강화하고 신뢰도를 높일 수 있다. GDPR은 개인 정보 보호를 강화하기 위해 개인 정보 처리와 보호에 대한 책임을 지는 기업들에게 개인 정보의 처리 범위, 수집 방법, 저장기간 등을 명확히 규정하고 있다.

개인 데이터의 이전을 제한하고, 개인 데이터의 이전이 필요한 경우에는 개인 정보 보호 수준이 동일한 국가로 제한하다. 또한 개인 정보 처리에 대한 동의 원칙을 강화하고, 개인정보처리 전에 개인 정보 수집에 대한 동의를 받도록 규정하고 있다. 기업이 개인 정보 보호와 관련된 법적 책임을 지도록 규정하고 있고 개인 정보 보호를 강화하고 개인 정보 처리에 대한 권리를 보호한다. 이를 위해 개인 정보 처리에 대한 정보를 제공하고, 개인 정보 처리를 거부할 권리를 보호하고 있다.[11)]

---

9) Directive 95/46/EC of the European Parliament and of the Council on the protection of in-dividuals with regard to the processing of personal data and on the free movement of such data.

10) 류승균(2016). "EU 개인정보보호규칙(GDPR)의 제정과 시사점". 경제규제와 법 9(1): 265-268.

11) GDPR, Art. 15 Right of access by the data subject, 16 Right to rectification, 17 Right to era-sure ('right to be forgotten'), 18 Right to restriction of processing, 19 Notification obligation regarding rectification or erasure of personal data or restriction of processing, GDPR, Sec. 4 RIGHT TO OBJECT AND AUTOMATED INDIVIDUAL DECISIONMAKING.

[표 3-11] 유럽연합 일반 데이터 보호 규칙(General Data Protection Regulation, "GDPR")[12]

단순 전달	불법 정보 대응 의무	투명성 의무
중개 서비스 제공자	• 정보 삭제 명령에 대한 신속 한 대응 • 연락담당자, 법적대리인 보유	• 투명성 보고(수령한 명령 수, 불법정보에 대한 신고 수, 삭제에 대한 항의의 수, 콘텐츠 관리의 방식과 횟수 등)
호스팅 서비스 제공자	• 불법 정보 신고에 대응하는 메커니즘	
소상공인 또는 소기업	• 대응에 대한 항의 처리 시스템 • 분쟁에 대한 국가에서 인증하는 중재 시스템 • 신뢰 기반 신고자에 대한 대응 메커니즘 • 특히 위험한 불법 정보에 대해서 국가에 신고 의무	• 추가 투명성 보고 의무(분쟁 수, 이용 정지 처분, 콘텐츠 관리를 하나의 자동화된 수단에 대한 정보) • 광고 투명성
대규모 온라인 플랫폼	• 불법 정보로 인한 위험에 대한 주기적 위험 평가 • 평가된 위험을 감소시키기 위한 조치들	• 주의 의무사항 수행에 대한 외부 감사 • 추천 알고리즘에 대한 공개 • 광고 투명성에 대한 추가 의무 • 정부의 평가와 연구 등을 위한 데이터 공개 의무

4. 소결

유럽은 자국 데이터 주권에 대한 완고한 태도를 갖는다. 페이스북, 인스타 등의 자국 점유율이 상당히 높은데도 불구하고 국내 철수에 관대한 입장을 표명하였으며, DMA를 통한 데이터 호환성 및 데이터 유동성 확보를 통해 빅테크 기업 없이도 자국 빅테크 산업의 진입장벽을 낮추려는 시도를 하고 있다. 국외 글로벌 빅테크 기업의 완전한 배제 및 자국 내 산업을 육성하려는 움직임

---

12) Directive 95/46/EC of the European Parliament and of the Council on the protection of individuals with regard to the processing of personal data and on the free movement of such data.

을 보이고 있으며 DMA에서 시가총액 750억 유로 이상이므로 MAGA만을 배제하려는 움직임이 확실하다고 볼 수 있다. 하지만 더불어 DSA의 비대칭적 상호주의 의무는 빅테크 기업의 서비스를 이용하는 EU의 소비자들을 보호하는 기능을 할 수 있으며, 이에 더하여 현재 성장 중인 EU의 플랫폼 기업들은 상대적으로 가벼운 의무를 담당하여 규제의 부담을 덜 수 있도록 하고 있다. GDPR 또한 강력한 개인정보보호 정책을 바탕으로 미국의 빅테크 기업, 나아가 미국의 데이터 안보 위협을 견제하는 데 조력하고 있다. 중요한 점은, DMA에는 여러가지 상호 운용성 그리고 데이터 이동성 의무사항 등 게이트키퍼가 지켜야하는 의무사항들을 규정했다. 하지만 게이트키퍼는 현재 생성형 AI를 규율 대상으로 포함하지 않는다. 첫째, 소프트웨어나 서비스 구독을 제한하는 것을 금지, 둘째, os나 가상 어시스턴트에서의 상호 운용성 의무, 그리고 셋째 번호 독립적인 대인 커뮤니케이션 서비스 간의 상호 운용성 의무화이다. 이런 조항들을 얼마나 광범위하게 해석하는지의 여부에 따라 유럽 당국에서는 애플식의 폐쇄형 정보 접근 방식은 심각하게 약화될 것으로 예상된다. 다시 말해서 애플 디바이스는 대체적인 앱스토어를 가지게 될 것이고, 지금의 앱스토어에서 관철하는 방식보다 훨씬 더 낮은 수준의 보안이 적용이 될 것으로 예상된다. 그렇게 된다면 주요 웹브라우저 개발자들은 더 이상 유저들이 악성 웹사이트에 접근할 때 그들을 보호하지 못하게 될 수도 있는데 웹사이트에 접근하는 것이 서드파티 서비스에 접근하는 것이기 때문이고 웹 브라우저가 게이트키퍼 코어 플랫폼 서비스 제공자가 될 수도 있기 때문이다. 따라서 DMA를 폭넓게 해석하면 프라이버시 리스크에 대해서 상당히 취약한 대응을 하여 게이트키퍼들이 프라이버시 보호를 위해서 조치를 해야 한다고 의무화하는 것이 아니라 필요하면 해도 된다고 허용해주는 것에 머무르며, '엄격히 필요하고 비례한 조치' 기준은 결국 상호 운용성 의무조항에 최소의 영향을 미치는 방향으로 나아가게 될 것이다. 결국 프라이버시나 보안은 경제적 목적에서 우선순위가 밀리게 될 것이다.

그리고 메시징 서비스에 대한 상호 운용성 의무조항은 (cf. 페이스북 서비스) 강력한 보호 조항이 들어가게 된다. '종단종(end to end)' 암호화를 포함해서 보안(security) 레벨을 게이트키퍼의 서비스에 유지해야 한다고 규정하는데, 결국 상호 운용성 의무 조항을 실행을 하게 되면, 보안 레벨은 낮아질 수밖에 없다. 따라서 의무조항은 상황이 종결될 때까지는 사실상 적용되기가 쉽지 않음을 시사하고 있다.

Ⅲ. 미국 플랫폼 규제 입법 동향

1. CALERA 법안

2021년 2월 4일 미국 상원 Amy Klobuchar 의원이 대표 발의한 CALERA 개정안(The Competition and Antitrust Law Enforcement Reform Act)은 일반적인 경쟁법의 개정안이다.

경쟁법의 적극적인 집행과 목적의 확대를 주요 특징으로 한다. 경쟁을 감소시키는 위험 중심의 기준(appreciable 'risk' of lessening competition)을 도입하고, 반경쟁성의 기준을 설정(materially)하여 기업결합에 대한 경쟁법 집행의 효과성 제고를 기대할 수 있을 것으로 평가된다. 또한 기업결합에 있어서 반경쟁성의 입증 책임을 결합 기업 당사자(merging parties)에 전가하고, 관련 시장 획정을 생략하며, 구매자 독점(monopsony)을 추가하는 등 반독점법의 실효성을 회복하여 빅테크 기업들을 겨냥하고자 한다.[13]

2. 미국경제에서의 경쟁촉진에 관한 행정명령

2021년 7월 9일 바이든 대통령은 미국 경제와 산업의 독과점적 시장구조를 개선하고 경쟁제한 폐해를 시정하기 위해 「미국경제에서의 경쟁촉진에 관

---

13) Senator Klobuchar Introduces Sweeping Bill to Promote Competition and Improve Antitrust Enforcement [Website]. (2021, February 4). Retrieved from https://www.klobuchar.senate.gov/public/index.cfm/2021/2/senator−klobuchar−introduces−sweeping−bill−to−promote−competition−and−improve−antitrust−enforcement.

한 행정명령」에 서명하였다.[14)]

행정명령은 경쟁당국(FTC, DOJ)뿐만 아니라 농림, 산업, 국방, 보건, 에너지, 노동, 교통, 주택 등을 관장하는 10여 개 이상 부처들에 72개의 의무적 조치(calls on and directs)와 권고적 조치(encourages and urges)를 시행할 것을 규정하고 있다.

실체적 규정은 5개로 정리해볼 수 있다:

① 주요 산업별 독과점 이슈와 행정명령의 정책적 방향성(Section 1. Policy)

② 범정부적 차원 경쟁정책 법적근거(Section 2. The Statutory Basis of a Whole −of−Government Competition Policy)

③ 행정명령의 효과적 실행을 위한 부처 간 협력(Section 3. Agency Cooperation in Oversight, Investigation, and Remedies)

④ 백악관 내 경쟁위원회의 설치와 역할(Section 4. The White House Competition Council)

⑤ 독과점 시장구조 개선을 위한 각 부처별 추진 업무(Section 5. Further Agency Responsibilities)

3. SOE 법안·The Open App Market Act

SOE법(「A Stronger Online Economy: Opportunity, Innovation, and Choice」)은 「The American Innovation and Choice Act」, 「The Platform Competition and Opportunity Act」, 「The Ending Platform Monopolies Act」, 「The Augmenting Compatibility and Competition by Enabling Service Switching(ACCESS) Act」, 「Merger Filing Fee Modernization Act」의 5개로 구성된 패키지 법안이다.

2020년 발표된 '디지털시장에서의 경쟁상황 조사: 보고서 및 권고사항 (Investigation of Competition in the Digital Marketplace: Majority Staff Report and

---

14) The White House, Presidential Actions(2021. 7. 9), "Executive Order on Promoting Competition in the American Economy," https://www.whitehouse.gov/briefing−room/presidential−actions/2021/07/09/executive−order−on−promoting−competition−in−the−american−economy/(검색일: 2023. 5. 30).

Recommendations)' 보고서를 기반으로 한다.

[표 3-12] SOE 법안 주요내용

American Innovation and Choice Online Act	플랫폼 사업자(covered platform operator)에 의한 차별적 행위, 특히 자사우대(self-preferencing) 금지
Platform Competition and Opportunity Act	시장지배적인 온라인 플랫폼 기업의 잠재적 경쟁자에 대한 인수합병 행위 규제
Ending Platform Monopolies Act	대상 플랫폼 사업자가 현재 운영하고 있는 플랫폼 사업에서의 시장지배력을 다른 사업부문에까지 전이하는 행위 제한
Augmenting Compatibility and Competition by Enabling Service Switching Act	소비자 및 비즈니스 사용자의 서비스 전환비용 및 진입장벽을 낮추기 위한 목적 온라인 플랫폼 이용자의 데이터 권익 보호 플랫폼 간 서비스 상호운용성 강화
Merger Filing Fee Modernization Act	반독점 집행 활성화, 경쟁보호 조치 적극적으로 시행하기 우한 미국 경쟁당국(FTC, DOJ)의 예산 확충 목적

The Open App Market Act는 2021년 8월 11일 상원에서 발의되었고 8월 13일 하원에서도 동일한 법안이 발의되었다. 제2조에 따르면 수범자는 "Covered Company(CC)"로서, 미국 내 사용자가 5,000만이 넘는 앱스토어를 소유하거나 지배하는 자이다. CC는 앱 시장의 경쟁을 보호하고, 이용자의 개인정보와 보안을 보호할 의무를 가진다.

[표 3-13] The Open App Market Act 상 CC의 주요의무

SEC. 3. Protecting a Competitive App Market	아래 행위 금지 (1) 앱스토어에 대한 사용조건으로 개발자에게 CC 자신의 인앱 결제 시스템을 사용하도록 요구하는 행위 (2) 타 앱스토어의 이용약관보다 가격조건이 유리하도록 약관을 요구하는 행위 (3) 특정 앱에 대해 불합리한 우대·랭킹으로 차별하는 행위 등 CC는 자신이 운영하는 시스템에 사용자가 쉽게 접근할 수 있는 수단을 허용·제공하여야(Interoperability)
SEC. 4. Protecting the Security and Privacy of Users	의무 준수 (1) 사용자의 개인정보보호, 보안 또는 디지털 안전 의무 (2) 스팸 또는 사기 예방 의무

위의 법안들은 앞서 언급했듯이 거대플랫폼 기업을 규제하고 의무를 지우기 위한 제도였으나 현재 기준 의회에서 통과되지 못한 법안이다.

4. 미국혁신경쟁법(United States Innovation and Competition Act) 및 미국경쟁법(The America COMPETES Act)

위의 두 법안은 대(對)중국 경쟁법으로 알려져 있다. 직접적으로 플랫폼을 그 수규자로 지정하는 것은 아니지만, 중국계 플랫폼기업의 지적재산권 침해나 산업 스파이 활동, 기타 법률 위반 등에 대해 국가적인 대응에 나설 것임을 명시하고 있다.

미국혁신경쟁법은 7가지 세부법안으로 구성되어 있으며, 중국에 대한 기술적 우위의 유지와 국가안보 대응을 주요 내용으로 하고 있다.[15] 해당 법안의 주요 구성 및 주요내용은 다음과 같다.

---

15) 법률신문(2022. 08. 25.), 미국의 경쟁법안 입법 동향 및 우리 기업의 대응 방향, <https://m.lawtimes.co.kr/Content/Article?serial=181152 > (최종접속일: 2023. 05. 26.)

[표 3-14] 미국혁신경쟁법 주요내용)[16]

세부 법안명	주요내용
CHIPS and USA Telecom Act	반도체 산업에서 미국의 기술우위 유지, 중국산 통신장비 의존방지
Endless Frontier Act	국립과학재단(NSF) 내 기술국 신설, 연구안보 강화, STEM 인재양성 촉진
Strategic Competition Act	중국위협에 대비한 국제협력, 미국가치 수호, 수출통제 강화 등
Securing America's Future Act	중국산에 대응할 Buy American 적용 강화, 사이버안보 인력 양성
Meeting the China Challenge Act	중국의 인권탄압 등 행위에 대응할 기존 및 신규 제재의 적극활용
Trade Act of 2021	일반특혜관세(GSP) 및 기타수입관세임시철폐제도(MTB) 재개, 301조 추가관세 면제 재개, 강제노동/지재권 탈취제품 수입금지 등
Other Matters	미 고등교육기관의 공자학원 연계성 조사, 합병수수료 체계 현실화 등

미국경쟁법은 미국혁신경쟁법의 발의 이후 2022. 1. 25. 미국 하원에서 발의되었다. 미국의 국가경쟁력 강화와 중국견제라는, 미국혁신경쟁법과 유사한 내용을 두고 있다.[17] 반도체 제도 인센티브나 연구 및 혁신, 안보나 금융, 자원 이슈를 다루는 위원회 등을 규정하고 있다. 정보 보호와 관련하여, 지적재산권을 위반한 우선관찰대상국의 상품 금지에 대한 규정을 두고 있다.

이러한 법안 외에서도 미국의 중국 전자상거래기업에 대한 견제를 확인할 수 있다. 특히 미중경제안보심의위원회(The United States-China Economic and Security Review Commission, 이하 "USCC")의 보고서에서는 현재 중국의 의류 판매 플랫폼인 샤인(Shein)의 '위구르 강제노동방지법(Uyghur Forced Labor Prevention Act) 위반이나 타 기업의 하이패션 디자인 도용, 관세 및 세관 검사 회피 혐의 등을 다루었다.[18] 이 보고서에서 다루는 사안은 위의 법안에서 다루는 내용과

---

16) 이원석, 미국의 중국견제 패키지법안, 미국혁신경쟁법(USICA)의 주요내용과 시사점, 「KITA 통상 리포트」, VOL.15, 한국무역협회 통상지원센터, 2021, 01면. 참고(일부 수정하여 작성).

17) 법률신문(2022. 08. 25.), 미국의 경쟁법안 입법 동향 및 우리 기업의 대응 방향, <https://m.lawtimes.co.kr/Content/Article?serial=181152> (최종접속일: 2023. 05. 26.)

18) Quartz(2023. 05. 08.), "The US is investigating Shein over alleged ties to forced labor in

관련이 크다고 볼 수 있으며, 미국에서 중국의 온라인플랫폼을 견제하고 있음을 확인할 수 있다.

5. 소결

미국의 경우 빅테크 기업에 의한 경쟁제한성에 대한 우려가 존재[19]하는 것은 사실이나, 아직 규제의 효용검증이 되지 않았다는 우려 역시 공존한다. 그렇기에 플랫폼 규제에는 강력한 법 집행이 아닌 간접적 방법을 이용하였고, 다른 국가와의 관계에서 자국의 이익을 보호하기 위한 차선을 개발하는 데에 그 주안점을 맞추었다.

Ⅳ. 입법례 비교 및 분석

1. 유럽

EU GDPR은 기존의 'EU 개인정보보호지침(Directive 95/46/EC)'과 마찬가지로 정보주체의 기본권과 자유를 보호하고 EU 회원국 전체에 개인정보 보호에 관하여 동일한 기준을 적용하기 위한 목적에서 제정되었다.[20] 다만 GDPR은 'EU 개인정보보호지침'과는 달리 개별 EU 회원국이 별도의 입법 조치를 취하지 않더라도 각국의 국내법에 우선하여 모든 EU 회원국에 적용된다. 이에

China", <https://qz.com/the-us-is-investigating-shein-over-alleged-ties-to-forc-1850416278> (최종접속일: 2023. 05. 31.)

19) 지난 2000년부터 현재까지 GAFA(Google, Apple, Facebook, Amazon)로 대표되는 4대 빅테크 기업이 완료한 인수합병 건수는 총 470건, 거래액은 934억 달러에 이르며, 이들의 인수합병 대상은 특정 산업군에 집중된 양상을 보인다. 또한 빅테크 기업의 중소규모 스타트업 인수합병 행위는 잠재적 경쟁자 제거를 통해 자사의 시장지배적 지위를 공고히 하기 위함이라는 비판이 계속해서 제기되고, 이에 따른 경쟁제한성 우려가 꾸준하다(장영신, 강구상, "미국의 경쟁정책 및 플랫폼 독점규제 입법 동향과 시사점")

20) 권건보 외, 「EU GDPR 제정 과정 및 그 이후 입법동향에 관한 연구」, 『미국헌법연구』 29(1), 2018, pp.3-5

GDPR은 EU 전체의 차원에서 통일적인 법 적용을 가능하게 하고, 개인정보의 보호에 관한 단일한 규범으로써 개인정보처리자가 부담하는 규제 비용의 절감에 기여할 것으로 기대된다.[21] 이와 더불어 GDPR은 1995년 제정된 'EU 개인정보보호지침'이 반영하지 못하는 경제·사회·기술적 측면의 변화를 고려하여 21세기 디지털 환경에 적합한 개인정보 보호 규정을 정하고 있다. 최근의 급격한 기술 발전으로 개인정보의 이동성이 높아짐에 따라 정보주체의 개인정보 통제권이 약화되는 측면이 있다. 이에 GDPR은 현실의 기술 발전을 반영하는 정보주체의 권리를 강화하고 개인정보처리자가 준수하여야 할 사항을 명시함으로써 디지털 시대의 개인정보 보호 법제 방향을 선도하여 제시한다는 평가를 받고 있다.[22]

한편 GDPR 제5조는 개인정보를 처리함에 있어 반드시 고려하여야 할 6대 원칙과 이를 준수하고 입증하여야 할 개인정보처리자의 책임(accountability)을 정하고 있으며, 그 내용은 다음과 같다.

[표 3-15] GDPR 제5조(원칙)의 내용

구분	원칙	내용
1	적법성(lawfulness)·공정성(fairness)·투명성(transparency)	개인정보는 적법·공정·투명하게 처리되어야 함
2	목적 제한(purpose limitation)	개인정보는 특정하고 명확하며 정당한 목적을 위해 수집되어야 함
3	최소 수집(data minimisation)	개인정보는 처리 목적에 필요한 것으로 제한되어 수집되어야 함
4	정확성(accuracy)	개인정보는 정확해야 하고, 필요한 경우 최신성을 유지해야 함
5	보관 제한(storage limitation)	개인정보는 처리 목적에 필요한 기간에 한해 보관되어야 함
6	무결성(integrity)과 비밀성(confidentiality)	개인정보는 기술적·관리적 조치 등 적절한 보안 하에 처리되어야 함

---

21) 류승균, 「EU 개인정보보호규칙(GDPR)의 제정과 시사점」, 『경제규제와 법』 9(1), 2016, pp.265–268.
22) 조성은·민대홍, 「GDPR시대 개인정보정책의 주요 쟁점 및 대응방안」, 『KISDI Premium Report』 18(4), 2018, p.3.

GDPR은 개인정보의 보호 강화를 위해 정보주체의 권리에 대해 포괄적으로 명시하고 있으며, 그 내용을 정리하면 다음과 같다.

[표 3-16] GDPR 정보주체의 정보처리에 관한 권리

구분	조항	내용
1	제15조	정보주체의 접근권(right of access by the data subject) - 자신의 개인정보가 처리되고 있는지를 확인받을 권리 - 정보주체는 개인정보처리자가 자신의 개인정보를 처리하는 목적, 이용 대상이 된 개인정보, 개인정보가 저장될 예상 기간 등에 관한 정보에 접근할 수 있음
2	제16조	정보주체의 정정권(right to rectification) - 자신에 관하여 정확하지 않은 개인정보를 정정하여줄 것을 요청할 권리 - 정확하지 않은 개인정보의 처리로 인하여 정보주체의 정당한 권리 행사가 방해받지 않도록 이를 지체 없이 정정하여줄 것을 요구할 수 있음
3	제17조	정보주체의 '잊혀질 권리'(right to be forgotten) - 개인정보처리자가 보유·관리하는 자신의 개인정보를 삭제하여줄 것을 요청할 권리 - 개인정보의 수집·처리 목적이 달성되어 더 이상 개인정보가 필요하지 않은 경우, 개인정보의 처리를 정하는 다른 법적 근거가 없는 가운데 정보주체가 개인정보 처리에 관한 동의를 철회한 경우, 개인정보가 불법적으로 처리된 경우 등에 자신의 개인정보를 지체없이 삭제하여줄 것을 요구할 수 있음
4	제18조	정보주체의 처리제한권(right to restriction of processing) - 자신의 개인정보에 대한 처리를 차단·제한하여줄 것을 요청할 권리 - 정보주체가 법적 청구권을 설정·행사하거나 개인정보의 정확성 및 개인정보 처리의 불법 여부에 관한 다툼이 있는 때에 개인정보처리자의 개인정보 이용 및 삭제를 제한할 것을 요구할 수 있음
5	제19조	정보주체의 개인정보 이동권(right to data portability) - 자신의 개인정보를 기계적으로 판독이 가능한 형식(machine-readable format)으로 제공하여줄 것을 요청할 권리 - 특히 정보주체는 자신의 개인정보를 제3의 개인정보처리자에게 기계적으로 판독 가능한 형식으로 제공하여줄 것을 요구할 권리를 지님

6	제20조	정보주체의 반대권(right to object) - 정보주체가 자신의 특별한 상황(particular situation)을 이유로 자신의 개인정보 처리를 반대할 수 있는 권리 - 정보주체가 반대권을 행사하는 경우 개인정보처리자가 개인정보 처리의 정당성을 입증하지 못하면 더 이상 개인정보를 처리할 수 있지 않음
7	제21조	정보주체의 프로파일링을 포함한 자동화된 개별 의사결정에 관한 권리 - 정보주체는 자신에게 중대한 영향을 미치는 프로파일링(profiling)을 포함한 자동화된 의사결정에만 근거한 결정을 따르지 않을 수 있는 권리를 지님

특히 GDPR은 우리나라의 개인정보 보호 관련 법제에서 직접 정하고 있지 않은 '개인정보 이동권'과 '자동화된 개별 의사결정에 관한 권리'를 정하고 있다. GDPR 제20조에서 정하는 정보주체의 개인정보 이동권은 정보주체가 자신의 개인정보를 기계적으로 판독 가능한 형식으로 제공받을 권리와 정보주체가 지정하는 제3의 개인정보처리자에게 자신의 개인정보를 기계적으로 판독 가능한 형식으로 제공하여줄 것을 요청할 권리를 포함하는 개념이다. 이로써 정보주체는 서비스 제공자 선택권을 보장받아 특정한 개인정보처리자가 제공하는 서비스에 종속되지 않을 수 있다. 또한 개인정보 이동권이 보장됨으로써 정보주체는 특정 개인정보처리자에게 자신의 개인정보가 축적되었음을 이유로 다른 서비스로 변경하지 못하는 상황을 회피할 수 있으므로, 정보주체의 자기결정권이 강화된 것으로 볼 수 있다. 한편 GDPR 제22조에서 정하는 자동화된 개별 의사결정에 관한 권리는 사람의 개입이 배제된 상태에서 오직 기계적으로만 개인정보가 처리되는 것을 방지하기 위한 것으로 볼 수 있다. GDPR 제4조제4호에서 자동화된 의사결정의 하나인 '프로파일링(profiling)'을 정의하고 있는데, 이는 최근의 정보통신기술(ICT)과 이를 토대로 하는 각종 상업적 마케팅 기법의 발달 추세를 반영한 것으로 평가할 수 있다.

2. 미국

가. 캘리포니아주 프라이버시 권리법(The California Privacy Rights of 2020, 이하 "CPRA")

CPRA는 2018년 제정된 캘리포니아 소비자 개인정보보호법(The California Privacy Act,CCPA)의 수정 버전으로서, 소비자의 권리와 기업의 의무를 강화하고 미국 최초의 개인정보보호 전달 집행기관 신설 내용을 포함하고 있다. 캘리포니아 거주자의 개인 데이터에 접근하고 이용하는 기업이 CPRA의 적용을 받게 되며, CCPA에 비해 CPRA 적용대상 기준이 상향조정됨으로써 소규모 사업자들은 CPRA의 적용대상에서 제외 CPRA 적용 대상 기업으로는 ①연 매출이 2,500만 달러 이상이거나 ②소비자 개인정보를 10만 건 이상 보유하고 있거나 ③개인정보 판매 및 공유에 따른 매출이 총 매출의 50% 이상을 차지하는 경우로 제한된다. CPRA의 주요내용은 아래와 같다.

1) 새로운 원칙의 도입 및 개인정보보호 관련 개념의 확장
- CPRA는 CCPA에서 언급되지 않았던 개인정보보호 원칙을 추가하고 '민감정보(Sensitive Personal Information)'와 동의 기준(Consent Standard) 개념을 확대하여 적용한다.
  ▲ (데이터 최소화의 원칙) CPRA는 그동안 중요한 원칙으로 회자되어왔던 데이터 최소화(data minimization)의 원칙을 미국 법령 최초로 명문화하였다.
  ▲ (목적 제한의 원칙) 소비자에게 통지하지 않고는 개인정보를 공시된 수집 목적에 부합하지 않은 용도로 이용할 수 없도록 규정하였다.
  ▲ (데이터 저장 제한) CCPA가 데이터 저장과 보유에 대한 원칙을 제시하지 않은 것과 달리, CPRA는 공시된 목적을 위해 "합리적으로 필요한" 기간보다 더 오랫동안 개인정보를 저장하는 것을 금지한다,
  ▲ (민감정보) 민감정보의 개념을 새롭게 도입하고 민감정보의 이용 및 공개를 제한함으로써 엄격하게 보호한다.

▲ (동의 기준) '동의(consent)'는 CCPA에서도 중요한 개념으로, CPRA는 동의가 "합의 의사를 나타내는(signifies agreement) 명확하고도 긍정적인 행위(clear affirmative action)"여야 한다는 점과 일명 "다크패턴"을 통해 동의를 확보할 수는 없다는 점을 강조한다.

2) 소비자 권리 강화

- CPRA는 소비자의 권리를 추가로 더 보장하는 방식으로 정보주체의 권리 강화 추세를 반영하였다.

▲ (정정 요구권) 소비자는 기업이 보유한 부정확한 개인정보에 대해 수정을 요청할 수 있는 권리를 보장받으며, 기업은 이러한 권리에 부응하여 부정확한 정보를 수정하도록 상업적으로 합당한 노력(commercially rea-sonable efforts)을 기울이도록 규정하였다.

▲ (공유 거부권) 개인정보 '공유'란 소비자의 행태정보를 활용한 광고를 위해 사업자가 개인정보를 제3자에게 전송하거나 제공하는 것을 의미하며, 정보주체인 소비자는 이를 거부할 수 있는 권리를 보유한다.

▲ (자동화된 의사 결정 거부권) 프로파일링 등에 따른 자동화된 의사 결정의 결과로 고용이나 계약에 있어 차별을 당하지 않도록 이를 거부(옵트아웃)할 수 있는 권리를 보장한다.

▲ (정보주체의 대응 범위 확대) 비암호화된 개인정보는 물론 암호화된 개인정보에 대 해서도 무단 열람, 유출, 도난 사고가 발생했을 경우 정보주체가 대응 행동에 나설 수 있도록 범위를 확대한다.

3) 기업의 의무와 책임성 강화

- CPRA는 소비자의 권리 강화에 상응하는 기업의 의무와 책임을 강화하였다.

▲ (계약의 의무) 기업이 소비자의 개인정보를 판매 또는 공개하기 위해서는 그러한 비즈니스 상대자(제3자, 서비스 제공업체, 도급업체 등)와 개인정보 제공의 목적, 개인정보를 제공받는 자의 CPRA 준수 의무 등의 조건을 명시한 계약서를 작성하도록 의무화한다.

▲ (보안 의무) 기업이 개인정보의 특성에 적합한 합리적인 보안 절차 및 관행을 구현 하여 무단 또는 불법적인 접근, 파괴, 이용, 변형, 공개 행위로부터 개인 정보를 보 호하도록 요구(고위험 활동에 대한 개인정보영향평가 및 보안 감사) 개인정보 침해 위험이 높은 활동에 대해서는 개인정보영향평가와 정보보안감사(cybersecurity audits) 관련 규정을 발행하고 위험평가 결과는 신설 예정인 캘리포니아주 개인정보보호 감독기구에 "정기적으로" 제출하도록 요구한다.

▲ (CPRA 적용대상 기업 범위 조정) CCPA에서는 5만 건 이상의 개인정보를 보유한 기업에 대해 법률을 적용했으나 CPRA는 10만 건 이상의 소비자 개인정보를 보유 한 기업에 적용되도록 기준을 상향 조정함으로써 소규모 사업자들은 CPRA의 적용 대상에서 제외한다.

4) 개인정보보호 감독기구 신설

- CCPA는 캘리포니아주 개인정보보호 감독기구(CalPPA)를 신설하고 주 법무장관으로 부터 법집행 권한을 이전받을 수 있는 근거를 마련하였다.

CalPPA는 미국 최초의 소비자 개인정보보호 법집행 전문 기관으로서 법률 위반 사 안에 대한 조사, 행정처분, 규칙 공포 등의 권한을 확보한다.

사업자의 소비자 개인정보 처리 활동으로 인해 소비자의 프라이버시나 보안에 중대 한 위협을 초래하는 경우 연간 사이버보안 감사를 실시하고 위험성 평가 결과를 제출하도록 관련 규칙을 제정하는 한편, 소비자 프라이버시에 관한 캘리포니아주의 보험 관련 법규를 검토하여 CPRA보다 강력한 개인정보보호를 보장하지 않는 경우 새로운 규칙을 제정하게 될 전망이다.

CalPPA 이사회는 5인으로 구성되며, 캘리포니아 주지사가 위원장을 포함한 2명을 지명하고 나머지 의석은 법무장관, 캘리포니아 상원 규칙위원회(California Senate Rules Committee), 캘리포니아 의회 의장(Speaker of the California Assembly)이 임명한다.

나. 연방개인정보보호법안(American Data Privacy and Protection Act, 이하 "ADPPA")[23]

CPRA는 캘리포니아주의 개인정보보호 관련 일반법이라면 ADPPA는 연방 단위의 개인정보보호 일반법이다. ADPPA는 2022년에 발의되었으며, 2023년 기준, 회기 내 통과되지는 못했다. 개인정보의 처리원칙, 소비자의 권리, 사업자의 책임, 법의 집행 및 적용을 주요 내용으로 담고 있다.

개인정보 처리원칙 부분에서는 데이터 최소화의 원칙을 명시하고 민감정보와 인터넷 검색 및 브라우징 내역의 수집, 처리 및 이전의 제한 규정을 두었다. 상품 또는 서비스의 설계나 개발, 구현과 관련하여 프라이버시 위험을 식별하고 완화하도록 하고 있다. 또한 본 법안에 나온 권리를 행사하는 것에 대해서 상품이나 서비스의 차별을 금지한다. GDPR에도 데이터 최소화의 원칙이 나와있으나, GDPR은 원칙 준수에 대한 입증책임을 정보 처리를 개인정보 처리의 목적과 방법을 결정하는 컨트롤러에게 두고 있다.[24] 본 법안이 발의되었을 당시는 관련 입증책임을 사업자에게 두었으나 수정안에서는 입증책임 규정이 삭제되었다.[25]

소비자의 권리 부분에서는 FTC에 ADPPA 설명자료를 작성하고 공개할 의무를 부과하고 있으며 사업체에는 개인정보처리방침의 작성·공개·개별통지, 간편고지의 의무를 지운다.[26] 소비자의 데이터 권한으로는 데이터를 열람, 정정, 삭제, 이전할 권리를 명시하고 있다. 이러한 권리들은 GDPR에서도 확인할 수 있는데, GDPR에서는 자동화된 의사결정을 거부할 권리도 규정하고 있다.[27] 이

---

23) 이창범, "ADPPA(미국 연방 개인정보보호법안)의 입법 동향과 전망", 한국인터넷진흥원 글로벌 개인정보 보호 컴플라이언스, 2022, 8-11면.

24) The controller shall be responsible for, and be able to demonstrate compliance with, paragraph 1 ('accountability').

25) 이창범, 위의 글, 20면.

26) 작성과 공개에는 필수적으로 들어가야 하는 사항이 있는데, 사업자의 신원 및 연락처, 수집 또는 처리하는 개인정보의 유형 등이 그것이다. 이때, 개인정보가 중국, 러시아, 이란, 북한으로 전송, 처리, 제공되는지 여부도 포함하도록 되어있다. (*(9) Whether or not any covered data collected by the covered entity or service provider is transferred to, processed in, stored in, or otherwise accessible to the People's Republic of China, Russia, Iran, or North Korea.*)

27) Article 22 Automated individual decision-making, including profiling

는 본 법안에서는 확인되지 않는 부분이다. 이러한 작업이 요구되었을 때의 처리 기간도 정하고 있는데, 사업자의 분류에 따라 기간을 다르게 정한다.

[표 3-17] ADPPA상의 사업자 유형별 작업 처리 기간

대규모 사업자[28]	45일 이내
일반 사업자[29]	60일 이내
소규모 사업자[30][31]	90일 이내

---

1. The data subject shall have the right not to be subject to a decision based solely on auto-mated processing, including profiling, which produces legal effects concerning him or her or similarly significantly affects him or her.

28) 25억 달러 이상의 연간 수익, 500만 명 이상의 개인이나 디바이스로부터 '대상 데이터' 수집 또는 20만 명 이상의 개인이나 디바이스로부터 '민감 데이터 수집' 등을 요건으로 한다.
((A) IN GENERAL.—The term "large data holder" means a covered entity or service provider that, in the most recent calendar year—
(i) had annual gross revenues of $250,000,000 or more; and
(ii) collected, processed, or transferred—
(I) the covered data of more than 5,000,000 individuals or devices that identify or are linked or reasonably linkable to 1 or more individuals, excluding covered data collected and processed solely for the purpose of initiating, rendering, billing for, finalizing, completing, or otherwise collecting payment for a requested product or service; and
(II) the sensitive covered data of more than 200,000 individuals or devices that identify or are linked or reasonably linkable to 1 or more individuals.)

29) 대규모 사업자도, 소규모 사업자도 아닌 경우를 의미한다.

30) 평균 연간 총소득이 4100만 달러를 초과하지 않는 경우, 20만 명 이상의 개인이나 디바이스에서 '대상 데이터'를 수집하거나 처리하지 않는 경우, 해당 기간 동안 대상 데이터를 전송하여 얻는 수익이 전체의 50%이상이 아닌 경우 등을 요건으로 한다.
((b) Exemption Requirements.—The requirements of this subsection are, with respect to a covered entity or a service provider, the following:
(1) The covered entity or service provider's average annual gross revenues during the period did not exceed $41,000,000.
(2) The covered entity or service provider, on average, did not annually collect or process the covered data of more than 200,000 individuals during the period beyond the purpose of initiating, rendering, billing for, finalizing, completing, or otherwise collecting payment for a requested service or product, so long as all covered data for such purpose was deleted or de-identified within 90 days, except when necessary to investigate fraud or as con-sistent with a covered entity's return policy.
(3) The covered entity or service provider did not derive more than 50 percent of its revenue from transferring covered data during any year (or part of a year if the covered entity has been in existence for less than 1 year) that occurs during the period.)

이외에도 동의 철회수단이나 맞춤형 광고의 거부, 옵트 아웃 수단 제공 의무 등을 기업에게 부과하고 있다. 아동이나 약자의 데이터 전송과, 그들을 대상으로 한 맞춤형 광고를 제한하고 있으며, 제3자 데이터 수집 사업자의 고지 및 등록 의무와 개인의 수집 거부권을 명시한다. 나아가 알고리즘이나 데이터 차별금지와 이와 관련한 영향평가 의무를 부과하고 있으며 여러 보호 장치를 마련할 의무 조항 등을 두고 있다.

사업자의 책임으로는 임원이 내부통제 및 보고체계를 증명하고 개인정보 영향평가를하도록 한다. 기술적 컴플라이언스 프로그램 제안과 승인 절차를 두고 있으며 상무부가 디지털 위조에 관한 연차 보고서를 발간하도록 한다.

법의 집행 및 구제 절차 부분에서는 개인정보보호나 피해구제 관련 기구의 설치와 FTC의 권한, 타법과의 관계와 민사소송 관련 사항을 두고 있다.

ADPPA는 미국의 연방 단위 개인정보보호 관련 기본법으로, EU의 GDPA에 대응한다고 할 수 있다. 데이터 최소화의 원칙이나 개인정보 이전 요구권 규정, 데이터 및 사이버 보안 규정 등 비슷한 내용을 양측에서 확인할 수 있다. 그러면서도 ADPPA에서는 개인정보 국외이전에 대한 제한 규정을 두고 있지 않다.[32] GPPA의 경우에는 제5장에서 '제3국 및 국제기구로의 개인정보 이전'을 규정하고 있다. EU의 집행위원회에서 제3국이나 해당 제3국의 영토, 하나 이상의 지정 부분, 또는 국제기구가 적정한 보호수준을 보장한다고 결정한 경우에 한하여 개인정보 이전이 가능하다. 이때의 고려사항으로는 법치주의 인권 및 기본적 자유의 존중, 공안, 국방, 국가보안 및 형법, 공공기관의 개인정보 이용을 다룬 전반적·분야별 관련 법률 등 그 나라의 개인정보 보호 관련 법리나 제반사정이 있다.[33] 또한 개인정보 보호 규정의 준수를 보장하고 강요할 의

---

31) 소규모 사업자의 경우는 이전이나 정정, 보호조치 마련 의무 등을 면제받을 수 있다.
32) 이창범, 위의 글, 56면.
33) GDPR 제45조 제2항 (a) the rule of law, respect for human rights and fundamental freedoms, relevant legislation, both general and sectoral, including concerning public security, defence, national security and criminal law and the access of public authorities to personal data, as well as the implementation of such legislation, data protection rules, professional rules and security measures, including rules for the onward transfer of personal data to another third country or international organisation which are complied with in that country or international

무가 있는 하나 이상의 독립적 감독기관의 유무 및 해당 기관의 효과적인 작동 여부도 판단 기준이 되며[34], 이전 대상국이나 국제기구가 체결한 국제협정이나 법적 구속력이 있는 조약, 문서 및 다자간·지역적 기구에의 참여로 주어진 기타 의무도 고려한다.[35]

다. 미국 플랫폼 독점법안

[표 3-18] 플랫폼 규제관련 법(안)

법안	주요내용	DMA 유사 조항
「The American Innovation and Choice Act」	자사우대 행위 또는 사업자의 상품이나 재화를 차별적으로 대우하여 경쟁을 제한하는 행위를 금지. 이용사업자에 의해 플랫폼에서 생성된 데이터를 이용하거나, 이용사업자가 그 데이터에 접근하지 못하도록 하는 행위를 금지. 플랫폼 이용자가 사전에 설치된 소프트웨어를 삭제하거나 기본값을 변경하는 행위를 제한하는 것을 금지.	DMA 제6조 제1항 (d) refrain from treating more favourably in ranking services and products offered by the gatekeeper itself or by any third party belonging to the same undertaking compared to similar services or products of third party and apply fair and non-discriminatory conditions to such ranking;
「The Platform Competition and Opportunity	기업의 반경쟁적인 '킬러인수'를 규제하며 인수의 반경쟁성에 대한 입증책임을 기업에게 부담시킴. 시장	DMA 제12조 제1항 A gatekeeper shall inform the Commission of any intended

---

organisation, case-law, as well as effective and enforceable data subject rights and effective administrative and judicial redress for the data subjects whose personal data are being trans-ferred;

34) GDPR 제45조 제2항 (b) the existence and effective functioning of one or more independent supervisory authorities in the third country or to which an international organisation is subject, with responsibility for ensuring and enforcing compliance with the data protection rules, in-cluding adequate enforcement powers, for assisting and advising the data subjects in exercis-ing their rights and for cooperation with the supervisory authorities of the Member States; and

35) GDPR 제45조 제2항 (c)the international commitments the third country or international or-ganisation concerned has entered into, or other obligations arising from legally binding con-ventions or instruments as well as from its participation in multilateral or regional systems, in particular in relation to the protection of personal data.

Act」	지배적 지위의 강화와 관련하여, **데이터를 추가적으로 확보하기 위한 인수의 제한**	concentration within the meaning of Article 3 of Regulation (EC) No 139/2004 involving another provider of core platform services or of any other services provided in the digital sector irrespective of whether it is notifiable to a Union competition authority under Regulation (EC) No 139/2004 or to a competent national competition authority under national merger rules.[36)
「The Ending Platform Monopolies Act」	플랫폼 운영자가 자기 플랫폼을 이용하여 상품이나 재화를 판매 또는 공급하는 사업체를 소유하거나, 이용사업자가 플랫폼을 이용하거나 별도의 선호되는 지위를 차지하기 위한 조건이 되는 상품이나 서비스를 공급하는 행위, 이해충돌 관계를 유발하는 행위 제한.	DMA 제5조 (e) refrain from requiring business users to use, offer or interoperate with an identification service of the gatekeeper in the context of services offered by the business users using the core platform services of that gatekeeper;[37)
「The Augmenting Compatibility and Competition by Enabling Service Switching(ACCESS) Act」	이용자의 동의나 지시에 따라 **플랫폼이 가지고 있는 데이터를 이용자나 타사업자에게 안전하게 전송할 수 있도록 하는 데이터 이동성(Data Portability) 보장을 규정** 서로 다른 기기나 서비스에서 각자의 정보를 교환하고 교환한 정보를 이용할 수 있는 상호호환성(Interoperability)[38) 보장을 규정. **데이터 이동성과 상호호환성과 관련한 정보 보안 관련 의무 부과**	DMA 제6조 제1항 © allow the installation and effective use of third party software applications or software application stores using, or interoperability with, operating systems of that gatekeeper and allow these software applications or software application stores to be accessed by means other than the core platform services of that gatekeeper. The gatekeeper shall not be prevented from taking proportionate measures

	to ensure that third party soft-ware applications or software application stores do not end-anger the integrity of the hard-ware or operating system pro-vided by the gatekeeper; (h) <u>provide effective portability of data</u> generated through the activity of a business user or end user and shall, in parti-cular, provide tools for end users to facilitate the exercise of data portability, in line with Regulation EU 2016/679, including by the provision of continuous and real-time access;

위의 법안에서는 플랫폼의 데이터 수집이나 이용과 관련한 조항을 두고 있는데, 플랫폼 생태계에서는 데이터의 보유가 기업의 경쟁력이나 시장지배력과 결부되기 때문이다. 몇 가지 법안에서는 데이터 관련 사항에 제한을 두면서도, 수범대상 금지행위의 예외가 되는 단서조항을 마련해 자국의 데이터 유출방지를 위한 조치는 가능하도록 했다.

「The American Innovation and Choice Act」의 경우 사전설치 애플리케이션의 제거나 지정 플랫폼 운영자의 제품이나 서비스로 안내 또는 조정하는 기본 설정의 변경을 제한하는 조치를 원칙적으로 금지하나, 중국이나 그밖에 적대국으로부터 데이터를 지키기 위한 경우는 예외로 하고 있다.[39] 또한 금지사

---

36) 단, DMA에서는 '모든 기업결합'에 대한 신고의무를 부과하고 있는 것이고, 이에 대한 제한은 조문에 나와 있는 '기업결합규칙(Regulation (EC) No 139/2004)'에 따라 집행위가 판단하여 가한다.

37) DMA에서는 「The Ending Platform Monopolies Act」의 내용과 직접적으로 동일한 조문이 확인되지는 않는다.

38) New York v. Microsoft Corp., 224 F. Supp. 2d 76, 122 (D.D.C. 2002), aff'd, 373 F.3d 1199 (D.C. Cir. 2004)

39) (8) materially restrict or impede covered platform users from uninstalling software applications

항(Unlawful Conduct)을 규정하는 조항에 대해 '미국의 제재나 수출 통제 체제 하에서 경제적 거래에 참여하는 것이 금지되거나 제한된 대상'이나 '국가안보, 정보, 법 집행에 위해를 가할 수 있는 대상'에게 데이터를 공유하거나 상호운 용하는 것을 요구하는 것이 아님을 명시하고 있다. 또한 지정플랫폼이나 이용 사업자의 데이터가 중국이나 적대국의 정부에게 전달될 가능성이 높은 방식으로 해당 조항을 준수하도록 해석되지도 않는다고 규정되어 있다.[40] 이외에도 효율성항변 규정에서 이용자 사생활(user privacy)이나 보안(the security of non-public data, or the security of the covered platform) 관련 사항 등을 명시하여 정보보호에 대한 여지를 두고 있다.

「The Augmenting Compatibility and Competition by Enabling Service Switching(ACCESS) Act」에서는 데이터 이동성(Portability)과 상호환성(Interoperability)을 만족하는 데 있어서 정보 보안(Data Security)을 필수 요건으로 두고 있다. 본 법안에서는 상호환성 관련 인터페이스를 바꿀 때 위원회의 승인을 얻도록 하고 있는데, 사용자 프라이버시나 보안에 긴급한 위험을 초래하는 보안 취약이나 다른 긴급한 상황에 대응하기 위한 경우는 그 예외로 두고 있다.[41] 또한

---

that have been preinstalled on the covered platform or changing default settings that direct or steer covered platform users to products or services offered by the covered platform operator, unless necessary

(A) for the security or functioning of the covered platform; or

(B) to prevent data from the covered platform operator or another business user from being transferred to the Government of the People's Republic of China or the government of another foreign adversary;

40) (A) IN GENERAL. Nothing in subsection (a) may be construed

(iii) to require a covered platform operator to interoperate or share data with persons or business users that are on any list maintained by the Federal Government by which en-tities

(I) are identified as limited or prohibited from engaging in economic transactions as part of United States sanctions or export-control regimes; or

(II) have been identified as national security, intelligence, or law enforcement risks;

(v) in a manner that would likely result in data on the covered platform or data from another business user being transferred to the Government of the People's Republic of China or the government of another foreign adversary; or

41) EXCEPTION. A covered platform may make a change affecting its interoperability interfaces without receiving approval from the Commission if that change is necessary to address a se-curity vulnerability or other exigent circumstance that creates an imminent risk to user privacy

이 법안에서는 플랫폼 운영자와 이용사업자 사이의 데이터 '비상업화(NON-COMMERCIALIZATION)' 규정을 두고 있다. 이 규정에서는 상호호환 인터페이스를 이용하여 플랫폼 운영자가 이용사업자로부터, 혹은 그 반대로 상대방의 데이터를 수집, 이용, 공유하는 것을 금지한다. 이때 상호호환성 유지나 데이터 보안을 위한 경우에는 금지사항의 예외로 두고 있다.

위의 법안들의 핵심 목적은 플랫폼 시장에서의 반경쟁적 행위를 규제하는 것이긴 하나, 데이터나 보안과 관련된 내용이 반복적 혹은 지속적으로 나오는 것을 확인할 수 있다. 현재는 폐기되어 통과되지 않은 법이긴 하나 해당 법안이 부여하는 데이터 이용 관련 의무가 상당한 보안상의 문제를 야기할 수 있다는 것을 인식한 미국의 태도를 확인할 수 있다. 더불어 적대국가와 중국을 직접적으로 언급한 것을 보았을 때, 기업의 자체적인 보안만이 아니라 국가단위의 데이터 안보 대처까지 용이하게 하고자 한 것으로 보인다. 따라서 법안에서 언급된 내용들은 간접적인 방법 등을 통하여 플랫폼 시장에서 해당 의무의 어떠한 방식으로 대처하는 가에 관한 규제 상황을 계속적으로 주시할 중요성이 상당하다고 하겠다.

라. 미국혁신경쟁법(United States Innovation and Competition Act) 및 미국경쟁법(The America COMPETES Act)

미국혁신경쟁법은 미국의 대중 견제 패키지 법안으로, 7가지 세부법안으로 구성되어 있으며, 중국에 대한 기술적 우위의 유지와 국가안보 대응을 주요 내용으로 하고 있다.[42]

Endless Frontier Act는 미국의 기술발전을 위한 제반시스템 양성을 주된 내용으로 하고 있다. 그러면서도 중국으로의 기술유출을 염두에 두어 여러 제

---

or security if the change is narrowly tailored to the vulnerability and does not have the pur-pose or effect of unreasonably denying access or undermining interoperability for competing businesses or potential competing businesses.

42) 법률신문(2022. 08. 25.), 미국의 경쟁법안 입법 동향 및 우리 기업의 대응 방향, <https://m.lawtimes.co.kr/Content/Article?serial=181152> (최종접속일: 2023. 05. 26.)

한 사항을 규정하고 있다. 아래는 관련 조문의 내용이다.

중국 기업은 'Manufacturing USA Program'이나 'Manufacturing USA Network'에 가입이 제한됨.[43]

과학기술정책실장이 연방의 자금으로 개발된 지적 재산이 중국에 있거나 중국에 있는 외국 기업체와 제휴했거나 그 자회사인 회사에 의해 사용되는 범위를 검토하도록 함.[44]

과학기술정책실장이 연방 기금으로 개발된 지적 재산이 외국 사업체나 중국기업체와 제휴했거나 그 자회사인 회사에 의해 사용되지 않도록 하는 권고안을 개발하도록 함.[45]

　　Strategic Competition Act는 중국으로부터의 국가안보 위협에 대처하는 내용을 주되게 다루고 있다. 홍콩이나 신장 위구르, 티벳과 중국 간의 갈등에 미국이 개입할 것임을 재확인하고 있으며 동맹국과의 파트너십 강화를 통해 중국에 대응할 것을 규정하고 있다.[46] 데이터 보안과 관련하여는 지식재산 절도행위 및 미국에 설립된 기업들이 소유한 기술의 이전에 관여한 중국의 국유기업 목록을 발표하는 것을 규정한다.[47]

---

[43] (B) IN GENERAL.A company of the People's Republic of China may not participate in the Manufacturing USA Program or the Manufacturing USA Network without a waiver, as de-scribed in paragraph (2)(C).

[44] (B) the extent to which intellectual property developed with Federal funding
  (i) has been used by foreign business entities;
  (ii) is being used to manufacture in the United States rather than in other countries; and (iii) is being used by foreign business entities domiciled or by foreign business entities affili-ated with or subsidiary to foreign business entities in the People's Republic of China.

[45] to ensure that intellectual property developed with Federal funding is not being used by for-eign business entities or by foreign business entities affiliated with or subsidiary to foreign business entities domiciled in the People's Republic of China; and

[46] 이경은, 미국 혁신경쟁법 주요 내용 및 시사점, 「AI TREND WATCH」, 2021-15호, 정보통신정책연구원, 2021, 8면.

[47] 위의 글, 8면.

Meeting the China Challenge Act에서는 중국의 시장교란 행위나 국가안보 위협 행위와 관련한 규정을 두고 있다. 특히 중국의 영업기밀 탈취와 관련하여, 이를 통해 이득을 얻는 외국 주체들에게 자산 동결, 수출통제 명단(Entity List)에 포함, 금융기관으로부터의 대출금지, 비자발급 중지 등의 제재를 부과하도록 한다.[48]

Trade Act of 2021에서는 중국의 지식재산권 탈취나 디지털 검열, 관세회피 이슈에 대한 대응과 이로 인해 미국이 겪는 부작용을 최소화하기 위한 무역통상 개혁 내용을 입법화한 것이다.[49] 미국 무역대표부(Office of the United States Trade Representative, 이하, USTR)가 국무부와 협력하여 호주, 캐나다, EU, 한국 등과 공동하여 지식재산권 탈취로 만들어진 제품을 수입금지하는 협상을 개시하도록 한다.[50] 또한 USTR이 자국 내외의 검열 강제나 미 국민 데이터에 불법적으로 접근하는 외국의 정책, 법령, 행위를 파악하도록 하고 있다. 나아가 이러한 행위를 하는 국가를 '요주의 국가'로 하여 연방관보에 게재하도록 한다.[51]

미국혁신경쟁법은 상원에서 발의된 것이었고, 미국경쟁법은 이후 2022. 1. 25. 미국 하원에서 발의되었다. 미국의 국가경쟁력 강화와 중국견제라는, 미국혁신경쟁법과 유사한 내용을 두고 있다.[52] 반도체 제도 인센티브나 연구 및 혁신, 안보나 금융, 자원 이슈를 다루는 위원회 등을 규정하고 있다. 정보 보호와 관련하여, 지적재산권을 위반한 우선관찰대상국의 상품 금지에 대한 규정을 두고 있다.

이처럼 미국혁신경쟁법과 미국경쟁법은[53] 대중국적인 내용을 골자로 한 법안이다. 그 안에는 중국과 미국이(혹은 국제사회가) 겪는 외교적 분쟁에 대한 내용을 다수 담고 있는데, 그 중에서도 지속적으로 등장하는 소재가 지식재산

---

48) 이원석, 위의 글, 10면.
49) 이원석, 위의 글, 12면.
50) 이원석, 위의 글, 13면.
51) 이원석, 위의 글, 13면.
52) 법률신문(2022. 08. 25.), 미국의 경쟁법안 입법 동향 및 우리 기업의 대응 방향, <https://m.lawtimes.co.kr/Content/Article?serial=181152 > (최종접속일: 2023. 05. 26.)
53) 다만, 미국경쟁법은 대중국적 내용 외의 분야도 망라하여 마련된 법안이다. (최창택, 미 하원 「2022년 미국 경쟁법」 주요 내용과 시사점, KISTEP 브리프 02, 과학기술정책센터, 2022, 1면.)

권과 사이버 안보다. 앞서 반독점 패키지 법안에서 확인할 수 있었던, 기업의 정보와 국가 안보를 강하게 결부시키는 미국의 태도를 확인할 수 있다.

3. 개인정보 국외이전

EU의 개인정보 역외이전은 1995년 EU의 개인정보보호지침(Data Protection Directive)부터 시작되었다. 이 지침에서는 EU 외의 지역으로 개인정보를 이전하는 경우를 해당 국가가 적정한 보호수준(adequate level of protection)을 갖추었을 때로 한정한다.[54] 이 지침에서 나아가 제안된 것이 GDPR이며 현재는 GDPR이 역외 개인정보 이전을 규정하고 있다.

앞서 미국의 ADPPA에서 서술했듯이, 미국에는 개인정보보호를 다루는 일반법이 없어왔으며 영역별 개인정보를 다루는 개별법들이 있었다. 미국에서는 EU 사이의 개인정보 이전을 원활하게 하고자, 미국 내 기업들이 적정한 보호수준을 만족하기 위해 갖추어야 할 사항을 정하는 '세이프 하버'협정을 체결했다. 이 세이프하버 협정을 기반으로 개인정보 이전을 하던 중, '슈렘스 사건'이 발생한다.

슈렘스(Max Schrems)는 프라이버시 운동가로, 아일랜드 법원에 페이스북을 상대로 미국 국가안보국이(National Security Agency, 이하 "NSA") 자신의 프라이버시를 침해했다고 소송을 제기했다. 실제로 이 소송에서 EU-미국의 세이프하버 협정이 무효화되었다. 이 당시, 미국 정보 당국이 구글 등 자국의 IT 기업 서버에 별도의 프로그램을 설치하여 이용자를 감시했다는 미국 NSA 요원의 폭로가 무효화 판결에 영향을 주었다는 설명도 있다.[55]

세이프하버가 무효가 된 이후, 다시 미국과 EU의 개인정보 이전의 기반이 되는 '프라이버시 실드' 협약이 승인되었다. 당시 유럽집행위에서는 세이프하버 개선을 위한 '투명성 개선'과 '피해 구제 확실성 제고', '실행력 강화', '이전 정

---

54) 윤재석, "유럽연합과 미국의 개인정보이전협약(프라이버시 쉴드)과 국내 정책 방향", 정보보호학회논문지, 2016, 1271면.
55) 윤재석, 위의 글, 1272면.

보에 대한 미국 당국의 접근 제한'을 제시했고, 프라이버시 실드는 이러한 사항을 바탕으로 사항을 보충한 것이다.

그러나 EU에 GDPR이 도입됨에 따라 더 높은 개인정보보호 수준을 요구하게 되었고 프라이버시 실드도 유효성 문제에 직면한다. 미국 정부의 감시에 대한 보호수단 부재와 개인 데이터에 대한 적정 수준의 보호 요건이 구성 미비가 주요 문제로 제기되었다.[56] 미국 외 거주 외국인에 대한 감시 승인을 제공하는 미국의 외국정보감시법(Foreign Intelligence Surveillance Act, FISA)과 국가 안보 및 대외 정책 이익 증진을 위한 신호 정보 활동을 가능하게 하는 대통령 정책 지침 제28조 등이 국가로부터의 개인정보 보호를 약화한다고 보기도 했다. 이러한 여파로 인해 미국의 거대 기업 'Meta'는 유럽에서 개인정보보호법 위반을 이유로 상당한 과징금을 부여 받았고, 6개월 이내에 유럽 이용자와 관련한 데이터의 미국 전송을 중단하게 되었다.[57]

기본적으로 미국은 개인정보 역외이전의 근거를 마련하여 처리 절차를 간편화하려는 시도를 하였다. 미국의 클라우드법이 그것이고, 앞서 미국과 EU 사이에서 볼 수 있었던 다양한 협약 등도 모두 이러한 취지에서 비롯되는 것으로 해석할 수 있다. 하지만 EU의 경우 프라이버시와 관련된 권리 보호를 주장하며 개인정보의 역외이전을 매우 제한적으로 이용하고 있다. 또한 미국의 기업 정보 감시를 고려하여 역외이전 적정성 여부를 판단하는 등 데이터 안보 문제에도 민감하게 반응하고 있음을 알 수 있다.

V. 나가며

이 글에서는 유럽(EU)과 미국의 온라인플랫폼 규제와 더불어 특히 최근의 데이터와 관련된 입법 동향을 검토해보았다. 유럽의 DSA와 DMA, 미국의 SOE

---

56) 한국인터넷진흥원, "유럽사법재판소의 프라이버시 실드 무효 판결 분석", 2020 최종보고서, 2020, 225면.

57) 다만, 이 부분에 대해서는 Meta의 법적 대응이 지속 중이며 미국에서도 프라이버시 실드를 대체할 새로운 방안을 모색 중으로 알려져 있다.

법안 등은 비슷한 시기에 이슈가 되었고, 현 시점에서는 유럽의 법안만이 통과되었다. 표면적으로 보았을 때는 매우 상반된 결과로 보이지만 그 저변에 깔린 법정책적 의도는 대동소이하다고 생각한다. 중요한 것은 유럽과 미국의 규제 방향이 어디를 향하는지다.

유럽의 경우 현재 글로벌 시장에서 큰 지위를 점한 빅테크 플랫폼을 겨냥한 입법을 시도했다. 이때 빅테크 플랫폼은 모두 미국의 기업이다. 결국 유럽은 거대 온라인플랫폼에 대한 규제를 강화함으로써 EU 내에서 플랫폼 기업이 생성되고 성장할 수 있는 여건을 만들려고 시도한 것이라고 볼 수 있다. 특히 DSA에서 규정하는 비대칭적 주의의무는 이러한 의도가 반영된 결과라고 보여진다.

미국의 경우, 앞서 언급한 거대 온라인플랫폼이 모두 자국기업인 상황에서 미국의 반독점패키지 법안이 결과적으로 통과하지 못한 것은[58] 이와 관련이 있을 것이라고 생각한다. 자국 플랫폼 기업을 향한 강력한 규제 대신에 미국이 선택한 것은 중국의 기업과 시장조성을 견제하는 것이었다.[59] 중국으로의 정보 유출이나 중국계 플랫폼 기업의 성장을 의식한 미국의 중국의 반인권적 행위와 함께 정보보안이나 지식재산권 침해 문제를 직접적으로 지적했다. 앞서 언급한 '대중국' 법안에서 이러한 내용을 확인할 수 있다.

결과적으로 유럽과 미국 모두 글로벌 시장 내에서 자기 영역 내의 기업이 성장할 수 있도록 규제 방향을 정한 것이라고 볼 수 있다. 현재 우리나라의 온라인플랫폼 법은 네이버나 카카오 같은 국내 주요 플랫폼 기업도 함께 규제대상으로 포함한다. 하지만 이러한 입법방식은 글로벌 시장으로 진출해야 할 자국기업의 경쟁력을 약화시키는 결과를 초래할 수 있으며, 유럽과 미국 어느 곳에서도 규제양상을 보이게 될 위험성이 크다. 무리하게 유럽의 법리를 받아들인 입법 시도는, 법 제정의 숨은 의도를 고려하지 않은 섣부른 태도일 수 있다. 현재 플랫폼 기업이 일으키는 문제를 '플랫폼-소비자', '플랫폼-이용사업자',

---

58) 단, 'Merger Filing Fee Modernization Act'는 통과.

59) 미국의 플랫폼법안의 폐기에는 여러 이유가 있겠으나 유럽의 DMA법안에서 문제시되는 상호호환성에 따른 데이터 보안의 약화와 국가안보의 문제를 중요시한 결과로 보여진다.

'플랫폼－타 플랫폼'의 차원으로 나누어 고찰하고, 국내 기업의 성장을 제한하지 않는 선에서 법안 제정 문제를 다루어야 할 것으로 보인다.

나아가 데이터 경제의 성장을 견인하자는 목적을 담은 개정된 개인정보보호법에도 주목이 간다. 개정 개인정보보호법은 개인정보 전송요구권을 신설하는 등 전국민 마이데이터 시대의 개인정보 활용 기반 강화로 신기술 및 신산업을 지원한다는 데에 그 의의가 있다. 아직 마이데이터 지원 플랫폼 구축, 데이터 형식과 전송체계 표준화, 마이데이터와 데이터 유통 시장의 연계 강화 등 마이데이터의 활성화를 위한 과제들이 남아있지만, 마이데이터 산업에 대한 기대감이 상승 중이다. 그러나 플랫폼 산업의 활성화를 위한 데이터 활용의 가능성 증가에서 확대된 개인정보 유출의 피해 가능성을 감안한다면, 개인의 민감정보를 보호할 수 있는 민감 수준의 보안은 필수적이다.[60] 더불어 여러 기업의 서비스가 글로벌화 됨에 따라 개인정보는 국제통상의 대상이 되었다. 기존에는 개인정보 보안 규제와 활발한 개인정보 교류를 통한 산업발전이 대치되는 것으로 여겨졌다. 하지만 EU와 미국 사이의 슈렘스 사건 등은 개인정보보호 규제 강화를 해야만 데이터 통상과 그를 통한 산업발전이 가능함을 시사한다. 특히 이 글의 중간에서는 DMA에서 예견하지 못한 생성형 AI 플랫폼이 게이트키퍼로 지정되지 못한 것과, 데이터프라이버시 침해의 위협가능성을 분석했다. 우리나라도 변화와 기술에 맞추어 보다 주의 깊게 법안을 발전시켜 나아가야 할 것이다.

---

60) 코스콤 뉴스룸, "디지털금융 보안정책 동향_2023년 개정 개인정보보호법을 중심으로", <https://m.blog.naver.com/koscommedia2021/223115220263> (최종 접속일: 2023. 6. 8.).

참고 문헌

1. 국내문헌

[논문]

강기봉, "저작권법상 컴퓨터프로그램의 상호운용성에 관한 소고", 산업재산권 제38권, 301－346면, 2012.

권건보·이한주·김일환, "EU GDPR 제정 과정 및 그 이후 입법동향에 관한 연구", 미국헌법연구, 29(1), 2018.

김나현, "중국 전자상거래법에 관한 소고", 중앙법학, 제71호, 2019.

김영선·박민숙, "중국 반독점법 개정안의 주요 내용과 평가", 세계경제포커스 제3권 제10호, 2020.

류승균, "EU 개인정보보호규칙(GDPR)의 제정과 시사점", 경제규제와 법, 9(1), 2016.

유영국, "독일 경쟁제한방지법 제10차 개정(안)의 주요 내용과 독점규제법상 시사점", 경쟁법연구 제42권, 216－256면, 2020.

이재호, "EU 디지털서비스법과 국내 소비자법의 시사점", 소비자정책동향, 제111호, 2020.

임종천, "중국 「전자상거래법」의 주요내용과 시사점 -소비자 보호와 사업자 책임을 중심으로-", 소비자정책동향, 제111호, 2020.

정혜련, "구글(Google) 관련 미국·유럽결정(판결)이 IT산업에 미치는 영향-앱개발 시장에 미치는 영향을 중심으로-", 경영법률 제31권 제1호, 473－501면 (2020).

정혜련, "미국의 프라이버시와 개인정보보호 －개인정보보호에 대한 유럽연합과의 차이를 중심으로-", 일감법학 제35권, 271－305면, 2016.

정혜련, "전자상거래법의 온라인 플랫폼상 프로파일링 광고 규제에 관한 소고-알고리즘기반 광고규제 조항의 비교법적 분석을 중심으로-", 경영법률 제31권 제4호, 189－231, 2021.

정혜련, "주요국의 온라인 플랫폼 규제 동향-최근 해외 입법 추진현황을 중심으로-", 법학논총, 제46권 제1호, 31－74면, 2022.

정혜련·기현서, "인앱결제강제서비스 규제에 관한 소고-Epic games Inc. v. Apple Inc. 판례분석을 중심으로-", 경영법률 제32권 제2호, 465－505면, 2022.

정혜련·백욱진, "Proposed Changes to the U.S. Antitrust Laws－Antitrust Regulations in Digital Economy－", 법학논총 제46권 제3호, 315－356면, 2022.

최난설헌, "첨단기술시장에서 상호운용성과 경쟁법의 관계 −EU 법원의 Microsoft 판결(Case T−201/04, Case T−167/08)을 중심으로−", 경제법연구 제12권 제1호, 333−362면, 2013.

[기타]

「전자상거래등에서의 소비자보호에 관한 법률 전면개정안」의 쟁점에 대한 검토 [웹사이트]. (2021년 6월 10일). Retrieved from http://icle.sogang.ac.kr/blog_post/75

경제산업성 보도자료, "특정디지털 플랫폼의 투명성 및 공정성 제고에 관한 법률의 규제 대상이 되는 사업자를 지정했습니다." https://www.meti.go.jp/press/2021/04/20210401003/20210401003.html

법제처 세계법제정보센터 한국법령정보원, "일본 「특정 디지털 플랫폼 거래 투명화 법」 고찰".

세계 첫 '인앱 결제 강제 방지법': 의미와 전망 [웹사이트]. (2021년 10월 30일). Retrieved from http://icle.sogang.ac.kr/blog_post/76

앱 마켓사업자의 특정한 결제방식 강제를 금지하는 전기통신사업법 개정안 국회 통과 [웹사이트]. (2021년 8월 31일). Retrieved from https://kcc.go.kr/user.do?boardId=1113&page=A05030000&dc=K00000200&boardSeq=51809&mode=view

염혜원 기자, "방통위원장 '온라인 플랫폼 기업 핀셋 규제 필요'", 연합뉴스, 2021−09−15, https://www.ytn.co.kr/_ln/0102_202109151529482702

정보통신정책연구원 디지털경제사회연구본부, "2030 디지털 대전환 메가트렌드 및 10대 과제[안]", 2021. 11. 2.

중국 개인정보보호법 및 데이터안전법 동향 [웹사이트]. (2021년 6월 4일). Retrieved from https://m.lawtimes.co.kr/Content/LawFirm−NewsLetter?serial=170518

최난설헌, "플랫폼 경제에서의 경쟁법 집행−해외 경쟁당국의 집행사례를 중심으로−", 제58회 고려대학교 기술법정책센터 세미나 플랫폼의 혁신과 규제 포럼 발제 1.

2. 외국문헌

[단행본 및 논문]

Amy Klobuchar, Antitrust: Taking on Monopoly Power from the Gilded Age to the Digital Age, (NY), Alfred A. Knopf, 2021.

Awrey, Dan and Macey, Joshua, "Open Access, Interoperability, and the DTCC's Unexpected Path to Monopoly", University of Chicago Coase—Sandor Institute for Law & Economics Research Paper No. 934, Cornell Legal Studies Research aper No. 21—20 (2021).

Chris Riley, "Unpacking interoperability in competition", Journal of Cyber Policy 5:1, 94—106 (2020).

Colleen Cunningham, Florian Ederer & Song Ma, Killer Acquisitions, J. POL. ECON. 3, 19 (2020).

FED. TRADE COMM'N, DATA TO GO: AN FTC WORKSHOP ON DATA PORTABILITY (Sept. 22, 2020).

Gabriel Nicholas & Michael Weinberg, "Data Portability and Platform Competition: Is User Data Exported from Facebook Actually Useful to Competitors?", ENGELBERG CTR. L. & POL'Y (2019).

Georgia Wells, Jeff Horwitz and Deepa seetharaman, "Facebook Knows Instagram Is Toxic for Teen Girls, Company Documents Show", The Wallstreet Journal, 2021. 9. 14.

Hovenkamp, "Herbert, Antitrust Interoperability Remedies", U of Penn, Inst for Law & Econ Research Paper No. 22—14, Col. L. Rev. Forum (2022).

Hovenkamp, Herbert, "Antitrust and Platform Monopoly", Yale Law Journal, U of Penn, Inst for Law & Econ Research Paper (2021).

Jenny, Frederic, "Competition Law and Digital Ecosystems: Learning To Walk Before We Run" (2021).

Lemley, Mark A. and Samuelson, Pamela, "Interfaces and Interoperability After Google v. Oracle", Stanford Law and Economics Olin Working Paper No. 562 (2021).

Lina Khan, "Amazons Antitrust Paradox", The Yale Law Journal, Vol. 126, No.3, 2017.

Lina Khan, "The New Brandeis Movement: America's Antimonopoly Debate", Journal of European Competition Law & Practice, Volume 9, Issue 3, March 2018.

Mark Borreau, Jan Krämer, Miriam Buiten, "Interoperability in Digital Markets", Cerre. (2022).

Michael Kades, Fiona Scott Morton, "Interoperability as a competition remedy for digital networks", Washington Center for Equitable Growth (2020).

Montjoye, Y., Schweitzer, H., Crémer, J., "Competition policy for the digital era", European Commission Publications Office. (2019).

OECD, "Data Portability: Analytical Report, Mapping data portability initiatives and their opportunities and challenge" (2021).

Swire, "Social Networks, Privacy, and Freedom of Association: Data Protection vs. Data Empowerment", 90 N.C. L. REV. 1371 (2012).

Swire, Peter and Lagos, Yianni, "Why the Right to Data Portability Likely Reduces Consumer Welfare: Antitrust and Privacy Critique", Maryland Law Review No. 335, Ohio State Public Law Working Paper No. 204 (2013).

Swire, Peter. "The Portability and Other Required Transfers Impact Assessment: Assessing Competition, Privacy, Cybersecurity, and Other Considerations" Geo. L. Tech. Rev. No. 57 (2022).

Zanfir, G. "The right to Data portability in the context of the EU data protection reform", International Data Privacy Law No. 2(3) (2012).

[기타]

Directive 95/46/EC of the European Parliament and of the Council on the pro-tection of individuals with regard to the processing of personal data and on the free movement of such data.

Directive 95/46/EC of the European Parliament and the Council of 24 October 1995 on the protection of individuals with regard to the processing of personal data and on the free movement of such data. Official Journal L 281 , 23/11/1995 P. 0031 - 0050.

Proposal for a REGULATION OF THE EUROPEAN PARLIAMENT AND OF THE COUNCIL on a Single Market For Digital Services (Digital Services Act) and amending Directive 2000/31/EC.

Proposal for a REGULATION OF THE EUROPEAN PARLIAMENT AND OF THE COUNCIL on contestable and fair markets in the digital sector (Digital Markets Act).

Senator Klobuchar Introduces Sweeping Bill to Promote Competition and Improve Antitrust Enforcement [Website]. (2021, February 4). Retrieved from https://www.klobuchar.senate.gov/public/index.cfm/2021/2/senator−klobuchar−introduces−sweeping−bill−to−promote−competi−tion−and−improve−antitrust−enforcement.

Statement of the Federal Trade Commission Regarding Google's Search Practices In the Matter of Google Inc. FTC File Number 111−0163 January 3, 2013.

The Digital Services Act package [Website]. (2021, October 21). Retrieved from https://digital−strategy.ec.europa.eu/en/policies/digital−serv−ices−act−package.

미 하원 반독점소위원회, "Investigation of Competition in the Digital Marketplace: Majority Staff Report and Recommendations" pp.11 (2020).

PART 4

디지털 경제 시대,
데이터에 대한 새로운 시각들

1

인공지능과 데이터 활용의 법적 이슈

손도일 / 법무법인(유) 율촌 변호사 · **이성엽** / 고려대학교 교수[1]

I. 들어가는 말

인공지능(Artificial Intelligence: AI)은 이제 더 이상 미래의 기술이 아니며, 오늘도 우리 생활을 지배하고 있다. 그럼에도 인공지능에 관한 각종 법적 규범들의 정비작업이 이제 시작되고 있는 것은 아직까지 사회적으로 중대한 위험을 일으키지는 않았기 때문이다. 그렇지만 인공지능이 본격적으로 발전하는 지금이 인공지능이 초래할 수 있는 미래의 위험을 발견하고 이를 최소화 할 수 있는 방안을 강구하는 적기라 할 것이다.[2]

[인공지능의 역사 개관]

인공지능의 단초라고 볼 수 있는 Turing Machine은 1939년에 탄생하였고, 1942년에는 유명한 아이작 아시모프(Isaac Asimov)의 로봇 3법칙[3]이 탄생하였다. 1959년에는 IBM의 Arthur Samuel에 의하여 Machine Learning(이하 'ML')의 개념이 소개되었다. 이후 1974년부터 1980년 사이에는 ML의 한계로 인하여 AI의 겨울이 도래하였다. 1980년 이후 공정을 자동화하는 Expert System이 붐(Boom)이 있었고,

---

1) 이번 제2전정판에서는 법무법인(유) 율촌의 안다연, 양희원, 이서호 변호사의 도움을 받았다.
2) Theodore Claypoole, Introduction, The Law of AI and Smart Machines, American Bar Association, 2020, vii~xi면
3) 1법칙: 로봇은 인간을 해칠 수 없다.

1986년부터 1993년에는 Expert System의 한계로 인하여 다시 AI의 2차 겨울이 도래하였다. 이후 1997년에는 IBM의 Deep Blue가 체스 챔피언인 Gary Kasper와의 6번 대결에서 3번 무승부, 2승 1패의 전적을 기록하였다. 2006년에는 드디어 Deep Learning의 개념이 Geoffrey Hinton(Univ. of Toronto)에 의하여 탄생하였고, 2010년에는 Siri가 탄생하여 2011년에 Apple에 의하여 아이폰에 탑재되었다. 2011년에는 IBM의 Watson이 탄생하였고, 2014년에는 Facebook의 DeepFace, 2015년에는 Amazon의 Alexa가 출시되었다. 2015년에는 Microsoft의 ML toolkit가 출시되었고, Amazon도 AWS의 하나로 ML 플랫폼을 출시하였다. 2016년에는 IBM의 Watson이 의료진단을 시작하였고, 2016년에는 Google의 Alphago가 바둑에서 이세돌 9단에게, 2017년에는 중국의 기사 커제(Ke Jie)에 승리하였고, Go Zero는 불과 3일간의 ML이후 Alpha Go에 승리함으로써, 인간과 인공지능 간의 격차를 다시 한번 확인시키게 되었다.[4] 한편, 2022년에는 OpenAI가 발표한 대규모 언어모델 기반 생성형 인공지능인 'Chat GPT'가 전 세계적으로 큰 주목을 받았다. 이후 인공지능 산업은 생성형 인공지능의 무한한 활용가능성, 인공지능의 지속적인 거대화에 초점을 맞추고 있으며, 각 기업들은 기술 개발 및 서비스 출시에 박차를 가하고 있다.

인공지능은 크게 보면 초고성능 컴퓨터와 같은 컴퓨팅 자원, 인공지능의 활용의 기초가 되는 데이터와 그 데이터를 처리하는 알고리즘의 3가지 구성 요소를 가지고 있다.[5] 알고리즘이 인공지능을 움직이는 엔진이라고 한다면 빅데이터는 그 엔진을 움직이는 핵심 연료라고 할 수 있다(컴퓨팅 파워는 차체 및 그 엔진을 뒷받침 하는 전체적인 차량 시스템이라고 할 수 있을 것이다).

인공지능에 필요한 빅데이터는 개별적인 데이터의 수집을 통하여 축적이 된다. 가령 우리가 매일 사용하는 각종 SNS와 검색 엔진, 휴대폰 상의 애플리

2법칙: 로봇은 인간의 명령을 따라야 한다(단, 첫 번째 원칙과 충돌되는 명령은 제외).

3법칙: 로봇은 첫 번째 원칙과 두 번재 원칙과 충돌되지 않는 한도에서 스스로의 존재를 보호해야 한다.

4) Warren E Agin, History of AI, The Law of AI and Smart Machine, American Bar Association, 2020, 3~24면

5) NIA(한국지능정보사회진흥원), IT & Future Strategy 보고서, 제2호, 2021.2.

케이션(application)들은 상당 부분 인공지능에 기반하여 우리에게 서비스를 제공하고 있다. 사용자들은 대부분의 서비스를 무료로 이용하고, 그 대가로 사업자들은 사용자들로부터 데이터를 얻고 이를 축적하여 빅데이터로 만들고 그 빅데이터를 이용한 "유료"의 부가사업을 통하여 수익을 창출하는 것이 기본적인 현대 정보통신 생태계에 있어서의 수익모델이라고 할 수 있다. 이 과정에서 사용자들이 사업자들에게 제공하는 데이터는 결국 그 사용자의 프라이버시(Privacy)라고도 볼 수 있다. 한편, 인공지능은 자기학습을 위하여 광범위한 정보를 검색하고 이를 빅데이터로 축적하고 있다. 이와 같은 데이터의 수집·생성과 활용 및 폐기에 이르는 과정에 있어서 데이터의 구체적인 성격에 따라 법령상의 제약이 있다.[6] 가령 개인정보일 경우에는 그 정보의 성격에 따라 개인정보 보호법, 신용정보의 이용 및 보호에 관한 법률(이하 '신용정보법'), 의료법 등이 적용되고, 개인정보가 아닐 경우에는 지적재산권 보호에 관한 법률 등이 적용된다.

한편, 인공지능이 데이터를 처리하는 핵심적인 기능이 알고리즘이다. 최근 인공지능 알고리즘의 기반으로 널리 사용되는 딥러닝의 경우 일반적인 프로그램과 달리 도출된 결과값에 대한 명확한 근거를 알 수 없는 블랙박스(black box) 구조를 가지고 있기 때문에 개발 과정에서 어떤 데이터가 입력되어 오류가 발생하였는지, 상용화 이후 오작동이 발생한 경우 그 원인이 무엇이고 어떻게 디버깅(debugging)을 해야 하는지 명확하게 파악하기 어렵다는 문제가 있다. 특히 인공지능이 머신러닝(ML)을 통하여 자기학습을 통하여 진화하는 경우, 더욱 알고리즘의 오류를 밝히는 것은 어려워 질 것이다. 즉, 인공지능이 도출한 결과물에 문제가 있을 경우, 이와 같은 문제가 모델 설계의 오류인지 또는 부정확한 데이터 활용에 의한 오류인지를 구분하는 것이 매우 어렵다.[7] 또한 인공지능 기술이 인간에 의하여 '의도적으로' 악용될 가능성도 존재한다. 가령 특

---

6) 참고로 개인정보 보호법상 "처리"라고 함은 개인정보의 수집, 생성, 연계, 연동, 기록, 저장, 보유, 가공, 편집, 검색, 출력, 정정(訂正), 복구, 이용, 제공, 공개, 파기(破棄), 그 밖에 이와 유사한 행위를 모두 의미한다(같은 법 제2조 제2호 참조).

7) 이제영·김단비·양희태, 「인공지능 기술 전망과 혁신정책 방향(2차년도), 안전하고 윤리적인 인공지능 R&D 및 활용을 위한 제도 개선을 중심으로」, 과학기술정책연구원, 2019.12., 6~7면

정한 의도를 갖고 편향된 데이터를 AI에 주입하여 학습에 오류를 유발하는 데이터 중독 공격(data poisoning attack), 패턴 인식 시스템에 노이즈 데이터를 추가하여 오류를 일으키는 적대적 공격(adversarial attack) 등이 문제가 될 수 있고, 나아가 대량살상 무기에 활용될 수도 있다.[8]

인터넷을 통한 초연결사회에 있어서는 인공지능의 실패에 따른 비극적인 결과(가령 개인정보의 유출 혹은 자율주행 시스템의 오류로 인한 사고 등)가 다른 인공지능과의 연결을 통하여 급속하게 전파되고 심지어 "증폭"되는 것도 충분히 예상할 수 있다. 이를 해결하려면 결국 인공지능의 의사결정의 핵심인 데이터와 알고리즘을 적절하게 통제하는 것이 필요하다고 할 것인데, 데이터와 알고리즘 모두 각 기업들의 영업비밀이라는 측면도 있으므로 그 통제 방법에 있어서도 이와 같은 점을 고려하는 것이 필요할 것이다.

[알고리즘과 저작권법]

저작권법은 "컴퓨터프로그램저작물"을 특정한 결과를 얻기 위하여 컴퓨터 등 정보처리능력을 가진 장치 내에서 직접 또는 간접으로 사용되는 일련의 지시·명령으로 표현된 창작물로 규정하면서(제2조 제16호), 프로그램을 저작물의 하나로 예시하고 있다(같은 법 제4조 제1항 제9호). 그러면서도 프로그램을 작성하기 위하여 사용되는 프로그램 언어, 규약 및 해법에는 저작권법을 적용하지 않는다고 하고 있다. 이중 "규약"은 특정한 프로그램에서 프로그램 언어의 용법에 관한 특별한 약속을 의미하고, "해법"은 프로그램에서 지시·명령의 조합방법을 의미하는 것으로, 특히 해법이 알고리즘에 가장 유사하다고 볼 수 있다(같은 법 제101조의2). 이와 같이 프로그램 그 자체가 아닌, 알고리즘을 포함하여 프로그램에 사용되는 언어를 저작권 보호대상에서 제외하는 것은, 알고리즘과 언어는 아이디어와 유사한 문제 해결 기법으로 아이디어와 차별성이 떨어지고, 이를 독점화하면 다른 프로그램과의 호환성을 기대하는 것이 불가능하기 때문이다.[9]

---

[8] 김종세, 「인공지능의 안전성과 인간윤리에 대한 법정책적 고찰」, 한국법학회 법학연구 제20권 제1호, 2020.3.1., 13면

초고성능 컴퓨터에 관한 분석은 이 글의 범위를 벗어나는 것이므로 이하에서는 데이터와 알고리즘에 관한 여러 가지 법적 쟁점에 관하여 개괄적으로 살펴볼 예정이다. 분량상의 제약으로 각 쟁점별로 보다 심도 있는 고찰은 별도의 기회로 미루기로 한다.

II. 인공지능과 데이터 활용

1. 프라이버시(Privacy) 관련 제약

가. 개인정보 보호법 관련 제한 일반

인공지능에 사용되는 데이터가 개인정보일 경우에는 그 정보가 실명정보인지, 가명정보인지 혹은 익명정보인지에 따라 그 수집·생성 및 활용(즉, 처리)의 범위가 크게 달라지게 된다. 특히 실명정보일 경우에는 개인정보 보호법[10]이 전반적으로 적용되지만, 시간·비용·기술 등을 합리적으로 고려할 때 다른 정보를 사용하여도 더 이상 개인을 알아볼 수 없는 익명정보에는 개인정보 보호법이 적용되지 아니한다(개인정보 보호법 제58조의2).

인공지능이 실명정보를 사용하고자 한다면, 해당 인공지능을 보유한 사업자는 실명정보의 주체들로부터 개별적으로 동의를 받는 것이 원칙이다. 다만, 당초 수집 목적과 합리적으로 관련된 범위에서 정보주체에게 불이익이 발생하는지 여부, 암호화 등 안전성 확보에 필요한 조치를 하였는지 여부 등을 고려하여 정보주체의 동의 없이 개인정보를 이용할 수 있는 여지는 있다(개인정보 보호법 제15조 제3항).

이와 관련하여 개인정보보호위원회는 2023년 8월 인공지능의 라이프사이클 단계별 데이터 처리와 관련 기준과 원칙 등을 담은 '인공지능 시대 안전한

---

9) 김윤명, 알고리즘과 법, 한국정보화진흥원(NIA), 2019, 16면
10) 개인신용정보의 경우에는 신용정보법 및 개인정보 보호법이 적용되지만, 여기서는 일단 개인정보를 전제로 논의를 하기로 한다.

개인정보 활용 정책방향(이하 '정책방향')을 발표하면서, 개인정보처리자가 수집한 개인정보를 AI 개발·서비스에 이용하는 것이 당초 수집 목적과 합리적으로 관련된 범위에서 예측 가능하고, 정보주체의 이익을 부당하게 침해하지 않으며, 안전성 확보에 필요한 조치를 한 경우에는 추가적 이용이 가능하다고 설명한 바 있다.[11]

한편, 2020년 2월에 개정된 소위 데이터 3법 개정으로 도입된 "가명정보"의 경우에는 개인정보의 하나이기는 하지만, 통계작성, 과학적 연구, 공익적 기록보존 등을 위하여 정보주체의 동의 없이 처리할 수 있다(개인정보 보호법 제28조의2 제1항). 여기서 가명정보라고 함은 개인정보의 일부를 삭제하거나 일부 또는 전부를 대체하는 등의 방법으로 추가 정보가 없이는 특정 개인을 알아볼 수 없도록 가명처리된 개인정보를 의미한다(개인정보 보호법 제2조 제1호의2).

인공지능이 적법하게 개인정보를 수집하였다고 하더라도 이를 분석한 결과를 활용함에 있어서는 또 다른 프라이버시 관련 제약이 있다. 먼저 실명정보의 경우에는 반드시 수집 목적 범위 내에서 활용을 하여야 하고, 정보주체의 동의 없이 이를 제3자에게 제공할 수 없다(개인정보 보호법 제15조 및 제17조). 그러나 가명정보는 동의가 없더라도 앞서 본 바와 같이 통계작성, 과학적 연구, 공익적 기록보존 등을 위하여 정보주체의 동의 없이 활용 및 제3자에게 제공할 수 있다(개인정보 보호법 제28조의2 제1항). 익명정보는 더 이상 개인정보가 아니므로 이와 같은 제약을 받지 않는다.

나. 가명정보의 경우: 목적의 제한 및 결합의 제한

가명정보는 통계작성, 과학적 연구 및 공익적 기록보존 등을 위하여 정보주체의 동의 없이도 처리할 수 있음은 앞서 본 바와 같다(개인정보 보호법 제28조의2 제1항). 여기에서 '과학적 연구'란 기술의 개발과 실증, 기초 연구, 응용연구 및 민간 투자 연구 등 과학적 방법을 적용하는 연구라고 정의하고 있으며(같은

---

11) AI 개발·서비스에 적용할 수 있는 '합리적으로 관련된 범위'의 판단 기준은 추후 구체화할 예정이라고 밝혔다.

법 제2조 제8호), 개인정보보호위원회는 새로운 기술, 제품, 서비스의 개발 및 실증을 위한 산업적 연구도 '과학적 연구'에 포함되며, 이에 가명처리한 개인정보를 바탕으로 정보주체의 동의 없는 AI 연구개발이 가능하다고 설명하고 있다.[12][13] 한편, 가명정보의 제공 자체는 통계작성 목적으로 이루어졌는데, 이후 제공받은 자가 통계작성 목적 이외에도 과학적 연구, 공익적 기록보존 목적으로는 동의 없이 '처리'할 수 있는 것으로 해석된다. 일반 개인정보와는 달리 제공받은 목적 범위 내에서 사용하여야 한다는 제한 규정이 없기 때문이다(물론 통계작성, 과학적 연구, 공익적 기록보존 목적 중 하나로만 사용할 수 있다).

한편, 가명정보라고 하더라도 다른 데이터와 결합하게 되면 그 식별가능성이 높아질 수 있다. 특히 인공지능과 같이 데이터 분석기술이 고도화되면 더욱 그와 같은 위험성은 높아진다고 할 수 있다. 이와 같은 위험성에 대비하여 가명정보의 결합 및 재식별금지에 대한 여러 가지 제한을 두고 있다. 즉, 서로 다른 개인정보처리자 간의 가명정보의 결합은 개인정보보호위원회 또는 관계 중앙행정기관의 장이 지정하는 전문기관이 수행할 수 있다. 또한 그 결합을 수행한 기관 외부로 결합된 정보를 반출하려는 개인정보처리자는 가명정보 또는 익명정보로 처리한 뒤 전문기관의 장의 승인을 받아야 한다. 이와 같은 절차에 의하여 결합된 정보는 안전성 확보에 필요한 기술적·관리적·물리적 조치가 된 공간에서 가명정보 또는 익명정보로 처리할 수 있다(가명정보의 결합 및 반출 등에 관한 고시 제10조, 이하 '결합고시'). 다만 결합전문기관은 결합신청자가 반출을 요청하는 경우 5일 이내에 반출심사위원회의를 구성하여 반출 여부를 결정하게 된다(결합고시 제11조).[14] 결합고시가 이에 관한 상세한 규정을 두고 있다.

---

12) 개인정보보호위원회 정책방향 참고.

13) 한편 신용정보법은 통계작성, 연구, 공익적 기록보존 등을 위하여 가명정보를 제공하는 경우에는 개인신용정보제공/활용에 대한 동의가 필요없는 것으로 규정하면서, '통계작성'에는 시장조사 등 상업적 목적의 통계작성을 포함하며, '연구'에는 산업적 연구를 포함하는 것으로 명시적으로 규정하고 있다(신용정보법 제32조 제6항 제9의2호).

14) 한편 신용정보법의 경우, 가명정보의 결합은 데이터 전문기관을 통하여 결합을 하도록 하면서, 개인정보 보호법과는 달리 결합키전문기관을 따로 지정하지 않는다. 즉, 결합키연계정보를 생성하는 별도의 기관이 없으며, 결합의뢰기관이 직접 결합키를 생성하되 그 생성방식은 공개하지 못하도록 하고 있다(신용정보법 제17조의2, 제26조의4, 신용정보업감독규정 제15조의2).

다. 정보주체 아닌 곳에서 개인정보를 수집하는 경우

인공지능이 개인정보를 정보주체가 아닌 곳에서 수집하는 경우가 있을 수 있다. 이 경우에는 정보주체의 요구가 있으면 그 출처 및 처리정지 요구권, 동의 철회권을 알려주어야 하고, 일정한 기준을 넘는 개인정보처리자가 정보주체 이외로부터 개인정보를 수집하여 처리하는 때에는 이와 같은 내용을 정보주체에게 알려야 한다(개인정보 보호법 제20조).[15]

그런데 개인정보를 공개된 데이터베이스(DB)나 홈페이지로부터 수집하여 이를 활용하려고 하는 경우에는 해당 정보주체의 개인정보자기결정권 내지 프라이버시권, 다른 기업(즉, 공개된 DB 소유자)의 권리 등을 종합적으로 고려하여야 한다. 이에 관하여는 대법원 2016. 8. 17 선고 2014다235080 판결이 매우 중요한 참고 사례가 될 수 있다. 본 사안은 원고인 대학 교수의 개인정보를 피고 기업이 수집하여 이를 유료로 제공한 사안이다. 이에 대하여 대법원은 피고 기업의 행위를 원고 교수의 개인정보자기결정권을 침해하는 위법한 행위로 평가하거나, 피고기업이 개인정보 보호법 제15조나 제17조를 위반하였다고 볼 수 없다고 판시하였다. 동 판결은 (1) 이미 공개된 개인정보를 정보주체의 동의가 있었다고 객관적으로 인정되는 범위 내에서 수집·이용·제공 등 처리를 할 때는 정보주체의 별도의 동의는 불필요하다는 점, 그리고 (2) 정보주체의 동의가 있었다고 인정되는 범위 내인지는 공개된 개인정보의 성격, 공개의 형태와 대상 범위, 그로부터 추단되는 정보주체의 공개 의도 내지 목적뿐만 아니라 정보처리자의 정보제공 등 처리의 형태와 정보제공으로 공개의 대상 범위가 원래의 것과 달라졌는지, 정보제공이 정보주체의 원래의 공개 목적과 상당한 관련성이 있는지 등을 검토하여 객관적으로 판단하여야 한다는 점, (3) 국

---

15) 개인정보처리 규모가 대규모인 정보처리자일 경우(5만 명 이상의 정보주체에 관하여 민감정보 또는 고유식별정보를 처리하는 자 혹은 100만 명 이상의 정보주체에 관하여 개인정보를 처리하는 자)에는 서면·전화·문자전송·전자우편 등 정보주체가 쉽게 알 수 있는 방법으로 개인정보를 제공받은 날부터 3개월 이내에 (정보주체의 요구가 없다고 하더라도) 정보주체에게 알려야 한다. 다만, 정보주체의 동의를 받은 범위에서 연 2회 이상 주기적으로 개인정보를 제공받아 처리하는 경우에는 개인정보를 제공받은 날부터 3개월 이내에 정보주체에게 알리거나 그 동의를 받은 날부터 기산하여 연 1회 이상 정보주체에게 알려야 한다. 또한 그와 같은 통지 내역을 개인정보의 파기시까지 보관해야 한다(같은 법 시행령 제15조의2).

민 누구나가 일반적으로 접근할 수 있는 정보원에 공개된 개인정보의 경우에는 이를 수집할 수 있는 '알 권리'가 정보처리자나 그로부터 정보를 제공받는 정보수용자에게 인정됨은 물론, 이러한 '알 권리'를 기반으로 하는 정보수용자들의 표현의 자유도 이 사건 개인정보의 처리행위로 보호받을 수 있는 법적 이익에 포함된다고 볼 수 있다는 점을 강조하고 있다.[16]

개인정보보호위원회는 최근 발표한 정책방향에서 공개된 정보의 처리에 대한 이익 형량 결과 처리 시 얻을 수 있는 이익이 이를 막음으로써 얻는 이익보다 크다고 인정되는 경우, 객관적 동의 의사가 추단되는 범위 또는 정당한 이익이 정보주체의 권리보다 명백히 우선하는 범위 내에서는 정보를 수집하여 인공지능 개발·서비스에 이용할 수 있다고 설명했다. 다만 이 경우 인공지능의 학습 및 서비스 과정에서 개인이 식별되어 개인의 권익을 부당하게 침해하지 않도록 관리적·기술적·물리적 보호조치를 이행할 필요가 있다.

라. 소결론

인공지능은 데이터 없이는 발전할 수 없다. 그런데 인공지능이 데이터 중 개인정보를 활용하려는 경우 그 민감성으로 인하여 다른 데이터와는 달리 해당 데이터와 관련한 정보주체의 동의가 있어야 이를 수집하고 활용(제3자 제공 포함)할 수 있는 것이 원칙이다. 그러나 가명정보의 경우에는 정보주체의 동의가 없더라도 통계작성과 과학적 연구 목적으로는 수집하고 활용할 수 있다. 다만, 가명정보라고 하더라도 가명정보 간의 결합은 재식별가능성의 위험성 때문에 자체적으로 할 수 없고 결합전문기관을 통하여 하여야 한다. 익명정보는 개인정보가 아니므로 특별한 제약은 없다. 한편, 정보주체 이외의 공개된 출처로부터 개인정보를 수집하여 활용하는 경우에는 공개된 개인정보의 성격, 공개의

---

16) 본 사안에서는, 원고는 교육공무원으로서, 특히 법학과 교수로서 법조인의 양성·배출에 중요한 역할을 담당하고 있는 점 등을 종합적으로 고려할 때, 원고는 공적인 존재에 해당한다는 점, 이 사건 개인정보는 일반인이 일반적으로 접근할 수 있도록 외부에 공개된 매체인 ○○대학교 ○○대학 법학과 홈페이지나 ○○대학 교원명부, ○○대학교 교수요람에 이미 공개된 개인정보이고, 그 내용 또한 민감정보나 고유식별정보에 해당하는 것은 없다는 점도 아울러 고려되었다.

형태와 범위, 그로부터 추단되는 정보주체의 의사 등 제반 사정을 종합적으로 고려하여 그 수집 및 활용 가능 여부를 판단하여야 한다. 결국 인공지능이 개인정보를 활용함에 있어서는 프라이버시에 대한 우려로 인하여 상당한 제약이 있을 수밖에 없다. 따라서 인공지능의 발전과 프라이버시의 조화를 다함께 성취하려면, 인공지능의 투명성과 안전성을 최대한 보장한다는 전제 하에서 기계적인 학습을 위하여는 최소한 공개된 정보로부터는 개인정보를 학습할 수 있도록 하고, 다만, 이를 그대로 활용하는 것은 금지하는 형태의 입법이 필요할 것으로 보인다.

2. 지적재산권법상의 제약과 보호

가. 저작권법 및 부정경쟁방지법 개관

인공지능이 데이터를 수집하여 활용을 함에 있어서 프라이버시 이외에 또 다른 제약은 지적재산권법이다. 물론 지적재산권법은 인공지능이 만든 결과물을 보호하는 기능도 하고 있다. 인공지능이 처리하는 대상 및 처리한 결과의 형태가 데이터베이스라고 할 수 있다. "데이터베이스"는 소재를 체계적으로 배열 또는 구성한 편집물로서 개별적으로 그 소재에 접근하거나 그 소재를 검색할 수 있도록 한 것을 말한다(저작권법 제2조 제19호). 저작권법에서 데이터베이스 제작자의 권리를 보호해 주고 있으나 데이터베이스 제작자의 권리는 저작권과는 개념상 구분되는 것이다. 데이터베이스의 제작·갱신등 또는 운영에 이용되는 컴퓨터프로그램 및 무선 또는 유선통신을 기술적으로 가능하게 하기 위하여 제작되거나 갱신등이 되는 데이터베이스에는 적용되지 아니한다(같은 법 제92조). 데이터베이스 제작자는 그의 데이터베이스의 전부 또는 상당한 부분을 복제·배포·방송 또는 전송('복제등')할 권리를 갖지만, 데이터베이스의 개별 소재는 당해 데이터베이스의 상당한 부분으로 간주되지 아니한다. 다만, 데이터베이스의 개별 소재 또는 그 상당한 부분에 이르지 못하는 부분의 복제등이라 하더라도 반복적이거나 특정한 목적을 위하여 체계적으로 함으로써 당해 데이터베이스의 일반적인 이용과 충돌하거나 데이터베이스 제작자의 이익을 부당하게 해치는 경우에는 당해 데이터베이스의 상당한 부분의 복제등으로 보도록 하고 있다(같은 법 제93조).

한편, 2022년 4월부터 시행된 개정 데이터 산업진흥 및 이용촉진에 관한 기본법(이하 '데이터산업법')은 '데이터'를 '다양한 부가가치 창출을 위하여 관찰, 실험, 조사, 수집 등으로 취득하거나 정보시스템 및 「소프트웨어 진흥법」 제2조제1호에 따른 소프트웨어 등을 통하여 생성된 것으로서 광(光) 또는 전자적 방식으로 처리될 수 있는 자료 또는 정보'로 규정하고(데이터산업법 제2조 제1호), 데이터생산자가 인적 또는 물적으로 상당한 투자와 노력으로 생성한 경제적 가치를 가지는 데이터(이하 '데이터자산')는 보호되어야 한다고 규정하고 있다(같은 법 제12조 제1항). 따라서 데이터자산을 공정한 상거래 관행이나 경쟁질서에 반하는 방법으로 무단 취득·사용·공개하거나 이를 타인에게 제공하는 행위, 정당한 권한 없이 데이터자산에 적용한 기술적 보호조치를 회피·제거 또는 변경하는 행위 등 데이터자산을 부정하게 사용하여 데이터생산자의 경제적 이익을 침해하는 행위는 금지된다. 데이터산업법은 이러한 금지된 행위에 관하여는 부정경쟁방지 및 영업비밀보호에 관한 법률(이하 '부정경쟁방지법')에 의한다고 규정하고 있다(같은 법 제12조 제2항).

부정경쟁방지법은 데이터산업법 상의 데이터를 부정하게 사용하는 행위를 부정경쟁행위로 보아 금지하고 있다. 금지되는 행위의 유형으로는 (1) 접근권한이 없는 자가 절취·기망·부정접속 또는 그 밖의 부정한 수단으로 데이터를 취득하거나 그 취득한 데이터를 사용·공개하는 행위, (2) 데이터 보유자와의 계약관계 등에 따라 데이터에 접근권한이 있는 자가 부정한 이익을 얻거나 데이터 보유자에게 손해를 입힐 목적으로 그 데이터를 사용·공개하거나 제3자에게 제공하는 행위, (3) 위 (1), (2)의 행위가 개입된 사실을 알고도 데이터를 취득하거나 그 취득한 데이터를 사용·공개하는 행위, (4) 정당한 권한 없이 데이터의 보호를 위하여 적용한 기술적 보호조치를 회피·제거 또는 변경하는 것을 주된 목적으로 하는 기술·서비스·장치 또는 그 장치의 부품을 제공·수입·수출·제조·양도·대여 또는 전송하거나 이를 양도·대여하기 위하여 전시하는 행위가 있다(부정경쟁방지법 제2조 제1호 카목). 이 외에도 부정경쟁방지법 제2조 제1호 차목 및 파목에 해당할 여지가 있다.

　또한, 부정경쟁방지법은 타인의 영업비밀을 침해하는 행위도 규제하고 있어, 데이터의 이용이 영업비밀 침해에 해당한다면 부정경쟁방지법 상 영업비밀 침해로 규율될 가능성이 있다. "영업비밀"이란 공공연히 알려져 있지 아니하고 독립된 경제적 가치를 가지는 것으로서, 비밀로 관리된 생산방법, 판매방법, 그 밖에 영업활동에 유용한 기술상 또는 경영상의 정보를 뜻하며, "영업비밀 침해행위"에는 절취, 기망, 협박, 그 밖의 부정한 수단으로 영업비밀을 취득하는 행위(부정취득행위) 또는 그 취득한 영업비밀을 사용하거나 공개(비밀을 유지하면서 특정인에게 알리는 것을 포함한다)하는 행위, 계약관계 등에 따라 영업비밀을 비밀로서 유지하여야 할 의무가 있는 자가 부정한 이익을 얻거나 그 영업비밀의 보유자에게 손해를 입힐 목적으로 그 영업비밀을 사용하거나 공개하는 행위 등이 포함된다(같은 법 제2조 제2호, 제3호).

나. 크롤링(Crawling)

　인공지능은 머신러닝에 필요한 데이터를 수집하기 위하여 크롤링(Crawling)을 하기도 한다. 크롤링이란 웹페이지를 그대로 가져온 뒤, 해당 웹페이지에서 데이터를 추출해내는 행위이므로 기본적으로 복제를 수반하게 된다. 한편, 크롤링에 대하여 이를 명시적으로 허용하는 웹사이트도 존재하기는 하나, 많은 웹사이트는 이에 대하여 특별한 언급을 하지 않거나 또는 명시적으로 이를 불허하는 표시를 하고 있으므로, 크롤링을 명시적으로 허용하는 웹사이트가 아닌 웹사이트를 크롤링하는 것은 해당 웹사이트 운영자의 의사에 반하여 이루어지는 것이라고 볼 수 있다. 따라서 크롤링은 저작권법상 저작재산권 중 복제권 침해행위, 데이터베이스 제작자의 복제권 침해행위, 부정경쟁방지법 제2조 제1호 파목의 부정경쟁행위에 해당할 여지가 있다.

　그러나 이에 대하여는 빅데이터 분석을 위한 크롤링의 경우 물리적·기계적·형식적으로는 데이터의 복제 등 이용 행위가 행해지지만 그 과정은 데이터 자체를 이용하는 것이 목적이 아니라 그 데이터에 포함된 아이디어나 배경 정보 등을 추출하는 것을 목적으로 하는 경우가 대부분으로, 실질적·규범적으로는 저작물 및 데이터베이스의 복제 등 이용 행위가 이루어진 것이 아니라고 보아야 한다는 반론이 있다(반론 1).[17] 또한 크롤링 과정에서 일시적인 복제가 일어난다고 하더라도 이는 데이터에 대한 일시적인 복제일 뿐 독립적인 이용 행위로 보기 어려워 현행 저작권법상 '일시적 복제' 면책 규정(저작권법 제35조의2)이 적용될 수 있다는 반론도 있다(반론 2).[18] 이외에도 크롤링 과정에서 데이터를 복제하기는 하지만, 원 데이터를 대체하지 않고 검색 가능한 데이터베이스로 변형하는 것일 뿐이므로, 이는 저작권법상 저작재산권의 제한되는 '공정이용' 규정(저작권법 제35조의5)이 적용될 수 있다는 반론도 있다(반론 3).[19] 결국 현행법에 의할 때에는 인공지능 및 빅데이터 산업 활성화를 위해서는 입법을 통하여 크롤링 행위를 일정한 요건 하에 허용하여야 한다는 입장이 유력하게 주장되고 있다.

이와 관련한 판례로는 대표적인 것이 "사람인" 사건이다(서울고등법원 2017. 4. 6. 선고 2016나2019365 판결).[20] 본건은 피고(사람인)가 원고 웹사이트(잡코리아)에 게재된 채용정보인 HTML 소스를 크롤링 방식으로 대량복제하여 피고 웹사이트에 게재하고 자신의 영업에 무단으로 사용한 사안이다. 이에 관하여 1심은 피고가 원고 웹사이트의 소스를 기계적인 방법을 사용해 대량복제하여 피고 웹사이트에 게재하고 자신의 영업에 무단으로 사용하는 행위는 부정경쟁방지법 제2조 제1호 차목(현행 파목)의 부정경쟁행위에 해당한다고 판단하였다.[21]

---

[17] 이지호, "빅데이터의 데이터마이닝과 저작권법상 일시적 복제", 『지식재산연구』 제8권 제4호, 2013.12., 109면.

[18] 이지호, 앞의 논문, 109면.

[19] 김병일·신현철·안창원, "빅데이터 분석과 데이터 마이닝을 위한 저작권 제한", 『계간 저작권』 2017 봄호, 2017.3., 45면.

[20] 해당 판결은 대법원에서 심리불속행기각 판결로 확정되었음. 대법원 2017.8.24. 선고 2017다224395 판결.

[21] 1심은 ① 원고가 마케팅 및 개발 비용 등을 지출하여 수집한 정보를 게재한 원고 웹사이트 HTML 소스(채용정보)는 원고의 상당한 투자와 노력을 통해 얻은 것이라고 봄이 상당한 점, ② 원고 웹사이트의 채용공고 하단에는 '본 정보는 개별 구인업체가 제공한 자료를 바탕으로 잡코리아가 편집 및 그 표현방법을 수정하여 완성한 것으로 잡코리아의 동의 없이 무단

한편, 항소심에서는 원고는 데이터베이스 제작자에 해당하며, 피고가 크롤링 방식으로 원고 웹사이트의 채용정보 웹페이지의 HTML 소스를 복제하여 피고 웹사이트에 게재하는 행위를 함으로써 데이터베이스 제작자인 원고의 이익을 부당하게 해쳤으므로 피고의 이 사건 게재행위에 의하여 저작권법 제93조 제1항 및 제2항에서 정하고 있는 원고의 데이터베이스 제작자의 권리가 침해되었다고 판단하였고, 이에 따라 부정경쟁방지법 제2조 제1호 차목 위반에 관하여는 따로 판단하지 않은 사안이다. 다만, 이 사안을 머신러닝에 사용되는 데이터 학습에 일반적으로 적용하는 것에는 무리가 있다고 생각한다. 이 사안은 데이터를 크롤링 한 행위 자체보다는 원래의 데이터를 무단으로 경쟁자(피고)가 사용하는 행위의 중점을 둔 것으로 보인다. 이 사건에서 만일 원고의 데이터를 피고가 인공지능의 머신러닝 학습에만 사용하였다면 법원의 판단은 달라졌을 가능성도 있다(이는 위의 반론 1 내지 3과 맥을 같이 한다).

법원은 엔하위키 미러 사건(서울고등법원 2016. 12. 15. 선고 2015나2074198 판결)[22]에서도 크롤링한 데이터를 그대로 복제하여 미러링을 한 행위에 대하여 부정경쟁방지법 제2조 제1호 차목(현행 파목) 위반이라고 판단하였다. 다만, 사이트 소재를 수집, 분류, 선택, 배열하는 행위에 창작성이 있다고 보지 않았기 때문에 저작권 침해는 부정하였다(1심).[23] 한편, 항소심에서는 피고의 크롤링

전재 또는 재배포, 재가공할 수 없다.'라고 기재되어 있는 점, ③ 원고는 자신의 정체를 명시하고 원고 웹사이트를 출처로 표시하는 아웃링크 기능을 통해 이용자를 원고 웹사이트로 보내주는 정상적인 검색 로봇의 적법한 크롤링에 한해 선별적으로 크롤링을 허용하고 있을 뿐, 정체를 숨기고 원고 웹사이트의 정보를 무차별적으로 복제한 후 출처를 삭제하여 이를 사용하는 피고와 같은 방식의 크롤링은 허용하지 않고 있는 점, ④ 피고는 가상사설망을 쓰는 VPN 업체를 통해 IP를 여러 개로 분산한 뒤 검색 로봇에 피고의 정체를 명시하지 아니하고, 크롤링해서는 안되는 페이지를 설명하는 원고 웹사이트의 robots.txt를 확인하지도 아니한 채 원고 웹사이트의 HTML 소스를 크롤링하였는 바, 이는 정상적인 크롤링 방식과는 차이가 있는 점, ⑤ 원고 웹사이트의 HTML 소스는 원고가 마케팅 비용을 투입하여 수집하고 시간과 노력을 들여 정리한 것으로 이를 별도의 비용 없이 무단으로 복제하는 피고의 행위는 원고의 경제적 이익을 침해하는 것에 해당하는 점을 근거로 하였다.

22) 해당 판결은 대법원에서 심리불속행기각 판결로 확정되었음. 대법원 2017. 4. 13. 선고 2017다204315 판결).

23) 1심은 ① 원고는 원고 사이트를 운영하기 위해 서버의 유지, 관리에 필요한 비용을 지출하고, 원고 사이트의 관리를 위한 업무를 전담하고 있는 점, ② 피고는 원고 사이트의 개별 게시물을 복제하는 것을 넘어서 사이트 전체를 미러링 방식에 의하여 기계적으로 복제하여 피

행위에 대한 판단은 별도로 이루어지지 않았고, 대법원에서도 피고의 상고가 기각되어 항소심 판결 내용이 그대로 확정되었다. 본건에 있어서도 부정경쟁방지법 위반으로 판단을 하였고, 오히려 사이트 소재를 수집, 분류, 선택, 배열하는 행위에 창작성이 있다고 보지 않았기 때문에 저작권 침해는 부정하고 있다.

한편, 최근 야놀자 사건(대법원 2022. 5. 12. 선고 2021도1533 판결)의 경우 1심 법원에서는 크롤링한 정보를 내부적으로 사용하는 경우에도 위법한 것으로 보았으나,[24] 항소심 법원과 대법원에서는 무죄를 선고하였다. 무죄 판결의 주된

고 사이트에 게시하고 있을 뿐 그 내용을 관리하기 위한 업무를 수행하고 있지 아니한 것으로 보이는 점, ③ 피고 사이트는 원고 사이트의 내용을 복제한 외에 피고 사이트 고유의 독자적인 내용은 거의 포함하고 있지 않은 점 등에 비추어, 피고가 원고 사이트의 게시물을 기계적인 방법을 사용하여 대량으로 복제하여 영리 목적으로 피고 사이트에 게시하는 행위는 원고 사이트에 집적된 게시물을 공정한 상거래 관행이나 경쟁질서에 반하는 방법으로 자신의 영업을 위하여 무단으로 이용하는 행위로 봄이 상당하고, ④ 원고의 영업표지와 피고 사이트의 명칭에 대한 일반 수요자들의 오인·혼동 가능성 등에 비추어 볼 때, 피고의 위와 같은 행위로 인하여 인터넷 이용자들이 원고 사이트 대신 피고 사이트를 방문하게 됨으로써 원고의 광고 수입이 감소하는 등 경제적 이익이 침해되었다고 판단하였다.

24) 이 사건에서는 피고인들(주식회사 위드이노베이션, 대표이사, 직원 4인)이 숙박업체 정보 제공 및 예약 서비스인 "여기어때"를 운영하면서 야놀자 크롤링 프로그램을 개발하여, 피해자 주식회사 야놀자(피해자 회사)에서 운영하는 모바일 애플리케이션이나 PC용 홈페이지에 접속하여 API 서버로 정보를 호출하는 명령구문을 입력하는 방식으로 제휴 숙박업소 목록, 주소 정보, 가격 정보 등을 확인하고 영업을 위하여 이를 내부적으로 공유하였다는 사실에 대하여, 1심 법원은 정보통신망침해죄, 저작권법위반죄, 업무방해죄를 인정하였다. 즉, 야놀자 사건 1심은 ① 피해자 회사의 서버('본건 서버')에는 피해자 회사의 영업상 중요한 정보가 저장되어 있으므로, 피해자 회사는 본건 서버의 모듈, URL 주소 및 본건 서버로 정보를 호출하는 명령구문들을 외부에 공개하지 않았고, PC 접속 신호를 처리하기 위한 별도의 서버를 운영하고 있었으며, 정상적인 이용자는 피해자 회사의 모바일앱을 통하지 않고서는 본건 서버에 접속할 수 없었다는 점, ② 피고인들은 경쟁관계에 있는 피해자 회사와의 경쟁에서 우위를 점하기 위해 접근 권한 없이 야놀자 크롤링 프로그램을 이용하여 본건 서버에 접속함으로써 피해자 회사의 정보통신망에 침입하였고, 피고인들이 그 접속 과정에서 복제한 피해자 회사의 정보가 모바일앱을 통해서도 얻을 수 있는 것이었는지 여부는 그 침입 여부에 영향을 미치지 않는다는 점, ③ 오늘날 크롤링 프로그램이 검색 엔진 등에서 널리 사용되고 있고 정보화 시대에 유용한 역할을 하고 있지만, 이를 통해 타인의 정보통신망을 무단으로 침입하는 등의 불법행위까지 정당화되는 것은 아니라는 점, ④ 피고인들이 무단으로 복제한 피해자 회사의 제휴 숙박업소에 관한 각종 정보는 피해자 회사의 영업상 중요한 정보이고 피해자 회사가 상당한 비용과 시간을 들여 수집, 보충, 갱신, 가공한 것이고, 위와 같이 피고인들이 위 각종 정보를 대량으로 복제한 것은 피해자 회사 데이터베이스의 상당한 부분을 복제한 것에 해당한다는 점, ⑤ 설령 위 복제가 상당한 부분에 이르지 못하는 부분의 복제라고 하더라도, 이는 '반복적이거나 특정한 목적을 위하여 체계적으로 함으로써 위 데이터베이스의 통상적인 이용과 충돌하거나 데이터베이스 제작자인 피해자 회사의 이익을 부당하게 해치는 경우' 해당하므로, 위 데이터베이스의 상당한 부분의 복제로 간주된다는 점, ⑥

이유는 다음과 같다.

- 피고인이 피해자 회사의 API 서버로부터 수집한 정보들은 피해자 회사의 숙박업소 관련 데이터베이스의 일부에 해당한다.
- 해당 정보들은 이미 상당히 알려진 정보로서 그 수집에 상당한 비용이나 노력이 들었을 것으로 보이지 않거나 이미 공개되어 있어 이 사건 애플리케이션을 통해서도 확보할 수 있었던 것이다.
- 이러한 데이터베이스 복제가 피해자 회사의 해당 데이터베이스의 통상적인 이용과 충돌하거나 피해자의 이익을 부당하게 해치는 경우에 해당한다고 보기는 어렵다.

다만, 동일한 사안에 관한 민사소송에서는 부정경쟁방지법 제2조 제1호 카목(현행 파목)의 부정경쟁행위가 인정된다고 보고 손해배상책임을 인정하였다(서울고등법원 2022. 8. 25. 선고 2021나2034740 판결).[25] 법원은 제휴 숙박업소 정보는 원고 주식회사 야놀자가 상당한 투자, 노력을 기울인 성과에 해당하므로, 피고가 이를 무단 복제, 가공 및 분석하여 영업 전략을 수립하는 등 공정한 상거래 관행이나 경쟁질서에 반하는 방법으로 자신들의 영업을 위해 무단 사용한 것은 원고의 경제적 이익을 침해한 것으로서 부정경쟁행위에 해당한다고 판단하였다.

결국 이상의 사안들을 종합적으로 판단하여 본다면 크롤링의 방법, 크롤링을 통하여 얻은 정보를 어떻게 사용하는 지가 중요한 판단 요소라고 볼 수 있다. 다만, 부정경쟁방지법 제2조 제1호 카목에 데이터 부정사용에 관한 명문의 규정이 추가된 이후 데이터를 이용한 알고리즘 학습과 관련하여 해당 규정이 명확하게 적용된 판례는 아직 발견되지 않는다. 이에 카목에 따른 데이터의 부정사용행위에 대한 법원의 해석이 기존의 부정경쟁방지법상 부정경쟁행위에

피고인들은 피해자 회사와의 경쟁에서 우위를 점하기 위해 본건 서버에 접속하여 전국에 있는 모든 숙박업소 정보를 요청하여 대량의 정보 호출을 발생시켰고, 이로써 본건 서버는 '모바일앱을 통한 피해자 회사의 숙박 예약 서비스 이용'이라는 사용 목적과 다른 기능을 하게 되어 정보처리에 장애가 발생하였다는 점 등에 비추어 유죄로 판단한 것이다.

[25] 해당 판결은 2022. 9. 16. 상고기간 도과로 확정되었다.

대한 해석과 달라질 여지가 있는지 여부는 지켜볼 필요가 있다.

한편 문화체육관광부와 한국저작권위원회는 2023년 2월 'AI－저작권법 제도개선 워킹그룹'을 구성하여, AI 학습데이터에 사용되는 저작물의 원활한 이용 방안, AI 산출물 법적 지위 문제와 저작권 제도에서 인정 여부, AI 기술 활용 시 발생하는 저작권 침해와 책임 규정 방안 등을 논의할 예정이라고 밝혔다. 상술한 바와 같이 현행 저작권법 및 데이터산업법, 부정경쟁방지법 등의 데이터 관련 규정은 인공지능 학습에 데이터를 사용하는 사안을 구체적으로 규율한다고 보기는 어려운바, 인공지능의 데이터 활용과 관련한 법제도의 제·개정 가능성에도 주목하여야 할 것이다.

3. 기타 개별 법령에 따른 데이터 활용 및 제한

가. 데이터산업법

앞서 본 바와 같이, 2022년 4월부터 시행된 개정 데이터산업법은 데이터의 생산 및 활용, 유통과 거래, 산업 활성화 등을 위해 기반을 마련하여야 하는 정부의 의무를 다양하게 규정한다. 구체적으로 정부는 데이터 결합을 촉진하기 위한 시책 마련(같은 법 제10조), 누구든지 데이터를 안전하게 분석, 활용할 수 있도록 하는 '데이터안심구역'의 지정(같은 법 제11조), 데이터를 활용한 정보분석의 지원(같은 법 제12조), 데이터 이동의 촉진(같은 법 제15조), 데이터 유통 및 거래 체계구축(같은 법 제18조) 등의 의무를 부담한다.

특히 정부는 최근 '데이터안심구역'의 활용을 적극적으로 지원하고 있다. 과학기술통신부장관과 관계 중앙행정기관의 장은 법인, 단체, 기관의 신청을 받아 건물이나 그 밖의 시설을 데이터안심구역으로 지정할 수 있으며(같은 법 시행령 제12조 제1항)[26], 데이터안심구역에서는 다양한 미개방 데이터를 제공받을 수 있고 이를 분석, 활용할 수 있는 안전한 분석환경이 제공된다. 미개방 데

---

26) 현재 한국데이터산업진흥원, 한국도로공사, 한국전력공사, 국민연금공단·전라북도, 농림수산식품교육문화정보원 등 5곳이 데이터산업법에 따른 안심구역으로 지정되었다.

이터에 접근할 수 있다는 점 및 데이터 활용과 관련한 법적 리스크가 감소한다
는 점 등이 이점이다.

한편 데이터산업법은 데이터거래사업자(데이터를 직접 판매하거나, 데이터를 판
매하고자 하는 자 사이의 거래를 알선하는 것을 업으로 하는 자), 데이터분석제공사업
자(데이터를 수집·결합·가공하여 통합·분석한 정보를 제공하는 행위를 업으로 하는 자)
등 데이터 관련 사업의 유형을 명시하고 이러한 사업을 하려는 자는 과학기술
정보통신부장관에 신고하도록 하였다(같은 법 제2조 제7호, 제8호, 제16조 제1항).

데이터의 활용과 관련한 규제도 일부 마련되었다. 상술한 바와 같이 데이
터의 활용과 관련하여 데이터자산의 보호에 관한 규정을 두었으며(같은 법 제12
조), 정보분석을 위해 데이터를 이용하는 경우에 그 데이터에 포함된 저작권법
제2조 제7호에 따른 저작물 등의 보호와 이용과 관하여는 저작권법이 적용됨
을 명확히 하였다(같은 법 제13조 제2항).

나. 공공데이터의 제공 및 이용 활성화에 관한 법률(공공데이터법)

현재 민감도가 높으면서도 양질의 정보를 집중하여 보관하고 있는 곳은
공공 영역이라고 할 수 있다. 따라서 민간기업들의 입장에서는 공공데이터를
어떻게 최대한 활용할 수 있는지 여부가 빅데이터를 바탕으로 한 인공지능 사
업의 성패를 가르는 요소라고 할 수 있다.

공공데이터법은 공공기관이 보유·관리하는 데이터의 제공 및 그 이용 활
성화에 관한 사항을 규정함으로써 국민의 공공데이터에 대한 이용권을 보장하
고, 공공데이터의 민간 활용을 통한 삶의 질 향상과 국민경제 발전에 이바지함
을 목적으로 하고 있다(같은 법 제1조). 여기서 "공공데이터"란 데이터베이스, 전
자화된 파일 등 공공기관[27]이 법령 등에서 정하는 목적을 위하여 생성 또는 취
득하여 관리하고 있는 광(光) 또는 전자적 방식으로 처리된 자료 또는 정보로
서, 「전자정부법」 제2조 제6호에 따른 행정정보, 「지능정보화 기본법」 제2조

---

[27] "공공기관"이란 국가기관, 지방자치단체 및 「지능정보화 기본법」 제2조 제16호에 따른 공공
기관을 말한다(같은 법 제2조 제1호).

제1호에 따른 정보 중 공공기관이 생산한 정보, 「공공기록물 관리에 관한 법률」 제20조 제1항에 따른 전자기록물 중 대통령령으로 정하는 전자기록물 및 그 밖에 대통령령으로 정하는 자료 또는 정보를 의미한다(같은 법 제2조 제2호).

　공공기관은 누구든지 공공데이터를 편리하게 이용할 수 있도록 노력하여야 하며, 이용권의 보편적 확대를 위하여 필요한 조치를 취하여야 하고, 공공데이터에 관한 국민의 접근과 이용에 있어서 평등의 원칙을 보장하여야 한다. 또한 공공기관은 정보통신망을 통하여 일반에 공개된 공공데이터에 관하여 제28조 제1항 각 호의 경우를 제외하고는 이용자의 접근제한이나 차단 등 이용 저해행위를 할 수 없다. 또한 공공기관은 다른 법률에 특별한 규정이 있는 경우 또는 제28조 제1항 각 호의 경우를 제외하고는 공공데이터의 영리적 이용인 경우에도 이를 금지 또는 제한할 수 없다. 다만, 이용자는 공공데이터를 이용하는 경우 국가안전보장 등 공익이나 타인의 권리를 침해하지 아니하도록 법령이나 이용 조건 등에 따른 의무를 준수하여야 한다(같은 법 제3조).

　행정안전부장관은 과학기술정보통신부장관과 협의하여 공공데이터의 제공 및 이용을 활성화하고 효율적인 관리를 위하여 일정한 사항에 대한 표준을 제정·시행하여야 한다(같은 법 제23조). 행정안전부 고시인 공공기관의 데이터베이스 표준화 지침[시행 2023. 4. 3.] [행정안전부고시 제2023-18호, 2023. 4. 3., 일부개정] 제5조 제1항에 의하면, 공공기관의 장은 소관 업무 분야의 데이터 표준을 마련하여 소관 공공 데이터베이스에 일관되게 적용하고, 지속적인 점검을 통해 개선할 수 있도록 각 공공기관의 여건에 맞는 표준화 관리체계를 수립하는 등 공공데이터가 적극적으로 활용될 수 있도록 하는 제반 조치를 취할 의무가 있다.

　공공데이터를 이용하고자 하는 자는 제19조에 따라 공표된 제공대상 공공데이터의 경우 소관 공공기관이나 공공데이터 포털 등에서 제공받을 수 있다. 다만, 공표된 제공대상 공공데이터 목록에 포함되지 아니하는 공공데이터의 경우 제27조에 따라 별도의 제공신청을 하여야 한다. 다만, 공공기관의 장은 이용자의 요청에 따라 추가적으로 공공데이터를 생성하거나 변형 또는 가공, 요약, 발췌하여 제공할 의무를 지지 아니한다(같은 법 제26조). 다만, 공공기관의 장은 이용자가 공표된 공공데이터의 이용 요건을 위반하여 공공기관 본래의 업무수행에 상당한 지장을 초래할 우려가 있는 경우 혹은 공공데이터의 이용이 제3자의 권리를 현저하게 침해하거나 공공데이터를 범죄 등의 불법행위에 악용하는 경우에는 공공데이터의 제공을 중단할 수 있다(같은 법 제28조).[28]

따라서 인공지능을 위하여 공공데이터를 활용하려는 경우 공공기관에 제공신청을 하거나 공공데이터 포털을 통하여 그 이용 요건에 따라서 활용을 할 수 있다. 다만, 이 경우에도 제3자의 권리를 침해하지 않도록 하는 조치가 필요하고, 이를 위하여 공공기관에서도 대부분의 개인정보는 가명화 내지 익명화되어 제공되고 있다.

다. 인공지능법(안)

2023년 2월 14일 인공지능산업 육성 및 신뢰 기반 조성에 관한 법률안(이하 '인공지능법안')이 국회 과학기술정보방송통신위원회 소위원회를 통과하였다. 인공지능법안은 인공지능과 관련하여 국회에 발의된 7건의 법률안을 병합하여 제시된 과학기술정보방송통신위원회 대안으로, 인공지능기술의 개발 및 인공지능산업 활성화의 지원 근거 및 인공지능의 신뢰성 확보 방안 등을 포함한 인공지능 전반에 대한 기본법으로서 마련되었다.

인공지능법안은 인공지능의 개발, 활용에 필수적인 데이터에 관한 내용도 포함하고 있다. 안 제14조에 따르면 과학기술정보통신부장관은 인공지능의 개발·활용 등에 사용되는 데이터의 생산·수집·관리 및 유통·활용 등을 촉진하기 위하여 필요한 시책을 추진하여야 하며, 특히 학습용데이터 구축사업의 효율적 수행을 위하여 학습용데이터를 통합적으로 제공·관리할 수 있는 시스템을 구축·관리하고 민간이 자유롭게 이용할 수 있도록 제공하여야 한다.

또한 인공지능법안은 인공지능 중 사람의 생명, 신체의 안전 및 기본권의 보호에 중대한 영향을 미칠 우려가 있는 영역에서 활용되는 인공지능을 '고위험영역 인공지능'으로 규정하고, 고위험영역 인공지능을 개발하는 자 또는 이

---

28) 그 밖에 공공데이터의 관리 및 이용에 적합하지 아니한 경우로서 공공데이터제공분쟁조정위원회가 정하는 경우에도 제한이 가능하다.

를 이용하여 제품 또는 서비스를 제공하는 자는 신뢰성 확보조치를 이행하여
야 한다고 규정한다. 신뢰성 확보조치의 구체적인 내용은 과학기술통신부장관
이 고시로 정하도록 하고 있는데, 고시의 내용에는 기술적으로 가능한 범위 내
에서의 인공지능이 도출한 최종결과, 인공지능의 최종결과 도출에 활용된 주요
기준, 인공지능의 개발·활용에 사용된 학습용데이터의 개요 등에 대한 설명
방안 등을 포함하여야 한다(같은 안 제28조). 이에 인공지능법안이 통과되면 데
이터 중에서도 특히 인공지능의 학습 등에 활용되는 데이터에 관한 명시적인
정책방향이 수립될 수 있을 것으로 기대되고 있다.

라. 의료 관련 데이터 규제

인공지능이 사용될 수 있는 또 다른 중요한 영역은 보건의료(헬스케어) 영
역이라고 할 수 있다. 이를 위하여는 의료 관련 정보가 사용될 수 있어야 한다.
물론 기본적으로 의료 관련 정보에 대하여는 개인정보 보호법이 적용되지만
의료기관이 보유 중인 환자에 관한 기록을 제3자(외부자)에게 열람 또는 사본
발급 등 그 내용의 확인을 제공하는 경우에 개인정보 보호법을 적용하지 않고
의료법이 적용된다. 따라서 개인정보 보호법에서 제3자 제공이 허용되는 경우
라도 의료법 제21조 또는 제21조의2에서 정하는 경우가 아니면 환자에 관한
기록과 관련한 정보를 제3자에게 제공하는 것이 금지된다(개인정보 보호법 제6
조).[29] 또한, 환자의 개인정보가 인간대상연구 내지 인체유래물연구를 위해 활
용되는 경우에는 개인정보보호법에 우선하여 생명윤리법이 적용된다.

1) 의료법

의료법 제21조에 의하면 환자는 의료인, 의료기관의 장 및 의료기관 종사
자에게 본인에 관한 기록(추가기재·수정된 경우 추가기재·수정된 기록 및 추가기재·
수정 전의 원본을 모두 포함한다. 이하 같다)의 전부 또는 일부에 대하여 열람 또는
그 사본의 발급 등 내용의 확인을 요청할 수 있다. 이 경우 의료인, 의료기관의

---

[29] 개인정보 보호법 제6조: 개인정보 보호에 관하여는 다른 법률에 특별한 규정이 있는 경우를
제외하고는 이 법에서 정하는 바에 따른다.

장 및 의료기관 종사자는 정당한 사유가 없으면 이를 거부하여서는 아니 된다. 의료인, 의료기관의 장 및 의료기관 종사자는 환자가 아닌 다른 사람에게 환자에 관한 기록을 열람하게 하거나 그 사본을 내주는 등 내용을 확인할 수 있게 하여서는 아니 된다. 다만, 의료인, 의료기관의 장 및 의료기관 종사자는 적법한 대리인 혹은 다른 법에서 정한 경우에는 그 기록을 열람하게 하거나 그 사본을 교부하는 등 그 내용을 확인할 수 있게 하여야 한다. 또한 의료법 제21조의2에 의하면 의료인 또는 의료기관의 장은 다른 의료인 또는 의료기관의 장으로부터 제22조 또는 제23조에 따른 진료기록의 내용 확인이나 진료기록의 사본 및 환자의 진료경과에 대한 소견 등을 송부 또는 전송할 것을 요청받은 경우 해당 환자나 환자 보호자의 동의를 받아 그 요청에 응하여야 한다.[30]

위 조항에 따르면 의료기록의 경우 의료인 및 의료기관은 환자의 동의를 받은 경우, 환자 및 그 적법한 대리인 및 다른 의료인 또는 의료기관에 환자 본인에 관한 기록을 제공하여야 한다. 따라서 인공지능 사업자가 의료기록을 바탕으로 빅데이터 사업을 하려는 경우에는 환자의 동의를 받아서 의료정보를 의료기관에 요청을 하여야 하는데, 의료기관별로 전자의무기록의 형태가 표준화되어 있지 않은 경우 이를 데이터베이스화하여 활용하는 데 어려움이 있는 경우에는 보건복지부의 "전자의무기록시스템 인증제도 운영에 관한 고시"[시행 2023. 7. 31.] [보건복지부고시 제2023-148호, 2023. 7. 31., 일부개정]를 참고할 수 있다. 고시의 주요 내용은 다음과 같다.[31]

- 우선 인증대상은 전자의무기록시스템 제품 및 사용 의료기관으로 구분하여 기능성, 상호운용성, 보안성 3개 인증기준을 만족하는 EMR 시스템에 제품인증을 부여하고, 인증기준을 만족하는 제품을 사용하는 의료기관에 사용 인증을 부여

---

[30] 이외에도 의료법 제22조에 의하면 의료인은 각각 진료기록부, 조산기록부, 간호기록부, 그 밖의 진료에 관한 기록(이하 '진료기록부등'이라 한다)을 갖추어 두고 환자의 주된 증상, 진단 및 치료 내용 등 보건복지부령으로 정하는 의료행위에 관한 사항과 의견을 상세히 기록하고 서명하고 보존하여야 한다. 또한 같은 법 제23조에 의하면, 의료인이나 의료기관 개설자는 제22조의 규정에도 불구하고 진료기록부등을 「전자서명법」에 따른 전자서명이 기재된 전자문서(이하 '전자의무기록'이라 한다)로 작성·보관할 수 있다.

[31] 보건복지포럼, 2020.7., 64면.

- 인증 심사 절차는 EMR 업체 또는 의료기관의 자발적 신청을 토대로 신청문서 검토와 현장 심사를 수행하며, 심사 결과를 인증위원회에서 심의·의결 후 인증서를 발급하고, 인증결과(기관명, 제품명, 인증일자, 유효기간(3년) 등)를 인증관리포털(emrcert.mohw.go.kr)에 공개함. 인증기관은 한국보건의료정보원(재단법인, 2019.9월 설립)으로 함.
- 인증기준은 3대 부문(① 기능성, ② 상호운용성, ③ 보안성), 6개 분야(① 환자정보관리, ② 처방정보관리, ③ 임상정보관리, ④ 정보제공 및 연계, ⑤ 상호운용성, ⑥ 보안성)로 구성
  - 기능성: 법적 요건을 포함한 EMR의 기본기능(원무, 처방, 의무기록)과 환자안전, 처방정보관리, 진료정보제공 등으로 62개 항목
  - 상호운용성: 진료 연속성을 위해 시스템 간 상호교류가 가능하도록 하는 기준으로 10개 항목
  - 보안성: 환자 진료 정보를 안전하게 보관하기 위해 의무기록의 무단 유출·위변조 등을 방지하는 것으로 14개 항목으로 구성

2) 생명윤리법

생명윤리 및 안전에 관한 법률('생명윤리법')은 인간과 인체유래물 등을 연구하거나 배아나 유전자 등을 취급할 때에 우선적으로 적용된다(같은 법 제1조 및 제4조). "인간대상연구"란 사람을 대상으로 물리적으로 개입하거나 의사소통, 대인 접촉 등의 상호작용을 통하여 수행하는 연구 또는 개인을 식별할 수 있는 정보를 이용하는 연구로서 보건복지부령으로 정하는 연구를 말한다(같은 법 제2조 제1호). "인체유래물"(人體由來物) 연구란 인체로부터 수집하거나 채취한 조직·세포·혈액·체액 등 인체 구성물 또는 이들로부터 분리된 혈청, 혈장, 염색체, DNA(Deoxyribonucleic acid), RNA(Ribonucleic acid), 단백질 등을 직접 조사·분석하는 연구를 말한다(같은 법 제2조 제11호 및 제12호).

인간대상연구를 위하여는 기관위원회[32]의 심의를 받은 후(같은 법 제15조 제1항), 연구대상자로부터 사전에 서면동의를 받는 것을 원칙으로 한다(같은 법

---

32) 기관위원회는 의료기관 등에 설치된 기관생명윤리위원회를 의미한다(같은 법 제10조).

제16조 제1항). 제3자에게 인간대상연구 자료를 제공하는 경우에도 기관위원회의 심의를 받아야 한다(같은 법 제18조). 이때 연구대상자가 개인식별정보를 포함하는 것에 동의한 경우가 아니면, 제3자 제공 시에는 익명화하여 제공하여야한다. 여기에서 익명화라고 함은 개인식별정보를 영구적으로 삭제하거나, 개인식별정보의 전부 또는 일부를 해당 기관의 고유식별기호로 대체하는 것을 말한다(같은 법 제2조 제19호). 이 생명윤리법상의 익명화의 개념은 개인정보 보호법상 익명화와 가명화를 포함하는 것으로 해석하고 있다.[33] 따라서 개정 개인정보 보호법(2020. 8. 4.)의 가명화 조치 도입 등 의료데이터의 연구목적 활용에 대한 IRB 심의면제 및 연구대상자 동의면제 가능성에 대하여, 의료기관에서 진료목적으로 수집된 의료데이터 등을 개인정보 보호법상의 가명처리를 통해 연구목적 등으로 이용하려는 경우, "연구대상자등에 대한 기존의 자료나 문서를 이용하는 연구"로 간주하고 기관 차원에서 가명처리가 확인된 경우 IRB 심의 및 동의를 면제할 수 있다고 유권해석을 한 바 있다.[34]

　　인체유래물을 연구하는 경우에도 기관위원회의 심의를 거친 후 인체유래물 기증자로부터 서면동의를 받는 것을 원칙으로 한다(같은 법 제36조 제1항 및 제37조 제1항). 이를 제공하는 경우에도 기증자가 개인식별정보를 제공하는 것에 동의가 없었다면 익명화하여 제공하여야 한다. 여기에도 위와 같은 유권해석은 그대로 적용될 수 있다. 유전자 검사의 경우에도 검사 대상자로부터 동의를 받은 후 하여야 하고, 이를 제3자에게 제공하는 경우에도 검사 대상자로부터 개인식별정보를 제공하는 것에 동의가 없었다면 익명화하여 제공하여야 하고, 위와 같은 유권해석은 그대로 적용될 수 있을 것이다(같은 법 제51조).

　　따라서 인공지능 사업자가 인체유래물 등을 연구하거나 배아나 유전자 등에 관한 정보를 수집하고 활용하고자 할 때에는 당사자의 동의 이외에도, 관련의료기관의 기관위원회의 승인이 있었는지 여부를 확인하는 것이 필요할 것이다. 다만, 가명정보를 바탕으로 한 연구의 경우에는 기관위원회의 승인은 면제

---

33) 보건복지부/개인정보보호위원회, 보건의료데이터 활용 가이드라인, 2021.1., 제37면.

34) (생명윤리정책과-2605) 개인정보 보호법 개정에 따른 「생명윤리법 관련 기관 운영지침」 일부개정 추진(2020.8.4.).

될 수 있을 것이다.

3) 디지털헬스케어법(안)

보건 의료데이터의 활용가능성을 높이면서도 개인정보, 민감정보의 안전한 이용이 가능하도록 의료분야 특유의 데이터 규제가 필요하다는 견해가 대두되면서, 현재 국회에는 디지털 헬스케어와 관련된 다수의 법안이 발의되어 있다.[35] 정부 역시 2023년 3월 제3차 규제혁신전략회의에서 바이오헬스 신산업 규제혁신 방안의 하나로 디지털헬스케어법을 제정하겠다고 선언했다.[36]

보건복지위원회에 발의된 '디지털 헬스케어 진흥 및 보건의료데이터 활용 촉진에 관한 법률안(이하 '디지털헬스케어법(안)')'은 통계작성, 과학적 연구, 공익적 기록보존 등을 위한 의료데이터의 가명처리를 명문으로 허용하고 있으며, 의료법 제21조 제2항에도 불구하고 의료데이터의 가명처리를 위해 개인의료데이터처리자에게 의료데이터를 제공하는 것을 허용하고 있다. 또한 가명처리한 개인의료데이터로 생명윤리법상 인간대상연구를 수행하는 경우에는 기관위원회의 심의가 면제된다(디지털헬스케어법(안) 제10조). 단, 이러한 가명처리를 위하여는 가명처리 주체가 기관보건의료데이터심의위원회를 설치, 가명처리의 적정성 등을 심의하도록 하고 있다(같은 안 제11조).

디지털헬스케어법(안)은 의료분야의 '마이데이터' 도입에 관한 내용 역시 포함하고 있다. 의료데이터를 보유하는 자에 대해 자신의 데이터를 자기 자신에게 전송할 것을 요구할 권리(같은 안 제13조) 및 제3의 기관에 전송할 것을 요구할 권리(같은 안 제14조)를 명시하였으며, 전송 요구가 이루어지는 경우 데이터 보유기관은 의료법, 약사법, 생명윤리법 등의 제한에도 불구하고 의료데이터를 전송하여야 한다고 규정한다.

---

35) 현재 국회에 계류 중인 대표적인 디지털헬스케어 법안으로는 2022. 10. 보건복지위원회 강기윤 의원 대표발의 안, 2022. 8. 과학기술정보방송통신위원회 박성중 의원 대표발의 안, 2022. 2. 산업통상자원중소벤처기업위원회 정태호 의원 대표발의 안이 있다.

36) 정부는 디지털헬스케어법에 (1) 보건의료 빅데이터와 관련하여 가명정보 적용대상을 명확히 하고 데이터심의위원회 절차를 법제화하여 빅데이터 연구를 활성화하는 한편 개인정보보호를 강화하는 내용 및 (2) 마이데이터를 헬스케어 분야에도 적용, 개인의 의료데이터를 공유 및 활용할 수 있는 생태계를 마련하는 내용을 포함할 예정이라고 설명했다.

마. 금융 관련 데이터 규제

금융 분야 역시 인공지능이 활발하게 이용되는 분야이다. 다만, 금융 분야는 신용정보법, 전자금융거래법 등 다양한 법령이 인공지능 활용과 관련하여 적용된다. 최근 금융 분야에서 데이터의 수집 및 활용과 관련하여 가장 각광을 받는 개념은 일명 '마이데이터'라고 할 수 있다. 2020. 2. 신용정보법의 개정으로 본인신용정보관리업(일명 '마이데이터')의 개념이 도입되었는데, 금융기관이 기존에 보유한 고객 정보는 물론이고, 전자상거래를 통하여 축적되는 정보 역시 마이데이터 사업자에게 전송하여야 하는 대상 정보에 포함될 수 있다.[37]

마이데이터 사업은 개인인 신용정보주체의 신용관리를 지원하기 위하여 그 동의를 받아서 신용정보를 통합하여 그 신용정보주체에게 제공하는 행위를 영업으로 하는 것을 의미한다(같은 법 제2조 제9의2호). 마이데이터 사업자는 신용정보의 통합제공이라는 고유업무 이외에도 관련 규정에 의하여 전송받은 데이터를 활용하는 여러 가지 사업을 할 수 있다(그 내용에 따라 이를 겸영업무 내지 부수업무라고 한다). 겸영업무의 대표적인 것은 투자자문업 또는 투자일임업이 있고(신용정보법 제11조 제6항), 부수업무의 대표적인 것은 데이터분석 및 컨설팅, 개인신용정보 관리계좌 제공 등의 업무가 있다(같은 법 제11조의2 제6항).

신용정보법상의 마이데이터 사업이 공식적으로 도입되기 이전까지 이와 유사한 사업을 하던 사업자들은 대부분 정보주체의 동의를 받아 스크래핑 방식으로 서비스를 제공하고 있었으나, 2021. 2.부터는 마이데이터 사업인가를

---

[37] 같은 법 시행령 제28조의3 제6항에서는 전송요구권의 대상인 신용정보의 범위를 보다 구체적으로 정의하고 있다. 동 조항에는 법 제2조9호의2의 각 목에 따른 정보를 포함하고 있고, 같은 법 시행령 제2조 제22항 및 제23항에 따른 동 시행령 별표1, '신용정보관리업에 관한 신용정보의 범위'에 의하면 카드 정보에서는 카드 고객 정보와 카드 이용정보를 포함하고 있고, 전자지급수단 관련 정보에는 주문내역도 모두 포함하도록 되어 있다. 또한 동 조항에는 전기통신사업법 제6조에 따른 기간통신사업자에 대한 통신료 납부정보, 소액결제정보 및 이와 유사한 정보로서 신용정보주체의 거래내역을 확인할 수 있는 정보가 포함되어 있다. 신용정보의 범위에는 신용정보법 제2조 제1호의3호 마목 소정의 상법 제46조에 따른 상행위에 따른 상거래의 종류, 기간, 내용, 조건 등에 관한 정보가 포함되어 있다. 따라서 전자상거래 기업도 신용정보법 소정의 신용정보이용자에 해당하게 되면, 상거래에 관한 정보 등을 이전하여야 하는 것으로 해석될 수 있다. 이에 대하여는 특히 전자상거래 기업들로부터 강한 반발이 있다.

받지 않은 이상 마이데이터와 유사한 사업을 할 수 없고, 2021. 8. 5.부터는 마이데이터 사업자라고 하더라도 스크래핑 방식이 금지되어, 반드시 표준 API(응용 프로그램 개발 환경) 방식을 적용할 필요가 있게 되었다.[38]

결론적으로 금융정보의 경우에는 인공지능 사업자가 설사 그 정보주체의 동의를 받는 경우라도 본인신용정보관리업 허가를 받지 않은 이상 해당 정보를 금융기관 등으로부터 가져와서 정보주체의 신용정보를 통합하여 보여주고, 그에 바탕을 둔 서비스를 제공하는 것은 불가능하게 되었다.[39]

한편, 상술한 바와 같이 데이터산업법에서는 정부가 데이터의 이동, 즉 데이터를 본인 또는 제3자에게 원활하게 이동시킬 수 있는 제도적 기반을 구축하도록 노력하여야 한다고 규정하였으며(데이터산업법 제15조), 개정 개인정보보호법에서도 개인정보의 전송요구권을 신설하였다. 이에 따라 '마이데이터' 사업을 통해 처리할 수 있는 정보의 범위 및 사업의 영역이 보다 확장될 수 있을 것으로 예상된다.

개정 개인정보보호법상 개인정보 전송요구권은 정보주체가 일정 기준에 해당하는 개인정보처리자에 대해서는 (1) 동의를 받아 수집, 처리되는 개인정보, (2) 계약을 체결하거나 이행하는 과정에서 정보주체에 따른 조치를 이행하기 위해 처리되는 개인정보, (3) 기타 정보주체의 이익이나 공익적 목적을 위해 개인정보보호위원회가 전송 요구의 대상으로 지정한 개인정보를 자신 또는 일정한 제3자에게 전송할 것을 요구할 수 있다고 규정한다.[40] 단, 정보주체는

---

38) 2023. 8. 기준 은행 10개사(KB국민은행, NH농협은행, SC제일은행, 광주은행, 대구은행, 신한은행, 우리은행, 중소기업은행, 전북은행, 하나은행), 신용카드사업자 10개사(BC카드, KB국민카드, 신한카드, 우리카드, 하나카드, 현대카드, 현대캐피탈, KB캐피탈, 롯데카드, 삼성카드), 금융투자회사 9개사(미래에셋증권, 하나금융투자, 한국투자증권, 키움증권, KB증권, NH투자증권, 현대차증권, 교보증권, 신한금융투자), 상호금융회사 1개사(농협중앙회), 보험회사 3개사(교보생명, KB손해보험, 신한라이프), 저축은행 2개사(웰컴저축은행, 동양저축은행), 핀테크사업자 23개사(한국신용데이터, 네이버 파이낸셜, ㈜핀테크, 카카오페이, 토스, 핀크, NHN페이코, SK플래닛, 헥토이노베이션, 뱅크샐러드, 뱅큐, 보맵, 쿠콘, 팀윙크, 핀다, 깃플, 해빗팩토리, 아이지넷, 디셈버앤컴퍼니자산운용, 유비벨록스, 애프앤가이드, 헥토데이터, HN핀코어), 신용평가회사 2개사(KCB, 나이스평가정보), 기타 5개사(LG CNS, SK텔레콤, 11번가, KT, LG U+) 총 65개사가 본허가를 받은 상태이며, 30개사가 허가 심의 과정 중에 있다.

39) 이에 따라 1500만 명이 사용하는 카카오페이도 자산관리 서비스의 일부를 중단하게 되었다. https://www.news1.kr/articles/?4194843

전송 요구로 인하여 타인의 권리나 정당한 이익을 침해해서는 아니되며, 개인정보처리자는 정보주체의 본인 여부가 확인되지 않는 경우 등에는 전송요구를 거절할 수 있다(같은 법 제35조의2)[41].

한편 금융위원회는 2023년 3월 '초거대 AI시대, 데이터 기반의 지속적 혁신·경쟁을 위한 금융데이터 정책 간담회'를 개최, 개정 개인정보보호법 등에 근거하여 핵심 비금융 정보를 개방하여 금융회사 등의 마이데이터 사업에 활용할 수 있도록 하는 방안에 대해 논의하기도 하였다. 이처럼 금융분야의 데이터 활용에 관한 다각적인 논의가 확산되고 있는 지금 그 귀추를 주목할 필요가 있다.

바. 자동화평가대응권 이슈

2020년 8월 5일 시행된 개정 신용정보법은 자동화평가 및 이에 대한 대응권을 신설하였다. 같은 법에 따르면 '자동화평가'는 신용정보처리 분야에서 인공지능을 활용하는 것으로서 신용정보회사 등의 종사자가 평가 업무에 관여하지 아니하고 컴퓨터 등 정보처리장치로만 개인신용정보 및 그 밖의 정보를 처리하여 개인인 신용정보주체를 평가하는 행위로 정의된다(신용정보법 제2조 제14호). 결국 자동화평가는 인간이 관여하지 아니하고 자동적인 수단에 의하여 신용정보주체를 평가하는 것으로서 머신러닝에 기초한 개인신용평가 등이 대표적인 사례라고 할 수 있다.

머신러닝과 같이 인간이 관여하지 아니하고 컴퓨터 등 정보처리장치로만 개인신용정보 및 그 밖의 정보를 처리하는 경우 그런 자동 의사결정 과정은 불투명하고 편견에 의하여 차별이 발생할 수 있고 전혀 예측할 수 없는 결과를 야기할 수도 있다. 특히, 정보주체의 프라이버시나 이해관계에 중대한 영향을

---

40) 제3자에게 전송할 것을 요구하는 경우 그 제3자는 개인정보보호법 제35조의3제1항에 따른 개인정보관리 전문기관 또는 제29조에 따른 안전조치의무를 이행하고 대통령령으로 정하는 시설 및 기술 기준을 충족하는 자여야 한다.

41) 개정 개인정보보호법 제35조의2는 공포일(2023년 3월 14일)로부터 1년이 경과한 날부터 공포 후 2년이 넘지 아니하는 범위에서 시행령으로 정하는 날부터 시행될 예정이다. 다만 구체적인 시행일은 아직 정해지지 않았으며, 전송요구의 객체가 되는 개인정보처리자의 기준(대통령령에 기준을 정할 것을 위임)등도 구체화되지 않은 상태이다.

미칠 수 있다. 이에 신용정보법은 자동화평가와 관련하여 신용정보주체에게 ①
설명요구권 ② 정보제출권 ③ 이의제기권을 부여하고 있다. 이러한 권리는 자
동화평가에 대한 적극적인 대응권으로서 자동화평가로 인하여 불이익을 받을
수 있는 신용정보주체를 구제하기 위한 것이다.[42)]

　　구체적으로 보면 다음 사항의 설명을 요구할 수 있다. 첫째, 개인신용가평
가 등의 행위에 자동화평가를 하는지 여부, 둘째, 자동화평가를 하는 경우 자
동화평가의 결과, 자동화평가의 주요 기준, 자동화평가에 이용된 기초정보에
관한 것이다. 또한 정보주체는 개인신용평가회사 등에 대해 해당 신용정보주체
에게 자동화평가 결과의 산출에 유리하다고 판단되는 정보의 제출이나 자동화
평가에 이용된 기초정보의 내용이 정확하지 아니하거나 최신의 정보가 아니라
고 판단되는 경우 기초정보를 정정하거나 삭제할 것을 요구하는 행위나 자동
화평가 결과를 다시 산출할 것을 요구하는 행위를 할 수 있다. 다만, 개인신용
평가회사등은 이 법 또는 다른 법률에 특별한 규정이 있거나 법령상 의무를 준
수하기 위하여 불가피한 경우나 해당 신용정보주체의 요구에 따르게 되면 금
융거래 등 상거래관계의 설정 및 유지 등이 곤란한 경우 위의 정보주체의 요구
를 거절할 수 있다(같은 법 제36조의2).

　　2024년 3월 15일 시행 예정인 개정 개인정보보호법 역시 자동화된 결정에
대한 정보주체의 권리에 대한 규정을 신설하였다. 정보주체는 자동화된 시스템
으로 개인정보를 처리하여 이루어지는 결정에 대해 설명을 요구할 수 있으며,
자동화된 결정이 자신의 권리 또는 의무에 중대한 영향을 미치는 경우에는 정
보주체의 동의를 받았거나 법률상 의무를 준수하기 위해 불가피한 경우, 정보
주체와의 계약 체결 및 이행을 위해 불가피하게 필요한 경우를 제외하면 해당
결정을 거부할 수 있는 권리를 가진다. 또한 개인정보처리자는 자동화된 결정
의 기준과 절차, 개인정보가 처리되는 방식 등을 정보주체가 쉽게 확인할 수
있도록 공개하여야 한다(개정 개인정보보호법 제37조의2).

　　양법의 내용은 EU GDPR의 규정을 모범으로 하고 있다. GDPR 제22조는

---

42) 이대희, 인공지능과 자동화평가대응권, 법률신문 연구논단, 2021.1.7.

자동처리에 전적으로 근거해서 정보주체에 대해 내리는 개별적인 의사결정을 거부할 권리를 인정하는데 그 대상은 정보주체에게 '법적 효과를 야기하는 결정'이거나 '중대한 영향을 미치는 결정'에 한정하여 거부권을 인정한다. 다만, 계약의 체결 및 이행에 필요한 때, 법률에서 허용한 때, 정보주체의 명시적 동의가 있는 때에는 거부권이 인정되지 않는다.[43)]

Ⅲ. 맺음말

다양한 분야에서 진행되는 AI 기술 개발과 산업발전을 견인하고 사회 변화에 대비하기 위한 종합적 정책 추진 및 거버넌스 정립의 필요성이 제기되고, 그에 따라 법률안들이 발의되기는 하였으나, 인공지능의 데이터 활용 및 알고리즘의 통제에 관한 현재까지 실질적이고 구체적으로 법제화가 되거나 제도화가 진행된 것으로 보기는 어렵다.[44)] 물론 앞서 본 데이터산업법 및 지능정보화 기본법, 인공지능법(안)에는 이와 관련한 여러 가지 근거 규정을 담고 있으나, 아직까지 실제 인공지능의 개발과 발전에 직접적으로 실효적으로 적용되는 것으로 볼 수는 없다.

데이터의 경우에는 개인정보와 비개인정보의 활용범위가 다를 것이고, 개인정보 중에서도 실명정보와 가명정보의 활용범위가 다를 것이다. 또한 개인정보의 성격(의료, 금융 등)에 따라서도 그 활용범위는 다를 것이다. 따라서 이를 종합적으로 가이드할 수 있는 입법이 필요하다고 생각한다. 사견으로는 인공지능의 학습을 위하여 "일시적"으로 사용되는 경우에는 개인정보 보호법이나 저작권법 혹은 부정경쟁법의 적용을 제한하는 것도 가능하다고 생각한다. 물론 해당 정보를 취득하는 방법이 합법적이어야 하고, 해당 정보를 통하여 학습한 인공지능이 부정한 목적으로 관련 정보를 사용하는 것까지 허용될 수는 없을

---

43) 이에 관한 상세내용은 황지은, 인공지능 관점에서 GDPR 제22조의 인간 개입에 대한 분석, 경제규제와 법 제13권 제1호 서울대 공익산업법센터, 2020.5. 참조.

44) 신용우, 「인공지능 관련 입법 현황 및 전망」, 국회입법조사처, 2019.12.16., 2면.

것이다. 특히 이와 같이 학습의 목적으로 일시적으로 사용되는 경우에는 가명정보의 결합을 전문기관에 의하여만 할 수 있다는 제한은 적용되지 않는 것이 타당하다고 생각한다.

자동화평가에 대한 인간의 개입을 가능하게 하는 개인정보 보호법 및 신용정보법 등의 조항은 한편으로 인간이 통제하는 인간을 위한 AI 의사결정을 가능하게 한다는 점에서 바람직하지만, 다른 한편으로는 AI의 효용과 편익은 물론 AI 기술 혁신을 어렵게 만들 가능성도 있다는 점에서 신중하면서도 균형적인 접근이 필요하다고 할 것이다.

참고 문헌

김병일·신현철·안창원, "빅데이터 분석과 데이터 마이닝을 위한 저작권 제한", 『계간 저작권』 2017 봄호, 2017.3.

김윤명, 알고리즘과 법, 한국정보화진흥원(NIA), 2019.

김종세, 「인공지능의 안전성과 인간윤리에 대한 법정책적 고찰」, 한국법학회 법학연구 제20권 제1호, 2020.3.1.

보건복지부/개인정보보호위원회, 보건의료데이터 활용 가이드라인, 2021.1.

보건복지포럼(2020.7.).

신용우, 「인공지능 관련 입법 현황 및 전망」, 국회입법조사처, 2019.12.16.

연구윤리정보센터, 인공지능 윤리 가이드라인의 중요성과 국가별 대응 현황.

이대희, 인공지능과 자동화평가 대응권, 법률신문 연구논단, 2021.1.7.

이제영·김단비·양희태, 「인공지능 기술 전망과 혁신정책 방향(2차년도), 안전하고 윤리적인 인공지능 R&D 및 활용을 위한 제도 개선을 중심으로」, 과학기술정책연구원, 2019.12.

이지호, "빅데이터의 데이터마이닝과 저작권법상 일시적 복제", 『지식재산연구』 제8권 제4호, 2013.12.

한국정보화진흥원, 「EU 인공지능 백서와 데이터 전략」, 2020.5.8.

황지은, 인공지능 관점에서 GDPR 제22조의 인간 개입에 대한 분석, 경제규제와 법 제13권 제1호 서울대 공익산업법센터, 2020.5.

EU, "WHITE PAPER: On Artificial Intelligence — A European approach to excellence and trust", 2020.2.

NIA(한국지능정보사회진흥원), IT & Future Strategy 보고서, 제2호, 2021.2.

Theodore Claypoole, The Law of AI and Smart Machines, Americal Bar Association, 2020.

2

데이터의 활용과 알고리즘 통제*

손도일 / 법무법인(유) 율촌 변호사 · **선지원** / 한양대학교 조교수

I. 머리말: 데이터 활용에 있어서 알고리즘 통제의 필요성

인공지능 시스템이 작동하는 원리, 특히 알고리즘의 전형적인 형태인 머신러닝(Machine Learning)을 간단하게 표현하면 "경험을 토대로 데이터 세트 속에서 일정한 패턴을 찾아" 문제를 해결하는 것이라고 할 수 있다.[1] 따라서 머신러닝의 효과성을 높이기 위해서는 더욱 풍부하고 질 좋은 데이터를 분석의 대상으로 삼는 것이 중요하다. 이 말은 인공지능 시스템을 활용하여 내린 결정의 역기능을 논의하는 데에 있어서도, 데이터를 어떻게 다룰지에 대한 문제가 관건이 된다는 의미일 것이다. 거꾸로 데이터의 활용에 대한 논의를 이어감에 있어 인공지능 알고리즘에 대한 통제에 관한 내용을 빼놓을 수 없다는 것도 뜻한다. 인공지능, 빅데이터, 생명공학 등 새로운 기술은 사람의 삶을 변화시키고 사회 구조를 변혁시킨다. 특히 인공지능을 통해 도출하는 결정과 그 사회적 결과는 예측 불가능성으로 인해 더욱 철저한 윤리적 책임 관리(Stewardship)가 필

---

* 이 장의 내용 중 인공지능 알고리즘 규율에 관한 일반론은 한국공법학회가 수행한 2020년 방송통신정책연구 「알고리즘에 기반한 결정의 역기능 방지를 위한 규제 방안 연구」(2020-0-02116) 중 저자의 집필 부분에 기초했음을 밝힌다. 아울러 제2전정판의 개정 작업에서는 법무법인(유) 율촌의 안다연, 양희원, 이서호 변호사의 도움을 받았다.

[1] 인공지능과 머신러닝 및 딥러닝에 대한 구체적인 설명은 다음 사이트를 참조. Artificial Intelligence vs. Machine Learning vs. Deep Learning | Towards Data Science <https://towardsdatascience.com/artificial-intelligence-vs-machine-learning-vs-deep-learning-2210ba8cc4ac> (2021.2.28. 최종 접속)

요하다는 점을 감안하면 알고리즘 통제의 중요성은 더욱 커진다.

본서의 많은 글들이 데이터의 수집과 활용 과정에서 나타날 수 있는 여러 가지 법적 문제들을 서술하고 있다. 인공지능에서의 활용을 위해서도 데이터를 수집하고 가공하거나 거래할 필요성이 있다. 따라서 일반적인 정보보호법상의 문제, 데이터의 거래 및 이전과 관련한 문제, 데이터의 활용 과정에 발생할 수 있는 재산권적 권리에 대한 문제는 동일하게 나타날 수 있다. 그러나 알고리즘 이 데이터를 분석한 이후, 즉 인공지능 시스템에 의해 결정이 내려진 이후에 는 단순히 데이터법상의 분석만으로는 설명하기 어려운 문제가 나타날 수 있 다. 인공지능 시스템이 데이터법의 관점에서 정보주체를 비롯하여 데이터에 대 해 권리를 가지고 있는 자들에 대한 권리 침해 없이 데이터를 활용 및 분석하 였음에도 불구하고, 일정한 법적·윤리적 문제를 안고 있는 결정을 내린 경우 에는 데이터법의 차원이 아닌 새로운 논의를 통해 문제를 해결해야 할 것이다. 따라서 이 글은 데이터의 활용과 관련한 문제 중에서도 데이터를 분석하는 데에 사용된 알고리즘과 관련한 문제를 중심 주제로 한다. 인공지능 시스템에서의 데 이터 분석과 활용을 둘러싸고 나타날 수 있는 역기능과 그에 대처하기 위해 알 고리즘에 대해서 어떠한 통제를 가할 수 있을 것인가에 대한 물음을 다루고자 한다. 데이터를 분석하여 알고리즘이 내리는 결정의 역기능을 방지하기 위해서 는 어떤 범위에서 그리고 어떤 방법으로 알고리즘을 통제해야 할 것인가?

이하에서는 인공지능 활용이 인류의 삶에 미치는 영향들에 대한 언급에서 출발하여 그 영향들을 통제하기 위한 방편으로 국내외에서 이루어졌던 알고리 즘 규율에 대한 각종 담론들을 살펴본다. 물론 이러한 담론들 중에서 데이터에 기반한 결정이라는 인공지능의 특성에 기인한 것들을 중점적으로 분석하고자 한다. 또한 이들을 실제로 법적·제도적으로 관철시키기 위해서 어떤 사항들을 고려해야 할 것인지에 대해서도 고찰해 볼 필요가 있다. 『데이터와 법』이라는 서명을 군이 생각하지 않더라도, 알고리즘 통제에 대한 논의가 허무한 구호에 그치지 않게 하기 위해서는 제도를 통해 이를 실현해야 할 것이기 때문이다.

Ⅱ. 인공지능의 활용과 일정한 규율의 필요성

1. 인공지능의 수용과 활용이 우리 삶에 미치는 효과

가. 산업 및 경제 영역에서의 효과

먼저 산업 및 경제 영역은 인공지능의 활용이 가장 활발하게 이루어질 것으로 전망할 수 있는 분야이다. 특히 인간의 지능으로 할 수 있는 문장 이해, 영상·음성 인식, 학습 등을 알고리즘을 이용해 자동적으로 처리함으로써, 데이터 마이닝, 산업 로봇공학, 음성 인식, 은행 소프트웨어, 의학적 진단 등 현재 인간이 종사하고 있는 여러 산업 부문에서 생산성과 효율성을 향상할 수 있을 것이다. 글로벌 시장조사업체 IDC는 오는 2022년까지 전 세계 데이터 시장이 2,600억 달러로 성장할 것으로 전망하고 있으며, 글로벌 컨설팅업체 프라이스워터하우스쿠퍼스(PwC)는 2030년까지 인공지능이 세계 경제에 15조 7,000억 달러를 기여할 것으로 내다봤다. 맥킨지(McKinsey)도 2030년까지 AI는 세계 경제에 13조 달러를 기여하고, 전 세계 국내총생산(GDP)을 매년 1.2% 상승시킨다는 긍정적인 전망을 내놓고 있다. 세계 주요국들은 인공지능의 수용에 대비하여 제도를 정비하고 산업별 플랫폼 육성에 박차를 가하고 있으며, 구글, 아마존 등 글로벌 IT 대기업은 빅데이터의 축적과 함께 다양한 인공지능 혁신 기술을 공개하며 새로운 산업 영역을 개척 중이다.[2]

경제 영역에서의 인공지능 사용의 장점은 비단 생산 공정의 지능화를 통한 생산성 제고에만 한정되지 않는다. 기업 경영의 측면에서는 다양한 형태의 각종 데이터(고객의 데이터, 소셜 미디어 데이터, 구매 데이터 등)를 실시간으로 분석해 특정 시간이나 특정 장소에 있는 고객의 요구에 맞는 적합한 상품을 제시하는 마케팅 방법을 적용함으로써, 효율화를 도모할 수 있을 것이다.[3] 또한 산업

---

2) 신희강, 2030년 데이터·AI경제 규모 16조 달러…혁신 생태계 조성해야, 아주경제 2019.1.16. <https://www.ajunews.com/view/20190116095345172> (2020.12.31. 최종 접속)

3) AI가 광고 마케팅에 활용되는 5가지 모델 | Digital Marketing Korea <https://www.digitalmarketingkorea.co.kr/2020/03/06/dms-ai-marketing-5-models/> (2020.12.31. 최종 접속)

분야에서의 이와 같은 혁신이 가져오는 이점은 사회 및 생활 영역으로도 이어져 인간의 일상에서의 삶의 질 향상을 기대할 수 있게 할 것이다.

〈민간 경제 영역에서의 인공지능 활용 주요 사례〉

• (코로나19) 캐나다 의사가 창업한 스타트업 블루닷의 AI가 코로나19 바이러스의 확산 경로를 세계보건기구(WHO)보다 먼저 예측했던 것은 지능정보기술의 유용성을 단적으로 보여주는 사례[4]

   − 코로나19 감염자가 발생한 직후, 전 세계의 항공사 발권 데이터를 활용해서 우한 주민들의 동선을 분석한 결과를 토대로 확산 경로를 전망

   − 이러한 예측이 가능했던 이유는 데이터의 규모가 중요하게 작용하는 사무처리에는 구조화되지 않은(unstructured) 대량의 데이터를 기초로 한 지능정보기술이 최적화되어 있기 때문

• (영상의학) X−ray에서 식별된 위험인자를 스스로 인식·분류하여 질병을 의심할 수 있으며, IBM의 왓슨과 같이 환자의 검사 데이터를 분석하여 강력추천·보통·비추천 등 세 가지의 치료 방법을 알려주기도 함[5]

• (자율주행차) 자율주행 고도화를 위한 차량 제어 기술도 주행 중 급변하는 상황을 인식하여 차량의 능동적 자세제어 및 안전을 확보하는 기술로서 데이터 처리성능과 지능화가 매우 중요[6]

• (인터넷 플랫폼) 페이스북은 페이스북 이용자의 포스팅을 분석하여 자살을 예방하고 경고하는 프로그램으로 지능정보기술을 활용[7]

   − 유튜브나 페이스북의 유해 콘텐츠를 필터링하는 용도로도 지능정보기술이 사용

---

4) 심서현, "中 숨겨도 캐나다 AI는 알았다 … 한달 전 우한폐렴 예측한 의사", 중앙일보(2020. 1.28.), <https://news.joins.com/article/23691481> (2020.12.31. 최종 접속)

5) 김은영, "'AI닥터', 어디까지 왔나", The Science Times(2018.12.14.), <https://www.science times.co.kr/news/ai−%EB%8B%A5%ED%84%B0−%EC%96%B4%EB%94%94%EA%B9%8C%EC%A7%80−%EC%99%94%EB%82%98> (2020.12.31. 최종 접속)

6) 김명화, "AI분석 10대 유망기술…재생에너지·자율주행·바이오 등", 이미디어(2020.2.4.), <http://emedia.news/news/newsview.php?ncode=1065577154444474> (2020.12.31. 최종 접속)

- AI 플랫폼: 아마존 '알렉사', 구글 '어시스턴트', 네이버 '클로버', 카카오 '카카오 i' 등
- (다이내믹 프라이싱(Dynamic Pricing)) 가격 민감도가 서로 다른 고객들에게 차별화된 가격을 제시하는 기법[8]
  - 알고리즘을 기반으로 실시간으로 가격 차별화를 하면 단일 가격을 책정했을 때보다 더 큰 이익 창출 가능
- (KB 국민은행) 2020년도 하반기 직원 1,100명의 인사이동을 AI 알고리즘 기반으로 실시[9]
  - 하반기 인사 대상자 중 지방 격오지 점포 등 고충이 있는 경우를 제외한 전원이 AI로 인사이동돼 각 영업점에 배치
  - AI 인사는 직원의 업무경력·근무기간·자격증·출퇴근 거리를 감안하여 근무지를 선정
  - 인사업무 효율성을 높이는 한편 인사와 채용에 객관적이고 투명한 프로세스가 구축되는 효과가 있다고 평가

세부적인 산업 영역별로도 인공지능의 도입을 통해 산업 내부에서의 각종 과정을 효율화할 수 있을 것이며, 그 양상은 각각의 산업 영역에서 알고리즘을 통한 자동화 절차를 사용하는 방법에 따라 다양하게 나타날 수 있을 것이다. 예컨대 금융산업 내에서는 고객 응대, 영업 지원 및 금융 시장 분석 등에 인공지능 알고리즘에 기반한 자동 의사결정 과정을 사용함으로써 업무의 효율성을 높일 수 있을 것이다.[10] 이 밖에도 의료, 제조, 에너지를 비롯한 많은 산업 영

---

7) 양병찬, "[바이오토픽]자살을 예방하는 인공지능 알고리즘에 관심 집중", 정신의학신문(2018. 6.3.), <http://www.psychiatricnews.net/news/articleView.html?idxno=9474> (2020.12.31. 최종 접속)

8) MOEF(2018.7.17.), "데이터가 정해주는 합리적인 가격! 다이내믹 프라이싱의 변화", <https://m.blog.naver.com/PostView.nhn?blogId=mosfnet&logNo=221320806418&proxyReferer=https:%2F%2Fwww.google.co.kr%2F> (2020.12.31. 최종 접속)

9) 송종호, "[단독]학연·지연은 없었다…사람만 본 국민은행 'AI 인사부장님'", 서울경제(2020. 7.15.), <https://signalm.sedaily.com/NewsView/1Z5BA2Q7QL/GC06> (2020.12.31. 최종 접속)

10) 은행 업무 가운데는 상품 개발, 영업/마케팅, 위험 관리 및 고객관리와 관련하여, 보험업무

역에서 다양한 방식으로 인공지능을 활용할 것으로 전망할 수 있다.

나. 공공 영역에서의 효과

데이터 분석을 바탕으로 하여 인공지능 알고리즘이 내리는 자동 결정방식을 공적인 행정에 활용할 때에도 다양한 변화를 맞이할 수 있을 것이다. 정부나 지방자치단체가 더욱 강력하고 혁신적인 디지털 기술의 활용을 통해 행정의 조직과 기능을 혁신하고, 그에 따른 투명성, 책임성, 국민과의 소통 제고를 도모할 수 있다. 기존의 행정이 조직의 층위에 따라 인간의 단계적인 판단을 거치는 순차적 프로세스였다면, 알고리즘의 자동 결정을 행정에 도입할 경우에는 그러한 절차가 일시에 이루어질 수 있어 행정의 효율성을 도모할 수 있을 것이다.

이미 2015년 세계경제포럼(WEF)에서 나타난 논의에 따르면 세계 경제가 디지털 세상으로 진입함에 따라 신뢰할 수 있는 인터넷 기반 시설의 유효성 여부가 경제성장의 중요한 전제조건이 되었다는 점을 인식하고, 정부 운영을 위해 과학기술·지능정보기술을 적극 수용하고 이를 적절히 배치 및 활용해야 한다는 점을 강조하고 있다. 신기술의 도입에 따라 정부-시민-기업의 협치 거버넌스 역시 변화하는 양상을 보인다. 공공기능, 사회적 소통, 개인정보가 디지털 플랫폼으로 편입됨에 따라 정부, 기업, 시민사회가 협력하여 정의, 경쟁력, 공정성, 안전, 신뢰를 유지하기 위한 제도, 규범 등을 창설할 필요가 있는 것이다. OECD 역시 데이터 기반의 정부(data-driven government)가 성숙한 형태의 디지털 정부라는 점을 강조하고 있다.[11] 데이터 기반의 정부라 함은 단순히 행정 결정을 뒷받침하기 위한 통계의 사용 등의 방식으로 데이터를 사용하는 행

중에는 상품개발, 영업/마케팅, 언더라이트, 정책 및 서비스 관리, 분쟁 및 소송 및 자산관리와 관련하여, 자본시장업무 중에서는 투자상품 개발, 증권 발행, 투자의사결정, 판매 및 지불, 합의 및 조정, 보고 및 데이터 분석 등과 관련하여 인공지능 알고리즘 이용이 늘어날 것으로 전망하고 있다. 이에 대해서는 이준배 외, 금융산업에서 AI 활용과 인간의 역할에 관한 고찰, KISDI AI Outlook, 2020년 봄 Vol. 1, 3쪽 이하 참조.

11) Ubaldi, B. et al, "State of the art in the use of emerging technologies in the public sector", OECD Working Papers on Public Governance, No. 31, OECD, Paris, 2019.

정이 아니라, 인공지능 등의 지능정보기술을 활용하여 데이터를 분석한 후, 이를 행정 결정에 활용하는 방식을 적극적으로 활용하는 정부라고 말할 수 있다. 즉, 알고리즘을 통한 자동 결정의 메커니즘을 적극적으로 활용하는 정부가 지능정보사회에 적합한 정부라고 말할 수 있는 것이다.

특히 2020년 초 이후 발생한 코로나19의 전 세계적인 유행으로 인해 정부가 즉각적인 대응을 준비하고 위기에 대응하는 데에 있어서 데이터 활용의 중요성이 더욱 부각되었다. 데이터의 접근, 공유 및 재사용을 촉진함으로써 코로나19의 극복과 관련한 의사 결정 및 집단적인 조치들을 마련하기 위한 방편으로 데이터의 역할이 더욱 커졌다. 또한 대중과 정부 간의 상호 신뢰를 유지하기 위해 데이터의 윤리성과 신뢰가능성을 보장하기 위한 충분한 노력을 기울일 필요성도 증대되었다. 따라서 행정에서의 사용을 위해 필요한 데이터를 적절하게 관리할 수 있는 모델(이른바 데이터 거버넌스)을 구축하는 것이 특히 중요하다.[12]

2. 인공지능 활용의 명과 암-알고리즘에 대한 통제 필요성

대체로 기술의 발전은 인류의 삶의 질을 향상시키게 된다. 18세기 중반의 산업혁명을 통해 증기기관이라는 새로운 동력 기술을 사용함으로써 공장 생산이 가능해졌고, 결국 이것이 생산성을 증대시키는 결과를 가져오며, 사회와 경제에 큰 파급효과를 일으킨 바 있다. 또한 현대에 이르러 반도체, 소프트웨어, 정보통신기술의 발전을 통해 다시 한번 급속한 자동화와 생산성 향상을 맞이했던 경험 역시 남아 있다. 인공지능을 비롯한 지능정보기술 역시 기반 기술로서 다양한 기술 및 산업과 융합하여 생산성과 효율성을 획기적으로 높이는 코어(Core) 역할을 수행할 수 있을 것으로 전망된다.[13]

"기계학습의 발달로 모든 비즈니스와 정부기관이 보다 나은 서비스"를 제공할 수 있을 것이라고 전망한 제프 베조스(Jeff Bezos)의 견해처럼, 산업에서의 생산성과 효율성 향상이 인류의 실생활에도 긍정적인 영향을 미칠 수 있을 것

---

12) 최성환 외, 데이터 기반의 적극행정을 위한 법제 개선방안 연구, 경기연구원, 2021, 14쪽.
13) 선지원 외, 지능정보기술 발전에 따른 법제·윤리 개선방향 연구, 정보통신정책연구원, 2019, 2쪽.

이라는 전망 역시 존재한다.[14] 이렇게 인공지능이 기반 기술로서 성공적으로 사회와 산업의 영역에 수용될 때 생산성과 효율성의 향상뿐만 아니라 인류의 의식과 행동에 대한 변화까지도 야기할 수 있을 것이다.[15] 지능정보사회의 필수 기반인 인공지능 알고리즘을 제대로 사용한다면, 인공지능의 신뢰가능성을 촉진시켜 신성장 동력 확보, 고용창출 등의 경제문제에 해결의 실마리를 찾을 수 있을 것이다. 산업적 측면에서 인공지능의 활용과 수용이 성공적으로 이루어질 경우 인공지능 관련 산업은 모든 산업의 기반 산업으로써 산업혁명 당시의 경제성장을 이끌었던 철강 등과 같이 큰 규모의 산업으로 성장할 가능성이 있다. 사회적 측면에서도 적절한 알고리즘 규율이 이루어진다면, 실생활 속의 인공지능 활용의 신뢰성을 높임으로써, 사회 구성원의 복리를 증진시킬 수 있는 기반을 만드는 일이 가능하다.

　　그러나 인공지능의 사용이 장점만을 가지는 것은 아니다. 인공지능 기술의 발전이 아직까지도 미지의 영역에 속해 있어 기술이 사회적으로 완전히 보편화되었을 때 가져올 수 있는 역기능 역시 아직까지 완전히 규명되지 않은 상태로 보인다. 또한 오작동의 위험, 편향성, 프라이버시 침해, 자기결정권 침해와 같은 리스크 역시 사용 영역에 따라서는 구체화되어 나타나고 있는 실정이다.

[표 4-1] 구체적인 영역에서의 인공지능 활용과 예상 역기능[16]

분야	인공지능 활용 사례	예상 역기능
교육	• AI 교사의 출현, AI를 통한 성취도 평가	• 비인간 교사의 교육에 따른 교육 효과 저해 • 평가 알고리즘의 불투명성에 따른 문제
교통	• 자율주행 시스템의 도입	• 데이터 분석 혹은 결정 과정에서의 오작동(혹은 개입)으로 인한 판단 오류 가능성 • 사고 발생 시 운행자의 책임 회피 가능성

---

14) 고선규, 인공지능과 어떻게 공존할 것인가, 타커스, 2019, 44쪽.
15) 이원태 외, 4차산업혁명시대 산업별 인공지능 윤리의 이슈 분석 및 정책적 대응방안 연구, 4차산업혁명위원회, 2018, 9쪽.
16) 이에 대한 상세한 설명은 김태오 외, 알고리즘에 기반한 결정의 역기능 방지를 위한 규제방안 연구, 한국공법학회, 2020, 41쪽 이하 참조.

금융	• 챗봇의 상담 제공, AI의 투자 추천 및 주식시장 예측	• AI 오류에 따른 피해 발생 시 책임 소재 불분명 • 개별 고객의 데이터 활용에 따른 문제 • 해킹 등 보안 문제 • 동시다발적 AI 투자 시스템 구동으로 인한 시장 혼란
법률	• AI가 판결문 작성, 변론 등 법률 서비스 제공	• 법관에 의한 재판을 받을 권리의 침해 • AI의 변호사 자격 인정 여부(변호사법상 쟁점)
보안	• 지능형 CCTV, 보안 예측 시스템을 통한 선제적 대응	• 과도한 선제적 대응으로 인한 프라이버시 침해 문제 • 데이터 편향에 따른 차별 가능성 • 법집행의 과잉화 초래
언론	• 자동추천 시스템을 통한 뉴스 콘텐츠 제공	• 개인의 선호도에 기반한 자동추천으로 인한 확증편향 가능성
유통	• 드론 택배 및 무인선박 해상 운송 서비스 등의 출현	• 알고리즘에 의존한 비행 경로 결정 등에서의 안전 문제 • 유통 플랫폼의 데이터 활용에 따른 프라이버시 침해 문제
의료	• 데이터를 분석하여 선제적인 보건 조치 실행 • 진단, 처방 등 의료행위를 수행하는 AI 출현	• AI의 의료과실에 대한 책임 소재 불분명 • 보건데이터의 오류에 기인한 잘못된 예측 • 의료데이터의 활용에 따른 신체 프라이버시의 침해
행정	• AI가 분석, 자문, 안내 등의 행정 서비스 제공, AI를 통한 자동화된 행정 결정	• AI 행정의 허용 범위, 처리 근거 및 효력 문제, 이의제기 절차 등의 불분명 • 데이터 처리 과정에서의 개인 프라이버시 침해 및 시민의 자기결정권 침해

따라서 인공지능의 장점을 경제와 사회 발전의 원동력으로 삼기 위해서는 그 역기능을 효율적으로 제어하고, 사회 구성원들의 일상에 알고리즘의 사용이 자연스럽게 수용되도록 하는 일이 선행되어야 한다. 현재까지 인공지능 혹은 알고리즘에 대해 언급하고 있는 법제는 인공지능 기술 개발 촉진을 위한 진흥정책에 관한 내용에 초점을 맞추고 있었다(지능형 로봇 개발 및 보급 촉진법, 지능정보화기본법, 데이터 기반 행정 활성화에 관한 법률 등). 알고리즘 활용의 법적 요건을 확립하고 기술의 특성에 맞는 규율 방법을 개발하여 인공지능 사용의 장점은 극대화하고 역기능은 최소화하는 노력 역시 필요하다. 단순히 신기술이라는

특징뿐만 아니라, 인류의 생활과 사고 자체의 패러다임을 바꿀 가능성도 있는 변혁적인 성격의 기술이라는 성격까지 감안한다면, 전통적인 top-down 방식의 규제방법론을 인공지능에 그대로 적용하는 것은 무리일 수 있다.

Ⅲ. 해외에서의 데이터와 알고리즘 통제를 위한 담론

인공지능 시스템의 사용으로 인한 역기능을 알고리즘 통제에 대한 관점에서 대응하는 방식은 윤리적인 규율(연성규범의 형태)을 통한 방법, 법적인 규율과 절차를 통한 대응 및 거버넌스의 구성을 통해 대응하는 방식으로 나누어 볼 수 있다. 지금까지 국제사회의 각 단체들은 "인공지능 윤리 원칙"[17]을 수립하기 위해 수많은 논쟁을 진행해 왔으며, 각기 가이드라인 혹은 권고안 등의 이름으로 윤리적인 측면에서 알고리즘을 통제할 수 있는 프로토콜[18]들을 제시해 왔다. 또한 이러한 논의를 바탕으로 각 국가별로 세부적인 영역에서 알고리즘을 통제하기 위한 입법적 조치들을 행해 왔다. 때로는 이렇게 윤리적·법적 규범을 제시하는 방식이 아니라, 논의의 거버넌스를 형성함으로써 사회 구성원 전체가 인공지능 알고리즘의 역기능 문제에 공동으로 대응하고자 시도한 사례도 있었다.

이하에서는 알고리즘의 통제와 관련하여 해외에서 형성되었던 주요 담론들을 유형별로 살펴보기로 한다.

1. 윤리적 논의 담론과 권고안

가. EU HLEG의 "신뢰할 수 있는 인공지능을 위한 윤리 가이드라인"

유럽연합 집행위원회는 인공지능의 개발 및 인공지능 기술을 적용한 제품

---

17) 인공지능과 관련한 연성의 규범들을 의미한다. 이에 대해 상세한 내용은 이원태 외, 앞의 보고서, 110쪽 이하 참조.

18) 인공지능의 윤리적 사용을 위해 개발자 및 이용자들에게 일정한 행위규범을 설정해 주는 것을 의미한다. 선지원, 인공지능의 사회적 수용을 위한 국가법의 과제, 국가법연구 제16집 제3호, 2020, 48쪽.

과 서비스를 유럽 역내에 출시함에 있어 유럽이 추구하는 가치를 관철시키고자 다양한 노력을 하고 있다. 집행위원회는 그 일환으로 각계 전문가로 구성된 "인공지능 최고 전문가그룹(High-Level Expert Group on AI: HLEG)"을 구성하고, 인공지능 관련 정책에 대한 자문 및 공론화를 담당토록 하였다. HLEG는 1년여에 걸친 논의 끝에 지난 2019년 4월, "신뢰할 수 있는 인공지능을 위한 윤리 가이드라인(Ethics Guidelines for Trustworthy AI)"을 발표하였다.[19]

본 윤리 가이드라인은 3개의 장으로 구성되어 있다. 제1장에서는 윤리적 원칙과 관련된 가치, 제2장에서는 7가지 핵심지침, 제3장에서는 신뢰성 있는 AI 평가 목록을 제시하고 있다. 동 가이드라인에 따르면 신뢰할 수 있는 AI에는 시스템 전주기에 걸쳐 반드시 지켜져야 하는 세 가지 구성 요소로서 (1) 합법적이어야 하며 모든 관련 법규를 준수해야 하고, (2) 윤리적이어야 하며 윤리적 원칙과 가치를 준수해야 하며, (3) 좋은 의도로 AI 시스템이 의도하지 않은 결과를 초래할 수 있기 때문에 기술 및 사회적 관점 모두에서 견고해야 함을 요구하고 있다. 또한 본 가이드라인에서는 '신뢰 가능한 AI(Trustworthy AI)'를 구현하기 위한 요건으로 인간 자율성 및 감독(Human agency and oversight), 기술적 견고함 및 안전(Technical robustness and safety), 프라이버시와 데이터 거버넌스(Privacy and data governance), 투명성(Transparency), 다양성, 차별금지, 공평성(Diversity, non-discrimination and fairness), 사회 및 환경 복지(Soceital and environ-mental wellbeing), 책임성(Accountability) 원칙을 열거하고 있다.

나. 경제협력개발기구(OECD)의 권고안

OECD는 디지털 변혁의 시대에서 지속가능한 발전과 인공지능 활용을 위해 OECD 회원국 간의 논의를 거쳐 2019. 5. 「OECD 인공지능 이사회 권고」(OECD Recommendation of the Council on Artificial Intelligence)를 발표하였다. OECD의 권고안은 향후 회원국들의 경제개발정책의 새로운 성장 동력으로서 인공지

---

[19] HLEG 가이드라인 발표의 배경과 경과 및 함의에 대해서는 선지원, 유럽 HLEG 인공지능 윤리 가이드라인과 지능정보사회 이용자보호 정책의 비교, The Digital Ethics Vol. 3, No. 1, 2019, 63쪽 이하 참조.

능의 중요성을 인정하고, 역기능을 최소화한 채로 인공지능을 최대한 활용하기 위한 전략을 제시한 것이다. 우리나라 역시 OECD의 회원국으로 OECD의 권고를 향후 인공지능 정책에 반영해야 할 것이다. 권고안의 주요 내용은 다음과 같다.

- 포괄적 성장, 지속가능한 발전 및 삶의 질(웰빙)(Inclusive growth, sustainable development and well-being): 인공지능 이해관계자는 포괄적 성장, 지속가능한 발전 및 삶의 질 향상을 주도하여 인간과 지구에 이익을 가져다 주어야 함.

- 인간 중심적 가치와 공정성(Human-centered values and fairness): 인공지능 개발·운영 등 관계자는 인공지능의 수명주기 전체에 걸쳐 법치, 인권 및 민주적 가치를 존중해야 함. 여기에는 차별금지 및 평등, 프라이버시와 개인정보보호 등이 포함됨.

- 투명성과 설명가능성(Transparency and explainability): 인공지능 개발·운영 등 관계자는 인공지능 시스템에 대한 투명성 및 책임 있는 공개를 해야 함. 이를 통해 인공지능에 의해 부정적 영향을 받은 사람들도 그 결과를 이해하고 항의할 수 있도록 함.

- 견고성, 보안 및 안전성(Robustness, security and safety): 인공지능 수명주기 전체에 걸쳐 정상적이고 예측 가능하게 기능하여야 하며, 불합리한 위험을 초래하지 않도록 안전한 방식으로 작동하여야 함.

- 책임성(Accountability): 인공지능 개발·운영 등 관계자는 인공지능 시스템의 적절한 작동 및 위의 원칙들의 존중에 대해 책임을 져야 함.

다. 전기전자기술자협회(IEEE)의 설계 가이드라인

전기전자기술자협회(IEEE)는 지난 2019년 9월, 산하 프로그램 중 하나인 "The IEEE Global Initiative on Ethics of Autonomous and Intelligent Systems"를 통해 인공지능 윤리에 대해 기술자 및 기술 개발 기업이 준수해야 하는 사항을 담은 "Ethically Aligned Design" document(윤리적 설계를 위한 문

서)를 발간하였다. 지능정보기술 및 자동화 기술과 관련하여 설계 단계에서 준
수해야 할 윤리적 기준을 제시하고 있는 것이다. 비록 이 문서가 IEEE의 공식
적인 견해는 아니지만 구성원들인 기술 전문가들이 합의한 인공지능 윤리기준
을 제시하고 있다는 점에서 큰 의의를 가진다고 평가할 수 있다.[20] 이 문서는
다음과 같은 내용으로 요약할 수 있다.

- 인간 권리: A/IS[21]는 국제적으로 승인된 인권을 존중하고 고양시키며 보
  호하기 위한 목적으로 개발 및 운영되어야 함.
- 웰빙: A/IS 개발자들은 인간 생활 웰빙의 개선을 개발의 주요 성공 지표
  로 삼아야 함.
- 데이터 에이전시: A/IS 개발자들은 특정인에게 정보에 접근하고 이를 안
  전하게 공유할 권한을 부여하여, 사람들이 자신의 정체성을 통제할 수
  있는 능력을 유지하도록 하여야 함.
- 효율성: A/IS 개발자들과 조작자들은 A/IS의 목적으로서 효과성과 적합
  성의 증거를 제시하여야 함.
- 투명성: 특정한 A/IS에 따른 결정의 근거는 언제나 인지할 수 있어야 함.
- 책임성: A/IS는 그들이 만들어 낸 모든 결정에 대해 명확한 이유를 제시
  할 수 있도록 개발되고 조작되어야 함.
- 오남용의 인식: A/IS 개발자들은 A/IS 사용 시의 잠재적인 오남용과 리
  스크들에 대비하여야 함.
- 역량: 개발자들은 A/IS의 안전하고 효율적인 운용을 위해 필요한 지식과
  기술을 명시해야 하며, 조작자들은 이를 지켜야 함.

라. 국제연합교육과학문화기구(UNESCO)의 권고

국제연합교육과학문화기구(United Nations Educational Scientific and Cultural
Organization: UNESCO) 역시 국제적인 교육, 과학 및 문화의 가치를 인공지능의

---

20) 선지원 외, 위의 보고서, 126쪽 이하.
21) IEEE는 인공지능(Artificial Intelligence)이라는 용어 대신 자동화/지능화 시스템(Autonomous
   and Intelligent System)이라는 용어를 사용한다.

개발과 사용에 대해 관철할 목적으로 권고안을 발표하였다(인공지능 윤리 권고: The Recommendation on the Ethics of Artificial Intelligence).[22]

UNESCO는 권고를 통해 인공지능 윤리를 위한 가치로 인간의 존엄성, 인권 및 근본적 자유, 소외된 사람이 없을 것, 조화로운 삶, 신뢰가능성 및 환경보호를 들고 있다. 이 가치들은 인공지능의 개발과 사용에 있어 회원국들이 추구해야 할 상위 규범을 의미한다.[23] 이 가치를 구체화하여 실천 수준에서 활용할 수 있는 규범은 두 가지 범주로 나누어 제시하고 있다. 첫 번째 범주에서는 인간과 인공지능 간의 관계로서 인간과 인간의 번영, 비례성, 인간의 관리감독 및 결정, 지속가능성, 다양성과 포용성, 개인정보 보호, 인식과 교육 및 다중이해관계자 및 적응형 거버넌스를 세부 원칙으로 제시한다. 두 번째 범주로는 인공지능 시스템 자체에 대한 내용인 공정성, 투명성 및 설명가능성, 안전과 보안 및 책임과 책무성을 들고 있다.[24] 단, 이 권고에서는 알고리즘의 개발과 적용과정에서 이를 직접적으로 규율할 수 있는 프레임워크는 제시하고 있지 않다.

2. 법적 규율 혹은 법적 규율을 위한 논의

가. 유럽연합 GDPR 상의 설명을 요구할 권리(right to explanation)

유럽의 일반데이터보호규정(General Data Protection Regulation, 이하 'GDPR')에서는 개인정보주체에게 자동화된 의사결정과 관련한 다양한 권리를 인정하고 있다. 바로 이 자동화된 의사결정이 알고리즘에 의한 의사결정으로 볼 수 있고, 이를 근거로 이 규정들이 알고리즘의 통제에 관한 규정이라고 보는 견해가 있다.[25]

---

[22] 2020년 5월의 초안 발표 후 각 회원국의 전문가 및 이해관계자들의 의견 수렴 과정을 거쳐 2021년 11월 파리에서 열린 제41차 UNESCO 총회를 통해 최종적인 인공지능 윤리 권고를 발표하였다. 권고안의 준비 단계에서 이 논의 과정을 상세히 소개하고 있는 문헌으로는 문정욱 외, 윤리적 인공지능을 위한 국가정책 수립, 정보통신정책연구원, 2020, 113쪽.

[23] 문정욱 외, 위의 보고서, 113쪽.

[24] 상세한 내용은 문정욱 외, 위의 보고서, 114쪽 이하.

[25] 김윤명, 알고리즘과 법, 한국정보화진흥원(NIA), 2019, 43쪽 이하.

GDPR 제13조는 개인정보가 정보주체로부터 입수된 경우 개인정보처리자(controller)는 정보주체에게 다른 정보와 함께 프로파일링을 포함한 자동화된 의사결정 프로세스가 존재하는지 여부 및 그 영향에 관하여 통보하도록 하고 있다. 제14조에서는 정보주체 이외로부터 개인정보를 입수한 경우에도 같은 통보를 하도록 되어 있다. 제15조에서는 정보주체에게 자신의 개인정보가 자동화된 의사결정에 따라 처리되는지 여부에 대한 확인을 구할 권리를 부여하고 있다. 특히 제22조에서는 자신에 대하여 중대한 영향을 주는 결정이 자동화된 의사결정만 의존하는 것에 대하여 이의를 제기할 권한을 부여하였다.

이 규정들의 취지는 알고리즘은 인간의 개입 없이 독자적으로 개인에 관해 결정할 수 없고, 어떤 개인이라도 알고리즘에 의해 행해진 결정에 대해 질문하고 반박할 수 있는 권리를 가져야 한다는 것이다. 이는 자동화된 알고리즘에 관해 설명을 요구할 기회를 부여함과 동시에 알고리즘 설계과정에서 인간의 개입의 중요성을 강조한 것이라고 볼 수 있다. 다만, 이 권리는 개인정보와 관련된 것에 중점을 둔 것이므로 알고리즘 전반의 통제의 근거로 보기는 어려울 것이다.

나. 미국의 알고리즘 책임 법안(Algorithmic Accountability Act)

2019년 4월 10일 미국 연방 의회에 제안된 본 법안[26]은 AI 시스템에 사용되는 알고리즘의 편향성과 차별적 결과를 방지하기 위하여 미국 연방무역위원회(Federal Trade Committee: FTC)에게 알고리즘 관련 권한을 부여하고, 개인정보를 사용, 저장 또는 공유하는 기업에게 자동화된 의사결정 시스템 영향평가와 데이터 보호 영향평가를 수행하도록 요구할 것을 지시하고 있다.[27]

구체적으로 본 법안은 모든 기술 대기업이 사용하고 있는 머신러닝 시스템에 편견이나 차별적인 요소가 있는지를 자체적으로 감사하고, 문제점이 발견될 경우 적시에 이를 수정하도록 정하고 있다. 또한, 머신러닝뿐만 아니라 신상 정

---

26) H.R.2231-Algorithmic Accountability Act of 2019.
27) Algorithmic Accountability Act, H.R. 2231, 116th Cong. (2019-2020)
https://www.congress.gov/bill/116th-congress/house-bill/2231/all-info

보, 생체 측정 정보, 유전자 정보 등 개인의 민감한 정보를 다루는 모든 과정을 감사하도록 하고 있다.[28] 이외에도 동 법안의 중요한 내용은 다음과 같다.

- 본 법안은 매출액, 이용자 수 등을 기준으로 일정 수준 이상인 개인 또는 기업과 데이터 중개기업(Data Brokers) 등에 적용됨(매년 5천만 달러 이상의 매출액, 최소 1백만 명의 개인정보를 소유/통제하는 기업에 적용).
- 법 시행 2년 이내에 연방거래위원회(Federal Trade Commission: FTC)는 본 법안 수범자들로 하여금 '고위험'의 자동화된 의사결정 시스템에 대하여 '자동화된 의사결정 시스템 영향평가'를 받도록 해야 함.
- '자동화된 의사결정 시스템 영향평가'는 자동화된 의사결정 시스템 및 시스템의 개발 과정(시스템 디자인과 트레이닝 데이터 포함)을 대상으로 이루어져야 하고, 시스템의 정확성, 공평성, 편향성, 차별성, 프라이버시, 보안에 대한 영향평가를 해야 함.
- '자동화된 의사결정 시스템 영향평가'는 가능한 범위 내에서 외부 감사자 또는 기술 전문가의 자문 하에 이루어져야 함.
- '자동화된 의사결정 시스템 영향평가'는 FTC가 결정하는 바에 따라 수시로 이루어져야 하며, 그 결과는 FTC에 보고되어야 함.

다만, 동 법안에 의하여 FTC가 영향평가를 어떻게 할 것인지에 대한 상세한 기술적 및 관리적 방안을 제시하고 있지는 않고 있고, 이와 관련하여 첨단 기술의 안전성 및 윤리성의 문제를 전담할 새로운 기관이 출현할 수 있다는 견해도 있다.[29]

고위험 AI 혹은 대형 데이터 관련 기업에 대하여는 일정한 기준에 기초한 알고리즘 영향평가를 받고 그에 관한 내용을 관련 기관에 보고함과 동시에 외부에 공개하는 방안은 현행 지능정보화기본법상의 개념과 유사하다고 할 수 있다.

---

[28] Algorithmic Accountability Act, H.R. 2231, 116th Cong. (2019–2020) https://www.congress.gov/bill/116th-congress/house-bill/2231/all-info

[29] 김종세, 인공지능의 안전성과 인간윤리에 대한 법정책적 고찰, 한국법학회 법학연구 제20권 제1호, 2020, 18쪽.

다. EU 인공지능 백서[30]

유럽연합 집행위원회는 EU 시민의 가치와 권리 존중, 윤리적이고 신뢰할 수 있는 AI의 개발 및 활용, AI 분야 유럽의 혁신 역량 증진을 위한 정책 방향 제시 목적으로 「인공지능 백서(White Paper on Artificial Intelligence)」를 발표(2020. 2.)한 바 있다. 집행위원회는 이 백서를 통해 유럽 내 단일 인공지능 생태계 조성을 위한 i) 정책 프레임워크, ii) 규제 프레임워크를 제시하고 있다. 동 백서의 규제 프레임워크에는 인간 중심, 공정성, 투명성 등 EU의 가치를 지키고 위험을 통제할 수 있어야 함을 요구하고 있고, 특히 고위험 인공지능 시스템의 통제 가능성이 더 필요하다는 점을 명시하고 있다. 동 백서에 의하면 신뢰 부족은 더욱 광범위한 인공지능의 수용을 방해하는 주요 요인이고, 인공지능으로 인해 발생할 수 있는 기본권(개인정보, 사생활 보호, 비차별 등 기본권)에 대한 위험이 존재하고, 인공지능 관련 기술이 제품과 서비스에 내재된 경우 사용자의 안전을 위협하는 것이 가능하므로, 인공지능 정책에서는 '데이터'와 '알고리즘'을 분명히 하는 것이 중요하다는 점이 지적되고 있다. 특히 고위험 AI 시스템은 투명하고 추적 가능하며 통제 가능해야 하는데, 고위험 AI 시스템에는 다음과 같은 요건이 요구된다.[31]

    A. 학습데이터(Training data): 학습데이터에 관해 기존 법률과 EU의 가치와 원칙을 존중하기 위한 조치가 필요

    B. 기록 보관(Keeping of records and data): 알고리즘의 프로그래밍과 학습용 데이터에 대한 기록 보관 또는 데이터 자체의 보관

    C. 정보제공(Information provision): 고위험 AI 시스템 사용에 대해 선제적 방식으로 적절한 정보를 제공

    D. 견고성 및 정확성(Robustness and accuracy): 책임 있는 방식으로 시스템이 발생할 수 있는 위험성을 사전에 적절하게 고려하여 시스템을 개발해야 함.

---

30) EU, "WHITE PAPER: On Artificial Intelligence-A European approach to excellence and trust", 2020.2.

31) 한국정보화진흥원, 「EU 인공지능 백서와 데이터 전략」, 2020.5.8.

E. 사람의 감독(Human oversight): 인간이 적절하게 개입할 수 있어야 함. 인간의 개입 여부는 유형과 수준에 따라 다를 수 있음.

F. 원격 생체 인식에 대한 구체적 요구사항(Specific requirements for remote biometric identification): 생체 인식 데이터와 관련해 극히 예외적인 경우 외에는 원격 식별을 위한 처리를 금하고 있음을 분명히 함.

본 인공지능 백서는 위에서 살펴본 HLEG의 윤리 가이드라인과 더불어 공통적으로, 인간에 의한 통제, 데이터 거버넌스, 투명성, 기술적 견고성 및 정확성을 그 근간으로 하고 있다. 또한 향후 인공지능 알고리즘에 대한 규율에 대해 상세한 기초 설계를 담고 있다.[32)]

라. EU 인공지능법(이른바 "AI Act")

유럽연합 집행위원회는 2021년 4월, 인공지능에 대한 리스크 기반의 규제를 골자로 하는 이른바 "AI Act"[33)]를 발의하였다. 유럽연합 의회는 이 법안의 목표가 인공지능 개발 및 사용을 위한 공통된 조건을 만들어 유럽 단일 시장의

---

32) 한편 독일 연방정부는 집행위원회가 이 백서를 통해 밝힌 규제 프레임워크에 대해 다음과 같이 의견을 제시하고 있다. 첫째, 인공지능 시스템의 발전과 사용을 위한 적절한 법적 규범의 필요성을 강조하면서 코로나19 판데믹 상황에서 보듯, 그러한 법적 규범에는 유연성 역시 필요하다. 둘째, 신뢰할 수 있는 인공지능을 위해서는 기존 법체계 외에 기본권(행동의 자유, 정보자기결정권, 직업수행의 자유, 평등권, 적절한 법적 구제 등)을 보장하기 위한 규율 및 인공지능의 특성을 반영하여 신기술의 리스크를 관리하기 위한 규율이 필요하며, 이러한 규율은 투명성과 설명가능성 및 적절한 통제 구조와 감독가능성을 포함해야 한다. 셋째, 제품의 안전과 책임과 관련한 기존의 유럽 규율이 인공지능 시스템의 특성에 비추어 적절한지 검토하여, 법적 안정성과 신뢰성의 확보하는 차원에서 규범화 및 표준화의 노력이 필요하다. 넷째, 리스크가 높은 영역의 제품과 서비스에 인공지능을 적용할 때에는 평가와 인증을 비롯한 사전적 규율 체계가 있어야 한다는 유럽연합 집행위원회의 입장에 찬성하며, 이러한 규율 체계 정립 대해 독일 정부 차원의 지원을 계속할 의사를 밝히고 있다. 마지막으로 순수한 인공지능 기술 개발에 대해서는 심사를 제한하는 등, 인공지능과 관련한 혁신을 위한 예외는 인정해야 한다는 입장이다. Die Budnesregierung, Stellungsnahme der Bundesregierung der Bundesrepublik Deutschland zum Weißbuch zur Künstlichen Intelligenz— ein europäisches Konzept für Exzellenz und Vertrauen, 2020.6.

33) Proposal for a regulation of the European Parliament and of the Council laying down harmonised rules on artificial intelligence (artificial intelligence act) and amending certain Union legislative acts, COM/2021/206 final.

기능을 보장하는 것이라고 설명하고 있다. 이를 위해 법안을 통해 인공지능 기술 개발, 유럽연합 시장 출시, AI 제품 및 서비스 사용에 대한 법적 프레임워크를 제시하고 있다. 구체적으로는 1) 안전하고 기존 EU 법률을 존중하며, 2) 투자를 촉진하기 위해 법적 안정성을 보장하고, 3) 유럽법 차원의 기본권과 및 안전 요건 보장을 위해 규제를 효과적으로 집행할 수 있는 구조를 조성하고, 4) 합법적이고 안전하며 신뢰할 수 있는 AI 애플리케이션을 위한 단일 시장의 성장을 촉진하는 내용을 담고 있다.[34)]

이 법안의 핵심 내용은 인공지능 시스템에 대해 리스크별로 분류한 후, 리스크의 정도에 따라 규제의 정도를 달리하는 것이다. 먼저 허용할 수 없는 정도의 리스크(unacceptable risk)를 가진 인공지능 시스템에 대해서는 전면적으로 이용을 금지한다. 예컨대 인간을 수단으로 삼는 인공지능 시스템이나 예측 기반 경찰활동과 같이 인공지능의 사용이 유럽연합 시민에게 명백한 해악을 가하는 경우가 이에 해당한다. 높은 리스크를 가진 인공지능 시스템에 대해서는 엄격한 규제를 통해 제한된 조건 아래에서만 활용이 가능하도록 하고, 활용 이후 사후 규제 역시 강화하게 된다. 신용평가, 건강 및 생명보험, 투표 집계 시스템, 의료 분야에서의 환자 분류 등이 이에 해당한다. 높은 리스크를 지닌 인공지능 시스템에 대해서는 책임 명확화 및 균형화를 요구하게 되며, 기업 내자가 통제시스템, 이의제기 시의 대응 시스템 등을 의무화한다. 제한된 리스크를 가진 인공지능 시스템에 대해서는 비교적 완화된 규제가 적용된다. 인간에게 일정한 영향을 끼칠 수 있으나, 위에서 언급한 높은 리스크는 가지지 않는 인공지능 시스템이 이에 해당한다. 제한된 리스크를 가진 인공지능 시스템에 대해서는 사고 발생 시 사후 대처가 가능하도록 하는 투명성 의무가 부과된다. 마지막으로 최소의 리스크를 가진 인공지능 시스템에 대해서는 법적인 통제보다는 자율규제의 방식을 채택하고 있다.

유럽연합의 인공지능 법안은 이른바 "생성형 인공지능"이 대두된 이후인 2023년 5월에 유럽 의회에 의해 수정된 바 있다. 유럽의회의 수정안은 기반 모

델[35]과 범용의 인공지능을 구분하여, 기반모델에 대해서는 더 엄격한 규제를 가하고 있다. 법안은 2023년 6월 현재 회원국들과 유럽 의회의 정치적 협상 단계에 이르렀으며, 유럽법의 또다른 입법자인 유럽 평의회(Council)와의 대화를 거쳐 최종 입법될 전망이다.

3. 거버넌스적 모색

가. 영국의 데이터 윤리와 혁신 센터를 중심으로 한 거버넌스

영국은 "데이터 윤리와 혁신 센터(Centre for Data Ethics and Innovation: CDEI)"를 중심으로 알고리즘과 데이터에 관한 통제 거버넌스를 구축하고 있다. 이 기구는 정부의 자문기구 성격으로 2018년 11월 정부의 주도로 설립하여 각 분야의 전문가들(종교, 기업, 학계, 정치계, 시민단체, 관료 등)이 구성한 독립 위원회이다. 데이터의 윤리적 사용에 대한 공통의 윤리적 기준 정립을 모색, 데이터와 데이터 기반 기술 전반에 대한 거버넌스 강화를 설립 목적으로 천명하고 있다. 이 기구의 설립은 지능정보사회로의 이행 전략과 관련하여 정부와 산업계가 합의한 이른바 "AI Sector Deal"[36]의 합의사항 중 하나이다.[37]

CDEI의 기능은 다음과 같이 세분할 수 있다. 먼저 연구 기능으로서 분석 및 예측을 통해 관련 전략 비전을 제시하고, 윤리와 혁신 문제에 대한 지원 기능을 수행한다. 둘째로, 정책 원칙 제시 기능으로 데이터의 윤리적 사용을 위한 모범 사례를 제시하는 한편, 책임 있는 혁신에 필요한 윤리 가이드라인을 투명하고 신뢰성 있게 개발할 수 있도록 지원한다. 평가 기능으로서 지능정보기술 활용 행태 및 편향성에 대한 사안별 사후 심사를 한다. 마지막으로 라운

---

35) 광범위한 데이터 규모로 학습하고 광범위한 작업에 적용할 수 있는 인공지능 시스템으로 생성형 인공지능이 이에 해당한다.

36) Sector Deal은 산업영역별 지능정보기술의 수용에 관하여 정부와 산업계가 각각 기여할 역할에 대해 합의한 협정으로서, AI 분야의 경우 오랜 논의 기간을 거쳐 2018년 4월에 확정된 바 있다. Introduction to Sector Deals−GOV.UK <www.gov.uk/government/publications/industrial−strategy−sector−deals/introduction−to−sector−deals> (2021.2.28. 최종 접속)

37) 기구 설립의 경과 등 상세한 내용은 윤혜선, 인공지능 기술을 윤리적으로 탐하다: 영국의 데이터윤리혁신센터 설치 사례, KISO저널 제33호, 2019를 참조.

드 테이블 운영 등을 통해 사회 공동체 전반의 의견을 수렴하여 잠재적인 이해관계의 충돌을 최소화할 수 있는 해법을 제시하는 공론 기능 역시 수행한다. CDEI의 구성과 운영 현황은 거버넌스의 구축 자체에서부터 장기간의 준비와 민간 및 공공 부문의 합의가 필요하다는 점, 독립성과 전문성을 고려한 조직 구성의 중요성, 지능정보사회에서의 기술 적용에 대한 사전 대응과 사후 대응책 겸비가 필요하다는 점 등을 시사한다.[38]

나. 유럽연합의 쌍방향 협력 체계

유럽연합은 인공지능 알고리즘을 규율하기 위한 거버넌스로 "The European AI Alliance"와 "AI HLEG"의 쌍방향 협력 체계를 구축하고 있다. EU 집행위원회는 각 분야에서 미래 정책에 대해 시민 의견을 광범위하게 수렴하는 플랫폼인 "Futurium"(미래의 장)을 운영하고 있으며, 이 중 인공지능 분야의 플랫폼은 "The European AI Alliance"라고 명명한다.[39] 이는 다양한 이해관계자로부터의 지속적인 의견 청취 및 피드백을 위한 플랫폼이며, 누구나 계정을 만들어 가입을 신청할 수 있으며, 관심사와 기여 분야 등에 대한 확인·심사를 거쳐 논의 플랫폼의 일원으로 활동이 가능하다. HLEG와의 상호작용을 통해 인공지능 분야에서 유럽의 경쟁력을 증진하는 것이 궁극적 목표이다. 반면 AI HLEG(High-Level Expert Group on Artificial Intelligence)는 "The European AI Alliance"를 지원하고 선도하기 위한 전문가 그룹(이른바 'Steering Group')이다.[40]

양 플랫폼의 최근 협업 사례로 지난 2019년 4월 8일 공표된 "신뢰할 수 있는 인공지능을 위한 윤리 가이드라인"의 작업 과정을 들 수 있다. 이미 언급한 대로 이 가이드라인은 인공지능 윤리의 목표로 기본권, 사회적 가치 및 각종 윤리 원칙을 포괄하는 "인간 중심"을 상정하고, 이를 위해 "신뢰할 수 있는

---

38) 선지원, 인공지능과 데이터 윤리를 위한 협력 거버넌스, ICT 통계분석, 정보통신정책연구원, 2019.

39) European AI Alliance | Shaping Europe's digital future <https://digital-strategy.ec.europa.eu/en/policies/european-ai-alliance> (2021.2.28. 최종 접속)

40) Expert group on AI | Shaping Europe's digital future <https://digital-strategy.ec.europa.eu/en/policies/expert-group-ai> (2021.2.28. 최종 접속)

인공지능" 추구를 천명한다. HLEG는 가이드라인의 초안을 일차적으로 개방형 플랫폼에 제출하였으며, 여기에서 수렴된 의견들을 반영하여 최종안을 작성한 바 있다.

　　유럽연합의 이러한 거버넌스는 전문가는 대중의 물음에 응답하고, 대중은 다시 전문가의 의견 조회에 응답하는 쌍방향 소통의 모범적인 사례로 평가할 수 있다. 포털을 통해 누구나 접근 및 의견 개진이 가능하여, 폭넓은 의견 수렴 기능을 한다는 점, The European AI Alliance와 AI HLEG 사이의 활발한 피드백과 상호작용으로 건전한 여론을 조성할 수 있다는 점 및 규범 정립을 위한 단계별 접근으로서 활발한 논의와 각계의 이해관계 수렴을 거친 윤리 초안을 작성한 이후, 의견 수렴 절차를 재실시한다는 점 등은 향후 인공지능 알고리즘 통제를 위한 거버넌스 구축 과정에서 참고할 만한 사항들일 것이다.[41]

IV. 우리나라에서의 알고리즘 통제 담론

　　우리나라에서는 각 기업들과 연구소 및 학회 등을 통하여 민간에서 자율적인 알고리즘 통제에 관한 가이드라인이 제안된 바 있다. 2019년 이후에는 정부 차원에서도 과학기술정보통신부(과기정통부), 금융위원회(금융위), 국토교통부, 행정안전부 등을 통해 인공지능과 관련한 가이드라인이 제안되었다. 또한 지능정보화기본법, 소프트웨어산업진흥법, 지능형 로봇 개발 및 보급 촉진법(지능형 로봇법) 등에도 알고리즘 통제와 관련한 기본적인 내용이 담겨 있다. 이하에서는 주요 가이드라인 및 관련 법령을 살펴보고자 한다.

1. 과학기술정보통신부의 인공지능 윤리 관련 정책

　　과기정통부는 AI 국가전략(2019.12.)에 따른 '사람 중심의 AI 구현'을 위해

---

[41] 선지원, 인공지능과 데이터 윤리를 위한 협력 거버넌스, ICT 통계분석, 정보통신정책연구원, 2019.

주요국 및 국제기구의 AI 윤리 규범의 비교·분석을 통해 글로벌 기준과 정합성을 갖춘 한국형 AI 윤리 기준을 마련할 필요성이 제기됨에 따라 2020년에 수행할 AI 윤리 주요 과제를 ① AI 윤리 기반 연구 → ② 윤리 원칙 도출 → ③ 실천방안 마련의 순으로 세 단계로 구분하고, 단계별로 세부과제(안)을 정하여 체계적인 논의를 추진하고 있다.[42]

과기정통부는 2020년 11월 27일, "국가 인공지능 윤리기준"(안)을 공개하고 공청회 등 여론 수렴 절차를 개시한 바 있다. 이에 따르면 인간을 위한 3개 기본원칙과 10대 핵심 요건을 제시하고 있다. 기본적으로 동 기준안은 범용성을 가진 일반원칙으로, 구속력이 있는 법이나 지침이 아닌 도덕적 규범으로 기업의 자율성을 존중하면서도 인공지능 윤리에 관한 플랫폼으로 기능할 수 있도록 하고 있다. 유의할 점은 본 윤리기준에서의 인공지능은 스스로 사고하고 행동할 수 있는 수준의 인공지능('강인공지능')을 의미하지 않는다는 것이다.[43] 인공지능 윤리의 논의가 기존의 이른바 "로봇 윤리"를 극복하고, 인간사회에서 실질적인 의미를 가지는 논의로 구체화되었다[44]는 점을 의미한다고 평가할 수 있다.

동 기준상의 3대 기본원칙이라고 함은 '인간성'(Humanity)을 구현하기 위해 인공지능의 개발 및 활용 과정에서 ① 인간의 존엄성 원칙, ② 사회의 공공선 원칙, ③ 기술의 합목적성 원칙을 지켜야 한다는 것을 의미한다. 한편, 위 3대 기본원칙을 실천하고 이행할 수 있도록 인공지능 개발 및 활용 전 과정에서 ① 인권 보장, ② 프라이버시 보호, ③ 다양성 존중, ④ 침해금지, ⑤ 공공성, ⑥ 연대성, ⑦ 데이터 관리, ⑧ 책임성, ⑨ 안전성, ⑩ 투명성의 요건이 충족되어야 한다. 이중에서는 특히 알고리즘 통제와 관련하여 프라이버시 보호, 침해금지, 데이터 관리, 책임성, 안전성, 투명성 등의 요건이 중요하다고 할 것이다.

또한, 최근 디지털플랫폼정부위원회의 출범 및 디지털플랫폼정부 추진 계획이 발표[45]되며 과학기술정보통신부도 "초거대 AI 경쟁력 강화 방안"을 발표

---

[42] 과학기술정보통신부 보도자료, 「AI 윤리 기준 정리 및 실천방안 마련」, 2020.4.20.
[43] 과기정통부, 보도자료, 사람이 중심이 되는 국가 인공지능 윤리기준(안) 공개, 2020.11.27.
[44] 이원태 외, 앞의 보고서, 11쪽.

한 바 있다. 이때, 알고리즘 통제의 관점에서는 초거대 AI에 대한 신뢰성·성능 평가 추진계획에 주목할 필요가 있다. 발표 내용에 따르면, 과학기술정보통신부는 기업의 자율적 참여를 전제로 초거대 AI 서비스에서 발생 가능한 주요 위험요인, 성능에 대한 객관성·공신력이 확보된 제3의 기관에 의한 평가를 추진하고자 한다. 이 경우 공평성, 성능 및 투명성, 데이터(출처) 적절성, 활용 적합성 등이 주요 평가 기준이 될 예정이다.[46]

2. 금융위원회의 알고리즘 규율 추진

금융위원회도 금융 분야 인공지능 윤리 가이드라인 및 인프라를 조성하여 금융 분야에서 인공지능 기술의 활성화에 나설 예정이다. 금융위는 2020. 7. 워킹 그룹 회의 이후 AI 금융 서비스 개발에 특화된 "금융 분야 AI 윤리 가이드라인"을 마련할 계획이고, 이에는 AI 관련 규제, AI 인프라, 소비자보호, 레그테크(RegTech: AI를 활용해 복잡한 금융규제를 기업이 이해하도록 하는 기술)와 섭테크(SubTech: 신기술을 활용해 금융 감독 업무를 효율적으로 수행하는 기술) 4개 측면에서 추진할 계획을 밝혔다.[47]

이후 2021년 금융위원회는 「금융분야 인공지능(AI) 가이드라인」을 발표했다. 본 가이드라인은 인공지능의 개발, 사업화 및 활용 전 단계에서의 신뢰성을 제고하여 금융분야에서의 인공지능 활용을 활성화하는 것을 목표로 한다. 해당 가이드라인은 금융회사뿐 아니라 금융연관 서비스 제공을 위해 인공지능을 직·간접적으로 활용하고 있거나 활용할 계획이 있는 비금융회사에게까지

---

45) 해당 발표에서 디지털플랫폼정부위원회는 AI·데이터를 국가전략사업으로 육성, 정부서비스 관련 GovTech 산업 육성, 디지털플랫폼정부 혁신역량의 지역 확산 등 주요 계획을 발표했다(디지털플랫폼정부위원회, 보도자료, 국민은 편리하게, 정부는 똑똑하게 '디지털플랫폼정부' 추진 본격 시동, 2023. 4. 14.).

46) 과학기술정보통신부, 보도자료, 디지털플랫폼정부 추진 본격 시동(초거대 인공지능(AI) 경쟁력 강화 방안 포함). 2023. 3. 14.

47) 김재호, "금융위, AI 윤리·인프라 조성한다…금융 분야 AI 활성화 워킹그룹 본격 가동", Ai타임스(2020.7.16.) <http://www.aitimes.com/news/articleView.html?idxno=130668> (2021.2.28. 최종 접속)

포괄적으로 적용된다.

「금융분야 인공지능(AI) 가이드라인」은 일반적으로 AI 활용에 대한 거버넌스 구축(윤리원칙과 기준 수립)에 대해서 규정한 이후, AI의 활용과 관련된 각 단계별로 가이드라인을 제시한다. 구체적으로 본 가이드라인은 ① AI 시스템의 기획 및 설계 단계 ② AI 시스템의 개발 단계 ④ AI 시스템의 평가 및 검증 단계 ④ AI 시스템의 도입, 운영 및 모니터링 단계로 나누어 AI 신뢰성을 제고하기 위해 각 주체가 어떠한 노력을 해야 하는지 규정한다. 또한, AI 시스템의 개발·운영 등을 외부기관에 위탁하고자 할 경우를 전제로 필요한 조치를 "AI 시스템 업무위탁에 관한 특례"에 별도로 규정하고 있다.

또한, 2022년 8월 금융위원회는 "금융분야 인공지능 활용 활성화 및 신뢰확보 방안"을 발표하며 금융권의 인공지능 활용 지원을 위한 로드맵을 제시했다.[48] 특히 이때, 신용평가·여신심사, 로보어드바이저, 챗봇, 맞춤형 추천, 이상거래탐지(FDS)로 구성된 5대 금융분야에서의 인공지능 기획·설계, 개발, 평가·검증, 도입·운영·모니터링의 각 단계에 대한 규정을 다룬 금융분야 AI 개발·활용 안내서도 발표했다.

위 발표의 후속조치로서 금융위원회는 2023년 「AI 기반 신용평가모형 검증체계」 및 「금융분야 AI 보안 가이드라인」을 마련했다.[49] 이중 「AI 기반 신용평가모형 검증체계」는 AI의 신용평가 및 여신심사에서의 활용에 주목하여, 데이터 관리, 알고리즘과 변수 산정, 결과에 대한 설명가능성 등 다양한 검증 영역을 제시한다. 이처럼 금융위원회는 다양한 금융 분야에서 활용되는 인공지능 알고리즘의 투명성 및 공정성 등 문제에 대한 지침을 꾸준히 마련하고 있으며, 위와 같은 지침들은 향후 더욱 세분화될 것으로 전망된다.

---

[48] 금융위원회, 보도자료, (금융규제혁신) 금융분야 인공지능 활용 활성화 간담회 개최 – 금융분야 인공지능 활용 활성화 및 신뢰확보 방안 발표 –, 2021. 7. 8.

[49] 금융위원회, 보도자료, 금융분야 인공지능의 신뢰를 높인다, 2023. 4. 17.

3. 국토교통부: 자율주행 자동차 가이드라인

국토교통부는 2020. 12. 15. 자율주행차의 윤리·보안·안전에 관한 가이드라인을 발표하였다. 이중 특히 본 장과 관련하여서는 자율주행차의 윤리 가이드라인이 깊은 관련이 있다.[50] 동 가이드라인은 특히 2018년 우버의 자율주행자동차 사고로 보행자가 사망하는 사건이 발생하며 자율주행자동차의 윤리 문제가 세계적으로 대두된 상황에서 제정되었다.

동 가이드라인은 기존에 세계적으로 발표된 가이드라인이 자율주행자동차가 추구해야 할 기본적 가치와 원칙을 구체적으로 언급하지 않음으로써 관련의무 사항들을 파악하기가 어려웠다는 문제의식 아래에 기본가치 및 행위원칙을 공통원칙으로서 제시하였다. 동 가이드라인은 자율주행자동차가 준수해야 할 기본가치로서 (1) 인간의 존엄성을 존중하고, 인간을 차별하지 않으며, 인간의 법·관습에 의한 판단과 통제에 따르도록 설계, 제작, 관리될 것, (2) 인간의 안전하고 편리하며 자유로운 이동권을 보장하고, 타인의 권리를 침해하지 않도록 설계, 제작, 관리될 것, (3) 자동차 사고로 인해 발생할 손실을 최소화하고 인간의 생명을 우선하도록 설계, 제작, 관리될 것(더불어, 손실을 최소화하는 과정에서 인간을 차별하지 않고 교통 약자를 고려하도록 설계, 제작, 관리될 것), (4) 지구 온난화, 교통체증 등을 고려하여 지속가능한 발전이 이루어지도록 설계, 제작, 관리, 운영될 것을 제시한다. 본 가이드라인은 기본 가치를 달성하기 위한 주요 행위 원칙으로 (1) 자율차는 문제 발생 시 책임을 확인할 수 있는 기록 시스템을 갖추어야 함(투명성), (2) 자율차는 인간의 안전을 최우선적으로 보호하도록 설계·제작·관리되어야 함(안전성), (3) 자율차는 개인정보 등의 보안 체계를 갖추어야 함(보안성), (4) 문제가 발생한 경우 관련 주체는 해당 문제에 대한 책임을 져야 함(책임성)과 같은 원칙을 제시하고 있다.

또한 동 가이드라인은 자율주행차와 관련하여 설계자, 제작자, 관리자, 서

---

[50] 해외에서는 미국의 경우 자율주행차 설계 지침에 윤리 부분을 포함(2016년 발표, 2018년 업데이트)한 바 있고, 독일에서는 자율주행차 윤리 가이드라인 발표(2017년). 국토교통부, 자율주행차 윤리·안전·보안에 방향 가이드라인 3종 발표, 2020.12.15.

비스 제공자 및 이용자 등 각 주체들이 준수해야 하는 윤리 원칙을 제시한다. 구체적으로는 자율주행차의 설계 및 제작 단계에서의 개조 및 해킹 방지 등을 고려하도록 설계/제작자의 의무를 제시하고 있고, 자율주행 관련 인프라 확충과 안전 등에 관한 관리자의 의무 및 자율차의 임의 개조 변경 및 오사용 금지 등 소비자의 의무를 함께 제시하고 있다.

4. 행정안전부: 자동처리 되는 개인정보 보호 가이드라인

행정안전부는 한국인터넷진흥원과 함께 Privacy by Design 개념을 적용하여 개인정보를 처리할 수 있도로 각 단계별 고려사항에 관한 가이드라인을 발표하였다. 즉, IoT(사물인터넷) 및 인공지능 기술은 혁신적인 서비스를 가능하게 하나, 개인정보 처리 흐름을 파악하기 어렵고 사후적 대응에는 한계가 있으므로, 기획 – 설계 – 점검에 이르기까지 개인정보 침해 가능성을 충분히 고려하도록 한 것이다.

동 가이드라인에 의하면 기획단계에서는 서비스에 꼭 필요한 개인정보인지 검토를 한 후 개인정보를 수집하는 경우의 법적 준수사항을 확인할 것을 요구하였다. 또한 설계 단계에서는 반드시 필요한 개인정보만 최소한으로 처리하고, 개인정보 처리 단계별 적절한 안전조치를 적용한 후 이를 투명하게 공개하고, 정보주체가 권리 행사를 쉽게 할 수도 있도록 보장할 것과 함께 개인정보의 제3자 제공 및 위탁의 경우 정보주체에게 이를 명확하게 안내하고, 서비스 해지 혹은 사업 종료 시에 개인정보의 파기 등 정보주체의 권리 보장 방안을 마련하였다. 마지막으로 점검 단계에서는 서비스를 출시하기 이전에 개인정보 침해 위험 요소를 점검하도록 하였다.

5. 개인정보보호법에서의 논의

개인정보보호법은 기본적으로 개인을 식별할 수 있는 정보인 "개인정보"의 처리를 규율하는 법률이다. 따라서 동법은 기본적으로 개인정보에 해당하는 데이터가 수집되어 인공지능에 의해 활용되는 과정을 규율하는 법률이다. 다만, 2023년 3월 동법의 개정으로 정보주체에게 자신의 개인정보 처리에 관하여 동의 여부를 결정할 권리 등 외에 "완전히 자동화된 개인정보 처리에 따른 결정을 거부하거나 그에 대한 설명 등을 요구할 권리"도 인정(개인정보보호법 제4조 제6호)됨에 따라 정보주체들이 개인정보를 활용해 결정을 내리는 알고리즘을 통제할 수 있게 되었다.

구체적으로 이번 개정에서 추가된 동법 제37조의2는 개인정보처리자가 정보주체의 개인정보를 토대로 자동화된 결정(인공지능을 포함한 완전히 자동화된 시스템으로 개인정보를 처리하여 이루어지는 결정)을 하는 경우 정보주체는 그 결정에 대한 설명을 요구할 수 있도록 규정하고 있다(개인정보보호법 제37조의2 제2항). 또한, 자동화된 결정이 정보주체의 권리·의무에 중대한 영향을 미치는 경우 정보주체는 자동화된 결정을 거부할 수 있다(동조 제2항). 개인정보처리자의 경우에도 자동화된 결정을 하는 경우 그 기준과 절차 및 개인정보의 처리방식을 정보주체가 쉽게 확인할 수 있도록 공개해야 한다(동조 제4항). 다만, 위와 같은 권리를 실현하기 위한 세부적인 절차는 시행령에 위임되어 있으며 아직 이와 관련된 시행령 개정은 공개되지 않은 상태이다.[51]

위와 같은 개정 개인정보보호법의 내용과 유사한 규정으로 국내법으로는 신용정보의 이용 및 보호에 관한 법률(이하 "신용정보법"), 해외 법률 중에는 EU GDPR의 프로파일링에 대한 규정을 확인할 수 있다. 신용정보법에 의할 때 신용정보주체는 개인신용평가회사등에게 ① 개인신용평가 및 금융거래에 관한 결정과 관련하여 자동화 평가를 하는지 여부 ② 자동화평가를 하는 경우 그 결과, 주요 기준, 이용된 기초정보의 개요 등에 대한 설명을 요구할 수 있다(신용정보법 제36조의2 제1항). 또한, 신용정보주체는 자동화평가에 대해서 자신에게 유리하다고 판단되는 정보를 제출하거나 정보의 정정을 요구하는 등 자동화평가에 대해 적극적으로 이의제기 등을 할 수 있다(신용정보법 제36조의2 제2항). 개

---

51) 개정 개인정보보호법 제37조의2는 2023. 9. 15. 시행 예정인 다른 동법의 조문들과는 달리 2024. 3. 15. 시행될 예정이며, 따라서 이에 대한 시행령 개정안은 본고 작성일 현재 아직 공개되지 않았다.

인정보보호법 제37조의2는 이러한 신용정보법의 규정을 참조하여 작성되었다고 볼 수 있으며, 다만 신용정보법의 경우 개인의 신용을 평가하는 중요도가 높은 알고리즘을 규율하는 측면에서 신용정보주체의 권리를 더 적극적으로 보호했다고 평할 수 있다.

위에서 확인한 바와 같이, EU에서는 개인정보 보호에 관한 규정(Regulation)으로서 EU GDPR에서 프로파일링 등 자동화된 개인정보의 처리에 의한 결정에 대한 규제가 이루어진다. EU GDPR은 개인의 권리에 중대한 영향을 미치는 개인정보의 자동화된 처리를 금지하며, 자동화된 처리의 예시로서 프로파일링(자연인의 개인적 사항을 평가하기 위한 모든 형태의 자동적인 개인정보의 처리)을 제시하였다.52) 프로파일링 역시 자동화된 개인정보의 처리에 해당한다고 볼 수 있으므로 개정 개인정보보호법에 의하더라도 정보주체는 이에 대해서도 설명 등을 요구하거나, 자신의 권리 및 의무가 중대한 영향을 받을 경우 이를 거부할 수 있다. 다만, 개정 개인정보보호법은 자동화된 개인정보의 처리에 의한 결정을 원칙적으로 금지하지는 않으며, 정보주체가 자동화된 결정을 거부할 때 입증책임 부담, 세부 절차 등에 관한 사항은 추후 관련 시행령 개정안을 주시할 필요가 있다.

6. 인공지능법안

인공지능법안의 주요 내용은 ① 인공지능 기본계획을 통한 산업 육성, ②

---

52) 개인에 대한 자동화된 의사결정 등을 규제하는 EU GDPR 제22조의 제목이 "프로파일링을 포함한 자동화된 의사결정(Automated individual decision-making, including profiling)"이라는 점에서 EU GDPR이 "프로파일링" 자체를 금지한다고 볼 여지도 있다. 그러나 EU GDPR 본문은 개인에게 중대한 법적 효과가 발생하는 "프로파일링 등 자동화된 개인정보의 처리에 의한 의사결정(a decision based solely on automated processing, including profiling)"이 금지된다고 규정하여 프로파일링을 "개인정보의 처리"에 대한 예시라고 볼 여지가 있다. EU GDPR 요약문(Recital) 71항에서도 개인정보의 자동화된 처리가 언급된 이후 그 예시로 프로파일링이 있다는 취지로 언급되었다는 점을 고려할 때 프로파일링은 개인정보의 처리에 대한 예시로서 EU GDPR에 의하더라도 프로파일링 자체가 금지되는 것은 아니며, 프로파일링에 기초한 의사결정이 (개인에게 중대한 법적 영향이 있는 경우) 금지되는 것으로 파악된다 (박노형·정명현, EU GDPR상 프로파일링 규정의 법적 분석, 2018, 292-293면.).

인공지능기술에 대한 우선허용·사후규제 원칙 확립 및 ③ 인공지능 윤리원칙에 관한 법적 근거 마련이다.[53] 특히 인공지능법안의 내용 중 활발한 논의가 이루어지고 있는 사항은 인공지능기술에 대한 우선허용·사후규제 원칙이다. 특정한 "허용될 수 없는 위험"의 인공지능을 규정하고, 해당 인공지능을 원칙적으로 규제한 유럽연합의 인공지능법안(EU AI Act; 이하 "유럽 인공지능법안")과는 달리, 인공지능법안은 인공지능 기술의 개발을 일반적으로 허용하되, 그 결과물에 대해서 사후적으로 위험에 따라 일정한 규제를 가하는 방안을 채택하고 있다.

특히, 인공지능법안은 인공지능 기술을 사후적으로 규제하는 규정을 둔 것과 동시에 인공지능산업의 육성을 위한 계획에 대해서 규정하는 등 인공지능산업을 지원하는 내용을 동시에 규정하고 있다. 이러한 규정 체계를 보더라도 인공지능법안은 유럽 인공지능법안보다는 인공지능 기술 발전 및 혁신을 지원하는 데 초점이 맞춰져 있다고 판단할 수 있다.

인공지능법안은 유럽 인공지능법안과 같이 인공지능의 위험에 기반한 규제 방안을 담고 있다는 점에 공통점을 찾을 수 있다. 인공지능법안은 안면인식기술 등 9개 분야의 인공지능을 '고위험영역 인공지능'으로 정의하고, 고위험영역 인공지능을 공급하는 사업자에게 해당 제품 및 서비스에 대한 사전에 고지하고 안전성을 확보할 의무를 부과한다. 그러나 유럽 인공지능법안은 위험 수준을 (i) 금지된 위험(unacceptable risk), (ii) 고위험(high risk), (iii) 제한적 위험(limited risk), (iv) 최소 위험(minimal risk)으로 구분하고, 고위험 인공지능에 대해서 제3의 인증기관으로부터 사전 적합성 평가를 받는 등 "인증"을 받을 의무를 부과하는 등 각 위험 수준에 따른 위험 관리 및 대응 조치를 요구한다는 점에서 차이가 있다. 이처럼 전반적으로 국내 인공지능법안은 유럽 인공지능법안보다 인공지능에 대한 규제를 완화하여 규정함으로써 상대적으로 인공지능 산업의 육성 및 진흥 등에 더 초점을 맞추고 있다.

---

53) 대한민국 국회, 전체 국회 과방위 법안2소위, 「메타버스법」 및 「인공지능법」 등 의결, 2023. 2. 14.

7. 지능정보화기본법

동법은 인공지능과 관련한 입법으로 2020. 6. 9. 전부 개정되어 같은 해 12. 10.부터 시행되고 있다. 제2조 제4호는 "지능정보기술"을 다음 각 목의 어느 하나에 해당하는 기술 또는 그 결합 및 활용 기술로 규정하고 있다.

- 전자적 방법으로 학습·추론·판단 등을 구현하는 기술
- 데이터(부호, 문자, 음성, 음향 및 영상 등으로 표현된 모든 종류의 자료 또는 지식을 말한다)를 전자적 방법으로 수집·분석·가공 등 처리하는 기술
- 물건 상호간 또는 사람과 물건 사이에 데이터를 처리하거나 물건을 이용·제어 또는 관리할 수 있도록 하는 기술
- 「클라우드 컴퓨팅 발전 및 이용자 보호에 관한 법률」 제2조 제2호에 따른 클라우드 컴퓨팅 기술
- 무선 또는 유·무선이 결합된 초연결지능정보통신기반 기술
- 그 밖에 대통령령으로 정하는 기술

한편, "지능정보사회윤리"란 지능정보기술의 개발, 지능정보서비스의 제공·이용 및 지능정보화의 추진 과정에서 인간 중심의 지능정보사회의 구현을 위하여 개인 또는 사회 구성원이 지켜야 하는 가치판단기준으로 규정되었다(동법 제2조 제12호).

동법에 따르면 지능정보사회 관련 정책을 추진하기 위하여 한국지능정보사회진흥원을 설립하도록 하였고(동법 제12조), 지능정보화를 추진함에 있어서 저작권 등 지적재산권을 보호하는 조치를 취하도록 하였고(동법 제19조), 과기정통부장관은 지능정보기술의 안정성·신뢰성·상호운영성을 확보하기 위한 기술기준을 고시할 수 있도록 하고 있고, 군사/의료 혹은 오작동 시 중대한 위해가 초래될 수 있는 지능정보기술에 대하여는 해당 고시를 준수할 의무가 있다(동법 제21조). 또한 동법에 따라서 과기정통부장관은 지능정보기술의 표준화에 관한 사업도 추진하도록 하고 있고(동법 제22조), 또한 생활파급력이 큰 지능정보서비스에 대하여는 안정성 및 신뢰성과 정보보호에 미치는 영향 등에 관한 평

가를 할 수 있도록 되어 있다(동법 제56조).

특히 동법 제6장 제2절 이하에서 인공지능의 안정성과 신뢰성 보장에 관한 제반 규정이 있는 바, 이 부분이 알고리즘의 통제와 가장 관련이 있다고 할 수 있다. 즉, 과기정통부장관이 지능정보서비스의 안정성을 확보하기 위한 최소 한도의 보호 조치의 내용과 방법을 정하여 고시할 수 있도록 하고 있고(동법 제60조), 사생활 보호에 적합하도록 지능정보기술을 개발·활용하도록 하고 있고(동법 제61조), 지능정보사회윤리와 이용자 권익 보호에 관한 시책을 마련하도록 하고 있다(동법 제62조 및 제63조).

본 법률은 국제적 기준과도 가장 일맥상통하는 알고리즘 통제에 관한 프레임워크를 개괄적으로 제시하고 있다. 특히 고위험 인공지능 영역(군사/의료 및 오작동 시 중대 위해 초래 기술)에 대하여 과기정통부장관의 기술기준 고시가 강제적으로 적용되도록 되어 있고, 영향평가 등을 할 수 있도록 하는 부분에 관하여는 보다 상세한 고시 내지 가이드라인이 제시될 것으로 기대한다.

8. 소프트웨어진흥법

알고리즘은 기본적으로 소프트웨어의 하나로 볼 수 있을 것이다. 소프트웨어진흥법 제2조 제1호에 의하면 "소프트웨어"란 컴퓨터, 통신, 자동화 등의 장비와 그 주변장치에 대하여 명령·제어·입력·처리·저장·출력·상호작용이 가능하게 하는 지시·명령(음성이나 영상정보 등을 포함한다)의 집합과 이를 작성하기 위하여 사용된 기술서나 그 밖의 관련 자료를 말한다. 동법에 의하면 과학기술정보통신부장관은 일정한 사항을 포함하는 소프트웨어 안전 확보를 위한 지침을 정하여 고시하도록 되어 있고(제30조 제2항), 중앙행정기관의 장은 소관 분야의 소프트웨어 안전에 관한 기술기준을 수립하는 경우 위 지침 또는 국제표준 등을 고려하도록 되어 있다(동조 제3항).

위 조항에 따라 제정된 소프트웨어 안전 확보를 위한 지침[시행 2020. 12. 17.] [과학기술정보통신부고시 제2020−77호, 2020. 12. 17., 제정]에 의하면 공공기관은 개발 예정이거나 운영하고 있는 소프트웨어 중 소프트웨어가 수행하거나 지원하는 업무의 국가 사회적 중요성, 타 소프트웨어 또는 시스템과의 상호연계성, 소프트웨어 안전사고 발생 시 예상 피해규모 및 범위, 소프트웨어 안전사고나 장애의 발생가능성 또는 그 복구의 용이성을 고려하여 안전관리 대상 소프트웨어를 지정하여야 한다(동 지침 제5조 제1항). 여기서 안전관리 대상 소프트웨어라고 함은 소프트웨어 오작동 및 안전기능 미비 등으로 생명, 신체 또는 재산에 위험을 초래하거나 영향을 미칠 수 있는 소프트웨어로서, 해당 소프트웨어를 개발하거나 운영하는 공공기관이 안전관리 대상으로 지정한 소프트웨어를 말한다(동 지침 제2조 제1항). 동 지침은 소프트웨어의 개발 및 운영단계에서의 안전 확보에 관하여 각각 규정하고 있다.

먼저 개발 단계에서는 공공기관은 안전관리 대상 소프트웨어의 요구사항 정의 시, 안전을 확보하기 위해 필요한 소프트웨어 안전기능 및 계획, 설계, 구현, 검증 등 개발 단계별 안전 활동에 관한 내용을 포함하도록 하고 있다(동 지침 제6조 제1항). 이때, 공공기관은 안전관리 대상 소프트웨어의 위험원을 분석하여야 한다(동 지침 제7조). 또한 공공기관은 소프트웨어 개발자에게 소프트웨어 안전 요구사항이 안전관리 대상 소프트웨어의 설계 및 구현 시 반영되도록 요구할 수 있으며, 기술적 안전 조치(예: 오류 검출, 상황 식별, 다중화, 복구 등)를 마련하고 그에 대한 자료 및 설명을 요청할 수 있다(동 지침 제8조 제1항 및 제2항).

다음으로 운영단계에서는 공공기관은 안전관리 대상 소프트웨어의 운영을 위해 운영관리계획을 주기적으로 수립하여야 하고(동 지침 제10조), 운영위험 분석 및 안전점검을 하여야 한다(동 지침 제11조 및 제12조). 또한 공공기관은 안전관리 대상 소프트웨어의 중대한 장애나 안전사고가 발생한 경우 해당 공공기관 내의 유사 시스템 담당자에게 장애 및 안전사고 정보를 공유하도록 하고 있다(동 지침 제15조).

이상의 내용은 공공기관의 소프트웨어 개발에 관한 내용이지만, 알고리즘의 통제에도 적용될 수 있다. 공공기관이 인공지능을 활용하는 경우뿐만 아니라 민간 기업이 인공지능을 활용하는 경우에도 이를 유추할 수 있을 것이다.

9. 지능형 로봇 개발 및 보급 촉진법(지능형 로봇법)

지능형 로봇법에 의하면 "지능형 로봇"이란 외부환경을 스스로 인식하고 상황을 판단하여 자율적으로 동작하는 기계장치(기계장치의 작동에 필요한 소프트웨어를 포함한다)를 말한다(제2조 제1호). 여기에서는 소프트웨어를 포함하고 있으므로 인공지능의 알고리즘도 이에 해당할 수 있다.[54]

동법에 따르면 산업통상자원부에 로봇산업정책심의회를 두고, 지능형 로봇에 관한 전반적인 정책 및 윤리헌장에 관한 사항을 결정하도록 하고 있다(동법 제5조의2). 여기에서 "지능형 로봇 윤리헌장"이란 지능형 로봇의 기능과 지능이 발전함에 따라 발생할 수 있는 사회질서의 파괴 등 각종 폐해를 방지하여 지능형 로봇이 인간의 삶의 질 향상에 이바지 할 수 있도록 지능형 로봇의 개발·제조 및 사용에 관계 하는 자에 대한 행동지침을 정한 것을 말한다(동법 제2조 제2호).

동법 제18조에 따르면 정부는 지능형 로봇 개발자·제조자 및 사용자가 지켜야 할 윤리 등 대통령령으로 정하는 사항을 포함하는 지능형 로봇 윤리헌장(이하 '헌장'이라 한다)을 제정하여 공표할 수 있도록 되어 있으나, 아직 동 헌장은 발표된 바 없다. 다만, 그 시행령에서는 동 헌장에 로봇 기술의 윤리적 발전방향, 로봇의 개발·제조·사용 시 지켜져야 할 윤리적 가치 및 행동 지침을 규정하도록 하고 있으므로(동법 시행령 제11조), 이를 반영한 헌장이 발표될 것을 기대한다.

지능형 로봇법은 기존에 2028년 6월 30일까지 적용되는 한시법으로서 입법되었으나 2023년 4월 지능형 로봇법 개정안이 통과됨으로써 영구법으로 전환되어 어느 정도 쟁점으로 다루고 있다. 한편, 본 개정에서 실외이동로봇의 정의가 추가되고 그 사용을 허용하기 위한 조항이 추가되었다. 개정 지능형 로봇법에 의하면 실외이동로봇은 "배송 등을 위하여 자율주행(원격제어를 포함한다)으로 운행할 수 있는 지능형 로봇"으로 정의(동법 제2조 제4의2호)되었으며, 운행안전인증제도(동법 제40조2), 운영자의 보험가입(동법 제40조의4) 의무 등이

---

[54] 김윤명, 앞의 글, 2019, 16쪽 이하.

도입되었다. 이처럼 지능형 로봇법은 실외이동로봇을 허용하되, 사고 위험 등 알고리즘에 의한 로봇의 움직임에 따른 위험을 고려해 적절한 안전성 확보 방안을 마련했다고 볼 수 있다.

V. 알고리즘 통제를 위한 법적인 고려

1. 법적 규율의 필요성과 가능성

위에서 살펴본 대로 인공지능 시스템의 작동 과정에서 중요한 요소인 데이터로 인한 부작용을 막기 위해 윤리 규범적인 담론들이 다수 생성되고 있다. 그러나 이러한 윤리 논의들을 실체화하기 위해서는 현실 세계에서 실효성을 부여할 수 있는 제도적 관철 방안에 대한 논의가 뒤따라야 할 것이다.

인공지능의 사용 자체가 직접적으로 이용자의 기본권을 침해할 수도 있으며, 인공지능의 사회적 수용으로 인해 노동 구조 등이 변화함으로써 개인의 삶을 변화시킬 수도 있다. 법적 규율의 대상으로서 모색할 수 있는 것은 이 중 일차적으로 개인의 인권 혹은 기본권에 대한 침해의 모습으로 나타나는 리스크일 것이다.

개별적인 권리 침해나 법률 위반에 해당하지 않는 한 결국 인공지능 윤리의 문제로 이어지며, 윤리의 속성에 알맞은 대응이 필요하다. 과학기술 윤리, 정보통신윤리 및 생명윤리 등의 영역에서 기술의 사용이 야기하는 윤리적인 문제는 일찍부터 제기되어 왔을 뿐만 아니라, 법률상으로도 관계인들이 준수해야 하는 일정한 의무가 존재한다.[55] 그러나 추상적이고 포괄적인 윤리적인 규

---

55) 과학기술기본법 제4조 제5항은 "과학기술인은 자율을 바탕으로 과학기술 활동을 수행하되 과학기술이 미치는 사회적·윤리적 영향을 고려하여 진실성 있게 수행하여야 하며, 경제와 사회의 발전을 위하여 과학기술의 역할이 매우 크다는 점을 인식하고 자신의 능력과 창의력을 발휘하여 이 법의 기본이념을 구현하고 과학기술의 발전에 이바지하여야 한다."라고 규정하고 있다. 구 국가정보화기본법 제40조는 "국가기관과 지방자치단체는 건전한 정보통신윤리를 확립하기 위하여 미풍양속을 해치는 불건전한 정보의 유통을 방지하고 건강한 국민정서를 함양하며, 불건전한 정보로부터 국민을 보호하기 위하여" 일정한 시책을 마련해야

범 외에 법적인 규제를 적용하는 일에는 신중할 필요가 있다. 법은 기본적으로 "수범자 또는 행위자가 외부적으로 야기한 결과"에 대해 규율하는 것이어야 하며,[56] 리스크에 대해 규율한다 할지라도 그 리스크가 구체화되었을 때 한해 직접적인 법적 규제를 발동하는 것이 바람직할 것이다.

때문에 직접적인 법적 규율이 가능한 경우는 관계 시민의 권리를 직접적으로 침해할 가능성이 있는 공적 영역에서의 인공지능 알고리즘을 사용하여 자동화된 결정을 내리는 경우 및 현행의 법제가 금지하고 있는 기본권에 대한 직접적인 침해가 나타나는 경우(예컨대 개인정보 보호법상의 절차를 위반한 프라이버시의 침해 등)에 한정될 필요가 있다. 리스크가 구체화되지 않은 경우에는 직접적인 법적 규제보다는 계약관계를 통한 규율(계약 내용에 대해서는 제한적인 비례성 심사만 가능), 거버넌스를 통한 규율, 윤리기준 등을 통한 간접적인 규율이 바람직해 보인다.

이렇듯 법적 규율의 정당성은 리스크의 존재와 구체화 여부에 좌우된다. 따라서 결국 중요한 것은 위에서 언급한 리스크에 대한 정교한 분류 기준을 정립하는 것이다. 이런 의미에서는 리스크 평가를 위한 영향평가의 의무화 및 영향평가 기준의 제시와 같은 사항 자체가 중요한 규제 요소가 될 수도 있다.

2. 법적 규율의 한계

알고리즘에 대한 과도한 규제 내지 부적절한 규제는 알고리즘의 개발 자체를 위축시켜 인공지능 사용으로 사회가 얻을 수 있는 편익마저 차단할 위험을 발생시킬 수 있다. 따라서 알고리즘 단계에서 어떤 형태의 규제가 어느 정도의 범위에서 이루어져야 하는지 논하는 일은 인공지능의 사회적 수용성을 판단하는 단계에서 매우 중요한 과업이다. 인공지능 기술 발전은 명확하게 예측하기 어렵고, 그에 따른 편익이나 리스크도 불투명한 상황이다. 따라서 법적

한다고 규정하고 있었다. 생명윤리 및 안전에 관한 법률 제5조 제1항은 "국가와 지방자치단체는 생명윤리 및 안전에 관한 문제에 효율적으로 대처할 수 있도록 필요한 시책을 마련하여야 한다."라고 규정한다.

56) 선지원 외, 앞의 보고서, 115쪽.

규율을 위한 첫 번째 한계는 리스크의 분석을 통해 알고리즘 사용의 법적 규율 필요성이 사전에 규명되어야 한다는 점이다.

이미 언급한 바대로 인공지능의 사용은 그 자체로서 의미를 갖는다기보다는 개별 영역에 적용되는 모습을 통해 가치를 갖게 된다. 따라서 법적 규율에 있어서도 개별 영역의 법제와의 조화 혹은 개별 영역 법제로의 수용이 필요하다. 예컨대 교통 분야에서 인공지능을 사용할 때에 기본적인 규율은 교통 관계 법들을 통해 이루어져야 하는 것이다. 이렇게 기존 법체계와의 정합성 및 연계성을 유지하여야 한다는 점[57]이 인공지능 알고리즘에 대한 법적 규율의 두 번째 한계이다.

인공지능 기술 발전의 추이나 사회 전체의 인공지능 수용의 정도 역시 법적 규율의 정립을 위해 주시해야 하는 상황일 것이다. 아직 기술 개발이 완전히 이루어지지도 않은 알고리즘에 대해 규제를 먼저 설계하는 일은 인공지능의 기술 개발 촉진 측면에서도 규제론의 일반적인 철학 측면에서도 바람직하지 않아 보인다. 이렇게 인공지능 기술 개발과 사회적 수용의 정도와 비교하여 적정한 규제 방식을 고안하는 일 역시 알고리즘에 대한 법적 규율의 한계라고 제시할 수 있을 것이다.

VI. 맺음말

알고리즘 통제의 경우 규제기구에 의한 모든 알고리즘 의사결정을 감독하여야 한다는 의견, 알고리즘의 투명성과 설명가능성 정도를 의무화하자는 의견, 일반화된 수준의 감독기준 정도만 제시하자는 의견, 별도의 규율은 불필요하다는 의견이 있으나,[58] 살펴본 대로 법제 측면에서는 감독자들의 전문성을 고려하였을 때, 일반적인 원칙 —편향의 결과를 감독하기 위한 알고리즘의 투

---

57) 같은 견해로 정원준·선지원·김정언, 인공지능 시대의 법제 정비 방안, KISDI Premium Report 19-07, 정보통신정책연구원, 2019, 37쪽 이하.
58) 김윤명, 앞의 글, 제34쪽.

명성과 설명가능성 등- 정도를 의무화함과 동시에 일반적인 수준의 기준을 제시하는 것이 가장 현실적인 방안일 것이다.

입법 또는 제도화(가이드라인 정립 등)에 있어 고려할 주요 내용은 다음과 같이 정리할 수 있을 것이다. 물론 해당 인공지능 기술의 위험도 및 사용 영역에 따라 그 범위나 정도가 달라질 수 있을 것이다(금융, 의료, 자율주행 자동차와 같이 리스크가 현실화될 가능성이 큰 곳에 대하여는 좀 더 정교한 규제가 필요할 것으로 보인다).

첫째로, 알고리즘과 데이터에 관한 규율을 개인정보 보호의 차원에만 국한시켜서는 안될 것이다. 우리나라의 경우 설명요구권은 기본적으로 개인정보의 관점에서는 개인정보주체가 개인정보처리자에게 개인정보결정권에 근거하여 자신의 개인정보처리에 관한 내용을 알려달라고 하는 권리이다(개인정보 보호법 제35조). 이는 헌법상의 행복추구권(제10조) 및 사생활의 비밀과 자유(제17조)에 근거하고 있다. 다만, 우리나라의 개인정보 보호법 측면에서의 설명요구권만으로는 알고리즘 통제를 하는 근거로는 충분하지 못한 것으로 볼 수 있다. 개인정보가 관련되지 않은 경우에도 사회안전의 차원에서 알고리즘이 데이터를 처리하는 방식을 통제하는 것이 필요하기 때문이다.

둘째로, 알고리즘의 투명성과 책임성 확보는 정보공개와 설명 의무를 통해서 가능할 것이다. 따라서 기본적으로 알고리즘 투명성에 대한 가이드라인을 제시하여 개발자가 알고리즘의 작동 원리의 기본적인 부분을 공개하고, 설명할 수 있도록 준비하게 하는 것이 필요하다. 물론, 알고리즘이 갖는 영업비밀성 내지 지식재산권에 대한 침해 가능성이라는 측면을 고려해야 할 것이다. 알고리즘 소스코드나 로직을 어느 정도까지 공개하거나 설명하도록 할지(내용적인 측면) 그리고 알고리즘을 공개하거나 설명하는 과정에서 비밀유지가 가능하도록 하는 장치의 도입(절차적인 측면) 등을 통해서 위와 같은 문제는 보완이 가능할 것으로 보인다. 그 정도와 범위는 인공지능의 위험도에 따라서 달라질 수 있을 것이다.

셋째로, 안전성에 관한 표준·인증체계 등이 마련되어야 할 것이다. 이에 관하여는 지능정보화기본법에서 그 근거 규정을 두고 있으므로, 사회적 합의에 바탕을 둔 합리적인 표준 및 인증체계를 마련하는 것이 필요할 것이다. 우선적으로는 이를 통한 자체 인증 방안을 마련하는 것도 고려하는 것이 필요할 것이다.

넷째로, 알고리즘에 사용되는 프로그래밍과 학습용 데이터에 대하여 편향성 검사 등 데이터 정합성에 대한 확인을 하는 것이 필요할 것이다. 실제 이루다 사건에서도 법원이 관련 데이터베이스의 삭제 금지명령을 통하여 증거를 보전한 사례가 있다.[59]

마지막으로 인공지능의 경우 그 초연결성으로 인하여 국제적인 협력의 필요성이 그 어느 때보다도 크다고 할 수 있다. 또한 규제의 국가 간 불균형으로 인하여 어느 특정 국가의 인공지능 사업만 규제 속에 있는 것도 바람직한 것은 아니다. 따라서 인공지능의 데이터 확용 및 알고리즘의 통제에 관한 국제적인 통일된 규범을 만드는 것이 어느 때보다도 절실하다고 할 것이다.

---

[59] 이효석, AI '이루다' 개발사 수집 연인들 카톡 대화 파기 못한다, 연합뉴스(2020.2.19.). <https://www.yna.co.kr/view/AKR20210219095900017?input=1195m> (2021.2.28. 최종 접속)

참고 문헌

고선규, 인공지능과 어떻게 공존할 것인가, 타커스, 2019.

김윤명, 알고리즘과 법, 한국정보화진흥원(NIA), 2019.

김종세, 인공지능의 안전성과 인간윤리에 대한 법정책적 고찰, 한국법학회 법학연
구 제20권 제1호, 2020.

김태오·심우민·선지원·방정미·김법연·박현주·손정구, 알고리즘에 기반한 결정
의 역기능 방지를 위한 규제 방안 연구, 한국공법학회, 2020.

문정욱 외, 윤리적 인공지능을 위한 국가정책 수립, 정보통신정책연구원, 2020.

박노형·정명현, EU GDPR상 프로파일링 규정의 법적 분석, 2018.

선지원, 유럽 HLEG 인공지능 윤리 가이드라인과 지능정보사회 이용자보호 정책의
비교, The Digital Ethics Vol. 3, No. 1, 2019.

선지원, 인공지능과 데이터 윤리를 위한 협력 거버넌스, ICT 통계분석, 정보통신정
책연구원, 2019.

선지원, 인공지능의 사회적 수용을 위한 국가법의 과제, 국가법연구 제16집 제3호,
2020.

선지원·조성은·정원준·손승우·손형섭·양천수·장완규, 지능정보기술 발전에 따
른 법제·윤리 개선 방향 연구, 정보통신정책연구원, 2019.

윤혜선, 인공지능 기술을 윤리적으로 탐하다: 영국의 데이터윤리혁신센터 설치 사
례, KISO저널 제33호, 2019.

이원태·김정언·선지원·이시직, 4차산업혁명시대 산업별 인공지능 윤리의 이슈 분
석 및 정책적 대응방안 연구, 4차산업혁명위원회, 2018.

이준배·안명옥·김민진·김지혜, 금융산업에서 AI 활용과 인간의 역할에 관한 고
찰, KISDI AI Outlook, 2020년 봄 Vol. 1.

정원준·선지원·김정언, 인공지능 시대의 법제 정비 방안, KISDI Premium Report
19-07, 정보통신정책연구원, 2019.

최성환·박진아·선지원·방정미·박민지, 데이터 기반의 적극행정을 위한 법제 개
선방안 연구, 경기연구원, 2021.

한국정보화진흥원, 「EU 인공지능 백서와 데이터 전략」, 2020.5.8.

과학기술정보통신부, 보도자료, 디지털플랫폼정부 추진 본격 시동(초거대 인공지능
(AI) 경쟁력 강화 방안 포함). 2023. 3. 14.

금융위원회, 보도자료, 금융분야 인공지능 활용 활성화 간담회 개최 −금융분야 인공지능 활용 활성화 및 신뢰확보 방안 발표−, 2021. 7. 8.

금융위원회, 보도자료, 금융분야 인공지능의 신뢰를 높인다, 2023. 4. 17.

김은영, "'AI닥터', 어디까지 왔나", The Science Times(2018.12.14.), <https://www.sciencetimes.co.kr/news/ai−%EB%8B%A5%ED%84%B0−%EC%96%B4%EB%94%94%EA%B9%8C%EC%A7%80−%EC%99%94%EB%82%98> (2020.12.31. 최종 접속)

김명화, "AI분석 10대 유망기술…재생에너지·자율주행·바이오 등", 이미디어(2020.2.4.), <http://emedia.news/news/newsview.php?ncode=1065577154444474> (2020.12.31. 최종 접속)

김재호, "금융위, AI 윤리·인프라 조성한다…금융 분야 AI 활성화 워킹그룹 본격 가동", Ai타임스(2020.7.16.) <http://www.aitimes.com/news/articleView.html?idxno=130668> (2021.2.28. 최종 접속)

디지털플랫폼정부위원회, 보도자료, 국민은 편리하게, 정부는 똑똑하게 '디지털플랫폼정부' 추진 본격 시동, 2023. 4. 14.

송종호, "[단독]학연·지연은 없었다…사람만 본 국민은행 'AI 인사부장님'", 서울경제(2020.7.15.), <https://signalm.sedaily.com/NewsView/1Z5BA2Q7QL/GC06> (2020.12.31. 최종 접속)

신희강, 2030년 데이터·AI경제 규모 16조 달러…혁신 생태계 조성해야, 아주경제 2019.1.16. <https://www.ajunews.com/view/20190116095345172> (2020.12.31. 최종 접속)

심서현, "中 숨겨도 캐나다 AI는 알았다…한달 전 우한폐렴 예측한 의사", 중앙일보(2020.1.28.), <https://news.joins.com/article/23691481> (2020.12.31. 최종 접속)

양병찬, "[바이오토픽] 자살을 예방하는 인공지능 알고리즘에 관심 집중", 정신의학신문(2018.6.3.), <http://www.psychiatricnews.net/news/articleView.html?idxno=9474> (2020.12.31. 최종 접속)

이효석, AI '이루다' 개발사 수집 연인들 카톡 대화 파기 못한다, 연합뉴스(2020.2.19.) <https://www.yna.co.kr/view/AKR20210219095900017?input=1195m> (2021.2.28. 최종 접속)

현기호, "인공지능법 제정 눈앞, 주요 내용은?", 이코리아(2023. 2. 15.), <https://www.ekoreanews.co.kr/news/articleView.html?idxno=65347> (2023. 8. 25. 최종접속)

AI가 광고 마케팅에 활용되는 5가지 모델 | Digital Marketing Korea ＜https://www.digitalmarketingkorea.co.kr/2020/03/06/dms－ai－market－ing－5－models/＞ (2020.12.31. 최종 접속)

Artificial Intelligence vs. Machine Learning vs. Deep Learning | Towards Data Science ＜https://towardsdatascience.com/artificial－intelligence－vs－machine－learning－vs－deep－learning－2210ba8cc4ac＞ (2021.2.28. 최종 접속)

European AI Alliance | Shaping Europe's digital future ＜https://digital－strategy.ec.europa.eu/en/policies/european－ai－alliance＞ (2021.2.28. 최종 접속)

Expert group on AI | Shaping Europe's digital future ＜https://digital－strategy.ec.europa.eu/en/policies/expert－group－ai＞ (2021.2.28. 최종 접속)

Introduction to Sector Deals－GOV.UK ＜https://www.gov.uk/government/publications/industrial－strategy－sector－deals/introduction－to－sector－deals＞ (2021.2.28. 최종 접속)

MOEF(2018.7.17.), "데이터가 정해주는 합리적인 가격! 다이내믹 프라이싱의 변화", ＜https://m.blog.naver.com/PostView.nhn?blogId＝mosfnet&logNo＝221320806418&proxyReferer＝https:%2F%2Fwww.google.co.kr%2F＞ (2020.12.31. 최종 접속)

Die Budnesregierung, Stellungsnahme der Bundesregierung der Bundesrepublik Deutschland zum Weißbuch zur Künstlichen Intelligenz－ein euro－päisches Konzept für Exzellenz und Vertrauen, 2020.6.

EU, "WHITE PAPER: On Artificial Intelligence－A European approach to ex－cellence and trust", 2020.2.

Ubaldi, Barbara et al.. "State of the art in the use of emerging technologies in the public sector", OECD Working Papers on Public Governance, No. 31, OECD, Paris 2019. 443.

3

데이터와 사이버보안

장완규 / 용인예술과학대학교 교수

I. 서론

빅데이터와 사이버보안의 시대가 도래하였다. 이는 우리의 삶과 비즈니스에 기회와 위협으로 작용한다. 최근 우리는 데이터 처리 및 분석 분야에서 기존 데이터베이스 관리도구의 능력을 넘어서는 대량(수십 테라바이트)의 정형 또는 심지어 데이터베이스 형태가 아닌 비정형의 데이터 집합조차 포함한 데이터로부터 가치를 추출하고 결과를 분석하는 기술[1]인 '빅데이터'란 용어에 매우 익숙해져 있다. 사이버보안 관점에서 빅데이터는 데이터를 보호하고 향후 사이버 공격을 방지하기 위한 분석 및 보안 솔루션 측면에서 새로운 가능성을 열었다.

그러나 빅데이터가 사이버보안에 새로운 가능성을 열어준 것처럼 사이버 공격자들에게 첨단기술을 이용하여 대량의 민감한 개인정보에 액세스할 수 있는 기회 또한 제공하였다. 데이터에 있어서 사이버보안은 그 어느 때보다 중요하게 되었고, 데이터의 분석, 처리 및 활용을 핵심기능으로 하는 사물인터넷, AI, 클라우드 서비스 등 그 제반 기술에 대해서도 마찬가지로 사이버보안의 중요성은 점차 증대되고 있다.

따라서 이하에서는 데이터와 사이버보안의 관계를 살펴본 후, 사이버보안의 개념 및 그 침해 유형을 구체적으로 알아보고자 한다. 더불어 현재 4차 산

---

1) 위키백과사전

업혁명 기반의 기술 중 데이터가 핵심이 되는 사물인터넷과 AI의 사이버보안에 대하여 자세히 알아보고자 한다.

Ⅱ. 빅데이터와 사이버보안

1. 증대되는 위협과 새로운 기회

현재 수집, 저장, 처리되는 데이터의 양이 기하급수적으로 증가함에 따라 사이버보안은 점점 더 복잡해지고 있다. 혹자는 빅데이터가 위협이라 말하기도, 또는 구세주라 말하기도 한다. 빅데이터는 많은 양의 데이터를 저장할 수 있으며 데이터 분석가가 네트워크 내의 불규칙성을 조사, 관찰 및 감지하는 데 도움이 된다.

따라서 빅데이터 분석은 사이버 공격을 예방하고 방지하는 데 활용될 수 있다. 즉, 빅데이터에서 제공되는 보안 관련 정보는 문제를 감지하고 해결하는 데 필요한 시간을 단축하여 사이버보안 분석가가 침입 및 침입 가능성을 예측하고 방지할 수 있도록 한다.

CSO Online 보고서(정보 보안 온라인 잡지)에 따르면 설문조사 응답자의 84%가 사이버 공격을 차단하기 위해 빅데이터를 사용했다고 답했으며, 또한 응답자의 90%가 빅데이터 분석을 보안관리 운영에 도입한 후, 보안침해가 상당히 감소했다고 보고하였다.[2]

빅데이터 분석도구의 통찰력을 이용하여 악성코드나 랜섬웨어(Ransomware)[3] 공격, 손상되거나 취약한 장치, 악의적인 내부자의 프로그램 등을 포함한 사이버보안에 대한 위협을 탐지할 수 있다. 따라서 빅데이터 분석이야말로 사이버보안을 개선하는 데 있어 가장 최적화된 도구라 평가할 수 있다.

---

2) https://www.csoonline.com/article/3139923/how−big−data−is−improving−cyber−security
3) 랜섬웨어는 컴퓨터 시스템을 감염시켜 접근을 제한하고 일종의 몸값을 요구하는 악성 소프트웨어의 한 종류를 말한다.

그러나 매일 새로운 보안 위협에 맞서 최신의 보안을 유지하는 것이 정말 가능할 지에 대해선 CSO 온라인 설문조사의 응답자 59%는 데이터를 유지하고 완벽하게 분석할 수 없어서 해당 기관이 한 달에 한 번 이상은 공격당했다고 답했다.[4]

언뜻 보안이라는 주요 문제를 해결하는 것이 간단해 보일 수 있지만, 사이버 공격을 방지하기 위해 처리하고 분석해야 하는 데이터의 규모와 대응 속도를 살펴보면 문제는 간단치 않다. 처리해야 하는 데이터의 양을 파악하기 위해 20,000개의 장치(노트북, 스마트폰, 서버 등)가 있는 중간 규모 네트워크는 24시간 동안 50TB 이상의 데이터를 전송하며, 또 IBM에서 발간하는 '2019 Cost of a Data Breach Report'에 따르면 2019년 기준으로 데이터의 침해사실을 확인하는 데에만 평균 206일이 걸렸고 침해를 억제하는 데 걸리는 평균 시간은 73일로, 총 279일이 소요되었다고 한다.[5]

전통적으로 데이터를 마이닝(data mining: 대규모의 데이터베이스 안에서 일정한 규칙을 찾아내어 데이터를 분석하는 일)하고 사이버 공격을 방지하는 데 이용된 기술과 보안 도구는 사전 예방적 조치보다는 보다 사후 대응적 조치에 가깝고, 많은 수의 오탐지를 생성하고 비효율성을 만들어 실제 위협으로부터는 별로 도움이 되지 못하였다. 우리는 최신 기술을 이용하여 개인정보 및 민감한 데이터의 보호 방법을 쉽게 알아낼 수 있다면 빅데이터가 제공하는 기회와 편익은 엄청날 것으로 기대된다.

2. 사이버보안의 개념 및 유형

전술한 사이버보안은 사이버 환경에서 네트워크 운영상의 위험으로부터 조직과 사용자의 자산을 보호하기 위해 사용하는 기술적 수단, 보안 정책, 개념, 보안 안전장치, 가이드라인, 위기관리 방법, 보안행동, 교육과 훈련, 모범 사례, 보안보증 그리고 보안기술 등의 집합으로[6] 악의적인 공격으로부터 컴퓨

---

4) https://www.csoonline.com/article/3139923/how−big−data−is−improving−cyber−security

5) https://www.ibm.com/downloads/cas/RDEQK07R

터, 서버, 모바일 장치, 전자시스템, 네트워크 및 데이터를 방어하는 것을 말한다. 흔히 정보기술의 보안 또는 전자정보의 보안이라고도 한다.

'사이버보안'이란 용어는 비즈니스에서 모바일 컴퓨팅에 이르기까지 다양한 맥락에서 사용되며 다음과 같이 몇 가지의 유형으로 나눌 수 있다.

가. 네트워크 보안(Network security)

네트워크 보안이란 인터넷과 같은 공용 네트워크를 이용하여 허가되지 않은 네트워크에 접속하거나, 네트워크에서 이용 가능한 자원에 접근하려 할 때, 외부 침입자로부터 조직의 자산 가치와 정보를 보호하고 불법적인 서비스 이용을 방지하기 위해 시도하는 활동을 말한다. 즉, 사이버 공격자로부터 컴퓨터 네트워크를 보호하는 것을 말한다.

네트워크를 위협하는 외부의 침입 형태는 e-메일 첨부 파일을 통한 악성 코드의 유포, 스파이웨어 설치, 인터넷 피싱 등에 의한 해킹, 바이러스 배포, 트로이 목마 프로그램, 반달(vandal: 파괴를 일으키는 소프트웨어), 정찰 공격, 액세스 공격, 서비스 거부 공격 등이 있다. 반대로 네트워크에서 정보를 보호하기 위한 방법은 구축된 네트워크의 환경에 따라 바이러스 백신 소프트웨어, 전자 인증 서비스, 아이디와 패스워드, 스파이웨어 설치 차단, 방화벽 설치 등의 다양한 방법을 적용한다.[7]

나. 애플리케이션 보안(Application security)

애플리케이션 보안은 응용 소프트웨어의 보안 정책에서의 결함이나 시스템 개발에서의 눈에 띄지 않는 취약점들과 같은 코드의 생명주기 전체 과정을 포함한다.[8] 최근 다중의 통신 및 네트워크의 정보 보안 환경으로는 항상 개방적인 웹 상의 취약점에 대응할 수 없기 때문에 (웹)애플리케이션 보안의 중요

---

6) TTA 정보통신 용어사전.

7) https://100.daum.net/encyclopedia/view/61XX79800005 <친절한 과학사전 정보>

8) 위키백과사전.

성이 더욱 높아지고 있다.[9]

　이 애플리케이션 보안은 소프트웨어의 부당변경, 네트워크 도청, 권한 확대, 민감한 코드나 자료에 대한 접근, 서비스 거부 공격 등 소프트웨어와 장치를 위협으로부터 보호하는 데 중점을 둔다. 결국 애플리케이션의 성공적인 보안은 프로그램이나 장치가 배포되기 훨씬 전인 설계 단계에서부터 시작된다.

다. 정보 보안(Information security)

　정보 보안은 정보의 수집, 가공, 저장, 검색, 송신, 수신 도중에 정보의 훼손, 변조, 유출 등을 방지하기 위한 관리적, 기술적 방법을 의미한다.[10] 저장 및 전송 중 데이터의 무결성과 개인정보를 보호한다.

　정보 보안에서 말하는 정보에 대한 위협이란 허락되지 않은 접근, 수정, 노출, 훼손, 파괴 등을 말하며, 정보위협의 주체는 외부의 해커가 될 수도 있고, 내부인이 될 수도 있다. 이러한 정보에 대한 위협은 계속 증가하고 있어 부인방지, 보안등급 분류, 접근제한 등의 방법을 통하여 정보 보안을 유지하여야 한다.

라. 운영 보안(Operation security)

　운영 보안은 컴퓨터 운영체제 상에서 내재된 보안상의 결함으로 인해 발생 가능한 각종 해킹으로부터 시스템을 보호하기 위한 방법을 말한다. 네트워크에 액세스할 때 사용자가 갖는 권한과 데이터를 저장하거나 또는 공유할 수 있는 방법 및 위치를 결정하는 절차는 모두 이 운영 보안에 속한다. 운영 보안의 수단으로는 사용자 식별 및 인증, 임의적·강제적 접근통제, 안전한 경로 (Trusted Path) 등이 있다.

---

9) https://www.boannews.com/media/view.asp?idx=11191&kind=1 <보안뉴스 기사>
10) 위키백과사전.

3. 새롭게 등장하고 있는 사이버보안 위협의 유형

다음은 최근 사이버보안에 있어서 새로운 위협이 되고 있는 몇 가지 중요한 침해 유형에 대하여 그 내용을 자세히 살펴보고자 한다.

가. 더욱 정교해진 피싱(Phishing)[11]

최근에 조심스럽게 표적화된 디지털 메시지가 사람들을 속여 악성코드를 설치하거나 민감한 데이터를 노출할 수 있는 링크를 클릭하도록 전송하는 피싱 공격이 더욱 정교해 지고 있다. 이제 대부분의 기업이나 조직에서 구성원들이 이메일 피싱의 위험성 또는 의심스러운 링크를 클릭하는 위험을 잘 알고 있기 때문에 해커는 기계학습을 사용하여 설득력 있는 가짜 메시지를 훨씬 빠르게 만들어 배포한다. 따라서 피싱을 당한 사람은 자신도 모르게 조직의 네트워크와 시스템을 손상시킨다. 이러한 공격을 통해 해커는 사용자 로그인, 신용카드의 자격증명 및 기타 유형의 개인 금융정보를 훔칠 뿐만 아니라 개인의 데이터베이스에 액세스할 수도 있다.

나. 랜섬웨어(Ransomware) 전략의 진화

랜섬웨어는 용어 그대로 해커가 개인 또는 조직의 데이터베이스를 납치하고 몸값을 위해 모든 정보를 보유할 수 있는 기술을 배포함으로써 랜섬웨어 공격은 피해자에게 매년 수십억 달러의 비용을 지불하게 만든다. 최근 비트코인과 같은 암호화폐의 부상은 랜섬웨어 공격에 익명으로 지불할 수 있게 함으로써 랜섬웨어 공격을 더욱 촉진하는 요인이 되고 있다.

---

11) 피싱이란 개인정보(private data)와 낚시(fishing)를 합성한 용어로, 주로 금융기관이나 유명 전자상거래 업체를 사칭하여 불법적으로 개인의 금융정보를 빼내 범죄에 사용하는 범법 행위를 말한다.

다. 크립토재킹(Cryptojacking)[12]

암호화폐(Cryptocurrency) 움직임은 다른 방식으로 사이버보안에도 영향을 미친다. 예를 들어, 크립토재킹은 사이버 공격자가 제3자의 가정 또는 직장 컴퓨터를 납치하여 암호화폐를 채굴하는 것을 말한다. 암호화폐 채굴에는 엄청난 양의 컴퓨터 처리능력이 필요하기 때문에 해커는 다른 사람의 시스템에 몰래 편승하여 돈을 벌 수 있다. 기업의 경우 크립토재킹된 시스템은 보안기술이 해당 문제를 탐지하고 해결하는 데에 있어서 심각한 성능문제와 고비용의 가동 중지 문제를 유발할 수 있다.

라. 사이버-물리적 공격(Cyber-Physical Attacks)

사이버-물리적 공격은 물리적 환경에 영향을 미치는 사이버 공간의 보안 침해를 말하는 데, 악의적인 사용자가 워터펌프, 운송, 파이프 라인 밸브 등의 컴퓨팅 또는 통신 구성 요소를 제어하여 재산피해를 입히고 생명을 위협할 수 있다. 즉, 중요한 인프라를 현대화하고 컴퓨터화 할 수 있었던 것과 동일한 기술이 위험을 초래한다. 이렇듯 전력망, 교통 시스템, 수처리 시설 등을 표적으로 하는 해킹의 지속적인 위협은 앞으로도 주요한 취약점이 될 수 있다.

마. 국가가 지원하는 사이버 공격(State-Sponsored Attacks)[13]

최근 몇 년 동안 국가가 지원하거나 국가로부터 영향을 받는 사이버 공격의 수가 크게 증가하였다. 디지털 환경의 다양한 특성으로 인해 이러한 공격은 잘못된 정보로 미국 대통령 선거에 영향을 미치려는 시도부터 소니픽처스 해킹에 이르기까지 다양한 형태로 발생한다. 이러한 공격의 정교한 특성으로 인하여 탐지 및 예방이 모두 어렵다는 점이다.

개인 및 기업 데이터를 훔쳐 수익을 창출하려는 해커를 넘어서, 국가 전체

---

12) '크립토재킹'이란 암호화폐와 납치의 합성어로, 다른 사람의 컴퓨터에 암호화폐 해독 프로그램을 몰래 설치하여 암호가 해독되면 암호화폐를 가로채는 해킹 수법을 말한다.

13) https://www.justice.gov/usao-sdny/countering-state-sponsored-cybercrime

가 사이버 기술을 이용하여 다른 정부에 침투하고 중요 인프라에 대한 공격을 수행하고 있다. 오늘날 사이버 공격은 민간 부문과 개인뿐만 아니라 정부와 국가 전체에 주요한 위협이 된다. 특히 중요한 인프라에 대한 공격이 증가할 것으로 예상되는 데, 이러한 공격은 정부가 운영하는 시스템과 인프라를 표적으로 삼지만 민간 부문 조직도 동시에 위험에 처해 있다.

State-Sponsored Attacks에 대한 전 세계적인 공동대응의 일환으로 유엔 정부 전문가 그룹(The UN Group of Governmental Experts: GGE)은 2010년, 2013년 및 2015년에 합의를 통해 사이버 공간에서 책임있는 국가 행동 규범을 만들었다. 이러한 합의 규범은 국제법이 사이버 공간에 적용되는 방식을 확립하는 데 중요한 기여를 하였다. 사이버 공간에서 책임있는 국가 행동으로 간주되는 일련의 UN 규범은 모든 국가가 준수해야 하는 11가지 기본원칙으로 구성되어 있다.[14]

2010, 2013 및 2015년 UN 정부 전문가 보고서 그룹에서 합의한 사이버 공간에서 책임있는 국가 행동 규범을 구현하기 위한 노력[15]

◉ **Norm 1** (UNGGE 2015 report, paragraph 13a) − Consistent with the purposes of the United Nations, including to maintain international peace and security, States should cooperate in developing and applying measures to increase stability and security in the use of ICTs and to prevent ICT practices that are agreed to be harmful or that may pose threats to international peace and security(보안에 있어서 국가 간의 협력).

◉ **Norm 2** (UNGGE 2015 report, paragraph 13b) − In case of ICT incidents, States should consider all relevant information, including, inter alia, the larger context of the event, the challenges of attribution in the ICT environment, and

---

14) https://www.un.org/disarmament/wp−content/uploads/2019/12/efforts−imple−ment−norms−uk−stakeholders−12419.pdf

15) https://www.un.org/disarmament/wp−content/uploads/2019/12/efforts−imple−ment−norms−uk−stakeholders−12419.pdf

the nature and extent of the consequences(모든 관련 정보의 고려).

◉ **Norm 3** (UNGGE 2015 report, paragraph 13c) – States should not knowingly allow their territory to be used for internationally wrongful acts using ICTs(개별 국가에서 ICT의 오용 방지).

◉ **Norm 4** (UNGGE 2015 report, paragraph 13d) – States should consider how best to cooperate to exchange information, assist each other, prosecute terrorist and criminal use of ICTs, and implement other cooperative measures to address such threats. States may need to consider whether new measures need to be developed in this respect(범죄 및 테러 예방을 위한 협력).

◉ **Norm 5** (UNGGE 2015 report, paragraph 13e) – States, in ensuring the secure use of ICTs, should respect Human Rights Council resolutions A/HRC/RES/20/8 and A/HRC/RES/26/13(The promotion, protection and enjoyment of human rights on the Internet), as well as General Assembly resolutions A/RES/68/167 and A/RES 69/166 (The right to privacy in the digital age), to guarantee full respect for human rights, including the right to freedom of expression(인권 및 사생활 존중).

◉ **Norm 6** (UNGGE 2015 report, paragraph 13f) – A State should not conduct or knowingly support ICT activity contrary to its obligations under international law that intentionally damages critical infrastructure or otherwise impairs the use and operation of critical infrastructure to provide services to the public(중요한 인프라를 손상시키지 않겠다는 약속).

◉ **Norm 7** (UNGGE 2015 report, paragraph 13g) – States should take appropriate measures to protect their critical infrastructure from ICT threats, taking into account, inter alia, General Assembly resolution 58/199 (2003) "Creation of a global culture of cybersecurity and the protection of critical information infrastructure", and other relevant resolutions(중요한 인프라 보호를 위한 노력).

◉ **Norm 8** (UNGGE 2015 report, paragraph 13h) ― States should respond to appropriate requests for assistance by another State whose critical infrastructure is subject to malicious ICT acts. States should also respond to appropriate requests to mitigate malicious ICT activity aimed at another State's critical infrastructure emanating from their territory, taking into account due regard for sovereignty(회원국의 지원 요청에 응답하기).

◉ **Norm 9** (UNGGE 2015 report, paragraph 13i) ― States should take reasonable steps to ensure the integrity of the supply chain, so end users can have confidence in the security of ICT products. States should seek to prevent the proliferation of malicious ICT tools and techniques and the use of harmful hidden functions(공급망 보안을 보장하기).

◉ **Norm 10** (UNGGE 2015 report, paragraph 13j) ― States should encourage responsible reporting of ICT vulnerabilities and share associated information on available remedies to such vulnerabilities, in order to limit and possibly eliminate potential threats to ICTs and ICT―dependent infrastructure(ICT 취약성을 보고하기).

◉ **Norm 11** (UNGGE 2015 report, paragraph 13k) ― States should not conduct or knowingly support activity to harm the information systems of another State's authorized emergency response teams (sometimes known as CERTS or CSIRTS). A State should not use authorized emergency response teams to engage in malicious international activity(비상 대응팀에 해를 끼치지 않기).

바. IoT 공격

사물인터넷(IoT)은 날이 갈수록 보편화되고 있어 2025년까지 IoT 연결장치가 750억 개 이상 사용될 것으로 예측된다. 이는 2019년 IoT 설치 기반에서 거의 3배 증가한 수치로 파악된다.[16] 여기에는 노트북과 태블릿 PC는 물론 라우

___

16) https://www.statista.com/statistics/471264/iot―number―of―connected―devices―worldwide/

터, 웹캠, 가전제품, 스마트 워치, 의료기기, 제조장비, 자동차, 심지어 가정보안 시스템도 포함된다.

커넥티드 디바이스는 소비자에게 편리하며 이제 많은 회사에서는 방대한 양의 통찰력 있는 데이터를 수집하고 비즈니스 프로세스를 간소화하여 비용을 절감하는 데 사용한다. 그러나 연결된 장치가 많을수록 위험이 커져 IoT 네트워크가 사이버 침입 및 감염에 더욱 취약해진다. 만약 해커에 의해 제어되면 IoT 장치를 사용하여 혼란을 일으키거나 네트워크에 과부하를 일으키기도 하고 재정적 이익을 위해 필수 장비를 잠글 수도 있기 때문에 IoT 공격에 각별한 주의를 요한다.

사. 스마트 의료기기 및 전자의료기록(Electronic Medical Records)

대부분 환자의 의료기록이 이제 온라인으로 전환되고 의료 전문가가 스마트 의료기기의 발전에 따른 이점을 깨닫고 있기 때문에 의료산업은 여전히 큰 발전을 이루고 있다. 그러나 의료산업이 디지털 시대에 변화함에 따라 개인정보보호, 안전 및 사이버보안 등의 위협에 대한 많은 우려가 있다.

더 많은 장치가 병원이나 클리닉 네트워크에 연결됨에 따라 환자 데이터와 정보가 점점 더 취약해질 것이다. 더욱 우려되는 것은 환자에게 직접 연결된 장치의 원격손상에 대한 위험이다. 사이버 공격자는 이론적으로 복용량을 늘리거나 줄이고, 환자에게 전기신호를 보내거나, 활력징후 모니터링을 비활성화 할 수 있는 등 사이버 공격으로 인하여 환자의 생명이 위태로울 수 있다.

이렇듯 병원과 의료시설이 환자의료기록의 디지털화에 여전히 적응하고 있는 상황에서 해커는 보안침해 예방의 많은 취약점을 악용하고 있다. 그리고 환자의료기록이 거의 온라인 상태로 중요한 정보가 포함되어 있어 해커의 주요 표적이 되고 있다.

III. 정보통신기술(ICT)과 사이버보안

1. 사물인터넷(IoT)과 사이버보안

가. 사물인터넷(IoT) 시대

우리는 지금 ICT의 빠른 발전 속에 모든 사물이 모바일과 인터넷을 통해 연결되고 또 서로 소통하는 사회를 살아가고 있다. 이를 일컬어 사물과 사람, 공간 등이 네트워크로 연결되는 '초연결사회'(Hyper-connected Society)라 한다. 현재 ICT 기술이 제공하고 있는 언제든지(anytime)와 어디든지(anyplace)라는 연결 세계에 더하여 무엇이든지(anything)라는 연결 차원을 추가하는 새로운 연결 생태계를 구축하고 있다.[17]

이러한 초연결사회를 구현하기 위한 핵심 구성체인 '사물인터넷(Internet of Things: IoT)'은 제4차 산업혁명을 선도할 핵심동력으로 주목받고 있다. 최근 무인자율주행차 및 커넥티드카, 드론, 보안 및 공공안전, 물류 및 유통, 핀테크, 도시환경, 수자원 및 전기, 의료 및 헬스, 농업 등 여러 다양한 분야에서 사물인터넷을 통한 새로운 서비스를 제공하고 이를 통해 부가가치를 창출함으로써 새로운 부를 만들어내는 신산업들이 속속 등장하고 있다. 그리고 이것은 점점 확대되고 있는 추세이다. 사물과 인터넷의 결합이 급속도로 진행됨에 따라 사물인터넷의 활성화도 더욱 진전되었다. 통신장비 업체 Cisco 자료에 따르면, 인터넷에 연결된 사물(기계, 통신장비, 단말기 등)은 2013년 약 100억 개에서 2020년에 약 500억 개로 증가해 모든 개체(사람, 프로세스, 데이터, 사물 등)가 인터넷에 연결될 것(만물인터넷: Internet of Everything, 'IoE')이라며 사물인터넷 인프라의 급격한 확대를 전망하였다.[18]

---

17) 주대영·김종기, 초연결시대 사물인터넷(IoT)의 창조적 융합 활성화 방안, 산업연구원, 2014, 7면.
18) 위의 보고서, 9면.

나. 사물인터넷(IoT)의 특성과 보안의 필요성[19]

사물인터넷의 구조는 개략적으로 디바이스, 네트워크, 플랫폼 및 응용 서비스로 구성된다. 그중 가장 핵심은 플랫폼으로 다양한 사물인터넷 활용 분야에서 사물 간의 통합적인 연계 및 관리는 플랫폼을 기반으로 한다. 사물인터넷 플랫폼은 인터넷으로 연결된 사물기기에 대한 ID를 생성·관리하고, 네트워크 주소 및 접속을 관리하며, 사물정보(data)를 수집·저장·처리하여 새로운 정보를 제공하는 서비스 기능을 지원한다.

즉, 플랫폼을 통하여 사물인터넷의 데이터 관리 및 저장 기능, 통신관리 및 전달처리 기능, 등록 기능, 보안 기능, 구독 및 통지 기능, 그룹 관리 기능, 네트워크 연동 기능, 검색 기능, 위치 기능, 장치관리 기능, 매쉬업 서비스 기능, 과금 기능 등을 수행한다. 현재 사물인터넷 플랫폼은 클라우드(Cloud)를 통한 정보(data) 수집 및 분석 등을 통해 외부 개방성을 용이하게 하는 방향으로 점점 변화하고 있다. 그리고 사물인터넷 서비스는 개방형 플랫폼을 기반으로 운용되는 상호호환성과 외부 개방성을 가질 때 보다 효율적이다.

따라서 oneM2M[20]에서 플랫폼의 표준화 노력이 이어지고 있는 가운데 통신 접속 기능이 탑재된 단말기가 보편화되고 관련 서비스도 대중화 단계에 임박함에 따라, 사물인터넷과 관련한 사이버보안(해킹 차단)의 강화가 새로운 과제로 부상하고 있다. 사이버 공격의 대상이 정보를 스스로 생성 및 보관, 처리할 수 있는 컴퓨팅 기능을 탑재한 시스템이라 할 경우, 통신 기능과 함께 정보를 자체적으로 확보하고 처리하는 기능이 탑재되는 사물인터넷 단말 및 시스템 역시 사이버 공격의 표적이 될 수 있기 때문이다.

특히 현재 사물인터넷의 수용이 이뤄지고 있는 단말기들은 대체로 컴퓨팅 기능이 단순하고 보안성도 취약한 경우가 많아 외부 공격에 취약한 상태이며, 또 IT 업계의 사물인터넷 보안에 대한 인식도 최근에야 비로소 확산 전파되는

---

19) 사물인터넷 보안 위협동향, Bimonthly − 5호(2014.12.), 한국인터넷진흥원.

20) oneM2M은 한국의 TTA를 비롯한 전 세계 7개 주요 표준화 기관(ETSI(유럽), TIA, ATIS(북미), ARIB, TTC(일본), CCSA(중국))들이 글로벌 사물인터넷 서비스 플랫폼 표준기술을 개발하기 위하여 2012년 7월 결성된 파트너십 프로젝트(Partnership Project)이다.

단계로 이에 대한 적절한 대책이 필요하다. 현재 사물인터넷과 관련하여 보안의 취약성으로 ① 해커에 노출된 사물인터넷 단말을 실시간으로 파악하는 보안 솔루션이 아직 보편화 되지 않았고, ② 일반 소비자의 가전 영역에서는 외부의 해킹 공격을 확인할 방법이 없으며, 또 ③ 개별 사물인터넷 서비스에서 사용하는 통신기술 표준이 아직 정립되지 않아 복잡한 네트워크 구조를 형성하고 있으며, ④ Wi-Fi와 블루투스(Bluetooth) 등 이종 네트워크 간의 상호연동 과정에서 일정한 보안수준을 유지하기 어렵다는 점 등이 중요한 문제점으로 지적된다.

결국 사물인터넷은 인터넷을 통하여 사물과 사물, 또는 사물과 사람 간의 연결 체계로 공통된 개방형 플랫폼을 기반으로 구현되고 있는 만큼 네트워크상 상호호환성과 운용성 그리고 외부 개방성의 특성을 보이는 데, 이러한 특성은 역으로 보안에 대한 위협으로 작용하기도 한다. 더욱이 모든 것이 연결되는 사물인터넷 환경에서 사이버보안에 대한 위협은 그 파급효과가 더욱 클 것으로 예상된다.

다. 사물인터넷(IoT)과 관련한 사이버보안의 해외 규율 동향

이와 같이 사물인터넷이 갖는 보안의 취약성에 대처하기 위하여 최근 영국, 미국, 일본 등에서는 사물인터넷 기기의 보안성을 강화하는 정책과 법안을 속속 내놓고 있다. 이에 우리나라의 사물인터넷 보안 현황에 맞는 롤 모델 및 대안을 찾기 위하여 2018년 10월에 발표된 영국의 IoT 보안에 대한 자발적 행동강령과 미국의 IoT 사이버보안 개선법의 2가지 사례를 구체적으로 살펴보도록 하겠다.

1) 영국의 사례[21] - UK DCMS 2018. 10. 14. 'Code of Practice for consumer IoT security'

오늘날 가정에서 더 많은 장치를 인터넷에 연결함으로써 전통적으로 오프

---

21) https://www.gov.uk/government/publications/secure-by-design/code-of-practice-forconsumer-iot-security#guidelines

라인에서 사용되었던 제품과 가전제품이 이제는 사물인터넷의 일부가 되었다. 현재 사물인터넷 기술은 우리 가정에서 점점 더 보편화되어 사람들의 삶을 더 쉽고 즐겁게 만들어 주는 새로운 장을 열고 있다. 사람들이 점점 더 많은 양의 개인데이터를 온라인 장치 및 서비스에 위탁함에 따라 이러한 제품의 사이버 보안은 이제 가정의 물리적 보안만큼 중요하게 되었다. 따라서 2018년 10월 영국에서 발표된 'Code of Practice for consumer IoT security'의 목적은 제품이 설계상 안전하다는 것을 보장하는 한편, 사람들이 디지털 세계에서 보다 안전하게 머물 수 있도록 한 일련의 지침으로 consumer IoT의 개발, 제조 및 소매에 관련한 모든 당사자를 지원하는 데에 있다. 또한 'Code of Practice'는 IoT 보안 분야에서 널리 채택되고 있는 13가지의 결과 중심 가이드라인을 함께 제시한다. 국가사이버안보센터(National Cyber Security Center: NCSC)와 함께 디지털 문화, 미디어 및 스포츠를 총괄하는 부서(Government Department for Digital, Culture, Media and Sport: DCMS)에서 개발했으며 이 'Code of Practice'는 업계, 소비자 협회 및 학계와의 약속을 따른다.

이 'Code of Practice'는 2018년 3월 'the Secure by Design report'의 일부로서 그 초안이 처음 발표되었는 데, 이는 영국 정부가 세계 최초로 사물인터넷의 보안 강화를 위한 자발적 행동강령(Code of Practice)을 발표한 것이다. 이 행동강령에서 제시하는 13가지의 가이드라인을 소개하면 다음과 같다.

---

1. 최초의 기본 비밀번호 없음(No default passwords)
모든 IoT 장치의 암호는 고유해야 하며, 모든 IoT 장치의 기본 출하 시 기본값으로 재설정할 수 없다.

2. 취약점 공개 정책의 이행(Implement a vulnerability disclosure policy)
사물인터넷 및 서비스를 제공하는 모든 회사는 보안 연구원 및 기타 사람들이 문제를 보고할 수 있도록 취약점 공개 정책의 일환으로 공개를 위한 연락처를 제공해야 하며, 공개된 취약점은 적시에 조치를 취해야 한다.

3. 소프트웨어 업데이트 유지(Keep software updated)

사물인터넷에 연결된 장치의 소프트웨어 구성 요소는 안전하게 업데이트 할 수 있어야 한다. 업데이트는 시기가 적절해야 하며 장치의 작동에 영향을 주어서는 안 된다. 각 업데이트의 필요성은 소비자에게 명확하게 제시해야 하며, 업데이트는 쉽게 구현되어야 한다. 물리적으로 업데이트할 수 없는 제약 장치의 경우 제품을 격리가능하고 교체가능해야 한다.

4. 자격증명 및 보안에 민감한 데이터를 안전하게 저장하기(Securely store credentials and security-sensitive data)

모든 자격증명은 서비스 및 장치 내에 안전하게 저장되어야 한다. 장치 소프트웨어의 하드코드된 자격증명은 허용되지 않는다.

5. 안전하게 의사소통하기(Communicate securely)

원격관리 및 제어를 포함하여 보안에 민감한 데이터는 전송 중에 암호화 되어야 하며 기술 및 사용의 속성에 적합해야 한다. 또한 모든 키는 안전하게 관리되어야 한다.

6. 노출된 공격 면을 최소화하기(Minimise exposed attack surfaces)

모든 장치와 서비스는 '최소권한 원칙'에 따라 작동해야 한다. 사용되지 않는 포트는 닫혀야 하고, 하드웨어는 불필요하게 액세스를 노출해서는 안 되며, 사용하지 않으면 서비스를 사용할 수 없어야 하며 코드가 서비스를 작동하는 데 필요한 기능으로 최소화되어야 한다. 소프트웨어는 보안 및 기능을 모두 고려하여 적절한 권한으로 실행되어야 한다.

7. 소프트웨어 무결성 보장(Ensure software integrity)

IoT 장치의 소프트웨어는 보안 부팅 메커니즘을 사용하여 확인해야 한다. 승인되지 않은 변경이 감지되면 장치는 소비자와 관리자에게 문제를 경고해야 하며 경고 기능을 수행하는 데 필요한 것보다 광범위한 네트워크에 연결하면 안 된다.

8. 개인정보가 보호되는지 확인하기(Ensure that personal data is protected)

장치 또는 서비스가 개인정보를 처리하는 경우, 일반 데이터보호규정(GDPR) 및 데이터 보호법(2018)에 따라 처리 수행해야 한다. 장치 제조업체 및 IoT 서비스 공급자는 소비자에게 데이터가 사용되는 방식, 각 장치 및 서비스의 대상, 대상 및 용도에 대한 투명한 정보를 제공한다. 이는 광고주가 관여할 수 있는 제3자에게도 적용된다. 소비자의 동의에 근거하여 개인정보가 처리되는 경우, 소비자는 언제든지 이를 철회할 수 있는 기회를 부여받으며 합법적으로 취득해야 한다.

9. 정전에 대비한 시스템 복원(Make systems resilient to outages)
복원력은 데이터 네트워크 및 전원 중단의 가능성을 고려하여 IoT 장치 및 서비스에 사용되거나 다른 의존 시스템에 의해 요구되는 곳에 구축되어야 한다. 합리적으로 가능한 한, IoT 서비스는 네트워크 손실의 경우에도 작동 및 로컬 기능을 유지해야 하며 손실복구의 경우에는 정상적으로 복구되어야 한다. 장치는 막대한 규모의 재연결보다는 합리적인 상태와 규칙적인 방식으로 네트워크로 돌아갈 수 있어야 한다.

10. 시스템 원격 측정 데이터 모니터링(Monitor system telemetry data)
원격 측정 데이터가 IoT 장치 및 서비스(예를 들어, 사용 및 측정 데이터)에서 수집되는 경우 보안 이상에 대해 모니터링을 해야 한다.

11. 소비자가 개인정보를 쉽게 삭제할 수 있도록 조치하기(Make it easy for consumers to delete personal data)
소유권 이전이 있을 때, 소비자가 삭제를 원할 때, 또는 소비자가 장치를 폐기하기를 원할 때 등 개인정보가 쉽게 삭제될 수 있도록 장치 및 서비스를 구성해야 한다. 소비자는 개인정보를 삭제하는 방법에 대한 명확한 지침을 제공받아야 한다.

12. 장치의 설치 및 유지보수를 용이하게 하기(Make installation and maintenance of devices easy)
IoT 장치의 설치 및 유지보수는 최소한의 단계를 거쳐야 하며 유용성에 대한 보안 모범 사례를 따라야 한다. 또한 소비자에게 장치를 안전하게 설치하는 방법에 대한 지침을 제공해야 한다.

13. 입력 데이터 검증(Validate input data)
사용자 인터페이스(UI)를 통해 입력되고 응용 프로그래밍 인터페이스(API)를 통해 또는 서비스와 장치의 네트워크 간에 전송된 데이터는 유효성을 검사해야 한다.

이와 같이 정부와 산학 전문가들이 협력하여 마련한 소비자 사물인터넷 (IoT) 보안을 위한 행동강령(Code of Practice for Consumer IoT Security)은 향후 영국에서 사물인터넷 이용자 수가 급증할 것으로 예측되는 상황에서 u-헬스케어 기기, 보안 카메라, 스마트 시티, 스마트 홈과 같은 기기들에 대한 보안이 취약하면 사이버 공격(해킹)에 의한 사건사고가 발생하는 것은 물론 그 피해가 고스란히 시민들에게 이어질 수 있다는 우려에 따른 선제적인 조치로 보인다. 이와 같이 영국 정부는 소비자들의 개인정보 및 사생활 보호를 위한 사물인터넷 기기 보안 강화를 위해 지속적인 노력을 기울이고 있다.

2) 미국의 사례[22] – 'Internet of Things Cybersecurity Improvement Act of 2017'[23]

미국의 경우 상원은 IoT와 관련하여 소비자의 관심사, 데이터 및 개인정보를 보호하기 위한 움직임을 보이고 있다. 몇몇의 상원의원들이 모여 'IoT 사이버보안 개선법'(Internet of Things Cybersecurity Improvement Act of 2017)이라는 초당적 법안을 도입하였다. 상원의원들이 발표한 보고서에 따르면, IoT 장치 및 이들이 전송하는 데이터는 소비자에게 엄청난 이점을 제공하지만 많은 장치의 상대적 불안정성은 엄청난 어려움을 낳고 있어 이 법안은 사물인터넷에 연결된 장치의 연방조달에 대하여 최소한의 보안 요구사항을 설정하여 시장 실패를 해결하는 것을 목표로 하고 있다.

제안된 법안은 IoT 장치 제조업체에게 새로운 현실을 안겨주고, 또 개발기관은 현재의 비용편익 평가를 사용해 사이버보안에 투자하기로 결정하지만, 궁극적으로는 데이터 및 시스템의 보안에 대한 책임이 있다. 이 법안은 공급업체에 몇 가지 약속을 요구하는데, ① 출하 시 알려진 보안의 취약성이 포함되지 않도록 보장하는 것, ② 장치 내에서 발견된 새로운 보안의 취약성에 대하여 적절한 공개를 보장하는 것, ③ 알려진 취약점이 발견된 IoT 장치에 대한 개선 계획을 준비하는 것 등이다.

---

22) https://www.insideprivacy.com/data-security/cybersecurity/a-summary-ofthe-recently-introduced-internet-of-things-iot-cybersecurity-improvement-act-of-2017/
23) https://www.congress.gov/bill/115th-congress/senate-bill/1691/all-info

2017년 'IoT 사이버보안 개선법'은 연방정부가 이러한 장치를 구매하는 것과 직접적인 관련성이 있지만 앞으로 민간 부문의 지침으로 확대될 것으로 예상된다. 이 법안은 소비자보호 및 개인정보 보호를 목적으로 하고 있지만, 다른 모든 주요 제조 산업에 적용되는 품질, 안전 및 규정 표준에 초점을 맞추고 있다. 그리고 이 법안에서 IoT 장치 제품을 구매하는 정부기관이 다음을 명시하는 조달 계약 조항을 포함하도록 요구한다.

1. 계약자(IoT 장치를 판매하는 개체)는 다음과 같은 서면 인증을 제공한다.
   a) 장치에 미국 국립표준기술연구소(National Institute of Standards and Technology: NIST)의 국가 취약성 데이터베이스, 또는 기타 국가 데이터베이스에 나열된 알려진 보안 취약점이나 결함이 포함되어 있지 않다.
   b) 모든 구성 요소는 공급업체로부터 안전하게 업데이트할 수 있다.
   c) 산업표준 프로토콜 및 기술만을 사용한다.
   d) 원격관리, 업데이트 전달 또는 통신에 사용되는 고정 또는 하드코딩된 자격 증명은 포함되지 않는다.

2. 계약자는 보안 연구소에서 후속적으로 공개한 보안 취약점 또는 결함을 구매대행 업체에 통보하거나 그렇지 않으면 공급업체가 계약기간을 인지하게 된다.

3. 소프트웨어 또는 펌웨어 구성 요소가 적절히 인증되고 안전한 방식으로 구성 요소의 취약성 또는 결함을 수정하거나 제거하기 위해 계약의 다른 조항과 일관되어 업데이트되거나 대체된다.

4. "국가별 데이터베이스" 또는 조정된 공개 프로그램을 통하여 발견된 새로운 보안 취약점과 관련하여 적시에 수리 또는 교체를 제공해야 한다는 계약자 요구사항

5. 구매기관에 다음과 같이 업데이트할 수 있는 기능에 대한 정보를 제공해야 한다는 계약자 요구사항
   a) 장치가 보안 업데이트를 받는 방식

b) 보안지원 종료 예정 시간

c) 보안지원이 중단되었을 때의 공식 알림

d) 미국 정보통신국(National Telecommunication and Information Administration: NTIA)에서 권장하는 추가정보

즉, 이 법안은 미국 정부에 판매된 사물인터넷 장치에 대한 최소한의 사이버보안 표준을 제정하는 법률로서, 인터넷 연결장치가 점차 유비쿼터스화되고 진화하며 복잡한 사이버 위협에 취약해짐에 따라 제안된 이 법안은 집행기관에 인터넷 연결장치 구매계약에 명시된 조항을 포함하도록 지시함으로써 집행기관의 IoT 장치 보안을 강화하려고 한다.

라. 소결

사물인터넷은 '개방형 환경에서 인터넷을 기반으로 사람, 사물, 데이터 및 프로세스를 서로 연결하여 정보를 교류하고 상호 소통하는 지능형 인프라'로서 홈가전, 교통·물류, 건설, 에너지, 헬스케어, 사회안전 등 여러 분야에서 새로운 상품을 개발하고 공급해 우리 경제의 핵심동력 중 하나가 될 것으로 크게 기대를 모으고 있다.[24] 그러나 다른 한편으로 인터넷 연결기기는 CCTV 카메라, 산업제어 시스템, 교통관제 시스템, 홈가전 시스템 등 인터넷이 연결되는 모든 기기들이 포함되어 프라이버시 침해, 군사기밀의 노출, 사이버 공격 등의 수단으로 악용될 수 있는 위험이 상존한다. 따라서 사물인터넷 서비스가 다양한 사물들이 단순히 통신 기능이나 센서 기능만을 가지고 운영되는 것이 아니라 보안 기능이 탑재되어 우리 일상생활에 편리성뿐만 아니라 안전성까지 담보하는 서비스가 제공되어야 할 것이다. 지금보다 사물인터넷의 이용과 활용은 점차 확대·증가할 것이다. 우리나라도 영국과 마찬가지로 비법규성의 가이드라인 형태로, 또는 미국의 경우처럼 관련 법률안을 마련함으로써 보안 시스템

---

24) 박미사, 사물인터넷 활성화를 위한 법제도 개선방안, Internet & Security Focus (2014.9.), 39면.

의 구축이나 법·정책적인 지원을 통해 사물인터넷 기기를 이용한 사이버 공격에 대비한 환경을 구축하는 것이 시급하다.

2. AI와 사이버보안

가. 의의

우리 실생활에서 스마트폰, IoT, 모바일 기기 등 모바일 장비의 활용이 점점 확대되고 최신의 5G 무선 통신기술의 등장으로 다양한 SNS 서비스가 활성화되었다. 그 결과 데이터는 하루에도 엄청난 규모로 증가하고 있다. 데이터의 증가와 더불어 개인이 스마트폰, SNS, 모바일 기기 등을 활용하여 하루 동안 네트워크를 통해 접속하여 발생시키는 데이터는 2015년 584건에서, 2025년에는 4,909건으로 개인은 네트워크를 통해 매 18초마다 각종 데이터와 상호작용을 할 것으로 예상되고 있다.[25] 특히 모바일 장비를 통해 인터넷에 접속하는 비율이 증가할수록 생성되는 데이터의 양은 더욱 증가할 것으로 예상되며, 데이터 보호를 위한 보안대책의 중요성도 더욱 강조될 전망이다.

오늘날 빠르게 증가하는 데이터의 양과 함께 AI, 빅데이터 분석, 클라우드, IoT 등의 IT 기술들을 접목하여 단순히 정보의 이용·공유에서 벗어나 정보를 가공해 의미있는 데이터로 재생산하고 비즈니스적인 활용을 위해 유통하는 구조로 점점 바뀌어 가고 있다. 여기서 핵심은 인공지능 기술을 활용한 빅데이터 분석으로 사용자의 편의성을 더욱 증대시키고 업무를 크게 경감시킨다는 점이다.

그러나 전술한 바와 같이 AI, 빅데이터, IoT 등 편의성 증대를 위해 모든 사물이 인터넷에 연결되는 초연결사회로 변화함에 따라 사이버 공격 대상도 증가하고, 사이버 공격의 위협에 노출되는 빈도도 더욱 커졌다. 이렇듯 ICT 환경이 빠르게 발전하면서 기존의 사이버보안 분야에도 AI 기술이 적극적으로 활용·적용되는 환경이 도래하였다. 사이버 공격자들은 새로운 형태의 지능화

---

25) 유성민, "제4차 산업혁명과 사이버 보안대책", 지능화 연구시리즈 2016, 한국정보화진흥원, 2017.2.

된 알고리즘을 활용한 신·변종 사이버 공격을 시도하고 있고, 점점 고도화됨에 따라 다양해지는 사이버 공격에 능동적으로 대비하기 위해서 AI 기술을 보안 분야에 활용·적용하고 있다. 특히 사이버보안의 위협을 정확하게 분석하고, 보안 사고가 발생할 때 빠르게 대응하려면 AI를 보안 분야에 적용하는 것이 매우 필요하다.

특히 기존의 특정한 공격패턴에 대한 단순대응에서 다양한 종류의 공격패턴에 적절히 대응하기 위해서는 사이버보안 기술에 AI의 기능을 접목함으로써 발생한 공격패턴을 빠르게 분석하여 새롭게 발생하는 규칙을 파악하고 이를 식별함에 따라 다양한 공격패턴에 긴밀히 대응하는 것이 가능해 졌다.

이와 같이 사이버보안에 있어 AI의 활용도는 빠르게 증가하는 만큼 'AI를 활용한 보안'에 대하여 자세하게 살펴보는 한편, 'AI 자체에 대한 보안'과 'AI의 공격에 대한 보안'에 대해서도 다루기로 하겠다.

나. Security by AI(AI를 활용한 보안)

AI를 활용한 보안은 AI 기반으로 침입을 탐지하고 공격특성을 파악·분석하여 공격을 예방하는 것이 가능하다는 점에서 긍정적이나, 다른 한편으로는 프로그램의 형태로 AI만 소유하고 있다면, 많은 사이버 공격자가 큰 노력 없이도 반복적으로 사이버 공격을 시도할 수 있으므로 AI를 악용한 보안 위협이 증가할 수 있다는 부정적인 측면도 존재한다.

활용과 관련하여 영국에서는 용의자 구금 여부를 결정하기 위해 AI 'HART'를 사용하고, 또 미국은 범죄 가능성을 계산하는 프로그램 '프레드폴' (Pred Pol)을 운용 중에 있으며, 국내도 사이버 범죄를 방지하고 추적을 위한 수단으로 AI를 적극 활용 중에 있다. 특히 AI를 활용한 보안으로 가장 활발하게 사용되는 곳은 인공지능 CCTV이다. 동영상을 실시간으로 분석하고 다양한 사례를 스스로 학습하는 능력까지 보유한 AI는 놀랍게도 평소와 다른 상황이 촬영될 경우 스스로 이를 인식하여 경찰에 이상신호 송출까지 하는 기능을 가지고 있다.

이렇듯 AI를 활용한 보안은 이용자의 의도에 따라 사이버 공격의 예방이라는 긍정적인 면과 함께 악용에 따른 보안 위협의 증가라는 부정적인 요소도 함께 갖고 있다. 따라서 AI를 활용한 보안기술은 이용자의 의사에 따라 양날의 검이 될 수 있다는 점을 명심해야 한다.

다. Security of AI(AI 자체에 대한 보안)

앞서 AI를 활용한 보안 못지않게 AI 자체에 대한 보안도 점점 중요성이 커지고 있다. 예를 들어 개인 맞춤형 서비스를 제공하는 AI의 경우, 우선 인공지능을 통한 데이터의 수집 과정 및 학습 과정에서 개인정보 침해의 소지가 높고, 또 사이버 공격으로 이러한 개인정보가 유출될 때에는 심각한 사생활의 침해가 발생할 수 있다. 또한 AI의 알고리즘을 조작하여 불공정하고 왜곡된 결과를 도출함으로써 인간에게 해가 될 수도 있다. 악성코드의 감염 또는 해킹 등으로 인한 AI가 오작동 함으로써 타인에게 피해를 입혔을 때에는 이에 대한 책임 소재가 문제된다.

라. Security from AI(AI의 공격에 대한 보안)

여기 AI의 공격에 대한 보안에 있어서는 강한 인공지능(Strong AI)의 출현을 전제로 대응책을 고민해야 할 시점이라 생각한다. 다소 뜬 구름잡는 허무맹랑한 공상과학 소설로 들릴 수 있으나, 우리가 공상과학 영화를 통해 이미 익히 보아 왔던 강한 인공지능(AI)이 인간 세상을 위협하고 파괴하는 상황에 대비하여 이에 따른 보안에 대해서도 지금부터 차츰 고민해 볼 시점이라 생각한다.

우리 학계는 아직까지 강한 인공지능 시대의 도래는 먼 미래의 이야기로 치부하고 그냥 무시하는 경향도 없지 않다. 하지만 우리의 아들·딸들인 미래 세대가 겪을지 모를 AI로부터의 공격에 미리 대비하는 한편, 인류의 재앙이 될 수 있는 이러한 불행에 맞닥뜨리지 않기 위해서는 우리는 지금부터 이에 대비한 무언가를 실행해야 할 때라 생각한다.

이 같은 움직임은 유럽에서 이미 일고 있다. 2019년 4월 8일 유럽집행위원회는 인공지능에 대한 고위급 전문가 그룹(HLEG AI)[26]이 초안한 "신뢰할 수 있는 AI에 대한 윤리 지침"을 발표했다. 지침의 주요 목적은 "신뢰할 수 있는" 인공지능을 장려하는 것으로써 이는 AI가 합법적이고 모든 관련 법률 및 규정을 준수해야 하며, 또 윤리적 원칙과 가치를 준수해야 한다는 점을 밝히고 있다.[27] 즉, AI 설계는 사람 중심이어야 하고, 사람에게 종속되어야 하며, 어떤 방식으로든 기본적인 인권 존중에 입각하여 기능해야 한다는 점을 본 윤리지침을 통해 천명하고 있다.

마. 소결

이 윤리지침은 Security from AI 관점에서 우리에게 시사하는 바가 크다. Security from AI 관점에서 현재의 우리가 고민해야 할 점은 무엇이고, 우리는 무엇을 어떻게 준비해야 하는가에 대하여 깊이 있게 연구할 필요가 있다. 한편으로 AI를 활용한 보안이나 AI 자체에 대한 보안은 지금보다 더 고도화함으로써 초연결사회를 살아가고 있는 현대인에게 건전하고 보다 유익한 디지털 문명을 제공해 줄 수 있기를 기대한다.

Ⅳ. 결론-데이터와 사이버보안의 조화로운 작동

앞서 본문에서 설명한 바와 같이 데이터의 분석과 사이버보안이 어떻게 성공적으로 함께 작동할 수 있을지에 대해 양자가 원활하게 연동될 수 있도록 성공적으로 수행하는 것은 매우 어려울 수 있다. 방대한 양의 공격 벡터(해커가 컴퓨터나 네트워크에 접근하기 위해 사용하는 경로나 방법)와 통과해야 할 데이터의 양이 많기 때문에 데이터 보안에 대한 올바른 통찰력을 얻기가 어려울 수 있다. 또한 사이버 공격자들은 종종 다양한 기술을 이용하여 침입해 오기 때문에

---

26) the High-Level Expert Group on Artificial Intelligence
27) https://ec.europa.eu/digital-single-market/en/news/ethics-guidelines-trustworthy-ai

한 가지 종류의 데이터 보안 공격을 예방하는 것은 적절치 않다.

더욱이 사이버 공격자들은 자체 시스템 내에서 인공지능을 활용하여 공격을 확장하기도, 피싱 이메일을 훨씬 더 개인화하기도, 시스템의 취약성을 식별하기도, 실시간으로 랜섬웨어와 악성코드를 변경하기도 한다. 이렇게 복잡한 공격을 능가하려면 고도로 숙련된 사이버보안 전문가가 광범위한 위협에 대해 네트워크를 모니터링하고 적절히 대응해야 하며, 여러 다양한 공격에 대해서는 데이터의 분석 및 활용에 따른 대비책을 미리 마련해 둘 필요가 있다.

결국 사이버보안을 위해서는 방대한 양의 기록과 실시간 보안 데이터를 처리하고 상호 연결하기 위한 적절한 도구가 필요하며, 이러한 상당한 양의 데이터에 전문적인 분석기술을 적용하고 활용함으로써 가장 정교한 데이터의 침해를 방지하고 심지어 예방도 가능하다. 이렇듯 우리는 앞으로 데이터와 사이버보안의 조화로운 작동을 위하여 관심과 노력을 기울여야 하겠다.

V. 보론(補論) - 최신의 법 개정논의

최근 디지털 재난방지를 위한 이른바 '디지털안전 3법'에 대한 논의가 뜨겁다. 여기서 3법은 정보통신망법, 방송통신발전법, 전기통신사업법을 말하는데, 2022년 10월 판교 데이터센터의 화재사고를 계기로 해마다 쌓이는 데이터의 안전한 보존과 데이터인프라 관련 사고를 미리 예방할 목적으로 3법의 법률 내용이 개정되었거나 3법에서 '디지털서비스 안정성 강화' 방안의 후속조치로서 필요한 제도개선 사항들이 추가로 논의되고 있다.

1. 디지털안전 3법

가. 정보통신망법

현행 「정보통신망 이용촉진 및 정보보호 등에 관한 법률」(이하, '정보통신망법')은 정보통신망의 안정성 및 정보의 신뢰성 확보를 위해 가전제품이나 의료기기, 자동차 등 '정보통신망 연결기기'에 대한 정보보호인증 제도를 규정하고 있다. 그러나 라우터, 스위치, RF장비, 중계기, 안테나, 기지국 장비 등의 '통신장비'는 현행 정보보호인증 대상에 포함되지 않아 통신장비 보안에 대한 우려가 제기되었다.

한국인터넷진흥원(KISA)은 정보통신망법 제48조의3(침해사고신고 등)에 따라 민간분야의 정보통신서비스 제공자로부터 침해사고 신고를 받고 있는데, 2022년 침해사고 신고통계를 살펴보면 2021년 640건에서 2022년 1,142건으로 약 2배 증가했다.[28] 업종별 침해사고 신고통계를 살펴보면, 2022년도 기준 정보통신업이 409건(상반기 201건/하반기 208건)으로 가장 많았고, 이어 제조업이 245건(상반기 80건/하반기 165건), 도매 및 소매업 156건(상반기 60건/하반기 96건) 등의 순으로 이는 2023년 상반기의 침해사고 신고비율 순위와 다르지 않다.[29]

이와 같은 조사결과를 보면 통신장비에 대한 보안기능을 강화할 필요성이 제기되고 있지만, 현행법은 통신장비에 대한 정보보호인증 제도를 운영하고 있지 않아 법제도적인 사각지대에 놓여있었다. 이에 대해 기간통신사업자 등 중요 기관이 사용하는 통신장비에 대하여 보안성 확보를 위한 제도 개선이 시급하다는 지적이 제기되었고 이에 국회에서 정보통신망법 개정안으로 중요 통신장비에 대하여 정보보호인증을 할 수 있도록 근거를 마련하는 한편, 기간통신사업자 등은 정보보호인증을 받은 통신장비를 사용하도록 의무화하려는 움직임을 보이고 있다.

통신장비에 대한 정보보호인증 제도가 효과적인지 여부는 인증 시스템에 대한 특정 요구사항 및 표준, 진화하는 위협에 대한 적응성 등을 포함한 다양한 요소에 따라 달라지지만, 사이버보안의 강화 측면에선 다음과 같은 장점과 과제를 모두 가질 수 있다. 먼저 장점으로는 ⅰ) 이러한 인증제도는 통신장비가 충족해야 하는 최소한의 보안 표준을 확립할 수 있으며, 이는 업계 전체의 보안 수준을 끌어올리는 데 도움이 될 수 있다. ⅱ) 정보보호인증을 통하여 통

---

28) 2023년 상반기 사이버 위협 동향 보고서, 과하기술정보통신부·한국인터넷진흥원, 4면.
29) 2023년 상반기 사이버 위협 동향 보고서, 과하기술정보통신부·한국인터넷진흥원, 6면.

신장비 제조업체와 공급업체는 제품 보안에 대한 책임을 지게 되므로 이는 강력한 보안 조치와 더불어 정기적인 업데이트에 투자하도록 장려할 수 있다. 또한 iii) 인증은 소비자와 조직이 사용하는 통신장비가 인정된 보안 표준을 충족한다는 확신을 제공하여 제품에 대한 신뢰를 높일 수 있다. 마지막으로 iv) 인증은 조직이 사이버보안 및 정보보호와 관련된 규제 요구사항을 충족하고 법적 문제를 방지하는 데 도움이 될 수 있다.

해결과제로 i) 사이버 위협은 끊임없이 진화하고 있는 반면, 정보보호인증 시스템은 이를 따라잡는 데에 어려움을 겪을 수 있다. 즉 오늘 안전하다고 생각되던 것이 내일은 아닐 수도 있으므로 인증 시스템은 유연성을 가져야 한다. 또 ii) 인증 시스템을 구현하고 유지하는 것은 기간통신사업자, 장비 제조업체 및 공급업체, 그리고 규제기관 모두에게 복잡하고 큰 비용이 들며 더욱이 소규모 제조·공급업체나 사업자인 경우 규정 준수가 더 어려울 수 있다. iii) 인증은 지속적인 모니터링과 업데이트를 포함하는 광범위한 사이버보안 전략의 한 측면일 뿐, 인증에만 의존하면 잘못된 보안 인식이 생길 수 있다는 점이다. iv) 통신장비는 종종 글로벌 환경에서 작동하는데, 인증에 대한 요구사항이 국제표준과 호환되는지 확인하는 것은 무역 장벽을 피하고 글로벌 보안을 보장하는 데 중요하다.

결론적으로, 사이버보안 강화에 있어서 통신장비에 대한 정보보호인증 제도의 효율성은 시스템(제도)의 설계, 구현 및 지속적인 관련성에 달려 있다. 새로운 위협을 해결하기 위해 잘 제작되고 정기적으로 업데이트되면 통신 네트워크 및 장비의 전반적인 보안상태를 개선하는 데 중요한 역할을 할 수 있다. 그러나 이는 포괄적인 사이버보안 전략의 한 구성 요소로 간주되어야 하며, 조직은 계속해서 모범 사례를 채택하고 위험 평가를 수행하며 진화하는 위협에 대비해야 한다.

나. 방송통신발전법

2022년 10월 15일 경기도 성남 판교에 있는 SK C&C 데이터센터에서 일어난 장시간의 화재 사고로 인하여 카카오톡, 다음 등 카카오 제공 서비스가 중단되는 등 시민들은 실생활에 밀접한 인터넷 서비스 장애가 발생하는 큰 불편을 겪었다. 그런데 데이터센터 사업자와 카카오, 네이버 등 주요 온라인 서비스 사업자가 「방송통신발전 기본법」(이하, '방송통신발전법')상 주요 방송통신사업자에 해당하지 않아 신속한 수습·복구 관리체계가 제대로 작동하지 않았고 국민 피해가 컸다는 지적이 있었다.

이에 국회는 방송통신 재난의 발생을 예방하고, 방송통신 재난을 신속히 수습·복구하기 위한 방송통신재난관리 기본계획에 포함되는 주요 방송통신사업자에 일정 규모 이상의 부가통신사업자와 집적정보통신시설 사업자 등을 추가하고, '서버, 저장장치, 네트워크, 전력공급장치 등의 분산 및 다중화 등 물리적·기술적 보호조치' 등을 기본계획에 포함되도록 함으로써 방송통신재난으로부터 국민을 두텁게 보호하고자 방송통신발전법이 2023년 1월 3일 일부 개정되었다.[30]

관련 업계에서는 동법 시행령 제23조 제1항에 의하여 공익성과 공공성에 대한 판단 없이 오로지 가입자 수 또는 트래픽만으로 주요방송통신사업자로 판단하는 것은 적절하지 않고, 해외 사업자와의 관계에 있어서도 법적용의 차별성이 제기될 수 있다는 우려를 낳고 있다.

2. 개인정보 안전성 확보조치

기존 '개인정보의 안전성 확보조치 기준'과 '개인정보의 기술적 관리적 보호조치 기준'의 통합된 새로운 '개인정보의 안전성 확보조치 기준'이 2023년 9월 15일부터 시행된다. 새로운 기준에서 정보통신서비스 제공자 등에 적용되는

---

30) http://likms.assembly.go.kr/bill/billDetail.do?billId=PRC_W2I2L1F1J3B0Y1D4J0T0E3O6X0T6V7 <국회 의안정보시스템>

특례 규정인 「개인정보의 기술적·관리적 보호조치 기준」을 폐지하고 수범자를 개인정보처리자로 일원화함에 따라, 일반 개인정보처리자와 정보통신서비스제공자 등에 상이하게 적용되던 규정을 통합하였다. 새로운 기준의 주요 내용을 살펴보면, 다음과 같다.[31]

(제5조) 일반규정의 개인정보취급자별로 계정발급 및 공유 금지, 일정횟수 이상 인증 실패시 조치를 전체 개인정보처리자에 확대 적용

(제6조) 특례규정을 반영하여 정보통신망을 통해 외부에서 개인정보처리시스템에 접속하려는 경우 안전한 인증수단만을 적용하도록 규정

(제7조) 일반규정의 안전한 암호 키 생성, 이용, 보관, 배포 및 파기 등에 관한 절차를 수립·시행 규정을 전체 개인정보처리자에 확대 적용

(제10조) 일반규정의 관리용 단말기의 안전조치 규정을 전체 개인정보처리자에 확대 적용

(제11조) 특례규정을 반영하여 일반 개인정보처리자에 대해 '별도의 개인정보처리시스템을 운영하지 아니하는 경우'에 대한 예외 규정 삭제

(제12조) 일반규정의 재해·재난 대비 안전조치 규정을 전체 개인정보처리자에 확대 적용

(제13조) 특례규정의 출력·복사시 보호조치 규정을 일반 개인정보처리자에 확대 적용하면서 5만명 이상 정보주체의 민감정보를 처리하는 개인정보처리자 등에 한해 인쇄자, 인쇄일시 등을 기록하고 파기 계획을 수립·시행하도록 개선

---

31) https://www.pipc.go.kr/np/cop/bbs/selectBoardArticle.do?bbsId=BS061&mCode=C010010000&nttId= 9020#LINK <개인정보보호위원회 홈페이지>

참고 문헌

김재광 외, 사이버안보와 법, 박영사, 2021.

박미사, 사물인터넷 활성화를 위한 법제도 개선방안, Internet & Security Focus, 2014.9.

박영철 외, "사이버보안체계를 강화를 위한 정보보호법제 비교법 연구", 한국인터넷진흥원, 2015.12.

사물인터넷 보안 위협동향, Bimonthly-5호, 한국인터넷진흥원, 2014.12.

유성민, "제4차 산업혁명과 사이버 보안대책", 지능화 연구시리즈 2016, 한국정보화진흥원, 2017.2.

이기식, "네트워크 시대 사이버보안의 문제점 및 정책대안", 한국지역정보화학회지 제9권 제1호, 한국지역정보학회, 2006.

이재일·윤재석, "미국 정부의 사이버보안 주요 전략과 정책적 시사점", 정보과학회지 제30군 제1호, 한국정보과학회, 2012.

장완규, "인공지능 로봇의 등장과 당면과제", 「인터넷 법제동향」 제122호, 한국인터넷진흥원, 2017.11.

장완규, "초연결사회의 도래와 빅데이터 -법제도적 개선방안을 중심으로-", 과학기술법연구 제24권 제2호, 한남대 과학기술법연구원, 2018.10.

장완규, "사물인터넷과 사이버보안", 「인터넷 법제동향」 제134호, 한국인터넷진흥원, 2018.12.

장항배, "AI 시대, Cybersecurity의 이슈의 과제", 제6회 데이터와 AI의 법정책 과제 세미나 발제자료, 고려대학교 사이버법센터, 2020.11.

정완, "한미 사이버보안 법제 동향에 관한 고찰", 경희법학 제48권 제3호, 경희대학교 법학연구소, 2013.

주대영·김종기, 초연결시대 사물인터넷(IoT)의 창조적 융합 활성화 방안, 산업연구원, 2014.

2023년 상반기 사이버 위협 동향 보고서, 과하기술정보통신부·한국인터넷진흥원, 2023.

위키백과사전.

TTA 정보통신 용어사전.

Calo, Ryan and Evtimov, Ivan and Fernandes, Earlence and Kohno, Tadayoshi and O'Hair, David, Is Tricking a Robot Hacking? (March 27, 2018). University of Washington School of Law Research Paper No. 2018−05, Available at SSRN: https://ssrn.com/abstract=3150530

Determann, Lothar, Healthy Data Protection (March 21, 2019). Michigan Telecommunications and Technology Law Review, Vol. 26, No. 229, 2020, UC Hastings Research Paper No. 349, Available at SSRN: https://ssrn.com/abstract=3357990

Eric A. Fisher, Federal Laws Relating to Cybersecurity: Overview of Major Issues, Current Laws, and Proposed Legislation, Congressional Research Service Report, 2014. 12.

Polonetsky, Jules and Tene, Omer, Privacy and Big Data: Making Ends Meet (September 3, 2013). Stanford Law Review, Vol. 66, No. 25, 2013, Available at SSRN: https://ssrn.com/abstract=2628412

Scholz, Lauren, Information Privacy and Data Security (June 3, 2015). Cardozo Law Review de Novo, 2015, Available at SSRN: https://ssrn.com/ab−stract=2600495

Simshaw, Drew, Legal Ethics and Data Security: Our Individual and Collective Obligation to Protect Client Data (2015). American Journal of Trial Advocacy, Vol. 38, 2015, Available at SSRN: https://ssrn.com/abstract=2668174

Smedinghoff, Thomas J., An Overview of Data Security Legal Requirements for All Business Sectors (October 8, 2015). Available at SSRN: https://ssrn.com/abstract=2671323

Trautman, Lawrence J., Cybersecurity: What About U.S. Policy? (March 22, 2015). Journal of Law, Technology and Policy, Vol. 2015, 341 (2015), Available at SSRN: https://ssrn.com/abstract=2548561

Tschider, Charlotte, Regulating the IoT: Discrimination, Privacy, and Cybersecurity in the Artificial Intelligence Age (February 24, 2018). 96 DENV. U. L. REV. 87 (2018), Available at SSRN: https://ssrn.com/abstract=3129557

https://www.justice.gov/usao−sdny/countering−state−sponsored−cybercrime

https://www.statista.com/statistics/471264/iot−number−of−con−nected−devices−worldwide/

https://www.un.org/disarmament/wp-content/uploads/2019/12/efforts-imple-ment-norms-uk-stakeholders-12419.pdf

https://www.csoonline.com/article/3139923/how-big-data-is-improv-ing-cyber-security

https://www.ibm.com/downloads/cas/RDEQK07R

https://www.boannews.com/media/view.asp?idx=11191&kind=1

https://100.daum.net/encyclopedia/view/61XX79800005

https://www.congress.gov/bill/115th-congress/senate-bill/1691/all-info

https://ec.europa.eu/digital-single-market/en/news/ethics-guidelines-trust-worthy-ai

4

공공데이터의 이용

정필운 / 한국교원대학교 교수

Ⅰ. 서론

전통적으로 국가는 세금 부과, 병역 부과 등을 위하여 영역 내의 사람과 물건에 대한 정보를 수집하고 관리하여 왔다. 주민등록표, 가족관계등록부, 토지대장, 건축물대장, 토지등기부, 건물등기부 등은 그러한 목적에서 수집하고 관리하는 정보를 체계화한 집합이다. 그리고 현대에 들어 사회 문제 해결을 위해 국가가 적극적으로 나서야 한다는 복지국가 원리가 보편적인 헌법 원리로 받아들여지면서, 국가는 복지, 교육, 환경 영역 등에서 적극적 기능을 수행하기 위한 다양한 정보를 수집·관리하고 있다. 예를 들어, 교육 환경 유지와 개선을 위하여 학교 주변 시설 정보를 수집·관리하고, 대기 환경 유지와 개선을 위하여 공장에서 배출하는 물질 정보를 수집·관리하며, 화물자동차의 안전 운행 감시를 위하여 차량 운행기록을 수집·관리한다.

과거에는 이와 같은 각종 행정정보를 공무원이 직접 수집하고 관리하였다. 그러나 정보사회에 들어서는 사람과 사물에 센서를 부착하여 자동으로 센싱하고 이렇게 만들어진 데이터를 자동으로 축적하고 이용한다. 그리고 공공데이터를 자동으로 수집하고 관리하는 정보처리기기를 공무원이 직접 설치하고 관리하기도 하지만 사인에게 수집·보관과 제출 의무를 부과하여 관리하기도 한다. 예를 들어, 「교통안전법」은 여객자동차 운송사업자, 화물자동차 운송사업자가 차량에 디지털 운행기록 장치(Digital Tachograph: DTG)를 장착하게 함으로써 관련 정보를 수집·보관하는 의무를 부과하고 있으며, 교통행정기관이 이들에게 운행기록을 제출하도록 하여 정보를 이용하고 보관할 수 있도록 규정하고 있다.[1]

2010년 이후 선진국에서는 부가가치 창출과 산업진흥을 위하여 국가기관 등이 수집·관리하는 공공데이터를 기업과 시민에게 체계적으로 제공하기 위하여 노력을 해왔다. 그리고 기차역, 버스터미널, 공항 등과 같은 사회간접자본(Social Overhead Capital)의 위치 선정을 좀 더 효율적·합리적으로 하기 위하여 국가 스스로 데이터를 기반으로 국가 의사를 결정하려고 노력하고 있다. 최근에는 국가가 가진 공공데이터의 주체가 자신과 관련된 데이터를 국가에게 요구할 수 있는 권리를 부여하여 그 이용을 좀 더 강화하고자 하는 노력도 하고 있다.

이 장은 공공데이터의 이용과 이를 규율하는 법령 현황을 소개하고, 그에 관한 최근 동향과 쟁점을 분석하여 개선 방안을 제시하는 것을 목적으로 한다. 이러한 목적을 달성하기 위하여 우선 국가기관 등이 보유·관리하는 데이터의 제공 및 그 이용 활성화에 관한 사항을 규정하고 있는 「공공데이터의 제공 및 이용 활성화에 관한 법률」(이하 '공공데이터법')의 내용을 살펴보고 최근 동향과 쟁점을 분석한다(Ⅱ). 그리고 데이터를 기반으로 한 행정의 활성화에 필요한 사항을 규정하고 있는 「데이터 기반 행정 활성화에 관한 법률」(이하 '데이터기반행정법')의 내용을 살펴보고 최근 동향과 쟁점을 분석한다(Ⅲ). 이어서 정보주체의 공공데이터 이용을 강화하기 위한 이른바 공공 마이데이터의 현황과 쟁점을 분석한다(Ⅳ). 마지막으로 이상의 논의를 정리하며 글을 마친다(Ⅴ).

Ⅱ. 공공데이터의 제공과 이용 활성화

1. 개념과 전략

국회는 지난 2013년 10월 공공데이터의 제공과 이용 활성화를 위하여 기

---

[1] 이에 관해 자세한 것은 이중기·정필운, "교통 플랫폼 구축·운영을 위한 법제 현황과 과제", 『홍익법학』 제19권 제4호, 2018, 344면 참고.

존의 「전자정부법」과는 별도로 「공공데이터의 제공 및 이용 활성화에 관한 법률」을 제정하였다. 그리고 행정부는 이 법에 따라 공공데이터 제공과 이용 활성화 정책을 추진하였다. 행정부는 이 법 제7조에 따라 2014년 이후 총 3차례의 공공데이터 제공 및 이용 활성화 기본계획을 수립하였다. 제1차 공공데이터 제공 및 이용 활성화 기본계획(2014－2016), 제2차 공공데이터 제공 및 이용 활성화 기본계획(2017－2019), 제3차 공공데이터 제공 및 이용 활성화 기본계획(2020－2022)이 그것이다.

2019년 말 수립하여 2020년부터 추진하고 있는 제3차 공공데이터 제공 및 이용 활성화 기본계획의 핵심은 다음과 같다. 우선 기본계획의 비전은 '사회적 가치 실현과 디지털 혁신성장을 선도하는 데이터 강국'이다. 이를 위하여 ① 국민이 원하는 개방 및 융합 활성화, ② 데이터가 안전하고 쉽게 유통되는 생태계 조성, ③ 사회 곳곳에 데이터 분석 및 활용 확대, ④ 데이터 추진기반 강화를 통한 글로벌 스탠다드화라는 4대 전략을 수립하였다. 이러한 전략을 달성하기 위해서 비정형데이터 개방 확대 및 융합 데이터 구축, 데이터 구축 가공·성장단계별 지원 강화를 통한 신산업 창출 및 데이터 유통·거래 생태계 조성, 데이터에 기반한 과학적·체계적 행정 구현 및 사회 문제 해결을 촉진하는 데이터 분석·활용 확대, 민간 간, 공공 간 범정부 데이터 거버넌스 확립, 글로벌 선도를 위한 공동연구 추진 등 국제협력 다각화를 핵심 과제로 선정하여 추진하고 있다.[2]

2. 현황과 법제

가. 현황[3]

지난 10여 년간 공공데이터의 제공과 이용 활성화 정책의 성과는 다음과 같다.

---

2) 이상 공공데이터전략위원회, "제3차(2020~2022) 공공데이터 제공 및 이용활성화 기본계획", 2019.12.24.에서 전재.

3) 이상 공공데이터전략위원회, "제3차(2020~2022) 공공데이터 제공 및 이용활성화 기본계획", 2019.12.24.을 요약.

첫째, 공공데이터의 이용 활성화를 위한 관리 기반을 마련하였다. 우선 정보자원관리(Information Resources Management)의 관점에서 공공데이터의 특성을 고려한 생명주기(life-cycle)별 공공데이터 관리 절차를 마련함으로써 관리 체계[4]를 구축하였다. 그리고 주차장 정보나 공중화장실 등 함께 제공할 때 더 효과적인 데이터 간의 통합을 위한 개방표준을 마련하여 시행하였다. 그리고 공공데이터 중 기계가 읽을 수 있는 오픈포맷의 비중을 확대하기 위해 노력한 결과, 전체 데이터 중 오픈포맷이 차지하는 비율이 2013년 8.7%에서 2019년 현재 88.7%가 되었다.

둘째, 공공데이터 개방을 획기적으로 확대하였다. 제3차 기본계획에 따르면 행정부는 지난 2018년 180여 개 공공기관을 대상으로 공공데이터 보유 현황을 전수 조사한 바 있다. 그리고 2019년 말 기준 32,743개의 데이터셋을 개방하였다. 또한 부동산실거래가정보, 상권정보, 건축물정보 등 사회·경제적으로 파급효과가 높은 국가 중점 데이터 96개 분야, 492개 데이터셋을 개방하였다.

셋째, 공공데이터 민간 이용과 이를 통한 창업을 지원하였다. 공공데이터 포털(data.go.kr)을 통해 시민에게 제공한 데이터는 2019년 기준 1,200만 건을 넘었다. 이러한 공공데이터를 활용하여 2,420건의 서비스가 개발되었다. 학교공지, 가정통신문 등 학교와 가정을 잇는 서비스를 제공하는 아이엠스쿨, 원룸, 아파트 등 부동산 매물과 전세, 월세 정보를 제공하는 직방이 그 예이다.

이러한 노력의 결과 2015년 OECD 공공데이터 평가에서 세계 1위에 오른 후, 3연속으로 세계 1위를 유지하고 있으며, 월드와이드웹재단 개방데이터 지표 평가(Open Data Barometer)[5]에서 세계 최고 리더국가로 선정되었다.

나. 법제 현황

이미 설명한 것처럼 국회는 지난 2013년 10월 "공공기관이 보유·관리하

---

[4] 이에 관해 자세한 것은 정필운, "행정정보 데이터베이스의 관리: 헌법적 의미와 요청 및 생명주기에 따른 관리", 『인터넷법률』 제40권, 법무부, 2007, 특히 191-192면 참고.
[5] 이에 관해서는 윤광석·이건, "공공데이터 활용 행정 촉진을 위한 거버넌스 모색 영국의 ADRN 사례를 중심으로", 『국가정책연구』, 제31권 제1호, 중앙대학교 국가정책연구소, 2017, 8-9면.

는 데이터의 제공 및 그 이용 활성화에 관한 사항을 규정함으로써 국민의 공공
데이터에 대한 이용권을 보장하고, 공공데이터의 민간 활용을 통한 삶의 질 향
상과 국민경제 발전에 이바지함을 목적으로" 기존의 「전자정부법」과는 별도로
「공공데이터의 제공 및 이용 활성화에 관한 법률」을 제정하였다(법 제1조 참고).

　현행 법의 주요 내용은 다음과 같다.

　첫째, 법은 현행 행정집행체계에 공공데이터전략위원회라는 심의·조정기
관과 공공데이터제공분쟁조정위원회라는 분쟁조정 기관을 더하여 집행체계를
보완하였다(법 제5조, 제29조). 전략위원회는 공공데이터와 데이터기반행정6)에
관한 정부의 주요 정책과 계획을 심의·조정하고 그 추진사항을 점검·평가하
기 위한 기관으로, 국무총리 소속이다. 전략위원회는 공공데이터의 제공 및 이
용 활성화에 관한 기본계획 및 공공데이터의 제공 및 이용 활성화에 관한 시행
계획의 수립·변경에 관한 사항, 제공대상 공공데이터 목록의 심의·의결 및 목
록 공표에 관한 사항, 공공데이터 목록의 제외에 관한 사항, 공공데이터의 제
공 및 이용과 관련된 정책 및 제도 개선에 관한 사항, 「데이터기반행정 활성화
에 관한 법률」 제5조 각 호의 사항, 주요 시책에 대한 집행실적의 평가 및 점
검에 관한 사항을 심의한다. 그리고 분쟁조정위원회는 공공기관의 공공데이터
제공 거부와 제공중단에 관한 분쟁조정을 하게 하기 위한 기관으로 행정안전
부장관 소속이다(제29조). 또한 여러 지원기관에 분산되어 있는 공공데이터의
효율적인 제공 및 이용 활성화 지원을 위하여 공공데이터활용지원센터를 「지
능정보화 기본법」 제12조에 따른 한국지능정보사회진흥원에서 설치·운영한다
(제13조).

　둘째, 행정부는 공공데이터전략위원회의 심의·의결을 거쳐 3년마다 공공
데이터 제공 및 이용 활성화에 관한 기본계획을 수립하고, 그에 따른 시행계획
을 매년 수립·시행하여야 한다(제7조 및 제8조).

　셋째, 공공기관의 장은 해당 공공기관이 보유·관리하는 공공데이터를 국
민에게 원칙적으로 제공할 의무가 있고, 제공할 수 없는 경우를 예외로 규정하

---

6) [시행 2023. 11. 17.] [법률 제19408호, 2023. 5. 16., 타법개정]

였다. 또한 공공기관의 장은 제공 예외 정보를 기술적으로 분리할 수 있는 때에는 이를 제외한 공공데이터를 제공하여야 한다고 규정하였다(제17조).[7]

넷째, 공공데이터의 체계적 관리와 제공, 이용 활성화를 위하여 공공기관의 장은 해당 공공기관의 소관 공공데이터 목록을 대통령령으로 정하는 바에 따라 행정안전부장관에게 등록하여야 한다(제18조).

다섯째, 공표된 제공대상 공공데이터의 경우 소관 공공기관이나 공공데이터 포털 등에서 제공받을 수 있다(제26조).

3. 쟁점

가. 공공데이터 제공 예외 사유의 규율

현행 공공데이터법의 규정상 공공데이터는 공공기관이 스스로 생성한 것뿐 아니라 제3자가 생성한 것이라도 공공기관이 보유하고 있으면 공공데이터에 해당하며, 이에 대한 일반 시민의 요청이 있으면 공공기관은 이를 제공할 의무가 있다.

이러한 이유로 공공데이터의 제공은 자칫 공익과 제3자의 권리를 해할 수 있다. 이러한 문제를 해결하기 위하여 법은 제17조를 두어 이러한 상충을 적절히 조화하고자 하였다.

> 제17조(제공대상 공공데이터의 범위) ① 공공기관의 장은 해당 공공기관이 보유·
> 관리하는 공공데이터를 국민에게 제공하여야 한다. 다만, 다음 각 호의 어느 하
> 나에 해당하는 정보를 포함하고 있는 경우에는 그러하지 아니한다.
> 1. 「공공기관의 정보공개에 관한 법률」 제9조에 따른 비공개대상정보
> 2. 「저작권법」 및 그 밖의 다른 법령에서 보호하고 있는 제3자의 권리가 포함된

---

7) 다만 공공기관의 장은 그가 보유하는 자료나 정보를 공공데이터법상의 공공데이터의 형식
  으로 관리하고 제공할 것인지 그 외의 형식으로 정보공개법에 따라 관리하고 제공할 것인지
  에 관한 재량을 가지므로, 공공기관의 장이 공공데이터 외의 형식으로 관리·제공하고자 하
  는 정보까지 공공데이터의 형식으로 국민에게 제공할 의무는 없다. 인천지법 2015.8.13. 선
  고, 2015구합50553 판결.

것으로 해당 법령에 따른 정당한 이용허락을 받지 아니한 정보

② 공공기관의 장은 제1항에도 불구하고 제1항 각 호에 해당하는 내용을 기술적으로 분리할 수 있는 때에는 제1항 각 호에 해당하는 부분을 제외한 공공데이터를 제공하여야 한다.

③ 행정안전부장관은 제1항 제2호의 제3자의 권리를 포함하는 것으로 분류되어 제공대상에서 제외된 공공데이터에 대한 정당한 이용허락 확보를 위한 방안을 제시할 수 있으며, 공공기관의 장은 그 방안에 따라 필요한 조치를 취하여야 한다.

그러나 그 예외 사유가 명확하지 않아 현장에서 구체적으로 무엇을 개방하여야 하는지, 무엇을 개방하지 않아야 하는지에 대한 의문이 끊임없이 제기되고 있다. 또한 데이터의 종류와 내용에 상관없이 국가기관 등이 이를 보유한 이후부터는 모두 공공데이터에 편입되며 제17조의 제공 제외 사유에 해당하지 않는 한 다른 사람에게 데이터를 제공할 수밖에 없는 구조를 갖고 있어, 이를 아는 사업자나 국민은 국가에게 정보를 제공하는 것 자체를 꺼리는 경향이 발생하고 있다. 따라서 「공공기관의 정보공개에 관한 법률」(이하 '정보공개법') 제9조 비공개 대상 정보 규정[8]과 같이 제공 예외 사유를 좀 더 체계적으로 분류하

---

8) 제9조(비공개 대상 정보) ① 공공기관이 보유·관리하는 정보는 공개 대상이 된다. 다만, 다음 각 호의 어느 하나에 해당하는 정보는 공개하지 아니할 수 있다. <개정 2020.12.22.>
  1. 다른 법률 또는 법률에서 위임한 명령(국회규칙·대법원규칙·헌법재판소규칙·중앙선거관리위원회규칙·대통령령 및 조례로 한정한다)에 따라 비밀이나 비공개 사항으로 규정된 정보
  2. 국가안전보장·국방·통일·외교관계 등에 관한 사항으로서 공개될 경우 국가의 중대한 이익을 현저히 해칠 우려가 있다고 인정되는 정보
  3. 공개될 경우 국민의 생명·신체 및 재산의 보호에 현저한 지장을 초래할 우려가 있다고 인정되는 정보
  4. 진행 중인 재판에 관련된 정보와 범죄의 예방, 수사, 공소의 제기 및 유지, 형의 집행, 교정(矯正), 보안처분에 관한 사항으로서 공개될 경우 그 직무수행을 현저히 곤란하게 하거나 형사피고인의 공정한 재판을 받을 권리를 침해한다고 인정할 만한 상당한 이유가 있는 정보
  5. 감사·감독·검사·시험·규제·입찰계약·기술개발·인사관리에 관한 사항이나 의사결정 과정 또는 내부검토 과정에 있는 사항 등으로서 공개될 경우 업무의 공정한 수행이나 연구·개발에 현저한 지장을 초래한다고 인정할 만한 상당한 이유가 있는 정보. 다만, 의사결정 과정 또는 내부검토 과정을 이유로 비공개할 경우에는 의사결정 과정 및 내부검토 과정이 종료되면 제10조에 따른 청구인에게 이를 통지하여야 한다.

고 각 사유별로 좀 더 구체적인 요건을 규정하여 이와 같은 법적 문제를 사전적으로 예방하는 입법적 노력이 필요하다.

나. 제공 예외 사유 중 개인정보 사유 정교화 필요

이미 설명한 것처럼 공공데이터의 제공은 공익과 제3자의 권리를 해할 수 있는 잠재적 가능성을 가지므로 법은 제17조를 통해 이를 적절히 조화하고자 한다. 그리고 제17조 제1항 제1호는「공공기관의 정보공개에 관한 법률」제9조에 따른 비공개 대상 정보를 포함하는 공공데이터는 공공기관의 제공의무를 면제하고 있다. 이로써 정보공개법 제9조 제1항 제6호에 따라 해당 정보에 포

---

6. 해당 정보에 포함되어 있는 성명·주민등록번호 등「개인정보 보호법」제2조제1호에 따른 개인정보로서 공개될 경우 사생활의 비밀 또는 자유를 침해할 우려가 있다고 인정되는 정보. 다만, 다음 각 목에 열거한 사항은 제외한다.
   가. 법령에서 정하는 바에 따라 열람할 수 있는 정보
   나. 공공기관이 공표를 목적으로 작성하거나 취득한 정보로서 사생활의 비밀 또는 자유를 부당하게 침해하지 아니하는 정보
   다. 공공기관이 작성하거나 취득한 정보로서 공개하는 것이 공익이나 개인의 권리 구제를 위하여 필요하다고 인정되는 정보
   라. 직무를 수행한 공무원의 성명·직위
   마. 공개하는 것이 공익을 위하여 필요한 경우로서 법령에 따라 국가 또는 지방자치단체가 업무의 일부를 위탁 또는 위촉한 개인의 성명·직업
7. 법인·단체 또는 개인(이하 '법인등'이라 한다)의 경영상·영업상 비밀에 관한 사항으로서 공개될 경우 법인 등의 정당한 이익을 현저히 해칠 우려가 있다고 인정되는 정보. 다만, 다음 각 목에 열거한 정보는 제외한다.
   가. 사업활동에 의하여 발생하는 위해(危害)로부터 사람의 생명·신체 또는 건강을 보호하기 위하여 공개할 필요가 있는 정보
   나. 위법·부당한 사업활동으로부터 국민의 재산 또는 생활을 보호하기 위하여 공개할 필요가 있는 정보
8. 공개될 경우 부동산 투기, 매점매석 등으로 특정인에게 이익 또는 불이익을 줄 우려가 있다고 인정되는 정보
② 공공기관은 제1항 각 호의 어느 하나에 해당하는 정보가 기간의 경과 등으로 인하여 비공개의 필요성이 없어진 경우에는 그 정보를 공개 대상으로 하여야 한다.
③ 공공기관은 제1항 각 호의 범위에서 해당 공공기관의 업무 성격을 고려하여 비공개 대상 정보의 범위에 관한 세부 기준(이하 '비공개 세부 기준'이라 한다)을 수립하고 이를 정보통신망을 활용한 정보공개시스템 등을 통하여 공개하여야 한다. <개정 2020.12.22.>
④ 공공기관(국회·법원·헌법재판소 및 중앙선거관리위원회는 제외한다)은 제3항에 따라 수립된 비공개 세부 기준이 제1항 각 호의 비공개 요건에 부합하는지 3년마다 점검하고 필요한 경우 비공개 세부 기준을 개선하여 그 점검 및 개선 결과를 행정안전부장관에게 제출하여야 한다. <신설 2020.12.22.> [전문개정 2013.8.6.]

함되어 있는 성명·주민등록번호 등 「개인정보 보호법」 제2조제1호에 따른 개인정보로서 공개될 경우 사생활의 비밀 또는 자유를 침해할 우려가 있다고 인정되는 정보는 원칙적으로 제공하지 않을 수 있다. 그런데 공공데이터 중 개인정보를 포함한 데이터가 차지하는 비중이 높고, 특히 시민과 기업이 제공을 원하는 정보 중 개인정보를 포함한 데이터의 비중은 더욱 높은 것이 현실이다. 이러한 의미에서 공공데이터법 제17조 제1항 제1호, 정보공개법 제9조 제1항 제6호를 통한 개인정보를 포함한 데이터 제공 예외 사유 규정은 다른 사유보다 구체적인 요건을 규정할 필요성이 훨씬 강하다.

이미 설명한 것처럼 정보공개법 제9조 비공개 대상 정보 규정과 같이 공공데이터법이 스스로 적용 예외 사유를 규정하고, 그 적용 예외 사유 중 개인정보를 포함한 데이터에 관해서는 개인정보 보호법 제28조의2[9]와 같은 취지로 공공기관이 일정한 목적을 위하여 개인정보를 가명처리하여 제공할 수 있도록 제한적으로 허용할 필요가 있다.

다. 공공데이터법과 저작권법의 상충 문제 해소

현행 공공데이터법상 국가와 지방자치단체, 공공기관은 보유·관리하는 공공데이터를 국민에게 제공하여야 하며, 다른 법률에 특별한 규정이 있는 경우 또는 제28조 제1항 각 호의 경우를 제외하고는 공공데이터의 영리적 이용인 경우에도 이를 금지 또는 제한하여서는 아니 된다. 그런데 저작권법에서는 ① 국가 또는 지방자치단체가 업무상 작성하여 공표한 저작물이나 계약에 따라 저작재산권의 전부를 보유한 저작물은 원칙적으로 허락 없이 이용할 수 있는 반면, ② 「공공기관의 운영에 관한 법률」 제4조에 따른 공공기관이 업무상 작성하여 공표한 저작물이나 계약에 따라 저작재산권의 전부를 보유한 저작물은 공공기관이 저작권을 가지고 있는 것을 전제로 하여 국가로 하여금 그 이용 활

---

9) 제28조의2(가명정보의 처리 등) ① 개인정보처리자는 통계작성, 과학적 연구, 공익적 기록보존 등을 위하여 정보주체의 동의 없이 가명정보를 처리할 수 있다.
② 개인정보처리자는 제1항에 따라 가명정보를 제3자에게 제공하는 경우에는 특정 개인을 알아보기 위하여 사용될 수 있는 정보를 포함해서는 아니 된다. [본조신설 2020.2.4.]

성화를 위한 정책을 수립·시행할 수 있도록 규정하고 있다(제24조의2). 이러한 이유로 공공기관이 보유·관리하는 공공데이터를 제공받은 국민이 이를 이용하는 경우 저작권 침해행위가 될 여지가 있다.[10]

이와 같은 공공데이터법과 저작권법의 상충 문제는 입법적으로 해결을 하는 것이 타당하다. 이에 대해 공공데이터법의 공공기관과 저작권법 제24조의2 공공기관의 통일을 주장하는 견해도 있다.[11] 그런데 현행 공공데이터법과 저작권법 제24조의2 제2항은 그 규정의 취지가 서로 다른 측면이 있으므로 이를 통일하는 것보다는 공공데이터법과 저작권법의 당해 조항이 상충하지 않도록 미세 조정하는 것이 타당하다. 앞으로 논의를 통한 개정이 필요하다.

라. 공공데이터의 이용 조건 부가 근거 마련

현행 공공데이터법은 다른 법률에 특별한 규정이 있는 경우 또는 제28조 제1항 각 호의 경우를 제외하고는 공공데이터의 영리적 이용인 경우에도 공공기관이 이를 금지 또는 제한할 수 없도록 규정하고 있다(제3조 제4항). 한편, 이용자는 공공데이터를 이용하는 경우 국가안전보장 등 공익이나 타인의 권리를 침해하지 아니하도록 법령이나 이용 조건 등에 따른 의무를 준수하여야 하며, 신의에 따라 성실하게 이용하여야 한다고 규정하고 있다(제3조 제5항).

따라서 공공기관이 공공데이터를 제공할 때 공공데이터의 이용을 제한하는 조건을 붙일 수 있는지 의문이 제기된다. 그 결과 공공데이터를 제공할 때 필요하다고 판단되는 이용 제한 조건 부가가 담당 부처와 공무원의 재량 판단에 따라 일관성 없이 행해지고 때로는 과도하게, 때로는 과소하게 행사되고 있다.[12] 그리고 적절한 이용 조건을 부과하지 못한 결과, 공공데이터에 부가가치를 더한 데이터나 공공데이터를 기반으로 제공하는 서비스를 국가기관 등이

---

10) 유지혜, "저작물이 포함된 공공데이터의 제공 및 이용에 관한 연구 – 공공데이터법과 저작권법을 중심으로 –", 『선진상사법률연구』, 제89호, 법무부, 2020, 79 – 80면.

11) 유지혜, 앞의 글, 80면.

12) 이에 대한 헌법이론적 문제점은 정필운, "국가가 생산한 저작물의 저작권 귀속 판단 및 이에 대한 헌법이론적 평가", 『공법연구』 제38권 제1 – 2호, 2009, 137 – 138면 참고.

이용할 때 과도한 이용료를 지불하는 바람직하지 못한 결과를 초래하기도 한다. 따라서 국가기관 등이 공공데이터를 제공할 때 공공데이터의 이용을 제한하는 조건을 붙일 수 있는 근거와 기준을 법률로 규정하되, 공공데이터법의 취지에 부합하도록 적절한 이용 조건을 붙일 수 있도록 구체적으로 규정하는 것이 타당하다. 또한 부과한 이용 조건을 위반하였을 때 제재 규정 역시 필요하다.[13] 앞으로 논의를 통한 개정이 필요하다.

III. 데이터를 통한 공공 문제 해결

1. 개념과 전략

데이터 기반 행정이란 국가, 지방자치단체, 공공기관이 생성하거나 다른 기관 및 법인·단체 등으로부터 취득하여 관리하고 있는 데이터를 수집·저장·가공·분석·표현하는 등의 방법으로 정책 수립 및 의사결정에 활용함으로써 객관적이고 과학적으로 수행하는 행정을 말한다(데이터기반행정법 제2조 제2호 참고). 경험과 직관을 활용한 기존의 행정에 대비되는 증거 기반 정책 수립(evidence-based policymaking)[14]과 그 맥을 같이 한다.

국회는 지난 2020년 6월 9일 데이터기반행정법을 제정하였고, 이 법은 같은 해 12월 10일부터 시행되고 있다. 행정안전부는 2021년에 데이터 기반 행정을 위한 기반을 마련하겠다는 비전을 가지고, 데이터 기반 행정 거버넌스 정립, 데이터 기반 행정 기본계획 및 시행계획 수립, 정부통합데이터분석센터 설치와 일하는 방식 혁신, 데이터 통합 관리 플랫폼 구축, 데이터 역량 강화 등을 하겠다고 발표하였다.[15] 이를 위하여 우선 2021년 2월 법 제5조에 따라 데이터

---

13) 같은 취지: 유지혜, 앞의 글, 84면.
14) 윤충식, "데이터기반 과학적 행정에 관한 연구", 『한국경영정보학회 추계학술대회 자료집』, 한국경영정보학회, 2018, 221면.
15) 행정안전부, "2021년 데이터 기반 행정 추진 원년으로…미래형 행정 설계-데이터기반 행정 기본계획 수립하여 일하는 방식에 적용 혁신사례 만들 것-", 2021.1.27. 보도자료 참고.

기반행정활성화위원회를 구성하고 활동을 시작하기로 하였다. 그리고 법 제19조에 따라 각 부처에 데이터 기반 행정 책임관을 지정하여 데이터 활용 과제를 적극 발굴하고 협업 체계를 마련한다는 계획이다. 둘째, 법 제6조와 제7조에 따라 데이터 기반 행정 활성화 기본계획과 시행계획을 수립하기로 하였다. 행정안전부는 기본계획이 실제 현장에서 이행될 수 있도록 정부통합데이터분석센터를 설치하고 국정과제, 정책 현안, 기관 의뢰 등에 대한 데이터 분석을 지원하기로 했다. 그리고 행정안전부는 선도적으로 모든 부처원이 데이터를 근거로 일하는 관점을 전환할 수 있도록 데이터 기반 행정의 여건을 마련하여 일하는 방식을 혁신한다는 계획이다. 이를 위해 조직관리, 민원 서비스, 재난안전 등 행정안전부의 권한 중 데이터를 통한 혁신을 가져올 수 있는 영역에서 정책 결정·집행·평가에서 좀 더 적극적으로 데이터를 활용하기로 하였다. 셋째, 데이터를 활용하기 위한 마인드 형성을 위하여 간부급 공무원을 대상으로 관리자 교육을 하는 등 수준별·직급별 맞춤형 교육을 추진하기로 하였다. 또한 데이터 활성화를 높이기 위하여 데이터 시각화 노력 등 데이터 품질을 개선함으로써 데이터 접근성을 높이기로 하였다.[16]

2. 법제 현황

이미 서술한 것처럼 국회는 지난 2020년 6월 "데이터를 기반으로 한 행정의 활성화에 필요한 사항을 정함으로써 객관적이고 과학적인 행정을 통하여 공공기관의 책임성, 대응성 및 신뢰성을 높이고 국민의 삶의 질을 향상시키는 것을 목적으로" 데이터기반행정법을 제정하였고, 이 법은 같은 해 12월 10일부터 시행되고 있다.

현행 법의 주요 내용은 다음과 같다.

첫째, 2020년 제정 당시 법은 행정집행체계에 데이터기반행정활성화위원회라는 심의·조정기관을 별도로 설치하여 집행체계를 보완하였다(법 제5조). 그런데 필자는 이 책 제1판에서 공공데이터법에서 규정하고 있는 공공데이터전

---

16) 이상 행정안전부, 위 보도자료에서 전재.

략위원회와 별도로 데이터기반행정법의 데이터기반행정활성화위원회를 두는
것이 적절치 않다고 비판하였다.[17] 그리고 데이터기반행정활성화위원회를 공공
데이터전략위원회의 분과위원회로 두거나 두 위원회를 통합할 것을 제안하였
다. 이러한 비판과 제안은 입법자에게 받아들여져 2023년 5월 16일 데이터기
반행정법이 개정되었다. 이로써 데이터기반행정활성화위원회는 폐지되고 공공
데이터전략위원회가 그 역할을 수행하게 되었으며 이 위원회 아래 전문위원회
로 데이터기반행정 분과위원회가 신설되었다.[18]

　　둘째, 행정안전부장관은 데이터의 분석 등을 통하여 정책 수립 및 의사결
정을 지원하기 위하여 정부통합데이터분석센터를 설치·운영할 수 있도록 하
고, 공공기관의 장은 데이터 기반 행정의 수행에 필요한 데이터의 분석 등을
통하여 정책 수립 및 의사결정에 활용하기 위하여 데이터분석센터를 설치·운
영할 수 있다(제20조).

　　셋째, 행정안전부장관은 데이터기반행정을 체계적으로 추진하기 위하여
데이터 기반 행정 활성화를 위한 기본계획을 3년마다 수립하여야 하고, 중앙행
정기관의 장과 지방자치단체의 장은 기본계획에 따라 매년 데이터 기반 행정
활성화 시행계획을 수립하고, 대통령령으로 정하는 바에 따라 행정안전부장관
에게 제출하여야 한다(제6조, 제7조).

　　넷째, 공공기관의 장은 공동 활용할 필요가 있다고 인정하는 데이터를 데

---

17) 이 책 제1판, 506-507면. 당시 필자의 논거는 다음 두 가지였다. 첫째, 공공데이터의 제공
　　및 이용 활성화와 데이터 기반 행정은 밀접하게 연관되어 있다. 공공데이터전략위원회가
　　"공공데이터에 관한 정부의 주요 정책과 계획을 심의·조정하고 그 추진사항을 점검·평가하
　　기" 위한 국무총리 소속기관(공공데이터법 제5조)이라고 규정하고 있는 것을 보면 이것이
　　얼마나 밀접하게 연관되어 있는지 알 수 있다. 둘째, 행정안전부는 과거부터 스스로 행정부
　　내에 각종 위원회가 너무 많다고 생각하고 그 설치를 제한하기 위하여 「행정기관 소속 위원
　　회의 설치·운영에 관한 법률」을 제정하였다. 이 법은 "행정기관의 장은 그 기관 또는 관련
　　기관 내에 설치되어 있는 위원회와 성격과 기능이 중복되는 위원회를 설치·운영하여서는
　　아니 된다."라고 규정하고, "행정기관의 장은 성격·기능이 유사하거나 관련이 있는 복수의
　　위원회를 하나의 위원회와 분과위원회, 전문위원회 등의 체계로 연계하여 설치·운영"하고,
　　"행정기관의 장은 불필요한 자문위원회 등이 설치되지 아니하도록 소관 정책에 관한 각계
　　전문가의 의견을 종합적으로 반영하기 위하여 위원회를 통합하여 설치·운영하도록" 규정하
　　고 있다(제7조).
18) [시행 2023. 11. 17.] [법률 제19408호, 2023. 5. 16., 타법개정]

이터 통합 관리 플랫폼에 등록할 수 있고, 공공기관의 장은 등록되지 아니한 데이터를 제공받으려는 경우에는 데이터 소관 공공기관의 장에게 데이터 제공을 요청할 수 있다(제8조, 제10조).

다섯째, 공공기관의 장은 제공 요청을 받은 데이터가 해당 공공기관이 생성하거나 취득하여 관리하는 데이터인 경우에는 이를 원칙적으로 제공할 의무를 인정하고, 제공을 거부할 수 있는 경우를 예외로 규정하였다(제11조).

여섯째, 공공기관의 장은 데이터 기반 행정을 활성화하기 위하여 필요한 경우 계약에 의한 구매 및 업무협약 등을 통하여 법인·단체 또는 개인 등에게 해당 민간 법인 등이 생성하거나 취득하여 관리하는 데이터를 제공하여 줄 것을 요청할 수 있다(제14조).

3. 쟁점과 과제: 추진 체계 관련 사항

이미 설명한 것처럼 2020년 제정 당시 법은 행정집행체계에 데이터기반행정활성화위원회라는 심의·조정기관을 별도로 설치하여 집행체계를 보완하였다. 그런데 필자는 공공데이터법에서 규정하고 있는 공공데이터전략위원회와 별도로 데이터기반행정법의 데이터기반행정활성화위원회를 두는 것이 적절치 않다고 비판하며 데이터기반행정활성화위원회를 공공데이터전략위원회의 분과위원회로 두거나 두 위원회를 통합할 것을 제안하였고, 이것이 받아들여져 2023년 법 개정을 통해 데이터기반행정활성화위원회는 폐지되고 공공데이터전략위원회 아래 데이터기반행정 분과위원회가 신설되었다. 이로써 제1판에서 필자가 데이터기반행정법의 문제점으로 거론한 네 가지 문제 중 세 가지가 해결되었다. 그럼에도 증거 기반 정책 결정을 추진하는 공무원의 데이터 마인드 형성을 위한 협업 거버넌스 구축 제안은 여전히 유효하다.[19]

---

[19] 이 책 제1판, 506-507면. 당시 필자가 법적 검토를 제안한 사항은 다음 네 가지였다. 첫째, 공공데이터법에서 규정하고 있는 공공데이터전략위원회와 데이터기반행정법의 데이터기반행정활성화위원회가 별도로 있는 것이 타당한지 검토할 것, 둘째, 데이터기반행정활성화위원회 위원 구성을 검토할 것, 셋째, 위원회의 조정에 따라야 한다는 명시적인 의무 규정을 둘 것, 넷째, 증거 기반 정책 결정의 특성상 업무를 추진하는 자의 데이터 마인드 형성을 위한 협

증거 기반 정책 결정의 특성상 업무를 추진하는 자의 데이터 마인드 형성이 필요하다. 행정안전부에서는 이를 위하여 간부급 공무원을 대상으로 관리자 교육을 하는 등 수준별·직급별 맞춤형 교육을 추진하겠다고 발표한 바 있다. 그런데 이에 더하여 데이터를 잘 이해하고 있는 전문가 집단과 협업 거버넌스를 구축하는 방안도 병행하여 추진하는 것을 검토할 필요가 있다. 선행연구에서는 영국의 공공데이터연구네트워크(Administrative Data Research Network: ADRN)를 예로 들며, 행정부, 대학, 연구기관의 협업 체계를 제안한 바 있다.[20] 그런데 국가기관 등과 시민이 공공데이터를 이용하는 데 전문가 집단이 이를 자문, 조정, 매개하는 방식이 우리 행정부의 기존 일하는 방식에 익숙하지 않다면 그 기능을 일부 변경하거나 그 주체를 법률로 설치된 관련 전문기관으로 변형하여 적용해 보는 것도 가능할 것이다. 적어도 증거 기반 정책 결정의 초창기에는 이와 같은 협업 거버넌스 구축이 그 정착에 도움이 될 것이다. 현행 법도 공공기관이 데이터 기반 행정 활성화 등과 관련한 민간 협력을 위하여 데이터 기반 행정 관련 기술과 인력의 교류 지원, 데이터 기반 행정 관련 전문기술의 조사 및 연구, 데이터 기반 행정 관련 공동 사업의 추진 및 협력 체계 구축을 추진할 수 있도록 규정하고(제25조), "행정안전부장관은 민간 법인 등이 데이터의 제공·연계 또는 공동 활용 등을 통하여 데이터 기반 행정에 참여할 수 있도록 필요한 대책을 마련하여야 한다. 이 경우 행정안전부장관은 다른 공공기관을 대표하여 민간 법인 등과 업무협약 등을 체결할" 수 있도록 규정하고 있다(제14조). 그러므로 이 규정을 활용하여 위와 같은 협업 거버넌스를 구축하는 것도 한 방법이 될 수 있을 것이다.

업 거버넌스를 구축할 것이 그것이다. 이 중 앞의 세 개가 2023년 법 개정에 반영되었다.
[20] 윤광석·이건, 앞의 글, 참고.

Ⅳ. 정보주체의 공공데이터 활용: 공공 마이데이터

1. 개념과 전략[21]

공공 마이데이터(mydata)란 정보주체인 국민이 국가기관 등이 보유한 본인 정보를 컴퓨터 등 정보처리장치로 판독이 가능한 형태로 받아 본인이 직접 다양한 공공·민간 서비스를 받기 위하여 활용할 수 있도록 청구권을 부여하는 제도를 말한다. 정부는 2019년 10월 공공 부문 자기정보 다운로드 서비스 등을 주요 내용으로 하는 디지털 정부혁신 추진계획을 발표하고, 2020년부터 공공 마이데이터 도입을 위한 노력을 하고 있다.

행정안전부는 행정·공공기관이 보유한 개인 관련 데이터를 정보주체인 시민 개인의 자산으로 생각하고 이를 정보주체의 의사에 따라 관리할 수 있도록 정책을 구현하고 있다. 헌법상 개인정보권 또는 개인정보자기결정권[22]을 구체화하는 정책이라고 평가할 수 있다.

현재는 민원인이 민원 서비스를 받기 위해 행정기관에서 각종 서류를 발급받아 제출하거나 일부 서비스는 공동이용 동의를 통해 이를 대체하여 왔으나, 이 정책이 실현되면 민원인 본인이 정부24 등의 민원 사이트에서 민원 서비스를 받기 위해 필요한 각종 서류를 데이터 꾸러미 형태로 전송함으로써 좀 더 편리하게 민원 서비스를 받을 수 있을 것이다.

또한 시민이 금융사, 통신사, 채용기업 등 민간 기관에서 제공하는 각종 서비스를 받기 위해 각종 서류를 직접 발급받아 제출하던 것을 공공 마이데이터를 전송함으로써 편리하고 안전하게 이용할 수 있도록 표준 응용 프로그램 인터페이스(Application Program Interface: API)를 구현하여 제공받을 수 있도록 할 예정이다. 그리고 이를 위하여 정보 보안을 철저히 하고, 국민의 자기정보에

---

21) 행정안전부 홈페이지(https://www.mois.go.kr/frt/sub/a06/b02/digitalOpendataMydata/screen.do, 2021.2.28. 최종 방문) 내용을 가져와 일부 수정하였다. 따라서 별도의 창작성이 없다.

22) 두 용어의 의미와 쓰임의 차이에 관해서는 정필운, "정보기본권 신설 동향과 지향 – 새로운 미디어 환경을 헌법은 어떻게 수용하여야 하는가? –", 『미디어와 인격권』 제4권 제1호, 언론중재위원회, 2018, 13 – 15면 참고.

대한 동의권을 실질화 하기 위한 조치를 동시에 추진하고 있다.

2. 법제 현황

우리 헌법재판소는 지난 2005년 개인정보자기결정권을 헌법상 독자적인 기본권으로 인정한 것을 시작[23]으로 일관되게 이를 유지하고 있다. 이미 서술한 것처럼 공공 마이데이터 제도는 헌법상 개인정보권 또는 개인정보자기결정권을 구체화하는 정책이라고 평가할 수 있다. 국회는 지난 2020년 10월 「민원 처리에 관한 법률」 제10조의2[24)를 신설하여 민원 처리 영역에 이를 도입할 근

---

23) 헌법재판소 2005.5.26. 선고, 99헌마513, 2004헌마190(병합) 결정.

24) 제10조의2(민원인의 요구에 의한 본인정보 공동이용) ① 민원인은 행정기관이 컴퓨터 등 정보처리능력을 지닌 장치에 의하여 처리가 가능한 형태로 본인에 관한 행정정보를 보유하고 있는 경우 민원을 접수·처리하는 기관을 통하여 행정정보 보유기관의 장에게 본인에 관한 증명서류 또는 구비서류 등의 행정정보(법원의 재판사무·조정사무 및 그 밖에 이와 관련된 사무에 관한 정보는 제외한다)를 본인의 민원 처리에 이용되도록 제공할 것을 요구할 수 있다. 이 경우 민원을 접수·처리하는 기관의 장은 민원인에게 관련 증명서류 또는 구비서류의 제출을 요구할 수 없으며, 행정정보 보유기관의 장으로부터 해당 정보를 제공받아 민원을 처리하여야 한다.

② 제1항에 따른 요구를 받은 행정정보 보유기관의 장은 다음 각 호의 어느 하나에 해당하는 법률의 규정에도 불구하고 해당 정보를 컴퓨터 등 정보처리능력을 지닌 장치에 의하여 처리가 가능한 형태로 본인 또는 본인이 지정한 민원처리기관에 지체 없이 제공하여야 한다. 다만, 「개인정보 보호법」 제35조제4항에 따른 제한 또는 거절의 사유에 해당하는 경우에는 그러하지 아니하다.

 1. 「전자정부법」 제39조
 2. 「국세기본법」 제81조의13
 3. 「관세법」 제116조
 4. 「지방세기본법」 제86조
 5. 「가족관계의 등록 등에 관한 법률」 제13조
 6. 「부동산등기법」 제109조의2
 7. 「주민등록법」 제30조
 8. 「공간정보의 구축 및 관리 등에 관한 법률」 제76조
 9. 「자동차관리법」 제69조
10. 「건축법」 제32조
11. 「상업등기법」 제21조
12. 그 밖에 제1호부터 제11호까지의 규정과 유사한 규정으로서 대통령령으로 정하는 법률의 관련 규정

③ 행정안전부장관은 제1항 및 제2항에 따라 민원인이 행정정보 보유기관의 장에게 요구할 수 있는 본인에 관한 행정정보의 종류를 보유기관의 장과 협의하여 정하고, 이를 국민에게

거를 마련하였다. 그리고 민원 처리 영역을 넘어선 그 밖의 행정정보에 대해서도 이와 같은 구체적인 청구권을 시민에게 인정하기 위하여 지난 2021년 「전자정부법」을 개정하였다.25)

3. 쟁점과 과제: 근거 법령

국회는 모든 행정데이터에 대해 공공 마이데이터 제도를 도입하기 위해 지난 2021년 6월 8일 「전자정부법」 제43조의2를 신설하였다.

제43조의2(정보주체 본인에 관한 행정정보의 제공요구권) ① 정보주체는 행정기관
   등이 정보처리능력을 지닌 장치에 의하여 판독이 가능한 형태로 본인에 관한
   행정정보를 보유하고 있는 경우에는 해당 행정기관등의 장으로 하여금 본인에
   관한 증명서류 또는 구비서류 등의 행정정보(법원의 재판사무·조정사무 및 그
   밖에 이와 관련된 사무에 관한 정보는 제외한다. 이하 "본인정보"라 한다)를 본인

공표하여야 한다.
④ 행정안전부장관은 「전자정부법」 제37조에 따른 행정정보 공동이용센터를 통하여 안전하고 신뢰할 수 있는 방법으로 같은 법 제2조제13호에 따른 정보시스템을 연계하는 등 해당 행정정보의 위조·변조·훼손·유출 또는 오용·남용을 방지하여야 한다.
⑤ 행정기관의 장은 제1항부터 제3항까지의 규정에 따라 컴퓨터 등 정보처리능력을 지닌 장치에 의하여 처리가 가능한 형태로 행정정보를 제공하는 경우에는 다른 법률에도 불구하고 수수료를 감면할 수 있다.
⑥ 민원인은 제1항에 따라 본인에 관한 행정정보의 공동이용을 요구하는 경우 다음 각 호의 어느 하나에 해당하는 방법으로 해당 행정정보가 본인에 관한 것임을 증명하여야 한다.
 1. 「전자정부법」 제10조에 따른 민원인의 본인 확인 방법
 2. 행정기관이 보유하고 있는 지문 등의 생체정보를 이용하는 방법
 3. 「주민등록법」 제35조제2호, 「도로교통법」 제137조제5항, 「여권법」 제23조의2제2항에 따라 신분증명서의 진위를 확인하는 방법
⑦ 제1항에 따라 다른 기관으로부터 행정정보를 제공받아 이용하는 행정기관의 장은 해당 행정정보가 위조·변조·훼손·유출 또는 오용·남용되지 아니하도록 적절한 보안대책을 마련하여야 하며, 행정안전부장관은 이에 대한 실태를 점검할 수 있다.
⑧ 제1항부터 제5항까지 및 제7항의 규정에 따른 본인에 관한 행정정보의 요구방법, 해당 행정정보의 제공방법·제공기준, 종류 및 그 세부유형, 수수료, 보안대책 및 실태점검 등에 필요한 사항은 국회규칙, 대법원규칙, 헌법재판소규칙, 중앙선거관리위원회규칙 및 대통령령으로 정한다.
[본조신설 2020.10.20.][본조시행 2021.10.21.]
25) [시행 2021. 12. 9.] [법률 제18207호, 2021. 6. 8., 일부개정]

이나 본인이 지정하는 자로서 본인정보를 이용하여 업무(「민원 처리에 관한 법률」 제10조의2에 따라 처리하는 민원은 제외한다)를 처리하려는 다음 각 호의 자(이하 "제3자"라 한다)에게 제공하도록 요구할 수 있다.

1. 행정기관등

2. 「은행법」 제8조제1항에 따라 은행업의 인가를 받은 은행

3. 그 밖에 대통령령으로 정하는 개인, 법인 또는 단체

② 정보주체가 제1항에 따라 본인정보를 제공하도록 요구할 때에는 해당 본인정보의 정확성 및 최신성이 유지될 수 있도록 정기적으로 같은 내역의 본인정보를 제공하여 줄 것을 행정기관등의 장에게 요구할 수 있고, 필요한 경우 해당 제공 요구를 철회할 수 있다.

③ 정보주체가 제1항에 따라 본인정보를 제공하도록 요구할 때에는 다음 각 호의 사항을 모두 특정하여야 한다.

1. 제공 요구를 받는 행정기관등의 장

2. 제공 요구하는 본인정보

3. 제공 요구에 따라 본인정보를 제공받는 자

4. 정기적인 제공을 요구하는지 여부 및 요구하는 경우 그 주기

5. 그 밖에 제1호부터 제4호까지의 규정에서 정한 사항과 유사한 사항으로서 대통령령으로 정하는 사항

④ 제1항에 따라 본인정보의 제공 요구를 받은 행정기관등의 장은 다음 각 호의 법률의 규정에도 불구하고 해당 본인정보를 정보주체 본인 또는 제3자에게 지체 없이 제공하여야 한다. 다만, 「개인정보 보호법」 제35조제4항에 따른 제한 또는 거절의 사유에 해당하는 경우에는 그러하지 아니하다.

1. 제39조

2. 「가족관계의 등록 등에 관한 법률」 제13조

3. 「건축법」 제32조

4. 「공간정보의 구축 및 관리 등에 관한 법률」 제76조

5. 「관세법」 제116조

6. 「국세기본법」 제81조의13

7. 「부동산등기법」 제109조의2

8. 「상업등기법」 제21조

9. 「자동차관리법」 제69조

10. 「주민등록법」 제30조

11. 「지방세기본법」 제86조

12. 그 밖에 제1호부터 제11호까지의 규정과 유사한 규정으로서 대통령령으로 정하는 법률의 규정

⑤ 행정안전부장관은 제1항에 따라 정보주체가 본인 또는 제3자에게 제공하도록 요구할 수 있는 본인정보의 종류를 해당 본인정보를 보유하고 있는 행정기관등의 장과 협의하여 대통령령으로 정하는 바에 따라 공개하여야 한다.

⑥ 행정기관등의 장이 제1항의 제공 요구에 따라 정보처리능력을 지닌 장치에 의하여 판독이 가능한 형태로 본인정보를 제공하는 경우에는 다른 법률에도 불구하고 수수료를 감면할 수 있다.

⑦ 정보주체가 제1항에 따라 본인정보의 제공을 요구하는 경우에는 행정기관등이 제공하는 다음 각 호의 어느 하나에 해당하는 방법으로 해당 본인정보가 본인에 관한 것임을 증명하여야 한다.

1. 제10조에 따른 민원인 등의 본인 확인 방법

2. 행정기관등이 보유하고 있는 지문 등의 생체정보를 이용하는 방법

3. 「주민등록법」 제35조제2호, 「도로교통법」 제137조제5항 또는 「여권법」 제23조의2제2항에 따라 신분증명서의 진위를 확인하는 방법

4. 그 밖에 대통령령으로 정하는 방법

⑧ 제1항부터 제7항까지에서 규정한 사항 외에 본인정보의 요구방법 및 수수료 등에 필요한 사항은 국회규칙, 대법원규칙, 헌법재판소규칙, 중앙선거관리위원회규칙 및 대통령령으로 정한다.

[본조신설 2021. 6. 8.]

이로써 공공 마이데이터 제도는 이에 근거하여 신속하게 추진될 수 있을 것이다.

V. 결론

이 장에서는 공공데이터의 이용을 규율하는 법령 현황을 소개하고, 그에 관한 최근 동향과 쟁점을 분석하여 개선 방안을 제시하였다.

국회는 지난 2013년 10월 공공데이터의 제공과 이용 활성화를 위하여 기존의「전자정부법」과는 별도로「공공데이터의 제공 및 이용 활성화에 관한 법률」을 제정하였다. 그리고 행정부는 이 법에 따라 공공데이터 제공과 이용 활성화 정책을 추진하였다. 유럽연합의 영국, 미국 등 주요 선진국이 1990년대 말부터 공공데이터 개방 정책을 추진하고 2000년대 초반부터 이를 뒷받침하기 위한 법제 개선을 한 것과 비교하면[26] 우리나라는 그 시작이 다소 늦었음을 알수 있다. 그러나 이미 상술한 OECD 공공데이터 평가와 월드와이드웹재단 개방 데이터 지표 평가 결과뿐만 아니라, 2020년 코로나19 대유행 상황에서 마스크 재고 데이터를 개방하고 마스크 앱을 개발하여 공적 마스크 판매 정보 서비스를 제공함으로써 마스크 수급 문제를 슬기롭게 해결한 것에서 알 수 있는 것처럼[27] 현재는 데이터 개방과 그 활용에서 세계를 리드하고 있다.

앞으로 시민과 기업은 공공데이터를 이용하여 경제적 부가가치를 창출하고 산업적으로 큰 성공을 거두며, 공공기관은 공공데이터를 이용하여 정책 결정과 공공 문제 해결에 설득력과 효율성을 더할 수 있기를 기원한다. 이를 위해 공공데이터 관련 법제는 공공데이터의 바람직한 이용을 방해하는 걸림돌을 제거하고 이를 촉진할 수 있는 법적 근거를 제공하도록 가꾸어야 한다.

---

26) 이에 관해서는 최창수, "공공데이터 개방에 관한 유럽연합, 영국, 미국의 입법례와 국내 법제의 개선방향",『홍익법학』제19권 제2호, 2018, 473면 이하 참고.

27) 이에 관해 자세한 것은 과학기술정보통신부, 2020 마스크 앱 백서, 2020 참고.

참고 문헌

공공데이터전략위원회, "제3차(2020~2022) 공공데이터 제공 및 이용활성화 기본계획", 2019.12.24.

과학기술정보통신부, "2020 마스크 앱 백서", 2020.

김용판 의원 대표발의안, "전자정부법 일부개정법률안", 2020.10.28.

유지혜, "저작물이 포함된 공공데이터의 제공 및 이용에 관한 연구 – 공공데이터법과 저작권법을 중심으로 – ", 『선진상사법률연구』, 제89호, 법무부, 2020.

윤광석·이건, "공공데이터 활용 행정 촉진을 위한 거버넌스 모색 영국의 ADRN 사례를 중심으로", 『국가정책연구』, 제31권 제1호, 중앙대학교 국가정책연구소, 2017.

윤충식, "데이터기반 과학적 행정에 관한 연구", 『한국경영정보학회 추계학술대회 자료집』, 한국경영정보학회, 2018.

이중기·정필운, "교통 플랫폼 구축·운영을 위한 법제 현황과 과제", 『홍익법학』 제19권 제4호, 2018.

정부 제출, "전자정부법 일부개정법률안", 2020.12.3.

정성희, "전자정부법 일부개정법률안 검토보고서", 2021.2.

정필운, "국가가 생산한 저작물의 저작권 귀속 판단 및 이에 대한 헌법이론적 평가", 『공법연구』, 제38권 제1 – 2호, 2009.

정필운, "정보기본권 신설 동향과 지향 – 새로운 미디어 환경을 헌법은 어떻게 수용하여야 하는가? – ", 『미디어와 인격권』, 제4권 제1호, 언론중재위원회, 2018.

정필운, "행정정보 데이터베이스의 관리: 헌법적 의미와 요청 및 생명주기에 따른 관리", 『인터넷법률』, 제40권, 법무부, 2007.

최창수, "공공데이터 개방에 관한 유럽연합, 영국, 미국의 입법례와 국내 법제의 개선방향", 『홍익법학』, 제19권 제2호, 2018.

행정안전부, "2021년 데이터 기반 행정 추진 원년으로…미래형 행정 설계 – 데이터 기반 행정 기본계획 수립하여 일하는 방식에 적용 혁신사례 만들 것 – ", 2021.1.27. 보도자료.

행정안전부. 공공마이데이터 활성화.

https://www.mois.go.kr/frt/sub/a06/b02/digitalOpendataMydata/screen.do
(2021.2.28. 최종 방문)

5

금융거래정보 이용 및 보호에 관한 규제와 그 쟁점

정성구 / 이큐비알 네트웍스 대표이사

Ⅰ. 서론

복잡하기로는 세계 어느나라와 비교하여도 뒤지지 않을 우리나라의 데이터 규제 체계 속에서도 금융거래정보 규제는 가장 복잡한 규제의 대상이 되고 있다. 이 장은 그 복잡한 내용을 모두 설명할 수는 없어도, 적어도 이를 전체적으로 개관할 정도의 내용을 담는 것을 목적으로 하고 있다.

왜 금융거래정보 규제는 유독 다르고 복잡한가? 필자의 생각으로는 우리나라가 금융거래정보 규제를 정보보호의 측면이 아니라 금융규제의 측면에서 접근하였고, 우리나라의 금융규제는 기본적으로 기능별 규제가 아니라 업권별 규제의 체계를 갖고 있었기 때문이 아닐까 한다. 이하에서 살피듯이 금융거래정보에 대한 종합적인 규제가 도모된 법률은 1993. 8. 12. 시행된 금융실명거래 및 비밀보장에 관한 법률(이하 '금융실명법')이 시초라고 볼 수 있겠지만, 그 이전부터도 개별 금융업법에 금융거래정보의 오남용을 금지하는 조항이 포함된 바 있었다.[1] 이러한 개별 금융업법상의 금융거래정보 관련 규제와 이 장에

---

1) 예를 들어 1974.12.21.에 신설된 증권거래법 제38조의3은 다음과 같다.
  "제38조의3 (정보의 제공 또는 누설의 금지) ① 증권회사의 임원 또는 직원은 증권회사를 통하여 유가증권을 매매하였거나 매매하고자 하는 위탁자(第32條의4의 規定에 의한 證券貯蓄을 한 者를 포함한다. 이하 같다)의 서면에 의한 요구나 동의를 받지 아니하고는 타인에게 당해 위탁자의 유가증권의 매매 기타의 거래 또는 그 예탁한 금전이나 유가증권의 내용에 관한 정보를 제공하거나 누설하여서는 아니 된다. 다만, 감독기관의 업무상 필요에 의하여 검사를 받는 경우 또는 제38조의4의 규정에 의한 요구가 있는 경우에는 그러하지 아니하다.

서 다룰 금융실명법 및 신용정보의 이용 및 보호에 관한 법률(이하 '신용정보법') 상의 금융거래정보 규제는 언제나 병렬적으로 존재하고 적용되어 오고 있다.

이에 더하여, 금융회사의 특별한 업무 관련 행위, 예를 들어 자금세탁방지를 위한 금융거래정보 교환이나 금융거래정보가 포함된 정보처리의 위탁, 전자금융거래 등에 있어서 적용되는 특별한 정보 관련 규제가 추가되어서, 현재는 금융 관련 법률 전문가조차도 어떠한 금융거래정보에 어떠한 경우에 있어서 어떠한 규제가 적용되는지에 대하여 자신을 갖고 말하기 어려울 정도로 규제의 복잡성은 심각한 상황이다.

물론 정부도 복잡한 규제를 만들고 싶어 만든 것은 아닐 것이다. 복잡한 규제의 이면에는 이러한 규제가 추구하는 다양한 가치 내지는 공익의 실현이 대립하는 현실이 반영되어 있다. 이러한 대립되는 가치 중 눈여겨 볼 것은 다음의 2가지 측면으로 보인다.

1. 고객의 재산 보호와 프라이버시의 보호

필자가 이 장에서 사용하는 '금융거래정보'라는 용어는 개인정보의 일부를 지칭하는 용어는 아니다. 즉, 프라이버시라는 개념을 생각할 수 없는 법인이나 단체의 금융거래정보도 포함하는 개념이다. 금융규제의 관점에서는 금융거래정보는 관련 거래주체의 경제적 현상을 보여주는 정보로서, 그 자체에 재산적 가치를 부여할 수 있다. 예를 들어, 거래주체의 신용판단의 중요한 근거가 되는 동시에, 그 거래주체가 과거에 어떠한 경제활동을 하였는지 나아가 향후 어떠한 경제활동을 할 것인지를 짐작하게 할 수 있는 정보가 될 수 있기 때문이다. 따라서 ─법률상 공시되거나 공개되어야 하는 경우는 별론으로 하고─ 해당 정보를 업무상 가장 먼저 알 수밖에 없는 금융회사가 이러한 정보를 사실상 우선적으로 이용할 수 있게 하는 것은 바람직하지 않으며 금융회사에 대한 거래주체의 신뢰를 훼손하는 행위로서 금지될 필요가 있다. 이러한 관점에서는

---

② 감독기관의 업무상 필요에 의하여 정보를 지득한 자는 그 지득한 정보를 타인에게 제공 또는 누설하거나 그 목적 이외에 이를 이용하여서는 아니된다."

거래주체가 개인인 금융거래정보이건 법인인 금융거래정보이건 모두 보호의 대상이 된다고 봐야 한다.[2]

한편, 개인의 금융거래정보도 개인정보인 이상, 금융거래정보 보호를 개인 정보 보호의 연장선에서 다루는 태도도 가능할 것이다. 이때에는 개인의 금융 거래정보만이 규제의 대상이 되어야 하며, 개인정보 보호의 기본적 틀 안에서 규제되어야 하고, 단지 금융거래정보라는 정보의 특징상 해당 정보를 특별히 취급할 필요가 있는지 여부를 따지면 될 것이다.

비록 정치적 이유로 탄생한 면이 있지만,[3] 한국의 금융실명법은 금융거래 (특히 은행거래)에 있어서 가명거래 또는 차명거래를 금지하는 대신, 실명으로 체결된 금융거래의 비밀을 보장하는 내용을 담고 있으며, 고객(금융실명법에서는 이를 '명의인'으로 부른다)의 재산 및 경제활동에 관한 정보 그 자체를 보호하고자 하는 취지이다. 따라서 금융실명법에서 보호하는 정보는 개인의 금융거래에 한 정되지 않고 금융거래중에서도 고객의 적극적 재산에 관한 정보, 즉 수신성 거 래에 관한 정보만을 보호한다. 특정 금융거래정보의 보고 및 이용 등에 관한 법률(이하 '특금법') 또한 자금세탁방지와 공중협박자금 조달행위 규제를 목적으 로 일정한 금융거래정보를 무조건적으로 보고할 것을 요구하는 대신, 해당 금 융거래정보의 엄격한 이용 제한 관련 규정을 두고 있어서 비슷한 취지를 담고 있다. 또한, 여러 금융 관련 법령에 금융회사 직원들의 직무의 청렴성을 유지 하고, 고객과 이해관계의 충돌을 방지하기 위한 목적에서 고객의 정보를 이용 하게 하지 못하는 조항을 두는 경우가 있는데,[4] 넓게 보면 이 또한 금융회사의

---

2) 금융회사가 고객의 금융거래의 비밀을 보장하는 태도 내지는 관습을 Banking Secrecy라 하 는데, 1934년 스위스의 Federal Act on Banks and Savings Banks에 의하여 법제화 되었다고 한다. Robert U. Vogler, "Swiss Banking Secrecy: Origins, Siginificance, Myth", Association for Financial History (2006). p.7.
https://www.finanzgeschichte.ch/Vogler%20Swiss%20Banking%20Secrecy.pdf (2020.3.5. 최종 방 문) 주지하는 바와 같이 스위스의 은행비밀주의는 순기능을 넘어 조세회피와 범죄수익의 은 닉에 이용된다는 비판이 많았으며, 2014.5. OECD 국가들과 은행계좌정보 자동교환제도에 참 여함으로써 스위스의 은행비밀주의는 사실상 막을 내렸다.
3) 김자봉, "금융실명제 시행 20년의 성과와 향후 과제", 한국금융연구원(2016.5.) 1면 참조.
4) 금융산업의 구조개선에 관한 법률 제11조의2, 기업구조조정촉진법 제10조, 보험업법 제177 조, 제189조, 여신전문금융업법 제14조의5, 은행법 제21조의2, 자본시장과 금융투자업에 관 한 법률(이하 '자본시장법') 제45조, 제54조 (이를 준용하는 규정을 포함한다), 제383조, (참

직원들의 비위행위를 통해 고객의 재산이나 이익이 침해되는 것을 방지하기 위한 취지가 포함되어 있는 것이므로, 고객의 재산을 보호하기 위한 취지의 정보보호 규정으로 볼 수 있다.

이에 비하여 신용정보법은 금융거래정보를 포함한 상거래 관련 개인정보를 개인정보 보호의 관점에서 보호한다. 신용정보법은 금융거래정보인 개인정보 보호에 관한 한 일반법적인 지위를 갖고 있다. 그러나 신용정보법 이에 더하여 개인정보 보호 전체의 일반법인 개인정보 보호법까지 존재함에도 불구하고, 금융거래정보인 개인정보를 보호하기 위한 취지를 재삼 강조하는 개별 금융 관련 법률도 있다.[5]

이와 같이 금융거래정보 규제에 있어서는 이를 재산의 보호의 측면에서 접근하는 규제 방식과 프라이버시의 보호의 측면에서 접근하는 방식이 모두 존재한다. 양자가 정합적으로 병존할 수 있다면 좋겠지만, 전자의 일반법적 역할을 하는 금융실명법과 후자의 일반법적 역할을 하는 신용정보법은 매우 심하게 충돌하는 것이 현실이다.

2. 정보 보호와 정보 보안

정보의 보호(Protection)와 보안(Security)은 다른 개념이나 어떻게 다른지 명확히 구별하기는 쉽지 않다.[6] 먼저 '보호'와 '보안' 모두 법적으로는 정의되지 않은 개념이다. 그러나 2020년 11월 27일에 국회에 제출된 전자금융거래법 개정안(윤관석 의원안) 제2조 제20호의2에서는 '금융보안'을 다음과 같이 정의하고

고로, 자본시장법 제174조의 미공개중요정보 이용금지 등은 투자자 보호를 위한 조항으로서 입법취지를 전혀 달리 하므로 열거하지 않았다.), 주식, 사채 등의 전자등록에 관한 법률(이하 '전자증권법') 제45조, 온라인투자연계금융업 및 이용자보호에 관한 법률(이하 '온라인투자연계금융업법') 제33조, 서민금융법 제83조.

[5] 보험업법 제100조, 제176조, 보험사기방지 특별법 제5조, 여신전문금융업법 제54조의5, 온라인투자연계금융업 및 이용자보호에 관한 법률 제30조 등이 그 예이다.

[6] 법률 논문은 아니지만, 아래의 기사에서는 정보보호와 정보보안의 개념상 차이에 관하여 상당히 설득력 있는 근거를 제시한다. 백제현, "CISSP CBK"로 살펴본 정보보호와 정보보안", 보안뉴스(2016.4.1.) https://www.boannews.com/media/view.asp?idx=50125&kind=0 (2020.3.5. 최종 방문)

있는 바, 이를 '보안'의 법적 정의가 가장 구체적으로 표현된 사례로 볼 수 있을 것이다.

> '금융보안'이란 다음 각 목의 위험으로부터 전자금융거래의 안전성과 신뢰성을 확보하고 정보자산을 보호하기 위한 기술적·물리적·관리적 활동을 말한다.
> 가. 전자적 침해행위
> 나. 재난(「재난 및 안전관리 기본법」에 따른 재난으로서 대통령령으로 정하는 것을 말한다. 이하 같다)
> 다. 정보처리시스템·정보통신망의 장애, 부적절한 업무절차, 임직원의 과오(過誤) 등으로 인하여 회사 또는 법인의 내부에서 발생할 수 있는 위험
> 라. 가목부터 다목까지의 규정에 따른 위험과 유사한 것으로서 금융위원회가 정하여 고시하는 위험

위 정의에서 보듯이 보안은 정보의 안전성과 신뢰성을 저해할 수 있는 위험으로부터 정보를 보호하기 위한 기술적·물리적·관리적 활동으로 이해될 수 있다. 그런데 이 '보안'의 정의에는 '보호'의 내용도 포함되어 있다. 즉, '보호'란 보안 조치를 통해서 달성하고자 하는 목표로서 정보가 안전하고 신뢰성 있게 처리되는 상태를 말하는 것이다. 이런 관점에서 볼 때, 정보의 보호란 정보의 이용의 반대 개념이 아니며 양립할 수 있는 개념이다. 보안이 확보된 상태에서의 정보의 효율적 이용은 정보 보호를 실현하는 것이기도 하며, 모든 정보보호법이 추구해야 할 이상(理想)으로 볼 수 있다.

정보 보호 또한 그 자체가 궁극적인 가치가 되어서는 곤란하다. 개인정보보호법이든 신용정보법이든 각 법의 제1조에서 정보의 보호를 통해 달성하고자 하는 가치를 또 다시 천명하고 있다. 개인정보 보호법 제1조는 개인의 자유와 권리의 보호 및 개인의 존엄과 가치를 구현하는 것을 궁극적인 목적으로 삼는다. 신용정보법은 신용정보의 효율적 이용과 체계적 관리를 도모하며, 신용정보의 오남용으로부터 사생활의 비밀 등을 적절히 보호함으로써 건전한 신용질서를 확립하고 국민경제의 발전에 이바지하는 것이 궁극적인 목적이다. 앞서

살핀 고객의 재산이나 프라이버시를 보호하는 대부분의 법률은 정보 보호를 추구하는 법률로서 이를 통해 더 상위의 가치를 추구하는 법률인 것으로 이해할 수 있다.

반면 정보 보호의 수단적 의미를 갖는 보안을 추구하는 법률은 많지 않다. 금융관련법령으로서 정보 보안에 관한 일반법은 전자금융거래법이다. 이에 관한 특별 규정으로서 신용정보법의 하위 규정인 신용정보업 감독규정 별표3 '기술적·물리적·관리적 보안대책 마련 기준'이 존재한다. 기타 전자증권법 제44조, 전기통신금융사기 피해 방지 및 피해금 환급에 관한 법률 제15조의2 등에서도 정보 보안을 언급하고 있다.

이하에서는 금융거래정보의 규제 법률 중에 고객의 프라이버시를 보호하는 일반법인 신용정보법, 고객의 재산을 보호하는 일반법인 금융실명법, 보안에 관한 일반법인 전자금융거래법의 주요 내용을 살피고자 한다.

Ⅱ. 신용정보법

1. 신용정보법의 체계

신용정보법은 신용정보의 이용과 신용정보주체의 보호에 관한 일반적 원칙을 정하는 법률임과 동시에 신용정보산업과 신용정보 집중활용 네트워크를 규율하는 법이다. 입법연혁적으로 볼 때 신용정보법의 전신은 1986. 5. 10.에 제정된 신용조사업법이고, 신용조사업법은 1961. 9. 23. 제정된 흥신업단속법을 전신으로 한다.[7] 법명에서 알 수 있듯이 이러한 법령들은 신용정보 자체의 이용과 보호를 목적으로 하는 법률들이 아니라, 타인의 신용을 조사하는 특수한 업종인 신용조사업에 대한 진입 규제 및 행위 규제를 목적으로 한 법률들이

---

[7] 흥신업법 이전에는 일제강점기 하인 1911.7.10. 조선총독부법령 제82호로 제정된 신용고지업취체규칙이 있었다. 이러한 신용정보법과 관련 법령의 변천에 대하여는 정성구, "온주 신용정보의이용및보호에관한법률 제1조", 2020.12.3. p.5. 참조.

었고, 이러한 업종의 행위를 규제하는 차원에서 신용정보가 간접적으로 보호되는 효과가 있었다. 한편, 신용정보 집중활용 네트워크는 이를 법률로 규율하지 않고 금융기관 간의 협약 내지는 정부의 행정명령 등으로 규율되고 있었던 상황이었다.8)

1995. 1. 5. 시행된 신용정보법은 신용조사업에 관한 근거법인 신용조사업법을 바탕으로 신용정보산업을 확대 개편하였으며, 여기에 신용정보에 관한 일반적인 보호에 관한 내용과 종래 법적 근거가 없었던 신용정보 집중활용 네트워크에 관한 조항을 추가하였다, 따라서 현재 7장으로 구성된 신용정보법의 내용은 제1장 총칙과 제7장 보칙을 제외하면 신용정보산업에 관한 제2장(진입규제)과 제5장(행위 규제), 신용정보의 이용 및 신용정보주체 보호에 관한 일반원칙에 관한 제3장(신용정보의 수집 및 처리), 제4장(신용정보의 유통 및 관리)과 제6장(신용정보주체의 보호) 그리고 신용정보 집중활용 네트워크에 관한 제5장 제3절(공공정보의 이용, 제공)과 제4절(신용정보 집중기관 및 데이터전문기관 등)으로 나누어 볼 수 있다.

2. 다른 법률과의 관계

가. 다른 정보보호 법률과의 관계

신용정보법 중 신용정보의 이용 및 신용정보주체의 보호에 관한 일반원칙에 관한 부분은 다른 정보보호 관련 법령에서 규율하는 부분과 필연적으로 중복되며, 특히 문제가 되는 것은 개인정보 보호법과의 중복 적용 문제이다.

개인정보 보호법은 2011. 3. 29. 제정되어 2011. 9. 30.부터 시행되었다. 그러나 사실 개인정보 보호법이 나오기 전부터 개인정보에 관하여는 신용정보법과 정보통신망 이용촉진 및 정보보호에 관한 법률(이하 '정보통신망법')에서 폭넓은 규제를 하고 있었기 때문에, 개인정보 보호법이 제정, 시행되는 시점에서

---

8) 신용정보법 시행 직전에는 1992.2. 재무부 훈령으로 공포된 '신용정보교환 및 활용지침'이 금융기관 간 신용정보 집중활용의 근거 법령이었다. 정성구, 위 논문, p.4. 참조.

이러한 법률과의 중복 적용 문제를 정리할 필요가 있었다. 그러나 제정 개인정보 보호법은 제6조에서 개인정보에 관하여 정보통신망법과 신용정보법이 특별법이라는 점만을 선언하고, 세부적인 사항에 관하여는 특별한 언급없이 이를 해석으로 미루어 놓았다. 여기에 종래 신용정보법과 정보통신망법 사이의 경계도 명확지 않았기 때문에 이 세 법률(이하 '데이터 3법')의 적용범위는 결국 그 누구도 알 수 없는 상태가 되어 버렸다. 그 혼란의 내용 중 가장 핵심적인 문제를 정리해 보면 다음과 같다.

1) 개인정보 보호법에 새롭게 도입된 강화된 개인정보 보호 규제(예를 들어 주민등록번호에 관한 특별한 보호)는 정보통신망법이나 신용정보법이 적용되지 않는 경우에만 적용되는 것인가?

2) 신용정보법은 상거래에 관련 개인정보에 관한 특별법인가 아니면 금융거래 관련 개인정보에 관한 특별법인가? 상거래와 관련하여 발생한 정보에서 상거래 관련 부분을 제외하면 이때는 개인정보 보호법이 적용되는가 아니면 종래와 같이 신용정보법이 적용되는가?(예를 들어 금융기관이 보유하는 정보 중에 이름과 연락처만 유출된 경우 등)

3) 금융기관이 온라인 금융거래를 하는 경우 정보통신망법이 적용되는가 신용정보법이 적용되는가? 같은 고객이라도 해당 고객과 대면하는 상황이 온라인이냐 오프라인이냐에 따라 적용법령이 달라지는 것인가?

이상과 같은 문제에 관하여 정부의 주무부처 또한 책임있는 답변을 제공하기 어려웠기 때문에, 데이터 3법의 충돌 문제를 모두 해결하는 방법은 데이터 3법을 모두 준수하는 방법 외에는 존재하지 않았다. 이에 관한 국민의 불만이 결국 2020. 8. 5.에 데이터 3법이 동시에 개정되는 중요한 이유가 되었다고 보인다. 해당 시점에서 정보통신망법의 개인정보 보호 조항은 개인정보 보호법에 흡수되었고, 신용정보법의 적용범위가 조정되어 상거래 관련 개인정보가 신용정보법의 규율을 받으면서 동시에 감독기관은 개인정보보호위원회가 되는 점이 명백하게 되었다. 그러나 상거래 관련 개인정보가 신용정보법의 규제를 받는다는 점에 관하여는 명확한 법문에도 불구하고 그 실현성이나 적절성에 대하여는 꾸준히 의문이 제기되고 있으며, 개인정보 보호법에 흡수된 정보통신망법과 원래의 개인정보 보호법의 조문 간의 충돌도 여전히 남아 있어서 데이터 3법의 혼란은 계속되고 있다.

아무튼, 신용정보법과 다른 법률의 관계를 규정하는 현재의 신용정보법 제3조의2의 내용은 다음과 같다. 첫째, 제1항에서는 신용정보의 이용 및 보호에 관하여 다른 법률에 특별한 규정이 있는 경우를 제외하고는 신용정보법이 적용된다고 규정하고 있는 바, 여기서 '다른 법률'의 의미에는 적어도 개인정보 보호법이 포함되지 않는다고 해석하여야 한다. 왜냐하면, 바로 이하의 제2항이 개인정보 보호법과의 관계를 정한 법률인 데, 제1항에서 개인정보 보호법을 다른 법률로 이해하게 되면 제1항과 제2항이 서로 양립할 수 없기 때문이다. 따라서 이에 해당하는 다른 법률은 후술하는 바와 같이 금융실명법이나 기타 다른 금융 관련 법령에 산재한 특칙 그리고 명백히 신용정보법을 배제하고 있는 법률들이 이에 해당하게 될 것으로 보인다.9) 둘째, 제2항에서는 개인정보의 보호에 관하여 이 법에 특별한 규정이 있는 경우를 제외하고는 개인정보 보호법에서 정하는 바에 따른다고 되어 있으므로 신용정보법은 개인정보 보호법의 특별법이 된다.10) 그 결과 종래 특별법 관계가 모호하였던 정보통신망법과의 관계도 간접적으로 해결이 되었다. 정보통신망법이 개인정보 보호법에 포함되어, 더 이상 신용정보법의 특별법이라고 주장할 여지가 없어졌기 때문이다.

나. 다른 금융관련 법령과의 관계

금융실명법 제9조는 다른 모든 법률에 대하여 금융실명법이 우선 적용됨을 선언한 다른 법률에서 보기 어려운 조항을 갖고 있다. 이 조항 때문에 금융실명법과 이에 저촉될 수 있는 모든 법률에 관하여 금융실명법은 특별법의 지

---

9) 이러한 법률의 예로서 금융 관련 법률로는 보험업법 제176조, 예금자보호법 제21조의4, 서민금융법 제81조, 이중상환청구권부 채권 발행에 관한 법률 제20조, 자산유동화에 관한 법률 제37조, 한국주택금융공사법 제36조 등이 있다. 이런 부류의 법률로서 특히 중요한 것은 금융지주회사법 제48조의2이다.
10) 금융위원회 법령해석, "신용정보의 이용 및 보호에 관한 법률 제33조(개인신용정보의 이용) 적용 여부" (2023. 4. 6.)(법령해석 210453) 참조

위를 갖게 되며, 신용정보법도 예외는 아니다. 반면, 전자금융거래법은 전자금융거래에 관한 특별법의 지위를 갖지만, 개인신용정보 보호의 목적에서는 신용정보법이 우선 적용된다.[11]

한편 금융지주회사법 제48조의2 제1항은 금융실명법과 신용정보법의 적용을 배제할 목적으로 마련된 대표적인 법률이다. 해당 조항에서는 금융실명법과 신용정보법상의 정보 보호와 관련한 조항에도 불구하고 개인신용정보를 금융지주회사 그룹 내에서 내부경영 관리상 이용하게 할 목적으로 공유하는 것을 목적으로 하고 있다. 이와 같이 특별히 신용정보법을 배제할 목적으로 마련된 조항에 의거 신용정보법의 적용이 배제되는 것은 당연하나, 이러한 취지의 조문은 많지 않으며, 대부분 개인신용정보를 제공하거나 이용함에 있어 개인신용정보주체의 동의 요건을 배제하는 목적으로 입법된 것들이다.[12] 따라서 대부분의 경우 신용정보의 이용 및 보호에 관한 사항에 대하여는 그 신용정보가 다루어지는 맥락과 관계없이 신용정보법이 우선적으로 적용된다.

3. 신용정보법의 쟁점

가. 신용정보와 신용정보제공·이용자의 개념

신용정보법을 해석함에 있어서 최대의 난점이자 쟁점은 예나 지금이나 '신용정보' 및 '신용정보제공·이용자'의 개념 문제이다. 이 두 개념을 명확히 하는

---

11) 금융위원회 법령해석, "고객정보 DB 암호화 관련"(2015.7.21.)(일련번호 150117) 금융규제민원포털 사이트(https://better.fsc.go.kr)에서 법령해석·비조치의견서–회신현황–법령해석에서 일련번호로 검색 가능하다.

12) 개발제한구역의 지정 및 관리에 관한 특별조치법 제16조의3, 공공주택특별법 제48조의5, 공직자윤리법 제8조, 국가유공자 등 예우 및 지원에 관한 법률 제14조의4, 국민기초생활보장법 제23조의2, 근로자퇴직급여보장법 제37조, 금융지주회사법 제48조의2, 기초연금법 제12조, 긴급복지지원법 제13조, 민간임대주택에 관한 특별법 제42조의3, 보훈보상대상자 지원에 관한 법률 제16조, 서민의 금융생활 지원에 관한 법률 제83조, 양육비 이행확보 및 지원에 관한 법률 제17조, 장애아동복지지원법 제15조, 장애인복지법 제50조의3, 장애인연금법 제12조, 제대군인지원에 관한 법률 제14조의4, 주택법 제55조, 초중등교육법 제60조의6, 취업후학자금 상환특별법 제38조, 한국장학재단 설립등에 관한 법률 제50조의3, 휴면예금관리재단의 설립 등에 관한 법률 제31조 등.

것은 바로 신용정보법의 적용범위를 결정짓는 일인 데, 이 두 개념이 불명확하였고 또 여전히 불명확한 점이 있기 때문에 신용정보법과 개인정보 보호법의 적용의 경계는 여전히 모호한 것이다.

1) 신용정보

현행 신용정보법 제2조 제1호는 신용정보를 "금융거래 등 상거래에 있어서 거래 상대방의 신용을 판단할 때 필요한" 정보로 정의하고 있고, 그 상세한 내용을 다시 신용정보법 제2조 제1호의2 내지 제1호의6에 미루고 있다. 이 경우 통상은 일반적 정의를 담고 있는 조항의 내용보다는 구체적 정의를 담고 있는 조항의 내용에 의존하여 정의 규정을 해석하게 된다. 어차피, 구체적 정의는 일반적 정의를 충족한 상태에서 보다 상세한 내용을 담고 있을 것으로 생각되기 때문이다. 그런데 신용정보의 정의에 관하여는 신용정보법 제2조 제1호의2 내지 제1호의6이 신용정보법 제2조 제1호의 내용을 구체화하고 있는 것인지 다소 모호한 부분이 있다. 즉, 신용정보로 구체적으로 열거된 정보들이 신용정보법 제2조 제1호에 있어서 "상거래에 있어서 거래 상대방의 신용을 판단할 때 필요한" 것인지 여부가 그 자체만으로는 명확하지 않기 때문이다. 따라서 신용정보의 개념에 관한 해석을 함에 있어서는 다음과 같은 점에 유의할 필요가 있다.

첫째, 어떤 정보가 그 정보주체의 신용을 판단할 때 필요한 것인지 여부는 해당 정보를 처리하는 자가 주관적으로 판단하면 안된다는 점이다. 즉, 정보를 처리하는 자가 신용정보법에서 신용정보로 열거된 정보를 해당 정보주체의 신용을 판단함에 있어 실제 사용할 필요나 계획이 있는지 여부는 문제되지 않는다. 신용정보법에서 신용정보이냐 여부를 판단할 때 근거로 삼는 것은 객관적으로 보아 해당 정보가 신용판단에 필요할 수 있는 가능성만이 문제된다. 따라서 신용판단을 전혀 하지 않는 정보처리자가 보유한 정보도 신용정보가 될 수 있는 것이다.[13]

---

[13] 금융위원회 법령해석, "신용의 판단과는 무관한 손해보험계약/보험금만을 위한 개인정보가 개인신용정보인지?" (2020.9.23.) (일련번호 200283). 다만, 금융위원회 법령해석 "개인사업자와 법인 대표자에 대한 성명과 주민등록번호가 개인신용정보에 해당하는지" (2023. 4. 3.) (일련번호 210406)에서는 개인사업자(사업을 경영하는 개인)·대표자의 성명 및 연락처는 개인신용정보에 해당하지 않으나 (단, 기업신용정보에는 해당), 예외적으로 해당 정보가 금융

둘째, 그러나 신용정보를 보유하고 있는 계기 자체가 상거래와 무관한 것이면, 해당 정보가 객관적으로는 신용판단에 사용될 수 있는 가능성이 있는 경우라도 신용정보가 아니라고 판단하는 것이 맞다. 대표적으로 기업이 보유하는 '임직원의 개인신용정보'를 예로 들 수 있다. 많은 기업들이 임직원의 신용을 판단할 수 있는 정보(급여의 총액, 직원 대출이나 보험 등 금융거래에 관한 정보 등)를 보유하고 있으나, 임직원과의 관계는 고용관계이며 고용관계는 상거래가 아니다. 따라서 해당 임직원이 임직원이면서 동시에 고객의 지위를 갖지 않는 한, 해당 임직원의 정보는 상거래상 신용판단의 목적으로 보유하는 정보가 될 수 없으므로 임직원의 정보는 신용정보가 될 수 없다.

위 원칙을 염두에 두고 신용정보법 시행령 제2조 제1호를 살펴보면 신용정보는 신용정보법 제2조 제1호의2에 구체적으로 정의된 식별정보와 신용정보법 제2조 제1호의3 내지 제1호의6에 구체적으로 열거된 4종류의 신용정보(통상 이를 '협의의 신용정보'라 한다)의 결합으로 구성됨을 알 수 있다. 식별정보는 신용정보주체를 식별할 수 있는 정보를 말하는 데, 신용정보법 제2조 제1호의2 가목의 식별정보는 개인에 관한 식별정보로서 사실상 개인정보와 개념이 거의 같아진다. 해당 조문은 일정한 유형의 식별정보를 열거하면서도 '그 밖에 이와 유사한 정보'라는 포괄조항(catch all clause)이 있어 그 범위가 무한히 확대될 여지가 있기 때문이다. 단, 신용정보법은 식별정보 단독으로는 신용정보가 아니라고 하여 신용정보법의 적용대상이 아님을 명백히 하고 있고(신용정보법 제2조 제1호 가목), 따라서 금융회사나 일반 상거래 기업의 경우에 고객의 식별정보에 관한 문제가 발생한 경우에는 신용정보법이 아닌 개인정보 보호법이 적용된다.[14] 참고로, 이 원칙에 대한 유일한 예외는 신용정보법 제34조에서 규율하는 개인식별번호인데, 개인식별번호는 그 단독으로는 개인정보로서 개인정보 보

거래정보 등과 결합하여 사업자 개인의 직업·소득수준·활동영역·사회적 지위 등을 나타내는 정보로 이용되는 경우에는 개인신용정보로 볼 수도 있다고 판단하였다. 이는 신용정보로 포함될 수 있는지 여부를 객관적으로 판단해야 한다는 필자의 견해 및 그 전의 금융위원회의 해석과 일관되지 않는 해석으로 보인다.

[14] 금융위원회 법령해석, "개인정보보호법 제39조의8 제1항의 요건에 해당하는 금융회사가 개인신용정보가 아닌(신용정보법 제35조의 통지 의무가 없는 경우) 개인정보를 수집·이용한 경우 개인정보보호법상 통지의무를 부담하는지" (2023. 6. 28.)(일련번호 220000)

호법에서 규율되어야 하나, 신용정보법 제34조가 이에 관하여 특별한 규제를 정하고 있으므로 특별법인 신용정보법이 우선 적용된다. 그럼에도 불구하고 실무는 개인식별번호 중 주민등록번호에 관하여는 개인정보 보호법 제24조의2가 우선 적용됨에 별 이견이 없다. 이와 같이 예외와 예외가 중첩되고, 어떤 예외가 우선하는지 논리적인 해결을 구하기 어렵다는 것이 정보보호법 해석의 난맥상 중의 하나이다.

협의의 신용정보는 신용정보법 제2조 제1호의3의 '거래정보', 제1호의4의 '신용도 판단정보', 제1호의5의 '신용능력정보', 제1호의6의 '기타정보'를 말한다. 현행 신용정보법으로 개정되면서 가장 큰 변화 중 하나가 위 거래정보의 개념이 일반 상거래에 관한 정보를 모두 포괄하는 것으로 확대되었다는 것이다. 물론, 종래에도 법문상으로는 일반 상거래에 관한 정보가 신용정보로 규정이 되어 있지만, 실상은 금융거래만으로 좁게 해석하는 관행이 있었다. 그러나 현행 신용정보법 제2조 제1호의3 마목은 '상법 제46조에 따른 상행위에 따른 상거래의 종류, 기간, 내용, 조건 등에 관한 정보'를 명확히 거래정보로서 규정하고 있어서 종래와 같이 거래정보를 금융거래정보만으로 좁게 해석할 여지를 제거하였다. 하지만 이러한 명백한 법문의 변경에도 불구하고, 여전히 일반 상거래에 대하여는 신용정보법의 적용이 없다고 믿고 있는 일반 상거래 주체가 많고, 신용정보법이 적용되는 것에 대한 반발도 심한 것으로 보인다.[15]

2) 신용정보제공·이용자

신용정보법을 준수해야 할 자는 모든 국민이겠지만, 대부분의 신용정보법상의 의무는 신용정보회사, 본인신용정보관리회사, 채권추심회사, 신용정보집중기관 및 신용정보제공·이용자에 적용되며, 이들을 모두 합쳐 신용정보법 제15조 제1항에서 '신용정보회사등'으로 정의하고 있다. 이 중 신용정보제공·이용자를 제외한 나머지는 모두 인허가를 받아야 하는 자들이기 때문에 그 구별이 명확하다. 그러나 신용정보제공·이용자의 개념은 제정 시부터 명확하지 않

---

15) '짜장면 1그릇 주문은 신용정보일까? 마이데이터 정보제공 논쟁', 중앙일보(2020.8.31.).
　　https://www.joongang.co.kr/article/23860596#home (2023.8.3. 최종 방문)

았고, 현재도 그 구별이 명확지 않으며, 신용정보법이 난해한 이유의 절반을 차지하고 있다.

신용정보제공·이용자의 정의는 2009. 10. 2. 시행된 제10차 신용정보법 개정 시에 크게 변화하였는 데, 그 전까지는 신용정보제공·이용자를 열거식으로 정의하였다. 그러나 열거식 정의의 단점인 새로운 신용정보제공·이용자를 포섭하기 어렵다는 점 및 열거된 정의 자체에도 포괄적 문구를 사용하는 문제가 있다는 점[16] 등을 이유로 2009. 10. 2.부터 오늘날과 같은 포괄식 정의로 대체하게 되었다. 문제는 포괄식 정의가 너무 추상적인 문구로 되어 있어 실제 해석에 거의 도움이 되지 않는다는 것이다.

현행 신용정보법상 신용정보제공·이용자의 정의는 다음과 같다. "고객과의 금융거래 등 상거래를 위하여 본인의 영업과 관련하여 얻거나 만들어 낸 신용정보를 타인에게 제공하거나 타인으로부터 신용정보를 제공받아 본인의 영업에 이용하는 자와 그 밖에 이에 준하는 자로서 대통령령으로 정하는 자". 이 문구에 따른다면 신용정보를 타인에게 제공하지도 않고, 타인으로부터 신용정보를 받지도 않는 자라면 신용정보제공·이용자가 아니라고 하여야 하는데, 현실에서는 고객의 신용정보를 보유하고 있는 대부분의 상거래 주체를 모두 신용정보제공·이용자로 보고 있다. 이는 지금 당장에는 신용정보제공·이용자로서의 요건을 갖추지 못하더라도, 과거에 타인에게 신용정보를 제공하였거나 타인으로부터 신용정보를 받았던 자 또는 향후에 타인에게 신용정보를 제공하였거나 타인으로부터 신용정보를 받을 가능성이 있는 자를 모두 신용정보제공·이용자로 간주하겠다는 것이다. 이렇게 본다면 결국 신용정보를 처리하는 자는 모두 신용정보제공·이용자라는 것과 다를바 없으니[17] 차라리 개인정보 보호법

---

16) 예를 들어 '최근 사업연도 말 현재 자산총액 또는 매출액의 규모가 1조 원 이하인 기업'이 신용정보제공·이용자의 범위에 포함되었는데, 해당 신용정보제공·이용자는 자산총액이 변화함에 따라 다시 신용정보제공·이용자가 아닐 수도 있게 되어서 법률적으로 매우 불안정한 상태에 처할 수밖에 없었다.

17) 물론, '신용정보제공·이용자'라는 용어를 사용하게 된 것에는 연혁적 배경이 있다. 즉, 신용정보법 제정 시에는 신용정보 집중기관이나 신용정보회사 등에게 신용정보를 제공하고, 이들로부터 신용정보를 받아 영업에 활용하는 자, 즉 신용정보 집중활용 네트워크에 포함된 자들을 신용정보제공·이용자라고 불렸던 것이고 이들은 주로 금융회사들이었다. 그러나 신

과 같이 '신용정보처리자'와 같은 개념을 두면 될 것이었다고 생각된다.

아무튼, 현재 신용정보제공·이용자의 개념이 법문의 문리적 의미를 일탈하고 있는 것은 시정되어야 한다. 또한, 신용정보법은 특정 부류의 자들이 당연히 신용정보제공·이용자인 것을 전제로 규정하고 있는 조문을 여럿 두고 있는데[18] 이러한 자들은 열거식 정의로 포함시키는 것이 바람직할 것으로 보인다.

나. 신용정보법상 개인신용정보의 수집, 이전 규제

정보의 이전(移轉)이란 정보의 처리 권한을 제3자에게 전달하는 것을 의미하는데, 개인정보 보호법 제39조의12에서는 정보의 제공, 처리위탁, 보관을 포괄하는 용어로 정의하고 있다. 그런데 여기서 '보관'이란 정보의 저장을 제3자에게 맡기는 것을 의미하는 바, 이는 사실 처리위탁(즉, 보관의 위탁)에 포함되는 것이다. 대신, 제공 및 처리위탁에 포함되지 않는 정보의 이전 형태로서는 공개가 존재할 수 있으므로 이 장에서는 정보의 제공, 공개, 처리위탁을 합쳐 '정보의 이전'이라고 부르기로 한다. 한편, 정보의 수집이란 정보주체의 제공, 공개 등의 방법에 의하여 제3자(즉, 정보수집자)가 정보의 처리 권한을 획득하는 것을 의미하므로 정보를 받는 자의 관점에서 정보의 이전을 살핀 것이다.

정보의 처리 권한을 전달하는 정보의 이전은 해당 정보주체에 있어서 가장 민감한 문제이다. 자고로 개인정보 보호법이나 신용정보법이 보호하는 가치인 개인의 자기정보결정권을 가장 침해할 여지가 있는 행위가 정보의 이전일 것이다.[19] 따라서 정보의 이전에 대한 규제는 정보보호법에 있어서 가장 중요

용정보법의 적용대상이 계속 확대됨에 따라 신용정보제공·이용자의 범위에는 그러한 신용정보 집중활용 네트워크에 들어가지 않는 자들도 포함하게 되었고, 현재는 그 용어와 정의가 별로 연관이 없어 보이게 되었다.

18) 예를 들어 신용정보법 제20조 제3항, 신용정보법 시행령 제17조 제3항에서는 신용정보관리·보호인을 두어야 하는 자를 열거하고 있는데, 이들은 해석상 신용정보제공·이용자일 수밖에 없다.

19) 가장 심각한 정보 침해행위인 해킹(hacking)이나 분실 등도 결국은 정보주체가 의도하지 않은 정보의 이전 행위라 볼 수 있는데, 신용정보법을 포함한 정보보호법규는 이를 범죄행위로 보고 정보의 이전규제의 대상에서는 배제하고 있다. 해킹과 같이 정보주체가 의도하지 않는 정보수집행위는 신용정보법상 '수집'이라고 볼 수는 없다.

한 부분인 바, 신용정보법과 개인정보 보호법은 이 점에 있어서도 상당한 차이를 보였으나, 현행 신용정보법이 시행되면서 정보이전에 관하여 규제의 내용은 양법 간에 상당히 수렴하게 된 것이라고 볼 수 있다. 이하에서 단계별로 규제를 일별해 본다.

1) 개인신용정보의 수집

개인신용정보의 수집은 다시 2가지, 신용정보주체인 개인으로부터 직접 수집하는 것과 그 이외의 자로부터 수집하는 경우로 나눠볼 수 있다. 원래 신용정보법은 신용정보주체로부터 개인신용정보를 직접 수집하는 경우를 규제하지 않았다. 상거래를 전제로 한 신용정보법은 상거래를 통해 거래 당사자가 정보를 자연스럽게 지득하는 것으로 이해했고, 오히려 그렇게 지득한 정보를 원래의 목적에 일관되지 않게 정보를 이용하고자 할 때에만 동의가 필요하다고 규정하였다. 따라서 신용정보법은 '수집 동의'는 없이 '이용 동의'만 요구하였으나, 이후 개인정보 보호법의 영향으로 제15조에서 수집 동의를 별도로 도입하게 되었다. 그러나 지금도 상거래를 통한 개인신용정보 수집을 면제하는 취지는 신용정보법 제33조 제1항 제1호에 남아 있다.

신용정보법 제15조의 수집 동의는 사실상 신용정보주체인 개인으로부터 직접 개인신용정보를 수집하는 것을 전제로 한 것으로 보인다. 신용정보법에는 개인정보 보호법 제20조와 같이 정보주체 이외로부터 정보를 수집하는 것에 관한 특칙이 없다. 대신, 공개된 원천으로부터 수집한 개인신용정보에 대하여는 동의를 면제하는 데(신용정보법 제15조 제2항 제2호), 원래 신용정보법은 공개된 개인신용정보는 신용정보의 범위에서 아예 제외하였으나 현행 신용정보법부터는 신용정보의 범위에는 포함하되 동의 요건을 면제하는 것으로 태도를 바꾼 것이다.

수집 동의 제도를 도입하면서 종래의 이용 동의 제도(신용정보법 제33조 제1항)를 그대로 둔 것은 이해하기 어렵다. 개인정보 보호법의 동의 구조를 충실히 도입하려 하였다면, 목적 외 이용 금지 조항을 두고 목적 외 이용을 하기 위한 전제로서 동의를 도입하는 것이 바람직했을 것이다. 신용정보법 제33조

제1항의 의의는 오히려 다소 엉뚱한 면에 있는데, 이 조문의 문구에만 주어(主語), 해당 조문의 수범주체가 없다는 점이다. 따라서 모든 국민에게 적용되어야 할 의무사항으로 해석된다.[20] 이에 반하여 수집 동의 제도는 '신용정보회사등'에게만 적용되고, 제공 동의 제도는 신용정보제공·이용자에게만 적용된다.

2) 정보의 제3자 제공

정보의 제3자 제공이란 정보의 처리 권한을 특정한 제3자에게 의도적으로 이전하는 행위를 말한다. 신용정보제공·이용자는 개인신용정보를 타인에게 제공하려면 먼저 동의를 받아야 한다. 참고로 동의의 방법은 개인정보 보호법보다 엄격한데(신용정보법 제32조 제1항, 제33조 제2항 참조)[21] 동의의 내용은 오히려 개인정보 보호법보다 유연하여 동의 내용의 일부 생략이나 요약이 가능하다(신용정보법 제34조의2 제1항 단서, 제3항).

제3자 제공을 위한 동의는 해당 개인신용정보를 제공하려는 신용정보제공·이용자가 받아야 하는 것이 원칙이다. 단, 동의를 받는 것은 일종의 사실행위이므로 정보를 수령하는 자가 정보를 제공하는 신용정보제공·이용자를 대리하여 받는 것을 금지해야 할 이유는 없다.[22] 반면, 신용정보법 제32조 제2항에서 규정한 이른바 조회동의는 신용정보제공·이용자가 고객에 관한 개인신용정보를 신용정보회사나 신용정보 집중기관으로부터 제공받기 위한 목적으로 받는 동의여서 처음부터 동의를 받을 자가 개인신용정보를 제공받을 자인 신용정보제공·이용자로 한정되어 있다.

우리나라에서는 제3자에게 개인신용정보를 제공함에 있어 사전동의가 요구되는 것이 너무 당연한 원칙처럼 되어 있어서, 실무에서는 오히려 동의를 면제 받을 수 있는 예외가 더욱 중요하다. 이와 관련하여 현행 신용정보법에서는 매우 중요한 2가지 예외가 신규로 도입되었다. 하나는 가명화된 정보의 제공인데 가명화에 대하여는 제2편 제2장 "가명정보의 특례"를 참조하기 바란다. 다

---

20) 대법원 2010.4.8. 선고 2009도13542 판결.
21) 참고로 수집 동의에서는 이상하게도 신용정보법 제32조 제1항과 같은 동의 방법의 제한이 없다. 입법의 실수로 보인다.
22) 금융위원회 법령해석, "제3자 동의서 추가 필요 여부" (2015.10.12.) (일련번호 150261).

른 하나는 양립가능한 목적에 의한 제공 동의인 데, 다음 4가지 요소를 고려하여 당초 수집한 목적과 상충되지 아니하는 목적으로 개인신용정보를 제공하는 경우에 동의를 면제해 주는 것이다(신용정보법 제32조 제6항 제9호의4). ① 양 목적 간의 관련성, ② 신용정보회사등이 신용정보주체로부터 개인신용정보를 수집한 경위, ③ 해당 개인신용정보의 제공이 신용정보주체에게 미치는 영향, ④ 해당 개인신용정보에 대하여 가명처리를 하는 등 신용정보의 보안대책을 적절히 시행하였는지 여부. 이는 EU의 일반데이터보호법(일명 'GDPR')[23]의 com-patibility test[24]를 도입한 것인데, 앞으로 이 조항을 어떻게 현실에 적용할 지 여부에 관하여 주목할 필요가 있다. 이 주제에 대한 보다 상세한 내용에 관하여는 제2편 제3항 "목적합치의 원칙"을 참고하면 좋을 것이다.

3) 정보의 처리위탁

현행 신용정보보법으로 개정되면서 '처리'의 개념이 개인정보 보호법과 완전히 동일해 졌기 때문에(신용정보법 제2조 제13호), '처리위탁'의 개념도 이제는 개인정보 보호법과 동일해 졌다고 봐야 할 것이다. 실제 처리위탁에 관한 현행 신용정보법 제17조 제1항은 개인정보 보호법의 처리위탁에 관한 조문 중 일부(개인정보 보호법 제26조 제1항부터 제3항)를 준용하고 있다.

그러나 여전히 신용정보의 처리위탁을 이해하는 것은 매우 어려운 일인데,

---

23) General Data Protection Regulation의 약자이다. GDPR에 관한 각종 자료는 한국인터넷진흥원의 GDPR 대응 사이트(gdpr.kisa.or.kr)를 참조.

24) GDPA Article 6 Paragraph 4.를 의미한다. 원문은 다음과 같다: 4. Where the processing for a purpose other than that for which the personal data have been collected is not based on the data subject's consent or on a Union or Member State law which constitutes a necessary and proportionate measure in a democratic society to safeguard the objectives referred to in Article 23(1), the controller shall, in order to ascertain whether processing for another pur-pose is compatible with the purpose for which the personal data are initially collected, take into account, inter alia: (a) any link between the purposes for which the personal data have been collected and the purposes of the intended further processing; (b) the context in which the personal data have been collected, in particular regarding the relationship between data subjects and the controller; (c) the nature of the personal data, in particular whether special categories of personal data are processed, pursuant to Article 9, or whether personal data related to criminal convictions and offences are processed, pursuant to Article 10; (d) the possible consequences of the intended further processing for data subjects; (e) the existence of appropriate safeguards, which may include encryption or pseudonymisation.

이는 근본적으로 제3자 제공과 처리위탁이 명확히 구별되지 않는다는 점에 기인한다. 처리위탁은 정보의 처리자가 자신의 업무를 처리하기 위하여 정보처리 권한의 일부를 특정한 제3자에게 위임하는 것을 말하는데, 외관상으로는 역시 정보의 이전으로서 제3자 제공과 구별되지 않는다. 정보의 처리위탁과 제3자 제공의 구별에 대하여는 종래 해당 정보의 처리로부터 발생하는 이익의 귀속 주체가 원래의 정보처리자라면 위탁이고, 정보를 이전 받은 정보수령자라면 제3자 제공이라고 하는 논리(이른바 '이익귀속주체설')가 거의 확립된 통설[25]이며, 판례[26]이다. 문제는 이러한 이익귀속주체의 판단이 늘 쉽지만은 않다는 것이다. 이익귀속주체설을 설시한 판례에서도 대법원은 "어떠한 행위가 개인정보의 제공인지 아니면 처리위탁인지는 개인정보의 취득 목적과 방법, 대가 수수 여부, 수탁자에 대한 실질적인 관리·감독 여부, 정보주체 또는 이용자의 개인정보 보호 필요성에 미치는 영향 및 이러한 개인정보를 이용할 필요가 있는 자가 실질적으로 누구인지 등을 종합하여 판단하여야 한다."라고 하여[27] 사실상 이익귀속주체의 판단 이외의 다른 사실관계를 고려해야 한다고 한 점을 봐도 알 수 있다.

처리위탁의 판단을 더 어렵게 하는 것은 정보의 처리를 수탁받은 자가 실제로는 해당 정보에 관한 접근할 권한이나 의도가 없음이 명백한 경우가 있기 때문이다. 금융위원회는 고객이 OO페이 앱을 통해 은행에 ATM 출금, 직불결제, 이용내역조회 서비스의 제공을 요청함에 의하여 고객의 금융정보가 OO페이의 서버를 거쳐 제공되는 사안에 있어서 "은행이 자사의 고객을 대상으로 자사의 서비스를 제공하기 위하여 고객의 요구에 따라 해당 고객의 금융거래 정보를 제공하는 경우로서 타 기관이 단순 금융거래정보 전달의 통로 역할만 수행하는 경우에는 비록 해당 금융거래정보가 은행 외의 타 기관의 서버(server)를 경유하여 전달되더라도 은행과 타 기관 간의 위·수탁 계약 체결이나 제3자

---

25) 이창범, "개인정보 제3자 제공 및 처리위탁 규제의 법적 과제", 개인정보보호의 법과 정책 (개정판), 박영사 (2016.8.), 233면 참조; 임규철, "개인정보의 상업적 판매 및 조건에 대한 비판적 고찰", 법제연구 제52호, 2017.5. 290면.

26) 대법원 2017.4.7. 선고 2016도13263 판결.

27) 위 판결 참조.

정보제공 동의 획득이 필요하지 않다."라고 해석하여 이런 경우를 제3자 제공과 처리위탁의 범주에서 벗어난 제3의 행위, 일종의 "도관행위"로 해석하였다.[28] 그러나 이러한 해석을 확인한 법령해석[29]과 이를 부인한 법령해석[30]이 모두 공존하는 상황이어서 감독당국이 여전히 위탁도 아니고 제3자 제공도 아닌 정보의 이전 상태를 인정하는 지 여부는 불투명하다.

　　이와 관련하여, 클라우드 사업자들도 처음에는 클라우드에 저장된 정보에 대한 접근권이 없다는 이유로 정보를 제공받거나 수탁받은 지위에 있지 않음을 주장하였으나, 감독당국은 클라우드 사업자의 경우 정보의 수탁자의 지위에 있다는 점을 명확히 확인하고 위탁 관련 규정을 적용하고 있다(전자금융업감독규정 제14조의2 제3항, 제4항 참조). 또한, 최근에는 금융회사가 신용정보원에 암호화된 개인신용정보를 전송하기 위하여 제3의 통신회선 서비스를 이용하고자 하는 경우에는 처리위탁으로 보지 않으면서 "개인신용정보에 대한 이용권 없이 단순히 전달, 전송 또는 통과만 시켜주는 행위는 개인신용정보의 '처리'에 해당하지 않으므로 처리위탁에도 해당하지 않는다"는 법령해석을 다시 내었는데,[31] 이는 신용정보법 제2조 제15호의 '처리'의 정의에 전달이나 전송이 포함되지 않는다는 점에 착안한 것으로 보이나, 종래 신용정보의 대량전송을 위탁하는 행위를 처리위탁으로 보아왔던 관행과 부합하지 않는 해석이기도 하다.

　　신용정보법은 처리위탁에 관하여 위탁자에 대하여 다음과 같은 규제를 두고 있다. ① 위, 수탁자 간에는 위탁계약을 체결하고 일정한 사항을 반드시 위탁계약에 넣어야 한다(신용정보법 제17조 제1항, 개인정보 보호법 제26조 제1항). 이때 단지 개인정보 보호법의 의무사항만 고려하면 곤란하고 신용정보업감독규

---

28) 금융위원회 법령해석, "○○페이 앱을 통해 고객이 고객의 금융거래정보제공 요청 관련" (2016.3.29.) (일련번호 160583).

29) 금융위원회 법령해석, "정보처리위탁계약, 제3자 정보제공 동의요부 및 전자금융거래 관련 법령 위반 여부 등" (2018.11.6.) (일련번호 170273).

30) 금융위원회 법령해석, "개인신용정보 전송에 금융투자협회의 회선을 이용하는 것이 금융투자협회에 대한 개인신용정보 제공 또는 처리위탁인지 여부" (2016.11.4.) (일련번호 160904).

31) 금융위원회 법령해석, "금융회사가 신용정보원에게 암호화된 개인신용정보를 전송하기 위하여 제3자의 통신회선 서비스를 이용하고자 하는 경우, 신용정보법 제17조 개인신용정보의 처리 위탁에 해당되는지 여부" (2023.6.29.)(일련번호 230037)

정 별표4에 규정된 사항 및 위탁자가 금융회사인 경우에는 금융회사의 정보처리 업무위탁에 관한 규정에 있는 내용도 감안하여야 한다. ② 해당 위탁계약은 공개되어야 하며, 특히 마케팅 위탁의 경우에는 고객에게 통지하여야 한다(신용정보법 제17조 제1항, 개인정보 보호법 제26조 제2항 및 제3항). ③ 위탁자가 금융회사인 경우에는 금융위원회에 위탁내용을 신고하여야 한다(신용정보법 제17조 제3항). ④ 개인신용정보에 포함된 개인식별정보에 해당하는 부분에 관하여는 암호화 조치를 취하여야 한다(신용정보법 제17조 제4항). ⑤ 일정한 주기로 수탁자를 교육하여야 한다(신용정보법 제17조 제5항). 다른 한편, 수탁자도 위탁 목적에 위배하여 개인신용정보를 이용하면 안되고 재위탁이 원칙적으로 금지되며(신용정보법 제17조 제6항, 제7항) 신용정보법 제17조 제2항에서 준용되는 규정들에 따라 위탁자와 동일한 관리의무, 손해배상의무 감독수용의무 등을 지게 된다.[32]

4) 정보의 공개

신용정보법이건 개인정보 보호법이건 정보의 공개에 대하여는 특별한 규제가 없다. 규제가 없다고 하여 타인의 개인신용정보를 함부로 공개해서는 당연히 안되는 것인데 이를 규제하지 않는 것은 이상한 일이다. 일단, 공개를 일종의 특수한 형태의 제3자 제공으로 생각해 보면 사전동의가 필요하나, 제공동의에 필수적인 요건인 "정보수령자의 특정"이 불가능하기 때문에 사전동의를 얻어 공개를 할 수 있는지도 불명확하다. 따라서 현행법상 합법적인 공개란 처음부터 동의가 필요없는 경우(예를 들어 법률에 의해 요구되는 공개나, 정보주체가 자발적으로 하는 공개)에만 가능한 것이 아닌가 생각된다.[33] 반대 해석으로, 정보

---

[32] 한편 금융회사의 신용정보 처리위탁의 경우에는 금융회사의 정보처리 업무위탁에 관한 규정, 자본시장과 금융투자업에 관한 법률상의 정보처리위탁에 대하여는 자본시장관련 법령이 추가 적용된다는 점에 유의하여야 한다.

[33] 이른바 로앤비 사건에서 대법원은 "정보주체가 직접 또는 제3자를 통하여 이미 공개한 개인정보는 공개 당시 정보주체가 자신의 개인정보에 대한 수집이나 제3자 제공 등의 처리에 대하여 일정한 범위 내에서 동의를 하였다고 할 것이다. 이와 같이 공개된 개인정보를 객관적으로 보아 정보주체가 동의한 범위 내에서 처리하는 것으로 평가할 수 있는 경우에도 동의의 범위가 외부에 표시되지 아니하였다는 이유만으로 또다시 정보주체의 별도의 동의를 받을 것을 요구한다면 이는 정보주체의 공개의사에도 부합하지 아니하거니와 정보주체나 개인정보처리자에게 무의미한 동의 절차를 밟기 위한 비용만을 부담시키는 결과가 된다. 다른 한편 개인정보 보호법 제20조는 공개된 개인정보 등을 수집·처리하는 때에는 정보주체의

주체의 동의가 없고 정보의 공개를 합법화할만한 다른 근거도 없는 경우의 공개란 정보의 침해행위라고 볼 수밖에 없다. 명백하지는 않지만 이 경우에는 동의없는 제3자 제공의무 위반으로 처벌할 수밖에는 없을 것으로 보인다.

다. 신용정보주체의 권리

1) 종래 인정되던 신용정보주체의 권리

헌법재판소와 대법원의 판례는 우리나라 개인정보 보호법의 근간을 개인정보주체의 개인정보자기결정권으로 판시하고, 이를 헌법 제10조 제1항의 인간의 존엄과 가치, 행복추구권 및 제17조의 사생활의 비밀과 자유의 보장의 원리에서 도출될 수 있는 기본권으로 파악하고 있다.[34] 개인정보자기결정권이란 정보주체 자신에 관한 정보가 언제 누구에게 어느 범위까지 알려지고 또 이용되도록 할 것인지를 정보주체 스스로 결정할 수 있는 권리를 말한다. 신용정보법도 제1조의 목적 조항에서 사생활의 비밀보호 등을 천명하고 있는 이상, 위와 같은 기본권의 개념 아래 개인신용정보주체의 권리를 인정하고 있는 것으로 봐야 할 것이다.

개인신용정보주체의 권리는 크게 2가지로 대별해 볼 수 있다. 하나는 '신

요구가 있으면 즉시 개인정보의 수집 출처, 개인정보의 처리 목적, 제37조에 따른 개인정보 처리의 정지를 요구할 권리가 있다는 사실을 정보주체에게 알리도록 규정하고 있으므로, 공개된 개인정보에 대한 정보주체의 개인정보자기결정권은 이러한 사후통제에 의하여 보호받게 된다. 따라서 이미 공개된 개인정보를 정보주체의 동의가 있었다고 객관적으로 인정되는 범위 내에서 수집·이용·제공 등 처리를 할 때는 정보주체의 별도의 동의는 불필요하다고 보아야 하고, 별도의 동의를 받지 아니하였다고 하여 개인정보 보호법 제15조나 제17조를 위반한 것으로 볼 수 없다. 그리고 정보주체의 동의가 있었다고 인정되는 범위 내인지는 공개된 개인정보의 성격, 공개의 형태와 대상 범위, 그로부터 추단되는 정보주체의 공개 의도 내지 목적뿐만 아니라, 정보처리자의 정보제공 등 처리의 형태와 정보제공으로 공개의 대상 범위가 원래의 것과 달라졌는지, 정보제공이 정보주체의 원래의 공개 목적과 상당한 관련성이 있는지 등을 검토하여 객관적으로 판단하여야 한다."라고 판시하여, 정보주체 스스로라고 공개한 정보에 관한 동의 요건을 부정하였다(대법원 2016.8.17. 선고 2014다235080 판결).

34) 헌법재판소 2005.5.26. 선고 99헌마513, 2004헌마190(병합) 결정에서 최초로 개인정보 자기결정권을 인정하였고, 그 후 헌법재판소 2013헌바68호, 대법원 2016.8.17. 선고 2014다235080판결, 대법원 2016.3.10. 선고 2012다105482판결, 대법원 2014.7.24. 선고2012다49933 판결 등 다수가 이 권리의 존재와 내용을 확인하고 있다.

용정보회사등'이 신용정보법상 주어진 개인신용정보 보호 의무를 수행하면서 반사적으로 갖게 되는 소극적 권리이고, 다른 하나는 개인신용정보주체에게 직접 자신에 관한 개인신용정보에 관하여 행사할 수 있는 적극적 권리를 말한다. 전자(前者)는 개인신용정보를 처리하는 자가 개인신용정보의 라이프 사이클, 즉 수집, 이용, 이전, 보관, 파기 등의 과정에서 지켜야 할 각종 준수사항을 말하는 것으로서 신용정보법의 개인신용정보에 관한 조문 대부분을 차지하는 내용들이다. 신용정보법에서는 개인정보 보호법 제3조와 같이 개인정보 보호에 관한 원칙을 직접 천명하는 조문은 없지만, 신용정보법상 정보보호의 원칙 중 가장 중요한 원칙은 신용정보법 제15조 제1항에 내재되어 있는 '개인신용정보 최소 수집 및 처리의 원칙'이라고 할 수 있을 것이다. 즉, 개인신용정보는 신용정보를 처리하는 자의 정당한 목적에 호응하는 한도 내에서 최소 한도로만 수집되어 처리되어야 하며, 전자의 내용 대부분이 바로 이 원칙을 관철하는 수단을 제공하고 있다.

반면에 적극적 권리는 개인신용정보주체의 개인정보자기결정권 행사에 필요한 내용으로 명확히 한정적으로 열거되어 있다. 이러한 적극적 권리의 내용은 개인정보 보호법에서 열거된 개인정보주체의 권리와는 유사하면서도 다르다. 기본적으로 신용정보법상 개인신용정보의 보호를 해석함에 있어서는 개인정보자기결정권이 다른 이해관계인의 권리보다 절대적인 우위에 있다고 보기 어렵다. 법의 명칭 및 제1조의 목적에서도 알 수 있듯이 개인신용정보의 효율적 활용은 신용에 기반한 금융 및 상거래 시스템의 안전성 확보에 중요한 의미를 가지며, 무조건 보호우선 주의를 내세울 수는 없다. 예를 들어 정보주체에 관한 신용정보를 평가하여 기록하고 이를 공유하는 것이 제도적으로 불가능하다면 금융 시스템은 정보주체의 신용도가 아닌 물적담보에 의존하는 불합리한 관행으로 돌아가게 될 것이고, 그로 인하여 금융회사의 건전성은 훼손될 것이며, 그 피해는 결국 온 국민에게 돌아가게 될 것이기 때문이다.

이러한 관점에서 개인정보 보호법과 신용정보법상의 개인신용정보주체가 갖는 적극적 권리(단, 신용정보 수집, 이용, 제공 등에 관한 동의권은 앞서 간접적으로 살펴보았기 때문에 생략한다)를 비교해 보면 다음 [표 4-2]와 같은 차이가 있음

을 알 수 있다. 이상에서 보듯이가장 눈에 띄는 부분은, 신용정보법에는 삭제
와 처리의 정지를 요구할 수 있는 경우가 개인정보 보호법의 경우에서 보다 좁
다는 것이다. 이는 공익적 사유로 인하여 일정 범위의 개인신용정보 활용이 강
제되어야 할 필요가 있기 때문이다(예를 들어 삭제와 처리정지가 제한없이 가능하다
면, 신용이 부실한 자의 기록이 존재하지 못할 것이다).

[표 4-2] 개인정보 보호법과 신용정보법상 개인신용정보주체가 갖는 적극적 권리 비교

	개인정보 보호법	신용정보법
본인 정보의 열람 및 정정	개인정보처리자에 대하여 행사(제35조). 정정은 사실과 다른 경우에만 행사가 가능하다는 제한은 없음	신용정보회사등에 대하여 행사(제38조 제1항, 제2항). 단, 정정은 사실과 다른 경우에만 행사 가능
본인 정보의 삭제	다른 법령에서 수집 대상으로 되어 있는 정보가 아닌 한 삭제 요구 가능(제36조 제1항)	기간 경과로 파기의무가 있는 정보에 대하여만 삭제 요구 가능(제38조의3)
처리의 정지	거절사유(제37조 제2항)가 없는 한 처리정지 요구 가능(제37조 제1항)	신용정보제공 이용자에 대하여 동의철회 가능(제37조), 단 신용평가에 필요한 동의는 철회 불가
통지 요구	없음	상거래 거절의 근거가 된 개인신용정보의 고지 요구(제36조), 본인의 개인신용정보가 조회되는 사실에 대한 통지 요구(제38조의2)

2) 새롭게 도입된 신용정보주체의 권리

현행 신용정보법으로 개정되면서 새롭게 도입된 권리가 있다. 정보전송요
구권(또는 정보이동권)과 자동화처리대응권이다. 두 권리 모두 GDPR에서 인정한
정보주체의 권리인데, 신용정보법에서 개인정보자기결정권 강화를 명분으로
도입되게 된 것이다.

신용정보법 제33조의2로 도입된 정보전송요구권은 개인신용정보주체가 신
용정보제공·이용자등[35)]에 대하여 그가 보유하고 있는 본인에 관한 개인신용정

35) 신용정보법 제22조의9 제3항에 정의된 개념으로서, 신용정보법시행령 제18조의6 제4항에 열

보를 해당 ① 신용정보주체 본인, ② 본인신용정보관리회사 ③ 신용정보법 시행령 제5조 제2항에 정한 금융회사들과 제21조 제2항에 정한 공공기관, ④ 개인신용평가회사, ⑤ 개인사업자신용평가회사에게 보내줄 것을 요구할 수 있는 권리를 의미한다. 정보를 보내는 방법은 컴퓨터 등 정보처리장치로 처리가 가능한 형태로 한정되어 있지만(신용정보법 제33조의2 제3항), 그렇다고 하여 이러한 권리의 상대방이 되는 자의 부담이 없는 것은 아니다. 따라서 정보전송요구권의 대상이 되는 개인신용정보의 범위가 매우 중요한데, 이는 신용정보법 제33조의2 제2항, 신용정보법 시행령 제28조의3 제6항에 열거되어 있다. 이 중 신용정보법 시행령 제28조의3 제6항 제1호에 정의된 "법 제2조 제9호의2 각목에 따른 정보"가 문제가 되고 있다. 이는 다시 신용정보법 시행령 제2조 제22항과 제23항에 연결되어 시행령 별표1로 귀결되는 데, 별표1에는 전자지급수단을 이용한 거래 중 '주문내역정보'가 포함되어 있기 때문이다. 전자금융업자들은 주문내역정보까지 정보전송요구권의 대상이 되는 것은 과도하다는 이유로 상당히 반발하고 있다.[36] 이러한 정보전송요구권에 대하여는 상당한 쟁점이 있으나, 제2편 제5장 "개인정보 이동권과 마이데이터의 제도화 그리고 시사점"에서 이 주제를 상세히 다루고 있으므로 이를 참조하기 바란다.

상당한 진통 끝에 도입되는 정보전송요구권에 비하여 자동화평가대응권(신용정보법 제36조의2)은 비교적 조용히 도입되었다. 일단, 애초에 논의된대로 개인신용정보에 기반한 프로파일링 전반에 관한 이의제기를 인정한 것이 아니라, 자동화된 의사결정(Automated Decision-making) 그중에서도 신용평가 및 여신거래의 설정, 유지 및 내용의 결정이라는 매우 한정된 분야에 관한 자동화 과정에만 이의제기권을 인정하였고, 그 내용도 기초정보의 오류를 지적하거나 결과를 다시 산출할 것을 요구하는 정도로 그쳤기 때문이다. 참고로, GDPR의

거된 자(여기에는 대부분의 금융회사, 전자금융업자, 신용정보회사, 본인신용정보관리회사, 채권추심회사, 기간통신사업자, 한국전력공사, 한국수자원공사가 포함된다)와 제5항에 열거된 공공기관(여기에는 행정안전부, 보건복지부, 고용노동부, 국세청, 관세청, 조달청, 공무원연금공단, 주택도시보증공사, 한국주택금융공사, 근로복지공단, 신용회복위원회, 지방자치단체 및 지방자치단체조합, 국민건강보험공단, 국민연금공단이 포함된다)를 말한다.

36) 온라인쇼핑협회, "주문내역 신용정보 아니다", 개정안에 반발, IT조선(2020.8.19.), http://it.chosun.com/site/data/html_dir/2020/08/19/2020081903068 (2020.3.5. 최종 방문)

Automated Decision – Making[37]에 대한 내용과 신용정보법상의 자동화평가대응권을 비교해 보면 [표 4-3]과 같다.

[표 4-3] 자동화평가대응권과 Automated Decision-Making의 비교

	자동화평가대응권	Automated Decision-Making
대상자	개인신용평가회사와 일정 범위의 신용정보제공 이용자	일반적인 Data Controller
권리의 내용	설명 요구 및 이의제기, 정정 요구	거부권(Profiling에 해당하는 경우 일반적 권리가 추가됨)[38]
평가의 범위	신용평가, 금융거래 관련 의사결정 등	개인에 대한 법적 효력을 발생시키거나 이에 유사하게 중대한 결정
예외	1. 법률의 규정, 법령상 의무 준수를 위한 경우 2. 요구 수용 시 상거래관계의 설정 및 유지 등이 곤란한 경우	1. 법령에 의하여 승인된 경우 2. 해당 개인정보주체와 계약의 체결 또는 이행에 필요한 경우 3. 개인정보주체가 명시적으로 승인한 경우
기타	1. 개인신용평가회사나 특정 신용정보제공 이용자는 일반적인 기술적, 물리적, 관리적 보안대책을 취할 의무가 있음 2. 민감정보에 관한 특칙 없음	1. 정보처리자는 개인정보주체의 권리, 자유 및 적법한 이해관계를 보호하기 위한 적절한 조치를 취할 의무가 있음 2. 민감정보에 관한 특칙 있음

---

37) GDPR Article 22, Paragraph 1에서 규제되는 행위를 말한다. 원문은 다음과 같다.
"Article 22 (Automated individual decision – making, including profiling)
1. The data subject shall have the right not to be subject to a decision based solely on auto – mated processing, including profiling, which produces legal effects concerning him or her or similarly significantly affects him or her. "

38) GDPR은 Profiling은 Article 4, Paragraph 4에서 Profiling을 정의하는 데, 이는 "자연인에 관한 어떤 개인적 측면(personal aspects)의 평가(특히, 그 자연인의 업무성과, 경제상황, 건강, 개인적 선호도, 관심, 신뢰도, 행동양식, 위치 또는 이동에 관한 분석 또는 예측을 말한다)를 목적으로 하는 개인정보의 이용을 그 구성 요소로 하는 여하한 형태의 자동화된 개인정보 처리"를 말한다. 신용정보법에서는 자동화평가대응권은 도입하였지만, 이러한 프로파일링에 대한 대응권까지는 도입하지 않았다. 참고로, Automated Decision – Making에 이르지 않는 Profiling에 대하여는 거부권까지는 인정하지는 않지만, Profiling의 존재와 결과에 대하여 고

라. 그 밖에 현행 신용정보법에 도입된 제도

현행 신용정보법은 종래의 3종류의 신용정보업을 4종류로 세분하고, 채권추심업을 신용정보업에서 배제하였으며, 여기에 본인신용정보관리업을 추가하였다. 그 내용을 요약하면 [그림 4-1]과 같다.

현행법 이전의 신용정보업		현행 신용정보법하의 신용정보 관련 산업	
종래의 신용정보업	신용조사업 →	현재의 신용정보업	신용조사업
	신용조회업 →		개인신용평가업
			개인사업자신용평가업
			기업신용조회업
	채권추심업 →	채권추심업	
	신용평가업(2013. 5. 28. 신용정보법 개정 이전까지만)	본인신용정보관리업(신설)	

[그림 4-1] 신용정보업의 변화

위와 같이 새로 개편된 신용정보 관련 산업 중에 가장 주목할만한 변화는 본인신용정보관리업, 이른바 마이데이터 산업의 도입이다. 신용정보법에서 허가제로 도입된 마이데이터 사업은 개인신용정보주체의 신용관리를 지원하기 위하여 신용정보법 제9조의2에 열거된 개인신용정보를 수집하고, 그 수집된 정보의 전부 또는 일부를 신용정보주체가 조회·열람할 수 있게 하는 방식으로 통합하여 그 신용정보주체에게 제공하는 행위를 영업으로 하는 것을 말한다 (신용정보법 제2조 제9호의2, 신용정보법 시행령 제2조 제21항). 마이데이터에 관한 상세한 내용 또한 앞서 언급한 논문을 참조하기 바란다.

지받을 권리나 접근할 권리는 인정한다(Art. 13(2)(f), 14(2)(g), 15(1)(h)). 또한, Automated Decision-Making이건 Profiling이건 개인정보처리(processing)의 일종이기 때문에, 처리에 관한 기본적 원칙이나 개인정보주체가 처리에 대하여 갖는 권리(예를 들어, GDPR Article 21의 처리중지요구권 등)의 적용을 받게 된다.

Ⅲ. 금융실명법

1. 금융실명법의 체계

금융실명법은 금융거래정보를 규제하는 법률을 논함에 있어 참으로 곤혹스러운 분야가 아닐 수 없다. 모두에서 언급한 바와 같이 금융실명법은 프라이버시를 보호하기 위한 법은 아님에도 불구하고, 신용정보법보다 먼저 제3자 제공에 있어 엄격한 동의 제도를 도입하고 있으며, 그 어떤 법령보다도 우선하는 특별법이기 때문에 금융거래정보 보호와 관련한 제도를 해석함에 있어 강력한 영향력을 갖고 있다.

금융실명법의 체계는 매우 간단하여 금융회사등이 실지명의로 금융거래를 하여야 할 의무(제3조)와 그렇게 실지명의로 수행된 금융거래의 내용을 비밀로 유지해야 할 의무(제4조 내지 제4조의3)를 규정하며, 나머지 조항들은 이 두 의무의 해석과 실행을 지원하는 것에 관련된 조항들이다. 이 중 금융거래정보의 규제는 금융실명법 제4조와 관련되어 있으므로 이 조문의 내용을 조금 더 상세히 살펴보기로 하자.

2. 보호대상 정보: 거래정보

가. 금융거래

금융실명법의 가장 핵심적인 개념은 '금융거래'이다. 금융거래란 '금융회사등'이 '금융자산'을 수입(受入)·매매·환매·중개·할인·발행·상환·환급·수탁·등록·교환하거나 그 이자, 할인액 또는 배당을 지급하는 것과 이를 대행하는 것 또는 그 밖에 금융자산을 대상으로 하는 거래로서 총리령으로 정하는 것[39]을 말한다(금융실명법 제2조 제3호). 위 정의에 근거하여 볼 때 금융거래를 이해하기 위하여는 '금융회사등'과 '금융자산'의 개념을 이해하면 된다.

---

39) 금융거래로서 별도로 총리령으로 정하는 것은 없다.

'금융회사등'은 금융실명법 제2조 제1호, 금융실명법 시행령 제2조에 열거된 자를 말한다. 대부분의 금융회사가 이에 속하는 데, 여러 차례의 법개정을 통해 계속 그 범위가 확대되어 왔으며, 금융회사로 보기 애매한 명의개서 대행회사, 증권금융회사, 거래소 등도 포함된다.[40] 금융실명법상의 금융회사등의 개념은 특금법에서의 금융회사등의 개념과 일맥상통한 면이 있는데, 이는 특금법에서도 의심거래나 고액현금거래를 보고함에 있어서 고객의 실지명의를 확인할 의무가 있고 이는 금융실명법상의 실명확인의무와 동일하기 때문이다.[41]

'금융자산'이란 금융회사등이 취급하는 예금·적금·부금(賦金)·계금(契金)·예탁금·출자금·신탁재산·주식·채권·수익증권·출자지분·어음·수표·채무증서 등 금전 및 유가증권과 그 밖에 이와 유사한 것으로서 총리령으로 정하는 것을 말한다(금융실명법 제2조 제2호). 총리령에서는 신주인수권을 표시한 증서와 외국이나 외국법인이 발행한 증권 또는 증서를 추가하고 있다(금융실명법 시행규칙 제2조). 이러한 금융자산의 개념으로부터 금융실명법이 규율하는 금융거래의 범위를 알 수 있는데, 크게 대별하면 예금 및 신탁에 관한 예금성 거래(송금 거래 또한 예금의 이전이라고 해석될 수 있으므로 역시 예금성 거래로 볼 수 있다)와 증권이나 파생상품이 개입된 금융투자상품이 개입된 투자성 거래로 볼 수 있다. 이는 바꿔 말하면, 보험, 공제, 연금 등의 보험성 거래와 대출, 신용카드, 할부금융 등의 포함된 대출성 거래는 금융실명법상 금융거래가 아니라는 취지이다.[42] 금융위원회도 이러한 취지의 법령해석을 수차 낸 바 있다. 그러나 판례는 2차례에 걸쳐 신용카드거래를 금융거래로 판시하였는 데,[43] 이와 같이 주무기관과

---

[40] 흥미로운 것은 금융회사등의 범위에 한국은행이 들어간다는 것인 데, 이는 다른 금융 관련 법령에서 한국은행을 일반적인 금융회사의 범위에서는 제외하는 것과는 매우 다른 것이다.

[41] 실제로는 특금법상의 금융회사등의 범위가 더 넓다. 예를 들어 금융실명법에는 포함되지 아니한 금융지주회사, 투자일임업자, 전자금융업자 등이 포함되고, 카지노사업자나 가상자산사업자(일명 암호화폐거래소) 등 금융회사가 아닌 자들도 포함한다.

[42] 은행연합회, "금융실명거래 업무해설" (2016.8.), 제105면 참조. 은행연합회 자료실 기타자료 사이트에서 검색 가능. https://www.kfb.or.kr/publicdata/data_other_view.php?idx=274&col=&sw=&pg=2&gubun=&orderby=&code=&data_year=&SearchOffice=&SearchOpinion=&cate_idx=&BankAll= (2023.9.1. 최종 방문) 그러나 문구상 명백히 어음의 할인은 들어가는 데, 이는 사실상 대출이기 때문에 금융실명법이 엄격하게 말하여 대출을 포함하지 않는다는 것은 정확한 표현은 아니라 보인다.

법원이 전혀 다른 방식으로 법령을 해석하면서, 또한 상호간의 해석에 영향을 받지 않는 것은 상당한 문제로 생각된다.

나. 거래정보 등

금융실명법은 위와 같이 금융거래에 관한 정보나 자료등을 '거래정보등'으로 정의하고(금융실명법 제4조 제1항) 이를 보호의 대상으로 삼고 있다. 앞에서 언급한 바와 같이 모든 금융거래가 금융실명법상의 금융거래는 아니기 때문에 이 장에서 일반적으로 사용하는 금융거래정보와 금융실명법에서 정의된 용어인 거래정보등은 다른 정보를 의미함에 유의하여야 한다.

또한, 금융실명법 시행령 제6조는 거래정보등에 대하여 아래와 같이 독특한 제한을 두고 있다. 첫째, 거래정보등은 특정인의 금융거래사실과 금융회사 등이 보유하고 있는 금융거래에 관한 기록의 원본·사본 및 그 기록으로부터 알게 된 것으로 한정한다(금융실명법 시행령 제6조). 따라서 해당 고객과 금융거래를 갖지 아니하고(즉, 금융거래에 관한 기록이 없는 자가) 별도로 입수한 정보는 금융실명법상의 거래정보등에 해당한다고 보기 어렵다. 둘째, 금융거래 사실을 포함한 금융거래의 내용이 누구의 것인지를 알 수 없는 것(당해 거래정보등만으

---

43) 1. 대법원 2013.3.28. 선고 2012도13607 판결: "신용카드에 의하여 물품을 거래할 때 '금융회사 등'이 발행하는 매출전표의 거래 명의자에 관한 정보 또한 금융실명법에서 정하는 '거래정보 등'에 해당하므로…"

2. 대법원 2020.7.23. 선고 2015도9917 판결: "신용카드거래는 신용카드회원과 신용카드업자 사이에 체결된 신용카드 이용계약, 가맹점과 신용카드업자 사이에 체결된 가맹점계약에 따라, 신용카드회원이 가맹점에서 신용으로 상품을 구매하거나 용역을 제공받고, 신용카드업자가 신용카드회원을 대신하여 가맹점에 대금을 지급하며, 일정 기간이 지난 다음 신용카드업자가 신용카드회원으로부터 그 대금을 회수하는 구조로 이루어진다. 여기서 신용카드업자와 가맹점 사이 및 신용카드업자와 신용카드회원 사이에 예금이나 금전으로 상환이 이루어지거나 예금이나 금전의 수입이 발생하게 되고, 이는 금융실명법에서 정한 '금융거래'에 해당한다. 또한 위와 같은 금융거래인 상환이나 수입의 원인이 되는 채무는 신용카드회원의 가맹점에 대한 대금채무이고, 위 대금채무를 발생시킨 신용카드회원의 신용카드 이용거래는 위 상환이나 수입과 밀접한 관련이 있으며, 그 상환이나 수입의 내용을 특정하여 상환이나 수입의 전체적인 모습이나 내용을 파악하는 데 필수적인 요소이므로, 신용카드 거래내역은 금융거래인 '상환'이나 '수입'의 내용에 해당한다. 그렇다면 결국 신용카드 대금채무와 그 발생에 관한 정보나 자료에 해당하는 신용카드 사용내역(신용카드 사용일자, 가맹점명, 사용금액 등)이나 승인내역(신용카드 거래승인일시, 가맹점명, 승인금액 등)은 금융거래의 내용에 대한 정보 또는 자료에 해당한다."

로 그 거래자를 알 수 없더라도 다른 거래정보등과 용이하게 결합하여 그 거래자를 알 수 있는 것을 제외한다)을 제외한다. 이 내용은 1997. 12. 31. 금융실명법 시행령 제정 시부터 존재하였던 내용이라, 그 후에 입법된 신용정보법이나 개인정보 보호법에서 도입한 익명화 또는 가명화의 개념을 의미하는 것이라고 보기는 어렵다. 따라서 종래 단순히 이름 일부와 주민등록번호 정도만 지우면 이 요건을 충족하는 것으로 보기도 하였다. 그러나 현재 신용정보법과 개인정보 보호법에서 익명화 및 가명화의 개념을 도입한 상태이기 때문에, 감독당국이 향후 이 문구의 해석에 익명화와 가명화의 개념을 참고할 가능성이 없지 않다.

3. 금융실명법상의 동의 요건

가. 제공 동의 의무

금융실명법상의 정보보호는 매우 간단하지만 강력하다. 먼저, 금융회사등에 종사하는 자로 하여금 금융거래의 명의인의 서면상의 요구나 동의를 받지 아니하고는 그 거래정보등 타인에게 제공하거나 누설하는 것이 금지되며(금융실명법 제4조 제1항), 거래정보등의 제공을 요구받은 경우에는 이를 거부하여야 한다(금융실명법 제4조 제3항). 그리고 합법적으로 거래정보등을 알게 된 자라 하더라도 역시 그 알게 된 거래정보 등을 타인에게 제공 또는 누설하거나 그 목적 외의 용도로 이용하여서는 아니된다(금융실명법 제4조 제4항). 또한, 이러한 제한을 위반하여 제공 또는 누설된 거래정보등을 취득한 자(그로부터 거래정보등을 다시 취득한 자를 포함한다)는 그 위반사실을 알게 된 경우 그 거래정보등을 타인에게 제공 또는 누설하여서는 아니 된다(금융실명법 제4조 제5항). 이와 같이 금융실명법은 문구상으로 보더라도 최초의 금융회사등의 종사자뿐만 아니라 그로부터 합법적으로 정보를 취득한 합법적 전득자, 그로부터 불법적으로 정보를 취득한 불법적 전득자 및 다시 그로부터 전득한 전전득자까지를 누설 금지의무의 적용대상으로 삼고 있다. 이는 입법기술적인 면에서는 이해하기 어려운 규정 방식이긴 하지만 아무튼 금융실명법의 적용대상을 최대한 넓히겠다는 의지만큼은 충분히 표현되었다고 보인다.

금융실명법상의 동의가 까다로운 이유는 ① 동의를 받아 거래정보등을 제공한 경우 제공한 날로부터 10일 이내에 제공한 거래정보 등의 주요 내용, 사용 목적, 제공받은 자 및 제공일 등을 명의인에게 서면으로 통보하여야 하는 통보의무가 부가되어 있고(금융실명법 제4조의2 제1항), ② 그러한 동의를 받아 거래정보등을 제공한 경우에 금융위원회가 정하는 표준양식으로 요구자(담당자 및 책임자)의 인적사항, 요구하는 내용 및 요구일, 제공자(담당자 및 책임자)의 인적사항 및 제공일, 제공된 거래정보등의 내용, 제공의 법적 근거, 명의인에게 통보한 날, 통보를 유예한 경우 통보유예를 한 날, 사유, 기간 및 횟수 등을 기록하고 이를 거래정보등을 제공한 날로부터 5년간 보관하여야 하며(금융실명법 제4조의3 제1항), ③ 인감, 서명감의 날인을 요구하는 등 동의서의 형식적 요건이 매우 엄격하고(금융실명법 시행령 제4조 제1항 참조), ④ 실제 제공이 필요한 경우에 건별로 동의를 받아야 하기 때문이다.44) 따라서 현실에서도 금융실명법의 동의서와 다른 법령에서 요구하는 동의서는 불가피하게 서로 분리하여 사용하는 경우가 많다.

나. 동의없이 정보를 제공할 수 있는 경우

금융실명법도 신용정보법과 같이 동의없이 정보를 제공할 수 있는 경우를 열거하고 있다. 법원의 영장이나, 법률의 의무에 따른 거래정보등의 제공, 범죄 수사나 금융사고 조사, 예금보험업무의 수행, 국제간 공조 등 공공적 목적에 의한 제공 등이 포함된 것은 다른 정보보호 법령과 궤를 같이 한다. 특이한 것은 다음과 같은 점이다.

1) 동일한 금융회사등의 내부 또는 금융회사등 상호간에 업무상 필요한 거래정보등의 제공(금융실명법 제4조 제1항 제5호)

금융실명법 시행령 제9조 제1항은 동일한 금융회사 내부란 해당 금융회사

---

44) 금융위원회 법령해석, "금융실명법 제4조 제1항의 서면상의 요구나 동의에 포괄적 동의도 포함되는 것으로 해석이 가능한지 여부"(2015.8.28.) (일련번호 150056).

등의 본점·지점·영업소 및 해당 금융회사등의 위탁을 받거나 그 밖의 계약에 의하여 그 금융회사등의 업무의 일부를 처리하는 자 간에 업무상 필요한 거래 정보등을 제공하는 경우를 말한다고 규정한다. 본지점과 영업소는 사실 동일한 법인이기 때문에 그 안에서의 정보제공을 예외 사유로 삼는 것이 오히려 이례 적이다. 따라서 이 부분의 해석은 "업무상 필요한 거래정보 등을 제공"한다는 점에 중점을 두어야 하며, 이는 결국 같은 법인 내에서도 업무상 필요한 범위 밖에서는 거래정보등의 접근을 제한해야 한다는 취지로 이해된다. 한편, 위탁 과 관련해서 동의 요건을 면제하는 것은 신용정보법과 개인정보 보호법에서도 마찬가지인데, 금융실명법상으로는 위탁을 매우 좁게 해석해야 한다는 점에 유 의할 필요가 있다.[45]

금융회사등 상호간에 업무상 필요한 거래정보등을 제공하는 경우를 동의 의 예외로 삼는 것은 매우 이상하다. 해석하기에 따라서는 업무상 필요하다는 명목으로 동의없이 거래정보등을 다른 금융회사에 보낼 수 있기 때문이다. 따 라서 실무에서는 문리에 불구하고 해당 조문의 취지를 최소 한도로 좁게 새기 고 있다.[46]

2) 그 밖에 법률에 따라 불특정 다수인에게 의무적으로 공개하여야 하는 것으로서 해당 법률에 따른 거래정보등의 제공(금융실명법 제4조 제1항 제8호)

이 또한 다른 법률과는 매우 다른 내용인 데, 법률에 따른 거래정보등의 제공을 일괄적으로 동의의 면제 요건으로 삼지 아니하고, 법률에 따라 공시를 해야 하는 경우만을 예외로 삼고 있다.

---

[45] 금융감독원은 2020.9.24. 금융거래에 관한 내용을 자문받고자 법무법인에 금융거래정보를 제 공한 것이 업무목적상 필요 최소한의 정보로 볼 수 없는 거래정보 등을 제공하여 금융실명 법을 위반한 것이라는 이유로 주식회사 하나은행의 직원 4명을 징계하였다. 해당 자료는 금 융감독원 검사 결과 제재 사이트에 공시되어 있다. https://www.fss.or.kr/fss/kr/bsn/an- nounce/openinfo_view.jsp?req_page=null&exam_mgmt_no=201900832&em_open_ seq=2&SearchText=financeName&StartDate=20200101&EndDate=20210304&open Content=%C7%CF%B3%AA%C0%BA%C7%E0 (2020.3.5. 최종 방문)

[46] 은행연합회, 위 책, 제63면 참조.

Ⅳ. 전자금융거래법

1. 전자금융거래법의 체계

전자금융거래법은 '전자금융거래'에 관한 법률관계를 규율하기 위한 법이며, '전자금융거래'란 금융회사 또는 전자금융업자(이하 '전자금융업자 등')가 전자적 장치를 통하여 금융상품 및 서비스를 제공하고, 이용자가 전자금융업자등의 종사자와 직접 대면하거나 의사소통을 하지 아니하고 자동화된 방식으로 이를 이용하는 거래를 말한다(전자금융거래법 제2조 제1호). 즉, 전자금융거래법은 이른바 비대면 금융거래에 적용되는 법률인 데, 비대면 금융거래가 금융거래의 주된 방식으로 부상함에 따라 전자금융거래법의 지위가 더불어 중요해 졌다.

전자금융거래법은 전자금융업에 관한 진입 규제 및 감독에 관한 내용(제4장과 제5장)을 제외하면, 전자금융거래의 안전성에 관한 내용(제3장)과 전자금융거래의 신뢰성에 관한 내용(제2장)으로 나누어져 있다. 이중 보안에 관한 내용으로 볼 수 있는 것은 제2장 제1절에 있는 접근매체의 사용 및 관리에 관한 내용과 제3장 전체로 볼 수 있고, 이에 관한 세부사항은 다시 하위 규정인 전자금융감독규정에 위임되어 있다.

이 장에서 전자금융거래법에 대한 상세한 설명을 다루는 것은 적절하지 아니한데, 무엇보다도 전자금융거래법은 현재 전면개정이 예정되어 있는 상태이다.[47] 따라서 이하에서 설명하는 현재의 전자금융거래법의 내용은 조만간 상당히 변경될 수 있다.

---

[47] 현재 전자금융거래법에 관한 20개의 개정안이 제출되어 있으며, 이 중에 정부가 제출한 안은 윤관석 의원안이다. 국회 의안정보 사이트에서 법안명으로 검색 가능하다. https://likms.assembly.go.kr/bill/main.do

2. 전자금융거래법상 금융거래정보의 보안 체계

가. 접근매체의 사용

비대면으로 전자금융거래를 개시할 때 본인 확인을 위한 수단이 접근매체이다. '접근매체'라 함은 전자금융거래에 있어서 거래지시를 하거나 이용자 및 거래내용의 진실성과 정확성을 확보하기 위하여 사용되는 수단 또는 정보로서 다음과 같은 것들을 말한다(전자금융거래법 제2조 제10호).

① 전자식 카드 및 이에 준하는 전자적 정보(예: OTP Card)

② 「전자서명법」 제2조 제3호에 따른 전자서명 생성정보 및 같은 조 제6호에 따른 인증서

③ 금융회사 또는 전자금융업자에 등록된 이용자 번호(즉, ID)

④ 이용자의 생체정보

⑤ 위 ① 또는 ②의 수단이나 정보를 사용하는 데 필요한 비밀번호

현실에서는 ID와 비밀번호 만으로 금융거래를 허용하는 경우는 없고, 위 ①과 ②의 수단이 병행되어야 한다. 그중에서도 가장 보편적으로 이용되었던 것이 ②에 해당하는 공인전자서명, 이른바 공인인증서였다. 그러나 공인인증서 제도는 2020. 6. 9. 전자서명법 개정으로 인하여 2020. 12. 10.부터 폐지되었기 때문에 다양한 형식의 전자서명방식이 사용될 것으로 기대되고 있다. 아무튼, 전자금융거래법에서는 전자금융업자등이 이러한 접근매체를 발급할 때의 본인 확인 절차 및 그 이후의 관리에 관하여 엄격한 요건을 규정하고, 접근매체의 양도, 대여, 담보 제공 등을 금지하는 규정을 두고 있다. 전자금융업자 등은 이용자로부터 접근매체의 분실이나 도난 등의 통지를 받은 후부터는 제3자가 그 접근매체를 사용함으로써 이용자에게 발생한 손해를 배상할 책임을 지며(전자금융거래법 제10조 제1항), 이용자의 고의나 중대한 과실이 없는 이상 접근매체의 위조나 변조로 발생한 사고에 대하여도 책임이 있다(전자금융거래법 제9조 제1항).

나. 보안에 관한 원칙

전자금융거래법 제21조의 위임을 받아 전자금융감독규정은 전자금융업자 등이 취해야 할 보안 조치, 즉 물리적, 기술적, 관리적 조치에 대한 상세한 기준을 두고 있다. 그 방대한 세부사항을 이 장에서 일일이 열거하기에는 부적절하므로 중요한 원칙과 관련 쟁점만을 열거해 보면 다음과 같다.

1) 보안 관련 인력 및 조직의 운용(전자금융감독규정 제3장 제2절): 보안 관련 전담조직 및 정보보호 최고책임자(일명 Chief Information Security Officer 또는 CISO)를 위원장으로 둔 정보보호위원회를 설치하고 운용하는 의무가 주된 내용이다. 원래 5:5:7원칙(정보기술부문 인력은 총 임직원의 5% 이상, 정보보호 인력은 정보기술부문 인력의 5% 이상, 정보보호 예산은 정보기술부문 예상의 7% 이상)이 있어, 보안부문에 대한 일정 규모의 예산집행이 강제되었고 이와 같이 구체적 사정을 도외시한 지출 기준은 전자금융업자등에게 상당한 부담이 되고 있었는 데, 이 기준은 2020. 1. 1. 일몰규정의 적용으로 인하여 실효되었다(전자금융감독규정 제75조 제2항 참조).

2) 요건을 충족하는 전산실 구비의무(전자금융감독규정 제3장 제3절): 전산실이 갖춰야 할 요건을 정하고 있는데, 특히 문제가 되는 것은 전산실 국내설치의무 및 무선통신망 설치금지의무이다. 해외전산업무위탁 또는 원격망 접속을 어렵게 하기 때문이다.

3) 정보보호 관련 기술적 조치의무(전자금융감독규정 제3장 제4절): 전산자료 및 정보처리 시스템의 보호를 위한 여러 측면의 기술적 조치를 취할 의무를 부과한다. 문제가 되고 있는 것은 클라우드 컴퓨팅 서비스를 이용할 때의 제한과 관련한 것(전자금융감독규정 제14조의2)과 망분리 의무이다(전자금융감독규정 제15조 제1항 제3호). 이로 인하여 금융 분야에 있어 해외 클라우드 서비스의 이용은 엄격히[48] 제한되고 있고,[49] 원격망 접속을 전제로 한 재택근무 등이 제한되는 문

---

[48] 금융위원회 법령해석, "전자금융거래법 등 관련 해석 요청"(2022. 4. 8.) (일련번호 220042)에서는 전자금융업무를 수행하지 않는 금융지주사에서 금융거래정보나 개인(신용)정보를 취급하지 않는 임직원이 이용하는 내부 정보처리시스템에도 망분리를 적용해야 한다고 해석하였다.

[49] 전자금융거래법 하에서의 클라우드컴퓨팅 서비스가 어려운 상세한 이유에 대하여는 강현구·이상후, "금융회사의 클라우드컴퓨팅서비스 사용에 따른 법적규제에 관한 연구", 금융법연

제가 발생하기 때문이다.

4) 정보기술 부문 내부통제(전자금융감독규정 제3장 제5절): 연간 정보기술부문 계획 및 교육계획의 수립, 정보 시스템 관련 계약 체결 시 주의의무, 감리, 비상 대책의 수립 및 비상 대응 훈련, 직무분리, 전산원장·거래·프로그램 통제 관련 사항, 비밀번호 관리 등을 규정하고 있으며, 역시 지나치게 세세한 규정이 오히려 이러한 규정만 지키기만 하면 된다는 쪽으로 해석되는 것에 대한 문제가 제기되고 있다.

3. 전자금융거래법상 금융거래정보의 보호의무

전자금융거래법 내에서도 정보 보호와 관련된 조항이 존재한다. 단, 아래 보호 관련 조항들에 있어서의 '이용자'의 개념은 반드시 개인에만 국한된 것은 아니므로, 아래 조항들은 개인의 프라이버시를 보호하기 위한 조항들이라고 볼 수는 없다.

1) 누구든지(전자금융업자등에 설치된 이용자의) 계좌와 관련된 정보를 사용 및 관리함에 있어서 범죄에 이용할 목적으로 또는 범죄에 이용될 것을 알면서 계좌와 관련된 정보를 제공받거나 제공하는 행위 또는 보관·전달·유통하는 행위를 하여서는 안된다(전자금융거래법 제6조의3).

2) 전자금융업자등은 전자금융거래의 내용을 추적·검색하거나 그 내용에 오류가 발생할 경우에 이를 확인하거나 정정할 수 있는 기록(이하 '전자금융거래기록')을 생성하여 최장 5년의 기간 동안 보존하여야 한다(전자금융거래법 제22조 제1항, 전자금융거래법 시행령 제12조 제1항). 또한, 이 보존기간이 경과하고 금융거래 등 상거래관계가 종료된 경우에는 반대로 그 전자금융거래기록을 파기하여야 한다(전자금융거래법 제22조 제2항, 전자금융거래법 시행령 제12조 제5항, 제6항). 단, 개인신용정보에 관한 파기에 있어서는 신용정보법이 먼저 적용되며, 다른 법률에 따른 기록보존의무를 이행하기 위한 경우에는 기록보존의무가 우선한다(전자금융거래법 제12조 제2항).

구 제17권 제2호(2020)를 참조.

3) 전자금융거래와 관련한 업무를 수행함에 있어서 이용자의 인적 사항, 계좌, 접근매체 및 전자금융거래의 내용과 실적에 관한 정보 또는 자료를 알게 된 자는 이용자의 동의를 얻지 아니하고 이를 타인에게 제공·누설하거나 업무상 목적 외에 사용하여서는 안된다(전자금융거래법 제26조).

V. 결어

1. 금융거래정보 규제의 개편방향

금융거래정보 규제가 추구하는 법익을 고객의 재산 보호, 프라이버시 보호, 나아가 금융보안 그 자체로 분류하여 보았을 때, 그 대표적인 법률은 금융실명법, 신용정보법 및 전자금융거래법이다. 이 3법은 각각 금융거래정보를 규제하기 위한 목적의 법률임에도 불구하고 위와 같은 보호법익의 차이와 상이한 입법 배경 및 업권별 금융 규제에 산재하고 있는 다른 금융거래정보 규제 등의 복잡성과 맞물려 조화롭게 적용되지 못하고 있으며, 이는 금융거래정보 규제의 전체적인 파악 및 이해를 몹시 어렵게 하고 있는 주된 원인이다. 해석이 어려운 법률이 잘 준수될 리가 없음은 자명하다. 금융거래정보 규제를 통한 원래의 정책 목적을 달성하기 위해서는 이러한 법률의 난맥을 정리할 필요가 매우 절실하다. 이를 위하여 다음과 같은 금융거래정보 규제의 재편을 제언하는 것으로 글을 마무리하고자 한다.

첫째, 금융실명법의 실명확인기능은 특금법과 중복되고, 거래정보등의 보호기능 또한 신용정보법과 중복된다. 따라서 이제는 금융실명법의 존치 여부를 고민할 때가 되지 않았나 싶다. 금융실명제를 도입한 정신은 특금법상의 실지명의확인 및 금융정보 보고 제도를 확대 적용하면 충분하며, 금융실명법상의 거래정보보호의 목적은 신용정보법의 적용을 통해서도 충분히 달성할 수 있다. 금융실명법은 이미 제정된지 약 30년이 되어가는 낡은 법률로서 현재의 비대면기반 금융거래를 수용하기 어려운 면이 있는 등 다른 면에서도 많은 문제를 야기하고 있다. 이제는 금융실명법 체계를 유지함으로써 얻는 실익이 다른 법률과 충돌함으로써 얻는 폐해를 능가할 정도에 이르렀다고 보인다.

둘째, 신용정보법과 전자금융거래법의 관계는 매우 애매하며, 향후 전자금융거래법이 개정된 이후에도 이러한 애매한 관계는 지속될 가능성이 많다. 신용정보법은 원래 금융정보법이 더 맞는 이름이었으나, 지금은 오히려 그 적용범위가 확대되어 상거래정보법이라고 불리우는 것이 더 나을 지경이 되었다. 또한, 전자금융거래법은 금융거래의 디지털화가 가속화됨에 따라 금융거래의 일반법이 될 상황에 이르렀다. 양자가 일반법화되는 것은 양자의 적용범위 또한 충돌한다는 것을 의미한다. 앞서 본 보호와 보안의 측면에서 볼 때 향후 전자금융거래법은 금융보안에 관한 일반법으로 자리매김하고, 신용정보법은 금융정보보호에 관한 일반법으로 자리매김하는 것이 맞다고 보이며, 이런 취지에서 서로 중복된 조항은 정리해 주는 것이 옳다고 보인다.

셋째, 신용정보법과 전자금융거래법 외의 법률에 산재한 정보보호나 보안과 관련된 조항은 삭제하거나 신용정보법과 전자금융거래법을 준용하는 형식으로 바꾸어, 가급적 특별법이 산재하는 상황을 줄일 필요가 있다. 또한, 금융회사의 정보처리 업무 위탁에 관한 규정과 같이 근거법이 모호한 규정도 일반법을 근거법으로 하여 재정비하고, 중복된 내용은 과감하게 정리할 필요가 있을 것이다.

2. 금융거래정보 규제에 있어서의 새로운 고려사항 – 금융AI

Chat GPT는 인공지능의 실효성에 관하여 종래의 회의론을 일소시킨 획기적인 현상으로 봐야 할 것 같다. 이에 힘입어 종래 논의하였던 금융분야에 있어서의 인공지능(이하 "금융AI")의 활용에 관하여도, 금융AI로 인한 프라이버시의 침해를 우려하는 시각으로부터 금융AI로 인한 금융서비스의 제고 내지는 금융산업의 효율성 증대와 같은 긍정적인 기대를 포함하는 시각으로 옮겨가고 있는 것으로 보인다.

금융위원회는 Chat GPT가 소개되기 전부터 금융AI의 안전한 정착을 유도하고자 몇 번에 걸쳐 가이드라인을 발표하여 왔다.[50] 이러한 가이드라인에는 금융AI의 기초인 빅데이터 형성을 지원하고, 망분리나 클라우드 규제를 개선하는 내용, 금융AI 테스트베드를 구축하는 내용등이 포함되어 있다. 이런 변화는 당연히 기존의 정보보호나 정보보안에 관한 규제의 변경을 필연적으로 초래할 수 밖에 없을 것이다. 생각컨대, 금융AI의 발전을 도모하고 그로 인한 정보침해행위를 방지하기 위하여는 보안은 강화하되, 보호는 합리화하는 접근이 필요하게 될 것이다.

예를 들어 AI가 학습하기 좋은 양질의 빅데이터는 결국 금융정보와 비금융정보, 정형정보와 비정형정보, 가공전의 1차 정보와 가공후의 2차정보의 결합을 통해 만들어지는 것인데, 이는 신용정보법, 개인정보보호법, 의료법 등 데이터가 다수의 법령에 의하여 차별적으로 규제되는 환경에서는 원활하기 진행되기 어렵다. 즉, 금융AI를 위해서는 금융정보관련 법령 뿐만 아니라 그 외의 데이터 관련 법령상의 규제를 일괄하여 데이터 결합에 호의적이 되도록 완화할 필요가 있다. 반면, 금융AI로 인하여 생성된 정보는 데이터 가공의 최종적인 목적에 사용되는 정보 또는 여러 단계의 학습을 거쳐 부가가치가 높아진 정보일 것이고, 결국 해당 정보의 주체의 경제활동이나 일상생활에 심대한 영향을 줄 수 있을 정보이기 때문에 신뢰성이 바탕이 되어야 하고, 외부의 침해에 노출되어서는 곤란할 것이다. 따라서, 금융AI와 더불어 신뢰성규제 및 보안규제가 강화되는 것은 필연적인 결론일 것으로 보인다. 관련하여, 블록체인 기술을 적용하여 금융AI가 학습하는 정보의 원본을 검증하고, 분산원장에 배치하여 해킹 등 외부 침해로부터 보호하는 기술이 개발되고 있으므로, 금융AI에 필요한 기술로 자리매김할 것으로 예상된다.[51]

---

50) 금융분야 AI가이드라인 (2021. 7), 금융분야 인공지능 활성화 및 신뢰확보 방안(2022.8) 등.
51) https://www.forbes.com/sites/forbesbusinesscouncil/2023/06/12/converging−generative−ai−with−blockchain−technology/?sh=4888d6bf6112 (2023. 9. 1. 검색)

6

디지털 통상과 데이터의 국경 간 이동의 이슈와 과제*

이주형 / 김·장 법률사무소 변호사, 법학박사

Ⅰ. 서론

세계무역기구(World Trade Organization, WTO)의 상소기능이 마비되면서[1] 국제통상을 규율하던 다자무역체제가 붕괴되고 있다. 1980년대 들어 복잡해진 국제무역을 개선하기 위해 개시된 우루과이 라운드 협상을 거치며 1995.1월 WTO 협정이 출범하였지만 현재는 제대로 기능하지 못하는 것이다. WTO 협정 출범 후 2001년 도하 각료회의를 통해 이를 첨단화하기 위한 DDA 협상이 개시되었지만 이 역시 난항을 겪었다. 따라서 2010년대 말까지는 다자적 무역 자유화에 대한 보완책으로 지역적 무역자유화를 표방하는 지역무역협정이 활성화되면서 그 대종을 이루는 자유무역협정(Free Trade Agreement, FTA)이 국제무대를 주도했다.

한편, 2018년 트럼프 행정부가 들어선 후 미·중 무역갈등으로 인해 각국의 보호무역주의가 심화되었고, 디지털 경제를 둘러싼 각국의 기술 패권은 갈

---

* 본고는 필자의 개인 견해를 바탕으로 한 것으로 소속기관의 공식견해와는 관련이 없으며, 필자가 작성한 "한–칠레 FTA를 넘어 한–싱 디지털 동반자협정으로", 산업통상자원부, 사례로 손쉽게 이해하는 디지털통상의 기초, 2021 및 필자가 참여한 권현호 외 4인, "디지털 통상협정의 한국형 표준모델 설정연구" 대외경제정책연구원, 2023을 기초로 작성하였다.
1) WTO 설립 이후 WTO 체제의 중심추 역할을 했던 것이 바로 WTO 분쟁해결제도이다. 패널 절차와 상소심이라는 2심 구조로 이루어진 WTO 분쟁해결 제도는 다자무역규범의 예측 가능성을 재고하며 적극 활용되어 왔으나, 2019.12월 상소기구 위원이 1명 남게 되며 절차가 마비되고 2020.11월을 기해 상소기구 위원 전원이 공석이 된 상황이다. 더욱이 패널 절차를 마친 WTO 당사국이 대부분 상소를 제기함으로써 최종 판정이 무한 연기되고 있다.

수록 격화되고 있다. 2022.5월 미국이 주도하는 복수국간 경제협력체제인 '인도·태평양 경제프레임워크(Indo‒Pacific Economic Framework, IPEF)'[2] 협상이 개시되었다. 이는 이제까지 국제통상규범을 주도하던 FTA의 뒤를 잇는 한편, 중국에 대항하는 새로운 무역체재 탄생의 기폭제가 될 것이라는 점에서 주목된다. 특히 IPEF 장관 회의 성명[3]에서 발표한 '무역', '공급망', '청정경제', '공정경제'라는 총 4개의 Pillar[4] 중 'Pillar I(무역)'에서는 디지털 경제에 대한 신뢰를 구축하고, 차별적 관행을 해결하며 신뢰할 수 있고 안전한 데이터의 국경 간 이동을 촉진함으로써 디지털 통상을 발전시키고자 하는 목표를 제시한다. 소비자, 토착민, 지역사회, 여성, 중소 기업에게 혜택을 주기 위한 무역과 기술에 대한 혁신적 접근이 협상 목표라는 점은 이제까지 FTA를 포함한 통상협정이 상품 및 서비스 시장확대를 지상과제로 삼았던 것[5]과 비교할 때, 대단히 흥미로운 변화이다.

이처럼 디지털 대전환은 국제통상체제와 무역규범에도 지대한 영향을 미치고 있다. 더욱이 과거 통상협정이 상품무역이나 서비스 무역에만 집중하고 기업의 시장확대와 이를 지원하기 위한 국가의 정책을 강조하는 반면, 최근 들어 떠오르는 독자적 형태의 디지털 통상협정은 제2의 석유라고 불리는 데이터를 국제통상규범의 또 다른 대상으로 삼고 이를 규율하고자 한다는 점에서 더욱 주목된다. 따라서 본고는 통상협정의 발전 과정에서 디지털 통상규범 논의가 어떻게 전개되고 있는지 살펴보는 한편, 데이터의 국경 간 이동이슈가 통상협정을 통해 어떻게 진화되는지 살펴보고자 한다.

---

2) 2021.10월 동아시아정상회의에서 미국 바이든 행정부가 주도한 경제협상으로 2022.5월 한국을 비롯하여 일본, 호주, 인도, 브루나이, 인도네시아, 말레이시아, 뉴질랜드, 필리핀 싱가포르, 태국, 베트남, 피지 등 총 14개국이 참가하여 공식적으로 무역협상을 개시하였다.

3) The White House, "Statement on Indo‒Pacific Economic Framework for Prosperity", 23 May 2022.

4) IPEF는 연결경제(Connected Economy), 회복력 있는 경제(Resilient Economy), 청정 경제(Clean Economy), 공정경제(Fair Economy)라는 4개의 Pillar로 구성되고, 이 중 필라 I(무역)은 노동, 환경, 농업, 투명성과 모범규제 관행, 경쟁정책, 무역 원활화뿐만이 아니라 '디지털 경제'를 포함하는 9개의 소주제로 구분되어 있다.

5) 예컨대, 한‒미 FTA 서문 제3항.

Ⅱ. 통상협정과 디지털통상규범

1. 배경

    코로나 19의 유행으로 디지털 대전환은 더욱 가속화되고 있다. 그러나 팬데믹 이전부터 이미 미국은 개방된 인터넷환경과 데이터의 국경 간 이동에 대한 자유화를, 중국은 데이터 주권을 필두로 한 무역장벽 조성을, EU는 데이터 프라이버시 및 온라인 소비자 보호에 집중하는 정책을 필두로 하여 각국은 국제통상 체제 주도권을 두고 첨예하게 다투어 왔다. 미국은 1994년 발효된 북미자유무역협정(North American Free Trade Agreement; NAFTA)을 필두로 하여 이제까지 총 20여 개국과 FTA를 체결해 왔을 뿐 아니라[6], 2018년 NAFTA를 전면 개정한 미국·멕시코·캐나다협정(USMCA)이나 미-일 무역협정 등 국제통상협정을 활용하여 미국산 자동차 및 부품, 농산물 등 상품의 수출 확대를 도모해 왔다. 그런데 미국이 이제는 디지털 통상으로 시선을 돌리는 이유는 무엇일까? 사실 디지털 통상은 우루과이 라운드 이래로 중요한 무역 의제 중 하나로 다루어져 왔다. 예를 들어 1997.7월 발효한 WTO 정보기술협정(WTO Information Technology Agreement, ITA)을 통해 디지털 기술과 밀접하게 연관되는 정보기술 제품을 생산하고 판매하는 주요 국가들은 반도체, 반도체 제조 장비, 컴퓨터, 통신장비 등에 대한 관세를 철폐했다. 그러나 이 협정은 유형적 전자제품만을 다루었을 뿐, 무형물에 대한 국제무역은 다루지 않는 한계가 있었다. WTO에서 처음으로 '전자상거래'를 논의하기 시작한 것은 1998.2월 미국이 WTO 일반이사회에서 전자적 전송에 대한 관세부과에 대한 국제규범을 수립하고자 제안한 때부터이다.[7] 1998년 WTO 제2차 각료회의에서는 정식으로 '국제 전자상거래에 대한 선언문(Declaration on Global Electronic Commerce)'[8]을 채택하는 한편, WTO 일반이사회는 'WTO 전자상거래에 관한 작업프로그램'을 작성하였다. 이

---

6) 산업통상자원부 "FTA 강국, Korea" 홈페이지, 2022.6월 기준.

7) 대외경제정책연구원, "WTO 전자상거래 논의 동향 및 시사점", 2018, p.4.

8) WTO, "The Geneva Ministerial Declaration on global electronic commerce". WT/MIN(98)/DEC/2, 25 May 1998.

를 통해 WTO 회원국들은 전자적 전송물에 대해 관세를 부과하지 아니하는 관행을 유지하는 것에는 성공하였지만, 여타 구체적 규범 합의는 지연되었다. 이를 틈타 각국은 FTA를 통해 디지털 통상규범 수립을 시도하였고, 드디어 2019년 세계경제포럼 계기 비공식 장관 회의에서 약 75개국이 복수국간 WTO 전자상거래협상 개시를 선언한 바 있다.[9]

2. 디지털통상이란 무엇인가[10]

디지털 통상협정의 발전 과정에 대한 논의 이전, 과연 '디지털 통상'이란 무엇을 의미하는지 살펴볼 필요가 있다. 국제통상 분야에서는 '전자상거래', '디지털 통상', '디지털 무역', '디지털 교역' 등 다양한 용어를 사용하는데, 아직까지 이들에 대한 공통적인 공식 정의는 등장하지 않고 있다.[11] 본고에서는 '디지털 통상(digital trade)'이라는 용어를 중심으로 이에 대한 국제기구, 국가, 무역협정별 논의 동향을 아래와 같이 살펴보고자 한다.

---

9) 2023.2월 현재 협상 참가국은 약 89개 회원국으로, 호주, 일본 및 싱가포르가 의장국으로 협상을 이끌고 있다. 2023.1월 발표한 협상 의장국 공동성명(WTO Joint Statement Initiative on E-commerce: Statement by Ministers of Australia, Japan and Singapore)에 따르면 협상 모멘텀이 구축되면서 2022.12월 종이 없는 무역, 전자 계약, 전자 인증 및 전자 서명, 스팸메일, 온라인 소비자 보호, 개방형 정부 데이터, 개방형 인터넷 액세스, 투명성, 사이버 보안, 전자거래 프레임워크 등 10개 조항을 통합한 문안을 발표한 바 있다. 또한, 암호화를 사용하는 개인정보 보호 및 ICT 제품 등에 대한 소규모 그룹별 협상 진전을 도모하는 한편, 전문, 정의, 원칙을 다루는 일반 조항 등 수평적 의제 논의를 개시하고, 가장 상업적으로 의미 있는 협상 핵심인 국경 간 데이터 이동, 데이터 현지화 및 소스코드 등과 같이 데이터의 이동을 가능하게 하고 촉진하는 조항 및 전자 전송 무관세 합의를 도모하고 있다.

10) 이주형, "디지털 교역상 비차별 대우원칙의 이해와 적용에 관한 연구", 이화여자대학교 박사학위 논문, 2018, p.34 이하를 참고하여 저술하였다.

11) 본고에서는 디지털 통상, 디지털 무역 및 디지털 교역을 통틀어 '디지털 통상(Digital Trade)'이라는 용어를 사용하고자 한다, 아울러 전자상거래는 디지털 통상이라는 용어가 등장하기 전, 국제통상체제에서 사용하던 용어로 디지털 통상이란 용어와 함께 사용하기로 한다.

가. 국제기구의 정의

인터넷의 발전, 4차 산업혁명의 도래와 더불어 다양한 국제기구에서 '디지털통상'에 대한 논의를 지속하여 왔다. 우선, 1995년 출범한 WTO가 '전자상거래'라는 용어를 사용하며 그 논의를 전개해 왔으므로 여기에서 사용된 용어에 대한 정의를 살펴보고자 한다. 앞서 설명한 바와 같이 WTO 협정이 상품이나 서비스 무역만을 다룰 뿐, 무형적 제품 거래는 전혀 규율하지 못하는 점을 개선하기 위하여 1998년 'WTO 전자상거래에 관한 작업프로그램'이 고안되었다. 동 작업프로그램에서는 '전자상거래'란 '전자적 수단에 의한 물품 및 서비스의 생산, 유통, 마케팅, 판매 및 운송'[12]이라고 그 개념을 정의하고 있다. 물론 ITA에서도 일부 디지털 관련 제품을 다루면서 무관세를 적용하기로 합의한 컴퓨터, 휴대폰 등 200여 개 품목을 열거하였지만, 정보기술, 정보기술상품, 전자상거래 또는 디지털통상과 관련된 정의를 내린 바는 없다.

한편, 경제협력개발기구(Organization for Economic Cooperation and Development, OECD)의 경우 '전자상거래'를 '웹, 전자데이터 상호교환기, 개인 컴퓨터, 노트북, 태블릿, 핸드폰 등 다양한 형태의 기기를 사용한 컴퓨터 네트워크를 통한 구매 및 판매'로 정의하며, 실체적 형태를 가진 제품뿐 아니라 디지털로 전송되는 물품 및 서비스를 포함하는 것으로 이해한다. OECD는 이러한 정의를 기반으로 '거래(how)', '상품(what)', '주체(who)'라는 세 가지 구성 요소로 전자상거래의 개념 구조를 설계하고 있다.[13] 이에 따르면, 모든 거래는 디지털로 간주되는 국경 간 거래와 그렇지 않은 국경 간 거래로 구별되므로 디지털적으로 주문(digitally ordered)[14]하고, 플랫폼에 기반(platform enabled)하며, 디지털적으로 운송(digitally delivered)되는 것인지를 선제적으로 타진해 보는 것에서 디지털통상의 논의를 시작한다.

유엔무역개발위원회(United Nations Conference on Trade and Development,

---

12) WTO, "WORK PROGRAMME ON ELECTRONIC COMMERCE", WT/L/274, 30 September 1998.

13) OECD, "Measuring digital trade: towards a conceptual framework", Working Party on International Trade in Goods and Trade in Services Statistics, STD/CSSP/WPTGS(2017)3, 2017, p.5 이하.

14) *ibid*, p.6.

UNCTAD)도 새로운 접근방식을 통해 빠르게 진화하는 디지털 경제를 이해하는 방안을 모색해야 한다고 설명[15]하며 OECD에서의 전자상거래의 정의를 사용하고 있다.[16]

주요 국제기구들의 디지털통상에 대한 정의와 그 범위에 대한 시각도 시일이 지나면서 조금씩 변화되는데, 2020년 WTO, OECD 및 IMF가 발간한 핸드북에 따르면 '디지털 통상(digital trade)'을 '디지털적으로 주문하고 배달하는 모든 형태의 무역'이라고 전제한다. 이를 종합하여 보면 디지털통상의 정의는 과거와 비교할 때 다소 확대된 범위의 개념으로 진화하는 것으로 보인다.[17]

나. 주요국별 정의

2017년 미국 국제무역위원회(International Trade Commission)는 '디지털통상'이란 '어떠한 특정 산업에서 기업이 인터넷을 통해 배달하는 상품 또는 서비스, 스마트폰이나 인터넷 연결 센서와 같이 결합된 상품 운송'이라고 설명하고 있다.[18] 이와 같은 정의를 전제로 할 때, 전자상거래 플랫폼 및 관련 서비스 제공은 디지털 교역에 포함되는 반면, CD나 DVD에 포함되어 판매되는 책, 영화, 음악, 소프트웨어나 온라인으로 주문되어 판매되는 유형적인 상품은 제외된다. 이는 디지털기술을 통한 유형적 상품의 흐름까지 포괄하려는 디지털통상의 일

---

[15] 김정곤, "국경 간 디지털 상거래의 쟁점과 과제", 국제통상연구 제23권 제1호, 2018, p.60, 동 논문에 따르면 UNCTAD가 디지털 통상의 정의를 공식적으로 채택한 것은 아니지만, 전자적 전송으로 전달될 수 있는 산출물이라고 이해하고 있는 것으로 보인다.

[16] United Nations Conference on Trade and Development, "Maximizing the development gains from e-commerce and the digital economy", TD/B/DE/1/2, 2017, p.2.

[17] OECD, WTO, IMF, "Handbook on Measuring Digital Trade, Version 1", 2020, p.11. https://www.oecd.org/sdd/its/Handbook-on-Measuring-Digital-Trade-Version-1.pdf (2023.8.14. 최종접속).

[18] U.S. International Trade Commission, "Global Digital Trade 1: Market Opportunities and Key Foreign Trade Restrictions", 2017, p. 33,
"The delivery of products and services over the Internet by firms in any industry sector, and of associated products such as smartphones and Internet-connected sensors. While it includes provision of e-commerce platforms and related services, it excludes the value of sales of physical goods ordered online, as well as physical goods that have a digital counterpart (such as books, movies, music, and software sold on CDs or DVDs).

반적 범위보다 상대적으로 협소한 것으로 이해된다. 이러한 미국의 태도는 시간이 감에 따라 변화한다. 2018년 WTO 전자상거래 이니셔티브를 위해 제출한 문서에서는 '디지털 통상'을 'WTO의 전자상거래 정의에 포섭되는 모든 요소를 포함하여, 전자적 수단으로 이루어지는 모든 통상에 관계되는 전자상거래'라고 폭넓게 정의한다.[19] 나아가 최근 미국 의회 조사국(Congressional Research Service)에 따르면 '디지털 통상'을 '전자적 수단을 통해 이행되는 모든 형태의 상거래로 상품 및 서비스 무역을 모두 포함한다'라고 설명함으로써, 상품 및 서비스 교역을 모두 포함하면서도 이보다 더 확대된 범위의 개념으로 설명하고 있다.[20]

EU는 초기의 지역무역협정에서는 '전자적 방법에 의한 전송을 서비스 공급으로 간주'함으로써 디지털 통상을 서비스 무역의 측면에 국한하여 고려했다.[21] 또한 '전자상거래'라는 소제목을 달아 서비스 무역과 함께 동일한 장에 배치했다. 그러나 2021년 발표한 디지털 단일시장[22]이라는 전략에서는 디지털 통상을 통해 국가별 전자결제 등 규제와 표준을 통일하고 각종 무역장벽을 제거하며, 다국적 온라인플랫폼 기업의 독점을 방지하고자 하고, 디지털통상을 경쟁법에서 개인정보보호까지 포괄하는 광범위한 것으로 다루고자 한다.[23] 최근 들어 EU는 '디지털 통상'이란 '통신 및/또는 ICT 서비스 등 전자적 수단을 통해 이루어지는 상거래를 말하며, 상품과 서비스의 무역을 모두 포함한다'라고 정의함으로써 서비스 무역에만 국한하여 디지털 통상을 고찰했던 EU의 이

---

19) WTO Joint Statement on Electronic Commerce Initiative, Communication from the United States, JOB/GC/178, 12 April 2018,

20) U.S. Congressional Research Service, "Digital Trade and Data Policy: Select Key Issues", 16 March 2023, https://crsreports.congress.gov/product/pdf/IF/IF12347 (2023.8.14. 최종접속).

21) 이주형, "EU 디지털 무역규범의 변화와 시사점 − 국가의 '규제권한(Right to Regulate)'을 중심으로", 홍익법학 제22권 제3호, 2021, p.222.

22) EU가 디지털 싱글 마켓 전략에서 주창하는 디지털 싱글 마켓 (digital single market)이란 인력, 서비스 및 자본의 자유로운 이동이 가능하고 개인 및 기업이 자유로운 경쟁, 높은 수준의 소비자 및 개인정보 보호조건 하에서 국적이나 거주지에 관계없이 용이하게 온라인 행위에 접근하여 참여가 가능한 시장을 의미한다.

23) UNESCAP, "International Trade in a Digital Age", Asia−Pacific Trade and Investment Report, 2016. https://www.unescap.org/sites/default/files/aptir−2016−ch7.pdf (2023.8.14. 최종접속).

전 입장을 수정하고 있다.[24] 나아가 EU는 2018년 타결한 멕시코와의 협정에서부터 '전자상거래' 대신 '디지털 통상'이라는 제목의 장을 포함하는데 이러한 태도는 2023.7월 서명된 뉴질랜드와의 협정까지 계속되고 있다.[25]

반면, 중국의 경우 '디지털 통상'이라는 용어 대신 '전자상거래'라는 용어를 오랫동안 고수[26]해 왔다.[27] 이는 미국 또는 EU와는 달리 전자상거래를 주로 상품무역에 연결하고자 하는 의도로 통관 절차의 개선 등 무역 원활화를 강조하는 입장과도 일치한다.[28] 그러나 2021년 발표한 '제14차 5개년 규획'에서 디지털화라는 경제발전 전략 하에 디지털 통상으로 무역 구조를 최적화하고 무역의 질적 발전을 촉진할 것을 선언[29]함으로써 과거와는 달리 디지털 통상에 초점을 두고 그 범위를 확장하고자 한다.

다. 주요국의 FTA에 따른 정의

FTA에서 '전자상거래' 또는 '디지털 통상' 관련 조항 또는 장(chapter)을 도입하거나, 최근에는 독자적 형태의 '디지털 경제협정' 또는 '디지털 통상협정'을 채택하는 경우가 증가하고 있다. 그러나, '전자상거래' 또는 '디지털 통상'에 대한 정의규정을 포함하는 지역무역협정은 매우 소수에 불과하다.[30] 가사 정의규

---

24) EU 집행위원회 'Digital Trade' 홈페이지, https://policy.trade.ec.europa.eu/help−exporters−and− importers/accessing−markets/goods−and−services/digital−trade_en (2023.8.14. 최종접속).

25) EU−뉴질랜드 FTA는 총 26개의 장으로 구성되고 디지털통상에 특화된 제12장(디지털통상)을 포함한다.

26) Henry S. GAO, "Digital or trade? The contrasting approaches of China and US to digital trade", Journal of International Economic Law, Volume 21, Issue 2, 2018, https://ink.library. smu.edu.sg/cgi/viewcontent.cgi?article=4691&context=sol_research (2023.8.14. 최종접속).

27) 미국도 TPP까지는 '전자상거래'라는 용어를 사용하다가, USMCA부터 '디지털 통상'이라는 용어를 본격적으로 사용하기 시작하였다.

28) Henry S. GAO, "Digital or trade? The contrasting approaches of China and US to digital trade", Journal of International Economic Law, Volume 21, Issue 2, 2018

29) 대외경제정책연구원, "중국의 디지털 무역 현황 및 전망", 2021.8.24.

30) WTO, "Provisions on Electronic Commerce in Regional Trade Agreement", World Trade Organization Economic Research and Statistics Division, 2017, p.17, 동 보고서에 따르면 지역무역협정 전자상거래 장에 '정의' 관련 규정을 포함하고 있는 총 56개 지역무역협정 중 단지 4개의 협정만이 전자상거래에 관한 명확하고 구체적인 정의 규정을 제시하고 있다. 예를 들어 캐나다−파나마 RTA의 경우 '전자상거래는 통신 또는 다른 ICT와 결합하여 수행되는 상

정이 포함되어 있다 하더라도 1998년 'WTO 전자상거래에 관한 작업프로그램'에서 제시하는 '전자상거래'의 개념과 동일하게 인용하는 경우가 다수이다. 또한, 정의규정 대신 '디지털 제품', '전자적 수단(electronic means)' 또는 '전자적 전송 (electronic transmission)'의 정의를 통해 간접적으로 디지털 통상이나 전자상거래의 개념을 파악하도록 한다.[31] 나아가 '디지털 무역협정'의 적용 범위가 전자적 수단에 의해 영향받는 무역 관련 조치라고 적시[32]하거나, '디지털 무역의 장'이 전자적 수단에 의하여 영향받거나 용이하게 하는 무역 관련 조치에 적용된다고 명시[33]하는 간접적 방법으로 '디지털 통상'이 무엇인지 파악할 수 있게 한다.

3. FTA와 디지털 통상규범의 발전

WTO 등 다자 차원의 디지털 통상규범 협상이 지연되자, 디지털 통상규범은 양자 차원에서 더욱 활발히 전개되었다. 양자 통상협정의 대표적 유형인 FTA에 디지털 통상규범이 최초로 포함되기 시작한 것은 2000년대 초 뉴질랜드와 싱가포르 간 체결한 경제동반자협정[34]의 '종이 없는 무역' 조항[35]으로 평가된다.[36] 그 이후 미국, 일본, 한국 및 싱가포르 등 일부 국가를 중심으로 자

거래를 의미한다'고 정의하고 있다. 또한, 멕시코-파나마 RTA의 경우 '전자상거래는 상업적 목적을 가지고 양 당사국이 인터넷 또는 여타 정보통신기술을 사용하여 상호 반응하는 어떠한 형태의 합의, 거래 또는 정보공유를 의미한다'고 규정한다.

31) 유라시아 경제연합-베트남 FTA의 '무역상 전자적 기술(electronic technologies in trade)의 장'은 '전자상거래(electronic commerce)'에 대한 정의규정을 포함한다. 동 협정은 전자상거래란 '전자기술을 사용하는 무역'이라고 정의하고, 전자기술이란 '양 당사국의 인 사이에 전자적 문서를 사용하여 상호작용을 하도록 하는 소프트웨어나 하드웨어'라고 정의한다. 이를 종합할 때, 동 FTA는 전자기술 사용 촉진의 중요성에 방점을 두고 전자인증이나 전자서류의 사용, 전자기술에 대한 협력 등 '전자기술'에 방점을 둔 것으로 보인다.

32) 미국-일본 디지털 무역협정 제2조 제1항.

33) 호주-싱가포르 디지털 경제협정 제2조 제1항.

34) 양국 간의 지역무역협정은 'Closer Economic Partnership Agreement'라는 제목으로 칭해지고 있으며 2000년 서명되고 2001년 발효된 바 있다. 싱가포르와 뉴질랜드는 Trans-Pacific Strategic Economic Partnership Agreement (P4), ASEAN Australia New Zealand Free Trade Area (AANZFTA) 및 the Comprehensive and Progressive Agreement for Trans-Pacific Partnership (CPTPP)의 당사국이기도 하다.

35) 동 조항은 협정 제4부 (세관 절차) 내 제12조로 규정되어 있다.

36) WTO, "Provisions on Electronic Commerce in Regional Trade Agreement", World Trade

국이 체결하는 FTA에 디지털 통상규범을 본격적으로 포함하기 시작하였다. 처음에는 몇 개의 조항으로 시작한 것을 '전자상거래'라는 별도의 장(chapter) 형태로 확대한 협정 중 하나가 바로 2004년 호주－싱가포르 FTA이다.[37][38] 동 협정 제14장(전자상거래)은 전자상거래에 관련된 다양한 조항을 포함하는데, 당시 여타 FTA와 같이 '디지털 무역' 대신 '전자상거래'라는 용어를 사용했다. 동 협정은 전자상거래의 장에서 사용되는 '관세', '무역행정서류(trade administration documents)' 등 주요 용어에 대한 정의 조항을 두고 있다. 또한, 투명성, 전자인증 및 전자서명, 종이 없는 무역, 전자적 전송에 대한 무관세 조항이 의무조항 형태로 포함되었는데, 다만 이 조항들은 당해 FTA 분쟁해결 절차 대상에서 제외됨을 명시하였다. UNCITRAL 전자상거래 모델법에 따라 국내법을 채택함으로써 전자상거래에 대한 규제 최소화와 산업주도 전자상거래 발전을 위한 체제를 확립해야 한다는 국내규제 조항 역시 의무조항으로 채택되었다.[39] 나아가, 정부의 부분적 재량 권한이 인정되기는 하지만 원칙적으로 의무조항 형태로 온라인 소비자 및 개인정보 보호[40]를 규정한 점은 다음의 표 상 비록 '발전기'에 해당하는 디지털 통상규범이라 하더라도 나름 선진적 내용을 포함하기 시작한 것으로 평가된다.

Organization Economic Research and Statistics Division, 2017, p.5, 한편 2003.7.28. 발효된 동 협정은 2006.2.24., 2007.2.13., 2007.10.11., 2017.12.1. 총 4번에 걸쳐 개정된 바 있다. 가장 마지막 개정되어 발효된 협정문에 따르면 전자상거래는 제14장으로 독립된 장에 포함되고 과거 10개 조항에서 총 19개 조항으로 확대되어 구성되어 있다.

37) 2003.9.25. 발효된 호주－싱가포르 FTA를 대체하여 최근 전면 개정된 신 협정이 2017.12.1. 발효하였다. 나아가 양국은 기존 FTA상 디지털 규범을 더욱 현대화하고 양국 간 디지털 경제를 위한 긴밀한 협력강화를 위하여 2019.10.12. 협상을 개시하여 호주－싱가포르 디지털 경제협정을 타결, 2021.12.9. 발효하였다. 특히 호주－싱가포르 디지털 경제협정 체결 계기 양국은 총 8개의 MOU를 체결, 양국 간 실질적 협력 채널을 수립하고 이를 통해 이행하고자 하는 구체적 협력 사항을 합의하였다. 이는 인공지능 분야 협력 MOU, 전자 송장 협력 MOU, 스팸매일 방지를 위한 법률 집행 관련 협력 MOU. 디지털 신원 관련 협력 MOU, 개인정보보호 관련 협력 MOU, 데이터 혁신 관련 MOU. 전자인증 협력 MOU, 무역 원활화 MOU 등 총 8개로 구성되어 있다.

38) WTO, "Provisions on Electronic Commerce in Regional Trade Agreement", World Trade Organization Economic Research and Statistics Division, 2017, p.5.

39) 호주－싱가포르 FTA 제4조.

40) 호주－싱가포르 FTA 제6, 7조.

[표 4-4] 디지털통상규범 단계별 발전 현황[41]

단계	태동기	발전기	전환기	진화기
대표 협정	뉴질랜드-싱가포르 FTA 일본-싱가포르 EPA 미-요르단 FTA	호주-싱가포르, 미-칠레, 한-미 FTA 등 미국, 싱가포르, 일본, 한국 등이 체결한 주요 FTA	CPTPP[42] USMCA 미-일 디지털무역협정	DEPA 호주-싱가포르 디지털경제협정 영국-싱가포르 디지털경제협정 한국-싱가포르 디지털동반자협정
특징	2000년 초 • 1~2개의 조문 • 별도의 전자상거래 chapter가 새로 생성되는 시기	2000년대 초반부터 2015년 CPTPP 전까지 • 전자상거래에 관한 별도의 chapter • 대부분 FTA에서 도입 • 주로 '전자상거래'라는 용어 사용	2015년 CPTPP 이후 • 미국 주도로 강력한 디지털무역규범 확대 • 독자적 디지털통상협정 등장 • 전자상거래 대신 '디지털 무역'이라는 용어 사용	형식상 모듈형 협정 등장 • 최신 디지털기술을 반영한 협력규정 등장
관련 조항	종이없는 무역	전자적 전송에 관한 무관세화 • 온라인 소비자 보호 • 전자인증 및 전자서명 • 국내적 전자거래 프레임워크 • 스팸메일	데이터의 국경 간 이동 • 컴퓨터 설비 위치 • 소스코드 • 사이버 보안	인공지능 데이터 혁신 경쟁정책 • 디지털 포용 • 핀테크 • 전자결제

미국 역시 CAFTA-DR(Dominican Republic-Central America FTA) 제14장, 미-칠레 FTA 제15장, 미-싱가포르 FTA 제14장, 미국-모로코 FTA 제14장 등 대

---

41) 이주형, "한-칠레 FTA를 넘어 한-싱 디지털동반자협정으로", 산업통상자원부, 사례로 손쉽게 이해하는 디지털통상의 기초, 2021, p.29 이하 참고.
42) 미국이 주도하여 타결시킨 것이 TPP로 향후 미국이 탈퇴하며 CPTPP로 명칭이 수정되었으나 본고에서는 편의상 CPTPP로 통칭한다.

부분의 FTA에서 전자상거래의 장을 도입하고, 종이 없는 무역, 전자적 전송에 관한 무관세, 전자서명이나 인증, 온라인 소비자 보호 등 다양한 조문을 채택하였다. 이렇듯 디지털기술의 발달과 인터넷의 폭발적인 확대로 인하여 전자상거래는 FTA의 필수 규정으로 자리매김했는데, 2014년부터 2016년까지 발효된 지역무역협정의 60% 이상이 전자상거래 규정을 포함[43]하는 점은 이를 뒷받침한다.

전자상거래 규범 수립에 대하여 소극적이던 EU는 2000년대 이전 지역무역협정에서는 전자상거래를 거의 다루지 않았다. 그러나 EU−CARIFORUM 경제동반자협정에서 전자상거래의 장을 신설하고, 전자서명, 스팸메일, 온라인 소비자 보호 등을 포함하였다. 우리나라는 초기 FTA인 한−싱가포르 FTA부터 전자적 전송물에 대한 무관세조항 및 비차별 대우원칙 등을 포함하였고, 한−페루 FTA 이후에는 온라인 소비자 보호, 개인정보보호 조항을 도입하는 등 전자상거래 조항의 다양화를 도모했다.

중국이 체결한 20여 개의 지역무역협정[44] 중 전자상거래를 규정한 것은 일부에 불과하다. 2015.12월 동시에 발효된 한−중 FTA 및 중−호주 FTA의 경우 전자상거래의 장을 통해 전자적 전송에 대한 무관세 관행이나 개인정보보호 등 10여 개의 조문을 두었다, 한편, 중국은 역내포괄적경제동반자협정(Regional Comprehensive Economic Partnership Agreement, RCEP)을 통해 기존의 소극적 태도를 탈피, 전자상거래 규정을 대폭 현대화하고 데이터의 국경 간 이동 조항도 채택하는데 이는 III.에서 다루기로 한다.

4. 디지털 통상규범의 진화

<표 4−4>에서 확인할 수 있듯이 CPTPP 이전의 FTA는 전자적 전송에 대한 무관세화, 국내적 전자거래 프레임워크, 전자서명이나 전자인증 등을 통

---

43) WTO, "Provisions on Electronic Commerce in Regional Trade Agreement", World Trade Organization Economic Research and Statistics Division, 2017, p.6.
44) 산업통상자원부 "FTA강 국, Korea" 홈페이지, 2022.6월 기준 총 18개.

한 무역 원활화 증진, 온라인 소비자 보호 등을 주로 다루었다. 그런데 2015년 타결된 21세기형 메가 FTA인 CPTPP로 인하여 디지털 통상규범은 크나큰 전환기를 맞이한다. 기존 FTA와 달리 CPTPP는 데이터의 국경 간 이동, 인터넷 방문료[45], 컴퓨터 설비 위치[46], 원시 코드[47] 규정을 새롭게 도입했고, USMCA는 CPTPP 조항을 그대로 계승하면서도 더욱 강력한 데이터의 국경 간 자유로운 이동 조항을 규정[48]하고, 개방된 공공 데이터[49]와 인터렉티브 컴퓨터 서비스(interactive computer services)[50] 등 CPTPP에 없던 조항도 추가하였다.

<표 4-4> 중 진화기에는 '디지털 경제협정'이나 '디지털 동반자협정'이라는 제목의 국제조약이 등장한다. 다만, 영국-싱가포르 디지털 경제협정, 한국-싱가포르 디지털 동반자협정 등 이시기에 등장하는 대부분은 기존 양자 FTA 전자상거래의 장(chapter)을 개정하거나 대체하는 개정 의정서 형식이고, 아세안 전자상거래협정[51], 미-일 디지털 무역협정이나 디지털 경제동반자협정(Digital Economy Partnership Agreement, DEPA)[52]은 독립적인 조약 형태로 디지털 경제에 특화된 협정이다.

그 밖에도 국제법적 구속력 있는 조약 형태가 아닌 협의체나 파트너십 추진이 최근 눈에 띄고 있다. 그 대표적인 예가 EU가 인도-태평양 전략의 일환으로 추진하는 디지털 파트너십이다.[53] EU와의 무역 규모가 크고 협력이 활발한 인도-태평양 지역을 우선으로 포섭한다는 목표[54]하에 7대 우선순위 분야

---

45) CPTPP 제14.12조.
46) CPTPP 제14.13조.
47) CPTPP 제14.17조.
48) USMCA 제19.11조.
49) USMCA 제19.18조.
50) USMCA 제19.17조.
51) 아세안 전자상거래협정은 아세안 10개국이 2019.1월 서명하고 2021.12월 발효한 조약으로 아세안 국가들이 소극적이었던 국경 간 정보이동 등의 규정을 포함하고 있다.
52) 특히 DEPA의 경우 '모듈'이라는 주제별 범주를 별도로 규정하고 각 범주별로 관련 조항이 들어가도록 하는 형식을 취하는데, 특히 새로 가입하는 국가들이 스스로 모듈 중 일부를 선택할 수 있다는 점에서 대단히 창의적인 형식을 지니는 것으로 평가된다.
53) 권현호 외4인, "디지털통상협정의 한국형 표준모델 설정연구" 대외경제정책연구원 2023, p.54.
54) European Commission(2021c), "Joint Communication to the European Parliament and the Council: The EU Strategy for Cooperation in the Indo-Pacific"

를 선정했는데 이중 '디지털 거버넌스와 파트너십' 전략은 EU 디지털 나침반 (Digital Compass) 정책에 기초한 것으로 한국, 일본, 싱가포르 등과의 디지털 파트너십이 대표적 산출물이다.[55]

III. 데이터의 국경 간 이동 조항의 발전

1. 개관

비록 추후 탈퇴했지만 미국 주도로 체결한 CPTPP 또는 USMCA에 반영된 데이터의 국경 간 이동 조항은 2015년 개정 무역협상권한(Trade Promotion Authority, TPA)[56]에 근거를 두고 있다. 2015년 TPA에 '상품 및 서비스상 디지털 통상 및 국경 간 데이터 이동(Digital Trade in Goods and Services and Cross-Border Data Flows)'이란 항목을 신설[57]한 이래, 미국은 데이터의 국경 간 이동 자유화를 자국이 추진하는 통상협정에 적극적으로 반영해 왔다. 미국 역시 개인정보 보호를 중시하지만, 국경 간 자유로운 이동이 허용되는 데이터에는 개인정보 역시 원칙적으로 포함된다는 입장으로 데이터의 원활한 흐름을 더욱 강조한다.

EU는 데이터 보호를 근본적 권리로 간주하고 개인의 데이터 가공에 대한

---

55) 이와 같은 디지털 파트너십은 법적 구속력이 없다는 점을 본문에 명시하는 한편, 가입국에 재정적 부담을 주지 않는다고 규정하고 있다. 또한 디지털 파트너십 위원회 등을 수립하고 이를 통해 반도체, 고성능컴퓨팅 및 양자기술, Beyond 5G, 인공지능 등 구체적 협력 분야를 선정하여 세부적 사항을 합의하고 있다.

56) Bipartisan Congressional Trade Priorities and Accountability Act of 2015 (TPA-2015)은 미국 의회가 미국 행정부에게 요구하는 통상정책목표를 명시한다.

57) Sec. 102(b) (6) DIGITAL TRADE IN GOODS AND SERVICES AND CROSS- BORDER DATA FLOWS. 2015년 TPA는 '상품 및 서비스에서의 디지털 통상 및 국경 간 데이터의 이동'이라는 목차 아래 5가지 목표를 제안한다. 이 중 국경 간 데이터 이동과 관련되는 부분은 각국이 상품 및 서비스의 디지털 교역을 저해할 수 있고, 데이터의 국경 간 흐름을 제한하거나 데이터의 현지 저장 또는 프로세싱을 요구하는 무역 관련 조치들을 이행하지 아니하도록 할 것, 합법적인 정책목표에 따라 규제하고자 하는 국내 규정이 상품 및 서비스 관련 디지털 교역 또는 데이터의 국경 간 흐름에 영향을 주는 경우 이러한 국내 규정들은 적어도 무역에 있어서 가장 덜 제한적이어야 하고, 비차별적이어야 하며, 투명해야 하고, 시장개방 환경을 만들어 주어야 한다고 설명한다.

개인별 권리를 중시하므로 데이터의 국경 간 이동을 어떠한 방식으로든 규제하여야 한다고 강조하며 데이터의 국경 간 이동 자유화에 대한 명확한 입장 표명을 보류하고 있었다. 그러나 WTO 전자상거래 협상을 위한 제안서에 따르면, 과거와는 달리 데이터의 국경 간 이동 규정을 제한적으로나마 인정하는 입장으로 변화된 것으로 보인다.

반면, 중국의 경우 2019.5월 공식개시된 WTO 전자상거래 협상 관련 제안서에서도 알 수 있듯이, 데이터의 이동은 국가안보, 사회적 규제, 중요한 특징을 가진 데이터에 대한 정부의 접근권과 관련되므로 각국의 법령에 따르는 것을 선호하는 입장이었다.[58]

2. 발전 과정

디지털 대전환과 더불어 실물이 오고 가는 전통적인 상품무역이나 서비스무역과는 달리, 각종 콘텐츠가 전자적으로 거래되는 경우가 점점 늘어나고 있다. 예컨대, 다국적 기업이 해외로 사업을 확장하기 위해 국별로 취합한 고객의 선호도나 물품에 대한 각종 정보 등을 종합하여 다양한 프로모션 기법 등을 개발하게 되는데, 이것이 가능하기 위해서는 국경 간 데이터 이동이 필수적이다. 나아가 자율주행 자동차나 사물인터넷이 발전하면서 이를 위한 데이터의 국경 간 이동은 더욱 중요해지고 있다. 개인정보를 포함한 데이터의 국경 간 이동은 디지털 통상 자유화의 가장 첨예한 쟁점이다. 제2의 석유라고 불릴 만큼 무한한 활용 가능성을 가진 데이터이기에 이를 국경 간 이전하는 문제에 대해서는 각국의 입장이 강하게 대립하는 것이다.[59] 디지털 통상규범에서는 국경

---

58) W. Gregory Voss* and Emmanuel Pernot-Leplay, "China Data Flows and Power in the Era of Chinese Big Tech", Northwestern Journal of International Law & Business (forthcoming in Volume 44, Issue 1, December 2023), p.57.

59) WTO, "Provisions on Electronic Commerce in Regional Trade Agreement", World Trade Organization Economic Research and Statistics Division, 2017, p.49, 이에 따르면 국경 간 데이터 이동 관련 규정은 2016년까지 WTO에 보고된 FTA 중 19개 협정에서 다루는 것으로 보인다. 그러나, 국경 간 데이터 이동의 자유화 등 높은 수준이 아닌, 국경 간 데이터 이동의 중요성을 확인하는 수준에 그치는 경우가 많다.

간 이동 대상으로 '데이터(data)' 또는 '정보(information)'라는 용어를 혼용하는데, 본고에서는 '데이터'로 통일하여 지칭하기로 한다.

미국이 체결한 FTA 중 데이터의 국경 간 이동 관련 조항이 포함된 것은 미-칠레 FTA가 처음인데, 그 이후의 FTA에서도 전자상거래의 활성화를 위해 데이터의 국경 간 이동의 중요성을 확인하고 이에 대한 협력을 도모하기 시작했다.60) 나아가 한미 FTA 제15.8조는 "무역을 원활히 함에 있어 정보의 자유로운 흐름의 중요성을 인정하고 … 양 당사국은 국경 간 정보의 이전에 불필요한 장벽을 부과하거나 유지하는 것을 자제하도록 노력한다."라고 규정함으로써 데이터의 국경 간 이동에 장애로 작용하는 각종 장벽 제거를 노력조항 형태로 도입했다. 이는 비록 법적 구속력 없는 노력 규정 형태이지만 국경 간 데이터 이동의 자유화라는 미국의 최종 목표에 가까운 형태로 변모하는 전환점이 되었다.61) 우리나라가 체결한 대부분의 FTA의 경우에도 비록 국경 간 데이터 이동 자유화를 다루지 않았지만, 협력의 한 분야로는 다룬 바 있다. 예컨대, 한-페루 FTA에서 '전자상거래를 위한 역동적인 환경을 조성하는데 필수적인 국경 간 정보의 흐름 유지 노력'이라는 협력의 한 분야62)로 선정한 바 있다.

데이터무역규범에 대한 시금석이라고 할 수 있는 데이터의 국경 간 이동을 의무사항으로 도입한 것이 바로 CPTPP이다. 동 협정 제14.11조는 우선, 국경 간 데이터 이동에 대한 규제 권한을 각국이 보유하고 있음을 확인하였다. 반면, 기업의 영업을 위해 개인정보를 포함한 모든 데이터의 국경 간 이동을 하는 경우 이를 국가가 제한할 수 없도록 규정하였다, 다만, 정당한 공공정책 목표 성취를 위해서는 예외적으로 데이터의 국경 간 이동을 규제할 수 있도록 단서를 달았다. 이렇게 예외적으로 데이터 이동에 제한을 가하기 위해서는 임의적이거나 합리화할 수 없는 차별의 수단이나 위장한 형태의 무역에 대한 제

---

60) 미-칠레 FTA 제15.5조. 이와 같은 협력규정 형태로 데이터의 국경 간 이동 관련 내용이 규정되어 있는 지역무역협정으로는 파나마-싱가포르 FTA 제13.4조, 한-페루 FTA 제14.9조 등이 있다. 또한, 한-캐나다 FTA 제13.7조, 캐나다-콜롬비아 FTA 제15.7조, 캐나다-온두라스 FTA 제16.5조에서도 유사한 규정을 두고 있다.

61) 정찬모, "FTA 전자상거래 장의 변천과 과제, 한미 FTA, 한중 FTA, TPP를 중심으로", IT와 법연구 2017, p.320.

62) 한-페루 FTA 제14.9조.

한수단으로 이용될 수 없고 목적 달성을 위한 것보다 강한 제한을 부과하지 말아야 한다는 데이터의 국경 간 이동 조항에 특화된 이동 제한 금지의무에 대한 '예외' 인정 문구를 넣었다. 물론, CPTPP는 말레이시아와 베트남과 같은 개도국에 한하여 이 규정 이행을 위한 2년의 유예기간을 허용하였다.[63]

한편, USMCA는 데이터의 국경 간 자유로운 이동을 보다 강력하게 확보하고 있다. USMCA는 CPTPP에는 존재했던 각국의 규제 권한 확인규정까지 삭제함으로써, 자유무역을 위한 데이터의 방해물 없는 흐름을 더욱 강조하고 있다. 이러한 규정 방식은 미국－일본 디지털 무역협정[64]으로 계속 계승되고 있다.

반면, EU는 개인정보보호나 소비자 보호에 치중하고 데이터의 국경 간 정보 이동에 대해서는 소극적인 입장을 유지했다. 이에 따라 EU FTA 초기모델부터 2010년대 중반까지 체결된 한국, 중앙아메리카, 조지아와의 협정 등에서도 전자서명, 스팸메일, 온라인 소비자 보호 등에 관한 조항만을 채택할 뿐, 데이터의 국경 간 이동에 대해서는 전혀 다루지 않았다. 2017년 이후 발효된 캐나다, 베트남 및 메르코수르 협정의 경우에도 이와 같은 태도가 유지되었고, EU－싱가포르 FTA 역시 EU의 그간 태도에 따라 인터넷을 통한 정보의 자유로운 이전의 중요성을 강조하는 수준에 그쳤고 오히려 이러한 정보의 이전이 지식재산권에 부정적 영향을 줄 수 없다는 점까지 추가한 바 있다.[65] 그런데 EU－일본 EPA에서 처음으로 데이터의 자유로운 이동과 관련된 구체적 내용을 포함할 가능성을 보여주게 된다.[66] 미국과 달리 EU는 데이터의 국경 간 이동 조항 도입에 신중한 입장이었으므로 동 EPA를 통해 '정보의 자유로운 이동을 제한하지 않도록 바로 규정한 것은 아니다. 대신, 협정 발효 후 3년 이내에 데이터의 국경 간 이동에 대한 상세 내용을 협정에 포함시킬지 평가하도록 하는 일종의 빌트인(built-in) 조항을 둔 것이다. 양 당사국이 협의하는 의무를 규정

---

63) 두 국가의 경우에는 국경 간 데이터 이동 조항을 위반한다 해도 발효 후 2년까지는 CPTPP 분쟁해결 대상이 되지 않도록 함으로써 이들 국가가 자국 규제정책을 수정할 수 있는 시간적 여유를 허용한다.

64) 미국－일본 디지털무역협정 제11조(국경 간 정보이전).

65) EU－싱가포르 FTA 제8.57조 제3항.

66) EU－일본 EPA 제8.81조, 참고로 EU－일본 EPA는 2019.2월 발효하였고 발효한 지 4년여만에 당해 규정에 대한 재협의를 개시한 것이다.

함으로써, 향후 국제적 논의의 전개에 따라 국경 간 데이터 이동에 대하여 통상규범으로 규율할 가능성을 열어 둔 것으로 평가된다. EU는 멕시코와 체결한 FTA에서도 이와 유사하게 발효 후 3년 이내에 데이터의 국경 간 이동에 대한 조항 도입을 협의해야 하는 빌트인 조항을 삽입했다.[67] 그리고 빌트인 조항에 따라 2023.4.4. EU와 일본은 데이터의 자유로운 이동 관련 조항에 대한 구체적 협상 개시를 선언하였다.[68]

EU-일본 EPA보다 한 단계 발전한 것이 EU-UK 무역협력협정이다. 동협정은 드디어 '데이터의 국경 간 이동' 조항을 구체화하여 의무형태로 규정하였다.[69] 이에 따르면 데이터의 국경 간 이동을 이행하기 위하여 첫째, 당사국으로부터 사용승인을 받은 컴퓨터 설비 및 네트워크 시설의 사용 등 당해 영토 내의 컴퓨터 설비 및 네트워크 시설 사용 요구금지, 둘째, 저장 또는 가공을 위해 당사국 영토 내에서의 데이터 현지화 요구금지, 셋째, 타방 당사국 영역 내의 저장 또는 가공 금지, 넷째, 당사국의 영역 내 컴퓨터 설비 또는 네트워크 시설 사용 혹은 현지화 요건에 따라 국경 간 데이터 이동을 허용하지 않도록 하는 의무를 규정한다. 이는 컴퓨터 설비 현지 설치 또는 데이터 현지화가 데이터의 국경 간 이동과 동전의 양면과 같은 관계이므로 이를 상호 연계한 조항으로 평가된다.

2023.7월 서명된 EU-뉴질랜드 FTA의 경우 이보다 더욱 정교화된 형태를 보여준다. 데이터의 국경 간 이동을 보장하기 위하여 열거한 4가지 의무는 EU-UK 무역협력협정과 동일하다. 그러나, EU-UK 무역협력협정과 비교할 때 데이터의 국경 간 이동을 제한하기 위한 국가의 재량을 허용하는 소위 '예외'에 대한 해석방법을 상세하게 규율하는 것이 특징이다.[70]

한편 중국은 개인정보를 포함한 데이터를 국가안보 자산으로 간주하고 이

---

67) EU-멕시코 FTA 제XX조, 당해 조항은 디지털무역의 장에 포함되어 있다.
68) Ministry of Foreign Affairs of Japan, "The Fourth Meeting of the Japan-EU EPA Joint Committee",4 April 2023, https://www.mofa.go.jp/ecm/ie/page1e_000605.html (2023.8.14. 최종 접속).
69) EU-UK 무역협력협정 제201조.
70) EU-뉴질랜드 FTA 제12.4조.

에 대한 국외이전을 강하게 규제하는 입장이다. 중국은 이제까지 16개의 FTA 를 체결하였지만,[71] 이 중 데이터의 국경 간 이동 조항이 포함된 협정은 극소 수이다. 2022.4월 발효한 중국-뉴질랜드 FTA 현대화를 위한 개정 의정서에서 는 데이터의 국경 간 이동에 관한 각국의 규제 체재에 대한 정보교류를 협력조 항으로 포함하였다. 또한, 같은 해 2월 발효된 RCEP을 통해 중국은 비록 광범 위한 예외문구를 추가하였지만, 데이터의 국경 간 이동 제한 금지에 대한 의무 조항을 처음으로 수용하였다. 나아가, 2023.5월 서명한 중국-에쿠아도르 FTA 에서는 데이터 혁신 조항을 두고, 전자적 수단에 의한 데이터의 국경 간 이동 지원 및 디지털 경제 촉진을 위해 데이터 사용의 중요성을 강조하는 조항을 채 택했다.[72]

더욱이 2021년 중국이 CPTPP뿐 아니라[73] DEPA에도 가입신청서를 공식 적으로 제출[74]했다. 앞서 설명한 바와 같이 데이터의 국경 간 이동에 대하여 RCEP보다 훨씬 강력한 CPTPP 및 DEPA상의 조항을 중국이 그대로 수용할 수 있는지 여부가 주목된다.

이렇듯 미국, EU, 중국 등 주요국뿐 아니라 디지털 통상규범 수립을 주저 하던 개도국 역시 최근에는 데이터의 국경 간 이동에 대한 관심을 표명하고 있 다. 아세안 전자상거래협정의 경우 국경 간 전자상거래 원활화를 위한 조항 내 에 국경 간 데이터 이동 규정을 도입하였다.[75] 각 회원국은 데이터가 업무 목

---

71) 2023.8월 현재, China FTA Network 참조, http://fta.mofcom.gov.cn/english/index.shtml (2023. 8.14. 최종접속).

72) 중국-에쿠아도르 FTA 제10.13조, 스페인어본 참고, http://www.sice.oas.org/TPD/ECU_CHN/ Text_Agreement_ECU_CHN_s.pdf (2023.8.14. 최종접속).

73) The State Council Information Office of the People's Republic of China, "China willing, capa-ble of joining CPTPP, senior official says", press room, 24 April 2023, 중국은 2021.9월 CPTPP 가입신청서를 공식 접수한 바 있다. http://english.scio.gov.cn/m/pressroom/2023-04/24/content _85249037.htm (2023.8.14. 최종접속).

74) The State Council Information Office of the People's Republic of China, "China keen to join Digital Economy Partnership Agreement: commerce minister", 27 May 2023, 중국은 2021.11월 DEPA 가입신청서를 공식 제출하였고, 2022.8월 가입을 위한 실무그룹을 구성하고 가입협상을 개 시한 바 있다. https://english.www.gov.cn/news/202305/27/content_WS6471c869c6d03ffcca6ed733.html (2023.8.14. 최종접속).

75) 아세안 전자상거래 협정 제7조 제4항.

적으로 사용될 것과 관련 법령 준수를 조건으로 전자적 수단을 통한 국경 간 이동의 중요성을 인정하는 한편, 데이터의 보안 및 기밀성 준수를 위한 적절한 안전장치가 확보되고 합법적 공공정책 목표가 지시하는 경우 개인정보 등 국경 간 데이터 이동에 대한 장벽을 제거하거나 최소화하는 노력을 통해 국제적 전자상거래가 촉진된다는 점에 동의한다. 아세안 전자상거래협정은 아직까지 데이터 국경 간 이동 자유화를 의무로 규정하는 수준까지 달하지는 못했지만 이와 같이 개도국조차 데이터 흐름의 중요성을 인식하고 있음은 시사하는 바가 크다.

인도는 데이터의 국내 저장, 처리를 요구할 뿐 아니라 데이터 국경 간 이동시 당국의 승인을 받는 등 규제수준이 높은 국가로 분류된다.[76] 인도는 자국의 FTA에서 국경 간 데이터 이동 조항을 전혀 포함하지 않다가 인도-UAE FTA에서 처음으로 포함했는데, 무역촉진을 위해 데이터 이동의 중요성을 확인하고 국경 간 전자적 정보의 흐름 촉진을 위한 노력을 규정하면서도 각국의 법령의 제한 하에만 가능하다는 단서를 명시하고 있다.[77]

3. 데이터의 국경 간 이동과 '예외'적 규제조치

디지털 통상규범에 대해서는 사회적 가치나 이익 보호를 위해 무역 제한적 국내정책을 이행할 수 있는 GATT 및 GATS상 일반적 예외조항[78]이 원칙적으로 적용된다.[79] 그러나 데이터의 국경 간 이동 조항의 경우 위와 같은 일반적 예외규정이 원칙적으로 적용되는 것과는 별개로 공공정책 목표를 위해 국가가 데이터의 국경 간 이동 제한 금지의무로부터 예외를 인정받을 수 있는 규제 권한 보장을 데이터의 국경 간 이동 조항에 추가적으로 부가하고 있다. 따

---

76) 한국무역협회, "주요국 국경 간 데이터 이동 규제 현황 및 시사점", KITA 통상리포트, 2022 Vol. 12, p.13.

77) 인도-UAE FTA 제9.11조, 참고로 인도-UAE FTA는 2022.5월 발효하였다.

78) GATT 제20조(일반적 예외) 및 GATS 제14조(일반적 예외).

79) 조유미, 이길원, "디지털무역협정상 일반적 예외규정에 관한 고찰", 동아법학 제13권 제2호, 2020, p.229 이하.

라서 대부분의 데이터 국경 간 이동 조항은 데이터의 국경 간 이동을 제한하지 말아야 하는 의무 및 당해 의무에서 예외적으로 면제되는 국가의 권한 확보라는 두 부분으로 구성된다.

각 협정의 공공정책 목표를 위해 데이터의 국경 간 이동 자유화 보장이라는 협정상 의무로부터 '예외'를 인정받는 방식은 다음과 같이 구분할 수 있다. 먼저, CPTPP,[80] DEPA,[81] 한−싱가포르 디지털 동반자협정[82], 영국−싱가포르 디지털 경제협정[83], 호주−싱가포르 디지털 경제협정[84]은 "정당한 공공정책 목표를 달성하기 위한 조치(measures to achieve a legitimate public policy objective)"라고 규정하여 정책상 필요한 경우 예외적으로 데이터의 국경 간 이동을 제한하는 국가 정책이 가능하도록 한다. 그러나 USMCA나[85] 미국−일본 디지털 무역협정[86]은 정책목표 달성을 위한 '필요성'을 추가하여 "정당한 공공정책 목표를 달성하는 데 필요한 조치(measures that is necessary to achieve a legitimate public policy objective)"라고 규정한다. 소위 '필요성 테스트(necessity test)'란 GATT 및 GATS상 일반적 예외규정의 해석시 사용하는 기준이다. 이는 당해 조치가 정책목표와 합리적 관련성을 가지고, 정책목표 중요성에 비례해야 하며 보다 덜 무적제한적인 대체수단이 없어야 하는 것[87]으로 이해되는데, '필요한(that is necessary)'이 추가되어 있는 데이터의 국경 간 이동 관련 '예외' 문구 해석시도 유사하게 적용될 것으로 보인다. 이와 같이 '필요성' 요건을 추가하는 것은 그렇지 않은 협정보다 예외를 보다 제한적으로 적용하는 역할을 한다. 따라서 '필요성' 요건이 추가된 USMCA나 미국−일본 디지털 무역협정의 경우 동 협정의 참가국인 미국이 데이터의 국경 간 이동 자유화를 보다 강력하게 확보하고자 하는 의도를 가지고 있는 것으로 사료된다.

---

80) CPTPP 제14.11조.
81) DEPA 제4.3조.
82) 한국−싱가포르 디지털 동반자협정 제14.14조
83) 영국−싱가포르 디지털경제협정 제8.61−F조.
84) 호주−싱가포르 디지털경제협정 제23조.
85) USMCA 제19.11조.
86) 미국−일본 디지털무역협정 제11조.
87) 한국국제경제법학회, "新국제경제법", 박영사 제4판 2023, p.157.

한편, 중국이 가입국인 RCEP은 데이터의 국경 간 이동에 대한 제한 금지 의무를 포함하면서도 당해 의무로부터 벗어나기 위한 '예외'적 규제 권한을 광범위하게 확보하는 점에서 다른 협정과 차별된다. RCEP은 데이터의 국경 간 이동 조항에 적시된 '예외' 문구에 "당사국이 간주하는(it considers)"이라는 문구를 추가하여 "정당한 공공정책 목표를 달성하기 위하여 당사국이 필요하다고 간주하는 조치(that it considers necessary to achieve a legitimate public policy objective)"라고 명시한다. 이는 정당한 공공정책 목표를 위해 예외적으로 데이터의 국경 간 이동을 제한하는 조치가 허용된다는 점에서 앞서 살펴본 2가지 방식과 동일하다. 그러나, RCEP은 데이터 이동 규제의 필요성 가부를 판단하는 주체로 당해 규제조치를 시행하고자 하는 국가를 명시하는 점에서 차별된다. 이는 데이터의 이동 제한조치를 시행하고자 하는 국가에게 제한하고자 하는 필요성 판단을 전적으로 맡기게 된다는 점에서 자칫 국가의 규제 남용으로 흐를 우려가 있다. 결국, RCEP에는 데이터의 국경 간 이동 전면 허용에 소극적인 중국, 아세안 등 개도국이 다수 포함되어 있으므로 데이터의 국경 간 이동 제한에 대한 국가의 광범위한 권한을 확보하고자 의도하고 있음을 여실히 보여준다.

나아가, RCEP은 다른 협정에는 없던 "국가의 필수안보 보호를 위해 필요하다고 당해 국가가 간주하는 조치(any measure that it considers necessary for the protection of its essential security interests)"라는 '예외' 문구를 추가하고 있다.[88] 이 문구로 인하여 국가 스스로가 국가의 필수적인 안보이익 보호 필요성 결정을 내리기에 국가안보를 위해 해외로 데이터가 이동하지 못하도록 완벽하게 차단할 수 있을 뿐만 아니라 이에 대해서는 법적 수단을 통해 다툴 수 없게끔 차단하고 있다.

이렇듯, 데이터의 국경 간 이동을 규제할 수 있는 '예외'에 대한 각국의 입장은 미묘하게 엇갈린다. 더욱이, 데이터의 국경 간 이동 조항에 원칙적으로 적용되는 GATT 및 GATS상 일반적 예외조항과 데이터의 국경 간 이동 조항에 추가적으로 규정되어 있는 '예외' 문구 간의 법적 관계와 해석에 대한 논란이

---

88) RCEP 제12.15조 제3항.

없지 않을 것으로 예상된다. 이와 같은 배경 하에 2023.7월 서명된 EU-뉴질랜드 FTA의 경우 이전과는 다른 새로운 접근방식을 채택하고 있음을 예의주시할 필요가 있다.

EU-뉴질랜드 FTA는 데이터의 국경 간 이동 조항에 별도로 공공정책 목표를 위한 국가의 예외적 규제조치 보장 권한 문구를 추가하는 대신, GATT 및 GATS상 일반적 예외조항과 동일한 기능을 하는 동 협정 제25.1조가 적용된다고 규정한다. 또한, 이에 대한 해석방식에 대해 침묵하는 여타 협정과 달리 일반적 예외조항 적용시 '동 조항의 목적을 위하여 관련 있는 경우 디지털기술의 진화적 특성을 고려하는 방식으로 해석되어야 한다'라는 문구를 추가하고 있다.[89] 이는 두 가지 측면에서 시사점이 크다. 첫째, CPTPP, USMCA, 미국-일본 디지털 무역협정, 한국-싱가포르 디지털 동반자협정, DEPA 등 대다수의 협정상 데이터의 국경 간 이동 조항에는 당해 조항뿐 아니라 나머지 FTA 조항 전반에 원칙적으로 적용되는 GATT 및 GATS상 일반적 예외조항과 데이터의 국경 간 이동 조항에 추가적으로 규정되어 있는 '예외' 문구가 동시에 적용될 수 있다. 따라서 이들 간의 법적 관계와 적용순위 등에 대한 해석의 논란이 불거질 수 있기에 이 중 전자만이 적용되도록 명시함으로써 논란을 차단하려는 것이다. 이와 같은 접근방식은 EU-UK 무역협력협정에서도 동일하게 발견된다. 둘째, GATT 및 GATS상 일반적 예외조항은 데이터의 국경 간 이동 조항뿐 아니라 나머지 FTA 조항 전반에 원칙적으로 적용되는 것이다. 따라서 이러한 일반적 예외규정은 데이터 무역의 특성을 전제로 설계된 것이 아니라 전통적인 상품 및 서비스무역의 특징에 따라 고안된 것이라는 내재적 한계가 있다. 따라서 이러한 단점을 보완하기 위하여 '디지털기술의 진화적 특성'을 고려해야 한다는 해석 원칙을 부여함으로써 보다 현대적 해석을 유도하는 것이다.

---

89) ARTICLE 12.4 Cross-border data flows

   3. For greater certainty, <u>the Parties understand that nothing in this Article prevents the Parties from adopting or maintaining measures in accordance with Article 25.1 (General exceptions) to achieve the public policy objectives referred to therein, which, for the purposes of this Article, shall be interpreted, where relevant, in a manner that takes into account the evolutionary nature of the digital technologies.</u> The preceding sentence does not affect the application of other exceptions in this Agreement to this Article.

[표 4-5] 데이터의 국경 간 이동조항에 포함된 예외문구의 비교

한국-싱가포르 디지털동반자협정	EU-뉴질랜드 FTA
Article 14.14: Cross-Border Transfer of Information by Electronic Means 3. <u>Nothing in this Article shall prevent a Party from adopting or maintaining measures inconsistent with paragraph 2 to achieve a legitimate public policy objective,</u> provided that the measure: (a) is not applied in a manner which would constitute a means of arbitrary or unjustifiable discrimination or a disguised restriction on trade; and (b) does not impose restrictions on transfers of information greater than are required to achieve the objective.	ARTICLE 12.4 Cross-border data flows 3. For greater certainty, the Parties understand that <u>nothing in this Article prevents the Parties from adopting or maintaining measures in accordance with Article 25.1 (General exceptions)[90] to achieve the public policy objectives referred to therein, which, for the purposes of this Article, shall be interpreted, where relevant, in a manner that takes into account the evolutionary nature of the digital technologies.</u> The preceding sentence does not affect the application of other exceptions in this Agreement to this Article.

---

90) ARTICLE 25.1 General exceptions
 1. For the purposes of Chapter 2 (National treatment and market access for goods), Chapter 4 (Customs and trade facilitation), Section B (Investment liberalisation) of Chapter 10 (Trade in services and investment), <u>Chapter 12 (Digital trade), Chapter 13 (Energy and raw materials) and Chapter 17 (State-owned enterprises), Article XX of GATT 1994 and its interpretative Notes and Supplementary Provisions are incorporated into and made part of this Agreement, mutatis mutandis.</u>
 2. Subject to the requirement that such measures are not applied in a manner which would constitute a means of arbitrary or unjustifiable discrimination between countries where like conditions prevail, or a disguised restriction on investment or trade in services, nothing in Chapter 10 (Trade in services and investment), Chapter 11 (Capital movements, payments and transfers), Chapter 12 (Digital trade), Chapter 13 (Energy and raw materials) and Chapter 17 (Stateowned enterprises) shall be construed to prevent the adoption or enforcement by either Party of measures:
 (a) necessary to protect public security or public morals or to maintain public order;
 (b) necessary to protect human, animal or plant life or health;(이하 생략)

4. 우리나라의 경우

2000년대 후반부터 다국적 빅테크 기업의 국내 정밀지도 데이터의 국외반출 요청을 둘러싸고 논란이 끊이지 않았다. 최근 들어 또 다른 다국적 빅테크 기업이 전자결재서비스 시행을 위해 국내 정밀지도 데이터 반출을 요청했지만 역시 불발된 바 있다. 정밀지도 데이터의 해외이전 요청의 법적 근거는 '공간정보의 구축 및 관리 등에 관한 법률'이다. 동법 제16조에 따르면 국가안보 관련 및 법령에 따른 비밀·비공개 기본측량성과의 국외이전은 원칙적으로 금지되고, 국토부·국정원·국방부·산업부·외교부·과기부·통일부·행안부 및 민간 전문가로 구성된 '국외반출 협의체'를 거쳐 통과할 경우 지도 데이터의 국외반출이 허용된다. 다국적 빅테크 기업은 데이터 국외이전으로 인해 국내 콘텐츠 산업 활성화, 글로벌 서비스의 도입을 통한 국내 소비자의 편익 확대 등의 장점으로 제시하는 반면, 우리 정부는 분단상황이라는 특수성을 고려한 국가안보, 다국적 기업의 세금 문제 등 다양한 문제를 고려하는 것으로 보이므로 단기간에 해결이 쉽지 않아 보인다.

국내 정밀지도 이외에도, 인공위성을 이용하여 획득한 영상·음성·음향·데이터 또는 이들의 조합으로 처리된 정보(그것을 가공·활용한 것을 포함한다)[91]인 위성정보 중 특히 비공개 또는 공개가 제한되는 경우는 국제협정으로 합의된 경우 등을 제외하고는 국외로 반출할 수 없도록 규제한다.[92] 나아가 정보통신망 이용촉진 및 정보보호 등에 관한 법률 제51조에 따라 국가안보와 관련된 보안 정보 및 주요정책 정보, 국내개발 첨단과학기술 또는 기기정보의 국외 유출 방지를 위해 정보통신서비스 제공자 및 이용자에게 필요한 조치를 할 수 있다.

이외에도 개인정보의 경우 국외이전을 원칙적으로 금지하되 동의, 조약이나 국제협정 등 법에서 한정적으로 열거하는 항목에 해당하는 경우 국외이전이 가능하도록 함으로써 개인에 관한 데이터의 국경 간 이동을 규제[93]하는 등

---

91) 우주개발 진흥법 제2조.
92) 위성정보보안관리규정(과학기술정보통신부훈령 제211호) 제16조.
93) 개인정보보호 및 이용에 관한 법률 제28조의8 등(2023.3.14. 일부 개정).

우리나라 역시 다양한 분야에 대한 데이터의 국경 간 이동에 대하여 국내법규에 따른 규제를 하고 있다.

미국이 매년 발간하는 '2023 국별 무역장벽 보고서(National Trade Estimate Report on Foreign Trade Barriers)'는 중국, EU, 인도, 인도네시아, 러시아, 터키, 베트남 등 각국의 제한적인 데이터 정책을 주로 지적한다. 나아가 미국 무역대표부는 미국의 디지털 제품 및 서비스 수출에 중대한 영향을 미치고 미국 제조업체와 서비스 공급업체가 국경을 넘어 데이터를 이동하는 능력을 약화시키는 정책에 대해 외국 정부와 지속적으로 협력할 것이라고 천명하고 있다.[94] 이와 같은 점에서 우리나라의 정밀지도 데이터 국외 이동과 같은 데이터의 국외 이동을 요구하는 해외 기업과 이를 규제하고자 하는 각국의 규제조치로 인한 갈등은 전세계적으로 확대되며 통상마찰을 일으킬 것으로 예상된다.

Ⅳ. 결론

농산물이나 공산품 등 전통적인 상품 수출입의 경우에도 디지털기술의 발전에 따른 통관 절차의 디지털화로 인해 신속한 절차 진행이 이루질 뿐만 아니라, 인터넷으로 상품을 주문하고 스트리밍을 통해 해외 콘텐츠를 실시간으로 소비하는 시대가 도래했다. 디지털 대전환은 관세철폐 및 비관세 장벽 완화라는 국제통상협정의 목표를 변화시켰고, 특히 데이터는 상품과 서비스무역으로만 대표되던 국제무역의 지형을 완전히 바꾸어 놓았다. 데이터는 기업의 경영에 있어서 필수불가결한 요소로 자리 잡았고, 기업들의 데이터에 대한 자유로운 이전 및 가공 등 활용에 대한 요구는 더욱 높아지고 있다.

한편, 데이터의 중요성으로 인하여 데이터 주권에 대한 인식이 더욱 강화되고 있다. 개인정보의 유출, 주요 데이터의 국외 이동으로 인한 국가안보 위

---

[94] USTR, "USTR Releases 2023 National Trade Estimate Report on Foreign Trade Barriers", press release, 31 March 2023, https://ustr.gov/about‒us/policy‒offices/press‒office/press‒releases/2023/march/ustr‒releases‒2023‒national‒trade‒estimate‒report‒foreign‒trade‒barriers (2023.8.14. 최종접속).

협 등 다양한 위험요인으로 인하여 각국은 데이터의 국경 간 이동에 대한 규제 권한 확보에 열을 올리고 있는 형편이다.

이와 같은 다양한 요구 및 우려 사항을 반영하며 디지털 통상규범은 계속 발전하고 확대되고 있다. 그러나 데이터를 둘러싼 각국의 이해관계가 워낙 첨예한 관계로 다양한 스펙트럼의 다자 및 양자 국제통상협정이 얽히면서 데이터의 국제 거버넌스는 오히려 파편화되는 실정이다. 다만, WTO 차원의 복수국간 전자상거래 협상이 계속 진전을 이루고, IPEF 등 메가 FTA들이 지속적으로 발전되면서 데이터의 국경 간 이동이 디지털기술 혁신을 위해 불가피하다는 사실은 개도국이나 선진국 모두 절감하고 있다. 따라서 데이터의 국경 간 이동은 자유화하되, 이로 인한 각종 문제점을 어떻게 해결하고 이를 규제하는 가에 대한 소위 국제협정상 의무에 대한 '예외' 문구에 대한 깊은 고민이 필요할 것으로 보인다.

더욱이 인공지능이 발전하면서 데이터의 취합과 활용에 대한 관심이 더욱 높아지고 있다. 그러나 이와 같이 빠르게 발전하는 디지털기술의 발전을 국제통상협정이 따라잡지 못하면서 생기는 국제법의 공백을 어떻게 다루어야 하는지도 우리에게 남겨진 숙제이다.

참고 문헌

권현호 외 4인, "디지털통상협정의 한국형 표준모델 설정연구" 대외경제정책연구
　　원, 2023

김정곤, "국경간 디지털 상거래의 쟁점과 과제", 국제통상연구 제23권 제1호, 2018

이주형, "EU 디지털 무역규범의 변화와 시사점 −국가의 '규제권한(Right to Regulate)'
　　을 중심으로", 홍익법학 제22권 제3호, 2021

이주형, "한−칠레 FTA를 넘어 한−싱 디지털동반자협정으로", 산업통상자원부, 사
　　례로 손쉽게 이해하는 디지털통상의 기초, 2021

정찬모, "FTA 전자상거래 장의 변천과 과제, 한미 FTA, 한중 FTA, TPP를 중심으
　　로", IT와 법 연구 2017

대외경제정책연구원, "WTO 전자상거래 논의 동향 및 시사점", 2018

한국국제경제법학회, "新국제경제법", 박영사 제4판 2023

한국무역협회, "주요국 국경 간 데이터 이동 규제 현황 및 시사점", KITA 통상리포
　　트, Vol. 12, 2022

Henry S. GAO, "Digital or trade? The contrasting approaches of China and US
　　to digital trade", Journal of International Economic Law, Volume 21,
　　Issue 2, 2018

OECD, "Measuring digital trade: towards a conceptual framework", Working Party
　　on International Trade in Goods and Trade in Services Statistics, STD/
　　CSSP/WPTGS(2017)3, 2017

OECD, WTO, IMF, "Handbook on Measuring Digital Trade, Version 1", 2020

U.S. Congressional Research Service, "Digital Trade and Data Policy: Select Key
　　Issues", 2023

W. Gregory Voss* and Emmanuel Pernot−Leplay, "China Data Flows and Power
　　in the Era of Chinese Big Tech", Northwestern Journal of International
　　Law & Business (forthcoming in Volume 44, Issue 1, December 2023)

WTO, "Provisions on Electronic Commerce in Regional Trade Agreement", World
　　Trade Organization Economic Research and Statistics Division, 2017

찾아보기

저자 소개

PART 1 데이터와 법의 기초

1. 데이터법의 의의와 체계

🔹 이성엽 고려대학교 기술경영전문대학원 교수

고려대 법학과, 서울대 행정대학원, 미네소타대학교 로스쿨을 거쳐 서울대 법학박사를 취득했으며 하버드 로스쿨 방문학자를 거쳤다. 제35회 행정고시에 합격 후 정보통신부 서기관, 김·장 법률사무소 변호사를 거쳐 고려대 교수로 재직 중이며, 기술법정책센터장과 데이터,AI법센터 대표를 겸하고 있다. 행정규제법 및 ICT법과 정책을 연구하고 있으며, 사) 한국데이터법정책학회 회장, 대통령 소속 디지털플랫폼정부위원회 자문위원, 국무총리 국가데이터정책위원회 위원, 개인정보보호위원회규제심사위원장으로 활동하고 있다.

2. 데이터법의 형성과 분화

🔹 양천수 영남대학교 법학전문대학원 교수

고려대학교 법과대학을 졸업하고 같은 대학 대학원에서 법학석사를, 독일 프랑크푸르트대학교 법과대학에서 법학박사를 취득하였다. 현재 영남대학교 법학전문대학원에서 기초법 전임교수로 학생들을 가르친다. 현대 과학기술이 우리 사회 및 법체계에 어떤 자극을 주는지, 이에 우리 사회와 법체계가 어떤 방향으로 진화하는지에 관심이 많다. 『빅데이터와 인권』, 『법과 진화론』(공저), 『제4차 산업혁명과 법』, 『인공지능과 법』(공저), 『디지털 트랜스포메이션과 정보보호』(공저), 『공학법제』(공저), 『인공지능 혁명과 법』을 포함한 다수의 저서와 논문을 집필하였다.

3. 데이터 귀속·보호·거래에 관한 법리 체계와 방향

🔹 권영준 전 서울대학교 법학전문대학원 교수, 현 대법관

서울대에서 학사, 석사, 박사학위, 하버드 로스쿨에서 LL.M. 학위를 취득하였다. 서울지방법원 등 여러 법원에서 판사로 재직하다가 2006년부터 서울대 교수로서 민법을 연구하여 왔다. 독일 막스플랑크 연구소, 미국 듀크대에서 방문학자로 연구하였고, 동경대 특임교수, 하버드대 방문교수로 강의하였다. 국가지식재산위원

회 위원, 한국데이터법정책학회 부회장, 국제거래법학회 부회장, 민사법학회 등 다수 학회에서 활동하였다. 현재는 대법관으로 재직 중이다.

4. 데이터 공유, 위험하고도 매혹적인 생각

🌐 선지원 한양대학교 법학전문대학원 조교수

한양대학교 법과대학을 졸업하고, 같은 대학 대학원에서 법학석사, Regensburg 대학교에서 법학박사 학위를 취득하였다. 정보통신정책연구원(KISDI)과 광운대학교 법학부를 거쳐 2023년부터 한양대학교 법학전문대학원에서 행정법학을 연구하고 있다. 전공 영역 외에도 데이터의 활용과 인공지능의 수용 등 기술의 변화에 따른 사회 문제와 그에 수반한 법적 쟁점들을 탐구하는 일에 관심을 두고 있다.

5. 개인정보보호법 제·개정의 연혁

🌐 이병남 김앤장 법률사무소 고문

서울대학교 정치학과를 졸업하고, 강원대학교에서 경제학 석사를 취득한후 연세대학교에서 경영학 박사과정을 수료하였다. '96년 5급공채(지방직렬)에 합격하여 강원도에서 과장, 국장 행정안전부에서 부이사관을 거쳐 개인정보보호위원회에서 조사과장, 개인정보보호정책과장으로 재직하면서 개인정보보호법 6차, 7차 개정의 실무를 총괄하였고 23년 9월부터 김앤장 법률사무소에서 고문으로 근무하고 있다.

PART 2 데이터의 안전한 활용을 위한 고민

1. 동의 제도의 실질화 방안

🌐 정원준 한국법제연구원 부연구위원

성균관대 법과대학 졸업 후 고려대에서 법학석사와 법학박사 학위를 취득하였다. 정보통신정책연구원에서의 연구 경력을 거쳐 현재 한국법제연구원에서 연구책임자로 재직 중이다. 주요 연구 분야는 IT법, 개인정보보호법, 지식재산권법이며, 『데이터와 법』, 『데이터법』, 『마이데이터와 법』, 『디지털 전환 시대 리더가 꼭 알아야 할 의료데이터』 등을 포함한 다수의 저서와 논문을 집필하였다. 인공지능법 제정비단 분과위원(4기), 마이데이터 포럼위원, 메타버스 얼라이언스 위원, 국가지식재산위원회 전문위원(5기·6기), 특허청 규제개혁 및 적극행정위원회 위원, 보건의료데이터 심의위원 등 정부위원회를 비롯하여 한국데이터법정책학회 기획이사, 개인정보보호법학회 국제이사, 한국경영법률학회 학술이사, 한국지적재산권경상학회 이사 등 다수의 학회에서 활동하고 있다.

2. 가명정보의 특례 / 3. 목적합치의 원칙

🦚 이동진 서울대학교 법학전문대학원 교수

서울대학교를 졸업하고 같은 대학교 대학원에서 법학석사, 법학박사학위를 받았다. 서울중앙지방법원, 서울북부지방법원 판사를 거쳐 2009년부터는 서울대학교 법학전문대학원 교수로 재직하고 있다. 전공인 민법 이외에 정보법, 의료법, 법경제학 등 여러 분야를 연구, 강의하고 있고, 논문 90여 편 이외에 20여 권의 책 집필에 참여하였다.

4. 데이터 결합 제도의 효율적 활용 가능성

🦚 박광배 법무법인(유) 광장 변호사

서울대 법과대학을 졸업하고 미국 Georgetown Law Center에서 법학석사(LL.M)를 취득하였다. 제27회 사법고시 합격, 한국 및 미국 뉴욕주 변호사 자격을 취득하였다. 법무법인(유) 광장에서 IT방송통신 및 개인정보 분야 업무를 총괄하는 변호사로 재직 중에 있으며, 과학기술정보통신부 규제심사위원, 한국인터넷진흥원, 데이터산업진흥원의 비상임 이사를 역임하였고, 네이버 개인정보보호위원회 위원장 등으로 활동하고 있다.

5. 개인정보 이동권과 마이데이터의 제도화 그리고 그 시사점

🦚 윤주호 법무법인(유한) 태평양 변호사

서울대학교 정치학과를 졸업하고, 사법연수원을 35기로 수료한 이후 법무법인(유한) 태평양 파트너 변호사로 재직하고 있다. 법무법인(유한) 태평양 근무 중 University of Washington LL.M을 졸업하고 Illinois 변호사 자격을 취득하였으며, 현재 개인정보 컴플라이언스, 방송통신, 디지털금융, AI 등 신기술 분야를 주로 담당하고 있으며, 마이데이터 팀장으로 활동하고 있다.

6. 개인정보의 안전성 확보조치 기준

🦚 이진규 네이버 주식회사 개인정보 보호책임자

경찰대학 행정학사, 미국 H. John Heinz III School of Public Policy & Management

공공행정 석사(MS)를 취득한 후, 경찰청, CCKBC(코카콜라코리아보틀링컴퍼니)를 거쳐 현재 네이버 주식회사 개인정보 보호책임자(상무)로 재직중이며, 공공데이터 제공분쟁조정위원회 위원을 겸하고 있다. 개인정보보호위원회 개인정보 기술포럼 위원 및 개인정보 분야 연구개발 사업 심의위원회 위원, 신용정보원 금융데이터 포럼 위원, 행정안전부 전자정부 민간협력 위원, 국가정보자원관리원 사이버안전 분과기술위원회 위원, 한국개인정보보호법학회 기업 연구 이사 등 법제도와 기술의 교차점에서 활발한 활동을 수행하고 있다.

PART 3 경제적 가치 있는 자산으로서의 데이터와 법

1. 데이터 거래계약의 유형과 법적 쟁점

📎 손승우 한국지식재산연구원 원장

미국 Wisconsin 주립대학 로스쿨에서 법학박사를 취득한 후 단국대학교 법과대학 교수를 거쳐 최근까지 중앙대학교 산업보안학과 교수로 재직하였으며 현재 특허청 산하 한국지식재산연구원 원장으로 재직 중이다. 단국대학교 산학협력단장과 창업지원단장, 한국지적재산권경상학회장, 지식일자리포럼 회장, 한국데이터법정책학회 부회장, 국가지식재산위원회 전문위원, 유엔국제상거래법위원회(UNCITRAL) 방문교수 등을 역임했다.

2. 데이터 거래와 오픈마켓

📎 김상중 고려대학교 법학전문대학원 교수

고려대 법학과(학사), 동 대학원(석사), 독일 쾰른대학교(박사)에서 수학하였으며 현재 고려대학교 법학전문대학원 교수로 재직하고 있다. 민사법 관련 학회 활동과 함께 민법개정 등의 사회활동을 수행하고 있다. 계약법과 민사책임법 등의 분야에서 자율과 책임이라는 관점으로 논문활동을 해왔으며, 최근에는 플랫폼을 이용한 거래와 데이터의 활용에 관해서도 연구하고 있다.

3. 정보분석을 위한 데이터 이용과 저작권 침해 면책

📎 김창화 한밭대학교 공공행정학과 교수

미국 Wisconsin 주립대학 로스쿨에서 법학박사를 취득한 후 단국대학교 IT법학 융합과정 연구전담교수를 거쳐 한밭대학교 인문사회대학 공공행정학과 지식재산법 전공 교수로 재직하고 있다. 음악산업발전특별위원회 위원, 대전 고등검찰청 상소심의위원, 한국저작권위원회 감정전문위원, 한국지식재산학회 총무이사, 한국데이터법정책학회 기획이사 등으로 활동하고 있다.

4. 디지털 경제에서의 데이터 집중과 경쟁정책

▶ 최난설헌 연세대학교 법학전문대학원 교수

연세대 법학사, 연세대 일반대학원(법학과) 석사와 박사 및 미국 컬럼비아대학교 로스쿨 LL.M.과 영국 옥스퍼드대학교(경제법 전공) MSt를 취득하였다. 현재 연세대 법학전문대학원 교수로 재직 중이다. 공정거래법, 소비자법 및 유통법 분야를 연구하고 있으며, 공정거래위원회 공정거래정책자문단 위원, 중소벤처기업부 규제심사위원회 위원, 금융위원회 혁신금융심사위원회 위원 등으로 활동하고 있다.

5. 최근 주요국의 온라인플랫폼 입법정책 동향 -EU와 미국을 중심으로-

▶ 정혜련 경찰대학 법학과 부교수

고려대 법학사 동대학원 법학석사(상법, 방송통신법), 위스콘신 주립대학교 로스쿨 법학석사 및 법학박사(방송통신법, 경제법)학위를 취득 후 대한민국 대법원 재판연구관을 지내고 삼성경제연구소 경제정책실 수석연구위원을 역임했다. 현재 국립경찰대학교 법학과 전임교수로 법학과장을 거쳐 연구부장으로 재직 중이며 기업범죄연구원의 원장을 겸하고 있다. 상법과 경제법·ICT법을 연구·강의하며 서울청 수사심의위원 국세심사위원, 공정거래분쟁위원 등 다양한 위원회 활동 및 한국경쟁법학회, 한국금융법학회, 한국경영법률학회, 한국소비자학회, 한국유통법학회, 한국재무관리학회, 한국협상학회 등 상임임원으로 활동 중이다.

PART 4 디지털 경제 시대, 데이터에 대한 새로운 시각들

1. 인공지능과 데이터 활용의 법적 이슈 / 2. 데이터의 활용과 알고리즘 통제

▶ 손도일 법무법인(유) 율촌 변호사, IP & Technology 부문장

서울대 정치학과 졸업 후 사법연수원 25기를 수료, UCLA 로스쿨에서 법학석사를 취득, 1996년 판사로 임관 후 1997년부터 국내외 로펌에서 기업법무 및 Technology 관련 업무를 담당하여 왔다. 2012년부터 율촌에서 기업금융 부문과 정보통신 부문을 맡고 있고, 개인정보, 인공지능, 빅데이터, 핀테크 등 업무를 하

고 있다. 현재는 율촌의 IP & Technology 부문장, 국가데이터정책위원회 민간위원(유통분과장), 세계변호사협회(IBA) Technology Law Committee 위원장과 환태평양변호사협회(IPBA) 방통통신위원회 위원장을 맡고 있다.

3. 데이터와 사이버보안

🌐 장완규 용인예술과학대학교 법무경찰과 교수

고려대 법학과, 고려대 법학석사, 고려대 법학박사를 취득하였으며, 한국과학기술원(KAIST)에서 <로봇윤리와 로봇규범>이란 주제로 공학석사를 취득하였다. 법무부 연구위원과 국민권익위원회 전문위원을 거쳐 현재 용인예술과학대학교 교수로 재직 중이며 한국인터넷진흥원 인터넷법제도포럼, ICT규제와 법포럼 회원 및 한국데이터법정책학회 총무이사로 활동 중에 있다. 그 외 IT법과 관련하여 정부 및 공공기관, 협회 및 단체 등에 자문과 강의를 하고 있다.

4. 공공데이터의 이용

🌐 정필운 한국교원대학교 일반사회교육과 교수

연세대 법학과(법학사), 연세대 대학원 법학과(법학석사, 법학박사)에서 공부하였다. 미국 UC Berkeley 로스쿨에서 연구하였고(visiting researcher), 한국전산원(현재 한국지능정보사회진흥원)에서 선임연구원으로 일했다. 헌법, 정보법, 교육법, 법교육을 연구하고 있다. 과거 한국법과인권교육학회장(2021-2022)으로 활동하였고, 현재 (사)한국인터넷법학회장, 대한교육법학회 수석부회장·편집위원장, 한국공법학회 감사, 한국헌법학회 부회장, 한국사회과교육학회 학술운영이사 등으로 활동하고 있다.

5. 금융거래정보 이용 및 보호에 관한 규제와 그 쟁점

🌐 정성구 이큐비알 네트웍스 대표이사

서울대 법대(학사) 및 컬럼비아 로스쿨(석사)을 졸업하고, 서울대 박사과정을 수료하였다. 김·장 법률사무소에서 자본시장법과 데이터법 실무를 담당하고 있다. 개인정보보호위원회 자문변호사, 한국신용정보원 금융데이터포럼 위원 및 가명익명처리 적정성 평가위원, 4차산업혁명위원회 데이터 특위 마이데이터 분과 위원 등으로 활동 중이다. 신용정보법 온라인 주석서(로앤비)의 대표집필위원이며, 주석서 외에 금융데이터 관련 제도에 관하여 2편의 저서(공저) 및 7편의 논문을 저술하였다.

6. 디지털 통상과 데이터의 국경 간 이동의 이슈와 과제

이주형 김&장 법률사무소 변호사

이화여대 인문대(학사), 스위스 제네바국제개발대학원(IHEID)(석사), 이화여자대학교(법학박사)에서 공부하였다. 사법연수원 36기를 수료하고 외교부 통상조약협상, 국제환경협상 담당 행정사무관, 대법원 국제심의관 등을 거쳐 현재 김·장 법률사무소에서 국제통상, 기후변화 등에 관한 실무를 담당하고 있다. 현재 산업통상자원부 통상조약 국내대책위원회 위원, 대외경제정책연구원(KIEP) 대외경제정책전문가, 한국국제경제법학회 연구이사, 한국무역학회 이사, 무역구제학회 국제이사 등으로 활동 중이다. 외교부장관상(2012), 한국국제경제법학회 신진학자학술상(2019), 한국무역학회 학술대상(2021) 등을 수상하였고, 디지털통상 관련 5편의 정부 및 공공기관 연구보고서(공저) 및 9편의 논문을 저술하였다.

제 2 전정판
데이터와 법

초판발행   2021년 7월 15일
제2전정판발행   2024년 1월 10일

지은이   이성엽 외 19인
펴낸이   안종만 · 안상준

편 집   양수정
기획/마케팅   김한유
표지디자인   이은지
제 작   고철민 · 조영환

펴낸곳   (주) **박영사**
               서울특별시 금천구 가산디지털2로 53, 210호(가산동, 한라시그마밸리)
               등록 1959. 3. 11. 제300-1959-1호(倫)

전 화   02)733-6771
f a x   02)736-4818
e-mail   pys@pybook.co.kr
homepage   www.pybook.co.kr
ISBN   979-11-303-4576-5 93360

copyright©이성엽 외, 2024, Printed in Korea

* 파본은 구입하신 곳에서 교환해 드립니다. 본서의 무단복제행위를 금합니다.

정 가   36,000원